Religion in Philosophy and Theology

Editors
Helen De Cruz (St. Louis, MO)
Asle Eikrem (Oslo)
Thomas Rentsch (Dresden)
Hartmut von Sass (Berlin)
Heiko Schulz (Frankfurt a.M.)
Judith Wolfe (St. Andrews)

108

Cohen im Kontext

Beiträge anlässlich seines hundertsten Todestages

Herausgegeben von
Heinrich Assel und Hartwig Wiedebach

Mohr Siebeck

Heinrich Assel, geboren 1961; 1993 Promotion; 1999 Habilitation; 1999–2006 Professur für Systematische Theologie an der Kulturwissenschaftlich-Philologischen Fakultät der Universität Koblenz-Landau; seit 2006 Lehrstuhl für Systematische Theologie an der Theologischen Fakultät der Universität Greifswald; 2020–22 Dekan der Fakultät.
orcid.org/0000-0001-6248-2795

Hartwig Wiedebach, geboren 1958; 1995 Promotion; Pfleger und Supervisor im sozialpsychiatrischen Bereich; 2009 Habilitation; 2008–19 Dozent für Philosophie an der ETH Zürich und Leiter der Cohen-Sammlungen in Zürich und Göppingen.

ISBN 978-3-16-160032-6 / eISBN 978-3-16-160144-6
DOI 10.1628/978-3-16-160144-6

ISSN 1616-346X / eISSN 2568-7425 (Religion in Philosophy and Theology)

Die Deutsche Nationalbibliothek verzeichnet diese Publikation in der Deutschen Nationalbibliographie; detaillierte bibliographische Daten sind über *http://dnb.dnb.de* abrufbar.

© 2021 Mohr Siebeck Tübingen. www.mohrsiebeck.com

Das Werk einschließlich aller seiner Teile ist urheberrechtlich geschützt. Jede Verwertung außerhalb der engen Grenzen des Urheberrechtsgesetzes ist ohne Zustimmung des Verlags unzulässig und strafbar. Das gilt insbesondere für die Verbreitung, Vervielfältigung, Übersetzung und die Einspeicherung und Verarbeitung in elektronischen Systemen.

Das Buch wurde von epline in Böblingen gesetzt, von Laupp & Göbel in Gomaringen auf alterungsbeständiges Werkdruckpapier gedruckt und von der Buchbinderei Nädele in Nehren gebunden.

Printed in Germany.

Inhalt

Siglen VII

Heinrich Assel, Hartwig Wiedebach
Einleitung 1

Christoph Schulte
Messianismus ohne Messias 15

Torsten Lattki
‚Erneuerung und Verjüngung'. Benzion Kellermann, Hermann Cohen
und das liberale Judentum 33

Ulrich Sieg
Cohen und der Linksliberalismus.
Die Geschichte einer emphatischen Verbindung 51

Heinrich Assel
Cohen und die Luther-Renaissance 71

Hartwig Wiedebach
Cohen am Breslauer Rabbinerseminar 101

Christian Damböck
Cohens Psychologie zwischen ‚beschreibender Psychologie' und dem
‚Gipfel des Systems' 123

Lois Rendl
Cohen und Trendelenburg 141

Hauke Heidenreich
‚Bedenklich und anstößig' – Cohens Interpretation der Postulatenlehre
im Kontext von Spiritismus und Materialismus um 1900 155

Cedric Cohen Skalli
Hermann Cohen's Jewish and Imperial politics during World War I 177

Robert S. Schine
Hermann Cohen – Der Lehrer aus der Sicht seiner Schüler 199

Bernd G. Ulbrich
Robert Fritzsche und Hermann Cohen 213

Frederick Beiser
Hermann Cohen's Theory of Sensation 225

Kurt Walter Zeidler
Cohen und die Fries'sche Schule..................................... 235

Pierfrancesco Fiorato
Cohens Theorie der Sprachhandlung im Kontext 245

Ezio Gamba
Hermann Cohen and the Aesthetic Debate of his Time................ 263

Kirstin Zeyer
Cohens Cusanus-Forschung – Der ‚eigentliche Entdecker des Cusanus'... 279

Günter Bader
‚Creatio ex nihilo' bei Cohen... 293

Rudolf Smend
Cohen und Wellhausen 317

Anhang

Siegfried Sinaï Ucko
Hermann Cohen und seine religiöse Lehre
(Aus dem Hebräischen übersetzt von Simon Lauer, Zürich)............. 329

Verzeichnis der Autorinnen und Autoren 359
Namenregister... 361

Siglen

ÄrG	Ästhetik des reinen Gefühls, 2 Bände, Berlin, B. Cassirer 1912 [Werke 8 und 9].
BR	Der Begriff der Religion im System der Philosophie, Gießen, Töpelmann 1915 [Werke 10].
Briefe	Briefe, ausgewählt und hg. von Bertha und Bruno Strauß, Berlin, Schocken 1939.
EmkN	Einleitung mit kritischem Nachtrag zu F. A. Langes „Geschichte des Materialismus", 3. Aufl., Leipzig, Brandstetter 1914 [Werke 5/II].
ErW	Ethik des reinen Willens, 1. Aufl. (A), Berlin, B. Cassirer 1904; 2. Aufl. (B), Berlin, B. Cassirer 1907 [Werke 7].
HCB	Die Hermann-Cohen-Bibliothek, Hildesheim u. a., Olms 2000 (= H. Cohen: Werke, Supplementa, Bd. 2).
JS	Jüdische Schriften, 3 Bände, hg. von Bruno Strauß, Berlin, Schwetschke und Sohn 1924. [JS 1–3]
KBÄ	Kants Begründung der Ästhetik, Berlin, Dümmler 1889 [Werke 3].
KBE	Kants Begründung der Ethik, 1. Aufl. (A), Berlin, Dümmler 1877; 2. Aufl. (B), Berlin, B. Cassirer 1910 [Werke 2].
KKrV	Kommentar zu Immanuel Kants Kritik der reinen Vernunft, 1. Aufl. (A), Leipzig, Meiner 1907; 2. Aufl. (B), Leipzig, Meiner 1917 [Werke 4].
KThE	Kants Theorie der Erfahrung, 1. Aufl. (A), Berlin, Dümmler 1871 [Werke 1.3]; 2. Aufl. (B), Berlin, Dümmler 1885; 3. Aufl. (C), Berlin, B. Cassirer 1918 [Werke 1.1].
LrE	Logik der reinen Erkenntnis, 1. Aufl. (A), Berlin, B. Cassirer 1902; 2. Aufl. (B), Berlin, B. Cassirer 1914 [Werke 6].
PIM	Das Princip der Inifinitesimal-Methode und seine Geschichte, Berlin, Dümmler 1883 [Werke 5/I].
RuN	Reflexionen und Notizen, Hildesheim u. a., Olms 2003 [Werke, Supplementa, Bd. 1].
RV	Religion der Vernunft aus den Quellen des Judentums, 2. Aufl., Frankfurt/M., Kauffmann 1929 [und div. Nachdrucke].
SPhZ	Schriften zur Philosophie und Zeitgeschichte, 2 Bände, hg. von Albert Görland und Ernst Cassirer, Berlin, Akademieverlag 1928.
Werke	[Werkausgabe] hg. von Helmut Holzhey, Hildesheim u. a., Olms 1977 ff.

Cohen im Kontext
Einleitung

Heinrich Assel und Hartwig Wiedebach

Der vorliegende Band widmet sich den Kontexten des Denkens und den Netzwerken im Leben des deutsch-jüdischen Philosophen Hermann Cohen (1842–1918) sowie den Verflechtungen seiner Biographie mit systematischen Fragen der Philosophie.

Anlass ist das wissenschaftliche Gedenken des 100. Todestages von Hermann Cohen am 4. April 2018. Diesem Gedenken widmete sich eine internationale Konferenz am Alfried-Krupp-Wissenschaftskolleg in Greifswald vom 3. bis 5. April 2018. Am Vorabend des Todestages wurde im Rahmen eines Konzerts im Greifswalder Dom St. Nikolai an das Schicksal von Cohens Frau Martha, gestorben am 12. September 1942 in Theresienstadt, erinnert. Kantor Isaac Sheffer (Berlin), die Organistin Regina Yantian (Berlin) sowie der Chor *greifvocal* unter der Leitung von Kirchenmusikdirektor Jochen A. Modeß (Greifswald) trugen Stücke synagogaler Liturgie vor, unter anderem von Martha Cohens Vater, Louis Lewandowski. Das rituelle Totengedenken für Hermann Cohen am folgenden Morgen leitete Landesrabbiner Yuriy Kadnykov (Schwerin/Rostock).

Hermann Cohens Werk umfasst Arbeiten zur griechischen Antike, zur Vergleichenden Mythologie und Sprachwissenschaft, eine große Trilogie zur Kants Transzendentalphilosophie, einen Studienkommentar zur *Kritik der reinen Vernunft*, drei Teile eines eigenen *Systems der Philosophie*, mehrere Werke zur Religion, darunter *Der Begriff der Religion im System der Philosophie* und *Religion der Vernunft aus den Quellen des Judentums*, sodann zwei kleinere Monographien zum *Princip der Infinitesimal-Methode* und zu *Mozarts Operntexten*, und schließlich eine große Zahl kleinerer Schriften. In nahezu allen Bereichen seiner Tätigkeit nahm er Einfluss, nicht nur auf das akademische, sondern auch auf das politische und religiöse Leben.

Die Autorinnen und Autoren thematisieren die intellektuellen und biographischen Verknüpfungen ausgewählter Werke Cohens mit der theoretischen, politischen oder künstlerischen Arbeit anderer Menschen, mit der Religiosität ihm nahestehender oder ihn bekämpfender Personen, mit den Strukturen und Auseinandersetzungen der deutschen Gesellschaft im Nach-März, der Reichsgründung und der Kaiserzeit. Systematisches Denken, Zeitgeschichte und persönliches Engagement zeigen sich in gegenseitigem Einfluss. Beispiele sind: in Cohens Kindheit die jüdische Lebenswelt Coswigs an der Grenze zwischen deutschem und polnischem Ritus; anschließend die sein vierjähriges Rabbinerstudium prägende Wissenschaft des Judentums um Zacharias Frankel, Heinrich Graetz, Manuel Joël, Abraham Geiger und Samson Raphael Hirsch; dann für zehn Jahre die Gedankenwelt der Völkerpsychologie, Sprachwissenschaft und Vergleichenden Mythologie unter dem Einfluss von Hajim Steinthal und Moritz Lazarus; sowie seine ersten Schritte in die akademische Szene der Platon- und Kantforschung, für die Eduard Zeller, Friedrich Adolf Trendelenburg, Kuno Fischer, Friedrich Albert Lange und August Stadler stehen. 1873 habilitierte Cohen sich in Marburg, wurde 1876 Friedrich Albert Langes Nachfolger als ordentlicher Professor und fand vor allem durch seine Monographien zu Kant allgemeine Beachtung.

Mit Paul Natorp entwickelte Cohen seit den 1880er Jahren eine eigene ‚Marburger Schule' des Philosophierens. Sein werbendes und zugleich kämpferisches Wesen brachte ihm neben einem immer wachsenden Anhänger- und Schülerkreis auch wissenschaftliche und politische Gegnerschaft. Unter den Schülern – genannt seien nur Ernst Cassirer, Nicolai Hartmann und Heinz Heimsoeth – fand er teils bereitwillige Ergänzung, teils untergründige, gegen Ende seines Lebens schärfere Gegnerschaft. Er unterhielt Beziehungen zur naturwissenschaftlichen Forschung, zur entstehenden modernen Soziologie, zur Rechtsgeschichte, zur protestantischen Theologie, zu Psychologie und Physiologie. So unterschiedliche Forscher wie Hermann von Helmholtz, Emil Du Bois-Reymond, Hermann Ebbinghaus, Heinrich Hertz, Émile Meyerson, Moritz Pasch, Ferdinand Tönnies, Leopold Schmidt, Wilhelm Herrmann, Adolf Harnack und Julius Wellhausen waren seine mit Zustimmung oder Kritik bedachten Kollegen. Durch eine im Kantischen Sinn sozialistische Ethik hatte Cohen Einfluss auf Politiker wie Eduard Bernstein, Kurt Eisner, Ernst Reuter oder Philipp Scheidemann.

Auch in jüdischen Fragen war er philosophisch und politisch aktiv. Seine Antwort von 1880 auf Heinrich von Treitschkes Antisemitismus begann mit dem Satz: „Es ist also doch wieder dahin gekommen, dass wir bekennen müssen". Die besondere Rolle des Judentums unter den ‚Völkern der Welt' war ihm gewiss. Der Zionismus Theodor Herzls wurde daher zur schärfsten innerjüdischen Gegenposition. Auch andere Spielarten der Suche nach einer ‚Heimstätte' (z. B. Martin Buber) bekämpfte Cohen in pointierten, wenn auch mitunter ambivalenten Stellungnahmen. Im Akademischen schieden sich die Geister an seiner Wertschätzung der protestantischen systematischen Theologie und der historisch-kritischen Interpretation der Hebräischen Bibel. Zugleich hielt er der jüdischen Tradition vor allem in liturgischen Fragen die Treue, etwa im Blick auf den Gebrauch des Hebräischen. Seit den 1890er Jahren erforschte er die mittelalterliche jüdische Philosophie, v. a. Maimonides und Bachja Ibn Pakuda. Auch in den Reaktionen hierauf schieden sich kollegiale Zustimmung und Gegnerschaft deutlich voneinander.

Bei alldem weckte Cohens persönliche Ausstrahlung allgemein Achtung und Respekt. Dies und seine für Juden ungewöhnliche ordentliche Professur sicherten ihm in jüdischen Kreisen erheblichen Einfluss. Er verband sich mit zahlreichen Kollegen und wurde Motor der 1902 in Berlin gegründeten ‚Gesellschaft zur Förderung der Wissenschaft des Judentums'. Mit 70 Jahren wechselte er an die dortige ‚Lehranstalt für die Wissenschaft des Judentums'. Er setzte seine schon länger geübten, über Deutschland hinaus reichenden Vortragsreisen fort. Zu seinem letzten öffentlichen Projekt, dem Gründungsaufruf für eine ‚Akademie für die Wissenschaft des Judentums' 1918, inspirierte ihn der Hegel-Forscher und jüdische Sprachdenker Franz Rosenzweig.

Erwähnt seien schließlich die vielfältigen Netzwerke, die Cohen mit bildenden Künstlern wie Henryk Glicenstein und Max Liebermann, mit Musikern wie Louis Lewandowski, Hans von Bülow oder Joseph Joachim, sowie mit Dichtern wie Paul Heyse und Gottfried Keller verbanden. Ständig leidenschaftlich angespannt, lebte Cohen zwischen Neugier und Enttäuschung, Erfolg und Scheitern. Seine menschlichen Verbindungen spielten in vielfältigen Facetten, von feinsinniger Freundschaft bis zu unversöhnlicher Feindschaft. In zahlreichen, teils versteckten, Details seines philosophischen, politischen und religiösen Lebenswerks spürt man solche Wechselbäder des Temperaments. *Cohen im Kontext* zeigt ihn als Initiator und zugleich Gefangenen solcher Verflechtungen in Netzwerken.

Naturgemäß kann im Rahmen einer Konferenz nur ein kleiner Ausschnitt der Kontexte und Netzwerke Cohens behandelt werden. Insbesondere wurden die reinen Rezeptionskontexte späterer Zeit ausgeschlossen. Das betrifft etwa, um Beispiele der unmittelbaren Folgegeneration zu nennen, Cohens russische und polnische Schüler (Dimitry Gawronsky, Boris Pasternak, Matvei Kagan, Wladimir Tatarkiewicz), eine Reihe von Auswanderern nach Nordamerika (Emil Cohn, Kaufmann Kohler, Henry Slonimsky) oder nach Palästina (Hugo Bergmann, Julius Guttmann), sodann Italiener, Österreicher, Japaner usw.

Der vorliegende Band konzentriert sich auf Kontexte zu Lebzeiten Hermann Cohens und versammelt dazu Arbeiten ausgewiesener Vertreter der philosophischen Forschung, der Jüdischen Studien, der Theologie, der Anhaltischen und Hessischen Regionalgeschichte sowie der Ideengeschichte des 19. und des beginnenden 20. Jahrhunderts.

Christoph Schulte (Potsdam) thematisiert Cohens *Messianismus ohne Messias:* Der Messias, welcher das Los des jüdischen Volkes zum Besseren wenden oder gar die Weltgeschichte gut beenden wird, gehörte seit der Antike zu den wichtigsten Vorstellungen im Judentum. Der jüdische Messianismus ändert sich jedoch im 19. und 20. Jahrhundert bei liberalen Rabbinern, bei jüdischen Sozialisten und bei den Zionisten grundlegend. Diese berufen sich nämlich auf das

Messianische, auf die Machbarkeit und Veränderlichkeit der Geschichte durch den Menschen, aber sie sehen vom Kommen des Messias als Person ganz ab. Seither gehört der *Messianismus ohne Messias* zur Signatur der jüdischen Moderne. Für jüdische Links-Intellektuelle des 20. Jahrhunderts wie Hermann Cohen, Ernst Bloch, Walter Benjamin, Theodor W. Adorno, Emmanuel Lévinas oder Jacques Derrida ist das Messianische eine Chiffre für die Veränderlichkeit von Welt und Geschichte, zugleich auch wichtiger Bestandteil ihres Selbstverständnisses als Juden. Hermann Cohen hat in der Entwicklung des *Messianismus ohne Messias* eine Schlüsselstellung inne, denn er beerbt einerseits die Entpersonalisierung des Messianismus im Reformjudentum, zugleich radikalisiert er jedoch theologisch-politisch den liberal-jüdischen ethischen Monotheismus zu einem menschheitlichen Messianismus, dessen politische Konsequenz ethischer Sozialismus ist. Der Beitrag analysiert, angefangen mit dem Vortrag *Die Messiasidee* (vermutlich 1892), diese Entwicklung in Cohens Denken und verfolgt die Wirkungsgeschichte von Cohens *Messianismus ohne Messias* auf der jüdischen Linken.

Torsten Lattki (Augsburg) widmet sich unter dem Titel *Erneuerung und Verjüngung* dem Verhältnis von *Benzion Kellermann und Hermann Cohen zum zeitgenössischen liberalen Judentum*. Der liberale Rabbiner, Religionsphilosoph und Lehrer Benzion Kellermann (1869–1923) ist in der heutigen Forschung zu Unrecht weitgehend vergessen. Kellermann war neben Ernst Cassirer der wichtigste Schüler Hermann Cohens, der die neukantianische Philosophie Marburger Prägung vollständig beherrschte und ihre Verbreitung aktiv förderte. Dennoch war er ein eigenständiger Denker, in dessen Gesamtwerk eine genuin jüdische Rezeption des Kantianismus durch eine eigenständige Prophetie-Theorie vermittelt ist, wodurch sich deutliche Absetzbewegungen von Cohen abzeichnen: zum einen innerhalb der neukantianischen Philosophie, zum anderen in Kellermanns Positionen zur jüdischen Religion und ihrer Praxis, die Cohen aufgrund deren Radikalität nicht teilte. Bei genauerer Betrachtung dieses intensiven und besonderen Lehrer-Schüler-Verhältnisses lassen sich neue Erkenntnisse in Bezug auf das liberale deutsche Judentum um 1900, die Wissenschaft des Judentums, die Geschichte der Marburger Schule und die Biographie Hermann Cohens und seiner Frau Martha Cohen entdecken. Der Beitrag zeigt unbeachtete Facetten in Leben und Werk der beiden Gelehrten sowie bisher unbekannte Kontexte.

Ulrich Siegs (Marburg) Beitrag *Cohen und der Linksliberalismus. Die Geschichte einer emphatischen Verbindung* nimmt Cohens heroisch-idealistisches Politikverständnis in den Blick, das durch Vertrauen in universale Werte geprägt war. Auf der Grundlage bisher unerforschter archivalischer Quellen wird zuerst die – häufig relativierte – Bedeutung Friedrich Albert Langes für den Marburger Neukantianismus aufgewiesen. Anschließend steht das spannungsreiche Verhältnis Cohens zum kaiserzeitlichen (dabei auch regionalen) Antisemitismus zur Debatte, den der jüdische Philosoph als intellektuellen und moralischen Skandal betrachtete. Generell hielt er eine prinzipielle Reform des Kaiserreichs für unabdingbar. Der von ihm verfochtene „ethische Sozialismus" stand dabei, was häufig verkannt wird, den Ideen des Linksliberalismus näher als den sozialdemokratischen Revolutionshoffnungen. Dem entsprach Cohens politische Praxis, in der er an der Seite seiner Marburger Kollegen Paul Natorp, Martin Rade und Walther Schücking für linksliberale Ziele stritt. Sie reichten von der Abschaffung des preußischen Dreiklassenwahlrechts bis zur Frauenemanzipation. Im Ersten Weltkrieg zog ein leidenschaftlicher Patriotismus Cohens Gegenwartsanalyse enge Grenzen. Gleichwohl beeindruckt auch nach 1914 die Selbstverständlichkeit, mit der er humanitären Überzeugungen zu ihrem Recht verhelfen wollte. Cohens politische Gedankenwelt wird historisch situiert. Sie ist in ihrem Reformoptimismus ein typisches Kind des 19. Jahrhunderts, besitzt in ihrer Verbindung von Freiheit und Gerechtigkeit aber auch Potentiale, die nicht nur zeitbedingt sind, sondern gegenwartsbedeutsam bleiben.

Heinrich Assel (Greifswald) stellt *Cohens Reformationstheorie und Luther-Interpretation*, die er in religionspolitischen Stellungnahmen zwischen 1879 und 1883 (dem sog. Berliner Antisemitismus-Streit um Heinrich von Treitschke und anlässlich der Reformationsrede Treitschkes von 1883) und in reifer Gestalt 1917 (anlässlich des 400jährigen Jubiläums der Wittenberger Reformation) erkennen lässt, in den Kontext der zeitgenössischen *Luther-Renaissance*, die sich seit 1883 anbahnte und mit Karl Holls Reformationsrede 1917 und Luther-Interpretation 1921 zur wirksamsten Strömung protestantisch-akademischer Theologie wurde. Während bestimmte Vertreter der Luther-Renaissance, die sog. Berliner Schule Karl Holls, aktive, anti-judaistisch codierte Nicht-Rezeption von Cohens Religionsphilosophie üben, sind für andere Exponenten, das sog. deutsch-skandinavische Netzwerk um Rudolf Hermann und Anders Nygren, Hörerschaft bei und Rezeption von Cohen von 1906 an bis in die 20er Jahre nachweisbar. Die schon öfters untersuchten öffentlichen religionspolitischen Kontroversen um die Reformationstheorie in ihrer Bedeutung für eine plurale Theorie des Nationalen 1883 und 1917, an denen sich Cohen beteiligte, sind also begleitet von nahezu unbekannten systematischen Wirkungen Cohens auf die sich formierende Luther-Renaissance. Diese werden am Beispiel der religionsphilosophischen Interpretationen eines religiösen Schlüsseltextes der Hebräischen Bibel und des Alten Testaments dargestellt, nämlich anhand von Ps 51. Sowohl in Hermann Cohens Schriften *Der heilige Geist* (1915) und die *Religion der Vernunft* (1918/19) als auch in reformatorischen Früh- und Hauptschriften Martin Luthers, die durch die genannten Exponenten der Luther-Renaissance seit 1920 erstmals wieder ins Zentrum einer systematischen Luther-Interpretation gestellt werden, ist Ps 51 ein Referenz-Text. Systematisch gesehen kulminieren Luthers Auslegung und Cohens Kommentar in zwei grundverschiedenen Wurzelmetaphern: *peccatum radicale* als äußerste Zuspitzung der *Rechtfertigungs-*

bedürftigkeit des Menschen durch einen souverän erwählenden, begnadenden und verwerfenden Gott dort; *heiliger Geist* als Grundlegungskonzept der Korrelation von einzigem Gott und *unzerstörbarer Geistigkeit des Menschen* hier. Zerstört Luther die Vernunft der Religion durch den *salto mortale* absoluter Prädestination? Rettet Cohen die Vernunft der Religion durch sein Grundprinzip des heiligen Geistes? Tatsächlich verhält es sich komplexer, wenn das Verhältnis von theologisch und religionsphilosophisch konzipierter Gott-Mensch-Korrelation und Psalm-Symbolik hier wie dort als Ausgangs-Problem analysiert wird. Cohen und die genannten Exponenten der Luther-Renaissance teilen also das Problem, wie die einzigartig radikale Symbolik von Ps 51 überhaupt in jeweils grundlegende Gott-Mensch-Korrelationen und auch -Nicht-Korrelationen zu bringen sind. Die These von geteilten Ausgangsproblemen wird abschließend an Cohens *Begriff der Religion* (1915) und ihrer psalter-lyrischen und prophetie-theoretischen Konzeption *des Armen* und des *Knechtes Gottes* gegengelesen, also an Cohens Christologie-Skepsis.

Die von Cohen programmatisch behauptete Prinzipien-Verwandtschaft seiner Religionsphilosophie mit der Reformation Luthers, die bisher in der Cohen-Forschung als Aspekt seiner Staats- und Nationalitätstheorie untersucht wurde, und ansonsten eher als kuriose Facette ideenpolitischer Großkontroversen der kaiserzeitlichen Gesellschaft gilt, wird an exemplarischen und geteilten Ausgangs-Aporien Cohens und der Luther-Renaissance diskutiert. Konkrete Einflüsse Cohens auf die zeitgenössische Luther-Renaissance werden sichtbar, ein unbekannter Kontext der Religionsphilosophie sowie Kultur- und Reformationstheorie Cohens tritt hervor.

Hartwig Wiedebach (Göppingen) widmet sich mit *Cohen am Breslauer Rabbinerseminar* einer biographisch frühen Phase. Mit 15 Jahren bezog Hermann Cohen für vier Jahre das Jüdisch-theologische Seminar ‚Fraenckelscher Stiftung' in Breslau, bevor er an verschiedenen Universitäten Philosophie studierte. Am Seminar – Cohen nannte es später die „vornehmste Bildungsstätte meiner Jugend" – lehrten bedeutende Vertreter der ‚Wissenschaft des Judentums': Zacharias Frankel, Heinrich Graetz, Jacob Bernays, Manuel Joël u. a. Mit einigen Kommilitonen blieb Cohen lebenslang verbunden. Sein philosophisches Profil v. a. der Religionslehre, einer eigenen Form von Wissenschaft des Judentums, wurde hier wesentlich vorbereitet. Vorgelegt wird eine archivalische Dokumentation, verbunden mit systematischen Erörterungen.

Christian Damböck (Wien) evaluiert *Cohens Psychologie* in ihrer Stellung *zwischen ‚beschreibender Psychologie' und dem ‚Gipfel des Systems'*. Die Psychologie war intendiert als vierter Teil seines *Systems der Philosophie*, der jedoch unveröffentlicht geblieben ist. Die Rekonstruktion von Cohens Intentionen ist auf verstreute Anmerkungen angewiesen, die sich in den publizierten Systemteilen finden sowie in einigen weiteren Schriften Cohens. Das daraus resultierende Bild stellt die Psychologie zwar in gewissem Sinn in eine Traditionslinie mit anderen philosophischen Psychologien wie der Völkerpsychologie von Moritz Lazarus und Hajim Steinthal oder Wilhelm Diltheys ‚beschreibender Psychologie', aber Cohens Methode weist doch eine Reihe von wichtigen Alleinstellungsmerkmalen auf. So erfüllt die Psychologie bei Cohen einen bestimmten, letztlich pädagogischen Zweck als ‚hodegetische Enzyklopädie' des Systems der Philosophie. Sie spielt, anders als bei Dilthey etwa, keinerlei Rolle für die ursprünglichen Entwicklungen der Philosophie, im Rahmen der Logik, Ethik und Ästhetik. Vielmehr wird sie erst nach der Entwicklung dieser Systemteile erforderlich, bei der die Philosophie zunächst nur auf die ‚transzendentale Methode' zurückgreift, also gänzlich unpsychologisch verfährt. Darauf aufbauend soll die Psychologie eine Möglichkeit schaffen, die Gesamtheit der unterschiedlichen Entwürfe und Spielarten der Kultur zu einer diese integrierenden ‚Einheit des Kulturbewusstseins' zusammenzuführen, wobei alle Varianten der Kultur gleich zu behandeln sind, keine als privilegiert zu betrachten ist. Dadurch wird Cohens Psychologie am Ende zu einer politischen Angelegenheit.

Lois Rendl (Wien) analysiert *Cohens Verhältnis zu Friedrich Adolf Trendelenburg*. Cohen entwickelt nämlich seinen Lehrbegriff des transzendentalen Idealismus im Ausgang von der Kontroverse zwischen Kuno Fischer und Friedrich Adolf Trendelenburg über die Interpretation von Kants Transzendentaler Ästhetik. Entscheidend ist Trendelenburgs Unterscheidung von zwei Wegen, von denen der eine zum Idealismus (Johann Gottlieb Fichte) führe, der andere dazu, das Ideale im Realen (Erich von Berger) zu befestigen. Verschiedene Interpreten haben diesbezüglich die Position vertreten, dass Cohen als Schüler Trendelenburgs bezeichnet werden kann, insofern er sich hinsichtlich seiner Orientierung am Faktum der Wissenschaft Trendelenburgs Programm, das Ideale im Realen zu befestigen, anschließt. Diese Interpretation wird durch eine Rekonstruktion von Cohens Kritik an Trendelenburgs Kantinterpretation in *Kants Theorie der Erfahrung* relativiert und die Bedeutung der frühen Platoninterpretation Cohens für dessen eigenständige idealistische Kantinterpretation hervorgehoben. Letztere wird in ihrem historischen Kontext (Schopenhauer, Herbartianismus, Sinnesphysiologie) beleuchtet.

Hauke Heidenreich (Halle) diskutiert unter dem Titel „*Bedenklich und anstößig*" *Cohens Interpretation der Postulatenlehre im Kontext von Spiritismus und Materialismus um 1900*. Die Debatte um die Vereinnahmung der kantischen Postulatenlehre durch spiritistische Autoren um 1900 wurde seinerzeit auch innerhalb der akademischen Kantforschung breit diskutiert. Bedeutende Vertreter wie Hans Vaihinger, Friedrich Paulsen, Benno Erdmann und Erich Adickes bezogen in diesem Kontext Stellung, um der Behauptung des Okkultisten Carl du Prel zu begegnen, wonach Kant spiritistische Positionen vertreten habe. Aber auch ‚materialistische' Autoren wie Ernst Haeckel meldeten sich zu Wort und unterstellten wiederum, dass Kants Postulatenlehre dem Spiritismus Vorschub geleistet habe. In diesem Kontext veröffentlichte Hermann Cohen seine moralphilosophischen Hauptwerke, in denen er eine scharfe Front gegen metaphysische und materialistische Kantinterpretationen eröffnete. Hier ist besonders Cohens auffällige Deutung der Postulatenlehre als „bedenklich und anstößig" signifikant. Untersucht wird die Verwobenheit dieser Deutung in den skizzierten zeitgenössischen Kontexten. Nimmt Cohen mit dieser Interpretation den Spiritismusverdacht gegen Kant auf? Des Weiteren wird Cohens Abwehr des ,Pantheismus' untersucht, die sich u. a. dezidiert gegen Haeckel richtete. Dies alles ist umso mehr im Blick zu behalten, als Cohen auch in der modernen Kantforschung, die diese Kontexte nicht thematisiert und Kant weitgehend ohne seine Postulaten-Lehre interpretiert, als Autorität zitiert wird.

Cedric Cohen Skalli (Tel Aviv) unternimmt eine kritische Analyse von *Hermann Cohen's Jewish and Imperial politics during World War I*. Sein Beitrag wirft neues Licht auf die vieldiskutierte, eindrucksvolle Serie der ,Kriegsschriften', in denen Cohen seine Idee eines möglichen messianischen Zusammenwirkens deutscher imperialer und expansiver Kriegsziele mit modernen Konzepten Jüdischer Diaspora, erneuert im deutschen Geist, entwickelt (mit einer Erstreckung von Rußland bis Amerika). Der Essay konzentriert sich insbesondere auf zwei Vorlesungsreisen, die Cohen im Jahr 1914 plante: Datierte die eine auf Mai 1914, wenige Wochen vor Ausbruch des Ersten Weltkriegs, mit den Zielen Petersburg, Moskau, Riga, Vilnius und Warschau, so sollte die andere Propaganda-Reise nach Amerika gehen, und zwar im Herbst 1914, also am Beginn des Krieges, wobei sie von Cohen und einer Gruppe von Juden projektiert wurde, die dem *Centralverein deutscher Staatsbürger jüdischen Glaubens* verbunden waren. Der Plan der Amerika-Reise scheiterte. Realisiert wurde nur die Publikation eines Artikels in verschiedenen amerikanischen Zeitungen Anfang 1915 auf Deutsch, Englisch und Jiddisch. Untersucht wird neues Archivmaterial zum politischen Hintergrund dieser beiden Initiativen. Zu fragen ist: Auf welche Weise stellen Cohens Schriften und Aktivitäten während des Ersten Weltkriegs eine neue jüdische und imperiale Politik auf – die darauf aus ist, eine messianische Integration der Jüdischen Diaspora in die imperiale und expansive Politik Deutschland anzubahnen, verstanden als politische Verwirklichung des ,Deutschen Idealismus'.

Robert S. Schine (Middlebury) widmet sich der *Sicht der Schüler* auf *Hermann Cohen als Lehrer*. Ausgewählte Darstellungen Cohens als Lehrer, die aus seinem vor allem jüdischen Schülerkreis hervorgegangen sind, lassen ein Bild von Cohen als Lehrer entstehen, der gleichermaßen menschliche Wärme wie auch philosophische Tiefe und Leidenschaft ausstrahlt. Nur so lässt sich erklären, dass selbst diejenigen Schüler, die sich philosophisch und jüdisch-politisch von ihm distanzierten, ihm dennoch mit tiefer Treue als Lehrer huldigten, vor allem in den Nachrufen aus dem Todesjahr 1918. In diesem Beitrag liegt das Schwergewicht nicht auf der bekannten und umstrittenen Schilderung von Franz Rosenzweig in seiner Einleitung zu Cohens *Jüdische Schriften* (1924), sondern auf weniger beachteten Stimmen aus dem Schülerkreis in Marburg und Berlin: Ernst Cassirer, dessen Wurzeln im Marburger Neukantianismus bei seinem selbständig erlangten Ruhm oft übersehen werden, der in seiner Grabrede für Cohen ein bewegendes Porträt seines Lehrers bietet; Hans Liebeschütz, dem wir einen seltenen Einblick in die Berliner Lehrtätigkeit Cohens verdanken; Max Wiener, ebenfalls aus der Berliner Zeit, und vor allem Jakob Klatzkin, der Cohen einen kleinen Gedenkband widmete (1919). Bei Wiener und Klatzkin geschah der Bruch wegen Cohens systematisch begründeter Ablehnung des Zionismus, die nach Klatzkin das tragische Element bei diesem sonst von ihm und vielen seiner Zeitgenossen so verehrten Lehrer darstellt.

Bernd G. Ulbrich (Dessau-Roßlau) beleuchtet die Freundschaft zwischen *Robert Fritzsche und Hermann Cohen* im biographischen Kontext. Fritzsches Buch *Hermann Cohen aus persönlicher Erinnerung* (Berlin 1922) ist in der Forschung als verlässliche, wertvolle Quelle zu Cohens Persönlichkeit und Biographie seit langem anerkannt. Die Persönlichkeit des Verfassers blieb aber bisher im Dunkeln. Anhand des Fritzsche-Nachlasses und weiterer Archivquellen skizziert der Beitrag den Lebensweg und das geistige Profil des Gießener Universitätsbibliothekars und klassischen Philologen Robert A. Fritzsche (1868–1939). Er dokumentiert zudem die langjährige Freundschaft von Fritzsche und Cohen, ihre Basis in verbindenden wissenschaftlichen Interessen und Wertvorstellungen sowie Fritzsches Streben, zur Wertschätzung Cohens und zur Verbreitung seiner Philosophie beizutragen.

Frederick Beiser (Syracuse) nähert sich mit dem Beitrag *Hermann Cohen's Theory of Sensation* einer zentralen Lehre Cohens: seiner Theorie der Empfindung. Cohen arbeitet diese Theorie in zwei Werken der 1880er Jahre aus, in *Das Princip der Infinitesimal-Methode und seine Geschichte* (1883) und in der zweiten Auflage von *Kants Theorie der Erfahrung* (1885). Bisher wurde dem philosophischen Kontext dieser Lehre nur ungenügend Aufmerksamkeit gewidmet; sie schien allzu dunkel und rätselhaft. Der Beitrag lokalisiert diesen Kontext in der Reaktion des Neukantianismus auf den Positivismus, der die deutsche Philosophie und Kultur der 1880er Jahre erheblich beeinflusste. Cohen reagierte auf zwei positivistische Autoren, auf Eugen Dühring und Richard Avenarius. Gegen sie machte er geltend, dass Empfindung keine Gegebenheit, sondern als ein Kontinuum intensiver Größe zu analysieren sei. Die Analyse der Empfindung dehnte also die Reichweite des Verstandes aus und war daher ein wichtiger Schritt auf dem Weg zu Cohens späterer Zurückweisung von Kants Dualismus zwischen Verstand und Sinnlichkeit.

Kurt Walter Zeidlers (Wien) Beitrag *Cohen und die Fries'sche Schule* eröffnet mit Blick auf die Fries'sche Schule eine neue Sicht auf Cohens Systemkonzeption: Jacob Friedrich Fries und seine Schüler Jürgen Bona Meyer und Ernst Friedrich Apelt haben mit ihrer Interpretation von Kants ‚metaphysischer Deduktion' und ihrem methodologischen Logikverständnis Cohen auf den Weg einer wissenschaftslogischen Rekonstruktion des Apriori gedrängt. Indem Cohen im Anschluss an Fries und Meyer die ‚metaphysische Deduktion' von vornherein nicht als fundamentallogisches Theorem, sondern als bloß psychologische Analyse interpretiert, muß er für die Fundierung des Apriori auf eine rein wissenschaftslogische Begründung ausweichen. Da das Fundierungsproblem damit weniger gelöst, als vielmehr verschoben wurde, tritt es erneut am Horizont des Systems auf: Zum einen kehrt es mit der Lehre von der *Einheit des Kulturbewusstseins*, die nicht das psychologische ‚Fundament, sondern den Abschluß' des Systems bilden sollte, zurück. Zum anderen tritt es mit der Andeutung einer schlußlogischen Bewältigung des Problems der ‚intelligiblen Zufälligkeit' im Vorfeld des Systems, in *Kants Begründung der Ethik* (1877) zu Tage, sodann aber auch innerhalb der *Logik der reinen Erkenntnis* (1902), wenn Cohen im Rückgriff auf die Syllogistik des Aristoteles ein Begründungstheorem exponiert, das er aber im Anschluss an Fries und Apelt sogleich in ein methodologisches Abschlusstheorem umbiegt.

Pierfrancesco Fiorato (Sassari) konstatiert, dass der von Cohen in der *Ethik des reinen Willens* (1904) an zentraler Stelle eingeführte Begriff der ‚Sprachhandlung' in der bisherigen Rezeptionsgeschichte kaum Beachtung gefunden hat. *Cohens Theorie der Sprachhandlung im Kontext* erfährt hier erstmals systematische Würdigung. Berücksichtigt werden zunächst die zeitgeschichtlichen Konstellationen, die bei Cohens Verwendung des Ausdrucks Pate gestanden haben mögen. Ergiebig erweist sich in dieser Hinsicht Cohens Hinweis auf die Aphasie-Forschung, den er inmitten seiner Ausführungen über das Verhältnis des Willens zur Sprache fallen lässt: Gerade im Bereich der Sprachpsychologie und -pathologie wurde der Ausdruck ‚Sprachhandlung' in der wissenschaftlichen Literatur um die Jahrhundertwende von verschiedenen Autoren gebraucht, deren Texte Cohen gelesen hatte, und die er zum Teil persönlich kannte. Bei der Gleichstellung der Sprachfunktion mit der ‚Zusammenfügung von komplizierten Bewegungskombinationen', d. h. von Handlungen, spielt der Begriff der bereits von Hajim Steinthal als ‚offenbare Steigerung der Aphasie' bezeichneten ‚Apraxie' eine zentrale Rolle. Cohens knapper Hinweis auf die Ergebnisse der Aphasie-Forschung erweist sich schließlich als Wegbereiter der breit angelegten philosophischen Würdigung der Störungen des Symbolbewußtseins, die Ernst Cassirer im dritten Band seiner *Philosophie der symbolischen Formen* unternehmen wird.

Ezio Gamba (Turin) kontexualisiert mit *Hermann Cohen and the Aesthetic Debate of his Time* die *Ästhetik des reinen Gefühls* (1912) und die weiteren ästhetischen Schriften anhand der in ihnen zitierten Autoren. Folgt man der Werk-Genese Cohens, so ist festzustellen, dass Cohen nicht in allen Werk-Epochen über Ästhetik publizierte. Vielmehr konzentrieren sich die ästhetischen Schriften in drei kurzen Perioden (1865–69; 1888–89; 1912–18), getrennt durch zwei lange Intervalle des Schweigens zur Ästhetik. Die genannten drei Perioden zeigen sehr verschiedene Zugänge und Aspekte der Ästhetik sowie Wahrnehmungen der zeitgenössischen Debattenlage. Differente Rezeptionshaltungen zur jeweiligen Ästhetik-Diskussion und je nach Periode verschiedene Referenzwerke werden verzeichnet. Während in der Frühphase die Bedeutung Friedrich Theodor Vischers hervorragt, ist die Spätphase eher aussagekräftig für Cohens Gesamtstellung zur zeitgenössischen Philosophie.

Kirstin Zeyer (Oldenburg) würdigt Cohens Beitrag zur *Cusanus-Forschung* und evaluiert die Frage, inwiefern er als der ‚*eigentliche Entdecker des Cusanus*‘ gelten kann. Woraufhin rezipiert Cohen mit Nicolaus Cusanus (1401–1464) einen der bedeutendsten Philosophen, Theologen und Kardinäle der Renaissance? Neuesten Forschung entsprechend bedarf das bisherige Bild von Cohens Beschäftigung mit Cusanus einer Korrektur, beschränkt sie sich doch keineswegs auf mathematische Erkenntnisprobleme. Vielmehr wird gezeigt, wie Cohen über 35 Jahre hinweg sein Interesse besonders auch auf religionsphilosophische Themen ausweitet. Neben die viel beschworene cusanische Formel von der Gewissheit der Mathematik tritt so vor allem der Toleranzgedanke: *eine* Religion in der Vielfalt der Riten. Dass es sich um mehr als bloße Spielereien handelt, belegt insbesondere Cohens Vorhaben der Herausgabe einer Cusanus-Edition bereits im Jahre 1903 – womit ihm ein fester früher Platz in der Entstehungsgeschichte der *Opera Omnia* des Cusanus und damit auch ein besonderer Stellenwert in der Cusanus-Forschung gebührt. Cohens Anregung zur Beschäftigung mit Cusanus fiel insbesondere bei Ernst Cassirer auf fruchtbaren Boden, so dass schließlich auch ein Licht auf eine wechselseitig fruchtbare Cusanus-Rezeption geworfen wird, die zeitlebens Bestand hatte.

Günter Bader (Gomadingen) thematisiert mit der Lehre von der *Creatio ex nihilo* ein Schlüsselproblem der Religionsphilosophie Cohens und ihres Kontexts. Im Unterschied zu den früheren Bearbeitungen des Themas durch Jakob Gordin, *Untersuchungen zur Theorie des unendlichen Urteils* (1929), und Hartwig Wiedebach, *Wissenschaftslogik versus Schöpfungstheorie* (2009), geht er von der *Logik der reinen Erkenntnis* (1902) nicht aus, sondern aus zwei werkgeschichtlich entgegengesetzten Perspektiven auf die *Logik* zu. Er beginnt mit Gershom Scholems schwierigem, am Ende erfolglosem Rezeptionsversuch von Cohens Schöpfungstheorie im Zeichen emphatischer Betonung der Schöpfung aus dem Nichts, die allerdings bei Scholem der kabbalistischen Umdeutung unterliegt und sich von Emanation kaum mehr unterscheiden lässt. Er fährt fort mit Cohens früher, noch vor seinen maßgeblichen Kant-Studien situierten Abweisung der ‚Schöpfung aus dem Nichts‘ in *Die dichterische Phantasie und der Mechanismus des Bewusstseins*, die mit einer Kritik an ‚Poetologie‘ verbunden ist. So von zwei Seiten umklammert wird die *Logik der reinen Erkenntnis*, der Haupttext für die Kritik der ‚Schöpfung aus dem Nichts‘, daraufhin befragt, ob sie, unbeschadet ihres Status' als Logik, einer poetologischen Lesart zugänglich ist. Diese Frage nimmt im Blick auf ihr Verhältnis zum frühen Cohen die Form an, ob seine frühe Kritik die Poetologie zwingend abweist; und sie nimmt im Blick auf das Verhältnis zu Scholem die Form an, ob die reife Logik und ihre Schöpfungstheorie die Poetologie zwingend erfordert.

Rudolf Smend (Göttingen) schließt die Beiträge mit seiner Geschichte der Freundschaft *Cohen und Wellhausen*. Der fromme Jude Hermann Cohen und der unkirchlich fromme Christ Julius Wellhausen wirkten von 1885 bis 1892 nebeneinander an der Marburger philosophischen Fakultät. Sie trafen sich im Interesse am Alten Testament und besonders den Propheten. Die Synthese, die beiden gelang, war bei Wellhausen historisch, bei Cohen philosophisch geprägt: „Was bei Wellhausen eine große Periode der biblischen Geschichte gewesen war, wurde für Cohen das klassische Bild des Judentums in allen Zeiten" (Hans Liebeschütz). Das große Dokument der freundschaftlichen Beziehung zwischen den beiden Gelehrten ist der bewegte und bewegende Nachruf, den Cohen 1918 kurz vor seinem eigenen Tod auf Wellhausen schrieb; auf Wellhausens Seite sind seit 2013 eine Reihe aufschlussreicher brieflicher Erwähnungen Cohens greifbar.

Als *Anhang* ist diesen Beiträgen ein Text von *Siegfried Sinaï Ucko* beigegeben: *Hermann Cohen und seine religiöse Lehre*, aus dem Hebräischen übersetzt von Simon Lauer (Zürich). Der Text erschien 1971 als Einleitung in Zwi Wojslavskis hebräische Übersetzung von Cohens *Religion der Vernunft aus den Quellen des Judentums*. Er ist ein Brückenschlag zwischen der deutschen, philosophischen sowie jüdischen Tradition Hermann Cohens und der Sprachwelt Israels, das heißt hier: eine auf religiöse Fragen zugespitzte Charakteristik von Cohens Idealismus. Es geht um Wahrheit und Gott, um Ethik und Geschichte, aber auch um Halacha und Gebet. Mehr noch als das Nachwort des Kabbala- und Spinozaforschers Josef Ben-Schlomo über ‚Cohens Philosophie der Religion und Auffassung des Judentums' spielte diese Einleitung ihre Rolle in der damaligen, auf kulturelle Selbständigkeit bedachten israelischen Diskussionslandschaft.

Sinaï Ucko (geb. am 7.11.1905 im schlesischen Gleiwitz, gest. am 10.8.1976 in Petach Tikwah, Israel) studierte zwischen 1924 und 1929 u. a. Philosophie und Rabbinica in Wien, Breslau, Berlin, Jerusalem und Königsberg, wo er 1927 bei Heinz Heimsoeth promoviert wurde. Wie Cohen war er eng mit dem Breslauer Jüdisch Theologischen Seminar und der Berliner Hochschule (Lehranstalt) für die Wissenschaft des Judentums, die ihm den Rabbiner-Titel verlieh, verbunden. 1929 wurde er Religionslehrer und als Jugendrabbiner nach Mannheim berufen. Von 1932 bis zu seiner Auswanderung nach Palästina im Januar 1935 war er Bezirksrabbiner von Offenburg mit 27 Kleingemeinden. In Palästina/Israel wurde er nach verschiedenen Anstellungen in pädagogischen Lehreinrichtungen 1955 Leiter der Abteilung für Erziehung an der Universität Tel Aviv (1963 Professor). Für die Cohen-Forschung relevant sind v. a. seine beiden Arbeiten: *Der Gottesbegriff in der Philosophie Hermann Cohens* (Berlin, Scholem 1927, zugleich Dissertation Königsberg; 2. Aufl., Berlin, Reuther & Reichard 1929). *Das Mitleid.*

Anmerkungen zur Religionsphilosophie Hermann Cohens [hebr.], in: '*Ijun* 20 (5729/30, 1969/70), 23–28.

Die Stiftung Alfried Krupp Kolleg Greifswald in Person ihrer seinerzeitigen Wissenschaftlichen Direktorin Prof. Dr. Bärbel Friedrich und ihres Wissenschaftlichen Geschäftsführers Dr. Christian Suhm förderten, zusammen mit der Deutschen Forschungsgemeinschaft, die Durchführung der wissenschaftlichen Konferenz zum Gedenken des Todestags Hermann Cohens finanziell. Für die umsichtige Redaktion der Beiträge im Zuge der Drucklegung ist Antje Arens, Clara Vogt und Dr. Knud Henrik Boysen, für das Namenregister Lasse Seebeck (Greifswald) herzlich zu danken!

9. Februar 2021

Messianismus ohne Messias

Christoph Schulte

Der Messias, welcher das Los des jüdischen Volkes zum Besseren wendet, die zwölf Stämme Israels aus dem Exil nach Zion zurückführt oder gar den Weltlauf beendet, gehörte seit der Antike zu den wichtigsten Vorstellungen im Judentum. Anders als im Christentum, wo der Messias Jesus bereits gekommen ist, ist es für den Messianismus im rabbinischen Judentum kennzeichnend, dass der Messias noch nicht gekommen ist und dass niemand weiß, wer der Messias sein wird und wann in der Zukunft er kommen wird. Unumstritten ist, dass er kommen wird; umstritten ist, *ob* überhaupt und, wenn ja, *was* die Juden dafür tun können, dass der Messias kommt.

Der jüdische Messianismus ändert sich jedoch im 19. und 20. Jahrhundert bei liberalen Rabbinern, bei jüdischen Sozialisten und bei Zionisten grundlegend. Denn diese berufen sich auf das Messianische, auf die Machbarkeit und Veränderlichkeit der Geschichte durch den Menschen, aber sie sehen vom Kommen des Messias als Person ganz ab. Seither gehört ein *Messianismus ohne Messias* zur Signatur der jüdischen Moderne. Für jüdische Links-Intellektuelle und Philosophen des 20. Jahrhunderts wie Hermann Cohen, Ernst Bloch, Walter Benjamin, Adorno, Levinas oder Derrida ist das Messianische eine Chiffre für die Veränderlichkeit von Welt und Geschichte, zugleich auch wichtiger Bestandteil ihres Selbstverständnisses als Juden.

1. Die Wiederkehr des Messianismus: Reformjudentum, Sozialisten, Zionisten

Der moderne *Messianismus ohne Messias* ist gekennzeichnet durch die erstaunliche Wiederkehr, aber auch Verwandlung des Messianismus seit den 1840er Jahren. Erstaunlich ist diese Wiederkehr des Messianismus deshalb, weil in der jüdischen Geschichte Europas im 18. und auch noch im frühen 19. Jahrhundert der Messianismus religiös, politisch oder intellektuell kaum eine Rolle spielte. Nach der innerjüdischen Katastrophe und tiefgreifenden Enttäuschung über den zum Islam konvertierten Messias Sabbatai Zwi im 17. Jahrhundert und den folgenden, jahrzehntelangen Auseinandersetzungen mit den Krypto-Sabbatianern und Frankisten war der Messianismus, d. h. die Lehre vom Kommen des von Gott gesandten Messias zur Rettung des jüdischen Volkes und zu dessen Rückführung nach Zion, im aufgeklärten europäischen Judentum diskreditiert.[1] Aufgeklärte Juden beriefen sich auf die universale Gleichheit aller Menschen und strebten die bürgerliche Emanzipation in Europa an.

Aber auch für die rabbinischen Traditionalisten, die an der Lehre vom Kommen des Messias am Ende der Tage festhielten, blieb der Messianismus ein unlebendig weitergetragenes Stück Glaubenslehre weitab der aktuellen Agenda. Die Halacha und die religiöse Observanz im Alltag waren seit jeher wichtiger als der Messias. Nur im osteuropäischen Chassidismus des späten 18. Jahrhunderts gab es Ausnahmen: Nachman von Bratslav z. B. wurde vor seinem frühen Tod 1810 von seinen Anhängern als Messias verehrt.[2]

Dagegen führte im intellektuellen Spektrum von der Haskala über das emanzipierte jüdische Bürgertum und die Wissenschaft des Judentums bis zu den Anfängen der Neo-Orthodoxie bei Samson Raphael Hirsch der Messianismus ein Schattendasein. Repräsentativ für viele mitteleuropäische Juden auf dem Weg in die bürgerliche Gesellschaft konnte der prominente Maskil und Kantianer Lazarus Bendavid 1822 gleich im ersten Band der *Zeitschrift für die Wissenschaft des Judentums*, die am Anfang der modernen wissenschaftlichen Erforschung des Judentums steht, konstatieren: der Messianismus sei kein wesentlicher Glaubensartikel des Judentums.[3] Der Messianismus war degradiert zu einem vernachlässigenswerten, störenden, religiös und philosophisch unwesentlichen Überbleibsel jüdischer Tradition.

Vor diesem Hintergrund überraschte ein starker Bedeutungsgewinn des Messianismus in der jüdischen Reformtheologie, den George Y. Kohler in seinem Sammelband *Der jüdische Messianismus im Zeitalter der Emanzipation* (2014) rekonstruiert hat. Es ist jedoch daneben auch eine Wiederkehr des Messianismus in der Geschichtsphilosophie von jüdischen Philosophen und Linksintellektuellen ab etwa 1840 zu konstatieren. Bei so unterschiedlichen liberalen Rabbinern wie Samuel Holdheim, Salomon Formstecher, Samuel Hirsch, Salomon Ludwig Steinheim und David Einhorn, aber auch bei jüdischen Philosophen wie Moses Hess und Hermann Cohen (um nur die bekanntesten zu nennen) rückte der Messianismus wieder zu einem markanten Element ihrer Geschichts-Vorstellungen auf.

Die Reformrabbiner sind zunächst von der Geschichtsphilosophie Kants oder Hegels inspiriert, welche sie konsequent entchristianisierten. In diesen Geschichtsphilosophien wird das Judentum nicht mehr, wie von Augustin bis Hegel, als vom Christentum überwundene antike Religion und als vergangene

---

[1] Vgl. SCHOLEM, Sabbatai Zwi; SCHOLEM, Erlösung.
[2] Vgl. GREEN, Master.
[3] BENDAVID, Messias, 224f.

Etappe der Menschheitsgeschichte betrachtet,[4] sondern vielmehr als ethischer Monotheismus definiert, der aktuell, gültig und wesentlich zu den sittlichen Fortschritten der Menschheit beiträgt. Viele bekannte Reformrabbiner, vertreten auf der Frankfurter Rabbiner-Versammlung von 1845, oder dann auf der wirkmächtigen Rabbiner-Konferenz von Philadelphia im Jahr 1869, ethisieren und universalisieren den Messianismus, indem sie die universale, fortschreitende Verbreitung des Monotheismus und seiner Sittlichkeit sowie und die zunehmende Verwirklichung von Frieden und Gerechtigkeit geschichtstheologisch zur fortwährenden messianischen Mission des Judentums in der Weltgeschichte erklären.

Dabei wird der jüdische Auserwähltheitsglaube neu interpretiert: Gott hat das Volk Israel zu der messianischen Mission auserwählt, trotz seines Leidens und trotz der Verfolgungen von Juden in der Weltgeschichte am geschichtlichen Fortschritt der Menschheit mitzuwirken, um aus den jüdischen Quellen Sittlichkeit, Gerechtigkeit und Frieden unter den Völkern der Welt zu verbreiten. Die traditionellen rabbinischen Erwartungen von einem zukünftigen Kommen des Messias als Person und von einer Rückkehr aller Juden nach Zion werden dabei allerdings schrittweise preisgegeben. Im Zeitalter der Emanzipation wollen die bürgerlichen Juden loyale, gleichberechtigte Staatsbürger ihrer Heimatländer bleiben und am sittlichen und sozialen Fortschritt der Menschheit mitwirken. Die partikulare jüdische Vorstellung vom Kommen des Messias als Person wird so bei Denkern und Rabbinern des Reformjudentums transformiert zur geschichtstheologischen Vorstellung von einem zukünftigen, menschheitlichen, messianischen Zeitalter des Friedens, der Sittlichkeit und Gerechtigkeit, in welchem der Messias als gottgesandte Person und Erlöser keine Rolle mehr spielt.

In dieser Geschichtstheologie der liberalen Rabbiner, wie gleichzeitig in der Geschichtsphilosophie jüdischer Sozialisten wie z. B. Moses Hess, später auch bei jüdischen Neukantianern wie Hermann Cohen und Chaim Zhitlowsky,[5] wird der Messianismus zu einer das Heil der ganzen Menschheit näherbringenden Endphase der Weltgeschichte universalisiert. Bei vielen jüdischen Linksintellektuellen wird überdies das messianische Zeitalter als Zielvorstellung und Verwirklichungs-Epoche des Sozialismus politisiert. Dabei machen allerdings Menschen die Weltgeschichte; und Menschen verwirklichen, getragen vom Fortschrittsoptimismus, schrittweise durch Reformen oder in revolutionären Bewegungen die sozialen Ideale von universaler Gleichheit aller Menschen, von sozialer Gerechtigkeit und Weltfrieden. Auf die Vorstellung eines von Gott gesandten, personalen Erlöser-Messias wird dabei verzichtet und stattdessen ein messianisches Zeitalter ohne den Messias in Person postuliert: Bei Reformrabbinern von Holdheim bis Leo Baeck ebenso wie bei jüdischen Sozialisten und Sozialdemokraten, bei bürgerlich-liberalen ebenso wie bei antibürgerlichen Ju-

---

[4] Vgl. TAUBES, Eschatologie; LÖWITH, Weltgeschichte.
[5] SCHWEIGMANN-GREVE, Chaim Zhitlowsky.

den, entsteht fast zeitgleich ein geschichtsphilosophisch und -theologisch konstruierter, fortschrittsoptimistischer und universalistischer Messianismus *ohne* Messias. Diesem Messianismus geht es primär nicht mehr um die Befreiung der Juden vom Joch des Exils, sondern um die Befreiung der Menschheit.

Aber auch der moderne Zionismus, angefangen bei einem Proto-Zionisten wie Moses Hess, kann als ein partikularistischer Messianismus ohne Messias interpretiert werden: Die Rückkehr des Volkes Israel aus dem Exil nach Zion ist – auch ohne den Messias als Person – die Erfüllung einer alten messianischen Hoffnung. Diese partikulare religiöse Hoffnung auf die Rückkehr nach Zion wehrte schon Theodor Herzl am Anfang der zionistischen Bewegung ab, weil er den Zionismus als säkulares politisches Projekt begriff. Aber diese religiöse Hoffnung auf Rückkehr aller Juden ins Heilige Land bleibt noch bis in die territorialen Besitzansprüche und sogar Gewalttaten der heutigen nationalreligiösen israelischen Siedlerbewegung präsent, wo manche die Zeiten des Messias für gekommen halten, obwohl der Sechstagekrieg von 1967 und nicht ein personaler Messias die Siedler in die Westbank brachte.[6] Von daher gehört der Messianismus ohne Messias zur Signatur der jüdischen Moderne – und sogar noch Postmoderne. Der moderne Messianismus ohne Messias findet sich also manifest bei drei unterschiedlichen jüdischen Gruppen: a) bei Reformrabbinern, b) bei jüdischen Sozialdemokraten, Sozialisten und Kommunisten, und c) bei Zionisten.

Auf der jüdischen Linken repräsentieren das messianische Zeitalter und der Messianismus angesichts einer unter Armut und Unfreiheit, unter kapitalistischer Ausbeutung und sozialer Ungerechtigkeit leidenden Menschheit die zentrale Zukunftsperspektive: Der Messianismus steht für die Idee, die Hoffnung oder die Utopie einer politischen Veränderung und Verbesserung der gegenwärtigen Verhältnisse und verheißt das Ende des Unheils der Geschichte für die ganze Menschheit. Messianismus bedeutet für die jüdischen Geschichtsphilosophen, nicht zu resignieren und sich nicht mit der schlechten Gegenwart abzufinden. Vielmehr eröffnet er religiös wie politisch die Möglichkeit, die geschichtliche Welt aktiv und in der Perspektive auf die Verwirklichung des Sozialismus zu verändern. Entgegen den geschichtsdeterministischen Positionen des dogmatisch-marxistischen historischen Materialismus' steht der Messianismus ohne Messias für eine nicht-deterministische Geschichtsphilosophie, in der die Menschen – mit offenem Ausgang – die Geschichte selbst verändern können. Diese Perspektive gilt für die messianische Geschichtsphilosophie jüdischer Kantianer und Neukantianer (Steinheim, Cohen, Zhitlowsky), jüdischer Hegelianer (Heine, Hirsch, Hess) und unorthodoxer jüdischer Neo-Marxisten (Bloch, Benjamin, Adorno) gleichermaßen.

Die Reformrabbiner ebenso wie ihr Gegenpart, die Zionisten, aber auch die linken jüdischen Geschichtsphilosophen erwarten nicht mehr, wie die rabbi-

---

[6] Vgl. RAVITZKY, Messianism, bes. 79–144.

nische Tradition, das Kommen des Messias als Person und Befreier Israels. Reformrabbiner wie David Einhorn, der nach seiner Auswanderung in die USA dort einer der führenden Reformrabbiner wurde und die Rabbinerkonferenz von Philadelphia 1869 maßgeblich beeinflusste, interpretierten den Messianismus um in die weltgeschichtliche Bestimmung und sogar Erwählung des Judentums, die ganze Menschheit mit dem Monotheismus und der jüdischen Sozialethik bekannt zu machen. Die jüdischen Sozialisten und Sozialrevolutionäre, die linken Schriftsteller und Journalisten wandeln in je unterschiedlicher Weise die Idee des Messias und der messianischen Zeit in ihrer Geschichtsphilosophie um zur Vorstellung der möglichen, zukünftigen, universalen Befreiung der Menschheit. Sie propagieren im Namen des Messianismus Gleichheit, Beachtung der Bürger- und Menschenrechte für alle, soziale Gerechtigkeit und Frieden.

Bei Hermann Cohen finden der liberal-religiöse Messianismus der Reformrabbiner und der sozialpolitische Radikalismus anfangs des 20. Jahrhunderts zusammen in der zugleich religions- und geschichtsphilosophischen Rede vom Messianismus als „Quintessenz" des Monotheismus, der politisch auf ein messianisches Zeitalter ziele, in welchem die Verwirklichung des ethischen Sozialismus und des Weltfriedens die unendliche moralisch-religiöse Aufgabe der Menschheit sei. Insofern nimmt Cohen in diesem Netz unterschiedlicher Messianismen (im Plural) ohne personalen Messias eine Schlüsselstellung ein. Diese Schlüsselstellung verdankt sich einerseits seiner akademischen Position, seiner Rolle und Reputation als bekanntester jüdischer Philosoph des Wilhelminischen Kaiserreichs mit zahlreichen jüdisch-akademischen Schülern und Lesern, und einer starken Präsenz auch im gebildeten jüdischen Bürgertum, in der jüdischen Presse und in den Institutionen der Wissenschaft des Judentums. Andererseits verbindet Cohen in seinem Werk und in seiner Person die religiös-liberale, jüdisch-theologische Schule des Messianismus ohne Messias mit der politisch-sozialistischen Schule des Messianismus ohne Messias.

Darüber hinaus markiert der Messianismus ohne Messias in Cohens Religionsphilosophie eine radikale Umbesetzung und einen Neuanfang der jüdischen Religionsphilosophie in der Moderne: Wenn Cohen einen universalistischen, ethisch-politischen Messianismus zum Kern des Judentums als Religion des prophetischen Monotheismus erklärt, löst er damit religionsphilosophisch die Halacha als Kern des rabbinischen Judentums ab. Wenn er überdies den politischen Sozialismus zur „natürlichen Konsequenz" des jüdischen Messianismus in der Staatenordnung und politischen Welt erklärt, wenn er Armut als „Notstand" und „Tiefstand der Kultur" geißelt[7] und für soziale Gerechtigkeit und Sittlichkeit streitet, wird Cohens politisch konkreter Messianismus in und nach dem Ersten Weltkrieg zum Ausgangspunkt eines neuen, modernen jüdischen Selbstverständnisses, in welchem der Messianismus ohne Messias die Brücke

---

[7] RV, 158.

zwischen Religion und Politik darstellt: Der Messianismus, oder auch „das Messianische" ist elementarer Bestandteil jüdischer Tradition und steht zugleich für die Verheißung, die Hoffnung oder den Anspruch auf eine profane Veränderbarkeit und Gestaltbarkeit von Welt, Politik und Zukunft in Richtung auf soziale Gerechtigkeit und Frieden. Der Messianismus oder das Messianische verbindet für jüdische Linksintellektuelle eine spezifische jüdisch-religiöse Tradition mit einem Versprechen auf Weltveränderung.[8]

Ich werde zunächst Cohens Messianismus ohne Messias anhand einiger seiner Texte rekonstruieren, kann indes seine Schlüsselstellung in der Geschichte des modernen Messianismus zwischen Reformrabbinern und jüdischen Sozialisten hier nur umreißen. Die Cohen-Rezeption, religionsphilosophisch und religionssoziologisch bei Leo Baeck, Rosenzweig, Buber, Scholem oder Levinas, wird von Cohens Messianismus ohne Messias mitgeprägt; die sozialrevolutionären und sozialphilosophischen Reaktionen auf den Messianismus ohne Messias werden hier nur kurz skizziert. Es sind dies unterschiedliche Netzwerke, Verbindungslinien und Rezeptionsgeschichten Cohens, die sich bei einzelnen Personen und Positionen jedoch überschneiden.

2. Hermann Cohens Messianismus

Julius Guttmann hat in seinem Klassiker *Philosophie des Judentums* (1933) Herrmann Cohens *Religion der Vernunft aus den Quellen des Judentums* ohne Rücksicht auf Cohens eigene systematische Einschränkungen unter die bedeutendsten Religionsphilosophien des Judentums eingemeindet. Und das ist völlig richtig. Aber er verschweigt dabei, was Cohens jüdische Religionsphilosophie kategorisch von ihren bei ihm auch behandelten Vorgängern unterscheidet: Die *Religion der Vernunft* ist, wie zuvor nur Philo, nicht mehr orientiert und eng gebunden an Talmud und Halacha. Dagegen gewinnen die Bibel, insbesondere Tora und Propheten, und insbesondere deren sozial-ethische Botschaft, an Bedeutung. Halachische Observanz gegenüber allen 613 Geboten (*mizwot*) ist nicht mehr wie in der traditionellen jüdischen Religionsphilosophie eine selbstverständliche Voraussetzung bei Cohen. Immer muss das Partikular-Jüdische der Mizwot gegenüber der Universalität der philosophischen Ethik zurücktreten.

Diese Neuerung in Cohens Religionsphilosophie macht ein kurzer Blick auf Moses Mendelssohn deutlich: Der jüdische Aufklärer Mendelssohn, sozusagen die Vaterfigur des deutschsprachigen bürgerlichen Judentums, hatte in seinem religionsphilosophischen Hauptwerk *Jerusalem oder über religiöse Macht und*

---

[8] Der so politisierte Messianismus ist eine Brücke zwischen jüdisch-religiösem Erbe und linker Politik, nicht ein Ersatz oder eine glatte Säkularisierung des religiösen Gehalts; vgl. SCHULTE, Messianism, 84–88.

Judentum (1783) noch unter Berücksichtigung von Talmud und Halacha das Judentum als Vernunftreligion mit „geoffenbarter Gesetzgebung" dargestellt und verteidigt[9]; für ihn ergänzen, völlig im Einklang mit der rabbinischen Tradition, der Talmud und die Halacha als unantastbare und unveränderliche mündliche Tora die schriftliche Tora der fünf Bücher Mose.[10] Das Judentum enthält – so Mendelssohn – in seinen Schriften und Lehren universale Vernunftwahrheiten, wie die der Existenz Gottes und allgemeine, aber kontingente Geschichtswahrheiten, wie die der Offenbarung der Tora an das jüdische Volk am Berg Sinai. Diese Vernunft- und Geschichtswahrheiten werden auch von Christen und Muslimen akzeptiert.

Spezifisch jüdisch ist es hingegen, so Mendelssohn, die Tora und sämtliche Gebote als unveränderliche, moralisch verbindliche „geoffenbarte Gesetzgebung" anzuerkennen, die partikular nur den Juden gilt. Der aufgeklärte Jude kann staatsbürgerlich emanzipiert und vor dem Gesetz allen anderen Bürgern des Staates gleichgestellt werden, lautet Mendelssohns Botschaft in *Jerusalem*, aber er muss zugleich religiös und moralisch allen 613 Mizwot der rabbinischen Halacha gehorsam bleiben und halachisch observant leben.[11] In Mendelssohns jüdischer Religionsphilosophie teilt das Judentum seine Vernunftwahrheiten und seine Geschichtswahrheiten mit den anderen Offenbarungsreligionen und allen Vernunftwesen, gleich welcher Religionszugehörigkeit, aber das spezifisch Jüdische und der Kern des Judentums ist und bleibt die Halacha.

Genau diese Reduktion des Judentums auf partikulare, geoffenbarte Gesetze und Gebote, also auf eine partikulare religiöse Moral, bestreitet Cohen energisch. Für ihn ist Ethik immer universal, die Vorstellung einer „jüdischen Ethik" ist ein partikularer philosophischer Irrweg, wie er gegen Moritz Lazarus polemisiert.[12] Der Talmud, das stellt sein Gerichtsgutachten *Nächstenliebe im Talmud* von 1882 klar, gilt Cohen als wichtiges historisches Dokument des Judentums, ist der Bibel jedoch niemals gleichwertig.[13] Nach alter jüdischer Tradition ist der Talmud der „Zaun" um die Tora, aber zwischen Zaun und Kern sei zu unterscheiden.[14] Und im Kern sei das Judentum nicht Gesetzesreligion, sondern Messianismus.

Diese Auffassung vom Judentum, die er erstmals ganz ausführlich in seinem Vortrag *Die Messiasidee* (ca. 1892) historisch und systematisch entwickelt, vertritt Cohen bis zu seinem Tod 1918: Der reine jüdische Monotheismus gipfelt in einem universalen Messianismus.[15] „Der Messianismus [...] ist der Grundpfeiler

---

[9] MENDELSSOHN, Jerusalem, 164.
[10] Vgl. SCHULTE, Verteidigung, 93–106.
[11] SCHULTE, Aufklärung, 179–181.
[12] COHEN, Sittenlehre, 1–35.
[13] COHEN, Nächstenliebe, 145–174.
[14] Vgl. COHEN, Messiasidee, 119.
[15] COHEN, Prophetismus, 510.

des Judentums; er ist seine Krone und seine Wurzel", heißt es in *Deutschtum und Judentum* (1915).[16] Der Messianismus ist der „Prüfstein" ebenso wie der „Höhepunkt"[17] „unserer messianischen Religion"[18].

Cohen weiß, im Einklang mit der avancierten protestantischen Bibelkritik des 19. Jahrhunderts – er ist ein Leser und Freund von Julius Wellhausen[19] –, dass die prophetischen Bücher der Hebräischen Bibel historisch älter sind als die Tora, die Soziallehren der Propheten älter als etwa die ritualgesetzlichen Regelungen der Tora. Wie die protestantische Bibelkritik liest er die Hebräische Bibel nicht als Offenbarungstext, sondern als Produkt einer religionshistorischen Entwicklung mit Generationen von Autoren und Redakteuren, die den biblischen Text vor seiner Kanonisierung verfassten und ergänzten. Und dabei ist das prophetische Judentum älter und ursprünglicher als das religionsgesetzliche und das rabbinische Judentum.

Auch die Messiasidee ist für Cohen das Produkt einer jahrhundertelangen religionsgeschichtlichen Entwicklung, in der sich die Idee des gesalbten Königs Israels, des *maschiach*, zu einem universalen Messianismus wandelte. Wie Cohen im gleichnamigen Text darstellt, war der Messias anfänglich nur der Gesalbte, ein König aus dem Stamme Davids, der nationale Befreier Israels von Fremdherrschaft und Bürge des Reiches Gottes auf Erden.[20] Durch die Erfahrung des Untergangs des judäischen Königreiches, der Zerstörung des ersten Tempels und des Exils in Babylon kommt es zu einer Wandlung des Messiasbildes. Es entsteht die Vorstellung vom leidenden Messias und Gottesknecht, die später auch für den Messianismus des Urchristentums leitend wird. Im Deuterojesaja – übrigens ein Autorenkonstrukt Wellhausens – schließlich wird die Messiasidee universalisiert, so Cohen. In dieser „Internationalisierung" wird die Idee des Messias zur Idee der Weltgeschichte, der Messias selber wird zum zukünftigen Erlöser aller Menschen, nicht nur des jüdischen Volkes. Der Messias ist dabei am Ende nicht mehr historische Person, sondern wird zur „Idee" und zu einem „Kalenderbegriff". Im Bild von den „Tagen des Messias" wird er idealisiert zum „messianischen Zeitalter", welches zum „Ziel der Weltgeschichte" wird.[21] Weltgeschichte im emphatischen Sinn als jene *eine* Geschichte der *einen* Menschheit wird erst konstituiert durch den Messianismus der Propheten des *einen* Gottes Israels. Das messianische Zeitalter ist und bleibt dennoch Geschichte, d. h. die irdische, geschichtliche Zukunft der Menschheit. Dass der Messias anders als im Christentum noch nicht gekommen ist, und dass der Messianismus nicht ins

---

[16] COHEN, Deutschtum, 264.
[17] COHEN, Messiasidee, 122.
[18] COHEN, Postulate, 148; auch: JS 1, 10.
[19] COHEN, Wellhausen, 613–622.
[20] COHEN, Messiasidee, 108; für die neuere Literatur: Vgl. MOENICKES, Messianismus, 289–306.
[21] COHEN, Messiasidee, 117.

Jenseits führt, sondern irdisch und historisch wirksam wird, unterscheidet für Cohen kategorisch Judentum und Christentum.

Cohens Messianismus der Weltgeschichte ist nicht apokalyptisch, denn er schreibt die Erlösung vom Negativen in der bestehenden Welt, von Armut, sozialer Ungerechtigkeit, Krieg und Unterdrückung, nicht einem Jenseits der Geschichte, einem neuen Himmel und einer neuen Erde zu. Erlösung vollzieht sich vielmehr in der Geschichte und in dieser Welt. Das Reich Gottes auf Erden wird nicht von Gott, sondern durch die kollektive Anstrengung der Menschen in dieser Welt heraufgeführt. Das messianische Zeitalter bringt aufgrund menschlicher Anstrengung, so Cohen halb biblisch und halb kantianisch, jenen „ewigen Frieden", wo Schwerter zu Pflugscharen geschmiedet werden, das Lamm neben dem Löwen weidet und das Sittengesetz einstmals vollkommen verwirklicht werden kann.[22]

„Messianische Humanität", so Cohen, ist der „innerste Boden unserer Religion".[23] Die Idee des Messias ist nicht nur „das prägnanteste, das originellste Erzeugnis des jüdischen Geistes", sie bildet auch den „geschichtlichen Beruf" des Judentums.[24] Israels Erwählung wird hier von Cohen reinterpretiert. Die Auserwähltheit des jüdischen Volkes besteht gerade darin, die Hoffnung und den „Glauben an das Jerusalem der Menschheit" zu verkörpern: Kein himmlisches Jerusalem, wie zumeist im Christentum, ist anzustreben, und kein „beschränktes Territorium" mit nationaler Hauptstadt,[25] wie es die Zionisten wollen, die Cohen als Nationalisten und Partikularisten zutiefst ablehnt.[26] Das „Jerusalem der Menschheit" bedeutet vielmehr den durchaus irdischen, aber internationalen und religionsübergreifenden Zustand des ewigen Friedens und der verwirklichten Sittlichkeit, dessen schönste Bilder sich bei Jesaja finden.

Wenn Cohen in *Die Messiasidee* die Universalisierung des Messianismus religionshistorisch schon in den biblischen Propheten festmacht, bestätigt er in dieser Schrift mit den Mitteln protestantischer Bibelkritik nur jene Wende und Neuinterpretation des jüdischen Messianismus, welche einige Reformrabbiner schon beinahe 50 Jahre zuvor systematisch eingeleitet hatten: der Messianismus wird innerhalb eines Judentums, das als universalistischer ethischer Monotheismus verstanden wird, wieder zu einer zentralen jüdischen Lehre. Die messianische Mission des Volkes Israel, seine Auserwählung, besteht in der Beförderung und Verbreitung der Sittlichkeit des ethischen Monotheismus unter den anderen Völkern und in der Weltgeschichte. Diese permanente, welthistorisch-messiani-

---

[22] COHEN, Bedeutung, 450–454; auch: JS 1, 32.
[23] COHEN, Postulate, 151; auch: JS 1, 11.
[24] COHEN, Autonomie, 41.
[25] COHEN, Messiasidee, 124.
[26] Vgl. COHEN, Zionismus; sowie: DERS., Antwort auf das offene Schreiben des Herrn Dr. Martin Buber an Hermann Cohen [1916]; beide Schriften sind zusammen mit Bubers Texten abgedruckt in: COHEN, Kleinere Schriften VI, 209–275.

sche Aufgabe des Judentums bedarf indessen des Kommens des Messias als Person nicht mehr. Die Vorstellung des Messias als gesalbten Königs Israels aus dem Hause Davids, so die These Cohens in *Die Messiasidee*, wird in der jüdischen Religionsgeschichte selbst von der „Idee" des Messianismus und des zukünftigen messianischen Zeitalters als Ende und Ziel der Weltgeschichte abgelöst.

Dieser Messianismus ohne den Messias als Person bei Cohen ist nicht wirklich neu und nicht wirklich originell. Insofern hat George Y. Kohler Recht, den Vortrag *Die Messiasidee* als Endpunkt einer jüdisch-theologischen Entwicklungsgeschichte des Messianismus im Reformjudentum zu betrachten und zu setzen.[27] Das religiös-politische Potenzial der *Messiasidee* und dieses Messianismus' ohne Messias entwickelt Cohen allerdings erst im 20. Jahrhundert. Diese Entwicklung führt weit über die jüdische Theologie und das Reformjudentum hinaus, wie bei Kohler analysiert. Denn bezeichnend für Cohens Messianismus ist das Streben nach irdischer Verwirklichung des ethischen Monotheismus, das weder in religiösen Attentismus noch in Quietismus ausschlagen kann. Nicht Warten auf die göttliche Initiative von oben, auch nicht dialektische Volten des Klassenkampfes bringen das Zeitalter des Messias und die weltgeschichtliche Veränderung näher, sondern allein politische Aktivität.

Ausgerechnet im zweiten Jahr des Ersten Weltkrieges schreibt der 73-jährige Philosophie-Emeritus und preußische Geheimrat Cohen im kaiserlichen Berlin in seiner berühmt-berüchtigten Bekenntnisschrift *Deutschtum und Judentum*, dass „politischer Sozialismus" die „natürliche Konsequenz des Messianismus" sei.[28] Es bedarf des Staates zur Durchsetzung des Sozialismus, aber angesichts des Weltkrieges zwischen den Staaten bedarf es des Friedens und eines internationalen Staatenbundes, um gegen Kapitalismus und Militarismus „internationalen Sozialismus" zu verwirklichen. Cohen fordert in diesem Bekenntnis zum recht verstandenen Deutschtum – ganz im Sinne Kants – als Nachkriegsordnung des Ersten Weltkrieges einen internationalen Staatenbund. Denn erst in einer durch den Staatenbund vorbereiteten internationalen Friedensordnung kann Sittlichkeit verwirklicht, kann der ethische Ausbau staatlicher Sozialpolitik vorangetrieben werden und ein ethischer Sozialismus sich in Einheitlichkeit und Freiheit international entwickeln.[29] Und noch das große religionsphilosophische Opus postumum *Religion der Vernunft* widmet allein dem Messianismus gleich zwei Kapitel und endet mit einem letzten Kapitel: „Der Friede".

Hier ist persönlich vorbildlich, mutig und enorm prominent mitten im Ersten Weltkrieg eine Position grundgelegt, die für jüdische Linksintellektuelle, Reformsozialisten und Sozialdemokraten der Weimarer Republik und über sie hinaus beispielhaft wird. Talmud und Halacha sind als Definiens jüdischer Identität durch einen Messianismus ersetzt, dessen politische Konsequenz der

---

[27] KOHLER, Emanzipation, 85–91.287–304.
[28] COHEN, Deutschtum, 516; auch: JS 2, 269.
[29] Ebd., 540f.; auch: JS 2, 286f.

Sozialismus ist. Die Pointe von *Deutschtum und Judentum* ist, dass der deutsche Jude sein Deutschtum und sein Judentum gerade dadurch am leuchtendsten verwirklicht, dass der sich mit Kant und den Propheten für ein universales messianisches Zeitalter des ewigen Friedens, des Völkerbundes, der Sittlichkeit und eines freiheitlichen, ethischen Sozialismus engagiert. Damit wird der Messianismus ohne Messias, wie er im Reformjudentum des 19. Jahrhunderts entstanden war, von Cohen im Ersten Weltkrieg radikal politisiert und von der Sphäre der Religion in die der Politik überführt. Dieser politische Messianismus ohne Messias, mit all seinen religiösen Obertönen und Reminiszenzen aus Bibel und jüdischer Tradition, aber internationalem ethischem Sozialismus als Ziel, ist auch für areligiöse jüdische Linksintellektuelle ein interessantes Identitätsangebot und Selbstverständnis: erlaubt dieser aktivistische Messianismus ohne Messias doch, sich öffentlich zu einem Element der jüdischen Tradition und zugleich als Sozialist oder Kommunist zu bekennen.[30]

3. Das Messianische im 20. Jahrhundert

Das Heraufführen des Sozialismus ist bei Cohen eine unendliche sittliche Aufgabe jedes Menschen im Ganzen der Menschheit. Der Fortschritt in der Weltgeschichte, an dem die Individuen nach Kräften mitwirken, bringt in dieser Welt und in der geschichtlichen Zukunft langsam, aber unweigerlich den politischen Sozialismus herbei. In diesem Punkt ist Hermann Cohen ein liberaler Fortschrittsoptimist, er will andauernde Reform im Staat und durch den Staat, keine Revolution. In genau diesem Punkt allerdings bringt der Erste Weltkrieg eine Wende in der Geschichte des Messianismus ohne Messias. Der Weltkrieg markiert einen Epochenwandel und eine Zeitenwende, und er führt in der Philosophie einen Bruch mit dem geschichtsphilosophischen Fortschrittsoptimismus des liberalen bürgerlichen Zeitalters und des Wilhelminismus herbei. Diesen wilhelminischen, bürgerlichen Fortschrittsoptimismus teilte Cohen noch, trotz aller Kritik an den bestehenden Verhältnissen. Modelle einer unaufhaltsam fortschreitenden, messianischen Verbesserung der sittlichen, sozialen, politischen und staatlichen Verhältnisse in der geschichtlichen Zukunft, wie sie für die Reformrabbiner Sigismund Stern und David Einhorn, für Moses Hess, Hermann Cohen und den jungen Leo Baeck in *Das Wesen des Judentums* (1905) noch selbstverständlich waren, werden indes unter dem Eindruck und Kulturschock des Ersten Weltkrieges bei Rosenzweig und Benjamin, nach dem Zweiten Weltkrieg bei Levinas und zuletzt Derrida durch einen neuen, fortschrittsskeptischen Messianismus der inneren Vergegenwärtigung abgelöst, der – statt auf kontinuierliche, zukünftige Verbesserung – auf das Jetzt, auf Zeitbruch, Be-

---

[30] Vgl. SCHULTE, Identität, 373–385.

währung in der Gegenwart, den geglückten Augenblick sowie eine geschichts- und zeit-unabhängige, meta-ethische Dialogizität des Umgangs mit dem Anderen setzt, und nicht mehr auf das geschichtsphilosophisch durch unendlichen Fortschritt gesicherte Wohlergehen der Enkel.

Ernst Blochs Buch *Geist der Utopie* (1918), entstanden im Ersten Weltkrieg, bringt diese Haltung in seinen ersten drei Sätzen auf den Punkt: „Wie nun? Es ist genug. Nun haben wir zu beginnen." Und noch der Titel des Schlusskapitels benennt drei der treibenden Faktoren von linken Messianismen nach 1918: „Karl Marx, der Tod und die Apokalypse". Bloch entwickelt diese Triebkräfte seiner Utopie-Philosophie ungeachtet aller historischen Veränderungen, ungeachtet der Diktaturen von Stalinismus und Faschismus in immer neuen Variationen bis in sein Spätwerk *Das Prinzip Hoffnung* weiter. Dabei gerät ihm „das Messianische" zu einer Art Existenzial: Das Messianische symbolisiert, entgegen den Dogmen der Theologie und den orthodoxen Lehren von Christentum und Judentum, die Befreiung des Menschen durch den Menschen, nicht durch Gott.[31] Insofern steht das Messianische für die a-theistische Utopie der ohne Gott nur durch sich selbst befreiten Menschheit, es steht für: Transzendieren ohne Transzendenz.[32]

Walter Benjamins Messianismus ist apokalyptisch. Seine Thesen über die Geschichte, die vom Messias sprechen, entstehen 1940, kurz vor seinem Freitod, im ersten Jahr des Zweiten Weltkriegs. Im Hitler-Stalin-Pakt war nicht nur die Teilung Polens besiegelt worden. Was in den Augen Benjamins viel mehr und viel schlimmer war: Es hatte sich die wichtigste revolutionäre Macht der Welt, die Sowjetunion, mit dem Faschismus arrangiert und damit die Arbeiterklasse und die Arbeiterparteien Europas, die verzweifelt gegen den Faschismus kämpften, in Theorie und Praxis verraten. Deren Opfer waren sinnlos geworden, die Hoffnung auf die Erlösung durch eine Diktatur des Proletariats nach der Oktoberrevolution war blutig enttäuscht worden. Gog und Magog hatten sich auf Kosten der Unterdrückten verbündet. Unter diesen Vorzeichen interpretiert Benjamin pessimistisch die ganze vergangene und gegenwärtige Weltgeschichte als Unheilsgeschichte von Unterdrückung, Ausbeutung und Zerstörung. Die Zukunft hingegen ist für die Juden, wie Benjamin schreibt, keine leere und homogene Zeit. Denn in ihr ist jede Sekunde die kleine Pforte, durch die der Messias eintreten kann.[33]

Aber dieses Eintreten des Messias enthält bei Benjamin kein Versprechen auf eine bessere Zukunft, es bricht vielmehr das Kontinuum der irdischen Unheilsgeschichte ab, indem es die homogene Zeit unterbricht und dem unheilvollen Lauf der Geschichte ein Ende setzt. Wo der Fortschritt des Menschengeschlechts in der homogenen Zeit nur noch als Sturm vorstellbar ist, der den „Engel der Ge-

---

[31] Vgl. BLOCH, Hoffnung, 1463f.
[32] BLOCH, Atheismus, 6.
[33] BENJAMIN, Geschichte, 704.

schichte" wie jeden Betrachter des Trümmerhaufens der Geschichte nur immer weiter vom Paradies wegweht,[34] können nur der Messias und das Jüngste Gericht das Unheil beenden. Denn „daß es so weitergeht, ist die Katastrophe", so Benjamin. Der vermeintliche Fortschritt in der Geschichte, die fortwährende Ausbeutung von Natur und Mensch auch im Sozialismus, häuft nur immer mehr Trümmer und Leichen auf. Der Messias ist hier nur die Chiffre dafür, dass es Menschen möglich sein könnte, in der Jetztzeit den Fortschritt dieser Unheilsgeschichte aufzuhalten. Aber er ist bei Benjamin reduziert zur bloßen Möglichkeit, die Geschichte abzubrechen, statt in der hohlen Hoffnung auf Besserung immer nur weiterzumachen. Der liberale Fortschrittsoptimismus, der sozialdemokratische Reformismus und der kommunistische Glaube an den sicheren Sieg des Proletariats am Ende aller Klassenkämpfe zukünftiger Generationen, sind gleichermaßen Illusion. Die von Benjamin anvisierte theologisch-materialistische Historiographie kann den messianischen Funken in der Vergangenheit nachspüren, indem sie Geschichte gegen den Strich bürstet. Nur Pläne und Perspektiven für die Gegenwart oder gar die Zukunft bietet solcher Messianismus nicht. Die Zukunft bleibt das bilderlose Andere, Neue nach dem Bruch mit der Geschichte.

Wie einige Beiträge des 2013 von Thomas Brose und Gesine Palmer herausgegebenen Sammelbandes *Religion und Politik. Das Messianische in Theologien, Religionswissenschaften und Philosophien des zwanzigsten Jahrhunderts* zutreffend beschreiben, bleibt es auch nach dem Zweiten Weltkrieg bei einem Messianismus ohne Messias. Doch bei Levinas, Adorno und Derrida entpolitisiert sich dieser Messianismus zu einer Theorie der Anerkennung von Differenz. Levinas ethisiert und individualisiert den Messianismus zu einer gegenwartsorientierten Ethik der Mitmenschlichkeit und eines zeitlosen, meta-ethischen, universalistischen Seins für den Anderen. „Alle Personen sind Messias. [...] Und das bedeutet, daß jeder so handeln muß, als wäre er der Messias" und leidende Gottesknecht, heißt es in *Difficile Liberté* (1963).[35] Dieser Messianismus ist unter ethischen Vorzeichen sowohl universalisiert als auch wieder personalisiert. Aber wo jeder jedem ein Messias ist, kommen politische Konflikte, Freund und Feind, Krieg und Klassenkampf, kommt eine Umwälzung der politischen Verhältnisse von Ausbeutung und Unterdrückung, Ausbeutern und Ausgebeuteten erst gar nicht mehr in den Blick.

Adorno und Derrida bestehen, ohne Hoffnung auf eine tatsächliche historische Veränderbarkeit der Welt, auf dem Messianischen als der Möglichkeit eines anderen Blicks oder einer anderen, differenten Erfahrung von Welt, die nicht Affirmation des Bestehenden ist. Nach dem Rückfall in die Barbarei bleibt, so Adorno im Aphorismus „Zum Ende" seiner *Minima Moralia* (1951),

---

[34] Ebd., 697f.
[35] LÉVINAS, Freiheit, 94f.

den „Reflexionen aus dem beschädigten Leben", nur ein „messianisches Licht", das eine Betrachtung der Dinge, „wie sie vom Standpunkt der Erlösung aus sich darstellten", ermöglicht. Aus dem universalen Verblendungszusammenhang der kapitalistischen Gesellschaften und ihrer „Kulturindustrie" gibt es kein Entrinnen. Die fatale kapitalistische Wirklichkeit lässt sich nicht ändern oder gar revolutionieren, sondern, und da bleibt Adorno ganz im Ästhetischen, sie lässt sich lediglich so *betrachten, als ob* Erlösung möglich *wäre*. Vom Messianismus bleibt hier die bloße Möglichkeit einer etwas anderen Betrachtung der tristen Realität, auf die Verwirklichung von Erlösung mag Adorno weder hoffen noch dringen, wo die „Frage nach der Wirklichkeit oder Unwirklichkeit der Erlösung selber fast gleichgültig" geworden ist.[36]

Dieselbe ästhetische Wendung des Messianischen, nämlich die Reduktion des sozialistischen, linken Messianismus und seiner Hoffnungen auf gesellschaftliche Veränderung zu einem Phänomen reiner *Aisthesis*, nämlich zu einem Perspektivwechsel in unserer Weltsicht, scheint bei Derrida ganz kurz, wie ein Gedankensplitter, zu Beginn des 21. Jahrhunderts auf, fünfzig Jahre nach Adorno. Derrida schlägt einen Begriff des Messianischen *ohne* eine messianische Doktrin vor. Das Messianische repräsentiert bei ihm in *Marx & Sons* (2003) lediglich die phänomenologische Erfahrung eines Bruchs im normalen Ablauf von Zeit und Geschichte. Das Messianische zeigt dort die radikale Offenheit des Menschen für die Erfahrung der Differenz, von heterogener Andersheit an. Allerdings ist hier, assoziiert mit Derridas Lieblingsidee der *différance*, das Messianische wie schon bei Adorno eine Wahrnehmungskategorie, Indiz einer radikalen Andersheit in der Weltwahrnehmung. In *Glaube und Wissen* schreibt Derrida diesen Gedanken weiter aus:

das Messianische, das Messianistische ohne Messianismus. Genannt ist damit eine Öffnung auf die Zukunft hin, auf das Kommen des anderen als widerfahrende Gerechtigkeit, ohne prophetisches Vorbild, ohne prophetische Vorausdeutung und Voraussicht. Das Kommen des anderen kann nur dort als besonderes und einzigartiges Ereignis hervortreten, wo keine Vorwegnahme den anderen kommen sieht; [...] Das Messianische setzt sich der absoluten Überraschung aus. [...] Es handelt sich dabei um eine ‚allgemeine Struktur der Erfahrung'. Die messianische Dimension hängt von keinem Messianismus ab, sie folgt keiner bestimmten Offenbarung, sie gehört keiner abrahamischen Religion eigentlich an [...].[37]

Solcher Dekonstruktivismus entbehrt, und das geradezu bekenntnishaft, völlig eines politischen Programms oder einer politischen Perspektive. Das Messianische ist bei Adorno und Derrida primär eine allgemeine ästhetische Kategorie vom ereignishaften Einbruch eines anderen in die eigene Wahrnehmung und Lebenswelt. Politisch ist es inhalts- und ziellos geworden. Die Welt wird be-

---

[36] ADORNO, Moralia, 281.
[37] DERRIDA/VATTIMO, Religion, 31 f.

trachtet, *als ob* sie noch veränderlich wäre. Ein Programm für diese Welt-Veränderung aber gibt es nicht. Die Welt wird bei solchen philosophischen Söhnen von Marx meist aber nicht mehr verändert, sondern nur interpretiert.

Ähnlich verhält es sich bei Giorgio Agamben, der kein jüdischer Intellektueller ist, aber sich aus deren intellektuellem Fundus sattsam bedient. In seiner gnostisch anmutenden, politischen Philosophie, dem sogenannten „homo sacer"-Projekt, steht das KZ als Signatur für den Weltzustand, der Ausnahmezustand wird zur permanenten Normalsituation moderner Staaten und Gesellschaften erklärt, die in ihrer Bio-Politik danach streben, menschliches Leben auf nacktes Überleben zu reduzieren. Für Agamben gilt dieser Weltzustand als fatal und unabänderlich, denn er misstraut dem Veränderungspotenzial zeitgenössischer Demokratien und Rechtsstaaten, von Verfassungen und Legislation, von Parlamentarismus, NGO's und Menschenrechtsgruppen. Kurz: er glaubt in seinem politischen Pessimismus nicht an die Möglichkeit von Politik und Intellektuellen, die bestehenden Verhältnisse zu verändern. Bei Agamben bedeutet Messianismus, wie er in seiner Römerbrief-Interpretation mit einem Paulus-Wort andeutet, „das Ende des Gesetzes" (Röm 10,4) und die Idee einer menschlichen Gesellschaft ohne Gesetz.[38] Das ist weder eine adäquate Paulus-Interpretation noch ein politisches Programm, und außerdem ist Agamben, was die Veränderlichkeit der Welt angeht, extrem pessimistisch. Aber er lässt sich sozusagen ein gnostisch-messianisches Hintertürchen offen.

Die Literaturwissenschaftlerin Elke Dubbels hat 2011 in ihrer Dissertation *Figuren des Messianischen in Schriften deutsch-jüdischer Intellektueller 1900–1933* überzeugend gezeigt, dass eine funktionalistische Analyse der Messianismen ohne Messias im 19. und 20. Jahrhundert zu dem Ergebnis kommt, dass der Rekurs auf die unterschiedlichen Figuren, Chiffren und Symbole eines Messianischen ohne Messias bei den jeweiligen jüdischen Autoren einer immer neuen Aushandlung und Konstruktion moderner jüdischer Identitäten, Positionierungen und Weltanschauungen zwischen emanzipiertem, liberalem Bürgertum, Sozialismus und Zionismus, zwischen Religion und Politik, aber auch differenten Geschichts- und Zeiterfahrungen von Moderne und Postmoderne sich verdanken. Hermann Cohen ist in diesem Netz von Messianismen ohne Messias eine Schlüsselfigur, denn er führt einerseits liberale jüdische Positionen des 19. Jahrhunderts religionsphilosophisch weiter, andererseits beeinflusst er wie kein anderer die jüdische Religionsphilosophie und das Denken der jüdischen Linken des 20. Jahrhunderts.

---

[38] AGAMBEN, Zeit, 112–122.158–162. Für eine Agamben-Kritik, namentlich seines Vergleichs der Welt mit einem KZ, der eine ungeheuerliche Verharmlosung des KZs darstellt, siehe: LISKA, Messianismus.

Literaturverzeichnis

ADORNO, THEODOR W., Minima *Moralia*. Reflexionen aus dem beschädigten Leben, Gesammelte Schriften 4, Frankfurt/M. 1980.

AGAMBEN, GIORGIO, Die *Zeit*, die bleibt, Frankfurt/M. 2006.

BENDAVID, LAZARUS, Ueber den Glauben der Juden an einen künftigen *Messias*; in: Zeitschrift für die Wissenschaft des Judentums 1/2 (1822), 197–230.

BENJAMIN, WALTER, Über den Begriff der *Geschichte* (1940); in: DERS., Gesammelte Schriften 1, hg. v. ROLF TIEDEMANN/HERMANN SCHWEPPENHÄUSER, Frankfurt/M. 1980, 691–704.

BLOCH, ERNST, Geist der Utopie, München 1918.

DERS., Das Prinzip *Hoffnung*, 3 Bde., Frankfurt/M. 1959.

DERS., *Atheismus* im Christentum, Frankfurt/M. 1968.

BROSE, THOMAS/PALMER, GESINE (Hg.), *Religion* und Politik. Das Messianische in Theologien, Religionswissenschaften und Philosophien des zwanzigsten Jahrhunderts, Tübingen 2013.

COHEN, HERMANN, Die *Messiasidee* (1892), JS 1, 105–124.

DERS., Die *Nächstenliebe* im Talmud (1888), JS 1, 145–174.

DERS., Das Problem der jüdischen *Sittenlehre*. Eine Kritik von Lazarus' Ethik des Judentums (1899), JS 3, 1–35.

DERS., *Autonomie* und Freiheit (1900), JS 3, 36–42.

DERS., Religiöse *Postulate* (1907); in: DERS., Kleinere Schriften IV. 1907–1912, Werke 15, hg. v. HARTWIG WIEDEBACH, Hildesheim/Zürich/New York 2009, 133–160.

DERS., Die *Bedeutung* des Judentums für den religiösen Fortschritt der Menschheit (1910); in: Kleinere Schriften IV. 1907–1912, Werke 15, hg. v. HELMUT HOLZHEY/JULIUS H. SCHOEPS/CHRISTOPH SCHULTE, Hildesheim/Zürich/New York 2002, 429–454.

DERS., *Deutschtum* und Judentum, mit grundlegenden Betrachtungen über Staat und Internationalismus (1915), in: DERS., Kleinere Schriften V. 1913–15, Werke 16, hg. v. HELMUT HOLZHEY/JULIUS H. SCHOEPS/CHRISTOPH SCHULTE, Hildesheim/Zürich/New York 1997, 465–560.

DERS., *Zionismus* und Religion (1916), sowie: Antwort auf das offene Schreiben des Herrn Dr. Martin Buber an Hermann Cohen (1916), in: DERS., Kleinere Schriften VI. 1916–1918, Werke 17, hg. v. HELMUT HOLZHEY/JULIUS H. SCHOEPS/CHRISTOPH SCHULTE, Hildesheim/Zürich/New York 2002, 209–275.

DERS., Der *Prophetismus* und die Soziologie (1917), in: DERS., Kleinere Schriften VI. 1916–1918, Werke 17, hg. v. HELMUT HOLZHEY/JULIUS H. SCHOEPS/CHRISTOPH SCHULTE, Hildesheim/Zürich/New York 2002, 503–510.

DERS., Julius *Wellhausen*. Ein Abschiedsgruß (1918), in: DERS., Kleinere Schriften VI. 1916–1918, Werke 17, hg. v. HELMUT HOLZHEY/JULIUS H. SCHOEPS/CHRISTOPH SCHULTE, Hildesheim/Zürich/New York 2002, 613–622.

DERRIDA, JACQUES/VATTIMO, GIANNI, Die Religion, Frankfurt/M. 2001.

DERS., Marx & Sons, Frankfurt/M. 2003.

DUBBELS, ELKE, Figuren des Messianischen in Schriften deutsch-jüdischer Intellektueller 1900–1933, Berlin 2011.

GREEN, ARTHUR, Tormented *Master*. The Life and Spiritual Quest of Rabbi Nahman of Bratslav, Tuscaloosa 1979.
GUTTMANN, JULIUS, Philosophie des Judentums, München 1933.
KOHLER, GEORGE Y. (Hg.), Der jüdische Messianismus im Zeitalter der *Emanzipation*. Reinterpretationen zwischen davidischem Königtum und endzeitlichem Sozialismus, Berlin 2014.
LÉVINAS, EMMANUEL, Schwierige *Freiheit*. Versuch über das Judentum, Frankfurt/M. 1992.
LISKA, VIVIAN, Giorgio Agambens leerer *Messianismus*, Wien 2008.
LÖWITH, KARL, *Weltgeschichte* und Heilsgeschehen, Stuttgart 1953.
MENDELSSOHN, MOSES, Jerusalem oder über religiöse Macht und Judentum (1783), in: DERS., Gesammelte Schriften, Jubiläumsausgabe 8, Stuttgart 1983, 99–204.
MOENICKES, ANSGAR, *Messianismus* im Alten Testament; in: Zeitschrift für Religions- und Geistesgeschichte 40/4 (1988), 289–306.
RAVITZKY, AVIESER, *Messianism*, Zionism and Jewish Religious Radicalism, Chicago 1996.
SCHOLEM, GERSHOM, *Sabbatai Zwi*. Der mystische Messias, Frankfurt/M. 1992.
DERS., *Erlösung* durch Sünde, Judaica 5, Frankfurt/M. 1992.
SCHULTE, CHRISTOPH, Messias und *Identität*. Zum Messianismus im Werk einiger deutsch-jüdischer Denker, in: CHRISTIAN KUPKE (Hg.), Erfahrung des Negativen, FS Michael Theunissen, Hildesheim 1992, 373–385.
DERS., Die jüdische *Aufklärung*. Philosophie. Religion. Geschichte, München 2002.
DERS. (Hg.), Hebräische Poesie und jüdischer Volksgeist. Die Wirkungsgeschichte von Johann Gottfried Herder im Judentum Mittel- und Osteuropas, Hildesheim 2003.
DERS., *Messianism* Without Messiah: Messianism, Religion and Secularization in Modern Jewish Thought, in: ARI JOSKOWICZ/ETHAN KATZ (Hg.), Secularism in Question. Jews and Judaism in Modern Times, Philadelphia 2015, 79–97.
SCHWEIGMANN-GREVE, KAY, *Chaim Zhitlowsky* – Philosoph, Theoretiker des jüdischen Diaspora-Nationalismus und russischer Sozialrevolutionär, Hannover 2012.
TAUBES, JACOB, Abendländische *Eschatologie*, Bern 1947.

‚Erneuerung und Verjüngung'

Benzion Kellermann, Hermann Cohen und die Prophetisierung des Judentums

Torsten Lattki

Hermann Cohen und Benzion Kellermann stehen für eine philosophische Lehrer-Schüler-Beziehung um 1900, die weitgehend unbekannt ist. Eine genauere Betrachtung lohnt sich – scheinen doch hier neue Facetten in Leben und Werk der beiden jüdischen Philosophen auf und sind unbekannte Wege und Netzwerke zu entdecken, die exemplarisch Entwicklungen im deutschen Judentum und der Wissenschaft des Judentums um die Jahrhundertwende aufzeigen.[1]
Zwei Jahre nach Hermann Cohens Tod am 4. April 1918 bedankte sich seine Witwe Martha Cohen (1860–1942) in einem Brief bei dem Lehrer, Philosophen und Reformrabbiner Benzion Kellermann

> für Ihre Treue, Ihre Freundschaft, Ihre Liebe, die Sie unserem großen Toten bewahren im Gemüt, im Wort, in der Tat. Wie glücklich u. wie dankbar bin ich, daß in Ihnen ihm ein so tief verständnisvoller Fortsetzer seiner Lehre erstanden, der einzige Vertreter seiner Doppelgröße, seines hohen, fast tragischen Dualismus.[2]

Damit dankte sie für seine Unterstützung bei der posthumen Vorbereitung der Publikation von Cohens Werken – hier insbesondere von dessen Opus Magnum *Religion der Vernunft aus den Quellen des Judentums* (RV). Kellermann „leitete […] die Herausgabe"[3] der ersten Auflage, die 1919 erschien, und war auch für die Einleitung in Cohens *Jüdische Schriften* (1924) vorgesehen. Nur sein plötzlicher Tod 1923 verhinderte dies und bereitete den Weg für die berühmte, wenn auch

---

[1] Vom Verfasser erschien 2015 als erste Werkbiografie: LATTKI, Benzion Kellermann. – In den vergangenen zehn Jahren wurden zahlreiche Forschungen zur Wissenschaft des Judentums publiziert, u. a.: KRAH/THULIN/PICK, Cultures; MEYER/KILCHER, Bestandsaufnahme; KRONE/THULIN, Wissenschaft in Context.

[2] Martha Cohen an Benzion und Thekla Kellermann, 6. April 1920, LBI New York, AR 1197 (Benzion Kellermann Collection 1911–1923, digitalisiert und frei zugänglich: http://digital.cjh.org/view/action/singleViewer.do?dvs=1541449553708~525&locale=de&VIEWER_URL=/view/action/singleViewer.do?&DELIVERY_RULE_ID=6&frameId=1&usePid1=true&usePid2=true).

[3] COHEN, Geleitwort, IV.

nicht unumstrittene Einleitung Franz Rosenzweigs (1886–1929) im ersten der drei Bände.[4]

Nicht nur Martha Cohen, sondern auch andere Zeitgenossen sahen in Kellermann einen der wichtigsten Schüler Cohens und nach dessen Tod einen der legitimen Nachfolger des Marburger Neukantianismus. Der langjährige Marburger Kollege Cohens Paul Natorp (1854–1924) nannte Kellermann zusammen mit Albert Görland (1869–1952) den „schärfsten Ausdruck"[5] der Marburger Philosophie. Der Leipziger Reformrabbiner Nathan Porges (1848–1924), der gemeinsam mit Kellermann und dem Frankfurter Rabbiner Nehemia Anton Nobel (1871–1922) von Cohen die Druckbögen der RV zur Durchsicht erhielt,[6] hatte Kellermann schon 1912 als „kundige[n] Einführer in die Gedankenwelt der Cohenschen Philosophie"[7] bezeichnet. Der Philosoph und Journalist Ludwig Stein (1859–1930), ein Schüler Eduard Zellers und Mitbegründer des *Archivs für Geschichte der Philosophie*, wies in seinem Vortrag „Die Juden in der neueren Philosophie" von 1919 darauf hin,

daß schon aus dem engsten Schülerkreise Cohens der hervorragendste, Ernst Cassirer, nur noch ein philosophierender Jude, aber kein jüdischer Philosoph mehr ist, als welche ich unter den treuen Anhängern Cohens recht eigentlich nur Dr. Benzion Kellermann und Professor David Neumark herausgreifen könnte.[8]

Kellermanns Auffassung, dass sich in der Zukunft eine reine Menschheitsreligion der Vernunft, eine sich in pure Ethik auflösende Religion, herausbilden müsse, war sowohl an liberalprotestantischen und liberaljüdischen Denkansätzen des 19. Jahrhunderts als auch an der Religionsphilosophie Hermann Cohens geschult. Dennoch ging er in der Beantwortung bestimmter philosophischer Fragen und in religiös-praktischer Hinsicht selbstbewusst andere Wege als sein Lehrer. Mit seiner Trias aus den biblischen Propheten, der Philosophie Kants und dem *ethischen Monotheismus* war Kellermann einer der radikalsten reformjüdischen Denker in den ersten drei Jahrzehnten des 20. Jahrhunderts, der lohnt, wiederentdeckt zu werden.

Während die Cohen-Forschung seit den 1980er Jahren viele bedeutende Werke hervorgebracht hat – und dennoch leider noch immer eine umfassende Bio-

---

[4] ROSENZWEIG, Einleitung.
[5] Paul Natorp an Albert Görland, 14. Februar 1920, in: HOLZHEY, Cohen, 494.
[6] Bruno Strauss an Eric Ahrens, 10. August 1964, LBI NewYork, AR 3753, Box 1, Folder 2, 2. Dies wird auch bestätigt durch: Hermann Cohen an Gesellschaft zur Förderung der Wissenschaft des Judentums, 5. Juli 1917, LBI New York, AR 3753, Box 1, Folder 3, 1: „Ich bitte, die Fahnen ausser an mich selbst, wenn es nicht zu kostspielig ist, noch an drei Adressen schicken zu wollen: erstens Herrn Rabbiner Dr. Nobel Frankfurt a/M. Börneplatz. Ferner Prof. Porges, Leipzig. Drittens Rabbiner Dr. Kellermann". – Daneben las Cohen sein Manuskript gemeinsam mit Ernst Cassirer und Franz Rosenzweig: MEYER, Cassirer, 25; Franz Rosenzweig an Adele Rosenzweig, 30. August 1918, in: ROSENZWEIG, Briefe, 600.
[7] PORGES, [Rezension zu:] Judaica.
[8] STEIN, Juden, 5.

grafie dieses wichtigsten deutsch-jüdischen Philosophen des 19. Jahrhunderts fehlt – ist zu Kellermann bislang äußerst wenig geforscht worden. Um sein religionsphilosophisches Denken und jüdisch-praktisches Wirken angemessen einordnen zu können, muss daher zuvor seine wissenschaftliche Biografie und sein Wandel vom orthodoxen Lehrersohn zum radikalen Berliner Reformrabbiner nachgezeichnet werden.

1. Leben und Werk

Am 11. Dezember 1869 wurde Benzion Kellermann in Gerolzhofen bei Würzburg als drittes Kind des Rabbiners und Religionslehrers Joseph Löb Kellermann geboren und in einer traditionellen Weise erzogen.[9] Nach dem Besuch der Höchberger jüdischen Präparandenschule absolvierte er ab 1886 eine Ausbildung zum Religionslehrer an der von Seligmann Bär Bamberger (1807–1878) gegründeten und überregional renommierten orthodoxen Israelitischen Lehrerbildungsanstalt in Würzburg.

Zwischen 1889 und 1893 folgten philosophische, historische, alttestamentliche und naturwissenschaftliche Studien an der Universität Marburg. Dort traf er zum ersten Mal auf Hermann Cohen, bei dem er zahlreiche Vorlesungen und Kurse öffentlich und privat besuchte. Die Begegnung mit der Philosophie als Wissenschaftsdisziplin, mit Kant und Cohen selbst, war für den jungen, sehr wahrscheinlich noch observant lebenden Lehrer aus einem Levitengeschlecht etwas bis dato völlig Unbekanntes, eine Art ‚Offenbarung' und prägte sein weiteres Leben nachhaltig. Dem Studium folgte ein dreijähriger Aufenthalt als Religionslehrer an einer orthodoxen Schule und als Privatlehrer in Frankfurt am Main. Zeitgleich bearbeitete er seine Dissertation über den Midrasch zum Ersten Buch Samuel, die u. a. von dem protestantischen Alttestamentler Bernhard Stade (1848–1906) geprüft wurde. 1896 wurde Kellermann mit dieser Untersuchung an der Universität Gießen im Fach Semitische Philologie promoviert.[10]

Im gleichen Jahr zog Kellermann nach Berlin, wo er mit Religionsunterricht an jüdischen Schulen seinen Lebensunterhalt verdiente. In der Hauptstadt gab es um 1900 die größte jüdische Gemeinde des Kaiserreichs, die zwischen 1896 und 1897 über drei offizielle Synagogen, eine Knaben-, eine Mädchen- sowie vier Religionsschulen verfügte. Daneben hörte Kellermann an der 1809 gegründeten Friedrich-Wilhelms-Universität Geschichte, Germanistik, Geografie und Psychologie und begann seine eigene Vortragstätigkeit in jüdischen und nichtjüdischen Vereinen und Institutionen.

Parallel zu den Studien an der Universität besuchte Kellermann zwischen September 1896 und Sommer 1897 das renommierte Rabbiner-Seminar zu

---
[9] Der Überblick zu Leben und Werk folgt: LATTKI, Benzion Kellermann.
[10] KELLERMANN, Midrasch.

Berlin, das Esriel Hildesheimer (1820–1899) in Opposition zum konservativen Breslauer Rabbinerseminar und der eher liberal ausgerichteten Berliner Hochschule für die Wissenschaft des Judentums 1873 gegründet hatte.[11] Die von den Nationalsozialisten im November 1938 geschlossene Einrichtung fühlte sich der Orthodoxie verpflichtet und strebte danach, das traditionelle Judentum unter den Bedingungen der Moderne zu bewahren. Kellermann verließ das Seminar aber bald wieder aufgrund inhaltlicher Differenzen. Zum einen war dort die Evolutionstheorie von Darwin, weil die biblische Schöpfungslehre herausfordernd, verboten.[12] Zum anderen kam es im Seminar zur „strenge[n] Ablehnung der bibelkritischen Ergebnisse"[13], d. h. der Methoden der protestantischen Bibelwissenschaft. Kellermann war durch seine Studien in Marburg jedoch viel zu stark von den naturwissenschaftlichen und philologischen Erkenntnismethoden seiner Zeit geprägt und zu sehr „beeinflusst durch [Julius] Wellhausens Lehre"[14], um die vom Seminar verordnete Denkweise kritiklos zu übernehmen.

Die kontinuierliche Entfernung von der traditionellen jüdischen Lebensweise des Elternhauses, die mit den Studien in Marburg begann, und seine Hinwendung zu einem liberalen Verständnis des Judentums waren spätestens 1898 beendet. Denn in diesem Jahr veröffentlichte er in der *Allgemeinen Zeitung des Judentums* (AZJ) den Artikel „Bibel und Wissenschaft"[15], der eine Polemik gegen den renommierten Bibelexegeten Benno Jacob (1862–1945) und seine Forderung nach einer *jüdischen Bibelwissenschaft* darstellte. Diese Debatte gibt Einblick in die von den Nationalsozialisten vernichtete selbstverständliche Vielfalt der damaligen Strömungen innerhalb des deutschen Judentums – können doch Kellermann und Jacob beide zum progressiven Judentum gezählt werden, deren verschiedene Pole sie markierten.

Jacob war stets von der dogmatischen und ideologischen Voreingenommenheit der christlichen Theologie und alttestamentlichen Wissenschaft überzeugt. Daher forderte er in der AZJ, dass die Wissenschaft des Judentums eine eigene „*jüdische Bibelwissenschaft*"[16] ausbilden müsse, woran er durch zahlreiche Publikationen maßgeblich selbst beteiligt war.[17] Jacob war zu klug, um alle christlich-theologischen und philologischen Untersuchungen zurückzuweisen, denn die hebräische Grammatik oder die Geografie Palästinas etwa könnten nicht ‚jüdisch' erforscht werden. Ihm ging es um etwas anderes: Die Erforschung der Hebräischen Bibel aus jüdischer Perspektive dürfe nicht vergessen, dass diese auch ein Schatz jüdischen Lebens sei, der nicht nur wissenschaftlich analysiert

---

[11] Vgl. zum Seminar: Rabbiner-Seminar zu Berlin, Bericht; ELIAV/HILDESHEIMER, Rabbinerseminar.
[12] Vgl. HILDESHEIMER, Studenten, 46.
[13] SACHS, Jugendzeit, 8.
[14] HILDESHEIMER, Studenten, 157.
[15] KELLERMANN, Bibel.
[16] JACOB, Bibel, 511 (Hervorhebung im Original).
[17] JACOB, Pentateuch; DERS., Quellenscheidung; DERS., Genesis.

und seziert werden dürfe, sondern auch erfahren und sowohl für die einzelne Seele als auch für die jüdische Gemeinschaft fruchtbar gemacht werden müsse. Die „jüdische Bibelwissenschaft" war für Jacob mehr als Literatur- oder Volksgeschichte, sie sollte „*Theologie*, Kunde des Göttlichen, wie es in der Bibel zu Wort kommt"[18] sein und er forderte: „Unsere Bibel muß wieder unsere Bibel werden in Wissenschaft und Unterricht"[19].

Kellermann reagierte scharf auf Jacob und war mit der rationalistischen Philosophie Kants und des Marburger Neukantianismus davon überzeugt, dass es nur eine „objektive Bibelwissenschaft" gebe: „Wir kennen keine christliche und keine jüdische Bibelforschung, sondern eine rein wissenschaftlich objektive, und es ist Jeder willkommen, der an diesem Geschäft theilnehmen will, sei es Jude oder Christ."[20] Eine pietätvolle Lesart sei unwissenschaftlich, denn in der Exegese gehe es nicht um Erbauung, sondern allein um Erkenntnisfortschritt. Gegen die These Jacobs, dass „nur der Jude" den Tanach verstehen könne, da nur er „Geist von ihrem Geist"[21] sei, betonte Kellermann die Möglichkeit der Teilhabe aller wissenschaftlich Gebildeten an der Bibelauslegung.

Die historisch-kritische Methode, die Kellermann in Marburg u. a. bei Wolf Wilhelm Graf von Baudissin (1847–1926) erlernt hatte, sei zwar noch nicht perfekt ausgebildet, sondern müsse weiter verfeinert werden, so „daß ihre Resultate immer mehr dem wissenschaftlichen Ideal entsprechen."[22] „Wissenschaftlich läßt sich [jedoch] die moderne Bibelforschung im Prinzip nicht widerlegen"[23]. Kellermann sieht

die Objektivität der [christlichen] Bibelforschung bereits so weit gediehen, daß viele auf dogmatischen Voraussetzungen beruhende Urteile aufgegeben werden. Es wird heute von jedem besonnenen Bibelforscher rückhaltlos anerkannt, daß der Universalismus der Propheten außer allem Zweifel steht, und daß schon in einzelnen Lehren der Propheten und Psalmen das ganze ‚Evangelium' enthalten sei. Ich verweise nur auf Wellhausen, Kuenen, Cornill, Smend u. A.[24]

Die jüdischen Forscher könnten diese einsetzende christliche Würdigung des Judentums unterstützen, jedoch „nur auf dem Boden gemeinsamer historisch-kritischer Forschung: nicht durch eine eigensinnige prinzipielle Ablehnung der allgemein anerkannten Methode."[25] Kellermann rezipierte die moderne christliche Bibelwissenschaft, wie Cohen[26], größtenteils positiv und teilte – aus einer

---

[18] JACOB, Bibel, 525 (Hervorhebung im Original).
[19] Ebd., 536.
[20] KELLERMANN, Bibel, 583.
[21] JACOB, Bibel, 513.
[22] KELLERMANN, Bibel, 583.
[23] Ebd., 586.
[24] Ebd., 584.
[25] Ebd.
[26] Vgl. SMEND, Wissenschaft.

Perspektive, die die Reformierung der jüdischen Religion als lebensnotwendig erachtete, um ihre Existenz in der Moderne weiterhin zu legitimieren – in weiten Teilen die von dieser entwickelte „Verfallsgeschichte". Mit Rückgriff auf Wellhausens Neudatierung der Propheten *vor* die Tora und das Religionsgesetz wurde nun die Geschichte des Judentums normativ als Abstieg gedeutet – von den Königen und Propheten einer als archaisch, individualistisch und freiheitlich erachteten Anfangszeit bis zur Halacha, den Priestern und den Pharisäern des sog. „Spätjudentums", das mit einer heteronomen starren Gesetzlichkeit assoziiert wurde.[27]

Dennoch war Kellermann kritisch und selbstbewusst genug, deutliche Forderungen an die protestantische Theologie zu stellen. Die christlichen Theologen dürften ihre Methoden nicht nur auf die Hebräische Bibel anwenden, sondern müssten ohne Rücksicht auf Dogmen und Traditionen ebenso rigoros und ergebnisoffen die einzelnen Textschichten des Neuen Testament einer wissenschaftlichen Kritik unterziehen. In seinem Gesamtwerk findet sich eine dahingehende permanente, kritische Auseinandersetzung mit der christlichen Religion und der protestantischen Universitätstheologie.

Um 1900 nahm er mit dem Aufsatz „Paulinismus und Judentum" auf die intensive Debatte Bezug, die Adolf von Harnack (1851–1930) mit seinem *Wesen des Christentums* angestoßen hatte,[28] kurz danach setzte er sich mit dem sehr umstrittenen Bremer Pfarrer Albert Kalthoff (1850–1906) auseinander[29]. Während des Ersten Weltkriegs debattierte Kellermann mit dem Kulturphilosophen Ernst Troeltsch (1865–1923) über die Frage, ob die hebräischen Propheten als partikular oder universal zu bewerten sind.[30] Daran beteiligte sich auch Cohen, der 1913 in „Die Eigenart der alttestamentlichen Religion" den *„Prophetismus […] als die Seele der jüdischen Religion"*[31] bezeichnet hatte. Die Debatte, die auf christlicher und jüdischer Seite viel Resonanz erfuhr, gab sich religionshistorisch – war aber tatsächlich ein Methodenstreit und eine gesellschaftspolitische Diskussion um den Platz des Judentums in Deutschland während des Krieges.

1897, ein Jahr vor dem Schlagabtausch mit Benno Jacob, war Kellermann „in einer entscheidenden Zeit seines Lebens"[32] an die 1872 gegründete Hochschule für die Wissenschaft des Judentums in Berlin gewechselt.[33] Kellermann hatte dort Freunde, die ebenfalls aus dem Rabbiner-Seminar ausgetreten waren und lernte neue Kommilitonen kennen, mit denen er Freundschaften pflegte oder

---

[27] Vgl. WEIDNER, Wellhausen.
[28] KELLERMANN, Paulinismus; HARNACK, Wesen des Christentums.
[29] KELLERMANN, Kritische Beiträge.
[30] TROELTSCH, Ethos; KELLERMANN, Propheten. Vgl. zur Debatte: LATTKI, Benzion Kellermann, 281–316.
[31] COHEN, Eigenart, 414 (Hervorhebung im Original).
[32] Leo Baeck an Thekla Kellermann, 29. Juni 1923, LBI New York, AR 1197, 1.
[33] Vgl. zur Hochschule: KAUFMANN, Hochschule, 28 f.; ELBOGEN/HÖNIGER, Lehranstalt; Lehranstalt für die Wissenschaft des Judenthums, Rückblick.

beruflich verkehrte: Joseph Lehmann (1872–1933), Julius Galliner (1872–1949), Malwin Warschauer (1871–1955) oder Leo Baeck (1873–1956). Der Historiker und Religionsphilosoph Martin Schreiner (1863–1926)[34], der an der Hochschule biblische Wissenschaften, jüdische Geschichte und die religionsphilosophischen Disziplinen lehrte, wurde Kellermanns wichtigster Lehrer, besonders in Bezug auf die vergleichende Religionsgeschichte von Judentum und Christentum.[35] Durch die Bibelexegese, die Studien zu anderen Religionen und seine auf die Propheten und ethischen Fragen konzentrierte jüdische Religionsphilosophie, hatte er entscheidenden Einfluss auf das Denken Kellermanns. Dies belegen nicht nur die bislang erwähnten Aufsätze, sondern auch die späteren, sich zwischen den Disziplinen der Religionsphilosophie, Theologie und vergleichenden Religionswissenschaft bewegenden Schriften und Vorträge Kellermanns.

Von 1900 bis 1901 betreute Kellermann als Rabbiner und Lehrer die jüdische Gemeinde der westpreußischen Stadt Konitz und wurde in dieser Zeit gemeinsam mit dieser eines Ritualmords an einem christlichen Gymnasiasten verdächtigt sowie verbal und körperlich bedroht.[36] In der Folge kam es zu den schwersten antisemitischen Ausschreitungen in der Geschichte des Deutschen Kaiserreichs, die nur mithilfe von Militär beruhigt werden konnten. Zurück in Berlin, erhielt Kellermann 1903 die S'micha, die Ordination, arbeitete jedoch erst 14 Jahre später offiziell als Rabbiner in der jüdischen Einheitsgemeinde Berlins. Aus Protest gegen seine umstrittene Amtseinführung traten 1917 fünf Vertreter orthodoxer Gruppen im Vorstand und in der Repräsentantenversammlung zurück.[37] Schon fünf Jahre zuvor hatte der orthodoxe Verein zur Erhaltung des überlieferten Judentums unter dem Vorsitz von Moritz Loeb (1862–1935)[38] erfolglos versucht, Kellermann seines Amtes als Religionslehrer zu entheben, weil er in dessen Augen „in Wort und Schrift das Judentum schmähende Aeußerungen getan hatte"[39].

In Kellermanns Publikationen gibt es neben religionspädagogischen Vorschlägen für das praktische Schulwesen und der Auseinandersetzung mit der christlichen Theologie eine intensive Beschäftigung mit der Kantischen Philosophie und dem Werk Cohens. Nach einer knappen Besprechung von Cohens *Logik des reinen Willens*[40] und einer größeren Auslegung von dessen *Ethik des*

---

[34] Vgl. zur Biografie: PERLMANN, Schreiner.
[35] Vgl. SACHS, Gedenken, 2.
[36] Vgl. LATTKI, Benzion Kellermann, 113–141; SMITH, Geschichte; NONN, Mörder.
[37] Dies wurde sogar in den USA registriert: ADLER/SZOLD, Year Book, Rubrik „General Events", 242 f.: „August 10 [1917]. Berlin: Five orthodox representatives of Jewish communities resign because of appointment of a radical reformer, Dr. Benzion Kellermann, as rabbi of the synagogue of the South-eastern district."
[38] Loeb war auch stellvertretender Vorsitzender der Berliner „Adass Jisroel" und Vorstandsmitglied des Centralvereins Deutscher Staatsbürger jüdischen Glaubens.
[39] Allgemeine Zeitung, 420.
[40] KELLERMANN, Zum 4. Juli 1902, 316.

reinen Willens[41] veröffentlichte er 1908 *Der wissenschaftliche Idealismus und die Religion*. Dort argumentierte Kellermann für eine Transformierung des Protestantismus und des (liberalen) Judentums durch den Prozess der „Prophetisierung"[42], d.h. Ethisierung im Anschluss an die sittlichen Forderungen der alttestamentlichen Propheten, die hervorragend mit der Philosophie Kants harmonieren würden. Neben Aufsätzen zur Synthese von Judentum und Kantianismus bzw. des Marburger Neukantianismus[43] war er, dies ist besonders hervorzuheben, der einzige Autor, der in beiden Festschriften zu Cohens 70. Geburtstag im Jahr 1912 publizierte[44]. Ferner arbeitete er als Herausgeber an der damals hochgelobten Edition der Werke Kants von seinem Freund Ernst Cassirer mit.[45]

Die Summe seiner Überlegungen publizierte Kellermann bald nach Cohens Tod 1918, auf den er vier Nachrufe verfasste.[46] Unbekannt war bislang, dass Kellermann neben Cassirer und Paul Natorp auch eine umfangreiche Grabrede auf Cohen hielt.[47] Darin spricht er sich für eine praktische Anwendung des Cohenschen Systems der Philosophie aus, um die in seinen Augen nach dem Ersten Weltkrieg dringend gebotene Revitalisierung des liberalen Judentums einzuleiten. 1920 erschien *Das Ideal im System der Kantischen Philosophie*, das zu Kellermanns Hauptwerk gerechnet werden muss. In einer Zeit, als Existenz- und Lebensphilosophien das Interesse auf sich zogen und Hegel und Nietzsche eine Renaissance erlebten, hatte Kellermann in beinahe anachronistischer Weise noch einmal ein großes Werk veröffentlicht, das zum einen die Zielsetzung und Methodik des Marburger Neukantianismus verteidigte, zum anderen diesen in der starken Betonung der behaupteten Korrelation von Kultur und Philosophie an entscheidenden Punkten fortentwickelte und eigenständige Wege ging. Paul Natorp sah in dem Buch „weitaus die beste Leistung auf dem Gebiete der Kantforschung aus den letzten Jahren"[48], von dem auch gerade diejenigen lernen könnten, die nicht auf dem Boden des Neukantianismus stünden.

1922 folgte *Die Ethik Spinozas*, ein Kommentar zu den ersten Teilen der *Ethik*, der kaum ein gutes Haar an Spinozas Pantheismus und behaupteter scholastischer Metaphysik lässt. Während der Arbeiten am zweiten Spinoza-Band[49] starb Kellermann am 22. Juni 1923 an einer Herzattacke in seiner Wohnung. Fünf Tage später wurde er in der Ehrenreihe des Jüdischen Friedhofs Berlin-

---

[41] KELLERMANN, Ethik.
[42] KELLERMANN, Idealismus, 50.
[43] KELLERMANN, Kantianismus; DERS., Universalistisches und partikularistisches Judentum; DERS., Rationales oder irrationales Judentum.
[44] KELLERMANN, Begründung des Judentums; DERS., Nusproblem.
[45] KANT, Kritik; DERS., Metaphysik.
[46] KELLERMANN, Bedeutung; DERS., Cohens System; DERS., Hermann Cohen; DERS., Philosoph.
[47] LATTKI, Gedächtnisrede. Dazu auch: DERS., Benzion Kellermann, 325–333.
[48] Paul Natorp an Unbekannt, undatiert [wahrsch. 1920–1922], LBI New York, AR 1197, 1.
[49] Ein Fragment aus dem Nachlass wurde veröffentlicht: KELLERMANN, Ethik Spinozas. Dritter Teil.

Weißensee bestattet, ganz in der Nähe von Hermann Cohen. Die Trauerrede in der Synagoge Lützowstraße hielt Julius Galliner[50], die Grabrede Leo Baeck:

> Wie seine Philosophie, so war sein Leben: in sich gefügt und in sich geschlossen, einheitlich und ganz, mit dem Glauben an die Erkenntnis, mit der Gewißheit des Systems, mit der Zuversicht der Erfüllung, mit dem Glanze des Ideals. Persönlichkeit und Philosophie waren in ihm eins, und auch darum war er aufrecht, ein Mann mit dem Mute zu sich selbst, echt und ehrlich, lauter und klar.[51]

In nahezu allen seinen Texten argumentierte Kellermann im Anschluss an Cohen und den reformjüdischen Diskurs seit Abraham Geiger (1810–1874) für den *ethischen Monotheismus* als Verbindung der transzendentalen Philosophie Kants mit den sittlichen Forderungen der hebräischen Propheten. In dem Aufsatz *Kantianismus und Judentum* von 1911 bringt er dies auf die prägnante Formel: „Die Kritik der reinen Vernunft enthält die philosophische Rechtfertigung des Judentums."[52]

2. Die Prophetisierung des Judentums

Das liberale Judentum galt Kellermann als die höchststehende aller zeitgenössischen Religionen, da es aufgrund seiner behaupteten Nähe zum Prophetismus und Rationalismus die Fähigkeit besitze, sich in eine aufgeklärte, universale und reine Religion der Vernunft zu transformieren, wie sie von Kant beschrieben wurde. Mit der in der *Kritik der reinen Vernunft* entwickelten transzendentalen Methode trennt „Kant zwischen (unwissenschaftlichem) ‚Bibelglauben', der historischen und textlichen Zufälligkeiten verpflichtet ist, und ‚Vernunftreligion', die im Rahmen von Kants Moralphilosophie legitimiert wird"[53] und neben der *Kritik der praktischen Vernunft* vor allem in *Die Religion innerhalb der Grenzen der bloßen Vernunft* und in *Der Streit der Fakultäten* ausgearbeitet wurde.

Unter *Prophetismus* versteht Kellermann die „ethische [...] Weltanschauung, wie sie von den Propheten auf rein intuitivem Wege erdacht worden war".[54] Mit der Rückkehr zu diesem idealisierten Prophetismus, der einen wissenschaftlich-philosophischen Unterbau benötigt, werde sich das Judentum universalisieren, an dem Aufbau einer einzigen Menschheitsreligion partizipieren und sich einer allgemein gültigen Sittlichkeit verpflichten, deren Grundlegung Cohen in der *Ethik des reinen Willens* vollzogen habe.

---

[50] GALLINER, Trauerrede.
[51] BAECK, Kellermann zum Gedenken, 1.
[52] KELLERMANN, Kantianismus, 6.
[53] DEUSER, Religionsphilosophie, 205.
[54] KELLERMANN, Ethik, 33.

Kellermann betreibt nicht jüdische Philosophie, sondern Philosophie des Judentums. Die Philosophie hat Primatcharakter, religiöse Ideen sind nur dann wahr, wenn sie philosophisch begründet werden können. Die Philosophie dürfe ihm zufolge nicht von „jüdische[n] Theoreme[n]" her bestimmt werden, denn dies wäre „tendenziöse Forschung [und] könnte weder als logisch noch als ethisch bezeichnet werden".[55] Was er in seiner Rezension an Cohens *Ethik des reinen Willens* lobte, war auch seine eigene Methode: „Von der Vernunft zum Judentum, aber nicht umgekehrt."[56] Sein Kollege Max Dienemann schrieb in seinem Nachruf 1924 ganz zu Recht: Kellermanns „theologische Haltung [war] in prachtvoller Wahrheitsliebe von seiner philosophischen Grundeinstellung beherrscht"[57].

1907 publizierte Kellermann die aus einem Vortrag hervorgegangene Schrift *Liberales Judentum*, in der er exemplarisch begründete, weshalb das an den Propheten ausgerichtete liberale Judentum eine Vorstufe der universalen Vernunftreligion sei. Seine Ausgangsfrage lautet: Ist die jüdische Religion ein der Entwicklung fähiges „Gebilde der Bewegung"[58]? Erst dann wäre sie nämlich auch „ein selbständiges und notwendiges Kulturmotiv" und existenzberechtigt. Der Gradmesser zur Beantwortung dieser Frage ist für ihn die Fähigkeit der jüdischen Religion, ihre Inhalte zu modernisieren und zu kulturisieren, worunter er den „Ausgleich zwischen naivem und wissenschaftlichem Denken, zwischen Tradition und Vernunft"[59] versteht. Kellermann folgt hier Abraham Geiger, aber auch Cohen, der 1914 schrieb: „Kein Leben ohne Kampf. Keine Religiosität ohne Entwicklung."[60]

Das liberale Judentum orientiere sich nicht an dem von Kellermann sowie christlichen und jüdischen Zeitgenossen so bezeichneten „Ritualgesetz"[61], sondern an dem „Moralgesetz"[62]. Dies erkläre die besondere Affinität dieser jüdischen Strömung zu den Propheten und dem *ethischen Monotheismus*, also dem an den biblischen Propheten und ihren ethischen Vorstellungen ausgerichteten Glauben. Das Judentum müsse sich vom „Ritualgesetz" lösen, um beweglich zu bleiben und den Weg zur reinen Religion einzuschlagen. Als universale Ethik sei sie das Endziel des sittlichen Fortschritts der Menschheit und ist „doch nichts anderes, als die reife Frucht am Baume der geschichtlichen Religionen"[63].

Das Gesamtmodell der idealistischen Entwicklung der Religionen deutete er in *Liberales Judentum* an, entfaltete es aber erst in *Der wissenschaftliche Idea-*

---

[55] Ebd., 32.
[56] Ebd.
[57] DIENEMANN, Kellermann, 4.
[58] KELLERMANN, Liberales Judentum, 4.
[59] Ebd.
[60] COHEN, Bnei Briss, 151.
[61] Etwa in KELLERMANN, Paulinismus, 285.
[62] Ebd., 299.
[63] KELLERMANN, Liberales Judentum, 7.

lismus und die Religion. Zwingend notwendig sei die „Prophetisierung"[64] aller historischen Religionen durch rücksichtslose Anwendung mathematisch-naturwissenschaftlicher und historisch-kritischer Methodik – d. h. durch die Ausscheidung aller in seinen Augen irrationalen und mythischen Elemente aus ihrer Theologie und Praxis. Im Judentum seien das etwa die Halacha, die Kellermann aufgrund ihrer behaupteten Heteronomie als „ethische Absurdität"[65] bezeichnet, und der Gedanke der leiblichen Auferstehung. Das Christentum müsse sich von dem Gedanken der Doppelnatur Christi und Jesus, einer historischen und damit partikularen Person, als Grundlage der universal gültigen Sittlichkeit verabschieden. Der Prophetismus sei in dieser Hinsicht auch „die ewige Revisionsinstanz"[66] für das Christentum.

Diese ethisierten historischen Religionen müssten dann im nächsten Schritt zu einer einzigen „prophetischen Religion"[67] verschmelzen, die dann wiederum die letzten irrationalen Reste auszuscheiden habe:

Erst wenn der letzte mythische Rest auch in der prophetischen Religion getilgt ist, wenn die Verwandlung des psychologischen Denkens in transzendentales Denken errungen ist, dann und nur dann kann die Reine Religion, die Reine Erkenntnis ihren Geltungsbereich entfalten, so gewiss die Reine Religion einzig und allein in der Reinen Ethik ihr eigenstes Selbst behauptet. Jenseits der Ethik blüht für sie kein Heil.[68]

Kellermann definierte als „das Ziel der Religion […] die Auflösung aller Religion in reine Erkenntnis, in die wissenschaftlich begründete Ethik"[69]. Hierin folgte er Cohen, der in seiner ersten *Einleitung mit kritischem Nachtrag* zu Langes Geschichte des Materialismus von 1896 ebenfalls die „Auflösung der Religion in Ethik"[70] gefordert hatte. Um als Wissenschaft gelten zu können, müsse laut Cohen die Ethik durch die Logik grundgelegt werden, denn

[e]s sind Schleichwege der Philosophie, die zu Irrwegen der Kultur werden, wenn der Philosophie ein anderer Grund zugemutet wird, als der von Anfang an bei jeder geschichtlichen Erneuerung und Verjüngung der Wissenschaft und der allgemeinen Kultur die Logik ausgemacht hat.[71]

Mit der dritten Auflage der *Einleitung* von 1914 und, ein Jahr später *Der Begriff der Religion im System der Philosophie* sprach Cohen nicht mehr von Auflösung, sondern von „Aufnahme" und „Eigenart" der Religion im System der Philosophie. Bereits in seiner Rezension des Buches von 1916 unterstützt Kel-

---

[64] KELLERMANN, Idealismus, 50.
[65] Ebd., 26.
[66] LATTKI, Gedächtnisrede, 61.
[67] KELLERMANN, Idealismus, 56.
[68] Ebd.
[69] Ebd.
[70] COHEN, Biographisches Vorwort, LIX.
[71] EmkN, 19.

lermann diese Akzentverschiebung und betont ganz im Sinn Cohens mehrfach und eindringlich, dass die Religion durch ihre Aufnahme in das System nicht „Selbständigkeit" erlange, sondern lediglich „Eigenart" besitze, weil „in der Religion der gleiche Inhalt des wissenschaftlichen Bewußtseins nur in neue Beleuchtung gerückt"[72] werde.

Innerhalb dieses idealistischen Modells nimmt Gott eine zwar wichtige, aber nur noch funktionale Rolle ein. In Rückkehr zu Kants *Die Religion innerhalb der Grenzen der bloßen Vernunft* ist Gott für Kellermann nicht der „Schöpfer" sittlicher Werte, sondern der „Mensch selbst in seiner Vernunft erzeugt das Sittengesetz, kein Gott und keine Offenbarung kann ihn von diesem heiligen Dienste befreien".[73] Gott sei „nichts anderes als die Macht jener Idee, die auf die Verwirklichung des Sittengesetzes hinsteuert, die den Garanten seiner dereinstigen Erfüllung bildet"[74]. Dieser von den Propheten entdeckte und ethisierte Gott existiere nicht materiell, er „hat kein empirisches Dasein"[75], sondern sei eine sich stets dynamisch entwickelnde „Idee, eine ewige Aufgabe, eine Forderung",[76] die eine mögliche ethische Handlung in eine wirkliche transformiere: „Die Idee der Realität als Realität der Verwirklichung, die Gottesidee bildet ein Glied im System der Ethik, sie ist selbst eine rein ethische Idee. Darin liegt die Originalität der Cohenschen Philosophie"[77]. Scharf folgert Kellermann: Wer Gott dagegen „zu einem Inhalte des Glaubens" mache und „als persönliches Wesen" denke, „bleibt für alle Zeiten im Mythos befangen" und sei verantwortlich für die „Vernichtung der Sittlichkeit überhaupt"[78].

An dieser Stelle scheinen wesentliche Unterschiede zu Cohen auf, die dieser seinem Schüler selbst mitteilte. In einem Brief von 1908 gratulierte er Kellermann zu dessen Schrift *Der wissenschaftliche Idealismus und die Religion* und glaubte, dass es „auf die Protestanten einen starken Eindruck machen [müsse], dass nun auch ein philosophischer Anhänger von mir aus dem jüdischen Lager so ernst & streng gegen den Ritualismus auftritt aus der Tiefe der ethischen Forderung heraus."[79] Zugleich kritisierte er, dass er „in Bezug auf Gott doch nicht zufrieden sein kann. […] Für mich deckt sich der Seinswert Gottes nicht mit dem Ideal der Ewigkeit. Ich kann daher neben der sittlichen Handlung eine Verehrung der Gottesidee ethisch fordern. Damit bleibt der Kultus für mich bestehen. Und damit der Hauptteil des Ritus."[80]

---

[72] KELLERMANN, Religion, 565.
[73] KELLERMANN, Liberales Judentum, 5.
[74] Ebd.
[75] KELLERMANN, Idealismus, 33.
[76] KELLERMANN, Ethik, 249.
[77] KELLERMANN, Idealismus, 56.
[78] KELLERMANN, Ethik, 249.
[79] Hermann Cohen an Benzion Kellermann, 16. Februar 1908, LBI New York, AR 1197, 1.
[80] Ebd.

Gemeinsam ist ihnen die Definition Gottes als Idee, als methodologisches Prinzip, aber Cohen fordert aus sittlicher Perspektive auch noch die Verehrung dieser Idee. Für Kellermann dagegen ist die sittliche Handlung, in der sich die Gottesidee realisiere, allein schon Gottesdienst genug – und ihre weitere Verehrung unnötig. Daraus folgt auch ein anderer Blick auf Ritus und Kultus im Alltag und in der Synagoge. Cohen kann, wie er schreibt, in weiten Teilen an den überlieferten Formen festhalten. Für Kellermann hingegen müssen sich im idealistischen Prozess der Prophetisierung des Judentums zum einen Inhalt und Form des Gottesdienstes, zum anderen der Umgang mit der Tradition in Alltag und Privatleben ändern. Denn, so schlussfolgert er, „das Judentum der Zukunft wird prophetisch sein oder – es wird nicht sein".[81]

Kellermann teilte mit Cohen auch den Gedanken, dass das Judentum mit seinem ethischen Monotheismus der Menschheit auf dem Wege der Humanisierung als leuchtendes Beispiel vorangehen müsse. Cohen jedoch verband damit eine notwendige Isolierung der Juden durch das Religionsgesetz. Zwar stand für ihn als „Bekenner einer freien Religiosität"[82], wie er sich 1914 bezeichnete, die Notwendigkeit und Reformierung einzelner Gebote und Traditionen außer Frage, sofern sie der Vernunft widersprächen. Auch in der *Religion der Vernunft* heißt es, „daß alle Gebote daraufhin erwogen werden müssen, ob sie diesem einzigen Zwecke [der göttlichen Sittlichkeit] als geeignete Mittel dienen können"[83]. Dennoch sei eine gewisse Isolierung durch die Halacha – obwohl sie für Cohen stets „Sittengesetz, oder Hilfswerk zum Sittengesetz"[84] ist – nötig, damit sich Monotheismus und Messianismus im Judentum weiter entwickeln könnten. Diesem Ansinnen stand Kellermann diametral gegenüber, der in Alltag, Gottesdienst und Wissenschaft die Aufhebung jedweder selbstgewählter oder auferlegter Separierung der Juden von Nichtjuden forderte – unter anderem die Abschaffung der Halacha, die er im Unterschied zu Cohen mit Kant eher als die Freiheit des Individuums einschränkende „Vorschriften auf heteronomer Grundlage"[85] verstand.[86]

Cohen war also keineswegs so radikal wie sein auch innerhalb der liberaljüdischen Community umstrittener Schüler, sondern war sich stets bewusst, „auf einen traditionellen, einen geschichtlichen Untergrund von Lehren und Satzungen angewiesen zu sein"[87]. Kellermann selbst betont dies in seiner Grabrede am 7. April 1918, wenn er sagt, dass Cohen tiefe Geborgenheit nicht nur zuhause bei seiner Frau Martha gefunden habe, sondern besonders in der *„religiöse[n] Feier*

---

[81] KELLERMANN, Liberales Judentum, 21.
[82] COHEN, Bnei Briss, 151.
[83] RV, 417.
[84] Ebd., 405.
[85] KELLERMANN, Idealismus, 25.
[86] Zu Cohens Zurückweisung von Kant an dieser Stelle vgl. KOHLER, Heteronomy.
[87] COHEN, Bnei Briss, 150f.

in der Familie + im Gotteshause"[88]. Dabei hebt er den Schabbat und Jom Kippur besonders hervor, die „tatsächlich jene seelischen Kräfte in ihm auslösten, die nach seiner eigenen religions-philosophischen Interpretation die typischen Wirkungen wahrhaft jüdischer Welt + Lebensanschauung bilden."[89]

Von Cohens Tod am 4. April 1918 zeigte sich das gesamte deutsche Judentum erschüttert und Kellermann verfasste im gleichen Jahr nicht weniger als vier Nachrufe in verschiedenen jüdischen Zeitschriften.[90] Dort und in seiner Grabrede argumentierte er, dass die Cohensche Philosophie der Einheit für die notwendige Entwicklung des Judentums unverzichtbar sei. Im *Gemeindeblatt der Jüdischen Gemeinde zu Berlin* heißt es: Um einer „Erneuerung und Verjüngung des Judentums"[91] willen, „die Cohen selbst als das Programm seines Lebens und Wirkens erschien"[92], müsse „sein System von den breitesten Massen erkannt, erfaßt und erlebt"[93] werden.

Tiefster Kern der Psyche Cohens, so Kellermann, sei „der Geist des Judentums"[94] gewesen – ein „Gedanke [...], der sich ewig selbst *erneuerte*, weil er in der ewigen Neuschöpfung und Neuzeugung der Vernunft seinen Ursprung hat. Dieser Geist der ewigen *Selbsterneuerung* lag für Cohen in dem Einheitsbekenntnis des Judentums: שמע ישראל ד' אלהינו ד' אחד ,Höre Israel, der *Ewige* ist unser Gott, der *Ewige* ist *Einheit*'"[95]. Kellermann übersetzte „āchad" hier nicht mit „einzig", sondern bewusst mit „Einheit", um damit an einen zentralen Begriff Cohenscher Philosophie – die angestrebte Einheit des Kulturbewusstseins – anzuknüpfen.[96] „Nur eine Aufgabe gibt es, die der jüdischen Vernunfteinheit entspricht"[97], fährt er fort: „Das ist die *Einheit der Menschen*, wie sie dem messianischen Zukunftsbild der Propheten vorschwebt: Wo ein Gott allein regiert und anerkannt wird, da bilden *alle* Menschen nicht *eine* Art von Einheit, sondern *die* Einheit."[98] Dieser Geist des Judentums, der die Einheit des Menschengeschlechts als zentral erkennt, sei es, der „zu einer ewigen Verjüngung und *Erneuerung* menschlicher *Gesittung* und menschlichen *Fortschritts*"[99] führe.

Das vom ethischen Monotheismus der Propheten geprägte liberale Judentum muss in Kellermanns Perspektive durch das philosophische System Cohens grundgelegt werden, um vor der Moderne und den mit ihr einhergehenden Wis-

---

[88] LATTKI, Gedächtnisrede, 65 (Kursiva im Original unterstrichen).
[89] Ebd., 66.
[90] Vgl. Anm. 46.
[91] KELLERMANN, Cohen, 50.
[92] Ebd.
[93] Ebd.
[94] LATTKI, Gedächtnisrede, 59.
[95] Ebd. (Kursiva im Original unterstrichen).
[96] Vgl. etwa ADELMANN, Einheit.
[97] LATTKI, Gedächtnisrede, 59.
[98] Ebd. (Kursiva im Original unterstrichen).
[99] Ebd. (Kursiva im Original unterstrichen).

senschaften zu bestehen und Superiorität unter den historischen Religionen beanspruchen zu können. Dennoch geht er in seiner Zurückweisung aller rituellen Vorschriften und in seinen radikalen Forderungen nach der Erneuerung und Verjüngung des zukünftigen Judentums im Privat- und Gemeindeleben weit über seinen Lehrer hinaus.

Literaturverzeichnis

ADELMANN, DIETER, *Einheit* des Bewusstseins als Grundproblem der Philosophie Hermann Cohens. Vorbereitende Untersuchung für eine historisch verifizierende Konfrontation der Fundamentalontologie Martin Heideggers mit Hermann Cohens „System der Philosophie", Schriften aus dem Nachlass von Dieter Adelmann 1, hg. v. GÖRGE K. HASSELHOFF/BEATE U. LA SALA, Potsdam 2012.

ADLER, CYRUS/SZOLD, HENRIETTA (Hg.), American Jewish *Year Book*, Bd. 20, Michigan 1918.

BAECK, LEO, Rabbiner Dr. *Kellermann zum Gedenken.* Auf dem Friedhof gesprochen; in: Jüdisch-liberale Zeitung 25 (1923), 1–2.

COHEN, HERMANN, Die Bedeutung des Ordens *Bnei Briss* für die Harmonisierung der religiösen, sozialen und internationalen Gegensätze (1914), JS 2, 149–155.

DERS., Die *Eigenart* der alttestamentlichen Religion (1913), JS 2, 410–415.

COHEN, MARTHA, *Geleitwort*; in: Cohen, Hermann, Die Religion der Vernunft aus den Quellen des Judentums, Leipzig ¹1919, III–IV.

Das Rabbiner-Seminar zu Berlin (Hg.), Das Rabbiner-Seminar zu Berlin. *Bericht* über die ersten fünfundzwanzig Jahre seines Bestehens (1873–1898), Berlin 1898.

DEUSER, HERMANN, *Religionsphilosophie*, Berlin/New York 2009.

Die Lehranstalt für die Wissenschaft des Judenthums (Hg.), *Rückblick* auf ihre ersten fünfundzwanzig Jahre (1872–1897), Berlin 1897.

DIENEMANN, MAX, Benzion *Kellermann* zum Gedächtnis; in: Die Wahrheit 12 (1924), 4–5.

ELBOGEN, ISMAR/HÖNIGER, JOHANN (Hg.), *Lehranstalt* für die Wissenschaft des Judentums. Festschrift zur Einweihung des eigenen Heims am 22.10.1907, Berlin 1907.

ELIAV, MORDECHAI/HILDESHEIMER, ESRIEL, Das Berliner *Rabbinerseminar* 1873–1938. Seine Gründungsgeschichte – seine Studenten, Schriftenreihe des Centrum Judaicum 5, hg. v. CHANA C. SCHÜTZ/HERMANN SIMON, Teetz/Berlin 2008.

GALLINER, JULIUS, *Trauerrede*, 27. 6. 1923, LBI New York, AR 1197.

HARNACK, ADOLF VON, Das *Wesen des Christentums* (1900). Neuausgabe, Berlin 1950.

HILDESHEIMER, ESRIEL, Die *Studenten* des Rabbinerseminars zu Berlin; in: ELIAV, MORDECHAI/HILDESHEIMER, ESRIEL (Hg.), Das Berliner Rabbinerseminar 1873–1938: seine Gründungsgeschichte – seine Studenten, Schriftenreihe des Centrum Judaicum 5, hg. v. CHANA C. SCHÜTZ, Teetz/Berlin 2008, 44–48.

HOLZHEY, HELMUT, *Cohen* und Natorp, Bd. 2, Basel/Stuttgart 1986, 493–495.

JACOB, BENNO, Unsere *Bibel* in Wissenschaft und Unterricht. Vortrag, gehalten in der wissenschaftlichen Vereinigung jüdischer Schulmänner zu Berlin; in: Allgemeine Zeitung des Judentums 43–45 (1898), 511–513.525–526.534–536.

DERS., Der *Pentateuch*. Exegetisch-kritische Forschungen. Mit Figuren und zwei Tafeln, Leipzig 1905.
DERS., *Quellenscheidung* und Exegese im Pentateuch, Leipzig 1916.
DERS., Das erste Buch der Tora: *Genesis*. Übersetzt und erklärt, Berlin 1934.
KANT, IMMANUEL, *Kritik* der praktischen Vernunft, Immanuel Kants Werke 5, hg. v. ERNST CASSIRER, Berlin ²1922.
DERS., Die *Metaphysik* der Sitten. Der Streit der Fakultäten, Immanuel Kants Werke 7, hg. v. Ernst Cassirer, Berlin ²1922.
KAUFMANN, IRENE, Die *Hochschule* für die Wissenschaft des Judentums (1872–1942). Mit einem Beitrag von DANIELA GAUDING, Jüdische Miniaturen 50, Teetz/Berlin 2006.
KELLERMANN, BENZION, Der *Midrasch* zum 1. Buche Samuelis und seine Spuren bei Kirchenvätern und in der orientalischen Sage: ein Beitrag zur Geschichte der Exegese, Frankfurt/M. 1896.
DERS., *Bibel* und Wissenschaft; in: Allgemeine Zeitung des Judentums 49 (1898), 583–586.
DERS., Hermann Cohen. *Zum 4. Juli 1902*, in: Allgemeine Zeitung des Judentums 27 (1902), 315–317.
DERS., *Paulinismus* und Judentum. Nach einem in der Montagsvorlesung vom 24. Februar 1902 gehaltenen Vortrag, in: Allgemeine Zeitung des Judentums 24–25 (1903), 283–285.296–299.
DERS., Hermann Cohens „*Ethik* des reinen Willens", in: Allgemeine Zeitung des Judentums 3, 5, 7, 9, 11, 14, 17, 18, 21 (1905), 32–33.54–56.80–83.103–105.127–129.163–166.200–202.211–213.248–250.
DERS., *Kritische Beiträge* zur Entstehungsgeschichte des Christentums, Berlin 1906.
DERS., *Liberales Judentum*. Vortrag, gehalten im Liberalen Verein für die Angelegenheiten der jüdischen Gemeinde, Berlin 1907.
DERS., Der wissenschaftliche *Idealismus* und die Religion, 1908.
DERS., *Kantianismus* und Judentum; in: Allgemeine Zeitung des Judentums 1 (1911), 4–7.
DERS., *Universalistisches und partikularistisches Judentum*, in: Allgemeine Zeitung des Judentums 35–36 (1911), 417–419.428–430.
DERS., Die philosophische *Begründung des Judentums*; in: ISMAR ELBOGEN/BENZION KELLERMANN/EUGEN MITTWOCH (Hg.), Judaica, FS Hermann Cohen, Berlin 1912, 75–102.
DERS., Das *Nusproblem*, in: Philosophische Abhandlungen. Hermann Cohen zum 70sten Geburtstag (4. Juli 1912), Berlin 1912, 152–169.
DERS., Hermann Cohens philosophische Begründung der *Religion*, in: Allgemeine Zeitung des Judentums 48 (1916), 565–567.
DERS., Der ethische Monotheismus der *Propheten* und seine soziologische Würdigung, Berlin 1917.
DERS., Hermann Cohens *System* – die Begründung des liberalen Judentums, in: Liberales Judentum 10/5–6 (1918), 33–37.
DERS., Die religionsphilosophische *Bedeutung* Hermann Cohens, in: Neue Jüdische Monatshefte 2/15–16 (1918), 369–374.
DERS., Hermann Cohen – der *Philosoph* der ewigen Jugend, in: Kartell-Convent-Blätter 8/3 (1918), 1085–1087.

DERS., Hermann *Cohen*, in: Gemeindeblatt der Jüdischen Gemeinde zu Berlin 8/5 (1918), 49–50.
DERS., Das *Ideal* im System der Kantischen Philosophie, Berlin 1920.
DERS., Die *Ethik Spinozas*. Über Gott und Geist, Berlin 1922.
DERS., *Rationales oder irrationales Judentum*, in: Jüdisch-liberale Zeitung 51 (1922), 1–2.
DERS., Die *Ethik Spinozas. Dritter Teil*: Über den Ursprung und die Natur der Affekte, in: Festschrift zum 70. Geburtstage von Moritz Schaefer. Zum 21. Mai 1927, hg. v. Freunden und Schülern, Berlin 1927, 107–117.
KOHLER, GEORGE Y., Against the *Heteronomy* of Halakhah: Hermann Cohen's Implicit Rejection of Kant's Critique of Judaism, in: Diné Israel 32 (2018), 189–209.
KRAH, MARKUS/THULIN, MIRJAM/PICK, BIANCA (Hg.), *Cultures* of Wissenschaft des Judentums at 200, in: PaRDeS. Zeitschrift der Vereinigung für Jüdische Studien e. V. 24 (2018).
KRONE, KERSTIN VON DER/THULIN, MIRJAM, *Wissenschaft in Context*: A Research Essay on the Wissenschaft des Judentums, in: Leo Baeck Institute Year Book 58 (2013), 249–280.
LATTKI, TORSTEN, Die *Gedächtnisrede* von Benzion Kellermann auf Hermann Cohen. Eine unbekannte Grabrede, gehalten am 7. April 1918 auf dem jüdischen Friedhof Berlin-Weißensee, in: Zeitschrift für Religions- und Geistesgeschichte 65/1 (2013), 47–67.
DERS., *Benzion Kellermann*. Prophetisches Judentum und Vernunftreligion, Jüdische Religion, Geschichte und Kultur 24, Göttingen 2015.
MEYER, THOMAS, Ernst *Cassirer*, Hamburger Köpfe, Hamburg ²2007.
DERS./KILCHER, ANDREAS (Hg.), Die „Wissenschaft des Judentums". Eine *Bestandsaufnahme*, Paderborn 2015.
NONN, CHRISTOPH, Eine Stadt sucht einen *Mörder*. Gerücht, Gewalt und Antisemitismus im deutschen Kaiserreich, Göttingen 2002.
PERLMANN, MOSHE, Art. *Schreiner*, Martin; in: Encyclopaedia Judaica 18 (2007), 167.
PORGES, NATHAN, *[Rezension zu:] Judaica*, FS Hermann Cohen, hg. v. ISMAR ELBOGEN/BENZION KELLERMANN/EUGEN MITTWOCH, Berlin 1912, in: Deutsche Literaturzeitung 36 (1916), 1541–1546.
ROSENZWEIG, FRANZ, *Einleitung*; in: Hermann Cohen, Jüdische Schriften 1, hg. v. BRUNO STRAUSS, Berlin 1924, XIII–LXIV.
DERS., Der Mensch und sein Werk. Gesammelte Schriften, Bd. I/1: *Briefe* und Tagebücher 1900–1918, hg. v. RACHEL ROSENZWEIG/EDITH ROSENZWEIG-SCHEINMANN, Den Haag 1979.
SACHS, HANS, Aus der *Jugendzeit* ..., in: Mitteilungen der Jüdischen Reformgemeinde zu Berlin 16/4 (1933), 8–9.
DERS., Rabbiner Dr. Kellermann zum *Gedenken*, in: Jüdisch-liberale Zeitung 25 (1923), 2.
SMEND, RUDOLF, Cohen und die alttestamentliche *Wissenschaft* seiner Zeit, in: HANS M. DOBER/MATTHIAS MORGENSTERN (Hg.), Religion aus den Quellen der Vernunft. Hermann Cohen und das evangelische Christentum, Religion in Philosophy and Theology 65, Tübingen 2012, 86–95.

SMITH, HELMUT W., Die *Geschichte* des Schlachters. Mord und Antisemitismus in einer deutschen Kleinstadt, Frankfurt/M. 2002.
STEIN, LUDWIG, Die *Juden* in der neueren Philosophie unter besonderer Berücksichtigung Hermann Cohen's, Verein für jüdische Geschichte und Literatur in Berlin e. V., Sammlung ausgewählter Vorträge 1, Berlin 1919.
TROELTSCH, ERNST, Das *Ethos* der hebräischen Propheten, in: Logos. Internationale Zeitschrift für Philosophie und Kultur 6 (1916/17), 1–28.
WEIDNER, DANIEL, ‚Geschichte gegen den Strich bürsten'. Julius *Wellhausen* und die jüdische ‚Gegengeschichte', in: Zeitschrift für Religions- und Geistesgeschichte 54/1 (2002), 32–61.

Internetquellen

Allgemeine Zeitung des Judentums 76/35 vom 30. August 1912; URL: http://sammlungen.ub.uni-frankfurt.de/cm/periodical/titleinfo/3229051 (Letzte Nutzung: 26.02.2020).

Cohen und der Linksliberalismus
Die Geschichte einer emphatischen Verbindung*

Ulrich Sieg

Hermann Cohen galt lange Zeit als Theoretiker, der sich in den Höhen abstrakter Spekulation verloren und Problemen des realen Lebens kaum Aufmerksamkeit geschenkt hat. Wenig könnte unzutreffender sein; denn dem Philosophen war die Wirkung seiner politischen Ideen eine Herzenssache. Er wurde von den Zeitgenossen als kämpferischer Intellektueller betrachtet, der seinen Standpunkt unbestechlich und mit Verve vertrat. Die renommierten linksliberalen Blätter öffneten Cohen ihre Spalten, in denen er eine breite Leserschar mit seinen Überzeugungen vertraut machte und zu eigenständigem Engagement aufforderte. Sein Ansehen innerhalb des deutschen Judentums hing überdies entscheidend damit zusammen, dass die Unbestechlichkeit seiner Urteilsbildung und die Lauterkeit seines Charakters auch vom politischen Gegner anerkannt wurden.

Es ist erstaunlich, wie rasch Cohens Wirksamkeit nach seinem Tod im Jahre 1918 in Vergessenheit geriet. In diesem Befund spiegelt sich der Zäsurcharakter des Ersten Weltkrieges, der den Fortschrittsglauben um seine Selbstverständlichkeit brachte. Ohne ihn hing jedoch die von Cohen verfochtene Reformpolitik in der Luft, die für eine nachhaltige Wirkung auf mittel- und langfristige Zeithorizonte angewiesen war. Zwar erlebte der Linksliberalismus zu Beginn der Weimarer Republik noch eine kurze Blüte, doch schon bald geriet er bei der Polarisierung der politischen Kultur unter die Räder. Erst recht gilt dies für die Zeit nach 1933, als seine freiheitlichen Werte endgültig zur „Causa victa"[1] wurden. Dies begünstigte die Diffamierung der „Marburger Schule" als unpolitischer Kathederphilosophie – ein Vorurteil, das sich auch nach 1945 noch erheblicher Beliebtheit erfreute.

Zumeist ging die Ablehnung des Neukantianismus mit einer rigiden Form der Kant-Philologie einher. So veröffentlichte Julius Ebbinghaus sachkundige

---

* Für hilfreiche Unterstützung wie manche Anregung danke ich zwei ausgewiesenen Kennern der Liberalismus-Geschichte, meinen Freunden Anne C. Nagel und Ewald Grothe. Einen wichtigen Text schickte Hartwig Wiedebach, wofür ihm gleichfalls gedankt sei.

[1] So pronociert: LIEBESCHÜTZ, Background, 32.

Abhandlungen zur Marburger philosophischen Tradition. Doch fiel sein Urteil über diese Art der Aneignung Kantischer Gedanken derart negativ aus, dass die eingehende Beschäftigung mit dem Neukantianismus nicht lohnend erscheinend konnte. Die Tatsache, dass über mehr als vierzig Jahre aktuelle epistemologische und soziale Probleme im Medium der Kant-Aneignung erörtert wurden, stellte er nicht zur Diskussion.[2] Da war es ein großer Gewinn, als Helmut Holzhey Mitte der 1980er Jahre den kategorialen und inhaltlichen Reichtum des Marburger Neukantianismus in den Vordergrund rückte. Insbesondere sei es seinen beiden Hauptvertretern, Hermann Cohen und Paul Natorp, um die Herleitung und Klärung philosophischer Letztbegründungsfragen gegangen.[3] Gleichzeitig schuf Holzhey mit einer kritischen Werkausgabe das unerlässliche Fundament für die intensive Beschäftigung mit Cohens Œuvre.

So gut begründet die Verbindung von philosophisch-systematischen und philologischen Gesichtspunkten in der derzeitigen Cohen-Forschung auch ist, an heutige Rezipienten stellt sie besondere Anforderungen. Das philosophische Reflexionsniveau im späten 19. und frühen 20. Jahrhundert lag ungewöhnlich hoch, und manches einst bedeutsame Problem hat längst ein Gutteil seiner Relevanz verloren. Da verwundert es kaum, dass von Charles Taylor bis Jürgen Habermas nur wenige einflussreiche Philosophen an neukantianische Traditionsbestände und Konzepte anknüpfen, selbst wenn sie Grundfragen des Universalismus erörtern.[4] Umso wichtiger dürfte es sein, die Gedanken dieser philosophischen Schulgemeinschaft aus ihren politischen und sozialen Entstehungsbedingungen heraus zu verstehen. Die in Marburg verfochtene Variante des philosophisch begründeten Linksliberalismus maß die eigene Gegenwart an den universalistischen Gedanken der Aufklärung. Es war der „Gerichtshof der Vernunft", vor dem sich die Politik verantworten sollte, und Cohen glaubte, dass auf die Dauer nichts der Kraft des besseren Arguments widerstreiten könne. Natürlich wusste auch er um die Widerstände, die es für eine friedliche Reform des Kaiserreichs zu überwinden galt. Doch da er den Geschichtsprozess auf seiner Seite wähnte, bereiteten sie ihm kaum Kopfzerbrechen.[5]

Dieser Essay nimmt Cohens heroisch-idealistisches Politikverständnis näher in den Blick. Er beginnt mit den Prägungen, die der Philosoph durch seinen Marburger Amtsvorgänger Friedrich Albert Lange erfuhr, und skizziert, wie schwer es war, als jüdischer Wissenschaftler im Deutschen Kaiserreich zu reüssieren (I). Anschließend steht das spannungsreiche Verhältnis zum Antisemitismus zur

---

[2] Vgl. EBBINGHAUS, Deutschtum; DERS., Cohen, 127f.
[3] HOLZHEY, Ursprung.
[4] Eine Ausnahme bildet lediglich Habermas' früher Aufsatz über die idealistische Einstellung jüdischer Philosophen in Deutschland, in dem er knapp auf Cohens Religionsphilosophie eingeht. Allein die moderne Erkenntnistheorie sieht er ganz aus der Tradition Husserls und Wittgensteins erwachsen. HABERMAS, Idealismus, 47f.
[5] Vgl. erstmals zu Cohens politischer Orientierung im Parteispektrum seiner Zeit HACKESCHMIDT/SIEG, Cohen.

Debatte, den Cohen als intellektuellen und moralischen Skandal betrachtete (II). Sodann wird seine konkrete politische Praxis erörtert. Sie zeigt Cohen als Verfechter universaler Werte mit hohem Gerechtigkeitssinn, der erstaunlich häufig auf der „richtigen Seite" stand (III). Deutlich weniger positiv fällt die Betrachtung von Cohens Weltkriegsschriften aus, weil ein leidenschaftlicher Patriotismus der kritischen Gegenwartsanalyse enge Grenzen zog. Gleichwohl beeindruckt die Selbstverständlichkeit, mit der er auch nach 1914 humanitären Überzeugungen zu ihrem Recht verhelfen wollte (IV). Das bilanzierende Fazit fragt schließlich nach der bleibenden Bedeutung von Cohens politischem Engagement, das in seinem ungebrochenen Optimismus ein typisches Kind des 19. Jahrhunderts zu sein scheint (V).

I

Friedrich Albert Lange, der Cohen zu seiner Marburger Professur verhelfen sollte, war ein entschlossener Mann.[6] 1828 geboren, wandte er sich früh von seinem Vater ab, der als pietistischer Theologe ausgesprochen konservative Positionen vertrat und deshalb in Zürich die Nachfolge des mittlerweile dort verhassten Linkshegelianers David Friedrich Strauß erhalten hatte. Lange nahm regen Anteil an der Märzrevolution 1848 und war schon während seines Bonner Studiums vom zentralen Charakter der Sozialen Frage überzeugt. Nach der Promotion in Klassischer Philologie und einer pädagogisch-philosophischen Habilitation geriet Lange in die tagespolitischen Auseinandersetzungen. Zur Hundertjahrfeier 1859 präsentierte er Friedrich Schiller als kosmopolitischen Dichter, er wurde Mitglied im Deutschen Nationalverein und schrieb eine Unmenge linksliberaler Zeitungsartikel. Als Wissenschaftler wollte er sozialstatistisch ermittelte Befunde für eine Lösung der drängenden gesellschaftlichen Probleme fruchtbar machen. Um Bismarcks Gewaltpolitik nicht zu unterstützen, verweigerte Lange 1862 die Steuerzahlung, weshalb in seinem Haus zweimal gepfändet wurde. Neben der journalistischen Tätigkeit fand er noch Zeit für seine Mitte der 1860er Jahre veröffentlichten Hauptwerke „Die Arbeiterfrage" und die „Geschichte des Materialismus", die sich in klarer Sprache um einen politischen Reformkurs und eine neue Sicht auf die Philosophiegeschichte bemühten.[7] Angesichts der gewaltigen Bismarck-Begeisterung sah er allerdings

---

[6] Trotz seines bewegten Lebens, das ihn u. a. in Kontakt mit den führenden Figuren der entstehenden Sozialdemokratie brachte, fehlt eine moderne Biographie Friedrich Albert Langes. Die wichtigsten Quellen zu seiner politischen Wirksamkeit enthält der Sammelband LANGE, Politik. Den ideengeschichtlichen Kontext beleuchtet HOLZHEY, Sozialismus.

[7] Beide Schriften sind noch heute greifbar in: LANGE, Arbeiterfrage; DERS., Materialismus.

für linksliberale Ideale in Deutschland keine Zukunft mehr und ging 1866 in die Schweiz.

Unter gänzlich anderen Bedingungen kehrte Lange 1872 nach Deutschland zurück. Er war mittlerweile ein angesehener Gelehrter, aber auch von schwerer Krankheit gezeichnet. In Marburg überarbeitete er seine Hauptwerke und stellte die Bedeutung des Reformgedankens in der Politik wie erkenntniskritischer Reflexionen in der Wissenschaftsgeschichte deutlich heraus.[8] Als Philosoph war Lange vom jungen Cohen beindruckt, der wie er aus einem frommen Haus stammte. Der 1842 geborene jüdische Gelehrte war bei Beginn seiner Karriere nicht auf Rosen gebettet. Sein Vater Gerson Cohen verfügte als Kantor der kleinen jüdischen Gemeinde im anhaltischen Coswig nur über ein schmales Einkommen. Einen wesentlichen Teil der Ausbildungskosten bestritt die Mutter Friederike, die dort ein Hutgeschäft führte. Ausdrücklich schärfte sie ihrem Sohn ein, dass er „kein Schlemihl" sei und mit ehrlicher Arbeit an sein Ziel, eine dauerhafte Position im deutschen Bildungswesen gelangen könne.[9]

In der Tat hatte Cohen moralische Unterstützung nötig; denn die Bedingungen des akademischen Wettbewerbs waren nicht für ihn geschaffen. Die Qualifikationsschriften waren auf Latein abzufassen, während er von früh an durch den Vater eindringliche Unterweisung in die hebräische Gelehrsamkeit erhalten hatte. Doch letztlich stand es für Hermann Cohen außer Frage, dass die Zukunft der kritischen Wissenschaft und nicht der Theologie gehören werde.[10] Er beendete die Ausbildung am Breslauer Jüdisch-theologischen Seminar und legte im Alter von 22 Jahren als Externer sein Abitur ab. Energisch nahm er in der Folgezeit die akademischen Hürden und wurde bereits im Herbst 1865 in Halle zum „Dr. phil." promoviert. Auf Anerkennung im Studium hatte Cohen indes weitgehend verzichten müssen, weil das spät erlernte Latein recht ungelenk geblieben war. Immerhin hatte seine Preisarbeit bei der Philosophischen Fakultät ein lobendes Prädikat erhalten. Es ging auf das Urteil Adolf Trendelenburgs zurück, der als systematischer Denker und Kenner des Aristoteles über eine besondere Autorität verfügte[11]

Nach der Promotion verfügte Cohen über das seltene Privileg, sich ganz auf die Wissenschaft konzentrieren zu können, und er nutzte es nach Kräften. Intensiv beschäftigte er sich mit Kants Philosophie und legte 1871 eine fulminante Neudeutung der „Kritik der reinen Vernunft" vor. Die Interpretation beanspruchte nicht weniger, als den Wert der Kantischen Erkenntniskritik für die

---

[8] Sieg, Aufstieg, 96 f. 102 ff.

[9] So Cohen rückblickend in einem Schreiben an Mathilde Burg vom 14. Januar 1886 in: Briefe, 58. Generell zur Coswiger Zeit vgl. Orlik, Kritik, 262 ff., sowie besonders detailliert Wiedebach, Kindheit.

[10] Sieg, Völkerpsychologie, 465.

[11] Vgl. den Text von Trendelenburgs Gutachten demnächst in einer biographischen Studie von Hartwig Wiedebach. Zum ungewöhnlichen Ansehen des heute kaum noch bekannten Trendelenburg vgl. Köhnke, Entstehung, 23–57; Schnädelbach, Philosophie, 191–195.

moderne Naturwissenschaft zu demonstrieren. Dies war nicht nur epistemologisch chancenreich, es gab der Philosophie auch in einer Ära rasanter Wissenschaftsexpansion einen eigenständigen Gegenstandsbereich. Dementsprechend positiv fielen die Reaktionen auf Cohens erste Monographie aus, die als Neubegründung erkenntniskritischen Philosophierens gerühmt wurde.[12]

Lange ließ keinen Zweifel daran aufkommen, welchen Respekt er vor der Denkstärke des Nachwuchswissenschaftlers besaß. Er war von Cohen derart überzeugt, dass dessen Auffassung vom Ding an sich als „Grenzbegriff" für die Neuauflage der „Geschichte des Materialismus" leitend wurde.[13] Die Aufgabe eigener philosophischer Positionen könnte als Ausdruck fehlenden Selbstbewusstseins gedeutet werden, doch dafür fehlt es an Belegen. Vielmehr hatte sich Lange für einen empiristischen Zugang zu wissenschaftstheoretischen Fragen entschieden, da er zu einer spekulativen Metaphysik kein Vertrauen besaß. Doch glaubte er nicht, dass damit das letzte Wort in epistemologischen Fragen notwendig schon gesprochen sei, und war für Anregungen offen.

Die vorbehaltlose Anerkennung durch einen angesehenen Professor besaß für Cohen jedenfalls zentrale Bedeutung; denn ohne diese Fürsprache hätte er sich schwerlich in Marburg habilitieren können. Seine Position war ungewöhnlich schwach; denn ein erstes Verfahren an der Berliner Universität war bereits aus formalen Gründen gescheitert.[14] Lange zerstreute jedoch nicht nur Bedenken hinsichtlich Cohens wissenschaftlicher Tüchtigkeit. Mit seiner persönlichen Autorität kalmierte er auch Vorbehalte an Deutschlands ältester protestantischer Universität gegen die Aufnahme eines Juden. Nach seinem Tod am 23. November 1875 setzte sich die überwältigende Mehrheit der Fakultätsangehörigen für Cohens Berufung an die Philippina ein. Bereits im Februar 1876 hielt er die Anstellungsurkunde in Händen.[15]

Cohen war seinem Förderer für die großherzige Unterstützung, mit deren Hilfe er zum einzigen jüdischen Lehrstuhlinhaber für Philosophie im deutschen Kaiserreich wurde, ein Leben lang dankbar. Er gab die weiteren Auflagen von Langes „Geschichte des Materialismus" heraus und unterstützte so die beträchtliche Wirkung von dessen Opus magnum.[16] Noch wichtiger aber war, dass er zentrale Gedanken seiner politischen Philosophie an Lange ausrichtete. Dabei übernahm er nicht nur die für seinen Mentor charakteristische Kombination aus hellsichtiger Zeitkritik und hochgestimmten Idealen. Er orientierte sich auch an dessen Einstellung, für das einmal als richtig Erkannte unbeirrt und mit vol-

---

[12] KThE (C); detailliert zur Wirkungsgeschichte vgl. EDEL, Einleitung, 54–58.
[13] Den engen Kontakt zwischen Lange und Cohen und Lange demonstriert HOLZHEY, Philosophische Kritik. Vgl. auch HOLZHEY, Ursprung, 1ff.
[14] Vgl. den Brief Cohens an Friedrich Albert Lange vom 11. Mai 1873 in ORLIK, Cohen, 50f.
[15] Dazu erstmals EBBINGHAUS, Berufung, 60ff.; auf breiterer Aktenbasis und mit leicht veränderten Akzenten SIEG, Aufstieg, 114–118.
[16] Seine wichtigste Einführung findet sich sorgfältig kommentiert in EmkN.

lem Einsatz zu kämpfen. Vor diesem Hintergrund verstand es sich von selbst, dass Cohen auch freimütig seinen Amtsvorgänger kritisierte. So monierte er Langes Unterschätzung des philosophischen Idealismus und hielt eine höhere Wertschätzung Platons für geboten. Die Hochachtung vor Langes linksliberalem Wertekosmos und seiner ethischen Lauterkeit wurde durch diese Einwände freilich nicht berührt.

II

Der deutschen Gesellschaft stand Hermann Cohen wohlwollend und durchaus anpassungsbereit gegenüber. Er glaubte an die Kultur Kants und Goethes und setzte seine Hoffnungen in eine Religion der Vernunft, die sich an universalen Maßstäben orientierte. Dementsprechend weit kam er in zwei Briefen Heinrich von Treitschke entgegen, als der Berliner Starhistoriker 1879 herausstellte, welche Bedingungen von den Juden für die Aufnahme in die deutsche Nation zu erfüllen seien. Es war für den Philosophen eine tiefe Enttäuschung, als er erkennen musste, dass er mit einer positiven Haltung zur Assimilation überhaupt nichts erreichte. Der einstige Liberale Treitschke blieb betont vage und wollte den Juden keinerlei Rechtsansprüche auf vollständige Gleichbehandlung zuerkennen.[17] Inhaltlich setzte er auf harte Exklusionsmuster, um die innere Einheit des Bismarckschen Machtstaats zu garantieren.

Cohen zog aus der Reaktion Treitschkes Konsequenzen. Als eine Art Streitschrift veröffentlichte er 1880 sein „Bekenntnis in der Judenfrage", mit der er die Bedeutung kollektiver Identität für die Wahrung religiöser Selbstbestimmung unterstrich. In gewisser Hinsicht überschritt er damit den klassisch liberalen, auf das Individuum bezogenen Argumentationsrahmen. Doch bewies Cohen mit seinem Essay Sensibilität für die historische Bedeutung des Konflikts. Die durch Bismarck energisch voran getriebene und durch Treitschke unterstützte „innere Reichsgründung" förderte die Vorstellung einer homogenen deutschen Nation und erschwerte die jüdische Selbstbehauptung. Der politische Antisemitismus war wiederum grundlegend postemanzipatorischer Natur. Seine Anhänger betrachteten die Juden nicht als gleichberechtigte Staatsbürger, sondern als einen Fremdkörper in der Nation, der energisch bekämpft werden müsse.[18]

---

[17] Dies belegt Holzhey, Zwei Briefe. Detailliert zum Hintergrund der Auseinandersetzung um die Bedeutung der jüdischen Emanzipation, die zumeist als „Berliner Antisemitismusstreit" etikettiert wird, obwohl sie sich auf das gesamte Kaiserreich erstreckte, Jensen, Gebildete Doppelgänger.
[18] Dazu umsichtig Pulzer, Antisemitismus, 262 ff. Zum Ausmaß der politischen Verwerfungen siehe Pflanze, Bismarck; zur Komplexität der Integrationsprozesse vgl. Weichlein, Nation.

Erst recht fühlte sich Cohen in seinen linksliberalen Prinzipien herausgefordert, als Ende der 1880er Jahre die antisemitische Bewegung von Otto Böckel tonangebend wurde. Ihr Erfolg war nicht zuletzt eine Folge der rasanten Globalisierung, auf den die nordhessische Landbevölkerung besonders schlecht vorbereitet war. Die durch Realteilung allzu klein gewordenen Höfe stemmten sich vergebens gegen die Konkurrenz aus den USA, die große Mengen Getreide und Fleisch aus dem Mittleren Westen importierten. Die aussichtslose Situation ließ „auf dem platten Land" Verschwörungstheorien ins Kraut schießen. Schon bald sah man in den Juden die Hauptursache für die wirtschaftliche Misere und hoffte darauf, mit diskriminierenden Sondergesetzen die Lage wieder ins Lot zu bringen. Dabei schlugen Böckel und seine Anhänger menschenverachtende Töne an, und ließen von der jüdischen Habgier bis zur Wurzellosigkeit kaum ein antisemitisches Stereotyp aus.[19]

In Marburg trat der „Verein zur Abwehr des Antisemitismus", in dem sich vor allem linksliberal eingestellte Bürger engagierten, der menschenverachtenden Hetze entgegen. Ihr Kampf mit den Populisten, die ausgesprochen einfache Lösungen für die drängenden ökonomischen Probleme präsentierten und zudem finanzielle Unterstützung aus Berlin erhielten, ähnelte anfangs einer Donquichotterie. Es empörte Cohen besonders, dass sich renommierte Akademiker bereitfanden, die judenfeindlichen Vorurteile mit wissenschaftlichen Halbwahrheiten zu unterstützen. Energisch trat er 1888 vor dem Marburger Landgericht dem berühmten Orientalisten Paul de Lagarde entgegen, der die Aussage eines antisemitischen Volksschullehrers, der Talmud fordere zum Betrug an den Juden auf, für verteidigenswert hielt.[20] Cohen bemängelte bei seinem Gegenüber Voreingenommenheit, oberflächliche Gedankenführung und inkorrekte Zitate, doch der Prozess endete für ihn mit einer Enttäuschung. Das Gericht sah sich nicht in der Lage, über den Wahrheitsgehalt der Gutachten ein Urteil abzugeben. Am 2. Mai 1888 verurteilte es den Angeklagten wegen seiner religionsfeindlichen Äußerung zu einer Gefängnisstrafe von nur zwei Wochen und Übernahme der Prozesskosten. Angesichts des reichsweiten Interesses, den das Ereignis gefunden hatte, war dies schwerlich eine richtungsweisende Entscheidung.[21]

Die Tage der Böckel-Bewegung waren allerdings bald gezählt. Inhaltlich ging es darum, die nordhessische Landbevölkerung vor dem Ruin zu retten und wirtschaftlich wieder konkurrenzfähig zu machen. Und da die Antisemiten lediglich ideologische Parolen, aber keine tragfähigen Konzepte anzubieten hatten, verloren sie rasch an Attraktivität. Beispielsweise erwiesen sich die von ihnen eingerichteten „Bauernbanken", die zinsfreie Kredite gewähren sollten, als wirt-

---

[19] MACK, Otto Böckel; eingehend zu den ökonomischen Gründen für den Erfolg der Böckel-Bewegung PEAL, Anti-Semitism.
[20] Zu diesem Ereignis, das in Deutschland auf erhebliches Interesse stieß: SIEG, Wissenschaft; DERS., Talmud; sowie PALMER, Paul de Lagarde.
[21] Vgl. SIEG, Talmud, 142ff.

schaftliches Fiasko. Die Raiffeisen-Bewegung schaffte es hingegen, nach und nach die Finanzklemme kleinerer Güter zu beseitigen.[22] Als Mitte der 1890er Jahre die Konjunktur in Deutschland wieder ansprang, betrachteten viele Liberale den Antisemitismus als politischen Atavismus, dem keinerlei Zukunft beschieden war. Zu ihnen gehörte Cohen, der bei aller Bejahung seiner religiösen Wurzeln, den Lauf der Geschichte und damit auch die jüdische Emanzipation grundlegend positiv beurteilte.

Prima facie sprach angesichts der Integration des deutschen Judentums manches für diese optimistische Haltung. Doch rückblickend überwiegt bei Cohen eher der Eindruck einer Schönwetter-Einstellung, die der Bedeutung wirtschaftlicher Rahmenbedingungen und den Abgründen der menschlichen Natur nur unzureichend Rechnung trug. Allein mit rationaler Argumentation war (und ist) dem Antisemitismus nicht beizukommen, dessen Kraft sich aus trüben, ressentimenterfüllten Quellen speist. Getragen vom bürgerlichen Selbstvertrauen betrachtete Cohen den Antisemitismus als „nackte Dummheit, die sich selbst vernichten muss".[23] Doch berücksichtigte er zu wenig, dass dessen Anhänger auf zirkuläre, sich selbst bestätigende Denkfiguren vertrauten, die keine Überprüfung oder gar Widerlegung zuließen. Letztlich spiegelte Cohens Einstellung zum Antisemitismus den Platonischen Zug seiner Philosophie, da er nur ernsthaft begründeten Gedanken weltanschauliche Dignität zu geben bereit war. Dabei hatte er durchaus eine Vorstellung von den Eigenarten politischer Auseinandersetzung in der Ära der aufkommenden Massenmedien.

III

Cohen wusste um die Wichtigkeit, aktiv für die eigenen Rechte zu streiten, wenn sie öffentlich anerkannt werden sollten. Dies erklärt seine Haltung in der Dreyfus-Affäre, die um die Jahrhundertwende die Gemüter bewegte. Wie viele europäische Intellektuelle empörte sich Cohen darüber, mit welchen Winkelzügen in Frankreich an der Schuld des angeblichen Landesverräters festgehalten wurde. Unmissverständlich verurteilte er am 9. Juni 1899 die Haltung des obersten französischen Gerichts in der renommierten „Allgemeinen Zeitung des Judentums". Es sei grundlegend falsch, Dreyfus' Schicksal erneut der Militärjustiz anzuvertrauen, die ihre Parteilichkeit hinreichend unter Beweis gestellt habe. Zudem handle es sich um ein welthistorisches Ereignis, das nicht nach zufälligen Kriterien entschieden werden dürfe. In ihm spiegle sich die „speziale Vorsehung, die den einzelnen zu dem hohen Berufe erhebt, für die

---

[22] Dazu komprimiert PEAL, Jewish Responses.
[23] COHEN, Sabbat, 67. Es handelt sich um einen in Berlin 1881 erschienenen Aufsatz, der auf einen Vortrag aus dem Jahre 1869 zurückgehen soll.

Gesamtheit zu leiden". In einer sehr persönlichen Diktion hatte Cohen damit Dreyfus zum jüdischen Märtyrer erklärt.[24]

Den elsässischen Hauptmann sah Cohen als Opfer des grassierenden Antisemitismus, der mit dem Judentum zugleich das Fundament des modernen Staates, die Gerechtigkeit, vernichten wolle. Damit dies nicht eintrete, hielt Cohen beinahe jedes Mittel für gerechtfertigt. Sogar einen Krieg gegen Frankreich soll er in Erwägung gezogen haben, damit die Republik sich endlich wieder auf ihre rechtsstaatlichen Grundlagen besinne.[25] Gewiss sprach sich darin eine Überschätzung deutscher Kultur aus, aber es zeigte auch unmissverständlich, wie wichtig er die Idee der Gerechtigkeit nahm. Es ist bezeichnend für Cohens Position, dass er den grassierenden „Rassenhaß" nicht sonderlich wichtig nahm. Er sah in ihm vor allem einen „Vorwand für den Religionshaß", der die Geschichte des Christentums seit langer Zeit begleite.[26]

Cohen war voller Verständnis dafür, dass Dreyfus die Begnadigung durch den französischen Präsidenten ablehnte und die vollständige Rehabilitation seiner Ehre forderte. Hierin drückte sich freilich kein ethischer Maximalismus, sondern ein Sinn für philosophische Prinzipienfragen aus. Cohen betrachtete es schlicht als unverzichtbar für ein modernes Gemeinwesen, dass es dem Recht in vollem Umfang Geltung verschaffe. „Toleranz" war für ihn hingegen nur ein schwacher Ersatz für die Einklagbarkeit individueller Freiheitsrechte. In bewusster Zuspitzung hielt er sie nicht für eine wichtige Errungenschaft, sondern für den „Kindergarten der Menschheit". Das Recht wolle aktiv erstritten und im Alltag mutig verteidigt sein, damit es seine ethische Wirkung in der Gesellschaft entfalte.[27]

Mit seinem jüngeren Kollegen und Freund Paul Natorp verbanden Cohen viele philosophische und politische Überzeugungen. Zusammen mit dem Völkerrechtler Walther Schücking und dem Systematischen Theologen Martin Rade bildeten sie einen engagierten Kreis an der Marburger Universität, der sich für Reformen im Geist des Linksliberalismus einsetzte. Gemeinsam traten sie dem Antisemitismus in Nordhessen entgegen und stärkten gegenseitig ihre Position in der überwiegend nationalkonservativ eingestellten Marburger Hochschullehrerschaft. Inhaltlich bestand Einigkeit über die anzustrebenden politischen Ziele, die von der Abschaffung des preußischen Dreiklassenwahlrechts bis zur Frauenemanzipation reichten. Die Todesstrafe hielten sie für ein Relikt des Mittelalters, das mit dem auf dem Besserungsgedanken aufbauenden modernen

---

[24] COHEN, Ehrenpflicht, 347; zum Hintergrund vgl. SIEG, Aufstieg, 259ff.
[25] So rückblickend KÜHNEMANN, Mit unbefangener Stirn, 107; die Heftigkeit der zeitgenössischen Emotionen illustriert DUCLERT, Dreyfus-Affäre.
[26] COHEN, Ehrenpflicht, 351; vgl. zu den Implikationen dieser Perspektive neuerdings nuanciert NIRENBERG, Anti-Judaismus.
[27] Zur aktuellen Dimension dieser Problematik vgl. KISSLER, Toleranz. Das vorige Zitat findet sich in COHEN, Dreyfus-Affäre, 358.

Recht unvereinbar sei.[28] 1908 engagierte sich der Kreis für die Landtagswahl Schückings, der mit einem anspruchsvollen Programm für den Liberalen Volksverein antrat. Insbesondere ging es ihm darum, mit der Demokratisierung Preußens die friedliche Reform des Kaiserreichs voranzutreiben. Die konservative Dominanz in der oberhessischen Provinz ließ sich mit diesem Thema freilich nicht erschüttern. Schücking gewann seine Wahlmännerstimmen fast nur in der Stadt, während auf dem Land der konservative Landrat von Negelein als Vertreter der altvertrauten, „von Gott gewollten Ordnung" triumphierte.[29]

Trotz des ungünstigen politischen Umfeldes bekamen die Marburger Neukantianer Unterstützung durch Friedrich Naumann, der mit seinem Nationalsozialen Verein für eine friedliche Lösung des als unvermeidlich angesehenen Konfliktes zwischen Arm und Reich eintrat. So wurde in seiner Zeitschrift „Die Hilfe" wohlwollend auf Gedanken Cohens und Natorps rekurriert.[30] Die einseitig auf eine revolutionäre Lösung der bestehenden Probleme ausgerichtete Sozialdemokratie hatte hingegen wenig übrig für die Gedankenwelt der „Marburger Schule". Sie konzentrierte sich darauf, den eigenen Anhängern ein dramatisches Weltbild zu vermitteln, in dem die Krise des Kapitalismus notwendig auf eine Weltrevolution, den „großen Kladderadatsch" (August Bebel) hinauslief.[31] Die Auffassung, dass sich das politische System durch gezielte Reformmaßnahmen schrittweise verbessern lasse, hielt man dort für bürgerlichen Humbug. Lediglich Eduard Bernstein wies dezidiert darauf hin, dass die europäische Entwicklung Karl Marx nicht bestätigt habe, und rekurrierte zur methodischen Absicherung seiner Ideen auf Friedrich Albert Lange. Er bezahlte freilich für seine unabhängige „revisionistische" Einstellung mit einem Scherbengericht, die ihn um fast jeden parteiinternen Einfluss brachte. Cohen wiederum wollte von der Sozialdemokratie nichts wissen, weil er ihren Geschichtsdeterminismus ebenso ablehnte wie ihren Atheismus.[32]

Doch auch Cohens Weltsicht gründete auf Bedingungen, die sie selbst nicht garantieren konnte. Am wichtigsten war für ihn die Gewissheit, dass die Geschichte sich auf dem Weg zu einem humanen Ziel befand. Dies meinte nicht, es könne jemals ein idealer gesellschaftlicher Endzustand erreicht werden. Gegen diese utopische Annahme sprach schon allein die menschliche Natur, die in ihrer Schwäche und Fehlerhaftigkeit nicht zu endgültigen Lösungen passte. Aber nach

---

[28] Zum Netzwerk linksliberaler Denker an der Marburger Universität vgl. SIEG, Aufstieg, 220 f. Eine anschauungsreiche Fallstudie bietet NAGEL, Martin Rade.

[29] Vgl. ebd., 80–95, hier 87 f.

[30] SIEG, Aufstieg, 294; allgemein zu Naumanns breiter Resonanz: VOM BRUCH, Friedrich Naumann.

[31] Zur revolutionären Agenda der Sozialdemokratie vgl. GROH, Negative Integration; sowie HÖLSCHER, Weltgericht.

[32] Hierzu MEYER, Intervention, 257–269. Die Grundprobleme Bernsteins erörterte erstmals GAY, Dilemma; allgemein zum spannungsreichen Verhältnis zwischen Sozialdemokratie und Marburger Neukantianern vgl. SIEG, Aufstieg, 225–234.

Cohens Ansicht brauchte politische Philosophie die Gewähr, dass die Menschheit sich in einem steten Wandel zum Besseren befinde. Die kulturellen und wissenschaftlichen Veränderungen des 19. Jahrhunderts deutete er entsprechend optimistisch. Überdies trug ihn die Überzeugung, dass mit dem als vordringlich empfundenen Kampf gegen die Armut weitere soziale Verbesserungen erreicht werden könnten. Die militärische Aufrüstung der europäischen Nationen hielt der Ordinarius mit vielen Zeitgenossen für einen Atavismus, der schon aus Kostengründen recht bald zu einem Ende kommen werde. Für seine Weltsicht hatte Cohen gewichtige Argumente, doch berücksichtigte er zu wenig, wie sehr die Politik in der Hochzeit des Imperialismus durch irrationale Begehrlichkeiten und Ängste geprägt wurde. Dementsprechend wirklichkeitsfremd reagierte er, als im August 1914 der Erste Weltkrieg ausbrach.

IV

Trotz der intensiven politischen Spannungen zu Beginn des 20. Jahrhunderts wurden die Menschen von den Ereignissen im Sommer 1914 überrascht. Allzu lange hatte man sich in den großen Staaten auf die Fähigkeiten der Diplomatie verlassen und bei Konflikten auf scharfe Betonung der eigenen Interessen gesetzt. In der Julikrise erwies sich das internationale System als überfordert. Eine Kettenreaktion kam in Gang, die in wenigen Wochen zu einem Krieg führte, der schon allein angesichts der Stärke der beteiligten Armeen furchtbare Konsequenzen haben musste. In Europas Metropolen hatten nicht nur die Politiker, sondern auch die Öl ins Feuer gießenden Journalisten vollkommen versagt.[33]

Cohen beurteilte die Entwicklung in der Julikrise skeptisch und stand auch der deutschen Mobilisierung im August 1914 nicht euphorisch gegenüber. Doch die kritische Distanz hielt nicht lange. Die Veröffentlichung der Noten zwischen dem deutschen Kaiser und dem Zaren überzeugte ihn bereits Ende des Monats von der Lauterkeit Wilhelms II. Dahinter steckte die irrige Überzeugung, die Monarchen hätten im letzten Moment die Militärmaschinerien anhalten können. Dies war aber nicht nur eine unzutreffende Beurteilung Wilhelms II., sondern offenbarte auch eine Fehleinschätzung der Situation. Denn längst waren die Höfe nicht mehr die politischen Entscheidungszentren, und die einmal in Gang gesetzte Dynamik der militärischen Mobilisierung ließ sich nicht mit einfachen Mitteln beherrschen. Allerdings bleiben bei der Beschreibung von Cohens Haltung bei Kriegsbeginn gewisse quellenkritische Zweifel bestehen, da

---

[33] Vgl. ECKERT/GEISS/KARSTEN, Presse in der Julikrise 1914. Aus der riesigen Literatur zum Weltkrieg und seiner Genese seien zudem zwei besonders wichtige Darstellungen genannt: CLARK, Schlafwandler; LEONHARD, Büchse der Pandora.

wir darüber nur durch Franz Rosenzweig wissen, der häufig ein eigenwilliges Bild des Philosophen zeichnet.[34]

Cohens Einstellung zum Weltkrieg war in vielem die eines erfolgreich akkulturierten jüdischen Bürgers. Er glaubte, dass Deutschland von neidischen Feinden umzingelt sei und um seine Existenz kämpfe. Mit Kantischen Gedanken verteidigte er den „deutschen Militarismus" als Conditio sine qua non kultureller Entfaltung. Seine Feindbilder unterschieden sich kaum von den zeitgenössisch gängigen Topoi. Cohen attackierte „englische Gewinnsucht", verspottete „französische Oberflächlichkeit" und deutete die russische Kultur als Spiegel der zaristischen Autokratie, und damit als Relikt des Mittelalters. Seine Ansichten trug er mit dem keinen Widerspruch duldenden Selbstvertrauen eines deutschen Ordinarius vor. All dies ist bedauerlich, doch es ist nicht der ganze Cohen. Sein Judentum gab ihm einen anderen Blick auf die Wirklichkeit, als es den meisten Akademikern möglich war. Deshalb erscheint es gerechtfertigt, auch über die inhaltliche Substanz seiner Weltkriegsschriften ernsthaft nachzudenken.[35]

Ausdrücklich stellte Cohen die Kontinuität jüdischer Kultur in Deutschland heraus. Ihr Status sei zwar häufig prekär gewesen, doch bestehe an ihrer Bedeutung nicht der geringste Zweifel. So zeige ein Blick auf Lessings Schauspiel „Nathan der Weise", wie viel die Aufklärung dem Judentum verdanke. Die Beschäftigung mit seinen Problemen habe die Idee der Gerechtigkeit gefestigt, die für eine zivile Gesellschaft und den menschlichen Fortschritt unveräußerlich sei. Angesichts der tristen Kriegsrealität im Jahre 1916 waren dies ausgesprochen hohe Töne, aber immerhin hielten sie universalistische Ideale fest, die viele Akademiker schon in den ersten Kriegswochen aufgegeben hatten.[36] Zudem besaß Cohen einen wachen Sinn für die schwierige Situation, in der sich das „Ostjudentum" befand.

In Russland unter Ausnahmegesetzen lebend, waren die dortigen Juden zwar ein potentieller Partner für die deutsche Politik, wurden aber auch misstrauisch beäugt. Der mittlerweile in Berlin an der Hochschule für die Wissenschaft des Judentums wirkende Philosoph hatte sich bereits im Mai 1914 ein eigenes Bild von den Zuständen in Polen und im Baltikum gemacht. Er tendierte nicht zu jener Herablassung gegenüber den „armen Brüdern aus dem Osten", die sich im deutsch-jüdischen Bürgertum einiger Beliebtheit erfreute. Aber er war doch fest von der Mission des akkulturierten Judentums überzeugt. Es sollte dafür sorgen, dass in den alten kulturellen Zentren endlich moderne „jüdische Wis-

---

[34] ROSENZWEIG, Einleitung, LXII; zum Hintergrund vgl. SIEG, Aufstieg, 393.
[35] Hierfür leistete Pionierarbeit WIEDEBACH, Nationalität. Als Musterbeispiel für patriotische Weltkriegsliteratur vgl. COHEN, Eigentümliche des deutschen Geistes.
[36] WIEDEBACH, Deutschtum, 127 f.

senschaft" den Ton angebe.[37] Die im Zionismus und insbesondere von Martin Buber favorisierte Sicht, im Osten trete einem das authentische jüdische Leben entgegen, betrachtete Cohen freilich als Überhöhung. Auch hielt er es nicht für ratsam, den „Standpunkt des Ideals" zu verlassen und eine Verwirklichung der eigenen politischen Ziele in naher Zukunft zu erwarten. Vielmehr betrachtete er es schlicht als geboten, den bedrängten Glaubensgenossen, soweit es ging, zu helfen und ihrer religiösen Überzeugungen den nötigen Respekt entgegenzubringen.[38]

Es ist erstaunlich, wie stark Cohens Weltkriegsschriften in Kontinuität zu seinen vor 1914 gehegten Ansichten stehen. Insbesondere innen- und gesellschaftspolitisch sah er keine Veranlassung, seine Auffassungen zu revidieren. Vielmehr scheint er den Eindruck gehabt zu haben, dass der Krieg manches für überwunden geglaubte Vorurteil wieder auf die Tagesordnung setze. Cohen stritt für eine gerechte Stellenvergabe an der Universität und gegen die Benachteiligung jüdischer Gelehrter. Er verteidigte das „Ethos der hebräischen Propheten" gegen protestantische Relativierung, trat antisemitischen Rufmordkampagnen entgegen und hob den Beitrag des Judentums zur deutschen Kultur hervor. Jede der meist erbittert geführten Debatten wäre eine eigenständige Betrachtung wert.[39] In der Gesamtheit dürfte sich zeigen, wie exklusiv das Ideal der deutschen Volksgemeinschaft bereits im Ersten Weltkrieg geworden war.

Cohen stritt mit guten Argumenten für eine wenig aussichtsreiche Sache: die universalen Worte des liberalen Judentums, denen er von früher Jugend an die Treue gehalten hatte. Zwar mag man ihm vorhalten, dass er im Krieg in den Sog nationalistischer Propaganda geraten sei und ein geschöntes Bild Deutschlands vertreten habe. Seine nach 1914 verfassten Schriften hatten nur wenig mit den Schattenseiten der wilhelminischen Gesellschaft und fast nichts mit den moralischen Abgründen des Weltkrieges zu tun. Im Unterschied zu vielen anderen Gelehrten hat Cohen jedoch auch im „Krieg der Geister" an seinen linksliberalen Überzeugungen vom Wert individueller Freiheit und an der sozialen Ausrichtung seiner Philosophie festgehalten.

---

[37] COHEN, Der polnische Jude, 201; den realen und ideengeschichtlichen Hintergrund beleuchtet ASCHHEIM, Brothers and Strangers.
[38] Zur Auseinandersetzung zwischen Cohen und Buber existiert eine breite Literatur. Zumeist werden die Schlachten der Vergangenheit ein zweites Mal geschlagen, und der Kulturzionismus wird auf Kosten des liberalen Judentums aufgewertet. Um eine Einordnung in den zeitgenössischen Kontext bemüht sich SIEG, Jüdische Intellektuelle, 241–248.
[39] Als Fallstudien auf einem besonders umstrittenen Feld seien lediglich genannt: OTTO, Prophetie; LATTKI, Debatte; zum historischen Kontext DERS., Benzion Kellermann.

V

Was ist nun von einem politischen Urteilsvermögen zu halten, dessen Analysedefizite deutlich vor Augen stehen? Angesichts des Unheils, das der „Große Krieg" über die Menschen gebracht hat, und insbesondere des technisierten Massensterbens an der Westfront liegt es nahe, den antiquierten Charakter von Cohens Weltbild hervorzuheben. Seine Philosophie geriet nach 1918 nicht zufällig bald in Vergessenheit. Europa hatte sich durch den Krieg zu sehr verändert, als dass die kulturprogressistische Haltung des Marburger Neukantianismus noch ernsthaft attraktiv sein konnte. Die politische Arena dominierten nun gewalttätige Weltanschauungen, die baldige Erlösung versprachen und rücksichtslos Feindbilder zur Mobilisierung der eigenen Anhänger einsetzten.[40]

Freilich existierte selbst in Deutschlands düsterster Zeit nach der nationalsozialistischen „Machtergreifung" noch ein Wissen um den universalistischen Grundzug ethischer Überlegungen. Erinnert sei nur an den Kantianer Arthur Liebert, den das „Berufsbeamtengesetz" um seine Existenz und alle Ämter brachte. Mit gewaltiger Energie und großen persönlichen Opfern gab die ehemalige Schlüsselgestalt der „Kant-Studien" nun die Zeitschrift „Philosophia" heraus, um einen geistigen Zusammenhang zwischen exilierten Wissenschaftlern herzustellen. Wie einst Cohen wusste Liebert nicht nur um die pädagogische Bedeutung vorbildhaften Verhaltens, er hatte auch einen Sinn für den Wert ethischer Prinzipien in schwieriger Lage.[41]

Die „Zeit der Ideologien" (Karl Dietrich Bracher) schien mit dem Zusammenbruch des Sozialismus 1989/91 endgültig abgelaufen. Mit seinen kühnen Visionen hatte er keine überzeugende Antwort auf die Frage geboten, wie das menschliche Zusammenleben zugleich freiheitlich und sozial organisiert werden könne. Doch auch das Vertrauen in die Integrationskraft des Marktes und die werbende Wirkung westlicher Werte hielten sich nicht lange. Mittlerweile sind autoritäre politische Systeme wieder auf dem Vormarsch, und die Würde des Menschen spielt im Casino-Kapitalismus allenfalls eine nachgeordnete Rolle. Da scheint es einen zweiten Gedanken wert, ob wir tatsächlich auf positive Zukunftsvorstellungen verzichten können und sollten.

In seinem grundlegenden Werk zur Geschichte der Gewalt hat der kanadische Psychologe Steven Pinker darauf hingewiesen, dass die Sozialreformer des 19. Jahrhunderts keineswegs nur gesellschaftliche Probleme geschönt oder gar eskamotiert haben. Ihre milden, von praktischem Geist erfüllten Sozialutopien leiteten vielmehr manche Veränderung ein und führten mittelfristig zu einer Verbesserung der Gesamtlage.[42] Und dies gilt für ganz unterschiedliche Politik-

---

[40] Als Hintergrund aufschlussreich MAIER, Wege.
[41] Vgl. hierzu ebenso anschaulich wie ergreifend MEHRING, Philosophie.
[42] PINKER, Gewalt.

felder von der Gesundheitsfürsorge über den Arbeitsschutz bis zum Wohnungsbau. Gerade der Optimismus der damals Handelnden sollte nicht leichthin als „blauäugige Realitätsferne" denunziert werden; denn für ihren Erfolg stellte er eine unerlässliche Bedingung dar. Nur wer an die eigenen Chancen und die Veränderbarkeit der Welt glaubt, bemüht sich um eine aktive Gestaltung der Politik.

Im deutschsprachigen Judentum, das so viele Zurücksetzungen erdulden musste, wusste man um die Wichtigkeit einer optimistischen Lebenseinstellung. Dies gilt auch und gerade für das jüdische Bürgertum, das im öffentlichen Rückblick gern die Sonnenseite der eigenen Existenz herausstellte. Rein private und überdies ungedruckte Quellen sprechen eine andere Sprache. So besaßen jüdische Geisteswissenschaftler, die eine dauerhafte Position an der Universität anstrebten, ein recht realistisches Bild von der Härte des vor ihnen liegenden Weges. Schließlich war es ein offenes Geheimnis, dass mit jeder erklommenen Stufe die Integration immer schwieriger wurde. Und ausgerechnet im Zentrum der bürgerlichen Kultur stießen sie auf Ressentiments und Vorurteile, die sie längst überwunden wünschten.[43]

Cohen hatte die Kraft, sich gegen zeitgenössische Widerstände zu stemmen, und das Glück, einen adäquaten Wirkungsraum zu gewinnen. In mehr als einer Hinsicht erscheint sein Leben vorbildhaft. Er besaß eine Prinzipientreue und einen persönlichen Mut, die ihn ohne fadenscheinige Kompromisse für die eigenen Werte eintreten ließen. Das heißt freilich nicht, dass es umstandslos möglich ist, an seine linksliberalen Gedanken anzuknüpfen. So fehlt Cohens politischer Ideenwelt ein adäquater Sinn für menschliche Schwächen und ein gerüttelt Maß an Skeptizismus. Schließlich ist jede Gegenwartsanalyse hochgradig irrtumsanfällig, und gibt es keine Garantie gegen Rückschläge. Freilich sollten die inhaltlichen Impulse seiner politischen Philosophie auch nicht unterschätzt werden.

Cohen huldigt nicht spekulativen geschichtsphilosophischen Vorstellungen, sondern geht von einem Begriff der menschlichen Würde aus, der auf ihre gesellschaftliche Realisierung zielt und adäquate politische Institutionen einfordert. Auch sein Idealismus könnte ein Gegenentwurf für die statusfixierte, glücksversessene und zumindest latent zynische Gegenwart sein. Auf jeden Fall staunt man nicht schlecht, mit welchem Selbstvertrauen Cohen sich in einer Zeit für soziale Reformen einsetzte, als die meisten Akademiker unter Bezugnahme auf Biologie und Geschichtswissenschaft das Recht des Stärkeren verkündeten. Die Leitsterne seines Denkens, denen er Geltung verschaffen wollte, hießen Freiheit und Gerechtigkeit. Auch heute sollten sie unveräußerlich sein.

---

[43] Vgl. SIEG, Bildungsstreben.

Literaturverzeichnis

Aschheim, Steven, *Brothers and Strangers*. The East European Jew in German and German Jewish Consciousness. 1800–1923, Madison 1982.

Bruch, Rüdiger vom (Hg.), *Friedrich Naumann* in seiner Zeit, Berlin/New York 2000.

Clark, Christopher, Die *Schlafwandler*. Wie Europa in den Ersten Weltkrieg zog, München 2013.

Cohen, Hermann, Der *Sabbat* in seiner kulturgeschichtlichen Bedeutung, JS 2, 45–72.

Ders., Ein *Bekenntnis* in der Judenfrage, JS 2, 73–94.

Ders., Der geschichtliche Sinn des Abschlusses der *Dreyfus-Affäre*, JS 2, 352–359.

Ders., *Deutschtum* und Judentum, in: Ders., Kleinere Schriften VI. 1916–1918, Werke 17, hg. v. Hartwig Wiedebach, Hildesheim/Zürich/New York 2002, 109–131.

Ders., *Der polnische Jude*, in: Ders., Kleinere Schriften VI. 1916–1918, Werke 17, hg. v. Hartwig Wiedebach, Hildesheim/Zürich/New York 2002, 187–202.

Ders., Unsere *Ehrenpflicht* gegen Dreyfus, JS 2, 346–351.

Ders., Über das *Eigentümliche des deutschen Geistes*, in: Ders., Kleinere Schriften V. 1913–1915, Werke 16, hg. v. Hartwig Wiedebach, Hildesheim/Zürich/New York 1997, 237–297.

Duclert, Vincent, Die *Dreyfus-Affäre*. Militärwahn, Republikfeindschaft, Judenhaß, Berlin 1994.

Ebbinghaus, Julius, Zur Berufung Cohens auf den Marburger Lehrstuhl; in: Archiv für Geschichte der Philosophie 9 (1959), 60–62.

Ders., Art. *Cohen*, Hermann; in: The Encyclopedia of Philosophy 2 (1967), 125–128.

Ders., *Deutschtum* und Judentum bei Hermann Cohen, in: Kant-Studien 60 (1969), 84–96.

Eckert, Georg/Geiss, Peter/Karsten, Arne (Hg.), Die *Presse in der Julikrise 1914*. Die internationale Berichterstattung und der Weg in den Ersten Weltkrieg, Münster 2014.

Edel, Geert, Einleitung, in: Cohen, Hermann, Kants Theorie der Erfahrung, Berlin ³1918, 8–59 [Werke 1.1].

Gay, Peter, Das *Dilemma* des Demokratischen Sozialismus. Eduard Bernsteins Auseinandersetzung mit Marx, Nürnberg 1954.

Groh, Dieter, Negative *Integration* und revolutionärer Attentismus. Die deutsche Sozialdemokratie am Vorabend des Ersten Weltkrieges, Frankfurt/M./Berlin/Wien 1973.

Habermas, Jürgen, Der deutsche *Idealismus* der jüdischen Philosophen, in: Ders., Philosophisch-politische Profile, Frankfurt/M./Wien 1991, 39–64.

Hackeschmidt, Jörg/Sieg, Ulrich, Hermann *Cohen*, ein vergessener Kronzeuge liberaler Demokratie, in: Jahrbuch zur Liberalismus-Forschung 6 (1994), 159–166.

Hölscher, Lucian, *Weltgericht* oder Revolution. Protestantische und sozialistische Zukunftsvorstellungen im deutschen Kaiserreich, Industrielle Welt 46, Stuttgart 1989.

Holzhey, Helmut *Zwei Briefe* Hermann Cohens an Heinrich von Treitschke; in: Bulletin des Leo Baeck Instituts 12 (1969), 183–204.

Ders., (Hg.), Philosophische *Kritik*. Zum Verhältnis von Erkenntnistheorie und Sozialphilosophie bei F. A. Lange, in: Knoll, Joachim H./Schoeps, Julius H. (Hg.),

Friedrich Albert Lange. Leben und Werk, Duisburger Forschungen 21, Duisburg 1975, 207–225.
DERS., Cohen und Natorp 1. *Ursprung* und Einheit. Die Geschichte der „Marburger Schule" als Auseinandersetzung um die Logik des Denkens, 2. Der Marburger Neukantianismus in Quellen. Zeugnisse kritischer Lektüre. Briefe der Marburger. Dokumente zur Philosophiepolitik der Schule, Basel/Stuttgart 1986.
DERS., Ethischer *Sozialismus*. Zur politischen Philosophie des Neukantianismus, Frankfurt/M. 1994.
JENSEN, UFFA, *Gebildete Doppelgänger*. Bürgerliche Juden und Protestanten im 19. Jahrhundert, Kritische Studien zur Geschichtswissenschaft 167, Göttingen 2005.
KISSLER, ALEXANDER, Keine *Toleranz* den Intoleranten. Warum der Westen seine Werte verteidigen muss, Gütersloh [2]2015.
KÖHNKE, KLAUS CHRISTIAN, *Entstehung* und Aufstieg des Neukantianismus. Die deutsche Universitätsphilosophie zwischen Idealismus und Positivismus, Frankfurt/M. 1986.
KÜHNEMANN, EUGEN, *Mit unbefangener Stirn*. Mein Lebensbuch, Heilbronn 1937.
LANGE, FRIEDRICH A., Über *Politik* und Philosophie. Briefe und Leitartikel 1862–1875, Duisburger Forschungen 10, Duisburg 1968.
DERS., Geschichte des *Materialismus* und Kritik seiner Bedeutung in der Gegenwart, 2 Bde., hg. v. ALFRED SCHMIDT, Frankfurt/M. 1974.
DERS., Die *Arbeiterfrage* in ihrer Bedeutung für Gegenwart und Zukunft beleuchtet, Hildesheim/New York 1979.
LATTKI, TORSTEN, Die *Debatte* um das „Ethos der hebräischen Propheten" zwischen Troeltsch, Cohen und Kellermann 1916–1917. Ein Beitrag zum jüdisch-christlichen Disput, Berlin 2010.
DERS., *Benzion Kellermann*. Prophetisches Judentum und Vernunftreligion, Jüdische Religion, Geschichte und Kultur 24, Göttingen 2017.
LEONHARD, JÖRN, Die *Büchse der Pandora*. Geschichte des Ersten Weltkriegs, München 2014.
LIEBESCHÜTZ, HANS, Hermann Cohen and his Historical *Background*; in: Leo Baeck Institute Year Book 13 (1968), 3–33.
MACK, RÜDIGER, *Otto Böckel* und die antisemitische Bauernbewegung in Hessen 1887–1894, in: HEINEMANN, CHRISTINE (Hg.), Neunhundert Jahre Geschichte der Juden in Hessen. Beiträge zum politischen, wirtschaftlichen und kulturellen Leben, Wiesbaden 1983, 377–410.
MAIER, HANS (Hg.), *Wege* in die Gewalt. Die modernen politischen Religionen, Frankfurt/M. 2000.
MEHRING, REINHARD, *Philosophie* im Exil. Emil Utitz, Arthur Liebert und die Exilzeitschrift Philosophia. Dokumentation zum Schicksal zweier Holocaust-Opfer, Orbis Phänomenologicus Quellen 6, Würzburg 2018.
MEYER, THOMAS, Eine unzeitgemäße *Intervention*, die an der Zeit war – Hermann Cohens neukantianischer Sozialismus und die sozialdemokratische Ideologie, in: BRANDT, REINHARD/ORLIK, FRANZ (Hg.), Philosophisches Denken – Politisches Wirken. Hermann-Cohen-Kolloquium Marburg 1992, Philosophische Texte und Studien 35, Hildesheim/Zürich/New York 1993, 257–269.

NAGEL, ANNE C., *Martin Rade* – Theologe und Politiker des Sozialen Liberalismus, Religiöse Kulturen der Moderne 4, Gütersloh 1996.

NIRENBERG, DAVID, *Anti-Judaismus*. Eine andere Geschichte des westlichen Denken, München 2015.

ORLIK, FRANZ, Hermann *Cohen* (1842–1918). Kantinterpret. Begründer der „Marburger Schule". Jüdischer Religionsphilosoph. Eine Ausstellung in der Universitätsbibliothek Marburg vom 1. Juli bis 14. August 1992. Mit einer Einführung von REINHARD BRANDT, Schriften der Universitätsbibliothek Marburg 63, Marburg 1992.

DERS., „Mit der *Kritik* in der Hand und vor dem Auge die Domgasse abschreitend". Der Philosoph Hermann Cohen (1842–1918) aus Coswig, in: DICK, JUTTA/SASSENBERG, MARINA (Hg.), Wegweiser durch das jüdische Sachsen-Anhalt. Im Auftrag der Moses Mendelssohn Akademie, Potsdam 1998, 262–269.

OTTO, ECKART, Die hebräische *Prophetie* bei Max Weber, Ernst Troeltsch und Hermann Cohen. Ein Diskurs im Weltkrieg zur christlich-jüdischen Kultursynthese, in: GRAF, FRIEDRICH W./SCHLUCHTER, WOLFGANG (Hg.), Asketischer Protestantismus und der ‚Geist' des modernen Kapitalismus. Max Weber und Ernst Troeltsch, Tübingen 2005, 201–255.

PALMER, GESINE, The Case of *Paul de Lagarde*, in: CANCIK, HUBERT/PUSCHNER, UWE (Hg.), Antisemitismus, Paganismus, Völkische Religion, München 2004, 37–53.

PEAL, DAVID, *Anti-Semitism* and Rural Transformation in Kurhessen. The Rise and the Fall of the Böckel Movement, Ph. D. thesis Columbia University, New York 1985.

Ders., *Jewish Responses* to German Antisemitism. The Case of the Böckel Movement, 1887–1894, in: Jewish Social Studies 48 (1986), 269–282.

PFLANZE, OTTO, *Bismarck*. Der Reichskanzler, München 1998.

PINKER, STEVEN, *Gewalt*. Eine neue Geschichte der Menschheit, Frankfurt/M. 2013.

PULZER, PETER G. J., Die Entstehung des politischen *Antisemitismus* in Deutschland und Österreich 1867–1914. Mit einem Forschungsbericht des Autors, Göttingen 2004.

ROSENZWEIG, FRANZ, *Einleitung*, in: COHEN, HERMANN, Jüdische Schriften 1, hg. v. BRUNO STRAUSS, Berlin 1924, XIII–LXIVC.

SCHNÄDELBACH, HERBERT, *Philosophie* auf dem Weg von der System- zur Forschungswissenschaft. Oder: Von der Wissenschaftslehre zur Philosophie der Geisteswissenschaft, in: Geschichte der Universität Unter den Linden 1810–2010, Bd. 4, hg. v. HEINZ-ELMAR TENORTH/VOLKER HESS/DIETER HOFFMAN, Berlin 2010, 151–199.

SIEG, ULRICH, „Der *Wissenschaft* und dem Leben tut dasselbe not: Ehrfurcht vor der Wahrheit." Hermann Cohens Gutachten im Marburger Antisemitismusprozeß 1888, in: Philosophisches Denken – Politisches Wirken. Hermann-Cohen-Kolloquium Marburg 1992, Philosophische Texte und Studien 35, hg. v. REINHARD BRANDT/ FRANZ ORLIK, Hildesheim/Zürich/New York 1993, 222–249.

DERS., *Aufstieg* und Niedergang des Marburger Neukantianismus. Die Geschichte einer philosophischen Schulgemeinschaft, Studien und Materialien zum Neukantianismus 4, Würzburg 1994.

DERS., Der Preis des *Bildungsstrebens*. Jüdische Geisteswissenschaftler im Kaiserreich, in: ANDREAS GOTZMANN/RAINER LIEDTKE/TILL VAN RAHDEN (Hg.), Juden, Bürger, Deutsche. Zur Geschichte von Vielfalt und Differenz 1800–1933, Schriftenreihe wissenschaftlicher Abhandlungen des Leo Baeck Instituts 63, Tübingen 2001, 67–95.

DERS., Der frühe Hermann Cohen und die *Völkerpsychologie*, in: Aschkenas 13 (2003), 461–483.
DERS., Der *Talmud* vor Gericht. Die ideengeschichtliche Bedeutung des Marburger Antisemitismusprozesses, in: BARTH, HANS-MARTIN/ELSAS, CHRISTOPH (Hg.), Religiöse Minderheiten. Potentiale für Konflikt und Frieden. IV. Internationales Rudolf-Otto-Symposion, Schenefeld 2004, 129–144.
DERS., *Jüdische Intellektuelle* im Ersten Weltkrieg. Kriegserfahrungen, weltanschauliche Debatten und kulturelle Neuentwürfe, Berlin ²2008.
WEICHLEIN, SIEGFRIED, *Nation* und Region. Integrationsprozesse im Bismarckreich, Beiträge zur Geschichte des Parlamentarismus und der politischen Parteien 137, Düsseldorf 2004.
WIEDEBACH, HARTWIG, Die Bedeutung der *Nationalität* für Hermann Cohen, Europea Memoria. Studien und Texte zur Geschichte der europäischen Ideen I/6, Hildesheim/Zürich/New York 1997.
DERS., Hermann Cohens *Kindheit*. Aus Anlaß seines 100. Todestages am 4. April 2018, in: Kalonymos 21/1 (2018), 1–9.

Cohen und die Luther-Renaissance

Heinrich Assel

1. Cohens Reformationstheorie zwischen Antisemitismus-Streit und Luther-Renaissance

(1) Anfang November 1883 – es jährte sich der 400. Geburtstag Martin Luthers am 10. November – wandte sich in Marburg ein katholischer Kollege ratsuchend an Hermann Cohen: ‚Wie halte *er* es mit der Teilnahme an der Lutherfeier der Universität?' Franz Rosenzweig überliefert in der Einleitung zu den *Jüdischen Schriften* Cohens von 1924 die kaustische Antwort Cohens: „Wenn *ich* nicht hinginge, wer sollte dann hingehen!"[1]

Die Anekdote deutet Wesentliches über Cohens Verhältnis zu Luther an: Mag Theodor Brieger, der Festredner der Marburger Universitäts-Protestanten und Kollege Cohens, gute Gründe vorgetragen haben, Luther zu feiern[2] – Cohen hatte triftigere.

In der Cohen-Forschung wird Cohens Reformationstheorie, die sich auf eine genuine Luther-Interpretation stützt, differenziert diskutiert.[3] In der Luther-Forschung ist sie kaum bekannt und wird, wenn überhaupt diskutiert, reduziert auf die rezeptionshistorische Frage nach ‚Luthers Judenschriften in Rezeptionen zwischen kaiserzeitlicher Emanzipation und kaiserzeitlichem Antisemitismus'.[4] Unerforscht ist vor allem, wie sich Cohens Luther-Interpretation zur sog. ‚Luther-Renaissance' verhält, die sich seit 1883, dem Startjahr der Weimarer Stan-

---

[1] ROSENZWEIG, Einleitung, XXIX.
[2] BRIEGER, Luther. Die publizierte Fassung der Rede des Greifswalder und Marburger Kirchenhistorikers Brieger findet sich mit persönlicher Dedikation im Jerusalemer Restbestand der Bibliothek Cohens.
[3] Cohens Reformationsverständnis ist ein Aspekt seiner Theorie der Nationalität. Die systematisch eindringlichste Darstellung ist: WIEDEBACH, Nationalität; vgl. auch WIESE, Symbolisierung, 214–259.
[4] Selbst dort, wo Luthers Judenschriften rezeptionshistorisch differenziert untersucht werden, wird Cohens Luther-Theorem in seiner kulturphilosophischen Begründung reduktiv wahrgenommen, weil ausschließlich Cohens später Zeitschriftenartikel *Zu Martin Luthers Gedächtnis* (1917) im Blick ist: „In diesem Artikel wird der ‚deutsche Luther' mit dem ‚Aufklärer Luther' in eigener Weise verbunden – nämlich so, daß er zum eigentlich jüdischen Luther wird." (WENDEBOURG, Luthergedenken, 208).

dard-Ausgabe der Werke Luthers, anbahnte und die nach 1917, dem vierten Centennium des Wittenberger Reformationsbeginns, zum ‚anderen Aufbruch' der protestantischen Theologie in der Weimarer Republik neben der Dialektischen Theologie wurde. Cohens Marburger Konstellation mit Wilhelm Herrmann, seine Kontroverse mit Ernst Troeltsch und sein Verhältnis zur protestantischen Wissenschaft des Alten Testaments, insbesondere zu Julius Wellhausen, sind mittlerweile analysiert.[5] Karl Barths Verhältnis zu Cohen als Hörer von Cohens *Psychologie als Enzyklopädie der Philosophie* (Vorlesung im WS 1908/09) und als Leser von Cohens *Begriff der Religion* (1915) ist neuerdings anhand *nachweisbarer* Rezeptionen rekonstruiert.[6] Aber Cohen als Zeitgenosse der Luther-Renaissance? Über *diese* Thema-Frage scheint sich sofort der schwere Schatten von ‚Luther-Renaissance, politisch-völkischer Theologie und Antisemitismus' zu legen.

Nun sind die ideen- und theologiehistorischen Zusammenhänge und kontingenten Brüche und Verwerfungen, die vom Berliner Antisemitismusstreit 1879–81 über Heinrich von Treitschkes Luther-Rede von 1883 zu Karl Holls Reformationsjubiläums-Rede an der Kaiser-Wilhelm-Universität zu Berlin von 1917 bis zur Formierung der Luther-Renaissance 1921, initiiert von Karl Holls Epochenbuch ‚Luther' reichen, mittlerweile hinreichend gut untersucht. Der teils rassistische, teils völkisch-religiöse Antisemitismus *bestimmter* Exponenten der Luther-Renaissance – für den einen stehe Emanuel Hirsch, für den anderen Paul Althaus sowie Werner Elert, die jeweils nach 1933, nach 1938 und nach 1942 divergente Genesen durchlaufen – ist zumindest in Ansätzen dokumentiert und verlaufsförmig analysiert.[7] Würde *dieser* Strang der Luther-Renaissance die Sicht auf das Thema dominieren, so würde freilich übersehen, dass mit Rudolf Hermann ein anderer prominenter Vertreter der Luther-Renaissance 1906 bis 1908 in Marburg Hörer Cohens war und in seiner eigenen Religionsphilosophie und Luther-Interpretation ein Leser Cohens (eingeschlossen Natorps und Cassirers) blieb.[8] Übersehen würde damit, dass ein anderer Strang der deutsch-

---

[5] DOBER/MORGENSTERN, Religion; darin: SMEND, Cohen, 86–95; FISCHER-APPELT, Diskurs, 116–130; HARTUNG, Prophetie, 96–115; außerdem: DIETRICH, Religion.

[6] WIEDEBACH, Barth. Diese Studie ergänzt und korrigiert: LOHMANN, Barth.

[7] ASSEL, Luther, 183–197; ASSEL, Third Reich, 1001–1016; ASSEL, Emanuel Hirsch, 43–67. Die vergleichsweise enge Perspektive der Rezeption von Luthers Judenschriften im Zeitraum thematisieren: OELKE, Judenschriften. Breiter angelegte, doch in der Wertung der hier thematischen Epoche heterogene Längsschnitte bieten die Aufsätze von STEGMANN, Antisemitismusstreit, VON SCHELIHA, Luthertum und WALLMANN, Luthertum und Zionismus in WENDEBOURG, Protestantismus.

[8] Rudolf Hermann (1887–1962) studierte von Sommersemester 1906 bis Wintersemester 1907/08 in Marburg, während Karl Barth im Sommersemester 1908 nach Marburg kam. Hermann war Hörer Paul Natorps und Hermann Cohens (WIEBEL, Skizzen, 111 f.). Im Gratulationsbrief zu Barths 75. Geburtstag vom 6. Mai 1961 schreibt der Ost-Berliner Theologe Hermann an den Basler Theologen Barth: „Wenn ich z. B. an die Universität und Fakultät Marburg denke, wo ich wohl gleichzeitig mit Ihnen oder kurz danach studierte, [...] an die

sprachigen und skandinavischen bzw. nordischen Luther-Renaissance in bestimmten Exponenten (R. Hermann, A. Nygren) systematisch vom Marburger Neukantianismus mitbestimmt war. Diese verbanden ideenpolitisch Luther-Interpretation nicht mit extremen Nationalismus und kulturellem oder rassistischen Antisemitismus.[9]

(2) Cohen in den Kontext dieser *in sich pluralen* ‚Luther-Renaissance' zu stellen, ist also von Interesse, weil in der Luther-Renaissance konstruktive Reformationstheorien mit dem Anspruch normativer Kultur-Synthesen, konzentriert in der religiösen Erfahrungsgestalt ‚Luther', und religionsphilosophische Explikationen einer postulierten ‚Gewissensreligion' stets mit nationalitätstheoretischen Reflexionen einher gingen.[10]

Die religionsphilosophischen Einflüsse Cohens auf Hermann lassen sich in der Regel nicht direkt aufweisen.[11] Sie müssen durch Sachbezüge in den je-

---

Philosophenherrschaft von Cohen und Natorp, die ich doch sehr verehrte – so ist diese Herrlichkeit ja versunken und ich weiß nicht, ob ‚ihre Stätte sie noch kennt'." (Ebd., 236f.; die chronologisch unzutreffende Erinnerung korrigiert Wiebel). Hermanns Rezeptionen der Marburger Neukantianer Hermann Cohen, Paul Natorp unter Einschluss von Ernst Cassirer sind dokumentiert in: HERMANN, Religionsphilosophie, 9–37. Geprägt war Hermann auch durch den ihm in seiner Breslauer Zeit befreundeten Philosophen Richard Hönigswald. Hermann organisierte die öffentliche Protestnote und Unterschriften-Aktion gegen die Zwangspensionierung Hönigswald 1933 im Gefolge der Einführung des ‚Arierparagraphen', dazu FRIEDLÄNDER, Das Dritte Reich und die Juden, 65.

[9] Dazu NYGREN, Religious Apriori, hier 69–72 zu Cohens *Begriff der Religion*. – Zur Resistenz schwedisch-finnischer Theologen gegenüber Antijudaismus und Antisemitismus: SAARINEN, Das schwedisch-finnische Luthertum.

[10] Definitorisch gilt: Die *Luther-Renaissance* ist jene theologie-, kirchen- und kulturreformerische Bewegung zwischen 1910 und 1935, die nach Selbstverständnis und Wirkung als der andere Aufbruch im Protestantismus nach 1918 neben der Dialektischen Theologie gelten kann. Zu ihr gehören u. a. in Deutschland neben Karl Holl (1866–1926) Emanuel Hirsch (1888–1972), Paul Althaus (1888–1966), Rudolf Hermann (1887–1962) sowie v. a. bis 1933 Hans Joachim Iwand (1899–1960) und Dietrich Bonhoeffer (1906–1945). Ihre Internationalität zeigt sich in namhaften Exponenten aus nordischen Ländern, z. B. Anders Nygren (1890–1978). Religionsphilosophisch, volkskirchentheoretisch und politisch grenzt sich diese Bewegung gegen den Liberalismus, die Religionsgeschichtliche Schule und die Dialektische Theologie ab. Der Grundlegungsstatus des Rechtfertigungserlebnisses sei religionsphilosophisch zu klären, und zwar im Horizont einer umfassenderen Theorie reformatorischer Gewissensreligion. Zeitgenössische neu-fichteanische und neu-kantianische Religionstheorien bilden den Begründungszusammenhang, um Rechtfertigung als religiöses Erlebnis auf ein religiöses Apriori hin auszulegen. Krisentheorien des Religiösen und Sittlichen, des Kulturellen und Politischen bilden in der deutschsprachigen Lutherrenaissance nach 1918 (nicht in der skandinavischen) ein so charakteristisches wie problematisches Ferment. Nach 1933 trennte sich die Luther-Renaissance in gegensätzliche Positionen der Schule Karl Holls und des deutschschwedischen Netzwerks (Rudolf Hermann, Anders Nygren).

[11] Es fehlen z. B. Nachschriften Hermanns zu von ihm zwischen 1906 und 1908 besuchten Cohen-Vorlesungen, ebenso Exzerpte von Cohen-Werken. In Hermanns Vorlesung *Religionsphilosophie*, die zwischen 1919 und 1958 regelmäßig vorgetragen und oft überarbeitet wurde, finden sich auf Hönigswald 32, auf Cassirer 16, auf Natorp 2 explizite Referenzen, auf Cohen keine.

weiligen Reformationstheoremen und Luther-Interpretationen rekonstruiert werden. Glücklicherweise gibt es aber mit *der Kommentierung von Ps 51* ein Beispiel, das sowohl in Cohens Religionsphilosophie wie in der Luther-Interpretation Rudolf Hermanns zentral ist. Cohens ‚Lyrik der Psalmen' (1914), die sich in seinem Kommentar zu Ps 51 exemplifiziert und in seiner Abhandlung ‚Der heilige Geist' (1915) verdichtet, erlaubt zudem, Cohens These über Luther *als Kulturfaktum* deutscher und jüdischer Nationalität zu präzisieren. Sie ist in Beziehung zu setzen zu Hermann *sprachtheologisch* reflektierter Luther-Interpretation, mit der er zwischen 1921 und 1929 hervortrat. Dies soll im Folgenden gezeigt werden, um *diesen Kontext Cohens im engeren Sinn* zu rekonstruieren.

Diese Sach-Analyse anhand der Kommentare zu Ps 51 und ihren sprach- und subjekt-philosophischen Voraussetzungen wird in die kultur- und theologiehistorischen *Kontexte im weiteren Sinn* eingezeichnet. Die subkutane Wirkung Cohens auf bestimmte Exponenten der Luther-Renaissance (R. Hermann, A. Nygren) und die bleibende Differenz seiner Reformationstheorie zum *mainstream* der deutschsprachigen Luther-Renaissance (oder sollte man sagen: die aktive Nicht-Beachtung Cohens durch diesen *mainstream*) wirft auch einige neue Schlaglichter auf den ideenpolitischen öffentlichen Gebrauch Luthers seit dem Berliner Antisemitismusstreit 1881/1883 und seit dem Berliner Reformationsjubiläum 1917.

(3) Es sind ja diese weiteren Kontexte, in denen Rosenzweig die Antwort des Marburger Philosophen von 1883 *ideenpolitisch* einordnet – der Berliner Antisemitismusstreits zwischen 1879 und 1881[12] und in seinem Gefolge die berüchtigte Luther-Rede Heinrich von Treitschkes vom 7. November 1883[13]. In der *Einleitung* zu den *Jüdischen Schriften* Cohens ist die Luther-Feier-Anekdote ein Element für Rosenzweigs so suggestive wie fragwürdige Sicht von Cohens ‚Umkehr und Heimkehr' ins Judentum, einsetzend mit Cohens *Ein Bekenntnis in der Judenfrage* (1880)[14] und gipfelnd in seiner *Religion der Vernunft aus den Quellen des Judentums* (posthum 1919) – eine These, der ich, mit der neueren Cohen-Forschung, nicht folge und zu deren Differenzierung das Folgende ein Mosaikstein sein mag. Ob und inwieweit in den diskutierten Texten der Luther-Renaissance und jüdischen Renaissance nach 1917 Elemente des Berliner Antisemitismusstreits, genauer von Treitschkes protorassistischer Luther-Interpretation, in Obertönen und Zwischentönen resonieren und inwieweit nicht, und welchen Ort Cohens sich zwischen 1883 und 1917 erheblich wandelnde Luther-Interpretation darin einnimmt, sind Fragen, die mit zu berücksichtigen sind, auch wenn religions-, kultur- und sprachphilosophische Analysen vorrangig sind.[15]

---

[12] Zentrum für Antisemitismusforschung, Antisemitismusstreit I, X. Zu ergänzen durch BOEHLICH, Antisemitismus-Streit.
[13] TREITSCHKE, Luther.
[14] COHEN, Bekenntnis, 73–94.
[15] Dieser Frage widmet sich vorrangig ASSEL, Gründe.

Im Schatten der Deutungskämpfe um den öffentlichen Gebrauch Luthers anlässlich der Jubiläen von 1883 und 1917 sollte nicht übersehen werden: Cohens Luther- und Reformations-Theorem veränderte seinen systematischen Stellenwert über drei Jahrzehnte hinweg auf präzisierungsbedürftige Weise:
Die so polemische wie kontroverse, frühe Formel aus dem *Bekenntnis* von 1880 proklamierte „Eine ‚dauernde(n) Aufgabe'" des Judentums: „das ist die *Erhaltung des Monotheismus*, bis zu jener ‚reineren Form des Christentums', als einer gesonderten (sc. Aufgabe des Judentums), nach Erreichung jener (sc. reineren Form) aber als eine mit allen Monotheisten gemeinsamen Aufgabe."[16]

In *Zu Martin Luthers Gedächtnis* vom 25. Oktober 1917, einem seiner letzten Aufsätze (Anlass ist das 400-jährige Jubiläum des Thesenanschlags Luthers), rekapituliert Cohen in einer ‚sonnenklaren Abfolge von Prinzipien' die wichtigsten Faktoren seines *reifen* Urteils über Luther. So zweifellos Cohens Interesse ist, Luther als Exponenten jener einst apostrophierten ‚reineren Form des Christentums' darzustellen, also eines undogmatischen Christentums, das sich vom Logos-Mythos, von Christologie und Trinität befreit hat, so weitaus differenzierter ist jetzt der innere Begründungszusammenhang eines solchen Christentums. Es erscheinen 1917 Prinzipien von Luthers Reformation, die 1880 fehlen: (a) Die Durchbildung des deutschen Sprachgeistes mit dem Sprachgeist der hebräischen Bibel, der deutschen Lyrik durch die Lyrik des Psalters; (b) das *sola gratia* des Rechtfertigungsglaubens, das eine mythische, gottmenschliche Mittler-Figur überflüssig macht; (c) der *Christus humilis* als ‚Gebild' des messianischen Armen, der daher ins Zentrum trete;[17] (d) das königliche Priestertum aller Glaubenden als reformatorische Version des mosaischen Ideals des heiligen Volks; (e) der daraus resultierende neue Begriff von *Kirche*, der bei Luther das ethische, also *religionsneutrale* Konzept des Staats und des Staatsvolks hervortreibe und begründe; (f) dieser ethische Begriff des Staates schließlich als legitimer Grund *ein Staatsvolk aus zwei Nationalitäten*, der deutschen und jüdischen Nationalität, zu konzipieren.[18] „So verdanken wir es denn in einer ganz sonnenklaren Abfolge der Prinzipien unserem großen Luther, daß wir als *deutsche Juden, dem deutsche Staate uns angehörig fühlen*, seinen Pflichten und Rechten untertan, seine Leiden und seine Hoffnungen in unserem Herzen tragend mit *derselben Innigkeit*, mit der wir für unser Seelenheil sorgen, für den Fortbestand unseres heiligen Glaubens [...]. Der moderne Staatsbegriff, der dem Staate die sittliche Souveränität gegenüber der Kirche verliehen hat, ist der eigentliche

---

[16] COHEN, Bekenntnis, 87f.
[17] Dieses Element findet sich erst in BR, 89–99.
[18] „Die deutsche Reformation ist für Cohen das Ereignis, durch welches ethische Politik real möglich und ihr Ideal geschichtsmächtig wurde. Ebensowenig wie es mehrere Ethiken gibt, ebensowenig gibt es mehrere Ursprungsorte für ethische Politik: Das reformatorische Deutschtum ist daher für Cohen einzig." WIEDEBACH, Nationalität, 310. Vgl. ebd., 312 zum Thema der Mystifikation deutscher Nationalität.

Befreier des modernen Judentums geworden. Auch als deutscher Staatsbürger, und für das hauptsächliche Interesse, das der moderne Jude mit Recht an seiner politischen Gleichberechtigung nimmt, hat er Martin Luther als Urheber des modernen Staatsgedankens zu feiern und eine unvergängliche innige Dankbarkeit seinem Andenken zu weihen."[19]

(4) Warum hat Cohens *Luther-Interpretation im Verhältnis zur Luther-Renaissance* stets auch diese *ideenpolitische* Schauseite als weiteren Kontext, wenn auch nicht als einzigen Kontext? Weil es zur Eigenart der *deutschsprachigen* (z. B. nicht der nordischen) Luther-Renaissance gehörte, den öffentlichen Gebrauch Luthers als Topos preußisch-protestantischer Zivilreligion bei Anlass bestimmter Jubiläen in öffentlichen Deutungs-Kontroversen zu etablieren.

Dieser bereits 1883 etablierte, öffentliche Gebrauch Luthers als Figur protestantischer Zivilreligion ist *ein* Faktor, der erklärt, warum es nach 1917 zu einer Luther-Renaissance kam, während sich die zeitgenössische Rezeption anderer Reformatoren wie Calvin oder Melanchthon im deutschsprachigen öffentlichen Diskurs nie in gleicher Weise ideenpolitisch verdichtete.[20]

Schlüsselhaft ist Karl Holls Berliner Reformationsrede von 1917, die unter dem Titel *Was verstand Luther unter Religion?* in Holls bahnbrechender Gesamtinterpretation ‚Luther' von 1921 als eröffnender Programm-Aufsatz firmierte. Holl vertritt hier die These einer genuinen *Gewissensreligion* Luthers, die zugleich religionstheoretisch unableitbar individuell sei und kulturtheoretisch aufweisbare, genuine Sittlichkeit und konfessionskulturelle Ethos-Formen erzeuge. ‚Luther' erlebte bis 1932 fünf Auflagen und wurde in den 20er Jahren *die* Programmschrift der deutschsprachigen Luther-Renaissance. Holls Rede von 1917 wie sein Programm-Aufsatz von 1921 enden mit einer Schluss-Formel, die als implizite Kritik an Treitschkes Luther-Deutung von 1883 gehört werden konnte: „Eine Frage liegt uns heute noch besonders am Herzen: Ist diese Auffassung der Religion in auszeichnendem Sinne deutsch? Ist Luthers Religion die deutsche Religion?" Holls Antwort lautet 1917 wie 1921: „Luthers Deutung der Religion, wie sie aus dem Innersten geschöpft war", ergreife „auch den Menschen als Menschen ... Luther gehört nicht nur uns, er gehört der Menschheit an."[21]

Dieses religionstheoretische Zugleich von geschichtlicher Individualität und universeller Kulturbedeutung der Gewissensreligion Luthers verband sich bei Holl mit antijudaistischen Einstellungen, die als kultureller Code wirkten. Holl war nicht antisemitisch i. S. völkischer Propaganda. An keiner Stelle seiner publizierten Schriften und nur an seltensten Stellen seiner unpublizierten Briefe äußert er sich explizit antijudaistisch. Antijudaismus fungierte bei Holl als latenter

---

[19] COHEN, Streiflichter, 539f.
[20] ASSEL, Vater, 69–83.
[21] HOLL, Auffassung der Religion (1917), 32f.; DERS., Religion (2./3. Auflage 1923, 6. Auflage, 1932), 109f. (= Text der Fassung von 1921, dort: 89f.).

kultureller Code. Um ein Symptom zu erwähnen: Das Berliner *Johanneum* in der Berliner Artilleriestraße 15, dessen Ephorus Karl Holl seit 1912 war, wurde nach 1918 zur Pflanzstätte der Holl-Schule, einer tonangebenden, nach 1926 rasch akademisch etablierten Gruppe innerhalb der deutschsprachigen Luther-Renaissance, der Hanns Rückert, Heinrich Bornkamm, Hermann Wolfgang Beyer, Helmuth Kittel u. a. angehörten. Direkt benachbart zum Johanneum der Holl-Schule lag die *Hochschule für die Wissenschaft des Judentums* in der Artilleriestraße 14. Sechs Jahre lang, zwischen 1912 (auch der Beginn der Lehrtätigkeit Cohens an der Berliner Hochschule) und 1918, wirkten Holl und Cohen also in direkter Berliner Nachbarschaft, Haus an Haus. Es existieren aber ebensowenig Belege einer Begegnung zwischen Holl und Cohen wie Belege über Kontakte der Holl-Schüler im *Johanneum* mit Cohen-Schülern der *Hochschule* zwischen 1918 und 1926 (dem Todesjahr Holls) und danach. Karl Holl mied den Kontakt aktiv.[22]

(5) Die *systematische* Kehrseite der ideenpolitischen Schaukämpfe und die *provokative Kritik* dieses inexplizit wirksamen kulturellen Codes besteht in Cohens *kulturphilosophischem* Urteil: Luther sei *Faktum der Kultur*, in dem zwei Nationalitäten als Fakta der Kultur *in Verbindung* treten, wobei diese Verbindung aus der systematischen *Einheit* des Kulturbewusstseins nicht zu *erzeugen*, ihr aber *anzugliedern* sei. Luthers Übersetzung des hebräischen Psalters ins Deutsche sei der „Wendepunkt in der Geschichte des deutschen Geistes für die Kunst, wie für die Religion"[23], eine ‚Kultursynthese' der inneren Sprachform der deutschen Lyrik und der Lyrik der hebräischen Psalmen. Diese *faktisch besondere* Kultursynthese wird im selben Moment, in dem Cohen 1915 nach dem *Begriff der Religion im System* unter dem methodischen Gesichtspunkt der *Einheit* des Kulturbewusstseins fragt, als *Nebenordnung* und *Eigenart* der protestantischen Nationalkultur vorausgesetzt.[24]

An keinem Psalm lässt sich nun diese Hypothese der Angliederung Luther'scher Psalterlyrik als genuin nationalsprachliche Kultur-Synthese in den kulturtheoretischen Begriff der Religion besser prüfen als an *Cohens Kommentierung von Ps 51*. Cohens Kommentar zu Ps 51 ist werkgenetisch und systematisch unstritig exemplarisch. Er findet sich in der Abhandlung *Der heilige Geist* (1915)[25] und ging in die *Lyrik- und Gebet-Abschnitte* von *Begriff der*

---

[22] Assel, Karl Holl, 97.120–125. Schüler Holls waren ebenso Dietrich Bonhoeffer wie Emanuel Hirsch.
[23] BR, 103.
[24] Diese *„Nebenordnung* unter dem Gesichtspunkte der *Einordnung* muß die Angliederung der Eigenart (d. h. protestantischer Religionskultur) an die selbständigen Glieder (d. h. von Logik, Ethik und Ästhetik) zu bewirken haben." (BR, 100f.) Dieses kulturphilosophische, ästhetische und poetologische Theorem zum hebräischen und deutschen Psalter ist in seinem systematischen Zusammenhang dargestellt bei: Wiedebach, Nationalität, 215–218. Bader, Psalterspiel, v. a. 344–353; Wiedebach, Metaphorik, 295–309; Adelmann, Sprachwissenschaft, 269–276; Ders., Nachtrag, 309–316.
[25] Cohen, Geist, 437–464. Cohens Kapitel über das Gebet in der posthumen Religions-

Religion (1915)[26] ebenso ein wie auch ins gleichnamige Kapitel 7 der *Religionsschrift* (1919) und ins Kapitel 17 über das Gebet als *Grundtat der Religion des Individuums als reines Herz und gegründeter Geist* und über das Gebet *als Vernunftsprache der Gemeinde*.[27]

Und genau an diesem Punkt nimmt nun Rudolf Hermann Mitte der 20er Jahre Cohens geist-philosophische These und kulturphilosophische Provokation auf, indem er Luthers Kommentare zu Ps 51 ins Zentrum seiner Rekonstruktion des normativ Reformatorischen rückte.[28]

Luthers Kommentierungen von Ps 51 verdichten sich zwischen 1513 und 1516, also in der Frühphase des Wittenberger Reformators, und 1532, also in der Konsolidierungsphase nach dem Augsburger Reichstag. 1532 fasst Luther seine Theologie, die er bekanntlich nie in die Gestalt eines doktrinalen Traktats brachte, als Kommentar zu Ps 51 zusammen.[29] Rudolf Hermanns Rekonstruktion konzentriert sich, wie allgemein in der Luther-Renaissance, auf die frühen Kommentare Luthers. Um der systematischen Fragen willen beziehe ich den reifen Kommentar Luthers mit ein.

Am Beispiel Ps 51 lassen sich also ideenhistorisch nachweisbare Rezeptionen zwischen Cohen und Luther-Renaissance (R. Hermann) ebenso darstellen wie fundamentale systematische Probleme einer Verständigung über den kultur- und religionsphilosophischen Rang der Reformation Luthers, an denen man hier und dort arbeitete.

2. Inkommensurables zwischen Cohen und Luther in der Interpretation von Ps 51

Psalm 51 ist bei Cohen und bei Luther kanonischer Text *par excellence*. Nur weil beide über Ps 51 mit Ps 51 reden, reden sie – für den Interpreten – nicht völlig aneinander vorbei. Nur sofern sie über Ps 51 mit Ps 51 reden, ereignet sich in

---

schrift (RV, 431–463) wiederholt (443f.) das zentrale Argument aus COHEN, Geist, interpretiert aber eine Fülle weiterer jüdischer, biblischer und nachbiblischer Gebetsformulare als Vernunftsprache der jüdischen Gemeinde im jüdischen Gebet. Weil das Kernargument des Kommentars in COHEN, Geist konzentrierter greifbar ist, steht dieser Text im Zentrum. Den werkgenetischen Rang erweist: WIEDEBACH, Geist; MORGENSTERN, Cohen, 3–27.28–38.

[26] BR, 103–104.
[27] RV, 443.451.
[28] Für Antijudaismus als kulturellem Code finden sich bei Rudolf Hermann keine Spuren.
[29] Die Kommentare Luthers liegen v. a. in folgenden Quellentexten vor: Frühe Kommentierungen v. a. in *Dictata super Psalterium* (1513–1515) WA 3,284–293 u. WA 55/I,394–401 und in der Auslegung der sieben Bußpsalmen (1517), WA 1,184–194, wobei zentrale Motive im Römerbriefkommentar (1515/16) WA 56,209–267 (zu Röm 3) wiederkehren. Später Kommentar: LUTHER, *Enarratio Psalmi 51* (1532), WA 40/II,313–470 (zitiert wird in der Regel nach der Handschrift; Zitate nach dem von Veit Dietrich herausgegebenen Drucktext sind vermerkt). Den werkgenetischen Rang der *Enarratio* unter Einbezug der Frühkommentare diskutiert: BRUSH, Gotteserkenntnis, 84–125.126–236.

ihren Texten ein *Streit*, der es überhaupt erlaubt, ein ‚und' zu setzen: Luther *und* Cohen. Beide interpretieren Psalm 51 aus einer einzigen textgenerativen Wurzelmetapher. Die Wurzelmetapher Cohens lautet ‚heiliger Geist'. Diejenige Luthers lautet ‚peccatum radicale'.[30]

Der Grenzsatz Luthers über das ‚Mich' (*mei*) des *peccatum radicale* von Ps 51,6 f. lautet:

massa sum perditionis a principio mei". Im Kontext: „Non dicit [sc. David als Psalmist]: Mater mea peccavit, sed: ego. Nec ego peccavi in concipiendo, sed massa sum perditionis a principio mei, ipsum rude semen, ex quo me formasti, est plenum, peccatores sumus, totum genus humanum [...][31]

Der Grenzsatz Cohens über das ‚Selbst' des *heiligen Geistes* aus Ps 51,12 f. lautet:

Der „heilige Geist, von Gott dem Menschen gegeben, bildet den unzerstörbaren *Charakter* des Menschen. Die Sünde kann dagegen nichts ausrichten."[32] Im Kontext: „Die Korrelation liegt im Begriffe Gottes. Und so kann der Psalmendichter mit Recht sagen, daß Gott seinen heiligen Geist nicht von ihm nehmen dürfe."[33]

Luthers Grenzsatz ist „nach dem Buchstaben genomnen, der *salto mortale* der menschlichen Vernunft"[34] – nicht nur für Kant, auch für Cohen. Er lässt sich dem Begriff der Religion unter dem Gesichtspunkt der Einheit des Kultur-Bewusstseins schlechterdings nicht angliedern. Dieses Inkommensurable zwischen Cohen und Luther muss bearbeiten, wer überhaupt zwischen beide ein *und* setzt.

3. Ps 51 und *peccatum radicale* bei Luther – Angliederung möglich?

Warum urteilt Cohen trotzdem über Luthers Psalter *in toto* als Faktum der Kultur so, wie er urteilt? Naheliegend die philologisch-historische Auskunft: Weil er Luthers Psalter-Lyrik *in toto* konstruiert, aber in ihrem Inkommensurablen und Wider-Vernünftigen *in concreto*, also bei Ps 51 zu wenig kennt und unterschätzt. Würde er Luthers Grenzsatz zu Ps 51,6 f. als vernunftreligiös möglichen Satz beurteilen, würde er ihn gekannt haben?

---

[30] Wurzelmetapher sei eine sprachgenerative Metapher, die ein Geflecht weiterer Metaphern hervorbringt.
[31] WA 40/II, 380,11–381,4.
[32] COHEN, Geist, 456.
[33] Ebd., 457.
[34] KANT, Religion, 121, 9 f.: „Er erbarmet sich, welches er will, und *verstocket*, welchen er will', welches, nach dem Buchstaben genommen, der salto mortale der menschlichen Vernunft ist."

Für meinen alternativen Antwortversuch führe ich eine Interpretationskategorie ein, die weder von Cohen noch von Luther stammt, sondern von Emmanuel Levinas.[35]

In Luthers wie in Cohens inkommensurablen Grenzsätzen in ihren Kommentaren zu Ps 51 beobachte ich jeweils die *Rekurrenz des Psalter-Ich*, des lyrischen Ich vor das Vernunftsubjekt. Die Verse von Ps 51,6f. und 12f. sind (in beider Kommentierungen) eine mögliche Quelle der *Religion der Vernunft*, weil hier das Gebet dem Gebet zuvorkommt:[36] *Rekurrenz vom Gesagten des Psalmisten zum Sagen des Psalmisten.*

Eine lineare Rückwärtsbewegung [...] wäre niemals in der Lage, die absolut diachrone Vor-ursprünglichkeit zu erreichen, die nicht wieder einholbar ist durch die Erinnerung und die Geschichte. Doch gilt es möglicherweise andere Verwicklungen der Zeit zu entwirren als die der bloßen Sukzession von Gegenwarten. [...] in einem Gebet, in dem der Gläubige darum bittet, daß sein Gebet erhört werde, geht das Gebet sich gewissermaßen selbst voraus oder folgt sich selbst nach.[37]

Solche Rekurrenz des Gebets vor das Gebet verortet Cohen in der Bitte um den heiligen Geist, wenn er Ps 51,12f. kommentiert, wie ich im nächsten Abschnitt zeigen möchte. Zuvor sei diese Prämisse auf Luthers Kommentaren zu Ps 51,6f. angewandt.

Es war Rudolf Hermann, der aufwies: Luther entdeckt zwischen 1513 und 1516 Elemente seiner Rechtfertigungstheologie wesentlich an der Rhetorik von Psalm 51.[38] Er komme 1532 in einer ungeheuren Relecture seiner Frühtheologie auf Ps 51 zurück, um ihr jetzt im Medium eines Kommentars zu diesem Psalm versuchsweise Lehrgestalt zu geben.[39]

Es sei *dieser* Psalm *tota doctrina* „religionis spiritualis, de noticia Dei, item de noticia nostrae naturae, peccati, gratiae"[40]; konstituierend das *subjectum Theologiae*: „ut proprie sit subiectum Theologiae homo reus et perditus et deus iustificans vel salvator".[41]

Die Rechtfertigungserfahrung, wie in den Kommentaren zu Ps 51 zwischen 1513 und 1516 entdeckt und aspektuell formuliert, soll jetzt (1532) Lehre (*doctrina*), und zwar in gewissem Sinn systematische Lehre sein: *tota doctrina*. ‚Rechtfertigung' wird jetzt zum vollständigen und vollständig begründeten *totum* von dialektischen Aussagesätzen (*subiectum Theologiae est* etc.), topischen Unter-

---

[35] Wichtige Differenzierungen hinsichtlich des Verhältnisses von Cohen und Levinas verdanke ich: FIORATO, laicità, 35–54.
[36] Ich sage *nicht*: Weil das Gebet des frommen Juden dem Gebet des Philosophen zuvorkommt!
[37] LEVINAS, Jenseits, 39f.
[38] Bahnbrechend: HERMANN, Rechtfertigung, 55–87; DERS., Verhältnis, 11–43; DERS., These.
[39] Zu den historischen Umständen 1531/32 vgl. BRUSH, Gotteserkenntnis, 2.
[40] WA 40/II, 326,27f. Dr.
[41] Eröffnungsformel der Vorlesung am 11. Juni 1532, WA 40/II, 327,11–328,2.

scheidungen (*peccatum regnans et regnatum, gratia* als *favor* und *donum*) und skripturalen Begründungsprinzipien der Erkenntnis Gottes, seiner Gnade, und der Erkenntnis des Menschen, seiner Sünde.

Im selben Zug, in dem dieser Anspruch vollständiger Lehre erhoben wird, beobachten wir an bestimmten Stellen des Kommentars die *Rekurrenz vom Gesagten der Lehre, also vom vollständigen Aussage-Gefüge, zum Sagen des Psalmisten, also zu jenem Element, das sich der Vergegenwärtigung im Aussagen-Gefüge nun doch entzieht.* Als hätte Luther nicht völlig das skeptische Gespür[42] dafür abschütteln können, dass sich das Synchrone eines doktrinalen Gefüges von Aussagen und Begründungsprinzipien, welches Bedingtes (*homo reus et perditus*) an Bedingendes knüpft (*deus iustificans vel promissor*) nicht wiederholt im Diachronen des Psalter-Ich, das der Sünde schon ausgesetzt ist, ehe es geboren war, ja ehe es gezeugt war. Das Mich des Psalmisten, durch die Heiligkeit eines Gottes ‚vor' sich selbst gebracht, existiert nur im Sagen des Psalms.

Das Sagen des ‚miserere mei', das ‚Ego, in peccatis conceptus me mater mea' lässt sich im doktrinal Gesagten der Rechtfertigungs-Theologie zwar exponieren, aber nicht repräsentieren. Es ist als nicht in Aussagen Repräsentierbares in der *tota doctrina* mit darzustellen! Luther bildet dazu 1532 seinen Topos von der Sünde des Ich als *peccatum radicale*.[43] Er wird schon in der Vorrede zum Psalm-Kommentar annonciert. Wie ein Meteorit aus einem fremden Himmel schlägt er ins Gefüge der *tota doctrina* ein.

So gesehen lotet Luthers später Kommentar zu Ps 51 nicht die ins Widersinnige und Vernunft-Widrige gesteigerte Behauptung einer zur Natur gewordenen Sünde des Menschen aus – eine Behauptung über den Menschen als *massa perditionis*, die der *salto mortale* der Vernunft wäre. Vielmehr meldet sich darin das Diachrone eines geschaffenen Mich, das in Verantwortung vor dem Schöpfer verstrickt ist, und zwar passiv in einer Passivität, die seiner Rezeptivität zuvor kommt. „Diese Vorzeitigkeit der Verantwortung im Verhältnis zur Freiheit bedeutete die *Güte des Guten*: die Notwendigkeit für das *Gute* mich zuerst zu erwählen, bevor ich imstande bin, das Gute zu wählen, das heißt seine Wahl anzunehmen."[44] Das Vorzeitige der Verantwortung und Erwählung des Psalter-Mich ‚verstrickt' in eine Verantwortung, die jeder Zurechnung der verfehlten Verantwortung an ein freies Ich voraus geht. Der Topos vom *peccatum radicale* formuliert diese vorzeitige, geschaffene Verantwortung eines Mich, das vom

---

[42] Die folgende Formulierung ist angeregt durch Levinas: „Der Skeptizismus bestreitet also die These, nach der die *Beziehung, die* in der Synchronie *Bedingung an Bedingtes* knüpft, sich zwischen *Sagen und Gesagtem* wiederholt. Als hätte der Skeptizismus ein Gespür für die *Differenz* zwischen *meiner* – rückhaltlosen – *Ausgesetztheit* gegenüber dem Anderen, die das Sagen ist, und der Exposition oder der Aussage des Gesagten, in ihrer Ausgewogenheit und Gerechtigkeit." LEVINAS, Jenseits, 364.

[43] Nach Ebeling sei dies eine originäre Begriffsprägung Luthers, vgl. EBELING, Mensch, 77f. Siehe auch: BATKA, Erbsündenverständnis.

[44] LEVINAS, Jenseits, 272.

Guten zuerst erwählt ist, noch ehe es geboren war, und sich daher *gegenüber diesem Guten* als immer schon in Sünde anfangend bekennt.

4. ‚Logik des Gesprächs zwischen Gott und Mensch' – Ps 51 in der Luther-Renaissance

Man folgt keiner irrigen Hypothese, wenn man Luthers späten Kommentar zu Ps 51 auf bestimmte Aporien des Psalter-Ich oder Psalter-Mich hin interpretiert. Dies zeigt ein Blick auf Luthers frühe Kommentierungen von Ps 51, die wiederum in der Luther-Renaissance des 20. Jahrhunderts eine herausragende Rolle spielten.

In den *Dictata super Psalterium*[45] interpretiert Luther das Psalter-Ich Davids tropologisch auf den noch nicht gerechtfertigten Sünder in der unsichtbaren Kirche hin, und zwar aufgrund von Röm 3,4. Psalm 51 mache die David-Bathseba-Nathan-Erzählung zum *exemplum* der Grundsituation des *homo peccator* und *deus iustificator*.[46] In der Auslegung von Ps 51,6 stößt der frühe Luther auf die Aporie einer Urteils-Logik göttlichen und menschlichen Urteils: „Tibi soli peccavi et malum coram te feci ut iustificeris in sermonibus tuis et vincas cum iudicaris" (Ps 51,6 Vulgata). Zwei Urteile, das Urteil Gottes und des Menschen, und zwei Rechtfertigungen, die Rechtfertigung Gottes und die Rechtfertigung des Menschen, würden hier aufeinandertreffen.

Luther stellt das als logisches Quadrat dar. Das führt zu einem Paradox nach der Art des Epimenides-Paradox: Wie kann „Ich lüge" ein performativ wahres Urteil sein? Vorausgesetzt ist ein schul-aristotelischer Wahrheitsbegriff. *Iustitia* sei Konformität des menschlichen Urteils „Ich bin ein Lügner" zum göttlichen Urteil: „Alle Menschen sind Lügner" (Ps 115,2; Ps 51,6 f.; Röm 3,4).[47] Im logischen Quadrat ergeben sich *contradictorie-Relationen*, wie in der folgenden Quadrupel Luthers schematisch dargestellt.[48]

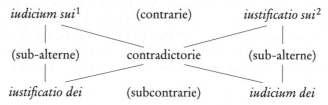

---

[45] Vgl. WA 3, 287,20–291,22.

[46] Nicht umgekehrt, und wie vielfach in der Auslegungsgeschichte, illustriert und kommentiert der Psalm exemplarische rituelle Buße als *contritio* und *confessio* der konkreten Tatsünden Davids: Ehebruch, Mord, Betrug, und seine *absolutio*.

[47] BRUSH, Gotteserkenntnis, 107.

[48] Vgl. WA 3,290, 4–6, zu Korrekturen nach der Handschrift: BRUSH, Gotteserkenntnis, 108 Anm. 98.

Die logische Darstellung bringe die äquivoken Bedeutungen von *sui* (Selbst) in *iustificatio sui* und *iudicium sui* ans Licht.[49] Das Selbst[1] der Selbstbeurteilung (iudicium sui) ist so unwahr in sich, dass das Selbst[2] in der Rechtfertigung Gottes, das sich konform dem ihm widersprechenden Urteil Gottes erkennt und bekennt: *ego mendax*, kein identisches Selbst sein kann. Im wahren Urteil des ‚Sich': *ego mendax* treten zwei äquivoke ‚Selbste' auseinander, das in sich unwahre Selbst der Selbstbeurteilung und das Selbst, das mit Gottes Urteil (alle Menschen sind Lügner) konform wird (ich bin ein Lügner) und paradoxerweise in diesem fremden, ihm widersprechenden Urteil (nb: nicht in sich selbst!) das einzig Wahre über sich bekennt.

Zwei Jahre später, in Luthers Römerbriefkommentar von 1515/16 wird daraus Luthers These vom dialektischen Glaubens-Selbst als ‚*zugleich gerecht und Sünder*', ‚*zugleich bewahrheitet und Lügner*'. Es führt in eine irrige Alternative, wenn Jack Brush in seiner Interpretation dieses Schritts folgert, Luther habe nach 1515/16 angesichts der skizzierten Äquivokation das Urteil Gottes und das Urteil des Menschen fortan „nicht sprachlogisch, sondern existentiell" interpretiert.[50] Vielmehr verspielt er die *sprachlogische* Pointe des Problems: Gibt es eine andere als die *aristotelische Aussagen-Logik*, um dieses Paradox *sprachlogisch* darzustellen?

Es war Rudolf Hermann, der Luthers Weiterarbeit an dieser Aporie im Römerbriefkommentar erkannte, weil die Kommentierung von Röm 3,4 im Jahr 1515/16 erneut die Aporie von Ps 51,6 auf den Plan ruft. Man müsse, so Hermann, Luthers Lösung im Römerbriefkommentar durch eine *genuin sprachlogische Korrelation von Verheißung und Gebet* (*promissio* und *oratio*) interpretieren. Die *Verheißung* Gottes ist Mitteilung „seiner Gerechtigkeit und ihrer Art". Sie wird „nur im Bekenntnis zu ihr verstanden. Und dies Bekennen ist Bekenntnis Gott selbst gegenüber, *Gebet*".[51] Rechtfertigung sei *korrelative* Selbst- und Gotteserkenntnis in Verheißung und Gebet. Sie vollziehe sich sprachlich in Gebetsformen, deren Rhetorik (oder Oratorik) Luther *auch sprachlogisch* analysiert. Beispiel ist die Redefigur des 51. Psalms, Vers 6 im Scholion zu Röm 3,4.[52]

---

[49] Der Bezug von *sermonibus tuis* (Ps 51,6) auf Ps 51,3 und die dort apostrophierte *multitudo miserationum* als Inbegriff des *Deus promissor* und der *Dei promissio* findet sich in den *Dictata* noch nicht. Wohl aber findet sich bereits der Bezug des *ut iustificeris* (Ps 51,6) auf das wundersame Worthandeln Gottes im Kreuz Jesu und von daher am Glaubenden.

[50] So die Schlussthese bei BRUSH, Gotteserkenntnis, 109.

[51] HERMANN, Rechtfertigung, 87.

[52] „Offenbar ist *dieses Aussichheraustreten Gottes, nämlich unser Preisen und Rühmen seiner Gerechtigkeit, bereits per se unsere Einkehr bei uns selbst*, nämlich die Anerkennung und das Bekenntnis unserer Sünde. Gott wird in uns derselbe, der er auch in sich, sine nostra credulitate [ohne unser Glaubensbekenntnis] ist. Wir werden in uns dieselben, die wir bereits außer uns, vor Gott, sind, nämlich Sünder". HERMANN, *Rechtfertigung*, 64. In der Reflexion auf das Rühmen Gottes interpretiere Luther im Scholion zu Röm 3,5 das mystische Verständnis des amor extaticus als extra se Gottes und des Menschen neu. „Est enim *gloria* alicuius boni, quod intus in aliquo est, ad extra et alios diffusio" WA 56, 229,18f.

Wahrheit und Geltung des Urteils Gottes sei nicht im Selbst-Bewusstsein des Glaubenden zu vergegenwärtigen, weil das Selbst des Glaubensbewusstseins nicht mit sich identisch bleibt: Es bekennt sich als ‚immer schon' Sünder und Lügner vor Gott (*totus*) und wird gerade darin gerecht und wahr (*totus*), aber eben nur im Modus des Ankommens (*adventus*), in der Verheißung.

Luther formuliere Rechtfertigungslehre in doktrinalen Regeln von bestimmter Dialektik, die Hermann *Werde-Urteile* nennt, weil sie das genuine Werden des Selbst in der Verheißung beschreiben, ein Selbst, das sich im Gebet selbst zuvorkommt und sich selbst nachfolgt.[53] (Diese Bestimmung von *assertio* als *Werde-Urteil* pointiert im forschungshistorischen Kontext Rudolf Hermanns den Fortschritt gegenüber Albrecht Ritschls Konzept religiöser Urteile als *Wert-Urteile*). Diese Werde-Urteile (z. B. das *iudicium sui: simul iustus et peccator*) bleiben auf rhetorische Figuren bezogen, also auf das metaphorisch Präzise nicht-begrifflicher, psalterlyrischer Rede (z. B. in Psalm 51,6f.). Insbesondere die temporale Symbolisation von Rechtfertigung unterbreche die transzendentale Zeitanschauung und das denkpsychologisch beschriebene Zeitbewusstsein: Das prosopologische Psalter-Ich symbolisiert sich im (in keiner psychologischen oder transzendentalen *Präsenz* repräsentierbaren) *Zugleich* (*simul*) von Sünde und Gerechtigkeit, im *Ankommen* (*adventus*) der Gerechtigkeit Gottes oder eben im *Immer-Schon-Gewesen, in der Diachronie* seiner radikalen Sünde.

Zwischen der Rhetorik des Psalms und der Dialektik der doktrinalen Regel besteht weder ein illustratives noch ein deduktives Verhältnis.[54] Die dialektische Regel „gerecht und Sünder zugleich" erlaubt, die späteren doktrinalen Unterscheidungen, die Luther in seinen Lehren von Sünde und Gerechtigkeit oder im Gnadenbegriff entwickelt, charakteristisch zu bestimmen. So kommt es zu Hermanns Spitzensatz, Rechtfertigungslehre werde bei Luther in der Kommentierung von Ps 51 und Röm 3 zur „*Logik des Gesprächs zwischen Gott und Mensch*".[55]

Die Alternative einer frühen, sprachlogischen und einer späteren, existentiellen Kommentierung von Ps 51 bei Luther verspielt die Pointe. Das zu zeigen, ist Rudolf Hermanns bleibender Beitrag zur Luther-Renaissance. Cohens Psalterlyrik und Cohens Kommentierung des 51. Psalms in *Religion der Vernunft* bilden dafür den Entdeckungskontext.[56] Die Wirkung Cohens auf die Luther-Renaissance wird hier als ein Knoten im ideenhistorischen Netz greifbar. Sys-

---

[53] Rekurrenz im Gebet meine (s. Anm. 37), dass das Gebet sich gewissermaßen selbst voraus geht oder sich selbst nachfolgt. Im Ankommen der Verheißung als Gebet ist der Betende sich selbst voraus (schon bewahrheitet) und folgt sich hinterher (bekennender Lügner).
[54] Vgl. LINDE, Zeichen.
[55] HERMANN, Verhältnis, 32; DERS., Rechtfertigung, 68f.
[56] Die Prägung Hermanns durch Cohen und Natorp wird später durch Richard Hönigswald und Ernst Cassirer erweitert: ASSEL, Aufbruch, 305–426.

tematisch greifbar wird das geteilte Problem: die Aporie des psalterlyrischen Ich.

Das Anstößige und Aporetische des Psalm-Kommentars 1532 von Luther lässt sich nun seinerseits auf Cohens Kommentar zu Ps 51 von 1915 projizieren. Cohens Interpretation wird angesichts der skizzierten Aporien selbst plastischer und spannungsreicher.

5. Ps 51 und *Heiliger Geist* bei Cohen – Korrelation?

1915 verfasste Cohen den Aufsatz *Der heilige Geist* – ein zentraler Text auf dem Weg zur posthumen *Religion der Vernunft*. Die *Ästhetik* (1908–1912) erneuerte die poetologische Seite seines Denkens.[57] Nach vier Dekaden epistemologischer und meta-ethischer Forschung nimmt Cohen erneut die Arbeit an einem Sprachdenken auf, das als solches *Religion der Vernunft* erschließt. Die Schriften *Die Lyrik der Psalmen* (1914) und *Der Heilige Geist* (1915) sind Prolegomena zur *Religion der Vernunft aus den Quellen des Judentums* (1919). „Seit 1909 lautet Cohens theologisches Programm: ‚die Einzigkeit Gottes so zu denken, wie sie gefühlt werden muß.'"[58] Cohens Gewährsmann ist sein Lehrer H. Steinthal: „Hier liegen die Quellen des *Steinthal*schen Geistes, aus denen er das jüdische Denken und Fühlen einheitlich mit der Psychologie der Sprache tief und nachhaltig befruchtet hat."[59] Die Sprache von *Siddur* und *Machsor* und *in diesem ‚sprachlichen Klima'*[60] die Lyrik der Psalmen; und *in diesem lyrischen Klima* der Psalm 51 sind jüdische Quellen der *Religion der Vernunft*.

In der Lyrik dieses einzigartigen Psalms bilde sich – so Cohen – die *Funktion* des heiligen Geistes für das Vernunftgeschehen im Menschen ab. Ps 51 sei das Gebet eines Sünders, der Versöhnung mit Gott ersehnt und der diese Sehnsucht hier und nur hier singulär zu einer Bitte verdichte, vor der das gesamte Alte Testament sonst zurückscheue:[61] „Nimm deinen heiligen Geist nicht von mir":

So ist in dem *Ursprung* beider Begriffe (nämlich: Geist und Heiligkeit) zugleich ihre *Verknüpfung im Menschen und in Gott* angezeigt.

Gott ist der *Schöpfer*, der Bildner des Geistes im Menschen. *So verbindet der Geist Gott mit dem Menschen, den Menschen mit Gott.*

Gott ist der *heilige* Gott. Und er würdigt die Menschen des Gebotes: ‚Heilig sollt ihr sein, denn heilig bin ich, der Ewige, euer Gott' ([...] 3.M. 19,2). *So verbindet auch die Heiligkeit Gott mit dem Menschen, den Menschen mit Gott.* [...]

---

[57] Cohens frühe Arbeiten zur Mythologie und religiösen Poesie von 1868/69 werden jetzt wieder aufgenommen, s. WIEDEBACH, Stufen.
[58] WIEDEBACH, Geist, 37.
[59] COHEN, Postulate, 158.
[60] WIEDEBACH, Geist, 35 f.
[61] Die Ausnahme Jes 63,10.12 diskutiert Cohen an dieser Stelle knapp. Vgl. COHEN, Geist, 439 f.

Eine *Steigerung* in der Verinnerlichung dieser Verbindung muß offenbar entstehen durch die *Verbindung*, welche zwischen dem *Geiste* und der *Heiligkeit* eingegangen wird.[62]

Diese Verbindung zum Geist der Heiligkeit finde sich nur in Ps 51,12f. Cohen sieht sich veranlasst, zu fragen: *„enthüllt sich eine providentielle Vorsicht in dieser Scheu des Sprachgebrauchs?"*[63] Die „Funktion des heiligen Geistes" komme „nur am Problem der Sünde" zur Entdeckung; und dieses komme „nur in der Lyrik des Psalms zur Entdeckung"[64] – so heißt es lapidar in der *Religion der Vernunft*.

Cohen erzeugt in zwei Argumenten den korrelativen Begriff *Geist* und den korrelativen Begriff *Heiligkeit*. Dies geschieht je für den Geist Gottes am Menschen und für den Geist des Menschen an Gott, je für die Heiligkeit Gottes am Menschen und für die Heiligkeit des Menschen an Gott.

Der *ursprungslogische* Grundlegungssatz über den Begriff *Geist* lautet: „Gott ist mit dem Menschen korrelativ verbunden: er *muß* ihn *schaffen*. Und wie dies vom Menschen überhaupt gilt, so besonders vom *Geiste* des Menschen, wie ja schon von der Seele: ‚In seiner Hand steht die Seele alles Lebendigen' ([...] Hiob 12,10)."[65]

Der *metaethische* Grundlegungssatz über den Begriff *Heiligkeit* setzt an beim Heiligkeits-Gebot Lev 19,2. Er bringt dieses Gebot in eine Form, in der die zentrale operative Eigenschaft Gottes, nämlich Heiligkeit, als *korrelative* Eigenschaft bestimmt wird: „Heilig ihr! Denn heilig ich. Die Aufgabe hat demnach diese Korrelation zur Voraussetzung. Die Begründung [sc. des Heiligkeitsgesetzes] hätte sonst keinen Sinn."[66]

An ‚Heiligkeit' wird klar: Begriffe göttlicher Eigenschaften sind bei Cohen stets nur operative, nie inkommunikable Bestimmungen Gottes, nur korrelative, nie nicht-korrelative. Dass Israel den ‚Heiligen Israels', der *„in"* den Lobgesängen Israels thront (Ps 22,4)[67], lobt, ist mithin „die *Grundform der Korrelation von Gott und Mensch*. Der Heilige ist nicht zu denken in Zion nebst seinem ganzen eigenen Zubehör, sondern vielmehr nur in den Lobgesängen Israels."[68] Man kann also sagen: Das Gebot der Heiligung formuliert das Geschenk einer Aufgabe.[69] Nicht-korrelative Wesenseigenschaften Gottes, also z.B. absolute Einfachheit Gottes oder Aseität Gottes, werden von Cohen aus der philosophischen Theologie eliminiert. Die Attribute der Handlung Gottes werden durch die *Heiligkeit* Gottes als *Geist* bestimmt.

---

[62] Ebd., 440.
[63] Ebd.
[64] RV, 124.
[65] COHEN, Geist, 442.
[66] Ebd., 448.
[67] Vgl. ebd., 450.
[68] Ebd., 451.
[69] WIEDEBACH, Geist, 32.

Die Attributenlehre Cohens[70] ist allerdings komplexer als hier angedeutet, wie J. Gordin in seinen *Untersuchungen zur Theorie des unendlichen Urteils* zeigt.[71] „Der adäquate Ausdruck der Methode des unendlichen Urteils ist ... die Lehre von den negativen Attributen [sc. Gottes ...] Der systematische Kern dieser Lehre besteht in der Negation der negativen Attribute, was nicht dazu führt, daß die positiven Attribute in bezug *auf Gott* affirmiert, *von Gott* prädiziert werden, sondern nur dazu, daß sie *in sich selbst affirmiert werden*, als [...] Grundlegungen der Menschheits- und Weltordnung."[72] Attribute Gottes werden nicht direkt theologisch behauptet als Heiligkeit und Herrlichkeit, Liebe und Gerechtigkeit Gottes. Sie werden vielmehr nur vermittels der Operation des unendlichen Urteils hervorgebracht, als genuin negative Attribute von Gott negiert und eben darin *in sich selbst affirmiert:* ethische Grundlegungen der Menschheits- und Weltordnung.

Man ahnt angesichts dieser Anlage seiner philosophischen Theologie, welch Provokation Ps 51,6 f. für Cohen darstellte, zumal in der Kommentierung Luthers. Hätte Cohen sie unter der Rubrik ‚geschmacklos' verbucht, wenn er sie gekannt hätte?[73]

Aber unsere These ist ja: Es geht in Ps 51,6 f. gar nicht um christliche Behauptung oder jüdische Bestreitung von Erbsünde. Vielmehr kommt mit dem *miserere mei* aus Ps 51,3 und dem *Ego concecptus in peccatis* aus Ps 51,6 f. eine Beschlagnahme des ‚Mich' *ohne affirmative Korrelation* in Sicht, eine Innerlichkeit des ‚Mich', welche die Struktur einer positiv affirmierenden Korrelation der Heiligkeit vereitelt und die Heiligkeit Gottes *verunendlicht*. Heiligkeit ist in diesem Sinn negatives Attribut Gottes *sensu Gordin*.

Die Innerlichkeit ist nicht ein geheimer Ort irgendwo in mir; sie ist jene Umkehr, in der das auf ausgezeichnete Weise Außerhalb-Bleibende – gerade aufgrund dieser ausgezeichneten Exteriorität, dieser Unmöglichkeit, ‚umfaßt' zu werden, ‚Inhalt' zu werden – als Unendliches eine Ausnahme von *sein* bildet, mich betrifft und mich bedrängt und mir durch meine eigene Stimme befiehlt.[74]

---

[70] Vgl. v. a. COHEN, Ethik Maimunis.
[71] GORDIN, Untersuchungen.
[72] Ebd., 164. „Für Maimuni [...] besteht für Gott nur die Relation mit der Sittlichkeit." COHEN, Ethik Maimunis, 217. Daher seien nur „Attribute der Handlung" zulässig. Der biblische (Ex 33,13) und rabbinische Begriff der dreizehn *middot* begreife diese Namen oder Eigenschaften Gottes als Richtungswege Gottes. „Der Sinn ist nicht, daß Gott diese moralischen Eigenschaften besäße, *aber er bringt Wirkungen [...] hervor, welche denen gleichen, die von uns aus moralischen Eigenschaften hervorgehen*", (ebd, 217, Anm.). Attribute der Handlung Gottes sind Wirkungen, deren Erzeugung als göttliche Attribute tatsächlich autonome, in sich begründete Grundlegungen der Sittlichkeit des Menschen und des Rechts des Menschen darstellen. Cohen rekonstruiert die Attribute Gottes aus dem Denkgesetz der Erzeugung im Ursprung oder als unendliche Urteile mit den Denkgesetzen seiner Logik der reinen Erkenntnis. Vgl. ebd., 219–223. Zur Ausführung: RV, 41–275.
[73] Zu Ps 51,7: „Die christlichen Autoren sind nicht so geschmacklos, hier etwa die Erbsünde zu wittern." COHEN, Geist, 454.
[74] LEVINAS, Jenseits, 322.

Dieses Unendliche der Heiligkeit ‚Gottes' in seiner am Subjekt vollzogenen Herrlichkeit „vereitelt so alle Strukturen einer Korrelation, Verherrlichung, die Sagen ist, das heißt Zeichen an den Anderen – [...] bis hin zur Stellvertretung."[75]

Gegen *einen solchen* Begriff des Geistes, der Heiligkeit und der Herrlichkeit Gottes im Begriff der Innerlichkeit des Selbst scheint Cohen zwar energisch zu argumentieren:

Erschaffe mir, Gott, ein *reines* Herz und *erneuere* in mir einen *gegründeten* Geist. [...] Damit wird die *Sünde* vereitelt; in dieser beständigen Erneuerung von Herz und Geist vollzieht sich die Erlösung von der Sünde. *An diesem Höhepunkte religiöser Erkenntnis lässt es sich verstehen, daß der Geist heiliger Geist genannt wird* [...]. *Verwirf mich nicht von deinem Angesicht, und nimm deinen heiligen Geist nicht von mir.*'"[76]

Und weiter: „Der heilige Geist, von Gott dem Menschen gegeben, bildet den unzerstörbaren *Charakter* des Menschen. Die Sünde kann dagegen nichts ausrichten; gegen sie hilft die Erneuerung des Geistes."[77]

Und schließlich: „Die Korrelation liegt im Begriffe Gottes. Und so kann der Psalmendichter mit Recht sagen, daß Gott seinen heiligen Geist nicht von ihm nehmen dürfe."[78]

Diese Argumente münden in die Pointe: Der „heilige Geist, von Gott dem Menschen gegeben, bildet den unzerstörbaren Charakter des Menschen."[79] Zwei Kommentare dazu:

(1) Cohens Begriff des unzerstörbaren Charakters des Menschen konfrontiert den Leser unvermittelt mit der Spannung von Glauben und Philosophie, denn in Cohens System der Philosophie ist ein unzerstörbarer Charakter ausgeschlossen. Am Ende der *Logik der reinen Erkenntnis* und im Vorblick auf die *Ethik des reinen Willens* formuliert Cohen nämlich: Das ethische Subjekt, „als Grundlage der Sittlichkeit, darf nicht eine absolute Natur, einen Charakter indelebilis darstellen."[80] ‚Geist' ist in der Ethik Cohens, welche die Grundlegung einer reinen Rechtswissenschaft sein will, ausschließlich das zum Begriff der sittlichen Handlung gesuchte transzendentale Prinzip, das Funktionsprinzip, um im reinen Recht sittliche Handlungen der Beurteilung unter Gerechtigkeitsaspekten verfügbar und zurechenbar zu machen. „Wir stehen also vor einem Gegensatz: einerseits einem religiösen heiligen Geist als *character indelebilis*, anderseits einem systematischen Geist, der einen solchen Charakter genau ausschließt."[81] Der Spalt zwischen Philosophie und Religion sei der Spalt zwischen zwei Stilformen der Vernunft. Die Spannung im Begriff ‚heiliger Geist' ist sein Symptom. Es führe mitten ins Wagnis von Cohens später Religionsphilosophie,

---

[75] Ebd., 324. Mit Verweis auf Jes 57,19.
[76] COHEN, Geist, 455.
[77] Ebd., 456.
[78] Ebd., 457.
[79] Ebd., 456.
[80] LrE (B), 253 f.
[81] WIEDEBACH, Geist, 30.

wenn er die hebräische Lyrik dieses Psalms, und insbesondere die Bitte Ps 51,13 *weruach qodschecha al tiqach mimäni* in den systematischen *Gehalt* des Begriffs *Geist der Heiligkeit* bringen will. Wohlgemerkt: in den systematischen *Gehalt*, nicht etwa in den systematischen *Inhalt* des Begriffs,

denn zum Inhalt gehört, dass der Begriff innerhalb eines Zusammenhangs logischer Bestimmungen Gültigkeit hat. Inhalt verleiht ihm also nur die durchgeführte Systematik der Philosophie, nicht die Sprachvernunft der Religion. […] Wenn also ein religiöser Gedanke trotzdem inhaltlich dargestellt und gesichert werden soll, so muss er ein Echo im Kosmos des Systems finden. Eine Religion der Vernunft aus den Quellen des Judentums schreiben, heißt folglich: Es auf Gefühlskundgebungen hin wagen und sie zu analogen Begriffen des Systems in Resonanz setzen. Wo das glückt, entstehen tragfähige Metaphern.[82]

Der Topos des heiligen Geistes im Begriff eines *character indelebilis* des Menschen, des erwählten und darum geschaffenen Menschen, dürfte ebenso sehr eine katachrestische wie eine geglückte Metapher sein.[83]

(2) Die Arbeit an der Katachrese dieser Metapher kommt daher nicht zu Ende. Levinas beschreibt dieses ‚Selbst' der Nähe und der Stellvertretung ethisch.[84] Cohens Lösung wird bei Levinas erneut problematisiert. Die *Resonanz* zwischen dem systematischen Gehalt der Metapher und der Suche nach einem philosophischen Begriff führt bei Levinas zu einer noch radikaleren Lösung. Als Geschöpf sei das Selbst der Verantwortung für den anderen von Geburt an verwaist oder atheistisch, weil es seinen Schöpfer nicht kennt. Als erwähltes Selbst findet es sich in seiner Haut schon unter Anklage:

Die Hypostase setzt sich nach Art eines Akkusativs, als Sich, aus, bevor sie im Gesagten des Wissens, als Träger eines Namens, erscheint. Ebendieser Weise, seine Passivität auszusetzen wie eine Kehrseite ohne Vorderseite, suchte die Metapher eines Klangs nahezukommen, der allein in seinem Echo hörbar würde.[85]

Sucht also Cohen die metaphorische Bitte um das Nicht-Wegnehmen des heiligen Geistes mit dem Begriffsgehalt eines *character indelebilis* des Menschen in Resonanz zu bringen, so wählt Levinas dafür einen nicht weniger traditionsreichen Begriffsgehalt christlicher Theologie: den der *Hypostase*.

---

[82] Ebd., 38.
[83] Zu beachten ist, dass auch Luther die Katachrese in *nechona/nachon* (Ps 51,12b) empfand. Es gebe kein deutsches Wort für dieses hebräische, weshalb er im Zuge seiner Psalterrevision schließlich die Phrase ‚(und gib mir einen) *neuen gewissen Geist*' prägte. Gemeint sei: ein gegen Zweifel, Häresie und Erwählungsanfechtung gewisses Herz (perseverantia). Die Marginalie in der Bibelübersetzung von 1545 lautet: „Das ist / Ein Geist der im glauben on zweifel vnd der sachen gewis ist / vnd sich nicht jrren noch bewegen lesst / von mancherley wahngedancken / leren etc."
[84] LEVINAS, Jenseits, 232.
[85] Ebd., 234.

6. ‚Knecht Gottes' und ‚Christus humilis' – Ausblick

Unter den beiden Titeln *Das Verhältnis der Religion zur Ästhetik* und *Das Verhältnis der Religion zur Psychologie* finden sich in Cohens *Der Begriff der Religion* singuläre Passagen zur *Angliederung* des *Glaubens an Jesus Christus* ans System der Kultur-Philosophie.[86] Dieses Gesprächsangebot an die protestantische Theologie wurde von den Zeitgenossen nirgends rezipiert. Das ist in gewisser Weise erklärungsbedürftig.

Das Thema des *Christus humilis*, des angefochtenen Christus und mithin eine Christologie jenseits der sog. Logos-Christologie und ihrer Ausformung zum christologischen Dogma (von Chalcedon) ist die offene Baustelle der Luther-Renaissance von Karl Holl über Friedrich Gogarten bis Gerhard Ebeling. Cohens These, dass die reinere Form des reformatorischen Glaubens eine mythische, gottmenschliche Mittler-Figur und den Logos-Mythos ausschließe und den *Christus humilis* als ‚Gebild' des messianischen Armen lehre, ist erstaunlich hellsichtig. Rezipiert wurde sie nicht. Bemerkenswert ist diese Nicht-Rezeption auch deshalb, weil Cohen bei seiner These vom *Christus humilis* als Gebild des Armen offenbar die Kreuzesfrömmigkeit eines Paul Gerhardt und eines Friedrich Albert Lange vor Augen stand (BR, 125), also ein Kernbestand lutherischer Frömmigkeit, der nicht wirklich mit der dogmatischen Gestalt frühmoderner lutherischer Christologie auszugleichen war.[87]

Ich skizziere Cohens Argument in sieben Schritten nach.

(1) Im Übertreffen und Entwerten „aller Kunst besteht die Erhabenheit der christlichen Religion. Das Leiden des Menschen ist ihr Gegenstand, und dieses Gegenstandes wegen ist sie Religion."[88]

Das ist der tiefste Sinn der christlichen Mythologie, der sie in Religion verwandelt. Dagegen bildet es keinen Einspruch, daß [...] der religiöse Grundgedanke selbst [sc. das ‚unschuldige' Leiden Jesu], als der Grundgedanke der Tragödie, der Kunst entlehnt scheint. Indessen erweist sich darin der Unterschied, daß die Tragödie ihren leidenden Helden gerade nicht als Individuum denkt, sondern vielmehr als den Sproß seiner Ahnen. Christus dagegen wird deshalb als Individuum gedacht, und man besteht auf dem Gedanken, daß er durchaus nur als ein solches einziges Individuum gedacht werden müsse: weil er in seinem Leide, als Individuum, den Menschen darstellen soll; den Menschen, dessen Individualität mit Gott allein verknüpft ist. Das ist der tiefste Sinn der christlichen Mythologie, der sie in Religion verwandelt. [...] Er wird als der einzige Mensch gedacht, der die Korrelation mit Gott erschlossen hat. Sein Leiden bezeugt das Leiden des Menschen, des Menschen, nicht des Juden oder des Samariters; des Menschen, als der einsamen, isolierten Menschenseele [...].[89]

---
[86] Vgl. BR, 85–140.
[87] ASSEL, Christologie, Band 3, 152–185.
[88] BR, 92.
[89] Ebd., 92f.

Dieser Passus setzt Neueinsichten Cohens voraus, die zur *Religion der Vernunft aus den Quellen des Judentums* (1919) führen. Dort finden sich – dem Programm einer Religionsphilosophie aus den Quellen des Judentums geschuldet – keine Reflexionen auf die vernunftreligiöse Bedeutung Jesu. Die Liebe zum leidenden Jesus und zu seinem ‚Bild' steht aber 1915 für ein reines, erhabenes Gefühl, das genuin religiös ist. Für Cohen ist diese messianische Liebe zum Leidenden, der in seinem unschuldigen Leiden je einzig ist, das nicht zu Eliminierende christlicher Religion. Es macht sie zu einer Religion der Vernunft in der Vernunftkultur. Christus, den leidenden Jesus, zu sehen, und in ihm den Leidenden, den Armen schlechthin, das Leiden des Menschen als das Leiden des einzigen Menschen vor Gott zu sehen – ist das ästhetisch Unmögliche. Es ist dieses Unmögliche christlicher Religion, um dessentwillen sie *Religion* ist. Den leidenden Jesus zu sehen als den einzigen Leidenden, der die Korrelation mit Gott erschließt, heißt nicht: Jesus als Typus des Armen zu sehen. ‚Typus' ist die ästhetische Kategorie, ‚Individuum' die religiöse. Im Armen, Demütigen[90] das Leiden des einzigen Menschen zu sehen, ist ästhetisch unmöglich.

Susan Sontags Essay über die Unmöglichkeit, das Leiden des anderen zu betrachten, führt vor, wie plausibel Cohens These ist. Sie zeigt die *ästhetische* Unmöglichkeit des Mitleidens im Betrachten des Leidens anderer.[91]

(2) Der *Christus humilis* ist jener Einzige, ‚Gebild', also bildlos und unvergleichbar, aber zu ‚sehen'.

Das religiöse Mitleid entbehrt aller Bildlichkeit und verzichtet auf sie: sein Gebild dagegen ist das lebendige Wesen der menschlichen Seele, der Mensch, nicht als ein Typus, nicht als ein Begriff, weder der Mehrheit, noch der Allheit, sondern eben das Individuum, das keine Zuordnung, sondern lediglich Korrelation mit dem anderen Begriffe, mit dem Gottes hat.[92]

Religiöses Mitleid ‚sieht' *per impossibile* das Gebild der menschlichen Seele im Armen. Dies ist das religiöse Gefühl des Mitleids als Menschenliebe. Das Gebild der Seele Jesu hat keine Zuordnung, ist kein ‚Fall von', sondern erfordert Korrelation mit Gott, dem Einzigen.

Die Identität der Person, man möchte sagen, es gäbe für sie kein anderes Erkennungszeichen als diese untrügliche Liebe, die nur dadurch scheinbar unklar, vielmehr aber nur um so prägnanter wird, dass mit diesem einzigen Individuum das eigene Selbst im Gefühl des Mitleids, mithin im Mitgefühl identisch wird.[93]

Das ‚Gebild' Jesu, des messianisch Armen vor Gott, beschreibt ihn als Menschen, der einzig ist. Dies umfasst einen *nicht-numerischen* Begriff von ‚Person'.

---

[90] Vgl. Ebd., 127.
[91] SONTAG, Leiden, 147.
[92] BR, 98.
[93] Ebd., 87.

Der Einzige erscheint also *nicht* als erste, zweite oder dritte Person (als Ich, Du, Er/Sie). Er ist *der einzige Mensch (als ‚Seele') vor dem einzigen Gott.*

Die Liebe zum leidenden Menschen hat bei Cohen doppelte religiöse Gestalt: die *messianische Liebe* zum leidenden Menschen im Gebild Jesu, des Einzigen; und die *lyrische Sehnsucht* in der Poetik des Psalters, die Sehnsucht nach dem einzigen Gott.

So führt das Mitleid mit dem Menschen zu dem anderen Gliede der Korrelation, zu Gott. Denn was Mitleid ist dem Menschen gegenüber, dieselbe Leidenschaft zu Gott nennen wir [...] mit dem Terminus der Lyrik: Sehn-sucht. Das Mitleid mit dem Menschen ist andererseits die Sehnsucht nach Gott. In dieser Urkraft der Religion sind die Psalmendichter ihre Schöpfer. [...] Die Sehnsucht nach Gott ist erst die Antwort auf das Mitleid; ist das Zeugnis von ihm.[94]

(3) Im *Teil V: Das Verhältnis der Religion zur Psychologie* wird dieses Argument neu aufgenommen und ins Prophetisch-Politische gewendet: Den *Christus humilis* als den schlechthin Armen, als ‚Gebild' sieht, wer sich als Armer vor Gott sieht. „Das Leiden des Menschen wurde [sc. im Christentum] der Wert und die Würde des Menschen."[95] Dies ist die an Jesus als Bild gewonnene Hypothese, die dem nun folgenden Argument[96] zugrunde liegt.

Cohen verwendet von jetzt ab nicht mehr den Namen Jesus Christus. Jetzt wird die Hypothese über das Bild des Armen anhand der Figur des *Knechtes Gottes* aus Jes 52 f. in den Horizont einer Religion der Vernunft aus den Quellen des Judentums gestellt. Trotzdem ist dieses Argument auch christologisch nachzuvollziehen, wenn man Christusglauben nicht im dogmatischen Gehaltssinn, sondern im messianischen Bezugssinn und im gerechtigkeitsethischen Vollzugssinn bestimmt. Es ist unter dieser Annahme nachvollziehbar, wenn Cohens Argument nun folgende Wendung nimmt: Präzise weil das Leiden des Menschen seine von Gott verhängte Würde ist, ist dieses Leiden des Knechtes Gottes die „schwerste Probe" der Theodizee, nachdem ja der ‚tragische' Zusammenhang von Sünde und Leid durchbrochen ist.[97] Angesichts dieser schwersten Probe der Theodizee erweitert sich der Vollzugs- und Bezugssinn von Gerechtigkeit und messianischem Mitleid um den Begriff *Rest*.

(4) Der Begriff des Armen, Demütigen, Einzelnen vor Gott erweitert sich zum Begriff Rest, weil er es erlaubt, die Figur des Knechtes Gottes auf die *Vielheit* der Einzelnen vor Gott zu beziehen. Diese Vielheit umfasst offenbar den Einzelnen und den Anderen, sogar den Dritten.

---

[94] Ebd., 98 f.
[95] Ebd., 125.
[96] Vgl. Ebd., 125–129.
[97] Vgl. Ebd., 126.

Am Individuum läßt sich überhaupt der Begriff des Menschen nicht erkennen. [...] Wie der Messias aus dem ‚König' ein ‚Knecht' wurde, so muß er auch ein ‚Armer' werden. Und zu diesem Ende konnte ihn die Brücke führen, daß er ja zum ‚Reste des Volkes' und als solcher zum ‚Frommen' geworden war.[98]

Man darf sich an dieser Stelle nicht durch exegetische Debatten um den ‚kollektiven oder individuellen' Sinn von ‚Knecht Gottes' beeinflussen lassen. Wenn ‚Knecht Gottes' für den Vollzugssinn messianischer Existenz steht, deren Dimensionen durch die Abfolge: König, Knecht, Armer dargestellt ist, dann umfassen diese Dimensionen jeweils auch die alteritätsethische Dimension: der Knecht ist Knecht anstelle von und für den Anderen, der Arme ist Armer anstelle von und für den Anderen; und der Andere soll nun seinerseits der Andere des Knechts, der Gerechte des Armen sein. Diesen Bezugssinn des Einzigen für den Anderen, des Anderen für den Einen (im Horizont des Dritten, ‚des Volkes', das dies erkennt) nennt Cohen: Erweiterung der Kategorie des Einzelnen um die Kategorie Rest, wobei *Rest originäre Stellvertretungs-Relation von Einzelnem und Anderem ist*, während der Rest diese Relation um die nationale, geschichtliche Größe *Volk* erweitert.

(5) *Leiden* wird jetzt als *Würde* des Menschen bestimmt und dem Sinn des messianischen Einzigen vor Gott angegliedert. Eben weil die Gerechtigkeit Gottes sich so vollzieht, dass der Arme, dem messianisches Mitleid des Anderen gilt, der Ort der Gerechtigkeit Gottes *für den Anderen* ist, die Spur der Herrlichkeit der Heiligkeit Gottes, kommt dem Armen wie dem Anderen Würde zu. Der Arme, der für Cohen einerseits das psalterlyrische Ich vor Gott ist (‚der Psalmist'), erweitert seinen Sinn prophetisch: Was im Psalter der Arme ist, ist in Jes 52 f. der Knecht, Selbst-für-den-Anderen angesichts des Dritten. Der Rest gehört insofern zum Knecht Gottes und kein Knecht Gottes ohne den Rest, den Rest des Volkes. Der Zwischengedanke ist offenbar: kein messianisches Mitleid mit dem Armen, dem Einzigen, ohne originäre Stellvertretung des Armen, des Einzigen für den Anderen – eben weil der Einzige und Gottes Gerechtigkeit korrelieren.

An dieser Stelle seines Argumentes setzt Cohen nun eine Kaskade von Gleichungen in Gang, ohne sie zu erläutern: Leiden ist nicht göttliche Strafe (der Tun-Ergehen-Zusammenhang von Sünde und Strafe ist in messianischer Geschichtssicht durchbrochen). Vielmehr gilt: Der *Unschuldige* wird verfolgt; der *Verfolgte* leidet; er trägt das Leiden durch den Verfolger als sein Leiden *für den Verfolger*; dieses Leiden für den Verfolger hat ‚irgendwie verantwortungsstiftende' Kraft (von Sühne redet Cohen definitiv nicht). Nur so kann man den Schluss verstehen, der in den Satz mündet: Der Arme ist der ‚Rest, auf dessen Schulter die messianische Zukunft liegt'.[99]

---

[98] Ebd., 127.
[99] Vgl. Ebd., 127 f.

Nun aber mußte den Propheten aus dieser Lösung die beinahe größere Frage entstehen: wie ihr Gott diese Gleichung verantworten könne. Und ihr Sozialismus konnte sich sicherlich nicht durch die Antwort beschwichtigen lassen, mit der der Psalmendichter sich allenfalls zufrieden gibt: daß der Arme in seiner Frömmigkeit, in seiner Gottesnähe sein Genügen finde.[100]

(6) Die Lösung stehe im 53. Kapitel des Buches Jesaja, „vielleicht das größte Wunder des Alten Testaments"[101]. Es ist die Stellvertretung, die Leiden als solches zur nicht-kultischen Übernahme der Verantwortung des Verfolgers durch den Armen macht, die entscheidende Verantwortung mehr, die Verantwortung der Verantwortung des Verfolgers (um ein Element Levinas' zu verwenden, das sich bei Cohen noch nicht findet):

So wird durch diese Verherrlichung, Verklärung des Leidens das Rätsel gelöst, welches seine Erscheinung in der Menschenwelt bildet ... Und jetzt wird die Antwort in dem großen Rätsel gegeben, welches aber ... in sich selbst die Lösung enthält. Das Leiden ist der Höhepunkt menschlicher Kraft und menschlicher Würde .... Der leidende Knecht Gottes wird zum Stellvertreter der Menschheit.[102]

(7) Erst mit dieser Wiederholung der Ausgangshypothese: das Leiden ist der Höhepunkt menschlicher Würde, jetzt als Lösung des Rätsels in sich selbst, ist das prophetisch-politische Argument abgeschlossen. Der Christus-Mythus ist entmythologisiert zur Existenz des Knechtes Gottes und also an die systematische Einheit des Kulturbewusstseins (der Psychologie) angegliedert (wie im Schlusskapitel von *Begriff der Religion im System der Philosophie* erfordert). Oder soll ich sagen: Das systematische Argument wäre abgeschlossen, wenn Cohen nicht noch selbst dem Argument eine letzte überraschende, ja merkwürdige Wendung gäbe?

„Wie wir das Mitleid in seiner ethischen Bedeutung für das Individuum erkannten, so erweist sich das Leiden an sich selbst, nicht nur als Voraussetzung des Mitleids, als ein integrierender Faktor der Einheit des individuellen Bewußtseins. Um es paradox auszudrücken: gäbe es überhaupt keine Ethik des Mitleids, so wäre das Leiden dennoch unentbehrlich für den Menschen, weil nur dadurch der Heroismus des Menschen [...] seinen Gipfel erreicht." Dies sei die „absolute Theodicee des Leidens."[103]

Merkwürdig ist diese Wendung, weil der Topos vom *Leiden an sich selbst* die messianische und gerechtigkeitsethische Beschreibung von originärer Stellvertretung zwischen Knecht Gottes und Rest mit einem ihr fremden Gedanken beendet. Cohen spitzt diesen Gedanken bis zum Paradox zu: Würde der Knecht Gottes kein Mitleid finden, ja könnte es ein Leiden am Verfolger und am grundlosen Hass geben, das in einer Ethik des Mitleids ortlos bliebe, so

---
[100] Ebd., 128.
[101] Ebd., 128.
[102] Ebd., 129f.
[103] Ebd., 132.

wäre dieses Leiden an sich selbst, dieses *Leiden am Leiden als solches* die absolute Theodizee des Leidens. Diese heroische Auflösung des Paradoxes des *Leidens an sich selbst*, die Cohen 1915 gibt, ist rätselhaft. Von diesem Paradox Cohens scheint es denkerisch nur ein Schritt bis zu einem anderen Gedanken, der aber das systematische Gefüge des Arguments überschreitet.[104] Er wird nicht von Cohen formuliert, sondern von Levinas, der sich hier m. E. enger an Cohen anschließt als gemeinhin wahrgenommen.[105] Verantwortung noch für die Verantwortung des Verfolgers und Feindes sei, so Levinas, *Leiden an sich selbst* oder *Leiden am Leiden*. Dieses Leiden am Leiden errege Mitleid, auch wenn es unter anderen Menschen kein Mitleid fände. Das Erdulden solchen Leidens an sich selbst lasse ein „Leiden am Leiden erkennen, ein Leiden ‚an' dem, was mein Leiden an Mitleiderregendem hat; es ist dies ein Leiden ‚*für Gott*', der an meinem Leiden leidet. ‚Anarchische' Spur Gottes in der Passivität."[106] Leiden an sich selbst, das kein Mitleid fände, ist Leiden für Gott, der am Leiden des Selbst, des Einzigen leidet? Dass Gott an diesem Leiden mitleidet – wie Levinas andeutet –, ist keine heroische Interpretation. Hier setzt vielmehr die ethische und messianische Beschreibung der *Demut Gottes am Ort des Leibes des Knechtes Gottes* an.[107] Wobei *Demut Gottes* als *in sich selbst affirmierte* Tugend der Menschheits- und Weltordnung zu verstehen wäre – am Ort des Leibes des Knechtes Gottes.[108]

---

[104] Der Topos des grundlosen Hasses und seine Bestreitung ist bereits für Cohen zentral, siehe: ErW (A), 547f.; BR, 267.520–525.

[105] Dieser Anschluss ist enger als Levinas auch selbst kenntlich macht. Zum Einfluss Cohens auf Levinas, siehe: FIORATO, laicità.

[106] LEVINAS, Jenseits, 260.

[107] Demut Gottes als *neues* Attribut und Demut des Menschen werden Zentrum der Tugendethik bei Maimonides (MAIMONIDES, Avot IV,4, 66; siehe auch: Hilchot Deot II,3). Dies pointiert: COHEN, Ethik Maimunis, 240f.: „Schon an sich ist es [sc. bei Maimonides] auffällig, daß dieses Attribut [sc. Demut] Gott zuerteilt wird, während doch eigentlich neue Attribute Gottes [sc. gegenüber den rabbinischen dreizehn *middot*] nicht aufgestellt werden dürfen. Und wie sonderbar ist dieses Attribut an sich. Im Judentum ist der Zweck göttlicher Demut, der in der christologischen Erlösungslehre besteht, nicht angebracht." Trotzdem stelle Maimonides Demut ins Zentrum seiner *Tugendlehre und vor allem seiner Prophetie-Theorie*. Demut sei die zentrale Tugend der Vervollkommnung und Heiligung des Selbst. Dieses Selbst sei „das Resultat des ewigen Verhältnisses zwischen Ich und Du; das unendliche Ideal dieses ewigen Verhältnisses." Ebd., 248.

[108] Siehe dazu: ASSEL, Christologie, Band 3, 206–216.

Literaturverzeichnis

ADELMANN, DIETER, Sprachwissenschaft und Religionsphilosophie bei H. Steinthal; in: DERS., „Reinige dein Denken". Über den jüdischen Hintergrund der Philosophie von Hermann Cohen, hg. v. GÖRGE K. HASSELHOFF, Würzburg 2010, 269–276.

DERS., Nachtrag zu „H. Steinthal und Hermann Cohen"; in: DERS., „Reinige dein Denken". Über den jüdischen Hintergrund der Philosophie von Hermann Cohen, hg. v. GÖRGE K. HASSELHOFF, Würzburg 2010, 309–316.

ASSEL, HEINRICH, Der andere Aufbruch. Die Lutherrenaissance – Ursprünge, Aporien und Wege: Karl Holl, Emanuel Hirsch, Rudolf Hermann (1910–1935), Forschungen zur Systematischen und Ökumenischen Theologie 72, Göttingen 1994.

DERS., Zorniger Vater – Verlorener Sohn. Harnacks Beitrag zur Lutherrenaissance zwischen Theodosius Harnack und Karl Holl, in: KURT NOWAK/OTTO G. OEXLE/TRUTZ RENDTORFF/KURT-VIKTOR SELGE (Hg.), Adolf von Harnack – Christentum, Wissenschaft und Gesellschaft. Wissenschaftliches Symposium aus Anlass des 150. Geburtstags Adolf von Harnacks, Veröffentlichungen des Max-Planck-Instituts für Geschichte 204, Göttingen 2003, 69–83.

DERS., Emanuel Hirsch. Völkisch-politischer Theologe der Lutherrenaissance, in: MANFRED GAILUS/CLEMENS VOLLNHALS (Hg.), Für ein artgemäßes Christentum der Tat. Völkische Theologen im „Dritten Reich", Göttingen 2016, 43–67.

DERS., Luther and the Third Reich: Consent and Confession/Luther und das Dritte Reich: Konsens und Bekenntnis; in: Luther. A Christian between Reforms and Modernity 1517–2017, hg. v. ALBERTO MELLONI u. a., Berlin/Boston 2017, 1001–1016.

DERS., Theologische Diskussion um Martin Luther im NS-Staat; in: „Überall Luthers Worte …". Martin Luther im Nationalsozialismus, hg. v. der Stiftung Topographie des Terrors, Berlin 2017, 183–197.

DERS., Elementare Christologie, Band 3: Inkarnation des Menschen und Menschwerdung Gottes, Gütersloh 2020.

DERS., Karl Holl *15. Mai 1866, † 23. Mai 1926. Biographischer Umriss, in: DERS. (Hg.), Karl Holl. Leben – Werk – Briefe, Tübingen 2021, 17–132.

BADER, GÜNTER, Psalterspiel. Skizze einer Theologie des Psalters, Hermeneutische Untersuchungen zur Theologie 54, Tübingen 2009.

BATKA, LUBOMIR, ‚Peccatum radicale'. Eine Studie zu Luthers Erbsündenverständnis in Psalm 51, Frankfurt/M. 2007.

BOEHLICH, WALTER, Der Berliner Antisemitismus-Streit, Frankfurt/M. 1988.

BRIEGER, THEODOR, Luther und sein Werk. Festrede bei der Luther-Feier der Universität Marburg am 10. November 1883 in der lutherischen Pfarrkirche gehalten, Marburg 1883.

BRUSH, JACK E., Gotteserkenntnis und Selbsterkenntnis. Luthers Verständnis des 51. Psalms, Hermeneutische Untersuchungen zur Theologie 36, Tübingen 1997.

COHEN, HERMANN, Ein Bekenntnis in der Judenfrage (1880), JS 2, 73–94.

DERS., Der heilige Geist (1915), Kleinere Schriften V. 1913–15, Werke 16, hg. v. HARTWIG WIEDEBACH, Hildesheim/Zürich/New York 1997, 437–464.

DERS., Zu Martin Luthers Gedächtnis. Streiflichter über jüdische Religion und Wissenschaft 19, in: DERS., Kleinere Schriften VI. 1916–1918, Werke 17, hg. v. HARTWIG WIEDEBACH, Hildesheim/Zürich/New York 2002, 531–540.

Ders., Religiöse *Postulate* (erweiterte Fassung 1909), in: Ders., Kleinere Schriften IV. 1907–1912, Werke 15, hg. v. Hartwig Wiedebach, Hildesheim/Zürich/New York 2009, 133–160.

Ders., Charakteristik der *Ethik Maimunis* (1908), in: Ders., Kleinere Schriften IV. 1907–1912, Werke 15, hg. v. Hartwig Wiedebach, Hildesheim/Zürich/New York 2009, 161–269.

Dietrich, Wendell S., Cohen and Troeltsch. Ethical monotheistic religion and theory of culture, Atlanta 1986.

Ebeling, Gerhard, Der *Mensch* als Sünder. Die Erbsünde in Luthers Menschenbild; in: Ders. Lutherstudien, Bd. 3, Tübingen 1985, 74–107.

Fiorato, Pierfrancesco, „La *laicità* e il pensioro d'Israele". Appunti per un confronto tra Cohen e Lévinas, in: Levinas in Italia. Teoria 2, Terza serie I/1 (2006), 35–54.

Fischer-Appelt, Peter, Wilhelm Herrmann und Hermann Cohen. Der frühe *Diskurs* um die Selbstwerdung des Menschen, in: Hans M. Dober/Matthias Morgenstern (Hg.), Religion aus den Quellen der Vernunft. Hermann Cohen und das evangelische Christentum, Religion in Philosophy and Theology 65, Tübingen 2012, 116–130.

Flach, Werner, *Einleitung* zu Cohen, Hermann, Das Prinzip der Infinitesimal-Methode und seine Geschichte. Ein Kapitel zur Grundlegung der Erkenntniskritik, Frankfurt/M. 1968.

Friedländer, Saul, *Das Dritte Reich und die Juden* Bd. 1, Die Jahre der Verfolgung 1933–1939, München 1998.

Gordin, Jakob, *Untersuchungen* zur Theorie des unendlichen Urteils, Berlin 1929.

Hartung, Gerald, Der ‚eminent historische Charakter jüdischer *Prophetie*' bei Julius Wellhausen, Max Weber und Hermann Cohen, in: Hans M. Dober/Matthias Morgenstern (Hg.), Religion aus den Quellen der Vernunft. Hermann Cohen und das evangelische Christentum, Religion in Philosophy and Theology 65, Tübingen 2012, 96–115.

Hermann, Rudolf, Das *Verhältnis* von Rechtfertigung und Gebet nach Luthers Auslegung von Röm. 3 in der Römerbriefvorlesung (1926), in: Ders., Gesammelte Studien zur Theologie Luthers und der Reformation, Göttingen 1960, 11–43.

Ders., Luthers *These* ‚Gerecht und Sünder zugleich', Gütersloh 1930/Darmstadt ²1960.

Ders., *Rechtfertigung* und Gebet (1925/1926), in: Ders., Gesammelte und nachgelassene Werke II. Studien zur Theologie Luthers und des Luthertums, hg. v. Horst Beintker, Göttingen 1981, 55–87.

Ders., *Religionsphilosophie*, Gesammelte und Nachgelassene Werke V, hg. v. Heinrich Assel, Göttingen 1995.

Holl, Karl, Luthers *Auffassung der Religion*, in: Reformationsfeier der Königlichen Friedrich-Wilhelms-Universität zu Berlin am 31. Oktober 1917, Berlin 1917, 5–33.

Ders., Was verstand Luther unter *Religion*?, in: Ders., Gesammelte Aufsätze zur Kirchengeschichte I. Luther, Tübingen ⁶1932, 1–110.

Holzhey, Helmut, *Ursprung* und Einheit. Die Geschichte der ‚Marburger Schule' als Auseinandersetzung um die Logik des Denkens, Cohen und Natorp 1, Basel/Stuttgart 1986.

Kant, Immanuel, *Religion* innerhalb der Grenzen der bloßen Vernunft, Akademieausgabe 6, Berlin 1907.

LEVINAS, EMMANUEL, *Jenseits* des Seins oder anders als Sein geschieht (1974), München ²1998.
LINDE, GESCHE, *Zeichen* und Gewißheit. Semiotische Entfaltung eines protestantisch-theologischen Begriffs, Religion in Philosophy and Theology 69, Tübingen 2013.
LOHMANN, FRIEDRICH J., Karl *Barth* und der Neukantianismus. Die Rezeption des Neukantianismus im ‚Römerbrief' und ihre Bedeutung für die Ausarbeitung der Theologie Karl Barths, Theologische Bibliothek Töpelmann 72, Berlin/New York 1995.
LUTHER, MARTIN, D. Martin Luthers Werke. 120 Bände, Weimar, 1883–2009 [WA].
MAIMONIDES, MOSES, Kommentar zu Mischna *Avot IV,4* (Ausgabe Jizchak Sheilat), Jerusalem 1994.
MORGENSTERN, MATTHIAS, Hermann *Cohen* und seine Quellen des Judentums, in: HANS M. DOBER/MATTHIAS MORGENSTERN (Hg.), Religion aus den Quellen der Vernunft. Hermann Cohen und das evangelische Christentum, Religion in Philosophy and Theology 65, Tübingen 2012, 3–27.
NYGREN, ANDERS, *Religious Apriori* mit einer Einleitung von WALTER H. CAPPS, hg. v. WALTER H. CAPPS/KJELL O. LEJON, Linköping 2000.
OELKE, HARRY u. a. (Hg.), Martin Luthers ‚*Judenschriften*'. Die Rezeption im 19. und 20. Jahrhundert, Arbeiten zur Kirchlichen Zeitgeschichte B 64, Göttingen 2015.
ROSENZWEIG, FRANZ, *Einleitung*, in: Cohen, Hermann, Jüdische Schriften, Bd. 1, hg. v. BRUNO STRAUSS, Berlin 1924, XIII–LXIV.
SAARINEN, RISTO, *Das schwedisch-finnische Luthertum* und die Juden, in: DOROTHEA WENDEBOURG/ANDREAS STEGMANN/MARTIN OHST (Hg.), *Protestantismus*, Antijudaismus, Antisemitismus. Konvergenzen und Konfrontationen in ihren Kontexten, Tübingen 2017, 523–535.
SCHELIHA, ARNULF VON, Das junge nationale *Luthertum* nach dem Ersten Weltkrieg und die Juden, in: DOROTHEA WENDEBOURG/ANDREAS STEGMANN/MARTIN OHST (Hg.), *Protestantismus*, Antijudaismus, Antisemitismus. Konvergenzen und Konfrontationen in ihren Kontexten, Tübingen 2017, 361–375.
SMEND, RUDOLF, *Cohen* und die alttestamentliche Wissenschaft seiner Zeit, in: HANS M. DOBER/MATTHIAS MORGENSTERN (Hg.), Religion aus den Quellen der Vernunft. Hermann Cohen und das evangelische Christentum, Religion in Philosophy and Theology 65, Tübingen 2012, 86–95.
SONTAG, SUSAN, Das *Leiden* anderer betrachten, München 2003.
STEGMANN, ANDREAS, Der Berliner *Antisemitismusstreit* 1879/80, in: DOROTHEA WENDEBOURG/DERS./MARTIN OHST (Hg.), *Protestantismus*, Antijudaismus, Antisemitismus. Konvergenzen und Konfrontationen in ihren Kontexten, Tübingen 2017, 239–274.
TREITSCHKE, HEINRICH VON, *Luther* und die Deutsche Nation. Vortrag, gehalten in Darmstadt am 7. November 1883, Berlin 1883.
WALLMANN, JOHANNES, *Luthertum und Zionismus* in der Zeit der Weimarer Republik, in: DOROTHEA WENDEBOURG/ANDREAS STEGMANN/MARTIN OHST (Hg.), *Protestantismus*, Antijudaismus, Antisemitismus. Konvergenzen und Konfrontationen in ihren Kontexten, Tübingen 2017, 377–406.
WENDEBOURG, DOROTHEA, Jüdisches *Luthergedenken* im 19. Jahrhundert, in: MARKUS WITTE/TANJA PILGER (Hg.), Mazel Tov. Interdisziplinäre Beiträge zum Verhältnis von Christentum und Judentum, Festschrift anlässlich des 50. Geburtstages des In-

stituts Kirche und Judentum, Studien zu Kirche und Israel. Neue Folge 1, Leipzig 2012, 195–213.

WIEBEL, ARNOLD, Rudolf Hermann (1887–1962). Biographische *Skizzen* zu seiner Lebensarbeit, Bielefeld 1998.

WIEDEBACH, HARTWIG, Die Bedeutung der *Nationalität* für Hermann Cohen, Europaea Memoria. Studien und Texte zur Geschichte der europäischen Ideen I,6, Hildesheim/Zürich/New York 1997.

DERS., Wissenschaftslogik versus *Schöpfungstheorie*. Die Rolle der Vernichtung in Cohens Ursprungslogik; in: PIERFRANCESCO FIORATO (Hg.), Verneinung, Andersheit und Unendlichkeit im Neukantianismus, Würzburg 2008, 47–68.

DERS., Stufen zu einer religiösen *Metaphorik*. Der ‚andere' Cohen in Skizzen eines Editors, in: Deutsche Zeitschrift für Philosophie 59 (2011), 295–309.

DERS., Der heilige *Geist* bei Hermann Cohen, in: HANS M. DOBER/MATTHIAS MORGENSTERN (Hg.), Religion aus den Quellen der Vernunft. Hermann Cohen und das evangelische Christentum, Religion in Philosophy and Theology 65, Tübingen 2012, 28–38.

DERS., Karl *Barth* on Kant's ‚Biblical Theology'. A Reading with Hermann Cohen, in: BRUCE MCCORMACK/HEINRICH ASSEL (Ed.), Dialectical Theology and Luther-Renaissance, Berlin/Boston 2020, 19–38.

WIESE, CHRISTIAN, ‚Auch uns sei sein Andenken heilig!'. *Symbolisierung*, Idealisierung und Kritik in der jüdischen Lutherrezeption des 19. und 20. Jahrhunderts, in: HANS MEDICK/PEER SCHMIDT (Hg.), Luther zwischen den Kulturen: Zeitgenossenschaft – Weltwirkung, Göttingen 2004, 214–259.

Zentrum für Antisemitismusforschung (Hg.), Der „Berliner *Antisemitismusstreit*" 1879–1881. Eine Kontroverse um die Zugehörigkeit der deutschen Juden zur Nation. Kommentierte Quellenedition, 2 Bde., München 2003.

Cohen am Breslauer Rabbinerseminar*

Hartwig Wiedebach

Hermann Cohen hatte in seinem Geburtsort Coswig (Anhalt) die städtische Volksschule und bei seinem Vater Gerson Cohen, Synagogenkantor und Lehrer der jüdischen Gemeinde, die israelitische Schule besucht. Seit Frühjahr 1853 war er Schüler des Herzoglichen Gymnasiums in Dessau. Dort dachte man in modern humanistischem Geist auf den Spuren Herders und Wilhelm von Humboldts. Lernen war kein Einpauken. Es ging darum, „Gedächtnis und Reflexion in beständiger Wechselwirkung zu erhalten".[1] Daneben stand weiterhin das Studium jüdischer Quellen. Hermann Cohens Vater besuchte ihn regelmäßig sonntags, um den Talmud und jüdische Philosophie (vermutlich Bachja Ibn Pakuda und Maimonides) zu lernen.

Schließlich verließ Cohen zur Sekunda, also drei bzw. vier Jahre vor dem Abitur, im Herbst 1857 das Dessauer Gymnasium und bezog das Jüdisch-theologische Seminar ‚Fraenckelscher Stiftung' in Breslau. Am 14. Oktober – „Alter: 15¼" – wurde er am „Rabbinerseminar, untere Abtheilung" immatrikuliert.[2] Mit dieser Bestimmung ist gesagt, dass Cohen erstens Rabbiner und nicht, was ebenso möglich gewesen wäre, Lehrer werden sollte, und dass er zweitens zu den Studenten ohne Abitur gehörte, die diese Prüfung noch vor sich hatten. Das Seminar war erst drei Jahre zuvor 1854 eröffnet worden und durchaus umstritten. Der spätere Ruhm und seine geschichtliche Folgewirkung bis heute erweisen allerdings, wie weitsichtig der Vater gehandelt hatte, seinen Sohn dorthin zu schicken.

1. Positiv-historische Gesamtwissenschaft

Die Gründer des Breslauer Seminars stellten sich folgende Aufgabe: Sie wollten einerseits die „idealen Forderungen der vieltausendjährigen Religion Israels" mit „den strengen Ansprüchen vorurtheilsfreier Wissenschaft" verknüpfen und

---

* Ich danke Prof. Simon Lauer, Zürich, für kritische Hinweise.
[1] RITTER, Prüfungen, 10.
[2] CAHJP, AZ, Breslau, Rabbinerseminar, Inskriptions-Buch, Sign.: D/Br4/6, Student Nr. 46.

anderseits die „praktischen Bedürfnisse der jüdischen Gemeinden" nach ausreichender Versorgung mit „Lehrer[n] und Rabbiner[n]" befriedigen.[3] Damit grenzten sie sich von den traditionellen Jeschiwot ab, soweit deren Praxis eines reinen Lernens weder die Ideen westlicher Wissenschaft noch eine Berufsausbildung zum Rabbiner einbezog. Und auch die beiden dem Breslauer Projekt auf den ersten Blick nächststehenden Vorläufer, das in Padua 1829 begründete Collegio Rabbinico Lombardo-Veneto mit Samuel David Luzzatto als zentraler Figur, sowie die in Metz aus einer Talmud-Tora-Schule hervorgegangene, ebenfalls 1829 eröffnete École Centrale Rabbinique, wurden als konzeptionell „gänzlich ungenügend" angesehen.[4] Suchte man stattdessen ein Modell aus der eher humanistischen Bildungstradition, so zeigten „Universitäten und Akademien einen zu weiten, Gymnasien, Realschulen und Lehrerseminarien einen zu engen Rahmen".[5] Man musste also einen neuen Weg finden.

Die langwierigen Diskussionen um den Fächerkanon lasse ich unerörtert. Wichtig ist vor allem, dass mit dem Gegenstand der Wissenschaft, also dem Judentum, nicht nur ein religiöses Phänomen gemeint war. Man lehrte und erforschte neben theologischen Fragen zugleich historische, philologische, literarische, soziologische und ökonomische Gesichtspunkte – auch in Fragen der Bibelauslegung, der Halacha und Aggada, der religiösen Bräuche, der Liturgie usw. Entscheidend ist die hermeneutische Geste. Sie zeigt sich an einer charakteristischen Begriffssynthese, die der Spiritus rector und langjährige Leiter des Seminars, Zacharias Frankel, vorgetragen hat, und an die einer seiner Nachfolger, Isaac Heinemann, noch 100 Jahre später mit Nachdruck erinnerte.

Frankel war Talmudist und, um sein renommiertestes Publikationsprojekt zu nennen, Begründer der *Monatsschrift für Geschichte und Wissenschaft des Judentums*. Seine geistige Haltung prägte das Seminar insgesamt; er nannte sie „positiv historisch".[6] Unter den religiösen Parteibildungen war das eine Mittelstellung zwischen der sehr weitgehenden jüdischen Reform einerseits und der deutschen Orthodoxie des 19. Jahrhunderts anderseits. Aber es ging nicht in erster Linie um religiöse Parteiungen. Was hier „positiv" bzw. „historisch" heißt, zeigt ein Beispiel: die Erforschung der Midraschim, also der traditionellen jüdischen Bibelauslegung. Einen antiken Midrasch wird niemand nahtlos als Beitrag zur modernen Bibelauslegung auffassen. Hier verfährt die Wissenschaft des Judentums „historisch", d. h. sie widmet sich einer Erscheinungs- und Denkform, deren Verständnis uns nur im Eingedenken der zahlreichen Veränderungen zuwächst, die die Bibelauslegung seither durchlaufen hat.

---

[3] FREUDENTHAL, Das jüdisch-theologische Seminar, 5.
[4] Ebd., 4.
[5] Ebd.
[6] Vgl. zu dieser Begrifflichkeit die Text-Auswahl von: HORVITZ, Zacharia Frankel, 45–128; BRÄMER, Rabbiner Zacharias Frankel, 166–176.

Dieses Eingedenken setzt allerdings etwas Ungeschichtliches voraus: Es geht davon aus, dass das antike und das heutige Bemühen über die Zeit hinweg vergleichbar sind. Dazu braucht es die Annahme einer Kontinuität des Menschseins bis in die Gestaltungsgesetze intimer Persönlichkeit hinein. Denn die Person dessen, der den Midrasch erforscht, geht in seine Darstellung und damit in die Wissenschaft mit ein. Das bringen Frankel und Heinemann durch das Wort „Er-Forschung" im Unterschied zu „Forschung" zum Ausdruck.[7] Forschung ist für sie ein von der Person tendenziell abstrahierendes, Erforschung dagegen ein die Person einbeziehendes Verfahren; es gehört dazu eine „Kultur des Gemütes".[8] Zwar stellt es sich in verschiedenen Stilformen und Epochen unterschiedlich dar, aber es stiftet – dies das „Positive", das „Setzende" neben dem „Historischen" – zeitlose Gleichheit. Für den antiken Midrasch wird diese Gleichheit vorausgesetzt; für die Wissenschaft des Judentums wird gefordert, sie ans Licht zu bringen, ja zu realisieren. Das traditionelle Talmud-Tora-Studium, der Versuch also, sich quasi neben Mose zum Empfang der Offenbarung auf den Sinai zu stellen, rückt „in enge Nachbarschaft zur zeitgenössischen Wissenschaft". So wird Wissenschaft aus Sicht Frankels die in der Moderne „einzig mögliche Nachfolgerin des religiösen Gesetzesstudiums".[9] In der Bibel-Erforschung hat vor allem Benno Jacob, 1883–1890 (mit kurzer Unterbrechung) Schüler des Breslauer Seminars, das Erbe dieser positiv-historischen Wissenschaftlichkeit weitergetragen.[10]

Ähnliches gilt für die zahlreichen anderen Gebiete der – wie es später heißen wird – „Gesammtwissenschaft des Judentums". Überall geht es um dieses Erforschen, auch in der Philosophie. Wieder ein Beispiel: Es fällt auf, daß Frankels Neigung bei mittelalterlichen Autoren eher Jehuda Halevi als Maimonides galt. Der Zions-Dichter, der den Gott seiner Väter deutlich vom Gott der Philosophie unterschied, und der seine wichtigsten Einsichten nicht bei letzterem, sondern in der Frömmigkeit gegenüber dem ersteren fand, stand Frankel näher als der Anhänger des Aristoteles, der den biblischen Schöpfungsglauben davon abhängig machte, ob „der Philosoph" ihn widerlegt habe oder nicht. Nun fand Hermann Cohen zwar zuletzt gerade in Maimonides sein Vorbild. Aber es ließe sich zeigen, dass das erst dann völlig gelang, als ihm Maimonides seinerseits als ein Er-Forscher philosophischer Wahrheit statt als bloßer Forscher im Arsenal begrifflicher Tatbestände lebendig vor Augen trat. Zur Brücke wurde Cohens Entdeckung, dass sich das Denken des Maimonides mit der Ursprungs-Erforschung in seiner eigenen *Logik der reinen Erkenntnis* vergleichen ließ. Dennoch:

---

[7] Vgl. FRANKEL, Programm, 2–4; HEINEMANN, Idee.
[8] Ebd., 115.
[9] BRÄMER, Rabbiner Zacharias Frankel, 263.
[10] Vgl. die etwas andere Deutung des Positiv-Historischen durch ALBERTINI, Religionsphilosophie, 384; Literaturangaben zum Breslauer Seminar auch über Memoiren einiger ehemaliger Schüler: Ebd., 378, Anm. 3.

Die Verinnerlichung der Frömmigkeit fand auch Cohen nicht in erster Linie bei Maimonides. Für ihn trat an diese Stelle Bachja Ibn Pakuda, der mittelalterliche Erforscher religiöser „Herzenspflichten".

Trotz mancher Hindernisse wurde das „Jüdisch-theologische Seminar Fraenckelscher Stiftung" am 10. August 1854 eröffnet. Der am 27. Januar 1846 verstorbene Kommerzienrat Jonas Fraenckel hatte in einer testamentarischen Stiftung die Gründung eines „Seminars zur Heranbildung von Rabbinern und Lehrern" verfügt.[11] Er gab dem Kuratorium weitgehend Freiheit in der konkreten Gestaltung. Diese Freiheit übertrug man auf den Gründungsdirektor Zacharias Frankel.[12] Dieser, im Februar 1853 berufen, lud seinerseits herausragende Gelehrte der Wissenschaft des Judentums und darüber hinaus ins Kollegium: so den Bibelexegeten und Historiker Heinrich Graetz, den klassischen Philologen Jacob Bernays, den homiletischen Stilisten und Philosophiehistoriker Manuel Joël sowie den Historiker talmudischer Mathematik Benedikt Zuckermann.

Bei den studentischen Bewerbern wurden „Kenntnisse der heiligen Schrift, talmudisches Wissen und mindestens die Reife für die Sekunda eines Gymnasiums" erwartet.[13] Über die Zulassung entschied eine Eingangsprüfung. Die Zahl der Anmeldungen überstieg die Erwartungen. Da jedoch die Maßstäbe für eine Aufnahme hoch waren, erfolgten „zahlreiche Zurückweisungen". Bei der ersten Aufnahmeprüfung im Juni 1854 entsprachen 18 Bewerber den Anforderungen.[14] Insgesamt wurden im ersten Jahr 26 immatrikuliert, von denen am Jahresende noch 21 übrig waren; laut Marcus Brann sogar nur 20.[15] Während der vier akademischen Jahre zwischen Herbst 1857 und Herbst 1861, die Cohen am Seminar verbrachte, beliefen sich die Studentenzahlen der Rabbiner- und der Lehrerabteilung auf 33+8, 40+10, 40+12 und 43+12.[16] „Im Durchschnitt traten jährlich etwa 9 Zöglinge ein und gingen 8 ab".[17] Etwa ein Drittel kam ohne Abitur und musste daher den Gymnasial-Unterricht besuchen,[18] unter ihnen auch Hermann Cohen.

Für die Rabbinatsschüler präzisierte man die Voraussetzungen noch weiter: „als Mindestmaß der *theologischen* Vorbildung: Kenntnisse des Pentateuchs und eines Teils der Propheten oder Psalmen in der Ursprache und Verständnis der Mischna und leichter Talmudstellen nebst den Kommentaren […]. Als Min-

---

[11] Vgl. den Auszug aus Jonas Fraenckels Testament in BRANN, Geschichte, 13f.; zum Folgenden vgl. BRÄMER, Rabbiner Zacharias Frankel, bes. 322ff.

[12] Vgl. den Entwurf des Berufungsschreibens sowie den Bericht über die Verhandlungen in: BRANN, Geschichte, 26f.41f.

[13] Ebd., 60.

[14] Ebd.

[15] Vgl. BRÄMER, Rabbiner Zacharias Frankel, 344; ebd., Anm. 400; mit Hinweis auf: Monatsschrift für Geschichte und Wissenschaft des Judentums 4 (1855), 13; BRANN, Geschichte, 66, Anm. 1.

[16] Ebd., 134.

[17] Ebd.

[18] Ebd., 66, Anm. 1.

destmaß der *profanen* Vorbildung [...] die Reife für die Gymnasial-Sekunda".[19] Theologischer und wissenschaftlicher Unterricht nach gymnasialem Muster waren dadurch „ununterbrochen und systematisch" verknüpft.[20] So erreichte man, dass „die mit einer solchen Vorbildung eintretenden Zöglinge durch einen eigens für sie eingerichteten Unterricht in den Lehrgegenständen des Gymnasiums die Reife für die Universitätsstudien, die eine wesentliche Ergänzung für die theologische Ausbildung der Seminaristen bilden, in durchschnittlich vier Jahren erlangten".[21] Genau diese vier Jahre verblieb Cohen am Seminar. Die reguläre Studiendauer betrug sieben Jahre. Zahlreiche später bedeutende Rabbiner und Gelehrte haben hier studiert. 1862 verließen die ersten Absolventen mit Rabbiner-Diplom das Seminar.

Ebenso interessant ist die Zahl derer, die das Seminar vor Beendigung ihrer Studien verließen: Im Berichtszeitraum von Marcus Brann (bis 1904) waren es 258 von insgesamt 452 Studenten, also über die Hälfte.[22] Sie ergriffen die unterschiedlichsten Berufe. Sechs von ihnen wurden Universitätsprofessoren.[23] Ob unter den Abgängern, wie in jüdisch-bürgerlichen Familien nicht selten, solche waren, die die Studien bewusst nicht als Vorbereitung auf den Rabbiner-Beruf, sondern als lebensgeschichtlichen Zwischenschritt eines reinen Lernens betrachteten, muss offenbleiben. Für Cohen galt das nicht. Seine Entscheidung vier Jahre nach Beginn des Studiums war ein bewusster Verzicht auf den Beruf des Rabbiners.

2. Cohens Lehrer

Das Verhältnis des jungen Hermann Cohen zu seinen Lehrern war unterschiedlich. Gegenüber Manuel Joël und Benedikt Zuckermann verhielt er sich, so lässt sein „Gruß der Pietät an das Breslauer Seminar" von 1904 durchblicken, unauffällig und aufmerksam. Mit Heinrich Graetz und Jacob Bernays gab es Spannungen. Den Direktor Zacharias Frankel aber verehrte er uneingeschränkt.

Biographisch am auffälligsten war das Verhältnis zu *Heinrich Graetz*. Rosenzweig nennt es ein Zeichen „von bezeichnender Reife", dass der junge Schüler dem damals schon berühmten Historiker und Bibelkritiker gegenüber ein traditionelles Quellenbewusstsein vertrat. Graetz hatte

eine historisch abwägende Charakteristik von David Kimchi gegeben und damit das altjüdisch überhistorisch-unhistorische Gefühl des eben aus der väterlichen Lehre Kommenden verletzt, das nicht in die Vergangenheit zurückgeht, sondern sie in die Gegenwart

---

[19] Ebd., 65. Vgl. zum Lehrplan: BRÄMER, Rabbiner Zacharias Frankel, 346–351.
[20] BRANN, Geschichte, 65.
[21] Ebd., 65.
[22] Ebd., 137.
[23] Ebd., 138.

versammelt, so daß ‚Raschi', ‚Rabe', ‚Raschbam', ‚Ramban' eben nicht Salomo Jizchaki, Abraham Ben Esra usw. sind, die dann und dann da und da gelebt haben, sondern der erlauchte Kreis, der sich auf dem vor mir aufgeschlagenen Blatte des Pentateuch versammelt, um mir Leser von heute das Blatt zu erklären. Diesem verletzten Gefühl gab der kleine Neuling Ausdruck, indem er mit gespielter Unwissenheit fragte: Herr Professor, meinen Sie etwa den weltberühmten R'dak?[24]

Das ärgerte Graetz. Bei ihm, so Cohen selbst,

herrschte der Blick vor, der von der Person ausging und die Person ins Auge fasste, bald strahlend, bald stechend. Diese Impulsivität, die ihn als Schriftsteller auszeichnet, und die ihn nicht nur zu unserem grossen, sondern auch zu unserm wirkungsreichen Historiker machte, sie beseelte und vergeistigte auch seinen Unterricht. [...] Manchmal liess er seiner kritischen Laune dabei übermässig die Zügel schiessen, und ich bilde mir ein, dass ich bei einem solchen Anlass, höflich aber bewusst ihm entgegenfragend, seinen Unwillen mir zugezogen habe. Wie herzlich aber, mit welcher offenbaren Freude kam der alte Lehrer mir entgegen, als ich 1879 in Karlsbad mit ihm zusammentraf. Die Unmittelbarkeit seines Wesens in der Zuneigung wie in der Abneigung zeigte sich auch hierin. Es war eine ganze kraftvolle Natur, die überströmen, aber immer nur eigenes Wesen ergiessen konnte.[25]

Trotz dieser Wiederbegegnung blieb die Spannung. Gleich im Folgejahr, zu Beginn 1880, kommt es zu einer öffentlichen Konfrontation. Sie fällt in eine Phase starker Aufladung: in den von Heinrich von Treitschke ausgelösten (seit 1965 so genannten) „Antisemitismus-Streit". Graetz wird von Treitschke gleich im ersten Aufsatz „Unsere Aussichten" (November 1879) angegriffen. Der Vorwurf lautet auf Christen- und Deutschenhass. Zum Anlass wurde der elfte Band von Graetz' umfassender *Geschichte der Juden von den ältesten Zeiten bis auf die Gegenwart* über die Zeit von Mendelssohn bis zum Revolutionsjahr 1848. Hier, so Treitschke, werde „unter beständigen hämischen Schimpfreden bewiesen, daß die Nation Kants eigentlich erst durch die Juden zur Humanität erzogen, daß die Sprache Lessings und Goethes erst durch Börne und Heine für Schönheit, Geist und Witz empfänglich geworden ist!"[26] Es gibt zahlreiche Reaktionen verschiedener Autoren sowie Erwiderungen von Treitschke. Als im Januar 1880 auch Cohen – nach zwei erfolglosen Briefen an Treitschke – ein öffentliches „Bekenntniß in der Judenfrage" ablegt, tritt er zwar kompromisslos gegen die antijüdischen Angriffe auf. Trotzdem stellt er sich in Sachen Graetz, immer noch im Versuch, Treitschke zu beschwichtigen, auf die Seite des Angreifers. Er geht so weit, seinem Lehrer „Perversität der Gefühlsurteile" zu attestieren.[27]

Aber Cohen kann nicht von ihm lassen. So kommt er 1917 anlässlich von Graetz' hundertstem Geburtstag, fast 40 Jahre nach dem „Bekenntniß" und

---

[24] Vgl. ROSENZWEIG, Einleitung, XXIf.
[25] COHEN, Gruß der Pietät, 420.
[26] TREITSCHKE, Aussichten, 573.
[27] COHEN, Bekenntniß, 86.

13 Jahre nach dem „Gruß der Pietät an das Breslauer Seminar", in zwei Arbeiten erneut auf ihn zurück. Er steht unter dem Eindruck von Zionismus und Erstem Weltkrieg. Da trifft ihn die Relecture von Graetz' früher Skizze „Die Construction der jüdischen Geschichte" von 1846 im Zentrum seiner religiöspolitischen Auffassung: im Begriff der Nationalität. Graetz, so Cohen, betrachte in der „Construction" das Judentum religiös nur als eine Negation des Heidentums. Seine positive These über das Judentum sei dagegen staatspolitisch: „Die Gottesidee soll zugleich Staatsidee sein".[28] Damit verschreibe sich Graetz einem von Spinoza bis Kant und in den modernen Zionismus hinein verheerend wirkenden Prinzip. Zitat Graetz: „Die Thora, die israelitische Nation und das heilige Land stehen in einem, ich möchte sagen, magischen Rapport".[29] Dazu Cohen: „So sehen wir Graetz am Scheidewege zwischen Religion einerseits und Nation und Staat andererseits".[30] – Umso wichtiger war es für ihn, dass gerade Zacharias Frankel, in dessen *Zeitschrift für die religiösen Interessen des Judenthums* die „Construction" erstmals erschienen war, seinem späteren Kollegen Graetz durch eine redaktionelle Bemerkung von, so Cohen, „philosophische[r] Tiefe" in die Parade fuhr: Der Monotheismus, so Cohens Paraphrase Frankels, sei „keineswegs als ein sekundäres Prinzip zu denken; vielmehr seien die Einzigkeit und Außerweltlichkeit Gottes ‚nur *ein* unzerteilbarer Begriff'".[31] Damit sei Graetz' „Politisierung und Lokalisierung des Judentums in ihrer Irreligiosität enthüllt".[32] Denn, noch ein Zitat Frankels: „Welche Verbindlichkeit könnte die Thora für den von diesem Boden Fortgerissenen haben?"[33]

Trotzdem schätzt Cohen die „Construction". Er will nur ihr Ende modifizieren. Graetz hatte mit der Behauptung geschlossen, „daß es die Aufgabe der judenthümlichen Gottesidee zu sein scheint, eine religiöse Staatsverfassung zu organisiren, die sich ihrer Thätigkeit, ihres Zweckes und ihres Zusammenhanges mit dem Weltganzen bewußt"[34] bleibe. Cohen hätte stattdessen lieber: „Die monotheistische Gottesidee hat die Aufgabe, eine religiöse Staatsverfassung zu organisieren als Weltorganisation, d. i. als die des Staatenbundes der nach der Idee des Messianismus sich entwickelnden Menschheit".[35] Er meint sogar, das werde „dem Geiste unseres verewigten Lehrers gerecht".[36] Indessen wird man

---

[28] COHEN, Graetzens Philosophie, 562; zit. aus: GRAETZ, Construction, 87.
[29] COHEN, Graetzens Philosophie, 562.563.
[30] Ebd., 562.
[31] Cohens Paraphrase und Zitat ebd., 563 f.
[32] Ebd., 564.
[33] Zit. von Cohen: Ebd. Vgl. BRÄMER, Rabbiner Zacharias Frankel, 98.219 f.
[34] GRAETZ, Construction, 421.
[35] COHEN, Graetzens Philosophie, 574. Vgl. DERS., Jahrhundertfeier, 552 f.
[36] COHEN, Graetzens Philosophie, 574. Vgl. zu Cohens Kritik: COHN, Graetz, 197; RABIN, Stoff und Idee, 251. Beide betonen einen Wandel in Cohens Einstellung im Laufe der Jahre. Das gilt m. E. nur insofern, als Cohens Äußerungen über Graetz einen versöhnlichen Ton annehmen.

zugeben, dass der Vorschlag eher Cohens statt Graetz' politische Vorstellung ausdrückt.

Es bleibt ambivalent. Zweifellos hat Cohen von Graetz' exegetischen Vorlesungen und Werken profitiert. Er schätzt die sozialethische Tendenz in dessen bibelkritischen Arbeiten, etwa im Werk *Schir Ha-Schirim oder das salomonische Hohelied* (1871). Demnach offenbare der „Kontrast" zwischen dem „Hoflager des Königs Salomo" und der „Hütte im Gurkenfelde" im Hohelied bei aller Leidenschaftlichkeit zugleich „politische[n] Ernst" und „soziale Gesinnung".[37] Und auch einige von Cohens Übersetzungen aus dem Hebräischen, z. B. in dem Aufsatz zur „Lyrik der Psalmen" (1914), sind an Graetz' *Kritischem Commentar zu den Psalmen* (1882/83) orientiert.[38] In dem Festaufsatz „Zur Jahrhundertfeier unseres Graetz" bemängelt er zwar erneut dessen Kritik am deutschen Judentum und an der Reformtheologie,[39] und doch gibt er seinem alten Lehrer den Ehrentitel eines „Großen in Israel".[40]

Der klassische Philologe *Jacob Bernays*, ebenfalls Lehrer am Seminar, wurde nicht in dieser Weise zu einem Stein lebenslangen Anstoßes. Aber auch ihn unterzieht Cohen einer philosophisch genährten scharfen Kritik:

Seine rituelle Orthodoxie, die er zwar nicht zur Schau trug, aber auch nicht diskret und sachgemäss im gesellschaftlichen Leben darzustellen verstand, verband sich mit einem Schellingschen Mystizismus, der ihm von seinem Vater [Isaak Bernays in Hamburg] überkommen sein mag. Der tiefe Mangel seines Wesens lag in seinem persönlichen Verhältnis zur Philosophie. Er kannte sie, er verstand sie, aber eben nur als ein Philologe und Historiker; und da es nichts gab, was er nicht verstanden hätte, so darf man wohl auch sagen, wie ein Polyhistor. Es war kein lebendiges, schaffendes, aufbauendes Denken, welches in dieser gewaltigen Maschine arbeitete. [...] Diese Schranke seiner grossen Kraft stiess mir schon damals peinlich auf, so dass ich kein Verhältnis inniger Pietät zu ihm fassen konnte; wie denn auch seine Unfreude an mir fortgedauert haben soll.[41]

Dem Seminar-Direktor Frankel blieb diese „Unfreude" nicht verborgen. „Rührend war es mir" so erinnert sich Cohen, dass, „als ich 1873 [...] in Norderney mit Frankel zusammentraf, dieser in seinem unveränderten Wohlwollen mir sagte: ,Wenn Bernays Sie besser behandelt hätte, wären Sie doch vielleicht bei uns geblieben'".[42]

Manuel Joël unterrichtete am Seminar seit 1854, zunächst vorwiegend in der Gymnasialabteilung, vor allem klassische Sprachen. Bei Cohens Eintritt Ende

---

[37] COHEN, Bildung, 219f.; vgl. ÄrG II, 37–39; RV, 299; mit Bezug auf: GRAETZ, Schir Ha-Schirim, 28–39.

[38] COHEN, Psalmen, 163–198. – Vgl. den Hinweis auf weitere bibelkritische Werke von Graetz in: COHEN, Jahrhundertfeier, 544.

[39] Ebd., 549–551.

[40] Ebd., 543.

[41] COHEN, Gruß der Pietät, 421.

[42] Ebd., 419. Er war mit Hermann Lewandowsky vom 1. bis 10. August 1873 auf Norderney. Vgl. COHEN, Briefe an August Stadler, 27.

1857 hatte sich sein Lehrgebiet auf Predigtlehre erweitert, und „wenige Jahre später" übernahm er noch den Unterricht in systematischer Religionsphilosophie und deren Geschichte.[43] Das weckt die Frage, ob Joël Cohens erster akademischer Lehrer in Philosophie war. Nach den detaillierten Angaben in Frankels Jahresberichten war Philosophie während Cohens Zeit im Seminar kein Lehrfach Joëls, sondern neben den erstgenannten Fächern lediglich Deutsch und Geschichte. Nur im Griechisch-Unterricht wurden gelegentlich Platon-Passagen gelesen.[44] Auch nennt Cohen Joël nirgends seinen philosophischen Lehrer. Überhaupt äußert er sich zurückhaltend. Zwar betont er: „Gründliches, gediegenes außerordentlich vielseitiges Wissen war in ihm, der wirklich eine philosophische Natur war, zu einer Einheit der Lebensanschauung und der Welterfahrung lebendig geworden".[45] Aber zugleich plaudert er die offenbar verbreitete Meinung aus, Joël werde „immer nur gute Aufsätze, aber nur Aufsätze schreiben".[46] In Cohens Forschungsarbeiten erscheint Joëls Name kaum. Wo er als Philosophiehistoriker auftaucht, geschieht das im Blick auf Maimonides und Chasdai Crescas kritisch,[47] in Bezug auf Spinoza zustimmend.[48] In den großen Monographien zu Kant, zur Religionsphilosophie oder im System der Philosophie bleibt Joël unerwähnt.[49] Seine Homilien dagegen haben den jungen Cohen fasziniert: „Ich werde es nie vergessen, welchen Eindruck die klassische Predigt Joëls auf mich machte, während wir" – und wieder folgt eine leise Einschränkung – „manchmal von ihm zu *Abraham Geiger* [in Breslaus Große Synagoge] hinübergingen und von der machtvollen Beredsamkeit dieses begeisterten Verkünders des Judentums uns anfeuern ließen".[50]

Charakteristisch ist Cohens Erwähnung des Mathematikers und Seminarbibliothekars *Benedikt Zuckermann*, „dessen gütiges, frommes, vornehmes Wesen in der zartesten Lage zur Erscheinung kam, da er das monatliche Stipendium austeilte".[51] Auch das dürfte auf eigener Erfahrung beruhen, zumal Cohens Eltern nur über schmale Mittel verfügten. Es ging dabei nicht, wie an

---

[43] BRANN, Geschichte, 88.
[44] Vgl. die vier *Jahresberichte des jüdisch-theologischen Seminars* von 1858 bis 1862 (Sammlung Göppingen: 18/1).
[45] COHEN, Gruß der Pietät, 422.
[46] Ebd., 421.
[47] COHEN, Ethik Maimunis, 179f.201.247.
[48] COHEN, Judentum, 384f.; DERS., Spinoza, 393.
[49] Dieter Adelmann meint, Joëls Aussage, Kants „Grundansicht" habe „wie keine andere der Religion den Boden bereitet", sei „bis ins Einzelne hinein [...] der argumentative Punkt, an dem Hermann Cohen mit seinem Studium und seiner Darstellung der kantischen Philosophie einsetzt", ADELMANN, Manuel Joel, 118; das Joël-Zitat aus: JOËL, Religiös-philosophische Zeitfragen, 47. Die detaillierte Analyse von: HASSELHOFF, Joel, bes. 302–307, liefert hierfür keinen Hinweis.
[50] COHEN, Gruß der Pietät, 422. Zu Joëls „new style of preaching" vgl. KISCH, In memoriam, 113.
[51] COHEN, Gruß der Pietät, 422.

Universitäten üblich, um Kolleggelder, d. h. um Gebühren für Lehrveranstaltungen. Im Breslauer Seminar galt: „Den gesamten Unterricht erhalten die Seminaristen unentgeltlich".⁵² In Frage standen Kost und Logis. Der genaue Betrag für auswärtige Hörer ist nicht zu ermitteln. Bereits Jonas Fraenckel hatte neben 300.000 Reichsmark, aus deren Zinsen der Unterhalt des Seminars zu bestreiten war, vier besondere Stipendien zu je 150 Mark jährlich vorgesehen. Durch die Zinsen eines weiteren Fonds von 15.000 Mark wurden „Freitische und Stipendien für auswärtige Hörer" bestritten.⁵³ Zusätzliche Legate und Zuwendungen anderer Personen erweiterten diesen Fonds erheblich; er belief sich 1904, zum Zeitpunkt der Studie von Marcus Brann, auf 150.000 Mark.⁵⁴ Brann nennt die Gesamtsummen der Stipendien für jedes Jahr: So wurden von 1857 bis 1861 jährlich zwischen 1.422 und 1.812 Reichs-Mark gezahlt. Zum Vergleich: An Lehrergehältern fielen im selben Zeitraum zwischen 9.037 und 10.200 Mark an.⁵⁵

Auffällig ist nun, dass die Inskriptions-Bücher des Seminars bei einigen Studenten auf eines der vier Jahresstipendien aus dem Sonderfonds des Stifters verweisen. Unter „Hermann Cohen" findet sich eingetragen: „Erhielt 27. Januar [1]860 ein Fraenckelsches Stipendium von 50 Th[alern]", das Äquivalent der erwähnten 150 Reichs-Mark.⁵⁶ Andere Stipendien werden in diesem für die persönliche Einschätzung der Schüler besonderen Buch nicht erwähnt. Man darf daher vermuten, dass die Fraenckel-Stipendien als Anerkennung besonderer Studienleistungen vergeben wurden. Auch blieben sie pro Student (in der Regel) einmalig, d. h. auf ein einziges Jahr beschränkt. Laut Protokoll-Buch der allgemeinen Lehrerkonferenzen fiel die Entscheidung für Cohen am 19. Januar.⁵⁷ In diesem Protokoll-Buch werden über die Jahre auch andere Stipendien dokumentiert. Von einer weiteren Zuwendung an Cohen erfahren wir nichts.⁵⁸

Noch ein Letztes in diesem Zusammenhang. Man erwog von Anfang an, ob das Seminar als Internat geführt werden sollte. In dem geräumigen Gebäude, Wallstraße 1b, waren „noch vier Zimmer unterm Dach" frei.⁵⁹ Ob sie auswärtigen Hörern zur Verfügung standen, ist offen. Überhaupt gingen in Sachen Internat, ebenso wie in der Frage, ob eine hauseigene Synagoge eingerichtet werden solle, die Meinungen auseinander. Von externen Ratgebern war Michael Sachs in beiden Belangen dafür, Leopold Zunz dagegen. Letzterer befürchte-

---

⁵² Satzung des Seminars, § 10, zit. bei: BRANN, Geschichte, 70.
⁵³ Ebd., 74.
⁵⁴ Ebd., 83.
⁵⁵ Ebd., Beilage VII, Anhang LI.
⁵⁶ CAHJP, Breslau, Rabbinerseminar, Inskriptions-Buch, Sign.: D/Br4/6, Nr. 46, Rubrik „Besondere Bemerkungen".
⁵⁷ CAHJP, Breslauer „Conferenz-Verhandlungen", D/Br4/3, fol. 19v. Den Zuspruch für ein Fraenckel-Stipendium erhielten an diesem Tag noch die Kommilitonen Moritz Rahmer, Philipp Bloch, Jacob Horowitz.
⁵⁸ Allerdings ist die Aufstellung sichtlich nicht lückenlos.
⁵⁹ BRANN, Geschichte, 75.

te durch „Kloster- und Kasernenwesen begründete Missbräuche".[60] Trotzdem wurde zumindest die Synagoge 1856 eingerichtet. Über die Entscheidung in der Internatsfrage berichtet Brann nicht, sondern bemerkt nur allgemein, „von den befürchteten und anderen Missständen" habe „sich kein einziger eingestellt".[61]

Nun zu *Zacharias Frankel*. Von seiner wissenschaftlichen Verbindung zwischen „positiv" und „historisch" war schon die Rede, ebenso von ihrer Bedeutung für Cohen. Gleichwohl hat dieser nur wenig über Frankel geschrieben. Das Wenige ist insbesondere wegen der physiognomischen Andeutungen aufschlussreich:

‚Ich will Cohen aus Dessau hören', pflegte *Frankel* zu sagen, wenn er zur Inspektion der Talmudklasse bei Graetz eintrat, von dem er wusste, dass er keine besondere Sympathie für mich hatte. [...] Seine Gelehrsamkeit war seine Frömmigkeit. Ein tiefer Ernst und eine innere Würde lag auf diesem schlichten, in stetiges Nachdenken versunkenen Antlitz. Er war gut gewachsen und trug sich auch gut. Und doch meine ich, dass seine Gestalt, besonders wenn er stand, und er stand ganz ruhig, wie verrenkt erschien. Er war ganz in die Sache, die er vortrug, hineingewachsen. Sein Gang war nicht steif, noch ohne Elastizität, sondern schnell und leicht. Die Würde lag in der sicheren Haltung des mächtigen Kopfes und in dem geraden, festen und klaren Ausdruck seiner Züge, wie auch seiner Sprache.[62]

Frankel war eine im deutsch-jüdischen Sprach- und Kulturraum weithin bekannte, um ihrer Erfahrung als Rabbiner in Teplitz, Dresden und Leipzig, sowie um ihrer Gelehrsamkeit und ihres geistigen Profils willen gesuchte und umstrittene Persönlichkeit.[63]

Die von ihm in Teplitz 1832, mehr noch die an der Dresdner neuen Synagoge 1840 eingeführten Gottesdienstordnungen folgen einem Trend der Zeit.[64] Vor allem, für uns wichtig, ähneln sie bis in Einzelheiten hinein den in Cohens Heimat Anhalt gültigen Agenden: einerseits seit 1846 in Dessau, andererseits seit 1860 in Anhalt-Bernburg.[65] Die Tendenz geht auf eine Verinnerlichung der persönlichen Ausrichtung (*kawwana*) hin zu dem, was im Deutschen „Andacht" heißt. Das kommt sowohl in Dessau/Bernburg als auch in Dresden bei Frankel sehr pointiert zum Ausdruck. Frankels „22 Paragraphen waren gegen Unruhe, Plaudern, Schreien, lautes Beten und spontanes Verhalten überhaupt gerichtet".[66] Vor allem die Vorbeter wurden in strenge Zucht genommen. So schrieb Frankel schon 1835: „Quelle der Unsitten ist unmittelbar der zwar an sich fromme später aber höchst entstellte Gebrauch des Vorbeters". Dieser solle „seiner Bestimmung gemäß, das Gebet so vortragen, dass der Unerfahrene mit ihm bete".

---

[60] Ebd., 76.
[61] Ebd., 78.
[62] COHEN, Gruß der Pietät, 421, zit. in BRÄMER, Rabbiner Zacharias Frankel, 415 f.
[63] Vgl. ebd., 43–254.
[64] Vgl. ebd., 141–144.
[65] Vgl. WIEDEBACH, Kindheit, 5.
[66] BRÄMER, Rabbiner Zacharias Frankel, 141.

Stattdessen errege er durch „gewisse Modulationen", „unsinniges Schreien", „sonderbare Geberden [...], Verzuckungen seines Gesichtes", durch „schreyende u. bacchantische Gehülfen" sowie „die obscönsten Opernarien" eher „Lachen als Andacht".[67] Es wirft ein bezeichnendes Licht auf Gerson Cohen, dass er, seinerseits Vorbeter, seinen Sohn zu diesem rigiden Kritiker in die Schule schickte.

In Fragen der religiösen Parteipolitik grenzte sich Frankel, wie erwähnt, nach zwei Richtungen ab: gegen die sehr weitgehende Reform einerseits, gegen die in umgekehrter Richtung ebenso weit gehende neuere Orthodoxie andererseits. Für Cohen relevant ist das Verhältnis zu zwei prominenten Gegnern: Abraham Geiger und Samson Raphael Hirsch.

3. Der Blick nach außen: Geiger und Hirsch

Abraham Geiger war eine Leitfigur des deutschen Reformjudentums. Zur Zeit der Seminargründung wirkte er als Rabbiner an der Großen Synagoge in Breslau. Er war es, der dem Stifter Jonas Fraenckel „erste Anregungen" gegeben hatte.[68] Zu seiner großen Enttäuschung wurde er bei der Gründung übergangen. Als die Kuratoren in den Berufungsverhandlungen mit Frankel dann doch vorschlugen, der „Intelligenz und umfassenden Gelehrsamkeit unseres Rabbiners" die Mitwirkung zu sichern, lehnte Frankel brüsk ab: „Die neue Anstalt muss von Einem leitenden Gedanken, von Einem Geiste durchdrungen und belebt sein: soll ein organisches Ganze entstehen, so darf auch nur Ein organisirender Gedanke walten".[69] Er hielt sein eigenes Denken für unvereinbar mit demjenigen Geigers. Bildung und Kenntnisreichtum konnten diesem nicht abgesprochen werden. Daran änderte auch die auffällige Aversion Frankels – die im Übrigen auf Gegenseitigkeit beruhte – nichts.[70] Es ging um die Auffassung des Judentums.

Geiger unterstellte das Judentum nahezu restlos einer Idee der Entwicklung. Maß und Ziel hatte diese Entwicklung in einer menschheitsumfassenden Kultur der Humanität. Die Quelle dieser Auffassung fand Geiger im Universalismus der biblischen Propheten. Daher machte er – im Unterschied zum Talmudisten Frankel – die historische Kritik gerade der Bibel zu seinem wissenschaftlichen Hauptinstrument. Als seine wichtigste Arbeit betrachtete er das Buch von 1857: *Urschrift und Übersetzungen der Bibel in ihrer Abhängigkeit von der innern Entwicklung des Judenthums*.[71] Den Talmud drängte er als „Produkt eines

---

[67] Ebd., 143.
[68] BRANN, Geschichte, 7*, Anm. 10.
[69] Ebd., 48f.
[70] Vgl. zahlreiche Belege bei: BRÄMER, Rabbiner Zacharias Frankel, 183.209.273.pass.; LUDWIG GEIGER, Abraham Geiger, 228.
[71] BRESLAU, Julius Hainauer 1857.

höchst getrübten exegetischen Sinnes" in den Hintergrund.[72] Öffentlich auffällig war seine Position in Fragen der Liturgiesprache oder im Verhältnis zur Halacha, der Gebotsordnung des alltäglichen Tuns. Zwar sollte in der Synagoge das Hebräische „beibehalten werden"; aber es müsse „eine wesentliche Verkürzung eintreten und das Deutsche eine ebenbürtige Stellung neben der Ursprache erhalten".[73] Dem entsprach Geigers einflußreiches Gebetbuch von 1854.[74] Die Halacha sodann sollte nicht etwa abgeschafft, ihr aber „das Medusenhaupt der Formenstarrheit [...] abgehauen werden".[75] Dem lag eine der Schleiermacherschen Gefühlstheorie verwandte Hermeneutik zugrunde. Ziel war, die biblisch-prophetischen Intentionen in die Religiosität moderner Menschen zu übersetzen. Dazu gehörte auch eine gewisse Anpassung an die nichtjüdische Kultur. Allerdings hielt Geiger, nicht zuletzt aus religionspolitischen Gründen, bestimmte Grenzen ein. Er lehnte z. B. die Verlegung des Sabbatgottesdienstes auf den Sonntag, wie sie ähnlich Denkende, etwa Samuel Holdheim, gewünscht hatten, ab. – Auch Frankel, von seiner Seite, suchte Erneuerung. Aber von einer Abschaffung des Hebräischen im Gottesdienst konnte keine Rede sein. Dies und Geigers rigide Ablehnung der talmudischen Satzungen oder seine durchgreifende Literarkritik der Tora waren für Frankel sowohl wissenschaftlich als auch gemeindepolitisch falsch.

Cohen allerdings fühlte sich, je länger desto mehr, von Geiger angezogen. Er spitzte das zuletzt auf eine These zu, die bei Frankel so kaum möglich gewesen wäre: „*Die Reform im Judentum hat die Wissenschaft des Judentums geschaffen. Dieses historische Faktum ist das weltgeschichtliche Kennzeichen des Prinzips der Reform*".[76] Geigers Reform- und Wissenschaftsprinzip „*bestätigt das Prinzip der religiösen Gesamtentwicklung*".[77] Das „Gesamt", von dem Cohen hier redet, entspricht, wohlgemerkt, der *Menschheit*. Es ist nicht Frankels „Gesammtheit", der zwar diesen Begriff ebenfalls verwendete, damit aber die Gesamtheit des *jüdischen Volkes* meinte.[78] Den Maßstab in Geigers „Gesamtentwicklung" setzten, wie gesagt, die Propheten, und so blieb es lebenslang auch für Cohen, der in diesem Punkt eine über die Jahre zunehmende Nähe zur protestantischen Bibelforschung und Systematik empfand. So entsprach etwa Abraham Kuenens Ausblick auf einen ethischen Monotheismus ziemlich genau seiner Leitidee.[79] Geiger, so Cohens Fazit, „stellt" für die jüdische „Zukunft das große Ziel der

---

[72] Zit. von: LUDWIG GEIGER, Abraham Geiger, 298.
[73] Ebd., 145.
[74] ABRAHAM GEIGER, Gebetbuch. Vgl. dazu LUDWIG GEIGER, Abraham Geiger, 144–152.
[75] Ebd., 296.
[76] COHEN, Jahrhundertfeier, 550.
[77] Ebd., 551.
[78] Vgl. FRANKEL, Reformen, 19; zit. bei: BRÄMER, Rabbiner Zacharias Frankel, 171f.
[79] Vgl. KUENEN, Weltreligion. Dazu: COHEN, EmkN, 109; DERS., Liebe, 57; DERS., Rektoratsreden, 13.

Weltreligion wieder auf".[80] Und er verteidigt das teilweise schroffe Auftreten des Reformers: „Diesen Verdiensten gegenüber wird es zu einer verhältnismäßigen Nebensache, welche taktischen Fehler auch er gemacht haben mag: er hat die Weltreligion auf unsere Schultern geladen und mit diesem Joche tragen wir, von neuem belebt und frohgemut, das alte Joch des Gottesreiches".[81] Cohen verdankt Geiger seinen Messianismus, der seit dem 18. Jahrhundert, bei Mendelssohn und in der Folgezeit, in den Hintergrund getreten war, damit aber die seine Geschichtsdeutung krönende Idee.[82]

Eine stärker institutionell vermittelte Bedeutung hatte Geiger durch seine Mitwirkung an der 1872 eröffneten Berliner Hochschule (Lehranstalt) für die Wissenschaft des Judentums. Mit ihr war Cohen vor allem in späteren Jahren eng verbunden und lehrte dort seit 1905. Als zudem im Jahr 1910, zum hundertsten Geburtstag Abraham Geigers, dessen Sohn, der Germanist Ludwig Geiger, ein Gedenkbuch herausgab, wirkte Cohen durch Recherchen in Marburg, Geigers Promotionsort, daran mit.[83] In diesem Buch fanden auch Geigers wegleitende Verdienste um die Geschichte der jüdischen Literatur und der Philosophie des Maimonides eine erste große Darstellung durch Cohens Berliner Kollegen Ismar Elbogen.[84]

Trotzdem rückten Geiger und Frankel in Cohens Bewusstsein einander immer näher. Bei Frankel erlernte Cohen die „positive" Treue zur Kontinuität der Offenbarung als wissenschaftliche Haltung. Das war mehr als private Pietät. In der *Ethik des reinen Willens* zählte er die Treue unter die ethisch zentralen Tugenden, und er verknüpfte sie in der *Religion der Vernunft* mit der Wahrheit selbst.[85] Diese Treue hält trotz des Blicks auf menschheitliche Allheit den Wert unserer je besonderen persönlichen Bindungen fest. Sie wurde für Cohen schließlich zur Quelle seiner eigenen späteren, fast kann man sagen: Wieder-Entdeckung der jüdischen Besonderheit. Im jüdischen Gesetz und in der hebräischen Gebetssprache erkannte er seit etwa 1909 die Treue-Mittel einer „Isolierung [...], welche unerläßlich scheint für die Pflege und Fortbildung des Eigenen als des Ewigen".[86] Sie sichern der besonderen jüdischen Nationalität innerhalb des allgemeinen Staatsverbands einer Nation die Eigenart.

In Geigers Reform wiederum begeisterte ihn die Hoffnung auf ein Judentum, das schließlich doch zuletzt ohne eine solche Isolation *unmittelbar* die Menschheit mitgestalten würde. Er meinte, die Zukunft selbst, ihre reine Zeitform, als

---

[80] COHEN, Jahrhundertfeier, 551.
[81] Ebd.
[82] Vgl. COHEN, Konfessionen, 484; auch: DERS., Deutschtum, 500f.512; zur Geschichte: KOHLER, Messianismus, pass.; Vgl. den Beitrag von CHRISTOPH SCHULTE im vorliegenden Band.
[83] LUDWIG GEIGER, Abraham Geiger, 23ff.
[84] Vgl. ELBOGEN, Geschichte; zur jüd. Philosophie des Mittelalters bes. 333–339.
[85] Vgl. ErW, 569–590; RV, 509.
[86] Ebd., 425.

eine Macht zu erfahren. Solch eine Machterfahrung der Idee: hier der Idee von ethisch-politischer Unmittelbarkeit jüdischen Wirkens *innerhalb* der „Völker der Welt", zwang ihn trotz aller Leiden des Antisemitismus zum Kampf für das, was er 1915 „Deutschtum und Judentum" nannte. Damit war über seine Ablehnung des Zionismus, der an diese Unmittelbarkeit nicht (mehr) zu glauben schien, entschieden. So verbanden sich bei Cohen die Prinzipien der Treue und der Reform zu einem gemeinsamen Erbe jener beiden großen Persönlichkeiten. „Für unser heutiges wissenschaftliches Urteil dürften nun aber *Geiger* und *Frankel* in inniger Harmonie als geistige Zentren vereint dastehen".[87]

Der andere Gegner Frankels, *Samson Raphael Hirsch*, war seit 1851 Rabbiner in Frankfurt am Main. Vor allem seine *Neunzehn Briefe über Judenthum* (1836) hatten einen tiefen Eindruck hinterlassen. Im Lauf der Jahre gewann sein temperamentvolles Engagement an Schärfe. Er wurde zur zentralen Figur der Frankfurter Neuorthodoxie und später der „Austrittsgemeinde". In Cohens Breslauer Zeit fällt eine scharfe Konfrontation mit Zacharias Frankel. Sie führte zu Cohens erstem öffentlichen Auftritt.[88] 1859 erschien der erste Teil von Frankels *Einführung in die Mischna*, den grundlegenden Kanon talmudischer Verordnungen.[89] Ganz im Sinn seines positiv-historischen Denkens suchte er nach einer Vereinigung zwischen historischer Kritik und Treue zum Buchstaben der göttlichen Offenbarung. Ein Hauptthema waren religiöse Vorschriften, die sich zwar erst im Talmud, also noch nicht in der hebräischen Bibel finden, die aber dennoch als *halachot le-Mosche mi-Sinaï*, als „Verordnungen an Mose vom Sinai" gelten und deshalb dieselbe Offenbarungsautorität wie die Gebote der Tora haben. Frankel schloss nicht völlig aus, dass kontingente historische Umstände bei diesen Verordnungen eine Rolle gespielt haben mochten. Daraufhin veröffentlichte Hirsch in seiner Zeitschrift *Jeschurun* ein mehrteiliges „Sendschreiben" mit vernichtender Kritik: Wer wie Frankel die Bestimmungen der Mischna, „die dem ganzen traditionellen Judenthum als mit dem Gesetze selbst gleich göttlichen Ursprungs gelten, auf menschliche Urheber zurück[führt]", sprich: wer „an die Worte der Rabbinen nicht glaubt", darf „ganz so wenig religiöses Vertrauen wie ein Götzendiener und öffentlicher Sabbathschänder beanspruchen".[90] Die von einem solchen Lehrer geleitete Institution ist von Übel; seine Schüler sind zu „bedauern".[91]

Cohen war durch „die Sache so ergriffen": Sie „traf mich gerade in meinen inneren Kämpfen".[92] Er hatte „viele Verehrung damals für Hirsch, aber auch

---

[87] Cohen, Jahrhundertfeier, 550.
[88] Vgl. Wiedebach, Stufen, 296f.
[89] Frankel, Hodegetica; Ders., Erklärung; vgl. Horwitz, Zacharia Frankel, 126f.
[90] Sendschreiben [Teil 1]; in: Hirsch, Jeschurun (Januar 1860/61), 201.211; vgl. zu den *halachot le-Mosche mi-Sinaï*: Brämer, Rabbiner Zacharias Frankel, 367f.
[91] Sendschreiben [Teil 1], Hirsch, Jeschurun, 211.
[92] Vgl. zum Folgenden Cohens eigene Darstellung, vermutlich von 1865, in: Briefe, 11–17, zit. 15.

für Frankel",⁹³ und so schrieb er Hirsch einen Brief, um zu vermitteln. Dieser antwortet öffentlich im *Jeschurun*. Er respektiert Cohens Verteidigung seines Lehrers, der, so wird aus dem Brief zitiert, „ganz in altem orthodoxen Sinne lebe, ‚mit dem Tallith [Gebetsschal] über dem Kopf in der Synagoge stehe'", mit seinen Schülern „‚am Freitag Abend Semiroth singe und auch beim Schiur [im Unterricht] bei Gelegenheit eifrig bemerke: ein Jere Schamaim [Gottesfürchtiger] müsse hier machmir sein [die strengst mögliche Auffassung vertreten]!'"⁹⁴ „Allein", so fährt Hirsch fort, „Sie begreifen, daß es sich um alles dies hier gar nicht handle"; in Frage stehe nur Frankels Lehrsystem.⁹⁵ Gegen dieses jedoch steigert er seine Polemik an anderer Stelle bis zu Ausdrücken wie „hirnverbranntes Traumgespinst".⁹⁶

Die Breslauer Seminaristen beschlossen einen „Protest". Cohen selbst setzte gegen den ersten Entwurf, „ein wahres Lexikon von Schimpfworten, [...] durch, daß ein gemäßigterer angenommen wurde".⁹⁷ Diese Fassung erschien, von 43 Hörern unterzeichnet – es gab in diesem Jahr 43+12 Rabbinats- und Lehramtstudenten –, unter dem Titel „Verwahrung" als zweiseitige Beilage in der *Allgemeinen Zeitung des Judentums* vom 29. Januar 1861,⁹⁸ wenige Tage vor der Publikation des zweiten „Sendschreibens" im *Jeschurun* und Hirschs Antwort auf Cohen. Sie gipfelt in dem

Bedauern, dass Herr Samson Raphael Hirsch es wagt, den Stellvertreter Gottes zu spielen, und nach eigenem Ermessen Seligkeit und Verdammniss zu dekretiren. Dahingegen freuen wir uns der Gelegenheit, es vor der Welt zu sagen, dass wir mit Stolz uns Schüler Frankels nennen, dass wir diesem unsern hochverehrten Lehrer wie Kinder ihrem Vater mit Herz und Hand ergeben sind, ihm, der uns den Eifer für den Glauben Israels in die Brust gepflanzt, der für das Studium unserer heiligen Lehre, des schriftlichen wie des mündlichen Gesetzes, uns erwärmt, der auf die Bahn der religiösen und wissenschaftlichen Forschung uns gelenkt, und, fern von Fanatismus wie von Zerstörungslust, mit rechtem Ernste die Spur des Gottesgeistes in den Schriften unserer Weisen uns aufgedeckt, ihm nachzueifern wird unser Streben, ihm ähnlich zu werden unser Stolz sein.⁹⁹

Frankel enthielt sich jeder öffentlichen Stellungnahme, und nur Hirsch, zunehmend unter dem Eindruck persönlicher Verfolgung, eiferte gegen das „Rudel

---

⁹³ Briefe, 15.
⁹⁴ „Briefkasten der Red.: Herrn H. C. in B."; in: HIRSCH, Jeschurun (Beiblatt, ausgegeben den 1. Febr. 1861), 297; nach Bruno Strauß die „(unfreiwillige) erste Veröffentlichung" Cohens (Briefe, 6).
⁹⁵ HIRSCH, Jeschurun, 297.
⁹⁶ [Samson Raphael Hirsch,] Anmerkung der Redaktion [zum zweiten „Sendschreiben"]; in: HIRSCH, Jeschurun (Feb. 1861), 260.
⁹⁷ Briefe, 15.
⁹⁸ Vgl. COHEN, Verwahrung, 467–470; BRÄMER, Rabbiner Zacharias Frankel, 372.
⁹⁹ COHEN, Verwahrung, 468f.

junger klaffender [sic] Hörer": Gerade ihre „Verwahrung" mache sie zu den „vernichtendsten Zeugen gegen ihren Meister selbst".[100]
Cohen hält den halachischen Streit im Kern für sinnlos. Für ihn bedeutet das Gütesiegel „an Mose vom Sinai" „nichts Anderes, als: die betreffenden talmudischen Verordnungen sind *dem Geiste* der mosaischen Gesetzgebung gemäß"; es ist keine Entweihung, wenn sie „bei dieser und jener Gelegenheit durch diesen oder jenen Mann entstanden sind". In dieser Klarheit sagt er das allerdings erst vier Jahre später.[101] Er sieht sich nun als Wissenschaftler dessen, was er soeben „Geist" nannte. Die „mosaische Gesetzgebung" ist eine von dessen Erscheinungen: Ihrem „Geist" nach ist sie ein „weltgeschichtlicher Prozeß [...], in dem ein Glied ins andere eingefügt ist".[102] Das buchstäbliche Fürwahrnehmen der Tradition verblasst demgegenüber. Als Jude lebt er unter der Aufgabe, die Unvergleichbarkeit und Einzigkeit Gottes als Motor dieses Geistes darzustellen.

Hier tritt nun die spezifische Differenz Cohens gegenüber seinen Vorbildern ins Licht. Auch Frankel und Geiger sprechen vom Geist des Judentums, aber das ist für sie keine Kategorie, die den, der ihr nachspürt, zu einem professionellen Philosophen macht. Anders Cohen: Für ihn bedeutet jener Geist die Aufgabe, eine Metamorphose der göttlichen Offenbarung in Vernunfterkenntnis zu vollziehen. So gelangt er zur Philosophie. „Die auswärtige Quelle fliesst unversehens in eine eigene über: in die der menschlichen Vernunft, sofern der Begriff der Vernunft den Menschen mit Gott vereinbart und versöhnt",[103] schreibt er 40 Jahre später in seiner *Ethik des reinen Willens*. Die letzte Konsequenz zieht ein Satz aus der nochmals 15 Jahre späteren *Religion der Vernunft aus den Quellen des Judentums*: „Die Offenbarung ist die Schöpfung der Vernunft".[104] Hier, 60 Jahre nach seinem Eintritt in das Rabbinerseminar, kehrt Cohen zur theologischen Sprache zurück und entdeckt seinen unverwechselbaren Stil im Kommentieren von Tora und Talmud, durch den er sich die alten Stoffe erneut in ihrer Buchstäblichkeit zueignet. „Vernunft", so heißt es nun, „erschöpft sich nicht in Wissenschaft und Philosophie".[105] Sie tritt in religiösen Quellen hervor: den „Quellen des Judentums". Deren Zentrum ist – ursprünglicher als in Christentum und Islam[106] – die Einzigkeit Gottes. Sie sind das „Material [...], in dessen geschichtlicher Selbsterzeugung die problematische Vernunft, die Religion der Vernunft sich erzeugen und bewahrheiten soll".[107] Quellen sind Vollzug einer

---
[100] Hirsch, Vorläufige Abrechnung [inkl. „Nachschrift"]; in: Jeschurun 7, März 1861, 352.354.
[101] Brief an Eduard Steinthal ca. 1865; in: Briefe, 13.14.
[102] Ebd., 14.
[103] ErW (A), 54.
[104] RV, 84.
[105] Ebd., 8.
[106] Vgl. Cohen, Reflexionen, 5.69 (Blätter 1 und 70); sowie: RV, 39.
[107] Ebd., 5.

Autopoiesis. Deren Organ ist die religiöse „Nationalität",[108] traditionell gesprochen das jüdische Volk. Die sich in den Quellen und ihren Kommentaren vollziehende „Schöpfung der Vernunft" strebt aus sich heraus über jede dogmatisch-kasuistische Engführung hinaus.

Nach dieser philosophischen Initialzündung noch Rabbiner werden zu wollen, erschien Cohen als „Heuchelei".[109] Er beendete das auf sieben Jahre angelegte Seminarstudium nicht: „Abgegangen Ende des Sommersemesters 1861 und übergegangen zum Studium der Philosophie", heißt es über ihn im Breslauer Inskriptions-Buch.[110] Er hatte noch „den zweiten klassischen Cursus unter Bernays absolvirt" und erhielt ein „ehrenvolles Zeugniß, das von Frankel, Bernays, Joël, Zuckermann und Graetz unterzeichnet war".[111] Es war die Qualifikation zur Immatrikulation an der Universität. Allerdings ist sie nicht mit einem staatlichen Abitur zu verwechseln. Für Letzteres strebte man am Seminar keine Prüfungsberechtigung an, um von behördlichen Eingriffen in den Lehrplan unabhängig zu bleiben. Cohen erwarb das Abitur erst 1864 zum Zweck der Promotion.

Ein nicht krankheitsbedingter Seminaraustritt wie der seinige war nach einer 1857 erlassenen Regel unwiderruflich.[112] Aber Cohen hat an eine Rückkehr nie gedacht. Vier Jahre später bekräftigte er, dass er „jetzt auf andrem, ganz andrem Boden stehe und andre, ganz andre Sorgen habe"; von der „theologischen Richtung", der er „damals angehörte", hatte er sich vorerst verabschiedet.[113] Religion und Glaube erörterte er nun auf Jahre hinaus lediglich als historische, vor allem völkerpsychologische Erscheinungen bzw., nach Beginn der Arbeit an Kant, als Bestandteile philosophischer Systematik. Das mindert jedoch weder die biographische Bedeutung des Breslauer Rabbinerseminars noch Cohens Bewusstsein vom Wert dieses Instituts. Er gedenkt seiner mehr als 40 Jahre nach der dortigen Studienzeit mit größtem Respekt. Zu Beginn seines „Grußes der Pietät an das Breslauer Seminar" 1904 spricht er zwar aus, dass er das Seminar „vorzeitig" verließ. Trotzdem, und das zeige den Charakter der Lehranstalt, fühlten auch solche, die „eigene Wege" gingen, „am letzten Ende sich in Eintracht [...] mit den Gesinnungen, aus denen heraus die vornehmste Bildungsstätte ihrer Jugend ins Leben gerufen und geleitet wurde".[114]

---

[108] Ebd., 28.422.
[109] So die Erinnerung eines Mitseminaristen: MOSES, Prof. Dr. Hermann Cohen, 4.
[110] CAHJP, Breslau, Rabbinerseminar, Inskriptions-Buch, Sign.: D/Br4/6, unter Nr. 46: „Hermann Cohen".
[111] MOSES, Prof. Dr. Hermann Cohen, 4.
[112] Vgl. BRÄMER, Rabbiner Zacharias Frankel, 390.
[113] Briefe, 17.16; vgl. MOSES, Prof. Dr. Hermann Cohen, 4.
[114] Vgl. COHEN, Gruß der Pietät, 418. – Es ist leider nicht ermittelt, ob Cohen am 25jährigen Jubiläum des Seminars 1879 teilnahm. Dazu: BRANN, Geschichte, 107: „Ganz besonders aber beteiligten sich an der Feier die ehemaligen Schüler des Seminars, und zwar nicht nur diejenigen, die als Rabbiner und Prediger entlassen waren, sondern auch solche, die einen anderen Lebensberuf gewählt hatten, Juristen, Mediziner, Universitätsprofessoren [usw.]".

Literaturverzeichnis

ADELMANN, DIETER, *Manuel Joel* – In der Mitte der Wissenschaft des Judentums im 19. Jahrhundert; in: DERS., ‚Reinige dein Denken'. Über den jüdischen Hintergrund der Philosophie von Hermann Cohen, hg. v. GÖRGE HASSELHOFF, Würzburg 2010, 107–119.

ALBERTINI, FRANCESCA Y., Kritische *Religionsphilosophie* und Wissenschaft des Judentums. Von Breslau nach Cincinnati; in: WILHELM SCHMIDT-BIGGEMANN/GEORGES TAMER (Hg.), Kritische Religionsphilosophie. Eine Gedenkschrift für Friedrich Niewöhner, Berlin/New York 2010, 377–392.

BRÄMER, ANDREAS, *Rabbiner Zacharias Frankel*. Wissenschaft des Judentums und konservative Reform im 19. Jahrhundert, Hildesheim 2000.

BRANN, MARCUS (Hg.), *Geschichte* des Jüdisch-Theologischen Seminars (Fraenckel'sche Stiftung) in Breslau. Festschrift zum fünfzigjährigen Jubiläum der Anstalt, Breslau 1904.

COHEN, HERMANN, Ein *Bekenntniß* in der Judenfrage (1880), JS 2, 73–94.

DERS., Ein *Gruß der Pietät* an das Breslauer Seminar (1904), JS 2, 418–424.

DERS., *Liebe* und Gerechtigkeit in den Begriffen Gott und Mensch (1900), JS 3, 43–97.

DERS., Zwei *Rektoratsreden* an der Berliner Universität (1913), in: DERS., Kleinere Schriften V. 1913–15, Werke 16, hg. v. HELMUT HOLZHEY/JULIUS H. SCHOEPS/CHRISTOPH SCHULTE, Hildesheim/Zürich/New York 1997, 5–15.

DERS., Die Lyrik der *Psalmen* (1914), in: DERS., Kleinere Schriften V. 1913–15, Werke 16, hg. v. HELMUT HOLZHEY/JULIUS H. SCHOEPS/CHRISTOPH SCHULTE, Hildesheim/Zürich/New York 1997, 163–198.

DERS., Über den ästhetischen Wert unserer religiösen *Bildung* (vermutlich 1914), in: DERS., Kleinere Schriften V. 1913–15, Werke 16, hg. v. HELMUT HOLZHEY/JULIUS H. SCHOEPS/CHRISTOPH SCHULTE, Hildesheim/Zürich/New York 1997, 199–235.

DERS., *Spinoza* über Staat und Religion, Judentum und Christentum (1915), in: DERS., Kleinere Schriften V. 1913–15, Werke 16, hg. v. HELMUT HOLZHEY/JULIUS H. SCHOEPS/CHRISTOPH SCHULTE, Hildesheim/Zürich/New York 1997, 319–426.

DERS., *Deutschtum* und Judentum. Mit grundlegenden Betrachtungen über Staat und Internationalismus (1915), in: DERS., Kleinere Schriften V. 1913–15, Werke 16, hg. v. HELMUT HOLZHEY/JULIUS H. SCHOEPS/CHRISTOPH SCHULTE, Hildesheim/Zürich/New York 1997, 465–559.

DERS., Was einigt die *Konfessionen?* (1917), in: DERS., Kleinere Schriften VI. 1916–1918, Werke 17, hg. v. HELMUT HOLZHEY/JULIUS H. SCHOEPS/CHRISTOPH SCHULTE, Hildesheim/Zürich/New York 2002, 453–486.

DERS., Zur *Jahrhundertfeier* unseres Graetz (1917), in: DERS., Kleinere Schriften VI. 1916–1918, Werke 17, hg. v. HELMUT HOLZHEY/JULIUS H. SCHOEPS/CHRISTOPH SCHULTE, Hildesheim/Zürich/New York 2002, 541–555.

DERS., *Graetzens Philosophie* der jüdischen Geschichte (1917), in: DERS., Kleinere Schriften VI. 1916–1918, Werke 17, hg. v. HELMUT HOLZHEY/JULIUS H. SCHOEPS/CHRISTOPH SCHULTE, Hildesheim/Zürich/New York 2002, 557–574.

DERS., *Reflexionen* und Notizen, in: DERS., Werke. Supplementa 1, hg. v. HARTWIG WIEDEBACH, Hildesheim/Zürich/New York 2003.

Ders., Charakteristik der *Ethik Maimunis* (1908); in: Ders., Kleinere Schriften IV. 1907–1912, Werke 15, hg. v. Helmut Holzhey/Julius H. Schoeps/Christoph Schulte, Hildesheim/Zürich/New York 2009, 161–269.

Ders., Spinozas Verhältnis zum *Judentum* (1910); in: Ders., Kleinere Schriften IV. 1907–1912, Werke 15, hg. v. Helmut Holzhey/Julius H. Schoeps/Christoph Schulte, Hildesheim/Zürich/New York 2009, 347–388.

Ders., *Verwahrung* (1861, gemeinsam mit anderen Breslauer Kommilitonen); in: Ders., Kleinere Schriften I. 1865–1869, Werke 12, hg. v. Helmut Holzhey/Hartwig Wiedebach, Hildesheim/Zürich/New York 2012, 467–470.

Ders., *Briefe an August Stadler*, hg. v. Hartwig Wiedebach, Basel 2015.

Cohn, Ernst J., Heinrich *Graetz*, in: Marcus Brann (Hg.), Geschichte des Jüdisch-Theologischen Seminars (Fraenckel'sche Stiftung) in Breslau. Festschrift zum fünfzigjährigen Jubiläum der Anstalt, Breslau 1904, 187–203.

Elbogen, Ismar, *Geschichte*; in: Abraham Geiger. Leben und Lebenswerk, hg. v. Ludwig Geiger, Berlin 1910, 328–351.

Frankel, Zacharias, Ueber *Reformen* im Judenthume, in: Zeitschrift für die religiösen Interessen des Judenthums 1 (1844), 3–27.

Ders., *Programm* zur Eröffnung des jüdisch-theologischen Seminars zu Breslau „Fränckel'sche Stiftung", den 16. Ab 5614, 10. August 1854, Breslau 1854.

Ders., דרכי המשנה. *Hodegetica* in Mischnam [...], pars prima: Introductio in Mischnam, Leipzig 1859.

Ders., *Erklärung*, die Schrift ‚Hodegetik in die Mischna' betreffend, in: Monatsschrift für Geschichte und Wissenschaft des Judentums 10 (1861), 159–160.

Freudenthal, Jacob [anonym], Das jüdisch-theologische *Seminar* Fränckelscher Stiftung zu Breslau. Am Tage seines fünfundzwanzigsten Bestehens, den 10. August 1879, hg. im Auftrage des Curatoriums, Breslau 1879.

Geiger, Abraham, סדר תפלה דבר יום ביומו. Israelitisches *Gebetbuch* für den öffentlichen Gottesdienst im ganzen Jahre, mit Einschluß der Sabbathe und sämmtlicher Feier- und Festtage. Geordnet und mit einer neuen deutschen Bearbeitung versehen, Breslau 1854.

Geiger, Ludwig (Hg.), *Abraham Geiger*. Leben und Lebenswerk, Berlin 1910.

Graetz, Heinrich, Die *Construction* der jüdischen Geschichte, eine Skizze; in: Zeitschrift für die religiösen Interessen des Judenthums, hg. v. Zacharias Frankel, 3 (1846), 81–97; 121–132; 361–381; 413–421.

Ders., *Geschichte* der Juden von den ältesten Zeiten bis auf die Gegenwart, aus den Quellen neu bearbeitet, Bd. 11, Leipzig 1870.

Ders., *Schir Ha-Schirim* שיר השירים oder das Salomonische Hohelied, Wien 1871.

Ders., Kritischer *Commentar* zu den Psalmen nebst Text und Uebersetzung. 2 Teile, Breslau 1882/83.

Güdemann, Moritz, [*Erinnerungen*]; in: Jüdisches Leben in Deutschland. Selbstzeugnisse zur Sozialgeschichte 1780–1871, hg. v. Monika Richarz, München 1976, 367–375.

Hasselhoff, Görge, Manuel *Joel* and the Neo-Maimonidean Discovery of Kant; in: The Cultures of Maimonideanism. New Approaches to the History of Jewish Thought, hg. v. James T. Robinson, Leiden/Boston 2009, 289–307.

Heinemann, Isaak, Die *Idee* des jüdisch-theologischen Seminars im Lichte heutiger Denkweise; in: Geschichte des Jüdisch-Theologischen Seminars (Fraenckel'sche Stiftung) in Breslau. Festschrift zum fünfzigjährigen Jubiläum der Anstalt, hg. v. MARCUS BRANN, Breslau 1904, 111–119.

HIRSCH, SAMSON R. [Pseudonym Ben Uziel], אגרות צפון Neunzehn *Briefe* über Judenthum. Als Voranfrage wegen Herausgabe von „Versuchen" desselben Verfassers „über Israel und seine Pflichten", Altona 1836.

DERS. (Hg.), *Jeschurun*. Ein Monatsblatt zur Förderung jüdischen Geistes und jüdischen Lebens in Haus, Gemeinde und Schule 7 (1860/61).

HORWITZ, RIVKA, *Zacharia Frankel* and the beginnings of Positive-Historical Judaism [hebr.], Jerusalem 1984.

JOËL, MANUEL, *Religiös-philosophische Zeitfragen*, Breslau 1876.

KISCH, GUIDO *In memoriam* [des Breslauer Seminars]; in: Historia Judaica 16 (1954), 67–122.

DERS. (Hg.), Das Breslauer *Seminar*. Gedächtnisschrift, Tübingen 1963.

KOHLER, GEORGE Y., Der jüdische *Messianismus* im Zeitalter der Emanzipation. Reinterpretationen zwischen davidischem Königtum und endzeitlichem Sozialismus, Berlin/New York 2014.

KUENEN, ABRAHAM, Volksreligion und *Weltreligion*. Fünf Hibbert-Vorlesungen, Berlin 1883.

MOSES, ADOLF, *Prof. Dr. Hermann Cohen* in Marburg und sein Bekenntniß in der Judenfrage. Eine Reminiszenz und Kritik, Milwaukee 1880.

RABIN, ISRAEL, *Stoff und Idee* in der jüdischen Geschichtsschreibung; in: Geschichte des Jüdisch-Theologischen Seminars (Fraenckel'sche Stiftung) in Breslau. Festschrift zum fünfzigjährigen Jubiläum der Anstalt, hg. v. MARCUS BRANN, Breslau 1904, 239–253.

RITTER [Schulrat am Dessauer Gymnasium], Zu den öffentlichen *Prüfungen* im Herzoglichen Gymnasium zu Dessau am 10. und 11. März 1856 […], Dessau 1856.

ROSENZWEIG, FRANZ, *Einleitung*; in: Cohen, Hermann, Jüdische Schriften I, hg. v. BRUNO STRAUSS, Berlin 1924, XIII–LXIV.

DERS., *Jehuda Halevi*. Zweiundneunzig Hymnen und Gedichte deutsch, Berlin 1926.

TREITSCHKE, HEINRICH VON, Unsere *Aussichten* (1879); in: Preußische Jahrbücher 44 (1879), 559–576.

WIEDEBACH, HARTWIG, *Stufen* zu einer religiösen Metaphorik. Der ‚andere' Cohen in Skizzen eines Editors; in: Deutsche Zeitschrift für Philosophie 59/2 (2011), 295–309.

DERS., Hermann Cohens *Kindheit*; in: Kalonymos. Beiträge zur deutsch-jüdischen Geschichte 21/1 (2018), 1–9.

Archivverweise

Central Archives for the History of the Jewish People (CAHJP), Jerusalem.
Hermann Cohen-Archiv Zürich.
Sammlung Göppingen zu Hermann Cohen (H. Wiedebach).

Cohens Psychologie als politisches Projekt*

Christian Damböck

Dieser Aufsatz widmet sich dem Projekt einer Psychologie, das Cohen in den letzten Jahren seines Lebens verfolgt hat. Die Psychologie war als letzter Teil von Cohens System intendiert, der jedoch nie realisiert wurde. So ist man für die Rekonstruktion von Cohens Projekt auf Skizzen und Entwürfe angewiesen, die sich in anderen Schriften Cohens verstreut finden. Dabei gehe ich von der Annahme aus, dass das Psychologie-Projekt in seiner späten Form von Cohen erst ab ungefähr 1902 geplant wurde, sodass nur die seit diesem Zeitpunkt erschienenen Schriften für eine Rekonstruktion infrage kommen. Der Aufsatz besteht aus zwei Teilen. Im ersten Teil wird eine Rekonstruktion von Cohens Psychologie aus den einschlägigen Fragmenten seines Spätwerks versucht. Auf dieser Grundlage wird im zweiten Teil die politische Aktualität von Cohens Projekt herausgearbeitet.

1. Rekonstruktion von Cohens Psychologie aus den einschlägigen Fragmenten seines Spätwerks

1. Cohen hat die moderne naturwissenschaftliche Psychologie seiner Zeit im Detail studiert. So betreffen auch Diskussionen der Psychologie in Cohens Schriften bis um 1900 in aller Regel Aspekte der naturwissenschaftlichen Psychologie wie etwa Fechners Psychophysik.[1] Diesem früheren Kontext einer von der naturwissenschaftlichen Debatte ausgehenden (wenn auch diese kritisierenden) Psychologie-Rezeption gehören auch noch die von Cohen 1899 gehalte-

---

* Die Arbeit an diesem Aufsatz wurde unterstützt vom Österreichischen Wissenschaftsfonds (FWF Projekte P27733, P31716). Für Kommentare zu einer ersten bei der Greifswalder Tagung präsentierten Fassung bedanke ich mich bei Heinrich Assel, Nina Dmitrieva, Pierfrancesco Fiorato, Helmut Holzhey, Lois M. Rendl, Christoph Schulte, Ulrich Sieg, Hartwig Wiedebach und Kurt Walter Zeidler. Bei Hartwig Wiedebach bedanke ich mich außerdem für detaillierte und äußerst hilfreiche Kommentare zu einer früheren Fassung dieses Manuskripts.
[1] Siehe beispielsweise die Diskussion in: PIM, 154–162 sowie LrE (B), 448–452, wo Cohen die „Unterschieds-Empfindung" kritisch der Fechnerschen Idee des „Empfindungs-Unterschieds" gegenüberstellt.

nen und in Cassirers Mitschrift überlieferten Psychologie-Vorlesungen an, die jüngst von Greg Moynahan diskutiert worden sind.[2] Dagegen taucht Cohens spätes Psychologieprojekt scheinbar unvermittelt in einer Reihe von ab 1902 erschienenen Schriften auf. Als Vorstufen dazu könnte man allenfalls die Schriften Cohens aus den 1860er-Jahren identifizieren[3] sowie die Psychologie-Passage aus der Kant-Ästhetik von 1889.[4]

Von den Vorlesungen über Psychologie, die Cohen 1902, 1905/06, 1908/09, 1916 in Marburg und noch 1918 an der „Lehranstalt für die Wissenschaft des Judentums" gehalten hat, sind nach heutigem Kenntnisstand keine Mitschriften überliefert.[5] Somit bleiben als Dokumente einzig die in Cohens veröffentlichten Schriften zu findenden Fragmente. Vor allem relevant sind hier die folgenden Passagen:

- Das 1902 und 1914 publizierte Psychologie-Kapitel in Cohen, Einleitung[6]
- Die Schlusspassagen (plus ein paar kleinere Passagen in der Textmitte) in Cohen, Logik (1902, 2. Auflage 1914), Ethik (1904, 2. Auflage 1907) und Ästhetik (1912)[7]
- Das Psychologie-Kapitel in Cohen, Begriff (1915)[8]

Das Alleinstellungsmerkmal dieser Psychologie-Fragmente besteht darin, dass sie nicht von der Experimentalpsychologie ausgehen, sondern die Psychologie in einer spezifischen Anwendung diskutieren, in der diese, nach Logik, Ethik und Ästhetik, den letzten Teil des Systems der Philosophie beisteuern sollte. Von dieser Erweiterung des Systems, die Cohen ab 1902 in den Raum stellt, war vorher in seinem Werk (soweit ich das hier beurteilen kann) nichts zu finden. Dennoch ist es nicht zwangsläufig so, dass Cohen hier eine neue Idee quasi aus dem Nichts geboren hat. Schon sein Lehrer Steinthal fügte dem System der Phi-

---

[2] MOYNAHAN, Psychology, versucht zwar eine Verbindung herzustellen, zwischen den Vorlesungen und dem späten Projekt, es wird aus der Diskussion aber auch deutlich, dass die Vorlesungen primär eine Auseinandersetzung mit der naturwissenschaftlichen Psychologie darstellen.

[3] Siehe COHEN, Schriften I.

[4] Vgl. KBÄ, 148: „Die Psychologie [...] geht [...] darauf aus, alle Gebilde des Bewusstseins auf elementare Vorgänge des Bewusstseins zurückzuführen und in diesen zu beschreiben. [...] [Diese] werden ihr von der Erkenntniskritik als die Schranken, welche ihrem entwicklungsgeschichtlichen Interesse gesetzt sind, begreiflich gemacht."

[5] COHEN, Briefe an August Stadler, 143–157. Die im Sommersemester 1902 gehaltene Vorlesung trug noch, wie die früheren einschlägigen Vorlesungen Cohens, den Titel „Psychologie". 1905/06, 1908/09 sowie 1916 in Marburg las Cohen „Psychologie als Enzyklopädie der Philosophie", die Lehrveranstaltung vom Sommersemester 1918 war schlicht „Einführung in die Psychologie" betitelt.

[6] EmkN wurde 1896 in erster Auflage publiziert. Die hier relevanten Passagen stammen jedoch aus einem umfangreichen Zusatz (EmkN, 7–58), der von Cohen für die zweite Auflage von 1902 erstellt und für die dritte Auflage 1914 (EmkN, 50–58) ergänzt wurde.

[7] LrE (B), 17f.427f.597.609–612; ErW (B), 73.503.637; ÄrG II, 88.422–432.

[8] BR, 108–140.

losophie – das bei ihm jedoch neben Logik, Ethik und Ästhetik auch die Metaphysik sowie die Religionsphilosophie enthalten sollte[9] – eine Art Schlussstein hinzu.

So entsteht im Anschluss an Metaphysik und Logik [sowie Ethik, Ästhetik usw., C. D.], und diese mit der Erkenntniss des Einzelnen vermittelnd, die Philosophie der Natur und die der Geschichte, und so auch die Philosophie der Sprache, als diejenigen Disciplinen, welche die besonderen apriorischen Momente der Naturwissenschaft, der Geschichte und der Sprachwissenschaft untersuchen. Sie sind Principien- und Methodenlehren, indem sie die regulativen und die constitutiven Principien der besonderen Disciplinen darlegen. Erst so vollendet die Philosophie ihre Aufgabe, die Lehre von den Zusammenhängen zu sein und die Einheit alles Wissens zu vermitteln.[10]

Diese in einer Art praktischer Disziplin kulminierende Systemarchitektur haben Cohen und Steinthal gemein, wobei bei Cohen die Psychologie die Funktion des Systemabschlusses übernimmt, die bei Steinthal von Natur- und Geschichtsphilosophie sowie Philosophie der Sprache geliefert wird. Entscheidend ist bei beiden, dass am Ende, wenn wir Logik, Ethik und Ästhetik konzipiert haben, noch etwas Wesentliches zu sagen bleibt, indem die „Einheit des Kulturbewusstseins" zu schaffen ist;[11] eine Aufgabe, die Cohen offenbar von Steinthal übernimmt, auch wenn er ihre Umsetzung auf anderer Ebene versucht. In den Worten von Hartwig Wiedebach: „Cohen ging letztlich [...] von dem durch Steinthal weitergeführten Erbe des Wilhelm v. Humboldtschen Humanismus und dessen Suche nach einer universalen Theorie ‚innerer Sprachform' aus. Durch sie sollten die weltweit verschiedenen Sprachgemeinschaften dennoch in ihrer ‚Gleichheit' verstanden werden können."[12]

---

[9] STEINTHAL, Einleitung, 7. Steinthal lässt an dieser Stelle die Frage unbeantwortet, welche Rolle genau in diesem Systemkonzept die „Metaphysik" spielen sollte. Sie tritt immer im Tandem mit „Logik" auf, so dass das, was Steinthal „Logik und Metaphysik" nennt, am Ende vielleicht dasselbe wäre, was Cohen als „Logik" bezeichnet. Jedenfalls ist Steinthal mit Sicherheit ebenso wie Cohen ein Kritiker aller fundamentalistischen Ansprüche der traditionellen Metaphysik und nimmt diese daher ohne Zweifel nur in gebrochener Form in sein System auf. Vgl. aber auch die unten zitierten Ausführungen Cohens zur Psychologie als Nachfolgemodell für die Metaphysik. Die Religionsphilosophie wiederum ist bei Steinthal, ganz wie bei Cohen, den übrigen Systemteilen nach- und nicht vorgeordnet. Zwar scheint Steinthal die Religionsphilosophie, anders als Cohen (bei dem diese jenseits des Systems angesiedelt ist), als einen Bestandteil des Systems aufzufassen, entscheidend ist hier jedoch, dass beide, Cohen und Steinthal, jede Einflussnahme der Religion auf Philosophie und Wissenschaft zurückweisen.
[10] Ebd., 22.
[11] Steinthal drückt sich ähnlich aus, wenn auch im Zusammenhang mit der Religionsphilosophie: „erst [...] die Religionsphilosophie [...] vollendet [...] die Einheit und Harmonie des gesammten Bewusstseins". Ebd., 7.
[12] WIEDEBACH, Cohen, 120. Zur These der Kontinuität in Cohens Werk, die sich gegen die gängige Auffassung eines fundamentalen Bruchs in Cohens Biografie um 1870 (bzw. um 1878) wendet und eine nachhaltige Bedeutung Steinthals behauptet, siehe außerdem: DAMBÖCK, Deutscher Empirismus, 118–129.

2. In dem skizzenhaften Aufriss der Psychologie, den Cohen erstmals in den Anfangs- und Schlusspassagen der Logik liefert, treten insgesamt folgende Alleinstellungsmerkmale hervor. Die Psychologie ist Teil der Systemarchitektur und zwar als „Gipfel des Systems", der die Sukzession Logik – Ethik – Ästhetik abschließt. Ist bei den ersten Systemteilen die „Reinheit" der Maßstab (einer „Logik der reinen Erkenntnis", einer „Ethik des reinen Willens" und einer „Ästhetik des reinen Gefühls"), so tritt „schon in dem Titel der Psychologie" „an die Stelle der Reinheit die Einheit".[13] Dieser „Titel der neuen Psychologie" lautet, wie an der zitierten Stelle implizit deutlich wird, „Einheit des Kulturbewusstseins".

Indessen muß festgestellt werden, daß ein Hauptsinn der Reinheit in der Einheit erhalten bleiben muß. In der Einheit des Kulturbewußtseins soll der *Leitbegriff* der systematischen Entwickelung zur methodischen Wirksamkeit kommen. Auf diese methodische Bedeutung, welche sonst der Reinheit zusteht, kommt es hier bei der Einheit an.[14]

Der „Leitbegriff der systematischen Entwickelung", also der Begriff des „Kulturbewusstseins", soll hier „zur methodischen Wirksamkeit kommen". Das bedeutet, dass in der Psychologie Kulturbewusstsein entwickelt bzw. überhaupt erst geschaffen wird, und dass dies in gewissem Sinn nur anhand des Begriffs der „Einheit" als einer Art Zielvorgabe möglich ist. Während bei den Themen Erkenntnis, Wille und Gefühl die „Reinheit" den Maßstab definiert, wodurch die einschlägige Betrachtung erst zu einer philosophischen wird, so ist es, nach Cohen, beim Kulturbewusstsein eben die „Einheit", die die Betrachtung auf ein philosophisches Niveau hebt. Reinheit bedeutet bei Cohen stets die Einnahme eines Standpunktes des „reinen Denkens" (und zwar nicht nur in der Logik, selbstverständlich legen auch Ethik und Ästhetik eben diesen Standpunkt an). Und Reinheit bedeutet hier, dass sich das Denken ausschließlich aus seinen eigenen Konstruktionsmöglichkeiten speist. Zwar sind die Vorgaben des Denkens Spielarten des Faktums der Kultur (die Naturwissenschaft in der Logik, die Rechtswissenschaft in der Ethik, die Kunst in der Ästhetik), aber das Denken geht stets aus von einem von Vornherein schon als Einheit gedachten Faktum – also *unsere heutige* Naturwissenschaft, unsere heutige Rechtswissenschaft, unsere heutige Kunst – und muss sich aus diesem trivialen Grund nicht mit einer Frage der Einheit herumschlagen, weil diese hier stets schon gegeben ist. Es muss einzig und allein den Standpunkt der Reinheit einnehmen und wenn es, das Denken, gelingt (indem es dem Faktum gerecht wird), dann ist Einheit das Ergebnis. Aber diese Einheit ist in mehrfacher Hinsicht nur lokal und bereichsspezifisch. Einmal erhalten wir in den mehreren Teilen des Systems eine Vielheit von Einheiten, die dann in einem genuinen Widerstreit stehen.

---

[13] LrE (B), 611.
[14] Ebd.

Indessen das Bewußtsein ist nicht nur das wissenschaftliche Bewußtsein; Sittlichkeit und Kunst sind nicht minder seine legitimen Gebiete. Es kann daher nicht dabei bleiben, das Bewußtsein lediglich auf mathematische Naturwissenschaft zu beschränken. Aber die Verwischung des Unterschiedes darf nicht der Preis werden, um den die erforderliche Erweiterung zu erstehen wäre. *Es muß ein eigenes, ein besonderes Problem der Philosophie werden*, den Zusammenhang, die Kollisionen und den Einklang der *drei Gebiete des Bewußtseins* zur Prüfung, zur genetischen Entwickelung und zur einheitlichen Darstellung zu bringen. *Dieses Interesse an der Einheit des Kulturbewußtseins muß als ein systematisches Interesse der Philosophie erkannt werden.* Das System der Philosophie kommt nicht ins Gleichgewicht, wenn es nicht dieses Problem der wahrhaften Einheit des Bewußtseins bewältigt hat.[15]

Diese Passage aus der Einleitung der Logik ist erhellend, wenn man sie als Erläuterung des Verhältnisses zwischen der Psychologie und den ersten drei Systemteilen liest; sie ist zugleich aber grob irreführend, weil man aufgrund dieser Erläuterung glauben könnte, dass damit schon alles darüber gesagt sei, was Psychologie, respektive Einheit des Kulturbewusstseins leisten soll. Man vergleiche aber die folgende auf die Psychologie bezogene Formulierung aus den Schlusspassagen der Logik: „Die Aufgabe der Methodik ist die der systematisch-genetischen Entwicklung *aller Erscheinungsweisen* des Bewußtseins, im Hellen und im Dunkeln, in der Reife und im Keime, in der Komplexion und in den Elementen."[16]

Legt die letzte Formulierung – „in der Komplexion und in den Elementen" – den Bezug zur obigen Aufgabe einer auf die verschiedenen Systemteile zugreifenden Einheit nahe, so gehen die davor stehenden – „im Hellen und im Dunkeln, in der Reife und im Keime" – ganz offensichtlich in eine andere Richtung. Es geht hier nicht mehr bloß um die Einbeziehung aller Systemteile, die jeweils auf *unsere heutige* Wissenschaft, Sittlichkeit und Kunst eingehen, und zwar unter dem von dem jeweiligen Philosophen eingenommenen höchst individuellen Standpunkt. Was hier ins Spiel kommt ist das ganze Universum der Menschheitsgeschichte, inklusive all ihrer zeitlichen und geografischen Erscheinungsformen, in allen einzelnen Menschen der Menschheit, „im Hellen und im Dunkeln, in der Reife und im Keime".

3. In den, wie die Logik, 1902 publizierten Passagen zur Lange-Einleitung identifiziert Cohen die Psychologie als Alternative zur Metaphysik: „durch eine veränderte Bedeutung, die wir der Psychologie geben möchten, [hoffen wir] jene antiquierte Metaphysik zu entwerten und zu entsetzen".[17] Diese Alternative richtet sich explizit gegen den Absolutismus von „Hegels Wort der Reaktion: Das Wirkliche ist vernünftig"[18] und damit auch gegen Hegels absolutistische

---
[15] Ebd., 17.
[16] Ebd., 611 (Hervorhebung durch Vf.).
[17] EmkN, 38.
[18] Ebd., 39.

Staatsauffassung. Der absolute Idealismus wird also auch deshalb abgelehnt, weil er auf einen politischen Absolutismus und Nationalismus hinausläuft. Geht eine Metaphysik zwangsläufig von einem zum Absoluten erhobenen Status quo aus, so ist es im Gegensatz dazu in einer nicht *in der Metaphysik beginnenden*, sondern *stattdessen in der Psychologie kulminierenden* Philosophie im Sinne Cohens so, dass man sich über die Stufen des Systems gerade an eine Zerschlagung eben dieses Absolutismus des Status quo in „Hegels Wort der Reaktion" herantastet. Eine Schlüsselrolle nimmt dabei, noch vor der Psychologie, die Ästhetik ein: „Das Gefühl, die subjektivste, die individuellste Form des Bewußtseins, soll dennoch so rein, so objektiv werden, daß es alle Schranken der *Nationalität* durchbricht, und die Idee der Menschheit zur Realität macht."[19] Cohen schwebt hier die „Vereinigung der Menschen und der Völker in die eine Menschheit im ästhetischen Gefühle für die Werke des Genies" vor.[20] Indem wir uns alle, Juden, Moslems und Christen, Menschen aller Hautfarbe und Herkunft, an den Werken eines „Genies" wie Mozart erfreuen, finden wir einen gemeinsamen Nenner des Gefühls, der es uns erlaubt, trotz aller Unterschiede auf rationaler und sittlicher Ebene einen gemeinsamen Standpunkt einzunehmen.

Der *nationale* Ursprung der Werke, welche solchen Wert erlangen, bildet daran kein Hindernis; bildet doch die Verschiedenheit der Individuen überhaupt eine Vorbedingung dieser ästhetischen Einigung. Je reicher im Gegenteil die Individualität, im Einzelnen, wie in den Nationen, sich entfaltet, desto größer nicht nur, sondern auch desto reiner und klarer kann die menschheitliche Einheit werden.[21]

Kulturelle Diversität wird hier also (in der durchaus idealistischen Sicht Cohens – man bedenke auch, dass all das noch vor den großen humanitären Katastrophen des zwanzigsten Jahrhunderts gesagt wurde) nicht als Hindernis empfunden, sondern im Gegenteil als unerlässliche Voraussetzung der „menschheitlichen Einheit". Diese Idee der Einheit wird so bereits in der Ästhetik gepflanzt, indem das „reine Gefühl", in der Betrachtung unvergänglicher, interkulturell ansprechender Kunstwerke, der Menschheit eine gemeinsame Perspektive erlaubt. Daraus folgt aber nicht, dass man durch die ästhetische Perspektive allein die Einheit des Kulturbewusstseins geliefert bekommt. Die Gegensätze auf allen anderen Gebieten bleiben zunächst erhalten, was die Einführung eines weiteren Systemteils erforderlich macht. Nur in diesem letzten Systemteil kann die zwar für die Möglichkeit der Philosophie ausschlaggebende, aber eben auch für die Verständigung mit „fremder Autorität" zunächst hinderliche individuelle „Selbständigkeit" des Denkens aufgebrochen werden, wie Cohen in der folgenden von ihm selbst als „Definition der Psychologie" identifizierten Passage ausführt:

---

[19] Ebd., 42.
[20] Ebd.
[21] Ebd.

Der Charakter der Vernunft aber bewährt sich im erzeugenden Denken, in dem die Wissenschaft und im inneren Zusammenhange mit ihr die anderen Richtungen der Kultur erzeugenden Denken. In diesem Erzeugen bewährt sich die Reinheit, welche für alle Grundlagen, als Grundlegungen, gefordert wird; in welchem die Reinheit zur Fruchtbarkeit wird. Dazu aber ist die *Selbständigkeit* die Voraussetzung. Die Reinheit bedeutet ebenso auch die Selbständigkeit der Probleme. Wenn dem Denken oder dem Wollen oder dem Gefühl eine fremde Autorität auch nur als Problem vorgesetzt wird, so hört die Reinheit auf, und mit ihr die wahrhafte schöpferische Fruchtbarkeit.[22]

Reinheit existiert also im „erzeugenden Denken" auf allen Ebenen, in allen Kulturen und Nationen und all ihren historischen Instanzen. Voraussetzung des „erzeugenden Denkens" ist „Selbständigkeit", also zunächst das genaue Gegenteil eines andere Perspektiven bzw. eines die Resultate des erzeugenden Denkens einer „fremden Autorität" einbeziehenden Denkens. Damit endet aber auch die Reinheit zunächst in der Konfrontation mit der „fremden Autorität" und das System, das ausschließlich auf dem selbständig erzeugenden Denken fußt, bleibt zwangsläufig unabgeschlossen, so lange man keine den fremden Autoritäten gerecht werdende Perspektive entdeckt. „Daher sollen alle Arten der Reinheit in der Einheit des Bewußtseins zusammengehen, in dieser ihre Reinheit vollenden."[23] Diese Aufgabe verlangt, wie Cohen einige Jahre später in den Schlusspassagen der Ästhetik ausführt, eine Spielart von Psychologie, die viel eher dem entspricht, was sein Lehrer Steinthal als Völkerpsychologie bezeichnet hat, in Abgrenzung von einer naturwissenschaftlich verstandenen Psychologie. Die Psychologie Cohens gerät dadurch in die Nähe von Anthropologie, Völkerkunde und dem, was man heute Soziologie nennt, aber sie unterscheidet sich auch davon grundlegend, indem sie nicht bloß die einzelnen Kulturerscheinungen studiert und einander gegenüberstellt, sondern eben ihre Einheit sucht:

Die Kultur aber ist das Problem der *Geschichte* und nicht allein ein solches der Normalität und der Pathologie des Nervensystems.
  Die Psychologie ist die Einheit des Bewußtseins der Einheit der Kultur, mithin derjenigen Einheit, welche allein der *Idealbegriff* der Kultur zu vollziehen vermag.
  So begründet der methodische Begriff der *Einheit* den Unterschied von allen Arten der *Anthropologie* und der *Völkerkunde*.
  Die Völker bilden immer nur *Mehrheiten*, wie auch der Mensch der Anthropologie nur eine Einheit dieser Mehrheiten ist. Die Einheit der Kultur beruht auf der *Einheit der Allheit des Menschen*, auf der Einheit des Menschengeschlechts, als der *Menschheit*.[24]

Es geht also in der Psychologie Cohens um eine Tätigkeit der Vermittlung zwischen den unterschiedlichen Erscheinungsformen der Kultur, mit dem Ziel eine Einheit der Menschheit zu stiften, sprich, eine gemeinsame, von allen Einzelmenschen mitgetragene Identität.

---

[22] Ebd., 44.
[23] Ebd.
[24] ÄrG II, 429.

Die Psychologie nimmt die neue Aufgabe auf sich: alle jene Arten, wie sie im Bewußtsein der Kultur, im einzelnen Menschen, in den einzelnen Völkern sich darstellen, wie sie dort sich durchdringen und in *Wechselwirkung* stehen, nicht nur etwa zu isolieren, sondern ebenso auch in ihrer Wechselwirkung zu verfolgen und zu durchleuchten.[25]

Die „Aufgabe der Psychologie" wird von Cohen so als die „einer *hodegetischen Enzyklopädie des Systems der Philosophie*" bestimmt.[26] Hodegetik ist ein altes Wort für „Wegweisung" oder „Unterrichtslehre". Im zitierten Kontext meint es eine enzyklopädische Zusammenschau aller Erscheinungsformen der Kultur in der Gestalt aller systematischen Repräsentationen (die jeweils ein im jeweiligen Kontext selbständiges reines Denken hervorgebracht hat), die den Weg weist zur Entwicklung eines neuen Systems, das die Eigenschaft hat, die selbständigen Erzeugnisse aller Kulturinstanzen gleichermaßen zu repräsentieren. Es geht hier also nicht darum, die einzelnen Erscheinungsformen der Kultur einfach nebeneinander stehen zu lassen und wechselseitig zu tolerieren, sondern im kulturellen Austausch eine neue Kultur zu schaffen, die von allen gemeinsam getragen wird. Das bedeutet keine Einebnung von Gegensätzen, wohl aber die Vermittlung eines Erzeugnisses des Denkens, das von allen unter Beibehaltung aller wichtigen Unterschiede doch verantwortet werden kann.

4. Drei Zusätze sind hier angesichts der weiteren in Cohens Schriften zu findenden Skizzen zur Psychologie erforderlich. Einmal geht es um die Frage *des Unterschieds* zwischen der Methode der Psychologie als dem vierten Systemteil und der in den ersten drei Systemteilen angelegten Methode (des reinen Denkens). Hier stellt Cohen in den 1914 entstandenen Passagen der Lange-Einleitung klar, dass die für den vierten Systemteil vorgesehene Methode auch in den davorliegenden Teilen bereits angewandt wurde. „Systematische Psychologie", also für ihn eine genuin philosophische Disziplin, versteht er als „*genetische* Psychologie" und er ergänzt:

Diese Art von Psychologie habe ich in meinen systematischen Büchern bereits darzulegen versucht, unbekümmert darum, ob man heute sie beachtet oder ignoriert: für das Denken in der „Logik der reinen Erkenntnis", für das Wollen in der „Ethik des reinen Willens". Und ein drittes Feld für diese immanente Psychologie habe ich in der „Ästhetik des reinen Gefühls" urbar zu machen gesucht. Nur in der Zusammenwirkung aller Urmotive des Bewußtseins kann es gelingen, die genetische Entwicklung des Bewußtseins zu durchmustern und dieses Labyrinth zu lichten.[27]

Diese auf den ersten Blick vielleicht überraschende Diagnose ergibt Sinn, wenn man die von Vornherein gemachte Festlegung Cohens berücksichtigt, dass in der Psychologie die „Reinheit" bloß einen anderen Gesichtspunkt einnimmt und so zur Einheit wird. Es ändert sich also nicht die Methode, sondern bloß

---
[25] Ebd., 431.
[26] Ebd., 432.
[27] EmkN, 56.

der Gegenstand. In dem neuen Gegenstand – nämlich der Kulturgesamtheit in all ihren Erscheinungsformen – nimmt der genuin philosophische Standpunkt der Reinheit aufgrund des Gegenstandsgebietes zwangsläufig die Erscheinungsform der Einheit an (die sich in den anderen Gebieten, wie wir argumentiert haben, von selber ergibt und daher nicht eigens thematisiert werden muss). Dass Cohen in diesem Zusammenhang überhaupt von „Psychologie" spricht, mag man als Referenz auf den Namen „Völkerpsychologie" auffassen. Auch ist nicht anzunehmen, dass Cohen den letzten Systemteil am Ende so genannt hätte, zumindest nicht ohne erläuternden Zusatz. So nennt er in der Schlusspassage der Logik, wie erwähnt, als „Titel" des letzten Systemteils den Namen „Einheit des Kulturbewusstseins", nicht aber „Psychologie".[28] Zweitens ist dieser letzte Systemteil etwas gänzlich Neues, etwas, das in dem überlieferten Vokabular der Philosophie überhaupt nicht vorkommt. Der Systemteil ersetzt die Metaphysik, und er tut dies, weil letztere, anders als Logik, Ethik und Ästhetik, mit der neuen methodologischen Grundlage der Philosophie in einer systematischen Psychologie einfach nicht mehr betrieben werden kann. So könnte man mutmaßen, dass Cohen den Titel „Psychologie" gewählt hat, um auf den Punkt zu verweisen, wo sich die neue Disziplin fundamental von der alten Metaphysik unterscheidet. Drittens könnte man, wie gesagt, vermuten, dass es sich hier um eine späte Referenz an Cohens Lehrer Steinthal handelt, greift er doch mit der „Einheit des Kulturbewusstseins" ein genuines Ziel von dessen Philosophieverständnis auf und rehabilitiert dadurch tendenziell die völkerpsychologische Philosophie seines Lehrers.

5. Die zweite Bemerkung, die hier abschließend erforderlich ist, betrifft das Verhältnis der Psychologie bzw. des gesamten Systems *zur Religionsphilosophie*. Schon in den Schlusspassagen der Ästhetik bemerkt Cohen: „Die Einheit des Bewußtseins der Kultur kann nicht zustande kommen, wenn nicht vorher die Grenzverhältnisse zwischen Religion und Wissenschaft, zwischen Religion und Sittlichkeit, und ebenso zwischen Religion und Kunst sicher und klargestellt und ins reine gebracht sind."[29] Aus diesem Grund kulminiert Cohens Schrift von 1915 „Der Begriff der Religion im System der Philosophie" in einem Kapitel „Das Verhältnis der Religion zur Psychologie". Dort stellt Cohen zunächst den kulturübergreifenden Standpunkt der Psychologie erneut und in weiter verdeutlichter Weise heraus:

Die Psychologie bedeutet uns das Problem der Einheit des Bewußtseins für alle *Hauptrichtungen* und *Seitenwege*, die das Kulturbewußtsein einschlägt. Sofern diesem Kulturbewußtsein Normalität zuerkannt wird, soll kein Weg, den das Bewußtsein in der gesamten Kultur einschlägt, als pathologisch angenommen, sondern vielmehr seine Einordnung

---

[28] LrE (B), 611. Die Redewendung lautet: „in dem Titel der neuen Psychologie, in dem an die Stelle der *Reinheit* die *Einheit* treten soll".
[29] ÄrG II, 422.

in die *ideale* Einheit des Bewußtseins, in die *Norm der Einheit* erzielt werden. Das ist das *erste* Erfordernis, welches die psychologische Einheit des Bewußtseins aufstellt.

Wenn nun aber jeder dieser Kulturwege des Bewußtseins in die Einheit einzuordnen ist, so ist damit die weitere Forderung ausgesprochen, daß keiner dieser Wege vor den anderen *vorangestellt* werden, keiner hinter dem anderen *verschwinden* darf; wenngleich für die Eigenart, sofern sie von der Selbständigkeit unterschieden werden soll, eine *Nebenordnung* vorgesehen werden muß. Die Einheit aber bürgt dafür, daß die Nebenordnung nur die einzelnen Glieder des Systems angeht, nicht aber die *Einordnung* in die Einheit gefährden und beeinträchtigen darf.

Diese Forderung kann auch dahin ausgedrückt werden: daß keines der Glieder, geschweige denn eine Eigenart, irgendeine Präponderanz, ein Übergewicht oder gar eine *Totalität* zu bedeuten haben darf.[30]

Welche Rolle aber spielt die Religion hier? – Diese Dinge könnte man alle ja scheinbar auch ohne Bezug auf die Religion postulieren. – Das Verhältnis zwischen Philosophie, Wissenschaft und Religion wird von Cohen zunächst negativ bestimmt, dadurch, dass „kein Konflikt zwischen Religion und Wissenschaft zu Recht bestehen kann":

Die Freiheit der Wissenschaft muß die unverletzliche Voraussetzung sein für die Religion, sofern sie ein systematisches Glied der Einheit des Bewußtseins ist. Keine Form der *Mystik* darf gegen die Grundform der Erkenntnis angesprochen werden; keine *Intuition* als ein methodisches Organ der Erkenntnis, geschweige die *Phantasie*, die nur für Kunstgebilde in Frage kommen kann.

Ebensowenig darf die *Tradition* literarischer Quellen oder geschichtlicher Institutionen als eine selbständige Autorität angerufen werden. Die literarischen Denkmäler und die geschichtlichen Institute unterliegen allesamt dem einheitlichen allgemeinen Gesetze der Quellenforschung, welches ebenso für Poesie und Sage gilt, wie für Wissenschaft und Geschichte. *Eine Methode für die Eine Erkenntnis.*

Es gibt für Cohen keinen Spielraum, dass Religion bei Fragen der Erkenntnis irgendwo dazwischenfunken könnte. Und dennoch spielt sie für Cohen eine wesentliche Rolle *im Hintergrund* des Systems. Die Vernunft und die Einheit des Bewusstseins sind Forderungen, Postulate, die wir an den menschlichen Geist stellen *können*, aber eben nicht *müssen*. Genau so, wie wir ein Leben in Vernunft leben können, können wir auch ein Leben in Unvernunft führen. Und genau so, wie wir eine Einheit des Kulturbewusstseins anstreben können, die allen Spielarten der Weltkultur mit einschränkungslosem demokratischem Geist zu ihrem Recht verhilft, können wir uns auch für einen Totalitarismus entscheiden, in dem wir ausschließlich unsere eigene Kultur gelten lassen. Der ethische Nonkognitivist würde nun sagen, dass die Entscheidung in solchen weltanschaulichen Fragen eine Frage der subjektiven Emotion ist. So etwa Carnap: „Auch wir haben ‚Bedürfnisse des Gemütes' in der Philosophie; aber die

---

[30] BR, 109f. Im Original sind die drei hier zitierten Paragraphen mit den Nummern 4, 5 und 6 versehen, die hier der Übersichtlichkeit halber weggelassen wurden.

gehen auf Klarheit der Begriffe, Sauberkeit der Methoden, Verantwortlichkeit der Thesen, Leistung durch Zusammenarbeit, in die das Individuum sich einordnet."[31] Cohen sagt etwas Ähnliches, aber er beruft sich dabei nicht auf einen Nonkognitivismus, sondern auf seine Auffassung von „Religion der Vernunft aus den Quellen des Judentums". Das, was uns zu der Entscheidung bringt, den Weg der Vernunft und der Einheit zu gehen und nicht den der Unvernunft und des Totalitarismus, ist für Cohen eben die Religion:

Es ist der Triumph systematischer Methodik, was hierdurch für die Religion, für ihre Eingliederung in das systematische Glied der Erkenntnis, für ihre Einordnung in die Einheit des Kulturbewußtseins gewonnen wird. Alle Forderungen des Gemütes, alle Ansprüche der geschichtlichen, der literarischen, der nationalen *Pietät* selbst werden befriedigt. Die Einheit der Erkenntnis ist die Parole für die Eigenart der Religion.[32]

Für Cohen bestimmt also die Religion die normative (bzw. emotionale) Entscheidung *gegen* das Irrationale, *für* ein Bekenntnis zur Vernunft und für die demokratische Einbeziehung aller Standpunkte, einschließlich aller „Hauptrichtungen und Seitenwege".

6. Dass Cohen, der in der Ästhetik zu einer Art Genieverehrung durchaus Affinitäten zeigte, auf der gesamtkulturellen Ebene tatsächlich – dies die dritte abschließende Bemerkung zu diesem Abschnitt – im strikten Sinn *demokratisch* eingestellt und also dem Gleichheitsgrundsatz verpflichtet war, legt folgende Bemerkung aus dem Platon-Aufsatz von 1916 nahe:

Für unsere Zeit gilt die doppelte Einsicht zu gewinnen, daß der Pessimismus von der Unfähigkeit der sogenannten Menge für die Wissenschaft das Grundübel ist, das allen wahrhaften Fortschritt hemmt und illusorisch macht. Das ganze Volk ein Priesterreich, dieser prophetische Grundgedanke muß die Losung der neuen Welt werden.[33]

Diese Formulierung rundet das Bild der Psychologie in Richtung von Cohens Engagement in Volksbildung und (Sozial-)Demokratie ab. Es geht beim Denken in seinen in der Einheit des Kulturbewusstseins zusammenzuführenden Instanzen eben nicht nur um das Denken von wenigen Auserwählten, sondern um jedes Denken jedes Menschen, gleichgültig welchen Bildungsstand er besitzt, gleichgültig welche Stellung in der Gesellschaft er hat und ob diese es ihm überhaupt ermöglicht, die modernen Entwicklungen der Wissenschaft zur Kenntnis zu nehmen.

Cohens politische Haltung war in wesentlichen Punkten *demokratisch*, und das hat ihn von der großen Mehrheit der Intellektuellen seiner Zeit unterschieden.[34] Er legte den oben zitierten abstrakten Gleichheitsgrundsatz auch auf die

---

[31] CARNAP, Aufbau, XV.
[32] BR, 114.
[33] COHEN, Platon, 334f.
[34] Zu Cohens Demokratieauffassung vgl. WIEDEBACH, Cohen; DERS., Nationalität, 132–

explizite Verpflichtung auf freie und gleiche Wahlen um. Cohen kippt damit gleichzeitig die absolutistische Staatsauffassung Hegels in die Demokratie (ist der Absolutismus für Hegel die Verkörperung des Staates, so ist es für Cohen die Demokratie und das „allgemeine gleiche Wahlrecht"):

> *Ohne das allgemeine Wahlrecht gibt es keine Wahrhaftigkeit für das Selbstbewusstsein des Staates.* Mit dem allgemeinen Wahlrechte erst beginnt die Bildung des Willens, und somit des Selbstbewusstseins für den Staat. Und sofern der Staat auf dem Willen und dem Selbstbewusstsein beruht, so darf man unbedingt sagen, dass der Staat seiner begrifflichen Bedeutung nach nicht vorhanden ist, bevor das Wahlrecht in Kraft getreten. Es muss daher auch die Fiktion gelten, dass der Staat als suspendiert anzusehen sei, bevor das Wahlrecht zur erneuten Ausübung gekommen ist.
>
> Das Wahlrecht beruht auf der Voraussetzung der geistigen und demzufolge sittlichen *Gleichwertigkeit aller Mitglieder des Staates* für den Willen, für das Selbstbewusstsein, für die einheitliche Persönlichkeit des Staates. [...] Wer von diesem Grundrechte ausgeschlossen wird, der wird vollständig entrechtet, insofern das Recht die Anerkennung der ihm Unterworfenen voraussetzt; der wird zum sittlichen Analphabeten verstümmelt; dem wird diejenige Mündigkeit aberkannt, zu welcher sonst die allgemeine Schulpflicht als die hinreichende Voraussetzung ausgegeben wird.[35]

Demokratie ist für Cohen die Antithese zu Totalitarismus, genau in demselben Sinn, wie die Psychologie als letzter Systemteil die Antithese zur Metaphysik darstellt. Cohens Weltanschauung verkörpert sich also auf der Ebene des Systems in der Psychologie ebenso wie sie sich auf der Ebene der Politik in der Demokratie verkörpert, sie ist eine *Synthese aus Metaphysikkritik und Demokratie*. Cohen weist damit im Übrigen, was hier jedoch nicht näher erläutert werden kann, auf die bis heute einzig adäquate affirmative philosophische Auseinandersetzung mit Demokratie voraus, nämlich die auf Nonkognitivismus und wissenschaftlicher Objektivität basierende Konzeption von Hans Kelsen.[36]

2. Zur politischen Aktualität von Cohens Psychologie

1. Cohens Projekt der Psychologie ist eine politische Angelegenheit. Die „Selbständigkeit" des Denkens, unbedingte Voraussetzung für die Möglichkeit eines „reinen" Systems der Logik, Ethik und Ästhetik, erweist sich als Sackgasse, sobald dieses Denken mit einer „fremden Autorität", also mit den Produkten und der Funktionsweise irgend eines anderen Denkens konfrontiert wird. Cohen weist hier die klassische Antwort, die man der deutschen Philosophie des

---

141.147; HOLZHEY, Sozialismus; WINTER, Ethik, 332. Zum übergeordneten Thema der Politik und Sozialdemokratie in der „Marburger Schule" vgl. SIEG, Neukantianismus, 225–234.

[35] ErW (B), 519.

[36] KELSEN, Wissenschaft. Zu den mit Kelsen inkompatiblen, inadäquaten Demokratieauffassungen in der neueren Philosophie vgl. Anm. 44.

neunzehnten Jahrhunderts oft (und in vielen Fällen zurecht) zuschreibt,[37] zurück, wonach das selbständige Denken (1) dahingehend zu qualifizieren wäre, ob es überhaupt in der Lage ist, zu den Tiefen der Weisheit oder zu den Höhen des platonischen Himmels vorzudringen, und (2) dann aber auch zwangsläufig immer zu denselben Resultaten gelangen müsste. Dies läuft auf einen doppelten Absolutismus hinaus, nämlich (a) einen Absolutismus des Systems – *ein* Faktum kann immer nur ein verbindliches System hervorbringen – sowie (b) einen politischen Absolutismus, der zwangsläufig das politische System der Diktatur einer intellektuellen Minderheit impliziert, die den Zugriff auf die verbindliche Weisheit besitzt. Demgegenüber vertritt Cohen auf beiden Ebenen die Antithese. Er verteidigt (a') einen strikten Relativismus des Systems, dessen Selbständigkeit des reinen Denkens eine nur in der jeweiligen Selbsterkenntnis zu stiftende ist, die sich auf keine äußere Richtschnur verpflichten lässt (außer der des empirischen Faktums, aber dem muss das Denken eben von sich aus genügen, nicht kraft einer äußeren Rechtfertigungsinstanz), sowie (b') einen demokratischen Pluralismus, der alle Spielarten der Kultur als gleichwertig zu schätzen erzwingt, einschließlich der Haupt- und Seitenwege: nichts kann dabei als „pathologisch" abgetan werden.

Natürlich ist diese radikale Sichtweise Cohens voller Spannungsfelder. Wie soll dieser Pluralismus und radikale Kulturrelativismus mit Cohens gleichzeitigem Vertreten eines jüdischen Nationalitätsbegriffs und erst recht seiner Annäherung an die „Ideen von 1914" in Einklang gebracht werden?[38] Wie verträgt sich eine auf Vernunft, reinen Willen und geniehafte Gefühlsreinheit gepolte Weltanschauung mit dem Postulat der Einbeziehung aller kulturellen Abseitigkeiten, die gerade auch die Verneinung der Vernunft einschließen müssen?[39]

---

[37] Vgl. KÖHNKE, Neukantianismus, sowie Lübbe, Philosophie. Diese klassischen Darstellungen stimmen darin überein, dass sie beide auf die These einer totalitären Verdichtung des Denkens der posthegelianischen Philosophie hinauslaufen, die im Fall Köhnkes anhand der reaktionären Wende mit der deutschen Reichsgründung thematisiert wird, bei Lübbe als kontinuierlicher, in den Ideen von 1914 kulminierender Prozess. Beide Pioniere der modernen Philosophiegeschichtsschreibung versäumen leider, in ihren ansonsten maßstabsetzenden und akkuraten Darstellungen, hinreichend klar herauszuarbeiten, dass Cohen in vielen Punkten als Antithese zu diesen Tendenzen verstanden werden muss.

[38] Vgl. dazu die Auseinandersetzung bei WIEDEBACH, Nationalität.

[39] Es ist dabei zu bedenken, dass gerade für Cohen eine bildungsferne Masse und ein die Vernunft und die Wissenschaft negierender Bevölkerungsteil ein Hindernis darstellt, das „Einheit des Kulturbewusstseins" unmöglich macht. Jedoch setzt Cohen auf die Möglichkeit, diesen Zustand durch weltweite Bildungsoffensiven zu verbessern und also auf die Utopie einer durchweg gebildeten Weltbevölkerung, die am Ende von selber die Vernunft als Maßstab akzeptiert. Ohne Zweifel setzt die „Einheit des Kulturbewusstseins" die Verwirklichung einer solchen Utopie voraus bzw. ist die „hodegetische Enzyklopädie des Systems der Philosophie" am Ende als Leitfaden zur Verwirklichung dieser Utopie intendiert. Mit anderen Worten, die „Einheit der Menschheit" setzt natürlich eine gebildete Menschheit voraus, bildungsferne Massen machen sie unmöglich. Erst muss diese bildungsferne Masse auf ein höheres Bildungsniveau gehievt werden. Dann erst kann die Psychologie erfolgreich wirksam werden.

Wie geht schließlich Cohens Eintreten für freie und gleiche Wahlen mit seiner von manchen vermuteten Ablehnung der parlamentarischen Demokratie zusammen?[40] Im Rahmen dieses Aufsatzes müssen diese Spannungen weitgehend unaufgelöst bleiben.

2. Die heute seit Jahren die politische Welt beherrschende Welle des Populismus weist überraschende und erschreckende Parallelen zu der Welt des Fin de Siècle auf, in der Cohens politische Denkweise des Systems der Philosophie entstanden ist. Dem damaligen Imperialismus und Kolonialismus steht heute eine neue Tendenz des Protektionismus und Kulturimperialismus gegenüber, in der die jeweils eigenen Werte verabsolutiert und abweichende kulturelle Phänomene dementsprechend abgewertet, marginalisiert, stigmatisiert werden. Überraschend und erschreckend ist dies, weil es einen beinahe in allen Weltteilen zu findenden Bruch darstellt mit einem nach dem Zweiten Weltkrieg entstandenen internationalen Konsens, der sich in der weltweiten Etablierung von neuen Demokratien niederschlug sowie in der Anerkennung der 1948 von den Vereinten Nationen verkündeten Allgemeinen Erklärung der Menschenrechte. Heute werden sowohl demokratische Strukturen als auch die Menschenrechte allerorten infrage gestellt, jedoch stets in Verbindung mit einem zumindest auf den ersten Blick eher neuartigen politischen Phänomen, nämlich dem Ignorieren wissenschaftlicher Expertise in einer Diskussionskultur, die Rationalität und Objektivität dem Durchsetzungsvermögen auf dem Schlachtfeld der irrationalen Meinung zu opfern scheint. Auf den ersten Blick hat diese heutige Tendenz kaum Parallelen aufzuweisen in den durchweg vertikal strukturierten Gesellschaften des Fin de Siècle. War nicht die wissenschaftliche Expertise, die heute mit Füßen getreten wird, im Fin de Siècle der nicht hintergehbare verbindliche Kanon einer geistigen Elite? Bei genauerem Hinsehen zeigt sich jedoch, dass diese unumschränkte Autorität der Intellektuellen im Fin de Siècle (und erst recht in der Weimarer Republik) nur deshalb möglich gewesen ist, weil die Intellektuellen selbst mehrheitlich *eben nicht* rational gedacht haben und in einer von „Kathederpropheten" vergifteten Wissenschaftskultur aufgehört haben, Anhänger der Vernunft zu sein.[41] Es fanden hier dramatische Verwerfungen statt, die die intellektuelle Gesellschaftselite ungefähr ab dem Zeitpunkt der deutschen Reichsgründung erfassten und die in der Weimarer Republik ihren Höhepunkt erreich-

---

[40] Vgl. WIEDEBACH, Cohen. Hier wird eine ablehnende Haltung Cohens gegenüber der parlamentarischen Demokratie vermutet. Dies aufgrund von COHEN, Schmollers Angriff, 410. Dort heißt es, dass „nicht das Volksbewußtsein […] die Obrigkeit hemmen und zügeln [darf], sondern mit dem Geist des Gesetzes hat die Obrigkeit das Volk zu erziehen und das Volksbewußtsein zu erleuchten". Wie diese Stellungnahme mit Cohens Eintreten für freie und gleiche Wahlen in Einklang zu bringen sein könnte, muss hier offengelassen werden.

[41] In diesem Sinn argumentieren sowohl WEBER, Wissenschaft, als auch Verein Ernst Mach, Wiener Kreis. Vgl. die mit diesen Zugängen konvergierende historische Interpretation bei RINGER, Die Gelehrten.

ten.⁴² Cohens Philosophie hielt Distanz zu diesen Tendenzen. Sie ist darin provokant und unzeitgemäß, dass sie noch in den ersten Jahrzehnten des zwanzigsten Jahrhunderts, als in Deutschland allerorten irrationalistische Tendenzen die Philosophie und die Wissenschaft zu dominieren begannen, die Fahne der Vernunft und der Aufklärung hochgehalten hat. Das heißt, ungeachtet der signifikant anderen Rolle der Intellektuellen damals und heute, waren damals wie heute nicht nur die totalitären und kulturimperialistischen Tendenzen dominant, sondern eben auch die anti-rationalen, anti-aufklärerischen. Nur dass damals die Intellektuellen selbst der anti-aufklärerischen Revolte das Wort geredet haben, dies heute aber mehrheitlich nicht tun. Sehr vergröbernd kann man sagen, dass es sich im Unterschied zwischen damals und heute nicht um einen Rückschritt in der gesellschaftlichen Unterschicht handelt, sondern viel mehr um einen Fortschritt der gebildeten Schicht.⁴³ Cohen erlaubt hier den Brückenschlag, indem er eine heute (bei Intellektuellen) durchaus anschlussfähige Haltung zu grundlegenden Fragen der Politik und der Wissenschaft einnimmt.

3. Cohens in der Psychologie gipfelndes System kann heute als ein interessanter Anknüpfungspunkt verstanden werden für ein demokratisches Denken, das gleichzeitig Totalitarismus und Irrationalismus bekämpfen möchte. Es ist der rigide Standpunkt des Systems, mit seiner monolithischen Natur und häufig scholastisch anmutenden Gestalt, der bei Cohen eine Brechung erfährt und plötzlich den Klauen des Hegelschen Absolutismus entrissen zum Werkzeug einer pluralistischen, demokratischen Weltanschauung mutiert. Die Philosophie der kontinentaleuropäischen Tradition steuerte schon zu Lebzeiten Cohens weg von der Vernunft, weg von der aufklärerischen Idee eines auf „reinem Denken" gestützten Philosophierens, hin zu einem seit Heidegger das europäische Denken dominierenden anti-aufklärerischen „Postmodernismus". An diesen Zerstörungen haben alle nachfolgenden Denker dieser Tradition gelitten, allen voran die in ihrer Grundtendenz ebenso humanitär wie links eingestellten. Habermas hat in seiner Philosophie keine wirklich demokratische Weltsicht zustande gebracht.⁴⁴ Derrida, dem letzteres sehr wohl gelungen wäre, ist dennoch

---

⁴² Zu dem hier angedeuteten globalen Bild der Philosophiegeschichte der vergangenen zwei Jahrhunderte im deutschsprachigen Raum vgl. DAMBÖCK, Empirismus, 2–22. Das dort gezeichnete Bild deckt sich in vieler Hinsicht mit den klassischen Ausführungen in KÖHNKE, Neukantianismus; LÜBBE, Philosophie. Vgl. aber auch oben Anm. 37.
⁴³ Dieses Phänomen kann auch als Proletarisierung der Bildungselite analysiert werden, die sich auf einer rein demografischen Ebene erschließen lässt. Bis in die Weimarer Republik blieb in Deutschland die Gruppe der „geistigen Arbeiter", die sich sehr grob als alle Personen der werktätigen Bevölkerung mit mindestens Mittelschulabschluss erfassen lässt, eine winzige Minorität, die nie mehr als drei Prozent der Bevölkerung umfasste. Bis heute ist diese Gruppe auf knapp ein Drittel der werktätigen Bevölkerung angewachsen und wird in einigen Jahren die absolute Mehrheit erreichen. (Hochgerechnet aus einschlägigem Datenmaterial des Statistischen Bundesamts: www.destatis.de). Die gebildete Schicht ist die Arbeiterklasse der Zukunft.
⁴⁴ Vgl. HABERMAS, Theorie. Habermas' „deliberative Demokratie" ist, anders als die

für die heutige politische Situation kaum anschlussfähiger, weil seine Weltanschauung von dem Irrationalismus einer dem „Tod des Subjekts" verpflichteten Postmoderne dominiert ist.[45] Cohen kann hier als Gegengift fungieren, weil er in genau der europäischen Tradition, in der auch der postmoderne Diskurs entstanden ist, eine schon damals unzeitgemäße Alternative aufgezeigt hat.[46] Die Idee der Psychologie liefert nicht nur den Gipfel des Systems, sondern auch den Höhepunkt einer Philosophieauffassung, die man heute ins Treffen führen kann, zur Verteidigung der Demokratie *und* der Wissenschaft. Cohens Psychologie der „Einheit des Kulturbewusstseins" ermöglicht es uns nämlich, zwei auf den ersten Blick unvereinbare Standpunkte zusammenzuführen, die in den zuvor genannten Demokratietheorien zwangsläufig zu Widersprüchen führen bzw. schlicht aufgegeben werden müssen, nämlich (1) die aufklärerische Idee wissenschaftlicher Rationalität als verbindlichem Maßstab des Denkens und (2) die relativistische Idee der Berücksichtigung aller divergierenden Standpunkte der Weltkultur.

Literaturverzeichnis

ADELMANN, DIETER, *Einheit* des Bewusstseins als Grundproblem der Philosophie Hermann Cohens. Vorbereitende Untersuchung für eine historisch-verifizierende Konfrontation der Fundamentalontologie Martin Heideggers mit Hermann Cohens „System der Philosophie", Potsdam 2012.

CARNAP, RUDOLF, Der logische *Aufbau* der Welt, Berlin 1928.

COHEN, HERMANN, Das soziale Ideal bei *Platon* und bei den Propheten, in: DERS., Kleinere Schriften VI. 1916–1918, Werke 17, hg. v. HARTWIG WIEDEBACH, Hildesheim/ Zürich/New York 2002, 299–335.

Demokratie bei Kelsen, nicht auf der Idee einer im *Kompromiss* geschaffenen Vermittlung zwischen entgegengesetzten Positionen aufgebaut, sondern auf einer im Kern der Werttheorie Rickerts entsprechenden Repräsentation gesellschaftlicher Realität in einem Abstraktum, das hier, bei Habermas, eben durch Wahlen bestimmt wird. Dadurch fehlt das für die Demokratie im Sinne Kelsens konstitutive nonkognitive Element völlig. In anderen Worten, Habermas' Demokratiebegriff ist ein durch Wahlen ergänzter Totalitarismus.

[45] Vgl. etwa die „fünf zentralen Punkte" einer „kommenden Demokratie'" in: DERRIDA, Schurken, 123–131. Ähnliches wie für Derrida gilt für die zum Teil an dessen Demokratieverständnis anknüpfenden Arbeiten von Chantal Mouffe, weshalb es nicht überrascht, dass Mouffe aktuell einen (übrigens, wie Derrida selbst, auf Carl Schmitt aufbauenden!) „linken Populismus" verteidigt, der zwar den demokratischen Anschein zu wahren versucht, aber sowohl im Prinzip der Ausgrenzung einer „Oligarchie" als auch in der fehlenden Antwort auf anti-wissenschaftliches Denken am Ende in totalitäre Denkfiguren kollabiert. Vgl. MOUFFE, Populismus, 57.61.92.

[46] Zum Spannungsverhältnis zwischen der hier vertretenen Lesart Cohens und einer denkbaren „postmodernen" Herangehensweise an seine Philosophie vgl. DAMBÖCK, Empirismus, 157 Anm. 121.

DERS., Betrachtungen über *Schmollers Angriff* (Streiflichter 8/9), in: DERS., Kleinere Schriften VI. 1916–1918, Werke 17, hg. v. HARTWIG WIEDEBACH, Hildesheim/Zürich/ New York 2002, 391–416.

DERS., Kleinere *Schriften I.* 1865–1869, Werke 12, Hildesheim 2012.

DERS., *Briefe an August Stadler*, hg. v. HARTWIG WIEDEBACH, Basel 2015.

DAMBÖCK, CHRISTIAN, „*Was vernünftig ist*, ist eine Insel". Zu Dieter Adelmanns Dissertation über Hermann Cohen, in: Zeitschrift für Religions- und Geistesgeschichte 66 (2014), 1–31.

DERS., Deutscher *Empirismus.* Studien zur Philosophie im deutschsprachigen Raum 1830–1930, Dordrecht 2017.

DERRIDA, JAQUES, *Schurken.* Zwei Essays über die Vernunft, Frankfurt/M. 2006.

HABERMAS, JÜRGEN, Politische *Theorie*, Frankfurt/M. 2009.

HOLZHEY, JÜRGEN, Neukantianismus und *Sozialismus.* Einleitung, in: DERS. (Hg.), Ethischer Sozialismus. Zur politischen Philosophie des Neukantianismus, Frankfurt/M. 1994, 7–38.

KELSEN, HANS, *Wissenschaft* und Demokratie (1937), in: DERS., Verteidigung der Demokratie, hg. v. MATTHIAS JESTAEDT/OLIVER LEPSIUS, Tübingen 2006, 238–247.

KÖHNKE, KLAUS C., Entstehung und Aufstieg des *Neukantianismus.* Die deutsche Universitätsphilosophie zwischen Idealismus und Positivismus, Frankfurt/M. 1986.

LÜBBE, HERMANN, Politische *Philosophie* in Deutschland, München 1963.

MOUFFE, CHANTAL, Für einen linken *Populismus*, Berlin 2018.

MOYNAHAN, GREGORY B., The Challenge of *Psychology* in the Development of Cohen's System of Philosophy and the Marburg School Project, in: CHRISTIAN DAMBÖCK (Hg.), Philosophie und Wissenschaft bei Hermann Cohen/Philosophy and Science in Hermann Cohen, Dordrecht 2018, 41–76.

RINGER, FRITZ K., *Die Gelehrten*, Der Niedergang der deutschen Mandarine 1890–1933, Stuttgart 1983.

SIEG, ULRICH, Aufstieg und Niedergang des Marburger *Neukantianismus.* Die Geschichte einer philosophischen Schulgemeinschaft, Würzburg 1994.

STEINTHAL, HEYMANN, *Einleitung* in die Psychologie und Sprachwissenschaft, Abriss der Sprachwissenschaft 1, Hildesheim 1971.

Verein Ernst Mach (Hg.), Wissenschaftliche Weltauffassung. Der *Wiener Kreis*, Wien 1929.

WEBER, MAX, *Wissenschaft* als Beruf, München 1919.

WIEDEBACH, HARTWIG, *Cohen*, Hermann, in: MANFRED ASENDORF/ROLF VON BOCKEL (Hg.), Demokratische Wege. Deutsche Lebensläufe aus fünf Jahrhunderten, Stuttgart 1997, 120–121.

DERS., Die Bedeutung der *Nationalität* für Hermann Cohen, Hildesheim 1997.

WINTER, EGGERT, *Ethik* und Rechtswissenschaft. Eine historisch-systematische Untersuchung zur Ethik-Konzeption des Marburger Neukantianismus im Werke Hermann Cohens, Berlin 1979.

Internetquellen

www.destatis.de (zuletzt verwendet: 27.02.20).

Idealismus und Realismus –
Cohen als Schüler Trendelenburgs

Lois M. Rendl

Cohen war kein Schüler Trendelenburgs im engeren Sinn, er besuchte zwar in seinem ersten Studienjahr in Berlin (1864/65), wie er in dem seiner Dissertation beigefügten Lebenslauf bemerkt, auch bei Trendelenburg Lehrveranstaltungen, jedoch weckte „[d]ie geistreiche aber doch dogmatische Scholastik Trendelenburgs [...] seinen Geist sehr bald zur Opposition. Philosophisch fand er damals weit mehr in dem Kreise derer um Steinthal."[1] Seine Dissertation über die *Lehren der Philosophen über die Antinomie von Notwendigkeit und Zufälligkeit*, in der bereits der Einfluss von Steinthals Völkerpsychologie und Sprachphilosophie deutlich wird,[2] scheint allerdings zumindest thematisch von Trendelenburg beeinflusst gewesen zu sein. In der Dissertation knüpfte Cohen an das Thema einer Preisschrift über die Lehren der Philosophen über den Begriff des Zufalls an, in der neben Aristoteles und Epikur auch Spinoza und Kant behandelt werden sollten,[3] die er ein Jahr zuvor bei der philosophischen Fakultät der Universität Berlin eingereicht hatte und von der er möglicherweise sogar Teile für seine Dissertation benutzt hat.[4] Diese Preisschrift wurde von Tren-

---

[1] COHEN, Lehren, 89–90; KINKEL, Cohen, 36–37.39. Vgl. dazu auch: Briefe, 10.
[2] Die erste der bei der öffentlichen Verteidigung der Dissertation vorgelegten Thesen lautete: „Aller Forstschritt der Philosophie ist in der Psychologie begründet." COHEN, Lehren, 91. Am Leitfaden dieser These entwickelt er in dem gedruckten Teil der Dissertation die Geschichte der Lehren über Notwendigkeit und Zufälligkeit von Thales bis Aristoteles. Zu Cohens Verhältnis zu Steinthal vgl. KINKEL, Cohen, 37 ff.; DAMBÖCK, Empirismus, 118–129.
[3] Die Preisaufgabe der Berliner Fakultät lautete: „Casum et contingens quomodo philosophi definiverint et expediverint, doceatur, comparetur, examinetur. Inter alios conferantur Aristoteles phys. II, 1 sqq. Epicurea, Spinozae cogitata metaphysica c. 3., ethic. I, 29. II, 31. II, 44. Kantii critic. Intellectus puri loci nunulli." Vgl. WIEDEBACH, Einleitung, XIV.
[4] Von der Dissertation wurde nur der erste Teil gedruckt, der andere eingereichte Teil ist nicht erhalten. Vgl. COHEN, Lehren, 88. Kinkel sagt jedoch nichts von einem 2. Teil der Dissertation, außerdem bezeichnet er die Preisschrift als „Vorstudie" derselben, in der „die Begriffe casus und contingens nur für Aristoteles untersucht" worden seien (KINKEL, Cohen, 40). Ersteres widerspricht allerdings dem Verweis Cohens auf einen zwar eingereichten, aber nicht gedruckten Teil der Dissertation, zweiteres der Aufgabenstellung der Preisschrift. Strauß schreibt sogar, dass Cohen die Preisschrift als Dissertation benutzt habe (Briefe, 19, Anm. 1). Es wäre möglich, dass Cohen den gedruckten Teil der Dissertation zusammen mit

delenburg beurteilt.⁵ Da Cohen in dem gedruckten Teil der Dissertation auf Trendelenburg keinen Bezug nimmt, ist es schwierig, seine Stellung zu diesem in jener Zeit anhand der Dissertation eindeutig zu bestimmen. Da jedoch die Ideenlehre Platons und Aristoteles' Kritik und Weiterentwicklung derselben sowie die Prinzipien der Bewegung und des Zwecks im Zentrum des gedruckten Teils der Dissertation stehen und im nicht gedruckten Teil jedenfalls auch noch Spinoza und vermutlich auch Kant behandelt wurden, liegt die Vermutung nahe, dass Cohen hier, wenn auch kritisch, Anregungen Trendelenburgs aufgenommen hat.⁶ Zwar scheint Cohen bereits damals mit Kant und Platon den Standpunkt des transzendentalen Idealismus zu vertreten, wie sich aber seine frühe Kant- und Platoninterpretation zu seiner späteren und damit auch seine frühe zu seiner späteren Stellung zu Trendelenburg verhält, lässt sich angesichts dessen, dass sowohl die Preisschrift als auch der nicht gedruckte Teil der Dissertation nicht erhalten sind, nur schwer beurteilen.⁷ Noch deutlicher als in der Dissertation wird der Einfluss von Kant und Steinthal, unter dem Cohens frühe Platoninterpretation offenbar steht, in der 1866 erschienenen Abhandlung *Platons Ideenlehre psychologisch entwickelt*, in der sich Cohen in die Linie Kant-Fichte-Herbart und der an Herbart anknüpfenden Völkerpsychologie Steinthals und Lazarus' stellt.⁸ Cohens Denken ist, zumindest seit seiner frühesten Berliner Zeit, von Kant und Platon geprägt, die er im Zusammenhang einer

---

der Preisschrift (oder zumindest dem Teil derselben über Spinoza und Kant) als Dissertation eingereicht hat. Das würde erklären, warum er die Preisschrift aus Berlin zurückforderte, als er sich in Halle zur Dissertation anmeldete. Vgl. dazu WIEDEBACH, Einleitung, XX.

⁵ Das öffentliche Urteil Trendelenburgs fiel positiv aus, wie Cohen in einem Brief seinem Freund Hermann Lewandowsky im November 1865 berichtet: „Nächstens schicke ich das judicium von Trendelenburg, es ist sehr anerkennend: ‚multa habet quas laudes', ‚ingenuo quo est philosophandi amore vulgaria spernet, edet autem maturiora'." (Briefe, 19). Vgl. dazu SIEG, Cohen, 466 f.; eine alternative Darstellung durch H. Wiedebach ist in Vorbereitung.

⁶ Vgl. COHEN, Lehren, 68.71 ff. Zur Platoninterpretation Trendelenburgs vgl.: BRATUSCHECK, Trendelenburg, 85; vgl. auch: BRATUSCHECK, Trendelenburg, 54.57. Vgl. TRENDELENBURG, Consilio, 21; TRENDELENBURG, illustrata, 38. Zur zentralen Bedeutung der Prinzipien der Bewegung und des Zwecks für Trendelenburg vgl. dessen *Logische Untersuchungen*. Im Winterhalbjahr 1864/65 trug Trendelenburg u. a. über *Allgemeine Geschichte der Philosophie* vor, im Sommerhalbjahr 1865 über *Logik unter Berücksichtigung der zweiten Auflage seiner „Logischen Untersuchungen"*. Beide Vorlesungen könnte Cohen gehört haben. In seiner Vorlesung über die Geschichte der Philosophie behandelte Trendelenburg „die Gesammtgeschichte der Philosophie bis auf Kant", wobei er „eingehend bei [...] Plato, Aristoteles, Spinoza und Kant" verweilte. Bratuscheck, Trendelenburg, 88–89. Freilich ist es nicht unwahrscheinlich, dass sich Cohen bereits bei der Arbeit an seiner Preisschrift mit Trendelenburgs *Logischen Untersuchungen* auseinandersetzte. Auch hatte er bereits 1863 in Breslau eine andere Preisschrift über die Psychologie Platons und Aristoteles' eingereicht, für die er vermutlich Trendelenburgs kommentierte Ausgabe von Aristoteles' *De Anima* benutzte. Vgl. WIEDEBACH, Einleitung, XIII.

⁷ Zur Platonrezeption Cohens vgl. LEMBECK, Platon, 13 ff.

⁸ Vgl. COHEN, Ideenlehre, 135–142.161–163.168–172.178–179; LEMBECK, Platon, 22 ff; POMA, filosofia critica, 35. Vgl. zu Cohens Stellung zu Herbart, an dessen Psychologie Steinthal anknüpfte, auch: COHEN, Rezension von Jürgen Bona Meyer, 320.324.328–329.

Geschichte des Idealismus interpretiert. Darauf, dass Cohen in seinen Berliner Studienjahren in ein näheres Verhältnis zu Trendelenburg getreten wäre, gibt es keinen Hinweis. Neben seinen unter dem Einfluss Steinthals stehenden Arbeiten für die *Zeitschrift für Völkerpsychologie und Sprachwissenschaft* widmete sich Cohen in Berlin nach seiner Dissertation neben dem Studium der nachkantischen Philosophie naturwissenschaftlichen Studien.[9] Explizit wird die Auseinandersetzung Cohens mit Trendelenburg erst in Cohens Stellungnahme *Zur Controverse zwischen Trendelenburg und Kuno Fischer* (1871) und der im selben Jahr erschienenen ersten Auflage von *Kants Theorie der Erfahrung*. Es liegt daher die Vermutung nahe, dass Cohen die Arbeiten Trendelenburgs erst im Zusammenhang mit der öffentlichen Zuspitzung dieser Kontroverse um die Interpretation der *Transzendentalen Ästhetik* Kants um 1870 eingehender zu studieren begann.[10] Während Cohen an *Kants Theorie der Erfahrung* arbeitet, schreibt er im Juli 1870 in einem Brief:

Ich arbeite fest nur Kant und was dazu gehört, [...] Trendelenburg muß ich sehr angreifen. Er hat nach meiner Meinung Kant ganz mißverstanden. So sehr, daß sich Fischer mit Recht verwundert, wie so kurze Zeit nach Kant er von Fachgenossen so wenig gekannt ist. Es ist nämlich ein Angelpunkt. Es handelt sich um den ganzen Wert des kritischen Idealismus: das muß hervorgehen aus der Kritik.[11]

Mit „Kritik" kann hier wohl nur eine Kritik von Trendelenburgs Kantinterpretation gemeint sein. Diese Kritik bildet den Ausgangspunkt von Cohens eigenständiger Kantinterpretation und damit seines Verständnisses des kritischen Idealismus.[12] Die Hauptfrage der Kontroverse ist Trendelenburg zufolge, „ob Kant in seinen Beweisen die Möglichkeit ausgeschlossen habe, dass der Raum und die Zeit, die er als apriorische Anschauungsformen und insofern als subjectiv dargethan hat, auch objectiv für die Dinge gelte und in ihnen Realität habe." An dieser Frage, so Trendelenburg,

theilen sich die Wege. Hat Kant die ausschliessende Subjectivität von Raum und Zeit streng bewiesen, so führt der Weg zum (transscendentalen) Idealismus; hat er sie nicht bewiesen und in seinen Beweisen die Möglichkeit offen gelassen, dass die Vorstellung des Raumes und der Zeit auch für die Dinge ausser uns Geltung habe: so ist der Weg frei, das Ideale im Realen zu befestigen.[13]

---

[9] Vgl. KINKEL, Cohen, 40.
[10] 1869 veröffentlichte Trendelenburg als Replik auf Fischers Kritik in dessen zweiter Auflage der beiden Kant gewidmeten Bände seiner *Geschichte der neueren Philosophie* die Schrift *Kuno Fischer und sein Kant. Eine Entgegnung*, worauf Fischer 1870 mit seiner Abhandlung *Anti-Trendelenburg. Eine Gegenschrift* antwortete, woraufhin eine Reihe von Beiträgen zur Kontroverse erschienen. Vgl. zur Genese der Kontroverse KÖHNKE, Entstehung, 257ff. Vgl. dazu: COHEN, Controverse, 249–253.
[11] Zitiert nach: KINKEL, Cohen, 46. Vgl. ebd. 46–47. Zum „Angelpunkt" vgl. KThE (A), 239–240.
[12] Vgl. COHEN, Controverse, 252.256.258.260.295.
[13] TRENDELENBURG, Fischer, 2–3. Vgl. COHEN, Controverse, 251–252.

Für Cohen fällt die Frage nach der Bedeutung von Kants Lehre von Raum und Zeit zusammen mit der Frage: „Beruht die Natur der Dinge auf den Bedingungen unseres Geistes? oder muß und *kann* das Gesetz der Natur unser Denken bewähren?" Sie ist für Cohen „ein anderer Ausdruck für die Frage nach den Principien der Erkenntnis [...]."[14] Was ist damit gemeint? Cohen entwirft hier offenbar die Alternative zwischen einem bloß *subjektiven* Idealismus, wie er von Fischer im Anschluss an Fichte und Schopenhauer vertreten wurde, und einem *kritischen*, in der mathematischen Naturwissenschaft begründeten Idealismus.[15] In der Ablehnung eines subjektiven Idealismus und in der Orientierung der Philosophie an der mathematischen Naturwissenschaft stimmt Cohen mit Trendelenburg überein, insofern kann Cohen, wie Köhnke vorgeschlagen hat, der Partei Trendelenburgs zugerechnet werden, jedoch deckt sich „Trendelenburgs Absicht, ‚das Ideale im Realen zu befestigen'", tatsächlich mit derjenigen Cohens?[16] Cohens Grundmotiv ist es, wie im Folgenden gezeigt werden soll, Kants *transzendentalen* Idealismus vom Vorwurf des Subjektivismus zu befreien und ihn als wahren Realismus zu begründen. In diesem Punkt scheidet sich sein Weg grundsätzlich von demjenigen Trendelenburgs.[17]

Der Nerv von Trendelenburgs Argumentation ist nach Cohen, dass Kant bewiesen habe, „daß Raum und Zeit *apriorische* und deshalb *rein* subjective Anschauungen seien. Die Ausdrücke: apriorisch und *rein* subjectiv [...] bedeuten, daß sie kein empirisches Wahrnehmen, keine Erfahrung voraussetzen."[18] Kant hat also „die *reine* Subjectivität derselben bewiesen, und damit die *reine* Objectivität, nach welcher sie aus den Dingen durch *Erfahrung* gewonnen würden, ausgeschlossen." Hierin stimmt Trendelenburg Kant zu, aber er verneint, dass Kant auch die „*ausschließende* Subjectivität von Raum und Zeit" bewiesen habe.

Raum und Zeit [so habe Kant Trendelenburg zufolge beweisen wollen] sollen nicht bloß reine, apriorische, weil aller Erfahrung vorhergehende Anschauungen, sondern überhaupt *nur und ausschließlich in den Formen unserer Sinnlichkeit* gegründete Vorstellungen, also nicht nur aller Erfahrung *vorhergehende*, sondern nur in uns *vor sich gehende Modificationen unserer Sinnlichkeit* sein.[19]

Die Untersuchung der Frage, ob „Trendelenburg nachgewiesen [hat], daß Kant in seinen Beweisen für die *ausschließende* Subjectivität von Raum und Zeit

---

[14] Ebd., 249.
[15] Vgl. KÖHNKE, Entstehung, 260–261.
[16] Vgl. Ebd.
[17] Vgl. dazu z. B.: COHEN, Controverse, 264.250: „Das eigene Vorwärts-Denken muß in alle Wege seinen Ausgang von der scharfen Grenzlinie nehmen, die Kant aller künftigen Metaphysik, *und damit aller Psychologie* gezogen hat. [...] wer nicht in Kant's *transcendentaler Ästhetik* heimisch ist, wird sich an den speculativen Scheidewegen nicht zurecht finden." Vgl. dazu COHEN, Rezension von Jürgen Bona Meyer, 329.
[18] COHEN, Controverse, 253. Vgl. TRENDELENBURG, Lücke, 223–224; DERS., Untersuchungen I, 233 ff.
[19] COHEN, Controverse, 254.

eine *Lücke* gelassen hat",[20] erfordert nach Cohen „die Erörterung der ganzen Kantischen Lehre über den Begriff der *Erfahrung*".[21] Diese Untersuchung unternimmt Cohen in *Kants Theorie der Erfahrung*.[22] Wir folgen hier zunächst weiter Cohens Stellungnahme zur Kontroverse. „Wenn", so fasst Cohen Trendelenburgs Argumentation zusammen,

diese *reine* Subjectivität von Raum und Zeit *nicht* bedeuten darf, daß diese *nur und ausschließlich in uns* real seien, für Etwas außer uns dagegen nicht gelten können, so ist durch diese Unterscheidung zugleich die *Möglichkeit* gesetzt, daß Etwas wirklich sei *außer* unserer Subjectivität, daß es ein Objectives gebe, welches von unserer Subjectivität *nicht abhängig* sei. [...] Die *bloße*, die Trendelenburg'sche Objectivität rettet einen Grund und Boden, auf den die apriorische Anschauung sich beziehen könne; sie bietet eine Objectivität dar, welche die Dinge davor bewahrt, in den Abgrund der Erscheinungen zu fallen; sie will die Weltansicht schützen, daß sie nicht zum transcendentalen Idealismus ‚verflüchtigt' werde.[23]

Wie aber ist die Beziehung der apriorischen Anschauung auf eine von unserer Subjektivität unabhängige Objektivität zu denken, fragt Cohen.

Diese Frage hat den geheimen Sinn, daß es in der That nur *ausschließende* Subjectivität gebe. Wie wird denn aber diese bewiesen? durch welches Gedankenelement wird denn das a priori aus dem Rein- zum *Bloß*-Subjectiven? Die Frage treibt, wir man sieht, zur genaueren Bestimmung des a priori. Mit dieser würde die Untersuchung der Hauptfrage sich zu befassen haben.[24]

Für Trendelenburg hingegen stellt sich das Problem gerade umgekehrt dar, da Raum und Zeit nach Kant bloß subjektive Formen unserer Anschauung sind, stellt sich die Frage, wie diese objektive Gültigkeit haben können:

Die Dinge erscheinen uns in Raum und Zeit; aber das Ding an sich erkennen wir nicht, denn Raum und Zeit, die nur subjectiv sind, unsere unvermeidliche subjective Zuthat, verschleiern sie uns. Die idealistischen Consequenzen des nur Subjectiven, das uns den Zugang zum Wesen der Dinge ewig verschliesst, führen bei weiterer Entwicklung ins Skeptische. [...] War durch Kant die reine Mathematik in ihrer inneren Möglichkeit erklärt, so war auf demselben Wege die angewandte Mathematik unerklärlich geworden. Daher hat die Frage eine entschiedene Bedeutung: Hat Kant wirklich bewiesen, das Raum und Zeit nur subjective Formen sind, Formen ohne andere als subjective Geltung.[25]

---

[20] Ebd., 251.
[21] Ebd., 252.
[22] Cohen erwog als Titel der Untersuchung zunächst „Raum und Zeit im Zusammenhang der kantischen Metaphysik und Psychologie, ein Beitrag zum Verständnis des kritischen Idealismus" und etwas später „Raum, Zeit und Kategorien usw.". Vgl. KINKEL, Cohen, 47.
[23] COHEN, Controverse, 255–256. Vgl. ebd., 256–258. Vgl. dazu: TRENDELENBURG, Untersuchungen I, 158: „Hiernach sind Raum und Zeit etwas Subjektives und zwar nach Kant etwas *nur* Subjektives. Wenn dies wirklich folgt, so verflüchtigt sich damit die Weltansicht in Erscheinung, und Erscheinung ist vom Scheine nicht weit entfernt."
[24] COHEN, Controverse, 256. Vgl. KThE (A), 35–36.47 ff.
[25] TRENDELENBURG, Lücke, 217; vgl. auch: TRENDELENBURG, Lücke, 224 f.; DERS., Unter-

Trendelenburg kritisiert hier mit den „idealistischen Consequenzen des nur Subjectiven, das uns den Zugang zum Wesen der Dinge ewig verschliesst" den an Fichte und Schopenhauer anknüpfenden subjektiven Idealismus Fischers.[26] In seinem Beitrag zur Kontroverse behandelt Cohen nicht die Hauptfrage, sondern nur die mit dieser verbundene Nebenfrage, ob „Kuno Fischer nachgewiesen [hat], daß die von Trendelenburg behauptete Lücke in den Kantischen Beweisen nicht vorhanden sei".[27] In Bezug auf Fischer kommt Cohen zu dem Schluss, dass dieser Trendelenburg, „den Gegner Kant's[,] nicht widerlegt, weil er selbst seinen Kant nicht verstanden hat."[28] Seine Stellung zu Trendelenburg charakterisiert er folgendermaßen:

So sehr wir in principiellen Punken von der Trendelenburg'schen Auffassung abweichen, so erklären wir doch unumwunden, daß die von Trendelenburg beregten Zweifel in wahrhaft methodischer Weise anleiten, nach dem Springpunkte des Systems tiefer zu graben und das gesuchte Neue in seiner echten Gestalt zu entdecken.[29]

Dort behandelt er Trendelenburgs „Anfechtung" von Kants Lehre von Raum und Zeit sowie ihr „systematisches Motiv", die Kritik des transzendentalen Idealismus als bloß *subjektiven* Idealismus und damit Skeptizismus, jeweils in einem eigenen Kapitel.[30] Trendelenburg geht in seinen *Logischen Untersuchungen* von der Aufgabe aus, „den Gegensatz zwischen Denken und Sein zu vermitteln."[31] Das diesen Gegensatz Vermittelnde kann nach Trendelenburg nur eine dem *Denken und Sein gemeinsame ursprüngliche Tätigkeit* sein.[32] Diese

---

suchungen I, 158–162. Trendelenburg verweist hier auch auf die psychologische und sinnesphysiologische Kantinterpretation. Vgl. dazu seine Herbartkritik ebd., 173–212, bes. 204.

[26] Vgl. KÖHNKE, Entstehung, 258 ff. Trendelenburg erneuert hier eine Kritik an Kant, die er schon in den seiner Dissertation *Platonis de ideis et numeris doctrina ex Aristotele illustrata* (1826) angehängten Thesen im Anschluss an seinen Lehrer Johann Erich von Berger vertreten hat. Vgl. BRATUSCHECK, Trendelenburg, 58.

[27] COHEN, Controverse, 251–252, vgl. 253–263. Außerdem diskutiert er dort ausführlich die zweite Hauptfrage, ob „Trendelenburg nachgewiesen [hat], daß Kuno Fischer in seine Darstellung der Kantischen Lehre Unkantisches aufgenommen habe" (263–290).

[28] Ebd., 263.

[29] Ebd., 295. Das „Neue" ist nach Cohen das „transzendental-a priori", das a priori der dritten Stufe, d. h. das a priori als Bedingung der Möglichkeit der Erfahrung. Vgl. KThE (A), 92–94.97–98. Vgl. dazu auch COHEN, Controverse, 260: Der „Referent ist ebenfalls der Ansicht, daß kein Satz der Kritik, wo nicht ,möglich', so doch richtig wäre, wenn Kant die Vereinbarkeit der subjectiven und einer objectiven Geltung in dem von Trendelenburg behaupteten Sinne nicht widerlegt hätte[.] Aber Referent hält dieses Problem für eine *Hauptfrage* und bedauert, daß Fischer diese durch seine Auffassung der Controverse als eine Nebenfrage in die Vorrede verwiesen hat. [...] Eine Behandlung der *Hauptfrage* dürfte ergeben, daß Kant die Lücke mit Fischer *nicht* theilt."

[30] Vgl. Kapitel *V. Trendelenburg's Ansicht von der Lücke im transscendentalen Beweise*, in: KThE (A), 62–79 und Kapitel *XIV. Der transscendentale Idealismus als empirischer Realismus. Das Ding an sich*, in: Ebd., 239–253.

[31] TRENDELENBURG, Untersuchungen I, 136.

[32] Ebd., 136–140. Vgl. dazu: TRENDELENBURG, Lücke, 218.

Denken und Sein vermittelnde Tätigkeit ist die *Bewegung*.[33] Die Bewegung des Denkens ist ihm ein Gegenbild der Bewegung in der Natur, „im Gegensatz gegen die äussere im Raum" nennt er sie die „constructive" Bewegung, die „zunächst in der Anschauung" erkannt wird: „Das Denken tritt in der Anschauung aus sich heraus, und dies geschieht durch die Bewegung."[34] Demnach „werden Raum und Zeit für das Bewusstsein erst durch die Bewegung erzeugt."[35] Nach Kants Ansicht hingegen, so Trendelenburg, liegen der unendliche Raum und die unendliche Zeit als fertige Formen in uns bereit „wie ein starrer Guss."[36] Die Unendlichkeit, die nach dieser Ansicht ein Rätsel bleibt, erklärt sich jedoch „unter der Voraussetzung der *constructiven Bewegung*",[37] d. h. unter der Voraussetzung, dass „Raum und Zeit als das nächste Erzeugniss aus der Bewegung entstehen".[38] „Denn sie [sc. die Unendlichkeit] liegt [unter dieser Voraussetzung] nicht mehr fertig in uns, da sie nichts anderes ist, als die über ihr jeweiliges Produkt hinausgehende Bewegung."[39] Hiergegen wendet Cohen ein, dass Trendelenburg Kant missverstanden habe, da diese Erklärung „wesentlich kantisch" sei; „man braucht nur die Bewegung in Anschauung zurückzuübersetzen."[40] Die *reine Anschauung* ist also nach Cohen bei Kant keine fertig bereitliegende Form, sondern die „ursprüngliche Tätigkeit", die Trendelenburg in der konstruktiven Bewegung findet. Diese Anschauung, so Cohen, wird „gerade [deshalb] rein [...] und apriorisch [genannt], weil sie allererst Alles *construirt*."[41] Der Irrtum, die reine Anschauung als eine fertig bereit liegende Form aufzufassen, sei „nur möglich, wenn man die transscendentale Aesthetik ohne die transscendentale Logik behandelt, wenn man die Einheit der Kantischen Kritik zerschneidet."[42] Dementsprechend interpretiert Cohen die transzendentale Äs-

---

[33] TRENDELENBURG, Untersuchungen I, 141 ff.
[34] Ebd., 142–143.
[35] Ebd., 155, vgl. 143–144.148–150.
[36] Ebd., 166. Vgl. KThE (A), 38.69.
[37] Ebd., 65.
[38] TRENDELENBURG, Untersuchungen I, 167.
[39] Ebd.
[40] KThE (A), 65.
[41] Ebd., 30. Ähnlich argumentiert Cohen auch gegen Herbarts Kritik an Kant, „dass die sogenannten *Formen*, der Sinnlichkeit wie des Verstandes, *Prozesse* des Erkennens seien." Ebd., 38–47. Cohen scheint jedoch andererseits die Einwände, die Herbart und Trendelenburg gegen die Möglichkeit der Anwendung dieser bloß subjektiven Formen machen, missverstehen. Vgl. ebd., 39–40.68.142.156 zu: TRENDELENBURG, Untersuchungen I, 164. Zum Problem der Anwendung der Formen der Anschauung (und der Kategorien – Schematismus) vgl. KThE (A), 71–72.184. Trendelenburg macht den empirischen Realismus stark, die subjektunabhängige Objektivität der Erfahrung. Vgl. TRENDELENBURG, Untersuchungen I, 164: „Die kantische Ansicht entfernt sich von dem gemeinen Bewusstsein." Trendelenburg stellt allerdings Subjekt und Objekt nur nebeneinander, er vermittelt sie nicht, er setzt ihre Vermittlung sowie eine subjektunabhängige Objektivität nur voraus. Vgl. auch ebd., 223.233.
[42] KThE (A), 46: „[...] dieser nur in der Lehre vom inneren Sinn zu voller Klarheit gelangenden Gedanken [...]" ibid. Vgl. dazu ebd., 69; TRENDELENBURG, Untersuchungen, 165–166. Hier weist Trendelenburg auf Kants Lehre von der sukzessiven Synthese als konstruktiver

thetik vor dem Hintergrund der transzendentalen Deduktion. Entscheidend ist dabei für Cohen Kants Lehre von der *Synthesis der produktiven Einbildungskraft*, vermittels derer Sinnlichkeit und Verstand zusammenhängen.[43] Gerade hierauf beruft sich auch Trendelenburg und gründet darauf, sowie auf Kants Ausführungen zur konstruktiven Methode der Mathematik in der Methodenlehre, seine Lehre von der konstruktiven Bewegung. Er wirft Kant jedoch vor, die Konsequenz aus diesen Lehrstücken, dass Raum und Zeit keine fertig bereit liegenden Formen sind, sondern mittels der konstruktiven Bewegung erzeugt werden, für seine Anschauungslehre nicht gezogen zu haben. Genau an diesem Punkt knüpft Cohen an Trendelenburg an, indem er diese Konsequenz zieht und die transzendentale Ästhetik im Lichte der transzendentalen Logik interpretiert. Demgemäß versteht er Kants *Formen* der Anschauung als *frei konstruierende Erkenntnisarten*, insofern für ihn transzendentale Ästhetik und transzendentale Logik eine organische Einheit bilden.[44] Cohen wendet sich auch scharf gegen die Behauptung, Kant hätte „die ausschliessende Subjectivität von Raum und Zeit [nicht] streng bewiesen", und damit gegen Trendelenburgs Versuch „das Ideale im Realen zu befestigen". Cohens Weg führt zu Kant und zum *transzendentalen Idealismus*, sein Ziel ist im Gegensatz zu Trendelenburg, *das Reale im Idealen zu befestigen*.[45] Diesbezüglich verweist er darauf, dass nach Kant die Möglichkeit des a priori, „das in einer reinen Construction erstehen soll",[46] und damit auch seine objektive Gültigkeit und empirische Realität, nur dadurch erklärt werden kann, dass es als *transzendentales* a priori begründet wird. „Die Raumes-Anschauung, welche, als a priori gegeben, die Erfahrung construirt, ist nur möglich, sofern sie bloss im Subjecte als die formale Beschaffenheit desselben erkannt wird."[47] Damit „ändert sich [...]", so Cohen,

---

Verstandeshandlung (produktive Einbildungskraft) in der transzendentalen Deduktion und der Methodenlehre hin und sagt, dass die „Consequenz dieser Anschauung [sc. dass Raum und Zeit als das nächste Erzeugniss aus der Bewegung entstehen] [...] über Kant hinaus [führt]". Gerade dagegen richtet sich Cohens Einwand, indem er die transzendentale Ästhetik im Lichte der transzendentalen Deduktion und der Methodenlehre interpretiert. Vgl. KThE (A), 69.136 ff. Vgl. ZEIDLER, Trendelenburg, 150. Vgl. dazu auch KThE (A), 81.

[43] KThE (A), 127–146, bes. 141–142.146. Geert Edel hat mich darauf hingewiesen, dass für Cohen diesbezüglich Kants Bestimmung der Funktion der produktiven Einbildungskraft in der ersten Auflage der *Kritik der reinen Vernunft* maßgeblich ist.

[44] Vgl. KThE (A), 61–62.239. Vgl. dazu ZEIDLER, Idealismus, 150: „Soweit Trendelenburg die *konstruktive Bewegung* als ‚ursprünglich erzeugende Thätigkeit' (TRENDELENBURG, Untersuchungen I, 233) auffasst, sind die Bezüge zum kantischen und neukantianischen Kritizismus mit Händen zu greifen. Seine Auffassung rückt Kants Anschauungslehre in größte Nähe zur Methodenlehre und weist damit voraus auf die Ursprungslogik Hermann Cohens."

[45] TRENDELENBURG, Fischer, 3. KThE (A), 71–72. Vgl. TRENDELENBURG, Untersuchungen I, 152–153; TRENDELENBURG, Lücke, 223. Vgl. auch COHEN, Briefe an August Stadler, 52: „[...] der Sinn dessen, was wir Transscendentalisten Idealismus nennen, also der gediegene Sinn, den wir der ‚Realität' deduciren, [...]."

[46] KThE (A), 37.

[47] Ebd., 49; vgl. ebd., 37.51–52.75 ff.240. Vgl. KANT, KrV, B 41.

die Bedeutung des Subjectiven. [...] die Disjunction: subjectiv-objectiv nach ihrem alten Sinne [wird] aufgehoben. Das transscendentale Subjectiv bedeutet ein [...] *ausschliessend Subjectives*; [...]." Denn „nur dasjenige ist objectiv, was die apriorische Subjectivität ‚hervorbringt', construirt.[48]

Das „systematische Motiv" von Trendelenburgs Angriffen gegen Kants Transzendentale Ästhetik, die „Einwürfe gegen den Werth des kritischen Idealismus aus den allgemeinen Bedürfnissen der Vernunft",[49] behandelt Cohen in einem eigenen Kapitel mit dem Titel „Der transscendentale Idealismus als empirischer Realismus. Das Ding an sich."[50] Cohen verteidigt darin Kants Lehrbegriff des transzendentalen Idealismus, die transzendentale Idealität und empirische Realität von Raum und Zeit, und grenzt diesen vom empirischen oder materialen Idealismus und transzendentalen Realismus ab. Gegen diesen Lehrbegriff wendet Trendelenburg ein, dass, wenn „Raum und Zeit etwas Subjektives und zwar nach Kant etwas *nur* Subjektives" sind, „sich damit die ganze Weltansicht in Erscheinung [verflüchtigt], und Erscheinung vom Scheine nicht weit entfernt" sei,[51] auch wenn Kant selbst dem widersprochen habe, da „er von *wirkenden* Dingen [die unsere Sinne afficiren] gar nicht reden [dürfe]."[52] Cohen nimmt diesen Einwand zum Anlass, um im Anschluss an das Paralogismuskapitel der *Kritik der reinen Vernunft* und Kants Widerlegung des Idealismus die Unhaltbarkeit des empirischen Idealismus und transzendentalen Realismus zu erweisen und das Ding an sich als Grenzbegriff zu bestimmen, ohne allerdings weiter auf Trendelenburgs Argumentation einzugehen.[53]

Was ergibt sich hieraus für die Stellung Cohens zu Trendelenburg? Er weist Trendelenburgs Kantkritik scharf zurück, indem er mit der Widerlegung der angeblichen „Lücke in Kants Beweis von der ausschliessenden Subjectivität des Raumes und der Zeit" auch Trendelenburgs Versuch, „das Ideale im Realen zu befestigen", den Boden entzieht und vielmehr den „transzendentalen Idealismus" als einzigen Ausweg aus dem Skeptizismus verteidigt. Die Bedeutung Trendelenburgs besteht dennoch nicht allein darin, dass dessen Kontroverse mit Fischer für Cohen der Anlass war, eine eigene Kantinterpretation auszuarbeiten, sondern dass ihn, wie Cohen selbst sagt, „die von Trendelenburg beregten Zweifel in wahrhaft methodischer Weise anleite[te]n, nach dem Springpunkte des Systems tiefer zu graben und das gesuchte Neue in seiner echten Gestalt zu entdecken."[54] In besonderer Weise gilt dies für die Bestimmung des Verhält-

---

[48] KThE (A); 54, vgl. ebd., 47 ff. Cohen rückt Trendelenburg in die Nähe von Leibniz, gegen dessen Auffassung von Raum und Zeit als verworrene Vorstellungen sich Kant wendet. Vgl. ebd., 50–51.
[49] Ebd., 62.
[50] Ebd., 239–253.
[51] TRENDELENBURG, Untersuchungen I, 158.
[52] Ebd., 159.
[53] KThE (A), 247–253. Vgl. dazu KBE (A), 18–36.
[54] COHEN, Controverse, 295. Vgl. dazu auch ebd., 254, wo Cohen folgende Stelle aus:

nisses der transzendentalen Ästhetik zur transzendentalen Logik, von Sinnlichkeit und Verstand, insofern Trendelenburg seine Lehre von der „konstruktiven Bewegung" am Leitfaden von Kants Bestimmung der Funktion der produktiven Einbildungskraft und dessen Ausführungen zur Methode der Mathematik entwickelt. Jedoch ist auch hier zu berücksichtigen, dass einerseits Trendelenburg damit eben, wie Cohen sagt, nur einen „wesentlich Kantischen" Gedanken übernimmt. Andererseits war diese Richtung auf ein „konstruktives a priori" bei Cohen schon durch Herbarts Theorie der Apperzeption und ihre Weiterentwicklung bei Steinthal und durch die Auffassung von Kants *Formen* der Sinnlichkeit als mechanischer *Prozesse* vorbereitet.[55] Darüber hinaus spielt hier bei Cohen wahrscheinlich auch die sinnesphysiologische Kantinterpretation Helmholtzens und die induktive Logik Whewells eine Rolle.[56] Neben den Einwänden gegen die Transzendentale Ästhetik ist auch Trendelenburgs Kritik an Kants Kategorienlehre für Cohen wichtig.[57] Trendelenburg hat demzufolge v. a. durch seine Kantkritik sowie auch durch die Gedanken, die er von Kant übernommen hat, auf Cohen gewirkt. Als Schüler Trendelenburgs kann Cohen daher, zumindest in seiner Berliner Zeit, wohl nur in einem sehr eingeschränkten Sinn

---

TRENDELENBURG, Lücke, 223 zitiert, die Cohens eigene Programmatik vorwegzunehmen scheint: „Das a priori drückt einen *Ursprung in unserem Erkennen* aus. Die Form des Raumes, die Form der Zeit, die Form der Einheit in den Kategorien, sowie im Zweck haben einen *Ursprung in der Thätigkeit unseres Geistes*, und als Formen dieses Ursprungs wenden wir sie an; *insofern sind sie subjectiv*."

[55] Vgl. COHEN, Ideenlehre, 104: „Jede Entdeckung aber, so sehr sie durch den aposteriorischen Wissensstoff geschichtlich vorbereitet ist, entspringt doch ihrem letzten Grunde nach aus einer apriorischen Combination, nur so ist sie – ein *psychischer Prozeß*." Ebd., 112: „[...] weil er [sc. Newton] jene ‚Gesetze und Theorien' als Thatsachen vermöge apriorischer Construction appercipirte und zu neuen, allgemeinen Principien und höheren Wahrheiten entwickelte." Vgl. dazu: STEINTHAL, Sprachphilosophie, 68–95. Vgl. KThE (A), 38: „Herbart vermisst bei Kant die wissenschaftlich durchgearbeitete Einsicht, dass die sogenannten *Formen*, der Sinnlichkeit wie des Verstandes, *Prozesse* des Erkennens seien. Mit Recht! Von der theoretischen Präcision, in welcher Herbart seine ‚psychischen Prozesse' denkt und bestimmt, ist bei Kant Nichts zu finden." Vgl. dazu Cohens Zurückweisung von Herbarts Kantkritik, ebd., 39f. Vgl. auch ebd., 46: „Der *Act* der Anschauung selbst wird Form genannt, [...]" Und: Ebd., 47: „[...] die Form ist selbst Anschauung, also gleich dieser, *als* diese, aus dem Quell ihrer selbst." In diesem Zusammenhang wäre auch die Bedeutung Fichtes für Cohens Interpretation von Platons Ideenlehre zu berücksichtigen.

[56] Zu Helmholtz vgl. KThE (A), III.222–223. Cohen bezieht sich dort auf den Anfang des dritten Abschnitts (§ 26) des *Handbuchs der physiologischen Optik*. Auch Trendelenburg setzt sich ausführlich mit den Ergebnissen der Sinnesphysiologie auseinander. Vgl. TRENDELENBURG, Untersuchungen I, 235 ff.; zur produktiven Phantasie: Vgl. Trendelenburg, Untersuchungen I, 248. In *Platons Ideenlehre psychologisch entwickelt* bezieht sich Cohen auf Whewells Begriff der Entdeckung in dessen *Gesichte der inductiven Wissenschaften*. Vgl. COHEN, Ideenlehre, 111–114. Möglicherweise sind in diesem Zusammenhang auch Riemanns und Helmholtzens Ausführungen zu den Grundlagen der (nicht-Euklidischen) Geometrie von Bedeutung. Vgl. KThE (A), 90–92.

[57] KThE (A), 183–185. TRENDELENBURG, Untersuchungen I, 368–369; DERS., Kategorienlehre, 284–290. Vgl. auch DERS., Untersuchungen I, 310–311.322–323.331–332.

bezeichnet werden, auch deshalb, weil Cohen nirgends auf eine näheres Verhältnis zu Trendelenburg hinweist und sich auch selbst offenbar nicht als Schüler Trendelenburgs verstanden hat. Seine beiden Habilitationsversuche in Berlin, im November 1871, kurz vor dem Tod Trendelenburgs, und im März 1873, dürften nicht zuletzt wegen seines offenen Angriffs auf Trendelenburg in *Kants Theorie der Erfahrung* an Trendelenburgs Ablehnung und der Trendelenburg gegenüber loyalen Haltung der Fakultät gescheitert sein.[58] Nachdem er sein zweites Habilitationsgesuch zurückgezogen hat, schreibt er im Mai 1873 an Lange:

> Diese Erledigung [m]eines hiesigen Gesuches hat [...] für mich, der ich nicht zur Schopenhauer-Dühring'schen Faulheitsdisposition neige, (u. die Charakteristik Trendelenburgs nach dessen Tode am wenigsten geschrieben haben möchte!) eine besonders wohltuende Bedeutung. Durch die unverkennbare Anerkennung eines guten Rechtes [sc. das Gesuch zurückzuziehen], mehr noch als in deutlichen Worten in dem ganzen Benehmen eines Mannes [sc. des damaligen Dekans, dem Philologen Kirchhoff] ausgesprochen, der als ein Schüler T[rendele]n[burg]'s mir [mit] unverhohlenem Vorurtheil entgegentrat, hat diese Angelegenheit ein[en] menschliche befriedigenden Abschluß gefunden. Das, was es sonst zu denken giebt, soll auch nicht zur Verbitterung reizen.[59]

Wie kommt aber Köhnke dazu, Cohen in die Schule Trendelenburgs einzuordnen. Köhnke stellt den von Fischer vertretenen rein transzendentalen Idealismus als Subjektivismus und Skeptizismus Trendelenburgs Versuch „das Ideale im Realen zu befestigen" gegenüber und interpretiert dabei den letzteren als „Tendenz [...], den Zusammenhang von Idealem und Realem wissenschaftlich Begründen zu wollen".[60] „In dieser Beziehung" versteht Köhnke Cohen als Schüler Trendelenburgs. Nur in der Abwehr des Skeptizismus und in der Orientierung an den (mathematischen) Naturwissenschaften stimmen sie überein. Darüber, dass Cohen mit Trendelenburg in dieser Beziehung übereinstimmt, besteht kein Zweifel, allein dass Cohen in dieser Beziehung auch Schüler Trendelenburgs sein soll, ist durchaus fraglich, da seine Orientierung an und sein Interesse für die Naturwissenschaften durchaus unabhängig von Trendelenburg ist und vielmehr auf die Anfänge seiner Studienzeit zurückgeht. In erster Linie aber ist Cohen in dieser Beziehung Schüler Kants, der v. a. in den *Prolegomena* und in der 2. Aufl. der Vernunftkritik vom „Faktum" der in der Mathematik und den mathematischen Naturwissenschaften vorliegenden allgemeinen und notwendigen Erkenntnisse ausgeht.[61] Es ist also nicht Trendelenburg, der Cohen

---

[58] Vgl. LANGE, Politik, 361–373; SIEG, Cohen, 477.
[59] Cohen an Lange, 17. 5. 1873, in: LANGE, Politik, 373.
[60] KÖHNKE, Entstehung, 260, vgl. 272.
[61] Vgl. KThE (A), 205–210, vgl. auch ebd., 11–12.101.229–230. In diesem Sinne scheint auch Zeidlers Darstellung von Cohen als „Meisterschüler" Trendelenburgs relativiert werden zu müssen, auch wenn sie sachlich die Leitlinien von Cohens Kantinterpretation zutreffend charakterisiert: „Genau diese beiden Interessen dokumentiert Hermann Cohens Aufsatz Zur Controverse zwischen Trendelenburg und Kuno Fischer (1871), wobei sich Cohen sowohl der Kritik Trendelenburgs an der ‚frei nachbildenden Methode' Fischers anschließt [...], wie

auf die Tatsache der Wissenschaft verweist, sondern zuallererst Kant selbst. Cohen geht daher seinen eigenen Weg, indem er von Herbart zurück zu Kant und mit Kant über Kant hinaus den Weg des von Platon begründeten Idealismus geht. Dieser transzendentale Idealismus ist für Cohen zuallererst ein wissenschaftstheoretischer Idealismus. Wichtiger als die Frage, ob Cohen in dieser Beziehung ein Schüler Trendelenburgs war oder nicht, erscheint die Frage, ob Cohen in seiner Verteidigung Kants der Kritik des Aristotelikers Trendelenburg an der Transzendentalen Ästhetik völlig gerecht geworden ist, insofern dieser die Ansprüche des empirischen Realismus gegen den transzendentalen Idealismus geltend macht und eine von jeglicher subjektiven Konstruktion unabhängige objektive Realität von Raum und Zeit fordert.[62] Diesbezüglich wäre auch das systematische Verhältnis Cohens zu Trendelenburg mit Blick auf *Kants Begründung der Ethik*, das *Prinzip der Infinitesimalmethode* und die *Logik der reinen Erkenntnis* näher zu untersuchen.

---

auch seine Bemühung um eine Objektivität unterstützt, die ‚von unserer Subjektivität nicht abhängig sei' [...]. Hermann Cohen argumentiert hier weitgehend zugunsten seines Lehrers Trendelenburg und er hat denn auch in der Folge seine eigene systematische Position – und damit die Grunddoktrin der Marburger Schule – an dem Leitfaden einer Kantinterpretation entwickelt, die Trendelenburgs latenten Platonismus, seine Lehre von der ursprünglichen Tätigkeit und konstruktiven Bewegung sowie den wissenschaftstheoretischen Ansatz seiner Logischen Untersuchungen gleichsam als Hebel einsetzt, um Kants Lehre von allen Anmutungen eines empirischen oder subjektiven Idealismus zu befreien." ZEIDLER, F. A. Trendelenburg, 152. Vgl. dazu auch ebd., 171–172; ORTH, Kulturfaktum, 59–61. Vgl. außerdem zu Cohens wissenschaftstheoretischer Kantinterpretation: RENDL, Reduktion, 135–144.
[62] Vgl. TRENDELENBURG, Lücke, 222–223. Zum Problem der *angewandten* Mathematik vgl. DERS., Untersuchungen I, 160–161.164. Vgl. außerdem ebd. 216–218. Vgl. auch DERS., Untersuchungen II, 470–488. Vgl. dazu auch ZEIDLER, Idealismus, 154–155; PULTE, Naturalisierung, 73. Der Grund dafür, dass Cohen Trendelenburgs Einwänden gegen Kants Lehre von Raum und Zeit als „bloß subjektiver Formen unserer Sinnlichkeit" nicht gänzlich gerecht geworden ist, liegt vermutlich darin, dass Cohen die Lösung dieser Aufgabe der Psychologie im Sinne Herbarts überantwortet, die die mechanischen Prozesse untersucht, vermöge derer mittels Apprehension und reproduktiver Einbildungskraft die subjektive Wahrnehmung zustande kommt, die die produktive Einbildungskraft zur objektiven Einheit des Begriffs bringt. Vgl. KThE (A), 164: „Ob nun die von Kant geleistete Lösung des Problems [sc. der Verbindung beider Erkenntnisvermögen, Sinnlichkeit und Verstand] – in seiner Sprache, der Untersuchung des Verstandes ‚in subjectiver Beziehung' (S. 10.) – die richtige, dasselbe erledigende sei, ist eine Frage der Psychologie. Und diese Frage nehme ich keinen Anstand zu verneinen. Ich muss dies, weil ich von dem Gedanken, als einem methodischen, geleitet werde: das Bewusstsein sei als Mechanismus aufzufassen, um erklärt werden zu können. [...]" Zu Cohens Auffassung der Psychologie: Vgl. EDEL, Vernunftkritik, 63 ff.

Literaturverzeichnis

BRATUSCHECK, ERNST, Adolf *Trendelenburg*, Berlin 1873.

COHEN, HERMANN, Zur *Controverse* zwischen Trendelenburg und Kuno Fischer, in: Zeitschrift für Völkerpsychologie und Sprachwissenschaft 7/3 (1871), 249–296.

DERS., *Rezension von Jürgen Bona Meyer*, Kant's Psychologie, in: Zeitschrift für Völkerpsychologie und Sprachwissenschaft 7/3 (1871), 320–330.

DERS., *Lehren* der Philosophen über die Antinomie von Notwendigkeit und Zufälligkeit, in: DERS., Kleinere Schriften I. 1865–1869, Werke 12, hg. v. HARTWIG WIEDEBACH/ HELMUT HOLZHEY, Hildesheim/Zürich/New York 2012, 41–92.

DERS., Die platonische *Ideenlehre*, psychologisch entwickelt, in: DERS., Kleinere Schriften I. 1865–1869, Werke 12, hg. v. HARTWIG WIEDEBACH/HELMUT HOLZHEY, Hildesheim/Zürich/New York 2012, 101–191.

DERS., *Briefe an August Stadler*, hg. v. HARTWIG WIEDEBACH, Basel 2015.

DAMBÖCK, CHRISTIAN, ‚Deutscher *Empirismus*'. Studien zur Philosophie im deutschsprachigen Raum 1830–1930, Cham 2017.

EDEL, GEERT, Von der *Vernunftkritik* zur Erkenntnislogik. Die Entwicklung der theoretischen Philosophie Hermann Cohens, Freiburg/München 1988.

KINKEL, WALTER, Hermann *Cohen*, Stuttgart 1924.

KÖHNKE, KLAUS CHRISTIAN, *Entstehung* und Aufstieg des Neukantianismus. Die deutsche Universitätsphilosophie zwischen Idealismus und Positivismus, Frankfurt/M. 1993.

LANGE, FRIEDRICH ALBERT, Über *Politik* und Philosophie. Briefe und Leitartikel 1862–1875, hg. v. GEORG ECKERT, Duisburg 1968.

LEMBECK, KARL-HEINZ, *Platon* in Marburg. Platonrezeption und Philosophiegeschichtsphilosophie bei Cohen und Natorp, Würzburg 1994.

ORTH, ERNST W., Trendelenburg und die Wissenschaft als *Kulturfaktum*, in: WOLFGANG MARX/ERNST W. ORTH (Hg.), Hermann Cohen und die Erkenntnistheorie, Würzburg 2001, 59–61.

POMA, ANDREA, La *filosofia critica* di Hermann Cohen, Milano 1988.

PULTE, HELMUT, Gegen die *Naturalisierung* des Humanen. Wilhelm Dilthey im Kontext und als Theoretiker der Naturwissenschaften seiner Zeit, in: CHRISTIAN DAMBÖCK/ HANS-ULRICH LESSING (Hg.), Dilthey als Wissenschaftsphilosoph, München 2016, 63–85.

RENDL, LOIS M., Zu Hermann Cohens *Reduktion* der „transzendentalen Methode" auf die „regressive Lehrart" der Prolegomena, in: CHRISTIAN DAMBÖCK (Hg.), Philosophie und Wissenschaft bei Hermann Cohen, Cham 2018, 135–144.

SIEG, ULRICH, Der frühe Hermann *Cohen* und die Völkerpsychologie, in: Aschenkas – Zeitschrift für Geschichte und Kultur der Juden 13/2 (2003), 461–483.

STEINTHAL, HEYMANN, Zur *Sprachphilosophie*, in: Zeitschrift für Philosophie und philosophische Kritik 32 (1858), 68–95.

TRENDELENBURG, FRIEDRICH A., Logische *Untersuchungen*, 2 Bde., Leipzig ²1862.

DERS., Über eine *Lücke* in Kants Beweis von der ausschliessenden Subjectivität des Raumes und der Zeit, in: DERS., Historische Beiträge zur Philosophie 3, Berlin 1867, 215–276.

DERS., Kuno *Fischer* und sein Kant, Leipzig 1869.
WIEDEBACH, HARTWIG, *Einleitung*, in: COHEN, HERMANN, Kleinere *Schriften I*. 1865–1869, Werke 12, hg. v. HARTWIG WIEDEBACH/HELMUT HOLZHEY, Hildesheim/Zürich/New York 2012, VII–XXVII.
ZEIDLER, KURT W., Vom Objektiven *Idealismus* zur Hermeneutik. Trendelenburg und Dilthey, in: CHRISTIAN DAMBÖCK/HANS-ULRICH LESSING (Hg.), Dilthey als Wissenschaftsphilosoph, Freiburg/München 2016, 143–155.
DERS., *F. A. Trendelenburg*. Ein Beitrag zur Vorgeschichte des Neukantianismus, in: DERS., Provokationen. Zu Problemen des Neukantianismus, Wien 2018, 157–172.

‚Bedenklich und anstößig'

Cohens Interpretation der Postulatenlehre im Kontext von Spiritismus und Materialismus um 1900

Hauke Heidenreich

1. Prolog

Am 27. April 1912 hielt Cohens Schüler Paul Natorp einen Vortrag in der Kant-Gesellschaft in Halle, der wenig später auch als Artikel in den Kant-Studien erschien. Natorp ließ in diesem Text das bisherige Vorgehen der Marburger Schule des Neukantianismus Revue passieren. Als Hauptmerkmal dieses Vorgehens erkannte Natorp hier dezidiert das von Cohen eingeführte Prinzip der transzendentalen Methode.[1] Auf das „fruchtbare Bathos" der Erfahrung gestützt, wie Natorp unter Bezug auf Kant anmerkt, sei diese Methode der Marburger Schule immer „kritisch gegen metaphysische Übergriffe [als] auch gegen einen gesetzlosen, gesetzflüchtigen Empirismus", und zwar durch Rückgriff auf das „Urgesetz [...] der Vernunft".[2] In scharfer Front gegen Hegel behauptet Natorp, dass die transzendentale Methode immer „auf den letzten Einheitsgrund schaffender Erkenntnis" zurückgehe und somit als Methode des Idealismus, „de[r] unzerstörbare Grundgehalt der Philosophie Kants" sei.[3] Der „Metaphysizismus" wolle das „flutende Leben" rein logisch bewältigen und die Erkenntnis nur vom Objekt ausgehen lassen.[4] Demgegenüber missachte wiederum der Empirismus die Denkgesetze a priori, die Erfahrung zuallererst möglich machten. Die transzendentale Methode stelle hier die einzig mögliche Alternative gegen beide Verirrungen dar und bringe zudem die kantische Philosophie zu sich selbst, indem sie sie auf „die unerbittliche Forderung ihres eigenen tiefsten und letzten Prinzips"[5] zurückführe. Die Behauptung der südwestdeutschen Neukantianer wie Wilhelm Windelband und seiner Schüler, dass eine Welt der Werte eine gangbare Option sei, lehnt Natorp schroff ab. Diese Sicht würde eine

---
[1] NATORP, Marburger Schule, 197.
[2] Ebd., 197 f.
[3] Ebd., 200.
[4] Ebd., 199.202.
[5] Ebd., 201.

„Ethik der unendlichen Aufgaben" verhindern und letztlich die kantische Freiheitslehre unterwandern.⁶

Ursula Renz erkennt noch 90 Jahre später in der Präsentation dieser doppelten Frontstellung das Hauptanliegen dieses Textes. Die Abgrenzung Natorps richte sich vor allem gegen den derzeit populären Materialismus, der, wie Renz unter Bezug auf Hans-Ludwig Ollig ausführt, „mit nahezu religiösem Pathos einen unbegrenzten Geltungsanspruch der Naturwissenschaft verkündete", aber auch gegen den Deutschen Idealismus.⁷ Ausdrücklich würdigt Renz, dass Cohens Kantbezug, im Gegensatz zu den meisten Neukantianern, nicht beliebig oder nur rhetorisch sei.⁸ Entscheidend ist hier, dass Renz nicht weiter auf bestimmte Kontexte eingeht. Es wird erwähnt, dass es Cohen um die „Abwehr irrationaler Einflüsse auf das Denken"⁹ gegangen sei, aber nicht, woher diese kommen. Forscherinnen und Forscher erwähnen bestimmte Frontstellungen. Ulrich Sieg verortet den „Siegeszug des Neukantianismus" ab 1870 als Antwort auf den Zusammenbruch des Idealismus und den Erfolg der „positivistisch geprägten Einzelwissenschaften", die nach 1848 eine Krise der Universitätsphilosophie befördert hätten. Die Erkenntnistheorie habe als Ausweg aus der Krise gegolten, zudem sei Kants Lehre als Abgrenzung zum „absoluten Idealismus" installiert worden.¹⁰ Überraschenderweise seien die „nicht gerade seltenen sprachlichen Unschärfen" in Cohens „Ethik des reinen Willens" dann aber, so Sieg, durch den Umstand zu erklären, dass Cohen „seiner Frau in die Feder diktiert hat".¹¹ Hans-Ludwig Ollig wiederum sieht die Ausrichtung des Neukantianismus seit Cohens Lehrer Friedrich Albert Lange als Antwort auf den „Vulgärmaterialismus" von Ludwig Büchner, Carl Vogt und Jakob Moleschott.¹²

In ihrer Dissertation vertritt Ann-Kathrin Hake die These, dass Cohens Buch „Kants Theorie der Erfahrung" eine direkte Antwort auf den derzeit in der Philosophie um sich greifenden Psychologismus, d. h. einer Orientierung der Philosophie an den Richtlinien einer als dezidiert empirisch und naturwissenschaftlich verstandenen Psychologie, gewesen sei. Dabei habe Cohen sich gegen Kants Dualismus aus sinnlicher und intelligibler Welt gerichtet und versucht, „die Kantische Philosophie zu einem konsequenteren Idealismus umzugestalten". Cohens Ethik sei zudem durch eine „antinaturalistische These von der Notwendigkeit der Unterscheidung vom Sein der Natur und dem Sein des Sollens" geprägt gewesen.¹³ Birgit Sandkaulen diagnostizierte die anti-speku-

---

⁶ Ebd., 218.
⁷ RENZ, Rationalität, 20.42.
⁸ Ebd., 21, vgl. auch ebd., 4.
⁹ Ebd., 17.
¹⁰ SIEG, Aufstieg, 77. Zur Kritik an der Formel „Zusammenbruch des Idealismus" vgl. Orth, Einheit, 19.
¹¹ SIEG, Aufstieg, 248.
¹² OLLIG, Neukantianismus, 7.
¹³ HAKE, Vernunftreligion, 88.

lative Front im Neukantianismus als vor allem gegen den Hegelianismus gerichtet. Im Gefolge dessen sei die kantische Kritik auf das Programm einer erkenntnistheoretischen Begründung der Wissenschaften reduziert worden.[14] Auch führende Kantforscher wie Otfried Höffe und Reinhard Brandt äußern sich zu Cohen, attestieren ihm aber, in Differenz zu Renz, Kant völlig missverstanden zu haben.[15]

Trotz Natorps Beschreibung dieser Abgrenzungen und deren offensichtlicher Rezeption bei modernen Neukantianismus-Forscherinnen und Forschern bleiben die Wörter „Metaphysizismus" und „Empirismus" erstaunlich unklar. Gibt es nun aber eine Möglichkeit, die präsentierten Fronten in ihrem Kontext näher zu bestimmen? Um diese Frage zu beantworten, schlage ich eine historische Vorgehensweise als Ergänzung der systematischen Ansätze vor. Mein Text beleuchtet daher eine konkrete Debatte in der zeitgenössischen Hochschullandschaft. Natorp redet mehrfach davon, dass Wissenschaft letztlich immer mit einer ethischen Aufgabe verbunden sei (Stichwort: Freiheitslehre und „Ethik der unendlichen Aufgaben"). Ergibt sich hier ein möglicher Zugang?

2. Cohens Interpretation der kantischen Postulatenlehre im Kontext von Spiritismus, Materialismus, Metaphysik und Neukantianismus

1877 veröffentlichte Hermann Cohen sein moralphilosophisches Werk „Kants Begründung der Ethik". Nach einer allgemeinen Charakterisierung der kantischen Ethik kommt Cohen in diesem Text in besonders auffälliger Weise auf die kantische Lehre vom höchsten Gut zu sprechen. Das ganze Postulatenkapitel, so Cohen, sei „bedenklich und anstößig", die Rede von der Unsterblichkeit der Seele oder vom Dasein Gottes hätte keinen größeren Wert, als den reiner „Interessen-Annahmen", die Kant überhaupt nur als Konzession an die psychologische Beschaffenheit des Menschen eingeführt habe.[16] Durch die Herabwürdigung des zentralen Begriffs der kantischen Morallehre – den der Freiheit – zu einem reinen Postulat, habe Kant die Realität des Sittengesetzes selber infrage gestellt, statt, wie von ihm beabsichtigt, zu verstärken.[17]

Zugunsten der selbständigen, unanfechtbaren und unverstärkten Gewissheit der ethischen Realität, zugunsten der Reinhaltung der moralischen Autonomie und zur Behauptung der Erhabenheit des formalen Sittengesetzes, in welchem die Privatmaxime durch ihre Einheit mit der Gemeinschaft autonomer Wesen zum Selbstzweck, zum End-

---

[14] SANDKAULEN, System, 76.
[15] HÖFFE, Kants Kritik, 111. BRANDT, Kant, 89.
[16] KBE (A), 317 ff.
[17] Ebd., 318.

zweck wird; auf Grund dieser Fundamentalgedanken der Kantischen Ethik lehnen wir die Postulate ab.[18]

Man müsse scharf zwischen theoretischem Wissen und moralischem Erkennen unterscheiden, so Cohen, dadurch werde man eben auch verstehen, „dass in dem Inhalt der ethischen Realität selbst, so sehr dieselbe mit dem alten moralischen Bedürfnis verwandt ist, ebenso auch jene Ideen Ausdruck finden, welche jenem Bedürfnis seit Menschengedenken entsprechen", „da der Inhalt der ethischen Realität eine Gemeinschaft autonomer Selbstzwecke verbürgt, so ist damit ein Uebersinnliches gedacht". Daher sei die Unsterblichkeit zwar mit einem moralischen Interesse verknüpft, im Sinne einer Fortdauer des moralischen Subjekts, aber diese werde durch die Freiheit viel besser verbürgt als durch Postulate:

Der Standpunkt des Noumenon aber, auf den die ethische Realität das Mitglied der Menschheit stellt, ist ein übersinnlicher Gesichtspunkt. Und von der Maximen-Realität dieses Gesichtspunktes, von der regulativen Idee dieses focus imaginarius liegen weit ab jene mythischen Beschreibungen ethischer Ideen.[19]

Letztlich mache Kant mit der Postulatenlehre das zum Fundament, was Cohens transzendentaler Methode zufolge erst die Krönung jeder Ethik sein dürfe: Unsterblichkeit der Seele und Dasein Gottes.[20]

In der zweiten Auflage von 1910 fügte Cohen an dieser Stelle einen kurzen Vermerk an, dass moralische Postulate für jede Form von wissenschaftlicher Methode immer „überflüssig und verdächtig" sein müssten. Das höchste Gut hingegen könne man nach dieser Erkenntnis eigentlich nur noch politisch deuten, wodurch eine Ethik immer direkt in die Geschichts- und die Rechtsphilosophie führen müsse.[21] Ebenfalls neu in der Auflage von 1910 ist das unmittelbar auf diesen Einschub folgende Kapitel „Die Anwendungen der ethischen Prinzipien", worin die Konsequenzen dieser politischen Deutung illustriert werden. In der Einleitung zu demselben („Die Realität des Sittlichen in der geschichtlichen Erfahrung") äußert sich Cohen kritisch zu Kants Umgang mit der Metaphysik im Allgemeinen. Kants Zweideutigkeiten mit diesem Terminus hätten „zu manchem tiefen Schaden" seines kritischen Projektes geführt, das letztlich die gesamte weitere Geschichte der Philosophie mit einem irreführenden Begriff der Metaphysik versorgt habe.[22]

Auch Cohen präsentiert hier sein Projekt der Kantdeutung, in welchem die transzendentale Methode dezidiert den Ausschluss der Postulatenlehre aus der kantischen Philosophie fordert, vor allem in einer Front gegen eine in irgendeiner nicht näher spezifizierten Form falsch gebrauchten Metaphysik. Was Co-

---

[18] Ebd., 321.
[19] Ebd., 322.
[20] Ebd., 325.
[21] KBE (B), 369.
[22] Ebd., 379.

hen hier konkret mit falscher Metaphysik vor Augen hat, könnte klarer werden, wenn man einen weiteren Kontext betrachtet. Offenbar hat Cohen ein Problem im Blick, das weder in einer Front gegen den Deutschen Idealismus noch gegen den Materialismus Mitte der 1850er Jahre vollständig begründet ist; Themen, die immerhin schon einige Zeit in der Vergangenheit gelegen hatten, als Cohen die zweite Auflage von Kants Begründung der Ethik erscheinen ließ. Anscheinend geht es hier um ein aktuelles Problem, welches eine ergänzende Erklärung zu Cohens Interpretation der Postulatenlehre von 1877 nötig zu machen schien.

1898 veröffentlichte der Berliner Philosoph und Pädagoge Friedrich Paulsen sein Buch „Immanuel Kant. Sein Leben und seine Lehre", das, wie auch andere Bücher Paulsens, bald zum Bestseller wurde. Paulsen machte sich dafür stark, vor allem den „ethisch-metaphysische[n] Idealismus" als die Hauptrichtung der kantischen Philosophie zu betonen.[23] Unter Bezug auf die „Träume eines Geistersehers" und auf die von Pölitz herausgegebene Vorlesung über Metaphysik behauptet Paulsen, dass uns in Kant „der ächte Platoniker entgegen" trete.[24] Kant sei durchaus kein Agnostiker gewesen, der die Unerkennbarkeit der Dinge lehre, sondern ein klarer Vertreter der idealistischen Metaphysik und das, so Paulsen, sowohl in der vorkritischen als auch in der kritischen Phase.[25] Besonders in Kants Schriften zur praktischen Philosophie trete dieser Hang zur Metaphysik klar hervor. Die von Kant zeit seines Lebens vertretene Sicht vom Leben nach dem Tod und dem Dasein Gottes finde sich als Höhepunkt schließlich in der Lehre vom höchsten Gut in der „Kritik der praktischen Vernunft". Der Verstand erkenne durch kritische Selbstbeschränkung, „dass es jenseits der sinnlichen Welt eine absolute Wirklichkeit gibt", dies sei gemeint mit dem Primat der praktischen Vernunft vor der theoretischen.[26] Eine zentrale Signatur von Kants kritischem Denken sei die Auflösung der Antinomien der reinen Vernunft: „Wie durch die Anschauung apriorischer Formen der Sinnlichkeit die reine Erkenntnis der phänomenalen Welt in den mathematischen Wissenschaften gegen skeptische Bedenken gesichert wird, so wird durch die apriorischen Begriffe des Verstandes eine reine Erkenntnis [!] der intelligiblen Welt möglich gemacht", wobei diese Erkenntnis aber mehr Postulat als Erkenntnistheorie bleibe.[27]

Trotz dieser Auslegungen möchte Paulsen Kant vor all denen in Schutz nehmen, die Kant „zum Spiritisten machen wollen"[28], eine Grenzbestimmung, die es im Weiteren im Blick zu behalten gilt. Kant habe mit seinen kritischen Schriften „eine positive Metaphysik, nämlich eine idealistische Weltanschau-

---

[23] PAULSEN, Kant, X.
[24] Ebd., XI.
[25] Ebd., 1.
[26] Ebd., 6.
[27] Ebd., 102 f.
[28] Ebd., 105.

ung" begründet, „nicht die Niederreissung der übersinnlichen Welt bewirkt, sondern vielmehr die definitive Befestigung des Glaubens an sie und unserer Zugehörigkeit zu ihr"[29], sie soll „Möglichkeit der Metaphysik als Erhebung zum mundus intelligibilis beweisen".[30] Damit habe Kants Metaphysik als „Wissenschaft von den Grenzen der menschlichen Vernunft"[31] sogar die alte Metaphysik nicht komplett vernichtet, sondern kritisch in sich aufgenommen.[32] Erstaunlicherweise beschwert sich Paulsen an dieser Stelle nun aber darüber, dass Kant durch das höchste Gut und die Postulate die Glückseligkeit jetzt doch wieder zur Grundlage der Moral machen wolle. Warum, so stellt Paulsen polemisch die Frage, wolle Kant für jenseitige Wesen, die nicht mehr sinnlich seien, noch Glückseligkeit gelten lassen, die doch nur für sinnliche Wesen bestehe? Wolle Kant hier etwa „das indische System der Wiedergeburt [und] der Seelenwanderung" in sein Konzept einführen?[33] Statt ein Fortleben der Seele zu konstatieren und damit wieder dem Eudämonismus zu verfallen, hätte Kant, nach Paulsens Meinung, lieber auf das „Reich der Zwecke" als ein „Reich der Humanität" verweisen sollen, das ganz automatisch den Glauben an Gott nach sich ziehe und für das man sich im Ernstfall auch opfern könne[34].

Diese Abgrenzungen Paulsens, sowohl gegen Autoren, die Kant zum Spiritisten machen wollen, als auch gegen die Lehre vom höchsten Gut, sind im Blick zu behalten. Denn Paulsen befindet sich mit seiner Definition der kantischen Philosophie als Metaphysik, die er auch noch mit Zitaten aus den „Träumen eines Geistersehers"[35] und der Metaphysik-Vorlesung[36] absichert, in einer damals äußerst schwierigen Diskursposition. Wohl nicht zufällig grenzt sich Paulsen gerade im Kontext der Interpretation von Kants Morallehre von den Spiritisten ab. Sieht Paulsen hier eine Gefahr, durch seine metaphysische Deutung der kantischen Morallehre, die „reine Erkenntnis der intelligiblen Welt" ermögliche, in ein gefährliches Fahrwasser zu kommen? Grenzt er sich daher von den Postulaten der praktischen Vernunft ab, deren objektive Realität Kant mehrfach betont hatte?[37] Verlegt er daher das Reich der Zwecke in einen geschichtsphilosophischen Kontext? Paulsen bleibt eine konkretere Beschreibung dessen, was bzw. wer die Spiritisten seien, schuldig. Doch diese Spiritisten scheinen einen Diskurs zu bezeichnen, der damals in Bezug auf die Deutung der kantischen Morallehre offensichtlich eine gewisse Rolle zu spielen scheint. Dieser Spur soll hier nachgegangen werden.

---

[29] Ebd., 120.
[30] Ebd., 123.
[31] Vgl. KANT, Träume, 368.
[32] PAULSEN, Kant, 124.
[33] Ebd., 323 f.
[34] Ebd., 328.
[35] Vgl. KANT, Träume, 332.367.
[36] Vgl. KANT, Metaphysik, 253–258.
[37] Vgl. KANT, Kritik der praktischen Vernunft, 03–04.44.115.132–134.

Die Debatte um die Bewertung und vor allem zeitliche Datierung der Metaphysik-Vorlesung L_1 nach K. H. L. Pölitz wird noch heute kontrovers geführt.[38] Um 1900 bestand das Hauptproblem der Datierung vor allem darin, die Möglichkeit einer Beeinflussung Kants durch den schwedischen Philosophen, Theologen und Geisterseher Emanuel Swedenborg noch innerhalb der kritischen Periode seiner Philosophie abzuweisen.[39] Die metaphysische Deutung Kants unter Rückgriff auf genau dieses literarische Dreigestirn – „Träume eines Geistersehers", L_1-Vorlesung und „Kritik der praktischen Vernunft" – ist seit dem Dreikaiserjahr 1888 zudem mit einem Autor verbunden, der sich massiv in die Debatte um Kant und Swedenborg[40] einmischte: dem okkultistischen Philosophen Carl du Prel. In diesem Jahr veröffentlichte er einen Teil eben dieser L_1-Vorlesungen über Metaphysik mit einem eigens dazu verfassten Vorwort: „Kants mystische Weltanschauung". In diesem Vorwort behauptet du Prel nun unter Berufung auf genau diese drei Werke, dass Kant der Mystik bereits ein abgeschlossenes System gegeben habe, das die heutigen Spiritisten nur noch empirisch zu bestätigen hätten.[41] Die Mystik umfasst nach du Prel unter anderem dezidiert auch Geistererscheinungen. Sie finde sich bei Kant vor allem an einer Stelle: Die Ethik sei nach du Prel bei Kant immer ein Kapitel der Metaphysik gewesen, eine nur oberflächliche Erklärung von Moral, z. B. aus einem empirisch-psychologisch erklärten (etwa darwinistisch entwickelten) sittlichen Gefühl, schließe Kant klar aus. Du Prel verweist erneut auf die „Träume eines Geistersehers", wo Kant bereits wichtige Inhalte der zweiten Kritik vorweggenommen habe.[42] Ohne das transzendentale Subjekt aus der ersten Kritik[43] sei zudem nach du Prel keine Moral möglich, denn Freiheit sei nach der „Kritik der praktischen Vernunft" wiederum ein „transzendentales Prädikat" und ziehe die „Eröffnung einer intelligiblen Welt" nach sich.[44] Nachdem also Kant du Prel zufolge in der zweiten Kritik seine mystischen Ansichten zur Begründung seiner Morallehre benutzt habe, müsse folgende Konsequenz gezogen werden: „Man muß sehr viel überflüssige Zeit haben, um die Frage zu untersuchen, ob Kant Spiritist war. Wenn aber die Frage gestellt wäre, ob er heute Spiritist sein würde, so müßte ich diese Frage bejahen."[45]

Du Prel bezeichnet also genau die Stelle der zweiten Kritik, wo es um die Eröffnung der intelligiblen Welt geht, als mystisch. Wenn man darüber hinaus im Blick behält, dass du Prel weiterhin die These vertritt, Kant habe sowohl in seinen ethischen Schriften als auch in seinen Vorlesungen die Präexistenz

---

[38] Vgl. NARAGON, Metaphysics Lectures, 189–215. Vgl. DÖRFLINGER, Kant's Lectures.
[39] Vgl. STENGEL, Aufklärung, 683–699. Vgl. JOHNSON, Commentary.
[40] Vgl. zur Debatte insgesamt STENGEL, Kant und Swedenborg.
[41] PREL, Vorlesungen, 23.26.
[42] Ebd., 43.
[43] Vgl. KANT, Kritik, 434–437.
[44] PREL, Vorlesungen, 44. Vgl. KANT, Kritik der praktischen Vernunft, 94.
[45] PREL, Vorlesungen, 57.

und die Unsterblichkeit der Seele gelehrt[46], und wenn er dies dezidiert auf das „transzendentale Subjekt" der „Kritik der reinen Vernunft" bezieht, ist meines Erachtens ein Kontext gegeben für die Grenzziehungen Paulsens, die erstens die intelligible Welt zu einem diesseitigen Reich der Humanität umdeuten und zweitens die Lehre vom höchsten Gut und die Postulate ablehnen. Doch die alleinige Existenz von du Prels Text beweist noch keine Rezeptionslinie.

Die Debatte um du Prels Veröffentlichung ist durchaus keine Nebensächlichkeit im Diskurs um 1900, wie im Weiteren zu zeigen ist: Hans Vaihinger, Professor für Philosophie in Halle, den meisten aber vor allem bekannt als Begründer der Kant-Studien, nebenbei langjähriger Brieffreund von du Prel[47], rezensierte „Kants mystische Weltanschauung" bereits 1891 im Archiv für Geschichte der Philosophie. Entgegen du Prels Sicht versuchte Vaihinger zu beweisen, dass Kant nur in der vorkritischen Phase mystischen Ideen nahegestanden habe. Diese „Privatmeinungen" über Unsterblichkeit der Seele und Dasein Gottes seien vor allem ein Überbleibsel aus Kants pietistischer Erziehung gewesen. Seit der „Kritik der reinen Vernunft" seien diese „grobdogmatischen Vorstellungen" zu „Ideen" transformiert worden, die dann nicht mehr mystisch seien.[48] In seinem ein Jahr später erschienenen Kommentar zur Kritik der reinen Vernunft wiederholte Vaihinger diese Frontstellung.[49] 1895 bekräftigte Vaihinger, dass die neuerdings durch du Prels Interpretation „in den Vordergrund des Interesses getreten[en]" Metaphysikvorlesungen Kants zu Unrecht den Eindruck erweckten, Kant sei hier zum Swedenborgianer mutiert.[50] Trotz dieser Abgrenzung von mystischen Interpretationen sieht sich Vaihinger noch im gleichen Jahr genötigt, gegen Autoren, die du Prel völligen Irrtum unterstellen wollen, zumindest eine zeitweise Nähe Kants zu Swedenborg zu verteidigen.[51] Weitere Autoren derzeit schlossen sich Vaihingers Frontstellung an.[52] Daneben gab es wiederum Autoren, die rundheraus ableugneten, dass du Prel Recht habe und Kant jemals von Swedenborg beeinflusst gewesen wäre, wie der von Vaihinger gerügte Paul von Lind[53] oder Eberhard von Danckelman[54] sowie der prominente Neukantianer Kuno Fischer.[55]

---

[46] Ebd., 63.
[47] Zum Kontakt du Prels mit Vaihinger vgl. KAISER, Philosophie.
[48] VAIHINGER, Rezension zu du Prel, 722f.
[49] VAIHINGER, Commentar, 512f.
[50] VAIHINGER, Rezension zu Heinze, 420. Vgl. SCHOLZ, Unterminierung, 30. Scholz behauptet, dass Swedenborg selbst der Urheber des Spiritismus um 1900 gewesen sei. Vgl. HEINEMANN, Über Kants These, 52. Kant habe seine Rede von der intelligiblen Welt von Swedenborg übernommen.
[51] VAIHINGER, Rezension von Lind, 556.
[52] HEINZE, Vorlesungen, 557ff.; ADICKES, Rezension, 1488f.
[53] LIND, Weltanschauung.
[54] DANCKELMAN, Kant.
[55] FISCHER, Geschichte, 276. Fischer beschreibt Kants Verhältnis zu Swedenborg ab der Träume-Schrift so: „Swedenborg und die Metaphysiker waren für Kant, um mit dem Sprüch-

Du Prels spiritistische Kantvereinnahmung war also ab den 1890er Jahren weitgehend im akademischen Diskurs bekannt. Dies ging so weit, dass sogar einzelne neukantianische Autoren nun eine zumindest vorübergehende spiritistische Beeinflussung Kants durch Swedenborg behaupteten, die er zu überwinden hatte.

In diesem Kontext betritt nun Hermann Cohen das Feld der Debatte. 1899 schrieb er eine Rezension zu Paulsens „Immanuel Kant" für zwei Julihefte der von Theodor Barth redigierten linksliberalen Wochenzeitschrift „Die Nation", in welchem er Paulsens Text ausführlich (und polemisch) besprach. Zuallererst habe Paulsen, wegen seiner Behauptung, dass das ganze kritische Projekt Kants eigentlich eine Metaphysik sei, keine Ahnung davon, was bei Kant mit dem Wort „kritisch" gemeint sei. Durch die Sicht, dass die Metaphysik Kants Herzensangelegenheit ausgemacht habe, konstruiere Paulsen zudem einen Spalt zwischen der Person Kants und seiner Philosophie.[56] Es sei nicht zu übersehen, so Cohen, dass Paulsen offensichtlich „eine Schwäche für Kant-Schriften aus den 1760er Jahren" habe und die kritischen Hauptwerke Kants gar nicht genügend zur Kenntnis nehme. Zudem habe Paulsen die vorkritischen Schriften nur auf die dogmatische Metaphysik hin untersucht, die Kant doch nach Meinung anderer Forscher überwunden hätte.[57] Entgegen Paulsens Eintreten für die Metaphysik behauptet Cohen: „Die Transscendental-Philosophie hat ihren methodischen Grund in der Untersuchung und Entdeckung der synthetischen Grundsätze der mathematischen Naturwissenschaft".[58] Durch seine Anschauungen werde Paulsen zum Wortführer eines „unmethodischen Realismus" von Leuten, die nicht zwischen beschreibender und theoretischer Naturwissenschaft unterscheiden können, wie einige „Flachköpfe in der Naturforschung". Paulsens Kommentar zu Kants praktischer Philosophie, die „in der transscendentalen Welt der reinen Vernunftwesen" heimisch sei[59], zeige, so Cohen, dass er in fataler Weise die Wörter „transzendent" und „transzendental" verwechsle, wonach die Anwendung der Moral auf den Menschen wie ein Fehler wirke. Paulsens Behauptung, dass es bei Kant ein Moralsystem jenseits der Kritik geben könne, treffe eben nur für die von Paulsen bevorzugten vorkritischen Schriften zu, nicht aber für die Schriften der kritischen Periode.[60] Explizit verwahrt sich Cohen gegen die Sicht, wonach die Ersetzung Gottes durch die Vernunft nur ein nebensächlicher, rein formaler Akt von Kant gewesen sei. Wenn Paulsen daher behaupte, dass Kants Philosophie in der Rettung des vernünftigen Glaubens bestehe, so habe er damit

---

wort zu reden, wie zwei Fliegen, die er mit einer Klappe schlagen konnte. Er schlug lachend zu."
[56] COHEN, Buch, 610.
[57] Ebd., 611.
[58] Ebd., 612.
[59] PAULSEN, Kant, 295.
[60] Ebd., 624.

die tiefste Aufgabe der Philosophie insgesamt geleugnet, die darin bestehe, „die Gewißheit der wissenschaftlichen Erkenntniß" zu liefern.[61]

Cohens Kritik an Paulsen – eine zu starke Fixierung auf vorkritische Schriften der 1760er Jahre – zielt offensichtlich auf die „Träume eines Geistersehers", die Paulsen bereits in seiner Einleitung als Beweis für Kants metaphysische Sicht zitiert. In dieser zu einseitigen Kantdeutung sieht Cohen den Grund, warum Paulsen Kants Philosophie ausgerechnet als Bewahrerin des religiösen Glaubens interpretiert haben will, obwohl jene im Gegenteil eine Art naturwissenschaftliche Methode sei. Dies ist wohl offensichtlich einer der Kontexte für Cohens oben genannte Ergänzung in der zweiten Auflage von Kants Begründung der Ethik. Immerhin beschwert sich Cohen hier an zentraler Stelle über die derzeit herrschende Verwirrung in Bezug auf das Wort „Metaphysik". Aber auch schon in der zweiten Auflage seiner „Ethik des reinen Willens" spricht sich Cohen explizit dafür aus, das Postulat der Unsterblichkeit der Seele, das nur einem Mythos entsprungen sei, gänzlich aus jeder Art von Ethik zu eliminieren und unter Bezug auf eine bekannte Stelle der „Kritik der praktischen Vernunft"[62] eine reine Pflichtethik zu konstruieren.[63] Diese Pflichtethik müsse vor allem mit der Politik und dem Staatsrecht zusammenhängen, da die Selbstgesetzgebung bei Kant, also die Autonomie des sittlichen Subjekts, noch zu sehr unter dem Einfluss von „Spiritualismus und der Mystik" stehe.[64] Cohens Pflichtethik besteht also vor allem darin, dem Vorwurf der Metaphysik zu begegnen und unter Berufung auf Kant eine nach naturwissenschaftlichen Methoden verfahrende Philosophie zu begründen.[65] Dies ist, was Cohen selbst und auch Natorp später als das Wesen der „transzendentalen Methode" identifizieren.

Sieht Cohen hier also die Gefahr des Metaphysizismus? Dass die metaphysische Kantdeutung Paulsens zumindest eine Nähe zum Spiritismus aufweisen würde? „Mystik" ist ja das zentrale Wort in du Prels Spiritismus-Konzept. Immerhin rügte der österreichische Philosoph Wilhelm Börner 1915 in einer Rezension der zweiten Auflage von Kants Begründung der Ethik, dass sich Cohens scharfe Front gegen Metaphysik in der Form durchaus nicht aus Kant ableiten lasse. Vielmehr stelle diese eine eigene Modifikation Cohens dar, die definitiv über Kant hinausgehe.[66] Damit widerspricht Börner Natorp, der behauptet hatte, Cohens antimetaphysische transzendentale Methode stelle das Wesen der kantischen Philosophie dar.

---

[61] Ebd., 625.

[62] KANT, Kritik der praktischen Vernunft, 86: „Pflicht! du erhabener großer Name, der du nichts Beliebtes, was Einschmeichlung bei sich führt in dir fassest, sondern Unterwerfung verlangst, doch auch nichts drohest, was natürliche Abneigung im Gemüte erregte und schreckte [...]".

[63] ErW (B), 413ff. Vgl. SALA, Kants Kritik, 355.

[64] ErW (B), 204. Vgl. ebd., 228.396.

[65] COHEN, Buch, 609.

[66] BÖRNER, Rezension, 444.

‚Bedenklich und anstößig'

Nur rund ein Jahr nach Cohen besprach auch der bereits erwähnte Hans Vaihinger Paulsens Buch und bescheinigte Paulsen, durch seine metaphysische Deutung der kantischen Postulate letztlich nichts weiter zu tun, als dem Spiritismus das Wort zu reden. Seit man wieder auf die Vorlesungen über Metaphysik aufmerksam geworden sei, gäbe es nun ständig Versuche, „den Kritiker Kant gegen den Metaphysiker Kant auszuspielen", so die Beschwerde.[67] Und diese erneute Aufmerksamkeit sieht Vaihinger dezidiert, wie oben gezeigt wurde, in Verbindung mit dem Okkultisten du Prel.[68] Vaihinger, der ja schon gegen du Prel ein Weiterbestehen mystischer Segmente in Kants kritischer Philosophie widerlegen zu müssen glaubte, erkennt nun offensichtlich auch bei Paulsen, trotz dessen ausdrücklicher Kritik an der Postulatenlehre, ein Hinneigen zum Spiritismus, das sich in einer zu starken Betonung der Postulate zeige. Gegen Paulsen erhebt Vaihinger den Anspruch, die Postulate nur als Fiktionen bzw. „‚Als ob' jene Ideen wirklich wären" zu begreifen, die keine reale Existenz hätten.[69] Offensichtlich sieht Vaihinger trotz Paulsens Abgrenzung in der Postulatenlehre das Problem.

Die Front gegen den Spiritismus spielte auch in Vaihingers Kant-Studien eine auffallend große Rolle. 1900 veröffentlichte Vaihingers Mitarbeiter Fritz Medicus die Besprechung eines Textes von Walter Bormann, einem Schüler Carl du Prels, der in Schulpforta mit Friedrich Nietzsche zusammen die Schulbank gedrückt hatte[70] und dort mit diesem zusammen von Max Heinze unterrichtet worden war. Bormann hatte ausgehend von der vorhergehenden Debatte das kantische höchste Gut ausdrücklich als Teil des Okkulten bezeichnet.[71] Medicus gab als Reaktion auf diese Deutung zu, dass Kant privatim durchaus an Geister geglaubt hätte, und ging damit noch über Vaihingers Sicht hinaus. Trotzdem habe dieser Glaube keinerlei wissenschaftlichen Wert und „Bormanns Identifizierung von Kants intelligibler Welt und dem Reich der Zwecke mit den ‚wissenschaftlichen' Erfahrungen des Occultismus – ist gleichfalls eine willkürliche Ausmalung und gleichfalls ohne wissenschaftlichen Wert."[72] Auch jenseits dieser Rezension, welche die okkulte Rezeption der Postulatenlehre durch Bormann in der aka-

---

[67] VAIHINGER, Festschriften, 110. Vaihingers Text war zuerst 1900 in den von Benno Erdmann herausgegebenen „Philosophischen Abhandlungen" zu Ehren von Christoph Sigwarts 70. Geburtstag am 28. März dieses Jahres erschienen, wurde dann aber 1902 in den Kant-Studien erneut abgedruckt.
[68] Vgl. Anm. 41.
[69] VAIHINGER, Festschriften, 116f. Diese Sicht wird auch in der modernen Kantforschung vertreten. Vgl. Gardner, Postulate, 1820. Ohne Nennung von Vaihingers Namen behauptet Gardner, es scheine oft, wenn Kant von objektiver Realität der Postulate redet, dass Kant ein „realistisches Verständnis der Postulate" vertrete. Dagegen aber stehe Kants vermehrtes „Als Ob", uns zu verhalten, „als ob ihre Gegenstände (Gott und Unsterblichkeit), die man also in jener (praktischen) Rücksicht postulieren darf, gegeben wären".
[70] SCHMID, Andenken, 49–53.
[71] BORMANN, Kantsche Ethik, 114.
[72] MEDICUS, Rezension, 334.

demischen Welt bekannt machte, bemühte sich Vaihinger immer wieder, seinen Kant-Studien klare Frontstellung gegen Metaphysik und Spiritismus zu geben.[73]

Mir ist nicht klar, inwieweit Cohen über die seinerzeit breit rezipierten Debatten[74] um die Kantvereinnahmung durch den Spiritismus konkret unterrichtet war. Er trat zumindest lange nicht als Mitarbeiter der Kant-Studien in Erscheinung. Seinen ersten Vortrag vor der Kant-Gesellschaft hielt Cohen erst 1914.[75]

Die Positionierung von Cohens Philosophie allein aus der Abgrenzung vom Spiritismus erklären zu wollen, würde die historische Komplexität um 1900 reduzieren. Ein solches Vorgehen verstößt aber gegen eine historische Verfahrensweise, die sich mit den Rezeptionen im Diskurs zu beschäftigen hat, in denen Wesenheiten überhaupt erst in Abgrenzung gegen andere Positionen behauptet oder verworfen werden. Zudem ist die Diagnose Thomas Meyers ernst zu nehmen, dass Cohen durchaus nicht nur einfach Kantianer oder Kantforscher war, sondern in vielen Bereichen sich zu Wort meldete.[76] Auch fehlen konkrete Hinweise aus Cohens Schriften auf den Spiritismus.

Ich möchte aber drei Punkte vorbringen, die meine Thesen stützen, dass sich in Cohens Abwehr des „Metaphysizismus" im Bereich seiner Kritik der Postulatenlehre Segmente befinden könnten, die auf eine Abwehr des Spiritismus zielen.

Erstens finden die Debatten, in denen Vaihinger in Paulsens Metaphysik eine Fortführung des Spiritismus erkennt, genau in der Zeit statt, in der auch Cohen sich zu Paulsen äußert und ihm eine ungebührlich metaphysische Auslegung Kants zur Last legt. Dieser Vorwurf gegen Paulsen taucht, ohne die Nennung von Paulsens Namen, in Cohens folgenden ethischen Schriften auf. Immer wieder beschwert sich Cohen über zu metaphysische Deutungen der kantischen Morallehre, über Autoren, welche die Lehre vom höchsten Gut und die Postulate zu ernst nehmen würden. Cohens Konstruktion einer Ethik ohne Postulate ist ja in der „Ethik des reinen Willens" die direkte Folge aus der Abwehr der „Mystik", die sich besonders im Postulat der Unsterblichkeit der Seele finde. Genauso sieht es mit der Behauptung einer geschichts- und rechtsphilosophischen Ethik in Kants Begründung der Ethik aus, die ebenfalls als Reaktion auf metaphysische Deutungen Kants vorgebracht wird in direktem Kontext der Kritik an der Postulatenlehre. Cohens Abwehr in diesem Kontext wird zudem in Worten vorgetragen (bedenklich und anstößig, überflüssig und verdächtig), die auf ein manifestes Problem in den philosophischen Debatten der Zeit schließen lassen. Der Spiritismus ist ein solches Problem, da er in den Kreisen der akademischen

---

[73] Vgl. VAIHINGER, Rezension von Dippel, 362; DERS., Mitteilungen, 134; DERS., Notiz, 486.; DERS., Notiz zu: du Prel, 336.

[74] Vgl. KRONENBERG, Kant. Kronenberg behauptet hier, dass Kants Auseinandersetzung mit Swedenborg, die zeitweise wie eine positive Anknüpfung erscheint, eigentlich eine ironische Abfertigung Swedenborgs gewesen sei. Carl du Prel würde diese Ironie nicht verstehen und daher irrtümlich eine mystische Anschauung bei Kant entdecken.

[75] COHEN, Eigentümliche.

[76] MEYER, Kritiker.

Philosophie breit diskutiert wurde und sogar teilweise zur Übernahme spiritistischer Kantdeutungen in der damaligen Kantforschung führte. Dies allein wäre vielleicht noch keine ausreichende Begründung. Doch wie Hartwig Wiedebach in seinem Vortrag zu Cohens Persönlichkeit ausgeführt hat, stand Cohen zweitens als führender Philosoph in Deutschland mit mehreren zentralen Autoren der Zeit im Austausch. Unter Cohens Kontakten befand sich beispielsweise auch Paul Heyse. Paul Heyse, einer der bekanntesten Schriftsteller der Kaiserzeit und 1910 mit dem Literaturnobelpreis ausgezeichnet, hatte bereits 1892 in der vielgelesenen liberalen Zeitschrift „Deutsche Rundschau" spiritistische Praktiken als Erscheinungen bezeichnet, „die auf der helldunkeln Grenze zwischen Seelen- und Nervenleben stehen und selbst von der hochmüthigsten Wissenschaft nicht länger mit Schweigen und Achselzucken abzufertigen sind".[77] Zudem hatte Rudolf Smend in seinem Vortrag erwähnt, dass Cohen die 1905 posthum herausgegebenen „Weltgeschichtlichen Betrachtungen" Jacob Burckhardts gelesen hatte. Burckhardt behauptet hier bereits in der Einleitung, dass die US-Amerikaner ein Volk ohne historische Bildung seien und deswegen vor allem die „Neuyorker Reichen" noch an „Geisterspuk" glauben würden.[78] Man kann daher annehmen, dass der Spiritismus Cohen zumindest als literarisch rezipiertes Phänomen durchaus geläufig war.

Drittens schließlich wird die Kompatibilität Kants mit der gegenwärtigen Naturforschung gegen Paulsen und seine Metaphysik betont, genau in dem Moment, in dem die Gefahr des Irrationalen und Mystischen droht, nämlich eine zu starke Fokussierung auf die Postulatenlehre.[79] Dass Paulsen in seinem Text zur Abgrenzung gegen den Spiritismus bereits selbst Kritik an der objektiven Realität der Postulate geäußert hatte, die das Übersinnliche versinnliche, wird hierbei ignoriert.

Es ist, so denke ich, anschaulich gemacht worden, dass Cohen sich gerade in der Zeit gegen metaphysische Kantdeutungen absichert, in der von prominenten Autoren eben in diesen Deutungen eine Nähe zum Spiritismus festgestellt wurde. Die Debatte um den Spiritismus wurde in den Kant-Studien, also an prominenter Stelle, immer wieder thematisiert.

Bezeichnenderweise rezensierte der Pfarrer Gustav Knauer bereits 1878 die erste Auflage von „Kants Begründung der Ethik" in den von Carl Schaarschmidt herausgegebenen „Philosophischen Monatsheften". Knauer sieht gerade

---

[77] HEYSE, Geisterstunde, 321.
[78] BURCKHARDT, Betrachtungen, 10.
[79] Dass Kant vor allem eine Begründung der Naturwissenschaften unternommen habe, wird auch heute noch von namhaften Kantforschern vertreten. Vgl. BRANDT, Kant, 173. „Kant ermöglichte als erster neuzeitlicher Autor eine theologiefreie Zweckforschung der Natur, unsere heutige Biologie […]". „[…] der Darwinismus ist damit gewissermaßen ein Ableger des Kantianismus […]". Mit dieser These einher geht ebenfalls eine fundamentale Kritik an der Postulatenlehre, in der Kant die Philosophie mit theologischen Versatzstücken korrumpiere. Vgl. ebd., 107–110. Vgl. HÖFFE, Kants Kritik, 167.173.

in Cohens Rede vom Subjekt als Noumenon ein Eintreten für eine „pneumatologische Ethik", die den Begriff des Geistes unweigerlich mit sich bringe. Dieser Geist-Begriff sei aber, so Knauer, gerade „nicht der Spukgeist der Spiritisten [wie ‚Prof. Zöllner'], der Tische in die Höhe hebt".[80] Ausdrücklich lobt Knauer Cohens Beschreibung der Postulate als „bedenklich und anstößig".[81] Knauer sieht also gerade in Cohens Deutung der Postulatenlehre eine Lehre, die man vom Spiritismus unterscheiden müsse, die aber gleichzeitig, und dies ist wirklich auffällig, durch ihre Rede vom Subjekt als Geist den Glauben gegen die Nihilisten verteidige. Diese sich auf Kant beziehenden Nihilisten sind, nach Knauers Sicht, übrigens die Neukantianer Friedrich Albert Lange und Hans Vaihinger.[82] Eine Sicht, die Kants Philosophie als Verteidigung des Glaubens bezeichnet, lehnt Cohen gegen Paulsen später, wie oben gezeigt, dezidiert ab. Und da Cohen die Rezension Knauers kannte, wäre die Frage zu stellen, ob Cohen sich hier sogar selber in die Nähe des Spiritismus gestellt sah? Immerhin wird ihm hier eine metaphysische Betrachtungsweise unterstellt, in Abgrenzung zum Spiritismus, die Cohen selber später aufs äußerste perhorresziert; in einer Zeit, in der erneut viel über Spiritismus geredet wird.[83]

Natorp hatte 1912 die transzendentale Methode Cohens als Essenz der kantischen Philosophie selbst bezeichnet. Ursula Renz, die bei den meisten neukantianischen Kantdeutungen nur „rhetorische Züge" sieht, erkennt ausgerechnet in Cohens Kantdeutung, dass ihre allgemeine Diagnose genau hier eben nicht zutreffe. Aber auch die scharfe Ablehnung in der modernen Kantforschung[84] zeigt, dass Cohens transzendentale Methode eine starke Wirkungsgeschichte nach sich zog[85], die bis heute anhält. Wenn aber die metaphysikkritische Deutung der Postulate durch Cohen ein Segment der kantischen Philosophie selbst ausmache, ist im Umkehrschluss klar, welche Deutungen dies nicht tun; welche Deutungen Kant also missverstehen. Und dies sind die Deutungen Paulsens, der behauptet, Kant habe in der Morallehre eine Erkenntnis des Übersinnlichen propagiert. Vaihinger, der in diesen Behauptungen einen zu starken Fokus auf die Postulatenlehre und damit eine Argumentation erkennt, die sich direkt aus dem Spiritismus ergebe, ist in diesem Kontext ein wichtiger Knotenpunkt. Er parallelisiert eine Kritik an einer zu metaphysischen Auslegung Kants mit einer Front gegen den Spiritismus.

---

[80] KNAUER, Rezension, 410 f.
[81] Ebd., 413.
[82] Ebd., 413 f.
[83] TROELTSCH, Soziallehren, 967 bezeichnete den Spiritismus noch 1912 als „das Asyl für die Religiosität wissenschaftlich gebildeter Schichten". Auch der Berliner Hofprediger und Antisemit Adolf Stoecker nahm an spiritistischen Sitzungen teil. Vgl. hierzu: FRIEDLÄNDER, Medium, 220.224.
[84] Vgl. Anm. 15.
[85] PASCHER, Einführung, 59. Pascher sieht hier durch Cohens Deutung der Dinge an sich vor allem eine Klarheit erreicht, die Kant selber noch nicht erreicht habe.

‚Bedenklich und anstößig' 169

Ich habe bis hierher eine Möglichkeit aufgezeigt, Cohens Front gegen den „Metaphysizismus" konkreter zu fassen. Dies führte anscheinend genau in die Debatten um den Spiritismus, die um 1900 ein wichtiges Segment in der Kantdebatte ausmachten und bis heute in ihren Kontexten weitgehend unerforscht sind. Doch wie steht es um den Empirismus, gegen den sich Natorp zufolge eine richtige Kantdeutung ebenso abzugrenzen habe wie gegen den „Metaphysizismus"?

Wen also meint Cohen 1899 eigentlich mit den „Flachköpfe[n] in der Naturforschung", die nicht zwischen beschreibender und theoretischer Naturwissenschaft unterscheiden können? Hierzu bietet sich ein Blick in einen erst später publizierten Text von Hermann Cohen an: „Die religiösen Bewegungen der Gegenwart". Cohen richtet sich in diesem Text ausdrücklich gegen den neueren Pantheismus.[86]

Helmut Holzhey wunderte sich über dieses „Schimpfwort", das um 1900 in seiner Front gegen Spinoza, Romantik und deutschen Idealismus „eigentümlich verspätet" erscheine,

denn auch wenn es um die Wende zum 20. Jahrhundert einzelne Naturwissenschaftler wie Ernst Haeckel und Arthur Drews gab, die ihre monistische Weltanschauung als Pantheismus drapierten, dürfte Cohen kaum unterstellt haben, dass seine Zeit von dem bestrickenden ‚Zauber' des Pantheismus erfüllt war[87],

wie Holzhey unter Bezug auf die Ethik des reinen Willens ausführt. Es werde einem „intuitiv fast zur Gewissheit, dass der Geist der Zeit um 1800 gemeint sein muss", den Cohen hier kritisiert.[88] Doch trotz der „intuitiven Gewissheit", dass es sich um eine Front gegen den Idealismus um 1800 handle, benennt Holzhey auch einen zeitgenössischen Kontext, wonach sich in Cohens Sicht die Juden seiner Zeit vom Modewort des Monismus und der angeblichen einzigen Wahrheit des Pantheismus blenden ließen. Diesem Hinweis gilt es nachzugehen.

In der Tat, so behauptet Cohen, habe dieser Pantheismus im Judentum viel Unheil angerichtet, vor allem, da er von einem Juden begründet worden sei, von „dem Fälscher und Verleumder des Judentums Spinoza". Seitdem lehne eine „populäre Bildung", die sich auf Spinoza bezieht, jede Idee eines transzendenten Gottes ab und sagt mit Goethe: „Was wär' ein Gott, der nur von außen stieße?"[89] Dies komme daher, so Cohen, dass diese populäre Bildung den Gottesbegriff völlig falsch verstehe. Seit Platon sei das Jenseits der Ort des Seins des Sittlichen. Daher sei Gott, sowohl bei den Propheten des Alten Testaments als auch den Philosophen, nur als Geist denkbar. Das Jenseits, in dem Gott als persönlicher Geist existiere, sei aber nicht ein Jenseits allen Seins, sondern lediglich ein Jen-

---
[86] COHEN, Bewegungen, 20.
[87] HOLZHEY, Entzauberung, 49.
[88] Ebd., 50.
[89] COHEN, Bewegungen, 21.

seits des naturwissenschaftlichen Seins. „Nur in den Attributen der Sittlichkeit" sei Gottes Wesen zu erkennen. Dies sei „die schlichte, tiefe, wahrhafte Bedeutung der Transzendenz Gottes", als Urbild und Urgesetz aller Sittlichkeit, welche wie die Naturerkenntnis auf Gesetzen beruhe. „Nur wer das Sittengesetz leugnet, kann Gott verleugnen. Wer aber ein Naturgesetz annimmt, kann nicht an dem Sittengesetze skeptisch irrewerden."[90]

Der „wissenschaftliche Grundfehler des Pantheismus" bestehe darin, „daß er den methodischen Unterschied von Natur und Sittlichkeit aufhebt", was Kant schon an Spinoza zu Recht kritisiert habe: „Beim Wollen des Menschen aber darf ich und muß ich fragen: was soll er wollen? Wer den Monismus für eine wissenschaftliche, methodisch begründete Wahrheit hält, der ist Pantheist", und somit nach Cohens Dafürhalten kein richtiger Wissenschaftler, zudem moralisch unfähig:

> Wie Keppler noch den Aberglauben hatte, die Gestirne seien mit Seele begabt, weil sie die von ihm entdeckten Gesetze mit so musterhafter Genauigkeit auszuführen vermöchten, so haben die modernen Biologen den wissenschaftlichen Aberglauben, die ideale Sittlichkeit des Menschengeistes hätte keinen anderen Wert, kein anderes wissenschaftliches Sein, als welches sich auch in aller Lebewelt vollziehe.[91]

Wogegen ist die Abgrenzung Cohens hier gerichtet? Holzhey bestreitet, dass es sich bei diesem von Cohen genannten Pantheismus und Monismus um den Jenenser Zoologen Ernst Haeckel handeln könnte, da dessen Texte um 1900 kaum Einfluss besessen hätten. Einer solchen Einschätzung widersprechen sowohl Paul Ziche als auch Thomas Bach. Beide Autoren sehen in Haeckels Veröffentlichungen eine hochbrisante Provokation für die damalige sich auf Kant beziehende Hochschulphilosophie, die weitreichende Wirkungen nach sich gezogen habe.[92]

Von Haeckels Haupttext „Die Welträthsel" wurden bis 1915 320.000 Exemplare der jeweils verschiedenen Auflagen verkauft.[93] Von einem nur geringen Einfluss auszugehen ist bei dieser Absatzstärke eine gewagte These. Besonders, da Haeckel auch innerhalb der akademischen Kantforschung, wie von Bach und Ziche zu Recht diagnostiziert, rezipiert und mit scharfen Polemiken bedacht wurde, z. B. durch Friedrich Paulsen[94] und Erich Adickes.[95] Hermann Cohen verweist zur Charakterisierung der für den Glauben an einen transzendenten Gott gefährlichen „populären Bildung" auf deren Spinozabezug und auf das auffällige Zitat aus Goethes Gedicht „Proömion". Bemerkenswerterweise beginnen sowohl Haeckels „Der Monismus als Band zwischen Religion und Wis-

---

[90] Ebd., 22.
[91] Ebd., 23.
[92] Vgl. ZICHE, Scham, 62. Vgl. BACH, Wissenschaft, 97.
[93] KLOHR, Einleitung, VII.
[94] PAULSEN, Haeckel, 29–72; PAULSEN, Rezension, 548–553.
[95] ADICKES, Kant, 340–383.

senschaft" als auch sein Text zur „Gott-Natur" genau mit diesem Zitat.[96] Der Monismus-Text erschien noch 1908 in einer neuen Auflage, während der letztere Text im gleichen Jahr wie Cohens Vortrag abgefasst wurde. Zudem bezeichnet sich Haeckel in den Welträthseln immer wieder als in der Tradition Spinozas stehend.[97]

Haeckels Texte wurden um 1900 breit diskutiert, auch in der akademischen Kantforschung. Der Verweis Cohens auf das Goethezitat, welches das Signum des Pantheismus um 1900 sei, scheint mir hier genau auf Haeckel zuzutreffen, zumal dieser im gleichen Jahr einen Text mit genau diesem Zitat auf der Einbandseite veröffentlichte. Holzhey selbst erkennt in Cohens Front gegen den Pantheismus ausdrücklich eine Abwehr des zeitgenössischen Monismus. Dass Haeckel sein Projekt als Monismus in Abgrenzung zum Materialismus bezeichnete, wurde in der damaligen Forschungslandschaft auch von seinen Gegnern erkannt.[98]

3. Fazit

In Cohens Abwehr der Postulatenlehre fallen mehrere Segmente zusammen. Die Postulate seien mystisch, weil sie die Reinheit des Sittengesetzes bedrohten; ihm also einen konkreten Inhalt verschaffen würden, obwohl das Sittengesetz nur rein formal sein dürfe. Dementsprechend diagnostiziert Cohen in der zweiten Auflage 1910 von „Kants Begründung der Ethik", dass die Postulate als gefährlich für jede ernstzunehmende Wissenschaft einzuschätzen seien und dass gleichzeitig eine unrechtmäßige metaphysische Deutung der kantischen Morallehre überhandnehme. Zudem wird in diesem Zusammenhang, als Gegenthese gegen diese Metaphysik, Kants Philosophie primär als Rechts- und Geschichtsphilosophie sowie als Grundlegung der modernen Naturwissenschaften bezeichnet. Als ein möglicher Gegenstand dieser Frontstellung wurde Friedrich Paulsens Bestseller „Immanuel Kant. Sein Leben und seine Lehre" identifiziert, den Cohen 1899 rezensiert hatte. Doch warum war es für Cohen so wichtig, sich von metaphysischen Kantdeutungen abzugrenzen, dass es sogar 90 Jahre später noch rezipiert wird? Eine mögliche Antwort darauf besteht in einer näheren Beschäftigung mit Paulsen. Dieser hatte in seinem Text eine Erkenntnis der übersinnlichen Welt behauptet, die auch noch mit dem Signifikanten „Postulat" verknüpft war. Cohen warf Paulsen daraufhin vor, Kant aufgrund einer zu starken Fokussierung auf die Postulate der praktischen Vernunft missverstanden zu haben. Die scharfe Front gegen Paulsen taucht in Cohens ethischen Haupttexten

---

[96] HAECKEL, Monismus; HAECKEL, Gott-Natur.
[97] HAECKEL, Welträthsel, 23.335.383. Diese Vereinnahmung war in der Kantforschung durchaus bekannt. Vgl hierzu: HÖNIGSWALD, Haeckel, 32.34–36.39–41.
[98] Vgl. HARTMANN, Geschichte, 456. Vgl. ADICKES, Kant, 346.

wie gezeigt wieder auf, nun als Front gegen Metaphysik im Allgemeinen und gegen die Postulatenlehre im Besonderen, die nun offensichtlich für Cohen das zu verwerfende Wesen der metaphysischen Kantdeutungen ausmacht. Paulsens Name wird hierbei dezidiert verschwiegen. Das Problem im Zusammenhang mit Paulsens Kantdeutungen ist hierbei, dass bereits ein Jahr nach Cohens Polemik Hans Vaihinger in Paulsens Text eine Konsequenz spiritistischer Kantvereinnahmungen erkannte. Vaihinger unterstellte, dass Paulsens Deutung der kantischen Postulatenlehre, trotz dessen gegensätzlicher Aussagen, eigentlich nichts weiter sei als der Okkultismus seines Brieffreundes Carl du Prel, der die Erkenntnis des Übersinnlichen behaupte. Du Prels Kantinterpretationen waren derzeit in der Forschungslandschaft gut bekannt. Es besteht die Möglichkeit, dass Cohen von diesen Debatten wusste und deswegen seine Frontstellung gegen Paulsens Metaphysik mit seiner Umdeutung des höchsten Gutes und seiner Ablehnung der Postulatenlehre verband, um Kant vor dem Spiritismus zu retten.

Die mystische Kantdeutung du Prels und seines Schülers Walter Bormann wurde übrigens prominent auch von Ernst Haeckel geteilt. In seinem Text „Die Welträthsel" behauptete er praktisch zeitgleich zu Bormann und nur zwei Monate[99] nach Cohens Rezension, dass Kant in der Postulatenlehre der „Kritik der praktischen Vernunft" in den Mystizismus zurückgefallen sei, womit auch der Neukantianismus nichts anderes als Mystik sei.[100] Die Mystik Kants und seiner Interpreten wiederum trage letztlich die Schuld am modernen Spiritismus Carl du Prels[101], der sich in gewisser Weise zu recht auf Kant beziehe.

Cohen sah sich, wie es Natorp und Renz beschreiben, um 1900 offensichtlich genau dieser zweifachen Front gegenüber: Dem Metaphysizismus und dem Empirismus, die beide Kants Lehre vom höchsten Gut als Mystik deuteten. Dem Vorwurf des Mystizismus auszuweichen, war anscheinend der Ort, der die epistemische Basis von Cohens Interpretation der Postulatenlehre entscheidend mitbestimmte. Denn Cohen berief sich v. a. auf Kant, um die Objektivität und Wissenschaftlichkeit seines Projektes abzusichern. Daher mussten die metaphysischen Segmente in Kants Philosophie, die Cohen in diesem Kontext als gefährlich erkannte, im Diskurs um Kant marginalisiert werden; Natorp behauptete noch 1912, dass Cohen mit diesem Vorgehen sogar das wahre Wesen kantischer Philosophie erkannt habe.[102] Bezeichnenderweise bestanden die Abgrenzungen nicht nur etwa zwischen ‚dem' Neukantianismus und ‚dem' Materialismus,

---

[99] „Die Welträthsel" erschienen im September 1899, wie aus dem Briefwechsel Haeckels mit Frida von Uslar-Gleichen hervorgeht. Vgl. Frida von Uslar-Gleichen an Ernst Haeckel, Datum: 23. September 1899, in: ELSNER, Das ungelöste Welträtsel, 296: „Seit mehreren Tagen habe ich die Welträthsel im Hause […]."

[100] HAECKEL, Welträthsel, 107 f.

[101] Ebd., 353.

[102] Brandt vertritt trotz seiner scharfen Kritik an Cohen ebenfalls die Ansicht, dass Kants Morallehre, besonders sein kategorischer Imperativ, nur in einem Staat gelten könne und daher politisch sei. Vgl. BRANDT, Kant, 98–102.

sondern verliefen auch innerhalb neukantianischer Debatten; wenn etwa Cohen Paulsen unterstellt, Kants kritisches Projekt gerade im Hinblick auf die Metaphysik komplett missverstanden zu haben. Das Spannungsfeld wird auch in der heutigen Forschung noch als zentral für die damalige Debatte wahrgenommen, der historische Kontext der Frontstellungen hingegen nicht weiter thematisiert. Hieraus stellte sich in der Ergänzung philosophisch-systematischer Ansätze die Frage, gegen wen die Ausschlüsse im zeitgenössischen Kontext gerichtet waren. Es konnte an mehreren Beispielen anschaulich gemacht werden, dass die Abgrenzungen gegen „Metaphysizismus" und „Empirismus" mit konkreten Positionen verknüpft wurden: dem Spiritismus Carl du Prels einerseits und dem Monismus Haeckels andererseits.

Neukantianische Kantdeutungen wie die Hermann Cohens entstanden in dieser konkreten Gemengelage in Abgrenzung gegen Positionen, die als Missverständnisse oder Fehlinterpretationen markiert und verworfen wurden. Es wurde als Antwort darauf massiv ein Kanon in der Deutung der Postulatenlehre festgelegt, der die Postulate zu Fiktionen transformierte (Vaihinger, Gardner) oder als Mystizismus komplett verwarf (Cohen). Dieser Kanon wurde in den Kant-Studien immer wieder in Abgrenzung zum Spiritismus beschworen und wiederholt, um so die Grenze wissenschaftlicher Kantdeutungen festzulegen. Die Abgrenzung gegen spiritistische und materialistische Kantvereinnahmungen, aber auch gegen Autoren wie Paulsen, die den Spiritismus in gewisser Weise akademisch ‚salonfähig' machen würden, scheint also für die zeitgenössische Diskussion um die Existenz einer neukantianischen Schule konstitutiv zu sein. Die historischen Verwerfungen führten aber auch, wie im Falle Vaihingers, zu partiellen Aneignungen spiritistischer Positionen und zur Tradierung spiritistischer Versatzstücke in der zeitgenössischen Kantforschung.

Literaturverzeichnis

ADICKES, ERICH, *Rezension* von Danckelmans „Kant als Mystiker?!", in: Deutsche Litteraturzeitung 38 (1897), 1488–1489.
DERS., *Kant* contra Haeckel. Erkenntnistheorie gegen naturwissenschaftlichen Dogmatismus, in: Kant-Studien 5 (1901), 340–383.
BACH, THOMAS, Alle wahre *Wissenschaft* ist Naturphilosophie. Der Naturforscher und Philosoph Ernst Haeckel im Portrait, in: Der blaue Reiter. Journal für Philosophie 34 (2013), 92–97.
BORMANN, WALTER, *Kantsche Ethik* und Okkultismus, in: Beiträge zur Grenzwissenschaft. Ihrem Ehrenpräsidenten Dr. Carl du Prel gewidmet, hg. v. d. Gesellschaft für wissenschaftliche Psychologie, München/Jena 1899, 107–139.
BÖRNER, WILHELM, *Rezension* von Cohens „Kants Begründung der Ethik ...", in: Archiv für systematische Philosophie 21 (1915), 444.
BRANDT, REINHARD, Immanuel *Kant* – Was bleibt?, Hamburg 2010.

BURCKHARDT, JACOB, Weltgeschichtliche *Betrachtungen*, Stuttgart 1978.

COHEN, HERMANN, Ein *Buch* über Kant, in: Die Nation. Wochenschrift für Politik, Volkswirtschaft und Literatur 16 (1899), 609–613.623–626.

DERS., Die religiösen *Bewegungen* der Gegenwart. Ein Vortrag, Leipzig 1914.

DERS., Über das *Eigentümliche* des deutschen Geistes, in: Philosophische Vorträge 8 (1914), 1–45.

DANCKELMAN, EBERHARD VON, *Kant* als Mystiker?! Eine Studie, Leipzig 1897.

DÖRFLINGER, BERND/CLAUDIO LA ROCCA/ROBERT LOUDEN (Hg.), *Kant's Lectures/Kants Vorlesungen*, Boston/Berlin 2015.

ELSNER, NORBERT (Hg.), Das ungelöste Welträtsel. Frida von Uslar-Gleichen und Ernst Haeckel, Bd. 1, Göttingen 2000.

FISCHER, KUNO, Immanuel Kant und seine Lehre. Erster Theil: Entstehung und Grundlegung der kritischen Philosophie (Jubiläumsausgabe IV), Heidelberg 1898 (*Geschichte* der neuern Philosophie 5).

FRIEDLÄNDER, HUGO, Das spiritistische *Medium* Anna Rothe in: DERS. (Hg.), Interessante Kriminal-Prozesse von kulturhistorischer Bedeutung, Bd. 1, Berlin 1910, 208–242.

GARDNER, SEBASTIAN, Art. *Postulate* der reinen praktischen Vernunft, in: Kant-Lexikon 2 (2015), 1814–1821.

HAECKEL, ERNST, Der *Monismus* als Band zwischen Religion und Wissenschaft. Glaubensbekenntnis eines Naturforschers, vorgetragen am 9. October 1892 in Altenburg beim 75jährigen Jubiläum der Naturforschenden Gesellschaft des Osterlandes, Bonn ^{7}1898.

DERS., Die *Welträthsel*. Gemeinverständliche Studien über monistische Philosophie, Bonn 1899.

DERS., *Gott-Natur* (Theophysis). Studien über monistische Religion, Leipzig 1914.

HAKE, ANN-KATHRIN, *Vernunftreligion* und historische Glaubenslehre. Immanuel Kant und Hermann Cohen, Würzburg 2003.

HARTMANN, EDUARD VON, *Geschichte* der Metaphysik. Zweiter Teil: Nach Kant, Leipzig 1900.

HEINEMANN, DIETMAR H., *Über Kants These*: „Denn sind Erscheinungen Dinge an sich selbst, so ist die Freiheit nicht zu retten", in: MARIO BRANDHORST (Hg.), Sind wir Bürger zweier Welten? Freiheit und moralische Verantwortung im transzendentalen Idealismus, Hamburg 2012, 35–57.

HEINZE, MAX, *Vorlesungen* Kants über Metaphysik aus drei Semestern, Leipzig 1894.

HEYSE, PAUL, In der *Geisterstunde*; in: Deutsche Rundschau 73 (1892), 321–342.

HÖFFE, OTFRIED, *Kants Kritik* der praktischen Vernunft. Eine Philosophie der Freiheit, München 2012.

HOLZHEY, HELMUT, *Entzauberung* des Pantheismus. Cohens Kritik an Hegels und Schellings Metaphysik, in: DETLEV PÄTZOLD/CHRISTIAN KRIJNEN (Hg.), Der Neukantianismus und das Erbe des deutschen Idealismus: Die philosophische Methode, Würzburg 2002, 49–64.

HÖNIGSWALD, RICHARD, Ernst *Haeckel*, der monistische Philosoph. Eine kritische Antwort auf seine „Welträthsel", Leipzig 1900.

JOHNSON, GREGORY R., A *Commentary* on Kant's Dreams of a Spirit-Seer, Washington 2001.

KAISER, TOMAS H., Zwischen *Philosophie* und Spiritismus. Annäherungen an Leben und Werk von Carl du Prel, Saarbrücken 2008.

KANT, IMMANUEL, *Kritik* der reinen Vernunft, hg. v. KARL KEHRBACH, Leipzig 1878.

DERS., *Träume* eines Geistersehers, erläutert durch Träume der Metaphysik, in: Akademie-Ausgabe 2, Berlin 1912, 315–373.

DERS., *Kritik der praktischen Vernunft*, Akademie-Ausgabe 5, Berlin 1913.

DERS., *Metaphysik* L_1 (Pölitz), Akademie-Ausgabe 28, Berlin 1968.

KLOHR, OLOF, *Einleitung*; in: Haeckel, Ernst, Die Welträtsel. Gemeinverständliche Studien über monistische Philosophie, Berlin 1960, V–XLVI.

KNAUER, GUSTAV, *Rezension* von Cohens „Kant's Begründung der Ethik"; in: Philosophische Monatshefte 14 (1878), 403–414.

KRONENBERG, MORITZ, *Kant* und der Spiritismus; in: Der Zeitgeist. Beiblatt zum Berliner Tageblatt 25/26 (1903).

LIND, PAUL VON, Kant's mystische *Weltanschauung*. Ein Wahn der modernen Mystik. Eine Widerlegung der Dr. C. du Prel'schen Einleitung zu Kant's Psychologie, München 1892.

MEDICUS, FRITZ, *Rezension* von Walter Bormanns „Kantsche Ethik"; in: Kant-Studien 4 (1900), 333–335.

MEYER, THOMAS, *Kritiker* der Philosophie seiner Zeit. Über den Briefwechsel zwischen Hermann Cohen und August Stadler. URL: https://literaturkritik.de/id/20904 (letzter Zugriff: 15.08.2018).

NARAGON, STEVE, The *Metaphysics Lectures* in the Academy Edition of Kant's gesammelte Schriften, in: Kant-Studien 91 (2000), 189–215.

NATORP, PAUL, Kant und die *Marburger Schule*. Vortrag zur Sitzung der Kant-Gesellschaft 27. April 1912, in: Kant-Studien 16 (1912), 194–221.

OLLIG, HANS-LUDWIG, Einleitung, in: DERS. (Hg.)., *Neukantianismus*, Texte der Marburger und der Südwestdeutschen Schule, ihrer Vorläufer und Kritiker, Stuttgart 1982, 5–52.

ORTH, ERNST WOLFGANG, Die *Einheit* des Neukantianismus, in: DERS./HELMUT HOLZHEY (Hg.), Neukantianismus. Perspektiven und Probleme, Würzburg 1994, 13–30.

PASCHER, MANFRED, *Einführung* in den Neukantianismus. Kontext – Grundpositionen – Praktische Philosophie, München 1997.

PAULSEN, FRIEDRICH, Immanuel *Kant*. Sein Leben und seine Lehre, Stuttgart ³1899.

DERS., Ernst *Haeckel* als Philosoph, in: Preußische Jahrbücher 101 (1900), 29–72.

DERS., *Rezension* von Haeckels „Die Welträthsel", Volksausgabe, in: Preußische Jahrbücher 112 (1903), 548–553.

PREL, CARL DU, Immanuel Kants *Vorlesungen* über Psychologie. Mit einer Einleitung: Kants mystische Weltanschauung, Leipzig 1889.

RENZ, URSULA, Die *Rationalität* der Kultur. Zur Kulturphilosophie und ihrer transzendentalen Begründung bei Cohen, Natorp und Cassirer, Hamburg 2002.

SALA, GIOVANNI B., *Kants „Kritik* der praktischen Vernunft". Ein Kommentar, Darmstadt 2004.

SANDKAULEN, BIRGIT, *System* und Leben. Das Laboratorium Aufklärung aus philosophischer Sicht, in: OLAF BREIDBACH/HARTMUT ROSA (Hg.), Laboratorium Aufklärung, München 2010, 69–86.

SCHMID, HERMANN, Zum *Andenken* an Dr. Walter Bormann, in: Psychische Studien 43 (1916), 49–53.

SCHOLZ, GUNTER, Die *Unterminierung* der Aufklärungsideale durch Wissenschaftsfortschritt in der Zeit um 1900, in: GEORG NEUGEBAUER (Hg.), ‚Aufklärung' um 1900. Die klassische Moderne streitet um ihre Herkunftsgeschichte, Paderborn 2014, 19–40.

SIEG, Ulrich, *Aufstieg* und Niedergang des Marburger Neukantianismus. Die Geschichte einer philosophischen Schulgemeinschaft, Würzburg 1994.

STENGEL, FRIEDEMANN (Hg.), *Kant und Swedenborg*. Zugänge zu einem umstrittenen Verhältnis, Tübingen 2008.

DERS., *Aufklärung* bis zum Himmel. Emanuel Swedenborg im Kontext der Theologie und Philosophie des 18. Jahrhunderts, Tübingen 2011.

TROELTSCH, ERNST, Die *Soziallehren* der christlichen Kirchen und Gruppen, Tübingen 1912.

VAIHINGER, HANS, *Rezension zu du Prels* „Kants Vorlesungen über Psychologie", in: Archiv für die Geschichte der Philosophie 4 (1891), 712–723.

DERS., *Commentar* zu Kants Kritik der reinen Vernunft. Zum hundertjährigen Jubiläum derselben, Bd. II, Stuttgart/Berlin/Leipzig 1892.

DERS., *Rezension von Linds* „Kants mystische Weltanschauung …", in: Archiv für die Geschichte der Philosophie 8 (1895), 555–557.

DERS., *Rezension zu Heinzes* „Vorlesungen Kants über Metaphysik …", in: Archiv für die Geschichte der Philosophie 8 (1895), 420–428.

DERS., *Rezension von Dippels* „Der neuere Spiritismus …", in: Kant-Studien 3 (^{2}1899), 362.

DERS., *Mitteilungen* zu Kant und Swedenborg; in: Kant-Studien 4 (1900), 134.

DERS., Bibliografische *Notiz* zum Erscheinen von du Prels Ausgewählten Schriften, Bd. 1, in: Kant-Studien 5 (1901), 486.

DERS., Bibliografische *Notiz zu du Prels* „Der Tod, das Jenseits, …", in: Kant-Studien 6 (1901), 336.

DERS., Aus zwei *Festschriften*. Beiträge zum Verständnis der Analytik und der Dialektik in der Kritik der reinen Vernunft, in: Kant-Studien 7 (1902), 99–119.

ZICHE, Paul, Die „*Scham*" der Philosophen und der „Hochmut der Fachgelehrsamkeit". Zur philosophischen Diskussion von Haeckels Monismus, in: DERS. (Hg.), Monismus um 1900. Wissenschaftskultur und Weltanschauung, Berlin 2000, 61–79.

Cohen's Jewish and Imperial Politics during World War I

Cedric Cohen Skalli

1. Editorial and Historical Background of Hermann Cohen's "Der Polnische Jude"

In June 1916, Hermann Cohen published an article entitled "The Polish Jew" [*Der Polnische Jude*] in the third issue of *Der Jude*, the new journal edited by Martin Buber.[1] That same month, he published another political article, "Zionism and Religion," [*Zionismus und Religion*] filled with harsh words on how Zionists identify religion with ethnicity [*Nationalität*]. "Without hope for messianic humanity, there is no Judaism for us," Cohen writes. He continues: "Who is reserving Judaism in its fundamental doctrine to the Jewish people, is denying the unique God of the messianic humanity."[2]

Soon after issuing Cohen's article in *Der Jude*, Buber published two vehement responses to the old Jewish philosopher in the August and October issues of the journal. There he wrote: "What Zionism fights against is not the messianic idea, but its misrepresentation and distortion as it is found in a considerable portion of liberal Jewish and anti-Zionist literature. It is a misrepresentation and distortion that glorifies, in the name of messianism, the dispersion, debasement, and homelessness of the Jewish people as something of absolute value and fortune that ought to be preserved to prepare a messianic mankind."[3]

Cohen's "The Polish Jew" was thus published not only in the middle of the Great War, but also in the middle of harsh political debates about the role of Jews and Judaism in the Reich, in the world conflict and in world history.[4]

---

[1] COHEN, Jude, 187–202. This whole essay is indebted to the unique scholarly and editorial work of Hartwig Wiedebach, especially to his seminal book: WIEDEBACH, Element. I also benefited from personal and direct help from Hartwig Wiedebach, for which I am deeply grateful. I thank also deeply Robert Schine for revising my translations and for his many comments and insights. Cf. also: SIEG, Intellektuelle; BEISER, Cohen, 300–349.
[2] COHEN, Zionismus, 217.
[3] BIEMANN, Buber, 265. For the original German text cf. BUBER, Judentum, 289.
[4] Cf. BEISER, Cohen, 329–332.

2. The paradigmatic importance of the German Jew

In the middle of "The Polish Jew," Hermann Cohen recounts, for his and his readers' benefit, his *Vortragsreise*, his lecture tour to St. Petersburg, Moscow, Riga, Vilna and Warsaw in late April and May 1914.[5]

This recollection of the pre-war era appears in Cohen's article following his explanation of "the great example, the paradigmatic importance of the German Jew for the future of Judaism, and even for the religious development of Judaism throughout the world."[6]

The significance of German Jewry was also at the heart of Cohen's attacks against Zionist war politics in the aforementioned article "Religion and Zionism." While sensitive to the "increase of national feeling" and growing "anti-semitism," Cohen criticized:

And the faithful Jew, who wishes to remain with his children in his German fatherland, and who believes, with all his religious and patriotic soul, in the historical idealism and optimism, and hopes for the improvement of the political and moral norms, in accordance with the principle of modern culture, freedom of conscience and mutual respect of religious confessions, and who therefore loves his fatherland as much as his religion – since faithfulness is the unity of his being [*Treue bildet die Einheit des Wesens*] – this dreamer is mocked and despised by Zionism.[7]

In "The Polish Jew," Cohen designates the "paradigmatic importance of the German Jew," not with the word *Treue* – faithfulness – but with the musical notion of *Einklang*, consonance. As he writes, "We [the German Jews] have managed to harmonize [*in Einklang zu versetzen*] our history, as the continuance of our ritual observance, with the innermost powers of both our religious tradition [*den innersten Triebkräften der religiösen Tradition*] and our culture in general."[8] This capacity to produce a dynamic unification of historical Judaism with a modern understanding of its essence in the age of idealism and science was for Cohen the differentiating character of the German Jew vis-a-vis the Polish Jew.

3. Cohen's lecture tour in Russia

The epistemological gap between the German Jew and the Polish Jew was the reason for Cohen's tour in Russia and its success, according to Cohen's own account:

---

[5] For further information and bibliography cf. WIEDEBACH, Element, 16–18.
[6] COHEN, Essays, 56; ID., Jude, 195.
[7] COHEN, Zionismus, 213.
[8] COHEN, Essays, 56; ID., Jude, 196.

This unity, which the German Jew *grosso modo* manifests in himself [*diese Einheit, die im großen und ganzen der deutsche Jude in sich behauptet*], has been lost – or rather, has not yet been attained – by the Eastern European Jew. This perception prompted me to visit Russia two years ago, and it was the correctness of this perception that was responsible for the immediate and enormously great success of my lecture tour in St. Petersburg, Moscow, Riga, Vilna und Warsaw, for which I can praise myself, for the glory of the matter and for the glory of these men [Eastern European Jews].[9]

Recalling for his German-Jewish readers the "many hours of lectures" he gave, as well as the "personal relationship instantly developed between the speaker and the audience," Cohen expresses an ambiguous praise of his hosts: "I am better known there – which I admit quite sadly – than in my own fatherland."[10] Cohen alludes *en passant* to the different reception of his work in Germany and in Russia, and maybe to a change in the cultural atmosphere which brought upon a greater suspicion vis-à-vis Cohen's work in early twentieth-century Wilhelmine Reich. The 3rd June 1914 issue of the *Berliner Tageblatt* also describes Cohen's triumph in Russia in a similar ambiguous manner:

This trip resulted in a true victory procession for the scholar as well as for his science [*Triumphzug für den Gelehrten ebenso wie für seine Wissenschaft*]. Although (or perhaps because) Hermann Cohen has become a prominent figure in Germany and has established a school of thought, he has not been accorded anywhere near the respect which his great importance deserves [*lange nicht entsprechend seiner hohen Bedeutung gewürdigt wird*]. Yet in the Russian intellectual world, he has always found great interest and understanding for his philosophy. His spiritual orientation, which represents a synthesis of German idealism and Jewish ethics, found a strong resonance in Russian intelligentsia – which is still constantly increasing. In Moscow, the real seat of the Russian intellectual world, he gave two talks in front of two-thousand listeners piously absorbing his words. Almost all the newspapers published detailed reports (some expressing much support) on the lectures, so that Cohen's tour in Russia should have a long aftermath.

Notwithstanding the personal dimension of the lecture tour, Cohen had a much larger project in mind than the promotion of his own philosophy of religion and science in the peripheral Russian zone.

4. Cohen's cultural and political plan

By crossing the German-Russian border a few weeks before the outbreak of WWI, Cohen hoped to launch a historical change in this part of Jewish Diaspora, an area incredibly meaningful in terms of Jewish demography and religious knowledge, as repeatedly outlined in Cohen's article. A few lines after the aforementioned praise of the German-Jewish model, the then 73-year-old [born

---
[9] Ibid.
[10] Ibid., 57.

4 July 1842] philosopher resorts again to the word *Einklang* to describe the "plan" he had in 1914, and of whose prospect for success he was still convinced in 1916, in the midst of the Great War and of the German occupation of Poland:

> During these four weeks in May 1914, I had detailed conversations with more than a thousand of these people. It is therefore no idle fancy, but an insight and a conviction that I brought back from the trip that it is possible that the plan may succeed, the plan that gave rise to my desire and decision to take the trip in first place: *my plan is to attempt to inspire the foundation of a free, vital religiosity in those countries, in keeping with [im Einklange mit] their cultural capabilities and to work toward the establishment of institutions for the cultivation of the Science of Judaism [die Stiftung von Pflanzstätten für die Wissenschaft des Judentums] as homes of this new religiosity.*[11]

Cohen's plan in these four weeks between April-May 1914 was to bring the *Ostjuden*, or at least a certain elite, to the same level of achievement as German Jewry, namely to this *Einklang*, or dynamic harmony, between a free Jewish religiosity and the achievements of Western European culture.

The model of this dynamic integration was the *Wissenschaft des Judentums*, understood as the unrestricted scientific method which allows the progressive elucidation of the essence of Judaism. In his 1904 lecture on "The Establishment of Professorships for Ethics and Religion Philosophy in Jewish Theological Seminars," Cohen attributes a special role to philosophy in the "elucidation of the essence of Judaism," contending that "the philosophy of Judaism is the essence of Judaism; and without philosophy, this essence is not to be grasped."[12] According to the methodological introduction of Cohen's last magnum opus, *Die Religion der Vernunft,* the role of the scientific and philosophical study of Judaism is to identify within the "literary sources" of Judaism "the immediate spirit," or the "creativity of a national spirit which strives to produce something peculiar and original."[13] Only the adoption of the scientific method in the aim of understanding Judaism can reveal "during the whole time of its development the uniform expression of the Jewish national spirit, and this, in spite of all the influences of which it partook." For Cohen, the content of this Jewish national spirit was a "messianic religion from its very outset [intending] to be the world religion."[14]

5. A new religiosity

This scientific clarification of the essence of Judaism out of its literary and historical context would also mean Judaism's progressive and relative liberation from traditional scholarly approaches. Yet for Cohen, the abandonment of

---

[11] COHEN, Jude, 196–197.
[12] STRAUSS, Schriften, 115.
[13] COHEN, Reason, 25; RV, 28.
[14] COHEN, Reason, 30; RV, 35.

traditional models was also to be complemented by the rise of a renewed and free adoption of the essence of Judaism, a new religiosity which could serve as a political model of Jewish harmonization with Western European culture, especially valid for the Eastern European Jews:

> So the Polish Jew will not merely learn scholarliness and German ways, plainness, uprightness, and rigorous conscientiousness, traits that have been weakened in him by the tricks and intrigues of despotism and persecution; he will acquire a deep empathy with the religiosity of the German Jew [...] He will learn to understand that only true, scientific philosophy, which does not cultivate the dilettantism of imagination but is methodically integrated with the sciences, can justify the one God. This faith is therefore a matter of ethical cognition. German philosophy calls it "rational faith" [*Vernunftglaube*]. *And this ethical rationale of religious morality will also become the basis of the political principles of the Eastern European Jew; out of it he will subjectively derive his right of citizenship*.[15]

The German concept "*Vernunftglaube*," as used by Cohen, refers to Kant's *Canon of the Pure Reason* at the end of the latter's first *Critique*, as pointed out by Hartwig Wiedebach. There, Kant distinguishes logical certainty from the moral certainty of God's existence: "The belief in a God and another world is so interwoven with my moral disposition that I am in as little danger of ever surrendering the former as I am worried that the latter can ever be torn away from me."[16] By submitting himself to the scientific method, which cannot objectively establish the existence of God, the Eastern European Jew will discover a new scientific justification of God – moral and messianic finality – which he can derive both from the scientific understanding of Jewish sources and from other realms of activities of modern reason, such as arts, culture, ethics, and politics. Liberating Judaism from its pre-scientific and pre-critical hermeneutical framework, Cohen hoped to bring the Eastern European Jew to discover in the "ethical rationale of religious morality" the true justification for his civic emancipation. Indeed, Jews can derive their religious existence from a rational source, pure as the "original [political] contract"[17] according to Kantian philosophy. Therefore, they are entitled to be equal citizens of the republican regime into which the western areas of the Russian Empire should evolve.

6. Facing pogroms and Jewish alienation

Cohen's lecture tour was conceived as a movement within the Jewish Diaspora, from its modern epistemological center, the German-Jewish *Wissenschaft des Judentums*, to its borders, the Polish-Russian Judaism of the Yeshivas, which was historically retarded. In Cohen's view, "the intelligentsia of Eastern Euro-

---

[15] COHEN, Essays, 58. ID., Jude, 200.
[16] KANT, Critique, 689.
[17] KANT, Peace, 322.

pean Jews" was plagued by a "spiritual gap" [*ein geistiger Riß*], by an "absence of reconciliation between orthodoxy and religious indifferentism."[18] This division of Eastern Jewish intelligentsia between "alienation from [modern] Jewish ideas and hopes" among the Orthodox Jews and "religious nihilism" among Zionist and other Jewish modernist currents, was a tragic cultural situation which, in the eyes of Cohen, was responsible for the Jewish interest in Russian nihilism and served as a pretext for the pogrom policy to which Russian Jews were subjected. Cohen pens a strange sentence in which he brings together this political and cultural despair of Russian Jewry:

> Since cultural historians tend to discern some kind of rationale for all the horrors of history, I was able to translate the familiar reproach about the participation of the Jews in Russian nihilism into that of their religious nihilism, and thus once again the imponderables that enter into pogrom policy had been located with dismal satisfaction.[19]

Later in the article, dealing still with the Russian pogroms, Cohen echoes an alleged statement of the Count Plehve: "If [the Russian Jew] had the morality and religiosity of European Jews, 'we would be able to deal with you [the Russian Jew] in a completely different way.'" Russian Jewish orthodoxy, with all its epistemological backwardness, was in part responsible for Jewish attraction to Russian intellectual trends like nihilism and pan-Slavism, which were for Cohen "the moral rationale for the inhumanities of Russianism and its direct and indirect pogroms."[20] The lack of diffusion of the German-Jewish model was thus having terrible consequences.

In the second volume of *Die Judenpogrome in Russland* published in Germany in 1910, Plehve is described as the spirit behind the 1903 Kishinev pogrom:

> For all this inhumanity [...], there is no easy answer. Yet, a sure guideline for evaluating the whole situation is easy to be found, if one bears in mind that the terrible [...] Plevhe, in whose Machiavellic plans, pogroms against Jews were considered an essential means to fight against the growing dissatisfaction of the Russian people, was then the prime minister, and the leading inspiration for all higher and lower organs of the Russian government.[21]

The difficult question of how to oppose the Russian pogrom policy also features in Samuel Löb Zitron's account of Cohen's visit to Warsaw, written for the 26 May 1914 issue of the Hebrew newspaper *Hatzefirah*.[22] Cohen is repeatedly blessed for visiting his fellow Jews in Russia and for opposing the physical and

---

[18] COHEN, Essays, 55.
[19] Ibid.
[20] Ibid., 54.
[21] MOTZKIN, Judenpogrome, 23.
[22] HAZEFIRAH, 16 May 1914, 2. The signature of the article with the Hebrew letter *tsaddik* most likely refers to Samuel Löb Zitron who collaborated at that time with the Hebrew newspaper *Hatzefirah*.

ideological violence exerted against the Russian Jewry with the ideality of Judaism. The journalist attributes a high political and historical value to the visit of the great German Jewish philosopher, while inserting in his praise some ironic words and tones.

In a difficult time for Russian Jewry, the greatest Jewish philosopher of his generation decided to travel and visit his brothers in Russia. We are already used to physical torments; our troubles and sufferings have already ceased to be considered food for sensational news or object of interest in Europe "which does not interfere in internal matters of a foreign state." In this year in which, with the trial [of Beilis] in Kiev, the tormenters of the Jews are renewing their attacks, in this hour in which the Jewish religion sits on the bank of the accused, some "specialist" and scholars in the science of Judaism and in Jewish ethics have shown up and begun to stab with their sword the curtain [protecting the Torah ark] and to desecrate the soul and essence of Judaism. Blessed are the circumstances which bring to us in this harsh time this great Jew from Marburg, the Apostle of Judaism and defender of its highest ideals.[23]

Toward the end of the article, the journalist hopes and imagines that the "Professor from Marburg [would] present the outline of his system and his understanding of Judaism, revealing the treasures concealed in it and forcing even our foes to bend their head before the head of an old man, before the Jewish genius of Marburg"[24].

7. The idealization of Eastern Jewry

Facing the difficult questions raised by Russian pogroms, Cohen developed a cultural and political plan before the War. This plan was to bridge the historical gap between Russian and German Jews through the establishment of new institutions of learning and through a transfer of German knowledge, which would eventually produce the "idealization" of Eastern Jewry: "It is with such an idealization that I view the future of Eastern European Judaism. On the old and venerable sites of the Yeshiva, there shall be erected faculties of Jewish scholarship [*Fakultäten der jüdischen Wissenschaft*]."[25] The article concludes with Cohen's vision of the successful "idealization" of the Eastern European Jew:

When, in the towns and villages of the East, the synagogue service no longer performs with the drama and gesticulation of lamentation and immediate woefulness, but instead with a solemnity derived from a sense of the present, a solemnity of an intellectually objective cult of religious consciousness [*der dem Gegenwartsgefühl gleichsam enthobenen*

---

[23] Ibid.
[24] Ibid.
[25] COHEN, Essays, 59.

Feierlichkeit eines gedanklich objektiven Kultus des religiösen Bewußtseins], when the Idea gains priority [*Vormacht*] over the compulsive power [*Zwangsmacht*] of traditional sentiment with the magical paraphernalia of superstition, and when, accordingly, the spirit of genuine criticism enters science and scholarship so that studying doesn't turn into praying, and finally into skepticism and error, because it is a confident persistence on the trail of scientific truth [*zuversichtliches Verharren auf der Spur der wissenschaftlichen Wahrheit*], when all these things come about, the house of prayer and the house of study will be united into true places of cultures. [*dann werden das Bethaus und das Lehrhaus vereinigt wahrhafte Kulturstätten werden*].[26]

In these lines written during the War, Cohen anticipates the internalization of modern science, culture and religious consciousness in a vision of a regenerated Eastern European Jew, no longer filled with gesticulations, traditional sentiments or skepticism, but assuming the ideality of Judaism and its coherence with science and ethics in the new solemnity of his own individual prayer and of the common prayer house. In Cohen's rational fantasy, individual and collective religious service would harmonize God, scientific truth, and social respectability into a new confidence [*Zuversicht*], according to which ideality would progressively gain priority [*Vormacht*] in history.

8. The greatest triumph of the German Jew

In 1914, during a period of peace, Cohen likely thought that such a transformation of Eastern Jewry could be realized, progressively transforming the image and status of Jews, and diminishing the reasons or pretexts for pogroms. Yet the world war that ensued starting in August 1914 could also produce or even accelerate this necessary change, as Cohen seems to imply:

Jews of all countries shall unite against the persecution of the Jewish spirit just as previously they have united for political and social assistance. It will be the greatest triumph of the German Jew [*der höchste Triumph des deutschen Juden*] when his fatherland is permitted to bring about such a true liberation, the inward rejuvenation of East European Jews by means of gradual progress. How it would overshadow the piecemeal emancipation hitherto granted to the Jews! The higher meaning of this liberation would derive not alone from the greater number of people enjoying it. It is the true achievement of the historical meaning of Jewish emancipation that will ripen fully in the self-awareness of the Jew.[27]

By fostering the German Fatherland to promote the emancipation of the greater part of East European Jewry through war, conquest and political reorganization, German Jews would not only serve as a cultural model for future Judaism, but accomplish a major historical change: the full assumption and realization by Jews of their own ideality, rationality and modern mission. Furthermore,

---
[26] Ibid.
[27] Ibid.

Cohen thought that this change would not only benefit Eastern European Jews, but would also "become a blessing for Jews the world over."[28] The old German Jewish philosopher knew how important "this cradle of European Jewry" was and how the Eastern European "old heritage of intellectual elasticity [Talmudic training] will inspire emulation among us."[29] Cohen had a trade in mind: German Jews would bring German military and political expansion to include emancipation of Eastern European Jewry, and, subsequently, the circulation of these newly liberated *Ostjuden* would "sharpen," "temper," and "spur" German Jewry, and Western Jewry in general, to unprecedented achievements. In conjunction with his plan, Cohen nourished the "hope [...] to continue and repeat [his] interrupted journey" under these new political and cultural conditions. "I can wish for no higher conclusion to my life,"[30] he wrote.

9. Informal German and Jewish diplomacy

Crossing the German-Russian border in May 1914, Cohen intended to engage in a kind of informal German and Jewish diplomacy, which worked at two levels: firstly, the progressive cultural transformation of Russian Jewry; and secondly, the political transformation of the western part of the Russian Empire for the benefit of the Reich. The diplomatic aspect of Cohen's tour can be seen in the description published by the *Allgemeine Zeitung des Judentums* on 22 May 1914:

On the 7th of May, the old scholar visited the Public Library and the Hermitage [in St. Petersburg]. In the evening, at the house of the Baron Alexander H. v. Günzburg, a great reception was organized, in which the well-known personalities of the community – scholars, writers and so – took part. On the 8th of May, a public session of the Society for Religion Philosophy took place in the N. J. Pirogov Museum, in which Professor Cohen delivered a lecture in German entitled "The Essence of Jewish Religion." It was followed by a lively discussion [...] The religious service on the 9th of May at the Central Synagogue, in which the noble guest took part and much interest, transformed itself into an edifying religious feast [...].[31]

The informal diplomacy deployed by Cohen took various forms: visits to libraries and museums, dinners at the house of Baron Alexander von Günzburg and other personalities together with leading figures of the Jewish community, public lectures for philosophical societies in official buildings with a large audience of both Christians and Jews, and prayers in great synagogues. Hermann Cohen's trip was a complex diplomatic enterprise, involving Cohen, likely in

---
[28] Ibid., 59.
[29] Ibid., 58.
[30] Ibid., 57.
[31] Cf. http://sammlungen.ub.uni-frankfurt.de/cm/periodical/titleinfo/3229145.

association with other German Jewish figures, and leading Jewish Russian actors such as the jurist Genrich Sliosberg.[32] Cohen's lecture tour in Russia was a unique combination of intellectual events in different cities, formal and informal discussions involving known scholars and public figures, newspaper articles published in German, Russian, and Hebrew, and religious rituals and prayers. It addressed hundreds and even thousands of Russian, Polish and Lithuanian Jews and Christians, who participated in the events or read about Cohen's visit. In their minds, as well as those of the organizers, Cohen's initiative to change the image of Jews and Judaism in Russia was important, even if interpreted in various and conflicting ways, as can be understood from Dubnow's testimony:

> In April, the philosopher Hermann Cohen visited St. Petersburg and the Jewish society greeted this guest in an exceptional manner. A series of evenings were filled with public lectures and banquets. I also partook in the banquet at the apartment of Sliosberg, but I could not add my voice to the choir of those who praised a philosopher defending an abstract Judaism without acknowledging a living Jewish Nation.[33]

10. A new diplomatic mission at the beginning of WWI

Cohen's articulation of philosophy and German-Jewish diplomacy did not stop with the outbreak of WWI in August 1914. On the contrary, a few months after his tour in Russia and during the War, Cohen appears in several documents as attempting to make another diplomatic mission. In a letter dated 28 January 1915, Ludwig Holländer, Counsel of the *Centralverein deutscher Staatsbürger jüdischen Glaubens*, describes to the Foreign Office [*Auswärtiges Amt*], the new trip which Hermann Cohen was willing to undertake to another part of the Jewish Diaspora:

> Privy Councilor Cohen has stated to the author of this letter that he is prepared to travel to America, despite his old age (he is over 70) and to act there not only for the enlightenment of his audience, but also to appeal to them, giving lectures and consultations in circles of university professors – among which he should enjoy a quite high regard – as well as in circles of educated Jews. Above all, he is likely to be influential because of his extraordinarily effective personality – Cohen is a firebrand [Feuerkopf].
>
> Furthermore, Cohen intends to write an article that will demonstrate that the Jews of the whole world should consider Germany the foundation of their culture and education, and to disseminate it in America. Cohen would, of course, only undertake this journey if it were approved and supported by the Foreign Office.
>
> The author of this letter is well aware that similar attempts to influence American public opinion have been made previously by other Jewish personalities. Yet he believes that

---

[32] For more bibliography, cf. WIEDEBACH, Element, 16–18; ID., Cohen, 23–33. I profited greatly from materials that Vladimir N. Belov gave me.
[33] DUBNOW, Buch, 150 [My translation].

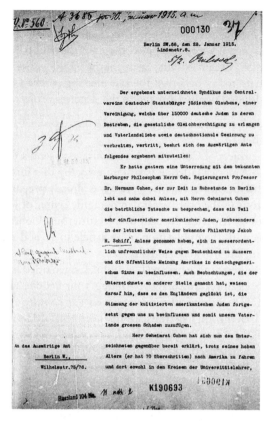

Abb. 1: Auswärtiges Amt, WK Nr. 11 adh. 2, R. 20944-2 f. 130.

such an effective personality as Hermann Cohen could have a great impact on leading [American] intellectuals and, on account of his fame, perhaps on influential financial agents as well [...].

The author of this letter is of the opinion that Cohen's proposition, the proposition of a man who, in his old age, is still willing to render such a sacrifice for his fatherland, should be considered seriously.[34]

Ludwig Holländer's letter was written after Cohen had already proposed the idea of his propaganda trip directly to the Foreign Office in October-November 1914 and had been met with a lack of interest in return. In a letter from 5 October 1914 Cohen writes to his colleague and friend Paul Natorp about his encounter with the *Generalstäbe* at the Office of Foreign Affairs and asks under strict confidentiality [*in strenger Vertraulichkeit*] "if you would be ready to travel together with me and others to America, in order to enlighten there firstly

---

[34] Auswärtiges Amt, WK Nr. 11 adh. 2, R 20944–2, f. 130.

the Jews about Germany." After asking his friend "if he could recommend a Catholic," Cohen concludes his letter with the following hope: "It would be wonderful if once again we could appear there [in the next programmed meeting at the Office of Foreign Affairs] arm-in-arm." Two weeks later, Cohen informs Natorp that "today occurred the last meeting [at the Office of Foreign Affairs], which decided finally to abandon the America project.[35]

Ludwig Holländer's initiative to revive Cohen's initial project a few weeks later did not fare any better.

Although the project of Cohen and his entourage to send a German intellectual delegation to America failed, it is still noteworthy that just several months after his successful journey in Russia, Cohen was already prepared to undertake another lecture tour in the other great demographic center of Jewish Diaspora: the United States of America. Instead of a lecture tour, Cohen had to suffice himself this time with the publication of an article in several American newspapers in German, English and Yiddish.

Drawing on the verse in Leviticus (Lev 19:16), Cohen titled his German essay "Do Not Go About Spreading Slander Among Your People: An Appeal to the Jews of America" [*Du sollst nicht einhergehen als Verläumder. Ein Appell an die Juden Amerikas*]. In the English translation, the original title was substituted by a milder one: "*To the American Jews, Condition of Jews in Germany and Russia Contrasted.*" The article itself, its translation or its summary was "offered" to the editors of several American newspapers in a joint effort of the German Embassy in Washington and a group of German Jews working in direct collaboration with the Foreign Office in Berlin, with the goal of developing a specifically Jewish propaganda for the Reich among American and Russian Jews. Cohen's article was part of this German Jewish propaganda campaign.

11. Deutsches Komitee zur Befreiung der Russischen Juden

On 19 August 1914 the German Zionist Max Bodenheimer wrote a letter to the Office of Foreign Affairs which would become one of the founding documents of the *Deutsches Komitee zur Befreiung der Russischen Juden*, the German Committee for Liberation of Russian Jews.[36] The letter opens with the following paragraph:

I am convinced that the six million Russian Jews, deprived of equal rights [in the Russian Empire], have an interest in the advance of the allied armies of Germany and Austro-Hungary. I am further convinced that they could therefore, if adequate measures were

---

[35] HOLZHEY, Neukantianismus, 432–433.

[36] Cf. ZECHLIN, Politik, 117–154; SILBER, Nationality. I want to express my gratitude to Marcos Silber for the much advice he gave me.

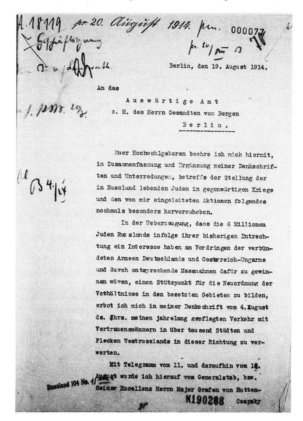

Abb. 2: Auswärtiges Amt, WK Nr. 11 adh. 2, R. 20942-1 f. 77.

taken, be won over to this cause and could constitute a base of support for the reordering of affairs in the occupied areas. For these reasons, in my memorandum of the 4th of August of this year, I proposed to put my relationships with representatives [of Jewish communities] to use for this cause. These relationships, cultivated over many years, extend to more than a thousand towns and places in West Russia.[37]

Less than a month later, Bodenheimer wrote another letter to the Office of Foreign Affairs in which he summarizes the activities of the German Committee for the Liberation of Russian Jews. Among other achievements, he mentions: the diffusion of an official war report to "our men of confidence in the neutral countries," as well as the publication of "a war bulletin in Yiddish and Hebrew, which we diffuse at the [Eastern] border of the Reich by our men of confidence, which we will be ready to diffuse in the newly conquered Russian territories as

---

[37] Auswärtiges Amt, WK Nr. 11 adh. 2, R. 20942–1, f. 77.

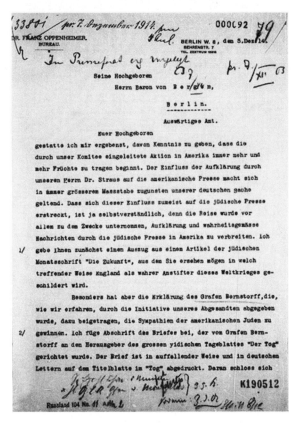

Abb. 3: Auswärtiges Amt, WK Nr. 11 adh. 2, R. 20943-1 f. 92.

well." Bodenheimer explains further: "In collaboration with the *Reichsmarineamt* and with the authorization of the *Unterstaatssekretär* Dr. Zimmermann, we have sent a delegation of three men under the leadership of Sir Dr. Straus from Berlin to America, who shall diffuse opinions favorable to Germany in North-American Jewish Press and high Finance milieus."[38] The *Komitee* constituted a parallel and relatively independent center of diffusion of German war news and propaganda, transforming Jewish international networks of religious, cultural, social and Zionist nature into a political network, which could serve the interest of the Reich in the war. Yet, as developed in several *Memoranda* sent to the Office of Foreign Affairs, Bodenheimer and other members of the *Komittee* tried to develop a political line, which was submitted to the Reich's war interest, but would also serve the interest of Polish and Russian Jews in

---

[38] Auswärtiges Amt, WK Nr. 11 adh. 2, R. 20942–2 f. 153–155.

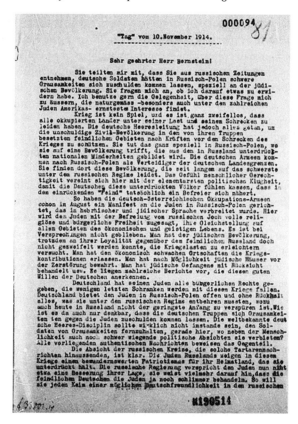

Abb. 4: Auswärtiges Amt, WK Nr. 11 adh. 2, R. 20943-1 f. 94.

the long run. For this reason, they advocated for the transformation of Russian conquered territories into "a buffer state" which would not be a Polish state, but a larger state including various minorities – Jews, Lithuanians, Latvians, Estonians, Bielorussians and Ruthenians – and would therefore relativize the demographic weight of Poles. Such a state could not only be created on the basis of civil equality, but rather it would grant national rights to its different national components, including the Jews. In this envisioned buffer state, in which civil equality and national rights would be guaranteed, Jews could play an important political role, and assure the benevolence of their state vis-à-vis the Reich.[39]

The complex and always evolving relationship of the *Komittee* with the Reich's Office of Foreign Affairs entailed the secret delegation of Dr. Isaac Straus to New York. Dr. Straus collaborated closely with the German Ambassador in

---

[39] Auswärtiges Amt, WK Nr. 11 adh. 2, R. 20942–3 f. 239 and following.

Washington, Count Bernstorff, in order to publish in the Jewish American Press as many articles and as much news as possible in favor of the Reich, but also including a clear German commitment to an emancipation of Polish and Russian Jews. In a letter from 5 December 1914 (Abb. 3), Dr. Franz Oppenheimer wrote to Baron von Bergen at the Office of Foreign Affairs, explaining how the "work of explanation accomplished by Dr. Straus is producing a greater and greater effect in American press for the benefit of the German cause."[40] Oppenheimer mentions the publication of a letter of the German Ambassador, Count Bernstorff, in the great Yiddish-English newspaper *The Day* as a noteworthy success of Straus' initiatives (Abb. 4).

While defending in this published letter the German army against the accusation of "cruelties" perpetrated against Jews, the Count of Bernstorff is openly endorsing major ideas of the *Komittee*. He pretends that "the German armies entered Russian Poland to defend their national frontiers. They found this [Jewish] population which has been suffering greatly at the hands of the Russian regime for so long. [...] Therefore, the Germano-Austrian occupation armies already distributed a manifest to the Jews in Russian Poland in August, which was diffused in Hebrew and Yiddish."[41] By the apparent collaboration between the occupation armies in Russian Poland, the Office for Foreign Affairs and the *Komitee* in Berlin, as well as the German Embassy and Dr. Straus in the United States, the impression could be created for the American Jewish readership that the Reich was also serving Jewish interests in its warfare.

12. An appeal to the Jews in America, a new mobilization of Jewish Diaspora

In a letter to Natorp dated 28 November 1914, Cohen tells his friend that despite his health problems, he "did not stop to work, and wrote a few pieces [...], among them an appeal to Jews of America, which was a demand of the Office for Foreign Affairs. Our delegate in New York submitted it to an American newspaper."[42] The delegate mentioned by Cohen was most probably Dr. Straus. The article written by the old Jewish philosopher in those days was thus part of

---

[40] Auswärtiges Amt, WK Nr. 11 adh. 2, R 20943–1 f. 92.
[41] Auswärtiges Amt, WK Nr. 11 adh. 2, R 20943–1 f. 94.
[42] Hermann Cohen to Paul Natorp, 28. November 1914, in: Holzhey, Neukantianismus, 435. Dr. Strauss' role as "Delegierter des jüdischen Komittees" is attested in the archives of the Auswärtiges Amt (Washington 820–821), specifically Washington 820, f. 89–91. His role in bringing Cohen's article to *Die Wahrheit* (January 30, 1915), and to the *Sonntagsblatt* der New-Yorker *Staatszeitung* (January 31, 1915) is recorded in a letter sent by Strauss to the German ambassador in Washington February 18, 1915) 821 (f. 24–25). Likewise, Strauss' role in publishing Cohen's article in *The American Israelite* (March 4, 1915) is attested in another letter sent to the ambassador in Washington (March 13, 1915) 821 (f. 97–98).

the joined initiatives of the *Komittee* and the Office for Foreign Affairs to shape the American Jewish public opinion in favor of the Reich and the Jewish politics of the *Komittee*.

In the article, Cohen develops a conception of Jewish Diaspora similar to the one evoked in "The Polish Jew." The difference between the political status of the German and the Russian Jew, in Germany and Russia respectively, serves as the background for a claim that this time concerns all the Occidental Jews. From Russia to America, all the Jews owe their modern religiosity to Germany. Cohen explains this through the figure of Mendelssohn:

Moses Mendelssohn, the friend of Lessing, was a German thinker and writer. Out of his German "*Gemüt*," Mendelssohn, another Luther, translated the Pentateuch into German and thus made German literary speech and culture accessible to Jews. The Divine Service of the synagogue was first rejuvenated in Germany and in the German Spirit. Both in faith and morals the Jews always felt akin to the Germans, both felt animated by the same spirit. For the historical spirit of Protestantism has also been our own vital nerve, animating the religious philosophy of medieval Judaism ever since the time of Saadja Gaon. Reform Judaism is a German movement, and from Germany Liberal Judaism has migrated to America.[43]

Reminding his Jewish-American readership of their Jewish-German background, Cohen depicts the reform of Judaism as proceeding from Mendelssohn's perfect assimilation of German spirit and language. More broadly, Cohen presents it as an historical affinity [*Verwandtschaft*] of Jewish reform "with the historical spirit of Protestantism." The political implication of Cohen's interpretation of Jewish modernity as an idealization of Judaism made in the medium of German language and thought, and pursuing the same goal, is made very clear a few lines further on:

Dear Brothers in America! Every Jew in Western lands, apart from his political fatherland, must acknowledge, honor and love Germany as the mother country of his modern religion and of his aesthetic principles – in short, of modern Jewish culture [*das Mutterland seiner modernen Religiösität, wie seiner ästhetischen Grundkraft und damit des Zentrums seiner Kulturgesinnung*]. I am convinced that every educated Russian Jew harbors the same feelings of piety toward German culture [*diese Pietät für die deutsche Bildung*]. I am, therefore, also confident that his Jewish heart leads him to side with Germany in its present military campaign against Russia. At the same time, I know well the native strength of the patriotic feeling with which the Russian Jew loves his country. Nevertheless, I dare not say his fatherland, for Russia cannot yet have become a fatherland to him.[44]

---

[43] This is the English translation of Cohen's article published in the American Israelite, the 4th of March, 1915. Following the kind advice of Robert Schine, I made some changes for the sake of greater accuracy. For the German text, cf. COHEN, Appell, 307–308.

[44] This is the English translation of Cohen's article published in the American Israelite, the 4th of March, 1915. For the German text, cf. COHEN, Appell, 308–309.

Jewish Diaspora from Russia to America is, for Cohen, *Ashkenaz* in a new sense. This Diaspora was decisively informed and shaped by the historical and philosophical drive resulting from the proximity of Judaism and German Protestantism in their reformist impulse. The new German historical and philosophical orientation of Ashkenazic Jewish Diaspora makes Germany its spiritual center. Yet the novelty of Cohen's attitude towards the spiritual geography of modern Jewish Diaspora relies on his willingness to transform it into a political resource for the Reich and into a justification for the future German victory, in complete agreement with the other members of the *Kommitee*. Cohen envisions and elaborates on a common interest shared by the German Reich and the Jews of Germany, Russia, and America. This common interest was the German conquest of Polish and Russian areas, and their subsequent political redefinition according to the program of the *Kommittee*. In the months between May 1914 and early 1915, Cohen succeeded in transforming his pacific conception of a Jewish Ashkenazic Diaspora spiritually centered in Germany into a pro-German international network that could help the Reich in its war efforts and, above all, in the development of an international political solution following the German victory – in the interest of Germans, Jews and humanity.

13. Cohen's Geistpolitik

One of the clearest documents of Cohen's imperial orientation is probably "On the Specificity of German Spirit" (*Über das Eigentümliche des deutschen Geistes*), a lecture Cohen delivered in Berlin in October 1914 and published around that time. From the very beginning of the text, Cohen establishes the imperial significance of German national originality:

One understands a nation of world-historical originality such as Germany only when one has grasped its deepest *originality*. Such an understanding goes beyond the universalism of such a nation, which it shares, up to a certain measure, with all nations, and which enables it, the more original it is, to absorb with greater ease all the other nations in their best humane form. Due to this originality, this nation, being both universal and original, absorbs everything from other nations that is human-universal [*alles menschlich Allgemeine*], in the past and in the present, but transforms it internally according to what the vital element of [German] national originality requires and allows.[45]

From the perspective of world history, the originality, the inner characteristic of the German people, is its great capacity for assimilating into its own originality the originality of other peoples according to the most universal principle, a principle that can only be found in German philosophy. As Cohen's subsequent

---

[45] My translation (with the advice of Robert Schine). For the German text, cf. COHEN, das Eigenthümliche, 240–241.

reference to Pericles' funeral oration in Thucydides' *History of the Peloponnesian War* makes clear, the national capacity to integrate and systematically implement the organizing principle of historical and cultural diversity is the *arche*, the *imperium* which defines and elects the nation capable of imperial leadership.

Cohen defines Kantian philosophy as the philosophical discovery of the highest principle of organization, which selects and elects the German people to imperial leadership. This principle is not a substantive principle, but the necessity and capacity of reason to anticipate or ground its own activity by establishing a differentiated system of rational categories:

> However, when the *a priori* itself must first be grounded by the transcendental, then it means that the foundational principle must be grounded by an act of laying the foundation [...] This remark points directly to the most intimate depths of the whole Kantian terminology, to the transcendental apperception, and particularly to its double meaning: the unity of consciousness, and the unity of synthetic principles, which are nothing less than the foundations of scientific knowledge.[46]

The right of Germany to win this war of empires is founded in its perfect understanding of the activity of reason, which it accomplishes through the two sides of subjectivity. If the highest principle of rational organization is to be founded in subjective unification, both as consciousness and as the unity of scientific knowledge, then the way for a nation to embody the highest consciousness of universal reason and to ground its right to imperial leadership – by displaying the marks of this consciousness through philosophy, science, religion, arts, social politics, education and so on – is philosophically open.

14. An idealist and Jewish foundation of Empire

A brief comparison with a seminal text from the Italian Renaissance might illuminate the Jewish political implications of Cohen's act of grounding German imperial leadership in German idealism. Leonardo Bruni develops Florence's right to imperial leadership in his 1404 *Laudatio Florentinae Urbis*, drawing on Latin authors and the Greek tradition of Panegyrics. While he emphasizes beauty, literature and scholarship as clear markers of the imperial superiority of Florence, ultimately Bruni grounds Florence's imperial right in race and historical genealogy:

> Recognize, men of Florence, recognize your stock and forebears [*stirpem ac prosapiam vestram*]. Consider that you are, of all races, the most renowned [*omnium gentium sitis clarissimi*]. For other peoples have as forebears refugees or those banished from their fathers' homes, peasants, obscure wanderers, or unknown founders. But your founder

---

[46] My translation (with the advice of Robert Schine). For the German text cf. COHEN, das Eigenthümliche, 262.

is the Roman people – the lord and conqueror of the entire world [*Vobis autem populus Romanus, orbis terrarium victor dominusque, est auctor*].[47]

By founding the German right to imperial leadership in idealism, Cohen hoped to eliminate the genealogical and racial foundation of empires and thought to pave the way for a messianic integration of Jewish Diaspora in the imperial project of Germany. A Jewish Diaspora centered around a German Jewry and regenerated by the German spirit could play a central role in the political deployment of German idealism through the Reich and its future international policy. This desire and fantasy of a new imperial politics burst forth in the final paragraph of Cohen's 1915 *Deutschtum und Judentum*:

> We see again in this farthest point at the horizon of the historical world Germanness and Judaism intimately bound together. Indeed, the guiding star of perpetual peace is the messianic idea of Israelite prophetism, the focal point of Jewish religion. In their hope for the messianic era, the prophets made hope the fundamental affect of politics, history and religion: what otherwise is called "faith" they call "hope." Their diversion from given sensual perception, their leading beyond the present toward the future, and their liberation from the omnipotence of reality is the idealism of the prophets. In its range and extension, it does not fall short of the idealism that philosophy accomplishes against the [substantive understanding] of Being. For the prophets, by projecting the human world in this future, draw the being of nature into this realm of hope and future as well.[48]

The dynamic consonance, or *Einklang*, of Germanness and Judaism relies for Cohen on a differentiated but similar prioritization of ideality over the empirical. More precisely, it relies on a differentiated but complementary projection over the present, one in the form of German imperial expansion, the other in the form of a Jewish international Diaspora anticipating the messianic humanity. In an impressive series of war writings, Cohen thus developed the idea of a messianic consonance or collaboration of German modern imperial ambitions and Jewish Diaspora, especially in the new context of the world conflict. Together with the other Jewish activists from the *Deutsches Komitee zur Befreiung der Russischen Juden*, Cohen contributed decisively to the invention of 20th century Jewish politics.

Bibliography

BARON, HANS, From *Petrarch* to Leonardo Bruni. Studies in Humanistic and Political Literature, Chicago 1968.
BEISER, FREDERICK C., Hermann *Cohen*. An Intellectual Biography, Oxford 2018.
BIEMANN, ASHER D., The Martin *Buber* Reader. Essential Writings, New York 2002.

---

[47] BRUNI, Panegyric, 149. For the Latin text, cf. BARON, Petrarch, 243–244.
[48] For the German original text cf. COHEN, Deutschtum, 545.

Bruni, Leonardo, *Panegyric* to the City of Florence, in: Benjamin G. Kohl/Ronald G. Witt/Elizabeth B. Welles (Ed.), The Earthly Republic. Italian Humanists on Government and Society, Philadelphia 1978.

Buber, Martin, Der Jude und sein *Judentum*. Gesammelte Aufsätze und Reden, Köln 1963.

Cohen, Arthur A. (Ed.), *Essays* from Martin Buber's Journal Der Jude. 1916–1928, Philadelphia 1980.

Cohen, Hermann, Über *das Eigentümliche* des deutschen Geistes, in: Id., Kleinere Schriften V. 1913–1915, Werke 16, ed. by Hartwig Wiedebach, Hildesheim/Zürich/New York 1997, 237–297.

Id., "Du Sollst nicht einhergehen als ein Verläumder". Ein *Appell* an die Juden Amerikas, in: Id., Kleinere Schriften V. 1913–1915, Werke 16, ed. by Hartwig Wiedebach, Hildesheim/Zürich/New York 1997, 299–310.

Id., *Deutschtum* und Judentum. Mit grundlegenden Betrachtungen über Staat und Internationalismus (1915), in: Id., Kleinere Schriften V. 1913–15, Werke 16, ed. by Hartwig Wedebach, Hildesheim/Zürich/New York 1997, 465–559.

Id., Der polnische *Jude*, in: Id., *Kleinere Schriften* VI. 1916–1918, Werke 17, ed. by, Hartwig Wiedebach, Hildesheim/Zürich/New York 2002, 187–202.

Id., *Zionismus* und Religion in: Id., Kleinere Schriften VI. 1916–1918, Werke 17, ed. by Hartwig Wiedebach, Hildesheim/Zürich/New York 2002, 209–221.

Id., Religion of *Reason* Out of the Sources of Judaism, New York 1972.

Dubnow, Simon, *Buch* des Lebens. Erinnerungen und Gedanken. Materialen zur Geschichte meiner Zeit (1903–1922), Göttingen 2005.

Holzhey, Helmut, Cohen und Natorp. Bd. 2, Der Marburger *Neukantianismus* in Quellen. Zeugnisse kritischer Lektüre. Briefe der Marburger. Dokumente zur Philosophiepolitik der Schule, Basel/Stuttgart 1986.

Kant, Immanuel, *Critique* of Pure Reason, Cambridge 1998.

Id., Practical Philosophy, Cambridge 1999.

Motzkin, Leo, Die *Judenpogrome* in Russland, Bd. 2, Köln 1910.

Sieg, Ulrich, Jüdische *Intellektuelle* im Ersten Weltkrieg, Kriegserfahrung, weltanschauliche Debatten und kulturelle Neuentwürfe, Berlin 2001.

Silber, Marcos, Different *Nationality* Equal Citizenship! The Effort to Achieve Autonomy for Polish Jewry during the First World War, Tel Aviv 2014.

Wiedebach, Hartwig, Hermann *Cohen*, gesehen aus zwei verschiedenen Blickwinkeln. Die Rede des Rabbiners Jakob Masé an Hermann Cohen in Moskau 1914, in: Leo Baeck Bulletin 84 (1989), 23–33.

Id., The National *Element* in Hermann Cohen's Philosophy and Religion, Leiden/Boston 2012.

Zechlin, Egmont, Die deutsche *Politik* und die Juden im Ersten Weltkrieg, Göttingen 1969.

Online resources

http://sammlungen.ub.uni-frankfurt.de/cm/periodical/titleinfo/3229145 (05.05.2020).

Hermann Cohen:
der Lehrer aus der Sicht seiner Schüler

Robert S. Schine

1. Einleitendes

Die Betrachtung von „Hermann Cohen im Kontext" bietet auch Anlass, das menschliche Umfeld Cohens auszumalen, insbesondere das Verhältnis zu seinem Schülerkreis. Wir sind nämlich im Besitz einiger Erinnerungen und Betrachtungen, die den Charakter des Lehrers Cohen beleuchten, sowohl aus der Marburger Zeit, als auch aus den späten Jahren nach seiner Emeritierung, als er seine Lehrtätigkeit an der Berliner Hochschule für die Wissenschaft des Judentums fortsetzte. Nach Marburg pilgerten ja Hörer aus aller Welt: Ortega y Gasset aus Spanien, Wladislav Tatarkiewicz aus Polen, Dmitri Gawronsky aus Moskau und Abraham Gideon und Henry Slonimsky aus Amerika.[1] Aber auch in Berlin stand der emeritierte Professor im Mittelpunkt eines Kreises, der teils aus Studenten der Hochschule bestand, teils aus philosophisch Interessierten, die bei Cohen wissenschaftlichen Rat suchten.

Unter den Letzteren ist der Fall Rosenzweig bekannt. In seiner umfassenden biographischen Einleitung zu der posthum 1924 erschienenen Ausgabe von Cohens *Jüdischen Schriften* hat Rosenzweig eine Art philosophische Operation ausgeführt, wobei er Cohens philosophischen Lebenslauf in eine frühere, judentumsvergessene und eine spätere, judentumsbewusste Periode sezieren wollte. In der späten Periode habe sich Cohen in dem Begriff der „Korrelation" den Raum geschaffen zu einer Abkehr vom kritischen Idealismus und zu einer Hinwendung zum Existenzialismus. So sieht Rosenzweig in der Schrift von 1915, „Der Begriff der Religion im System der Philosophie", zugleich eine vorwärts gewandte „Programmschrift" und rückblickend einen „Rechenschaftsbericht" und Abschied von der Marburger Schule.[2] Rosenzweigs Lesart entsprang sicherlich dem innerlichen Wunsch des Schülers, in dem Lehrer die Vorwegnahme

---

[1] Angaben nach SIEG, Aufstieg. Vgl. das Verzeichnis der Marburger Promotionen im Fach Philosophie ebd., 484–487. Zu Ortega y Gassett vgl. ebd., 222 (Slonimsky wurde später Dekan des liberalen Rabbiner-Seminars in New York).

[2] ROSENZWEIG, Einleitung, XLV.

der eigenen Position erblicken zu wollen. Inzwischen hat sich die Cohen-Forschung dank der Interventionen unter anderem von Alexander Altmann, Steven Schwarzschild und letzthin Frederick Beiser weitgehend von dieser Operation erholt.[3] Altmann wies in seinem 1960 erschienenen Aufsatz über den Begriff der Korrelation bei Cohen nach, dass dieser Begriff, den Rosenzweig für die angebliche metaphysische Wende im späten Cohen zum Beweisstück dient, in keiner Weise den Rahmen des kritischen Idealismus sprengt. Schwarzschild zeigt wiederum, dass Rosenzweig sich der philosophischen Entstellung völlig bewusst war, die er am Bild des verstorbenen Lehrers vorgenommen hatte. Rosenzweig hat selbst im privaten Briefwechsel zugestanden, dass der Cohen seiner Einleitung „Legende" sei, was ihm auch das Missfallen der Witwe Cohens, Martha, einbrachte.[4] Indem Rosenzweig sich anmaßt, Cohen sozusagen besser zu verstehen, als Cohen sich selbst verstanden hat, behauptet er, Cohen sei „noch zukunftsvoller als er wusste."[5] So legt er Cohens Begriff der „Korrelation" darin aus, dass dem Begriffspaar Gott-Mensch eine jeweils eigenständige „Tatsächlichkeit" vorausgeht.[6] Diese metaphysische Geste entbehrt jedoch jedes Rückhalts im Cohen'schen System. Nach Beiser sei Rosenzweig so der Urheber einer lang anhaltenden Reihe „mystischer" Deutungen der Cohen'schen Religionsphilosophie geworden, die sich trotz der Widerlegung durch Altmann und andere über Jahre hinweg behaupteten. Nach Beiser sind solche mystischen Auslegungen nur auf der Basis eines grundsätzlichen Missverständnisses des Cohen'schen Denkens möglich:

Bekanntlich hat Franz Rosenzweig behauptet, dass Cohen in seinen letzten Jahren der idealistischen Tradition völlig entsagte zugunsten einer Religionsphilosophie, die das Augenmerk auf das Individuum richtete. Das Individuum fiel nach Rosenzweig außerhalb des Rahmens des Systems. Es waren jedoch gerade die Belange des Individuums, denen eine Religionsphilosophie zu entsprechen habe. […] Die Anklage Rosenzweigs entbehrt jeden Beweises und steht außerdem in schroffem Gegensatz zu Lehrmeinungen, von denen Cohen nie abgerückt ist.[7]

Bei dem Streit um Rosenzweigs Interpretation geht es also um nichts weniger als das philosophische Erbe Cohens: bleibt er in seiner Religionsphilosophie an den kritischen Idealismus gebunden oder sprengt er die Schranken des idealistischen Systems?

Neben Rosenzweig gibt es jedoch eine Anzahl von Schülern, deren Verhältnis zu Cohen von einer Innigkeit gekennzeichnet und auch frei des Bedürfnisses

---

[3] Für den Einspruch gegen die Rosenzweig'sche Lesart, vgl. ALTMANN, Korrelation; SCHWARZSCHILD, Anecdotes; BEISER, Biography, 4. Diese wichtige philosophische Biographie von Cohen ist erst nach der Tagung erschienen.
[4] ROSENZWEIG, Briefe, 617. Zitiert auch in: SCHWARZSCHILD, Tragedy, 224 Anm. 2.
[5] ROSENZWEIG, Einleitung, XLVIII.
[6] Ebd.
[7] BEISER, Biography, 6.

bleibt, eine philosophische Kongruenz zu erdenken, wo sie systemgemäß sich nicht denken lässt. Allen voran wurde Benzion Kellermann von Zeitgenossen als einer „der wichtigsten Schüler Cohens" und als „der legitime[n] Nachfolger der philosophischen Schule des Marburger Neukantianismus" gewürdigt.[8] Nur wegen des frühzeitigen Todes Kellermanns fiel Rosenzweig der Auftrag zu, die Einleitung zu den *Jüdischen Schriften* abzufassen. Wäre die Aufgabe von dem systemtreuen Kellermann ausgeführt worden, hätte sich auch die Geschichte der Cohen-Rezeption anders gestaltet.[9]

Indem ich hier einige Streiflichter auf zwischenmenschliche Situationen werfe, die zwischen Cohen und den Kreisen von Studenten um ihn entstanden sind, zitiere ich Zeitzeugen, die von Cohen geradezu benommen waren, wie auch solche, die es nicht waren, und auf die sein Stil befremdend wirkte. Ich lege dabei ein besonderes Augenmerk sowohl auf Ernst Cassirer als auch auf Jakob Klatzkin, der mit seinem Büchlein „Hermann Cohen" (1919) seinem alten Lehrer ein literarisches Denkmal setzen wollte. Da das Büchlein ein Dokument inneren Konflikts darstellt, hat es für die damals junge Generation deutsch-jüdischer Intellektueller typischen Wert.

2. Ernst Cassirer

Dimitry Gawronsky bringt in seinem biographischen Essay über Cassirer eine lebhafte Schilderung von Cohen in der Marburger Zeit. Genauer handelt es sich um die aus einem Abstand von 50 Jahren in der Erinnerung rekonstruierte Ankunft Cassirers bei Cohen im Frühling 1896:

Als Cassirer endlich [...] in Marburg eintraf und also Cohen zum ersten Mal hörte, wusste er von der Philosophie Kants und Cohens schon sehr viel. Es gab in Cohens Aussehen etwas Sonderbares. Er war beleibt und kleinwüchsig. Sein ungewöhnlich großer Kopf überragte seine sehr breiten Schultern. Er hatte eine fast anormal hohe Stirn. Die Augen blitzten, sie fesselten und drangen ein, trotz der dunklen Brille, die er stets trug. In seinen Vorlesungen und Seminaren, und selbst im privaten Gespräch, konnte man nicht umhin, sich in der Gegenwart eines großen Geistes mit dem Herzen eines Propheten, erfüllt bis zum Übermaß mit dem ekstatischen Glauben an den Wert der Wahrheit und die Kraft des Guten, zu wissen. Gleich, welches Problem er behandelte – ob aus der Mathematik, der Erkenntnislehre oder der Ethik – immer sprach er aus einer großen Leidenschaft heraus, mit einer tiefen, intensiven Leidenschaft, in der Regel vollkommen beherrscht durch den maßvollen Fluss seiner bedächtigen und machtvollen Rede, bis die Leidenschaft durchbrach mit einigen kurzen Worten oder bündigen Sätzen. Dann rief er seine Zuhörer mit

---

[8] Nach LATTKI, Gedächtnisrede, 7.
[9] Zu Kellermann siehe den Beitrag von TORSTEN LATTKI in diesem Band, sowie dessen weitere in der Literaturliste aufgeführten Arbeiten, die mir bei der Abfassung des Vortrags noch nicht bekannt waren.

erhobener Stimme an und betonte die Bedeutung seiner Worte mit energischen Handbewegungen.[10]

Cassirer selbst schildert seinen Weg zu Cohen in den Worten, die er an Cohens Grab sprach. Einem Ratschlag Georg Simmels folgend hatte er sich in Cohens Kant-Büchern vertieft und entschloss sich, aufgrund dieser Lektüre bei deren Verfasser in Marburg zu studieren. Er erzählt von diesen philosophischen Anfängen:

> Es waren die Kant-Bücher Cohens, aus denen ich ihn und seine Lehre zuerst kennenlernte. So war es kein einfacher und ebener Weg, der mich zu ihm hinführte, denn diese Bücher galten damals und gelten zum Teil noch heute als die schwersten Bücher der philosophischen Literatur. [...] Aber was ich vom ersten Augenblick an begriff und was in mir den festen Entschluss reifen ließ, nicht eher abzulassen, als bis ich diese Bücher ganz bewältigt und ganz durchdrungen hätte: das war das Bild der großen Persönlichkeit, das mir aus ihnen entgegenleuchtete. Noch vermochte ich den Gedanken Cohens nicht bis in ihre letzten sachlichen Tiefen zu folgen; aber die Gestalt des Denkers war für mich von Anfang an licht und klar. Dieser unbedingte Wahrheitssinn, diese Kühnheit und Eigenart der Auffassung, dieser Mut zur letzten systematischen Konsequenz: das war es, was mich immer wieder zu diesen Werken zurückführte und was mich unwiderstehlich bei ihnen festhielt. Und wie wurde mir dies nun alles bestätigt, wie zeigte es sich zugleich in einem ganz neuen und helleren Licht, als ich dann fast zwei Jahre später Hermann Cohen selbst gegenüberstand. Zwar im ersten Augenblick unserer Bekanntschaft fand ich nicht sofort den Entschluss und das rechte Wort zur persönlichen Annäherung. Ich stand in befangener Zurückhaltung vor dem Manne, der für mich so unendlich viel bedeutete. Fast widerstrebte es mir, zu ihm, in dem ich so lange Zeit die eigentliche Verkörperung der Sache der Philosophie und ihrer Sachlichkeit gesehen hatte, von mir selbst und meinem persönlichen Verhältnis zu seiner Lehre zu sprechen. Aber es bedurfte nur kurzer Zeit und er hatte dieses ganze innere Verhältnis, ohne dass es mit einem Wort ausgesprochen wurde, völlig erraten und völlig begriffen. Und wie er mir nun mit unvergleichlicher Wärme, mit der ganzen impulsiven Lebendigkeit seines Wesens entgegenkam, wie er jeden Rest von Scheu in mir besiegte, wie er nicht rastete und ruhte, als bis ich mich ihm ganz bekannt und mich ihm ganz gegeben hatte: – das wird mir für immer unvergesslich bleiben. Der Strom von Herzlichkeit, der von ihm ausging, durchbrach alle Dämme der Konvention, er beseitigte alle äußerlichen Schranken, er ging über allen Abstand und alle Gegensätze hinweg, die zwischen dem Meister und dem Schüler bestanden – bis schließlich das Verhältnis vom Lehrer zum Schüler sich rein und völlig auflöste in das tiefste und innigste Freundschaftsverhältnis – in eine Freundschaft, die durch mehr als zwanzig Jahre bestanden hat, und die in dieser ganzen Zeit niemals eine Änderung, niemals eine auch nur vorübergehende Trübung erfahren hat.[11]

Dass es sich so verhalten hat, oder in Cassirers Gedächtnis so verblieb, ist wohl auch der Gelassenheit Cassirers zu verdanken. Denn nach den Berichten von Toni Cassirer zu urteilen, grenzten Cohens Anteilnahme und Bemühungen um

---

[10] GAWRONSKY, Life, 6f. Aus dem Englischen vom Vf.
[11] CASSIRER, Worte, 347–348.

Cassirers akademische Laufbahn ans Aufdringliche. Als etwa Aussicht bestand auf eine Stelle in Straßburg, wollte Cohen seinen inzwischen selbständigen Schüler auf der Reise begleiten, um sich für ihn bei den dortigen Kollegen einzusetzen. In späteren Jahren hat Cassirer, selbst bei aller Distanzierung von Cohen, immer den Anteil seiner Marburger Anfänge an seinen eigenen philosophischen Bemühungen anerkannt. Er verstand nämlich die eigene Philosophie der symbolischen Formen als die *methodische* Fortsetzung von Cohens Neukantianismus. Selbst in den Davoser Gesprächen huldigt er Heidegger gegenüber ausdrücklich der transzendentalen Methode Kants.[12] Er legte auch eine seines Lehrers würdige Treue an den Tag durch zwei grundsätzliche Aufsätze, einen zu Cohens Lebzeiten, „Hermann Cohen und die Erneuerung der kantischen Philosophie", und den englischen Text, „Hermann Cohen 1842–1918", den er nach seiner Übersiedlung nach Amerika anlässlich des 100. Geburtstages Cohens in der Zeitschrift Social Research veröffentlichte – beides Versuche, Cohens Werk vor der Vergessenheit zu retten.

Andere Schilderungen beleuchten aber auch die Schattenseite in Cohens Lehrtätigkeit, der bewusst eine *Schule* aufbauen wollte. Der eine Student mag sich hingezogen fühlen. Wenn man sich als Teilnehmer an solchen Seminaren die Begrifflichkeiten und Voraussetzungen aneignete, die Cohen als Bestandteile des Systems geschaffen hat, war man Insider. Zu der Schulsprache, die Cohen entfaltet – zum Beispiel „die Logik des Ursprungs", oder etwa in der *Ethik* die Begriffsreihe „Einzelmensch, Mehrheit, Allheit" – kommt auch die Eigentümlichkeit des Denkstils hinzu. So wie er temperamentvoll schreibt, war auch der Stil des Vortrags oft polemisch. Auf andere Schüler wirkt diese Kombination befremdend. Boris Pasternak berichtet bekanntlich in seinen Lebenserinnerungen „Geleitbrief" von seinem stürmischen, früh abgebrochenen Studienaufenthalt in Marburg. Aus der leicht spöttischen Schilderung Pasternaks geht ein schulmeisterliches Bild hervor. Im Seminar stellt Cohen katechismusartige Fragen und unterbricht ungeduldig den Studenten, dessen zaghafte Antwort sich in die Länge zieht. Er habe die Gewohnheit gehabt, in solchen Fällen, wenn es etwa um die Interpretation einer Kant-Stelle ging, mit der Frage zu unterbrechen „Ja, was meint der Alte?"[13]

Aus Cohens Zeit an der Hochschule für die Wissenschaft des Judentums berichtet etwas nüchterner Hans Liebeschütz, der an Cohens erstem Seminar an der Hochschule teilnahm. Im Jahre 1960 denkt Liebeschütz an dieses Seminar zurück, wofür Cohen Spinozas Theologisch-politischen Traktat zum Thema wählte:

---

[12] GORDON, Divide, 209f.
[13] PASTERNAK, Safe Conduct, 217f. Eine weitere Beschreibung von Cohen befindet sich ebd., 199f.

Die Mehrzahl der Hörer, die im Übungsraum an dem langen Tisch saßen, hatten keine tiefere Kenntnis von der Eigenart seines Denkens und Fühlens. Sie verehrten in ihm den eindrucksvollen Vertreter einer echten Synthese von überliefertem Glauben mit zeitgenössischem Denken. Darum waren sie fast erschrocken, als die Interpretationen des Seminars sich sehr schnell zu einer Materialsammlung für eine Anklageschrift gegen Spinoza entwickelten. Cohen machte es natürlich im einzelnen vollkommen klar, was er seinem großen Vorgänger vorwarf, aber die Tiefe des Gegensatzes, die Leidenschaft, die hervorbrach, wenn ein älteres Semester die Kühnheit hatte, den so Angegriffenen zu verteidigen, behielt doch etwas Rätselhaftes. Die Formel, ‚in der Verbindung von Natur und Sittlichkeit liegt das Unprotestantische von Spinoza', die Cohen in dem folgenden Semester in den Kreis der ihn nach der religionsphilosophischen Aula-Vorlesung umstehenden Fragesteller hineinwarf, konnte das Gefühl für das Paradoxe in seiner Haltung nur steigern.[14]

Die Polemik gegen Spinoza steigert sich dann in der Schrift von 1915 zu einer Vehemenz: die öffentliche Anerkennung Spinozas ist Cohen zuwider. Der vermeintliche Pantheismus der „Ethik" Spinozas führe eigentlich zur Unmöglichkeit der Ethik überhaupt. Spinoza mache sich im Theologisch-politischen Traktat der Verschmähung des Judentums schuldig und damit der Untreue bis zum Verrat an seiner angestammten Religion, ganz gleich, ob er durch die religiöse Obrigkeit verbannt wurde. Dadurch sei er zum Kronzeugen geworden für den auflebenden Antisemitismus. Dem Text von Cohens Abhandlung kann man fast die Seminardiskussion abhören, wie Cohen mit der Ungereimtheit des Titels beginnt, und Kapitel für Kapitel den Tractatus behandelt. Cohen ging es pädagogisch um die Bekämpfung des Antisemitismus: er wollte die jüngere Generation von führenden jüdischen Persönlichkeiten für den Kampf rüsten. Fraglich ist, ob dieser Zusammenhang und dieses Motiv den um ihn versammelten Schülern einleuchtete.

3. Max Wiener

Es kommt ein weiteres Dokument aus der Berliner Zeit hinzu. Kurz nach Cohens Ankunft in Berlin haben Gönner der Hochschule ihm zu Ehren einen Hermann-Cohen-Lehrstuhl für Religionsphilosophie an der Hochschule für die Wissenschaft des Judentums gestiftet. Das Lehrerkollegium schlug Dr. Max Wiener, damals kaum 30 Jahre alt, für den Lehrstuhl vor. Wiener hatte 1909 das Buch „Die Anschauungen der Propheten von Sittlichkeit" publiziert, eine Schrift, die die Propheten ganz auf der Cohen'schen Linie darstellt, Benzion Kellermann antizipierend. Schüler Cohens in formellem Sinne war Wiener zwar nicht, dennoch geht aus dem Folgenden hervor, dass eine Lehrer-Schüler-ähnliche Beziehung bestand. Und doch witterte Cohen – zu Recht –, dass Wiener

---

[14] LIEBESCHÜTZ, Cohen und Spinoza, 225.

kein treues Mitglied seiner „Schule" werden oder bleiben konnte. Das Lehrerkollegium bat Cohen um ein Gutachten zu Wieners Bewerbung. Er entspricht diesem Wunsch in einem Gutachten, in dem das schon angesprochene Thema in den Vordergrund tritt, die Pflicht eines jüdischen Wissenschaftlers, das Judentum vor der Öffentlichkeit zu verteidigen. Cohen führt aus:

Zum Vorschlag des Lehrerkollegiums für Dr. Wiener bin ich in der Lage, mich „schleunig" gutachtlich zu äußern, da leider sehr wenig von Dr. W. vorliegt. Die Schrift über den Prophetismus ist unter meiner sehr eingehenden mehrmaligen Korrektur des ersten Entwurfes zu Stande gekommen. Dieser litt an einer sehr bedenklichen Unreife, da er ganz die Befangenheit der protestantischen Bibelkritik teilte [...] Ich würde dies nicht erwähnen, wenn es nicht charakteristisch wäre für die Unfertigkeit dieses jungen, mir sehr sympathischen Mannes in seiner Entwickelung. Nun ist gerade in voriger Woche ein Aufsatz [...] erschienen, der dieselbe sehr bedenkliche Unreife in philosophischer Hinsicht unverkennbar macht [...] Es zeigt sich bei ihm noch Unklarheit über das Verhältnis der Religionsgeschichte & Religionspsychologie zur systematischen Religionsphilosophie. [...] Ich kann aber Niemand unsere Religionsphilosophie anvertrauen, der nicht zu einer vollen Klarheit sich durchgerungen hat über das Verhältnis der Religionsphilosophie zur Ethik.[15]

Cohen schreibt beteuernd: Er „möchte den jungen Mann durchaus nicht fallen lassen", empfiehlt jedoch, dass man ihm „Zeit und Ruhe" lasse zu entwickeln. „Wir haben für diesen Stuhl mehr als für jeden anderen vor der ganzen gebildeten Welt die größte Verantwortung." Er schließt das Gutachten: „Ich kann nicht anders, ich habe für diese Frage die volle Verantwortlichkeit des Sachverständigen: ich rate zur Vorsicht und nicht zur Eile."[16]

So zeigt sich in dieser Stellungnahme die für Cohen entscheidende Bedeutung der Religionsphilosophie für die Darstellung des Judentums vor der breiten Öffentlichkeit. Denn nur die – richtig verstandene – jüdische Religionsphilosophie kann die Übereinstimmung der fundamentalen Ideen des Judentums mit der allgemeinen Philosophie begründen und weiter nachweisen, dass das Judentum durch die Ethik der Propheten als die *historische* Quelle des ethischen Monotheismus anzusehen ist. In der Tat hat sich Wiener in den Folgejahren von der Cohen'schen Lesart der Propheten abgekehrt. Er entwickelt daraufhin eine eigene post-halachische, zionistisch gesinnte Fassung des liberalen Judentums und bestätigt so, dass selbst der reife Wiener sich zur philosophischen Nachfolge Cohens nicht eignete.

---

[15] SCHINE, Adrift, 181 f. Das Gutachten wurde dem Vf. von Herbert A. Strauss zur Verfügung gestellt.
[16] Ebd.

4. Jakob Klatzkin

Noch dezidierter ist diese Abkehr bei Jakob Klatzkin. Bei aller Bewunderung für Cohens philosophische Leistung befremdet ihn dessen idealisierende Auffassung einer wesentlichen Harmonie zwischen „Deutschtum und Judentum". Die damit einhergehende grundsätzliche Ablehnung des Zionismus hat Klatzkin in seiner Abkehr nur bestärkt.

Klatzkin wurde 1882 geboren in Brest-Litovsk, Weißrussland, wo sein Vater, Elijahu Klatzkin, ein renommierter Gelehrter, dem Sohn eine gründliche Ausbildung in der jüdischen Traditionsliteratur angedeihen ließ. Achtzehnjährig fuhr Jakob Klatzkin zunächst nach Frankfurt am Main zum Studium, aber nach einem Jahr weiter nach Marburg. Nach den Akten der Universitätsquästur im Stadtarchiv Marburg hörte Klatzkin vom Wintersemester 1901 bis zum Sommersemester 1903 Cohens Vorlesungen zu Logik, Psychologie, Ethik und Kunstphilosophie. Es ist zu vermuten, dass er schon bald die Unverträglichkeit erahnte, die einem dauerhaften Verhältnis zwischen dem jungen Zionisten – einem nach seiner eigenen Terminologie „Nationaljuden" – und Cohen einen Riegel vorschob. Klatzkin verließ also Marburg und entfaltete in den nächsten Jahren in Deutschland und in der Schweiz eine rege und breitgefächerte literarische Tätigkeit, zum einen als Schriftsteller für hebräische Zeitschriften und zum anderen als Herausgeber des zionistischen Hausorgans, *Die Welt,* in Köln von 1909 bis 1911. Er promovierte 1912 in Bern, veröffentlichte ein vierbändiges Lexikon der mittelalterlichen hebräischen philosophischen Terminologie, אוצר המונחים הפילוסופיים (1928–33), übersetzte Spinozas Ethik ins Hebräische und unternahm mit seinem langjährigen Freund und Mitstreiter in der zionistischen Bewegung, Nahum Goldmann, die Herausgabe der Encyclopedia Judaica, deren Erscheinen bekanntlich nach 1934 durch das national-sozialistische Regime verboten wurde und deshalb nur den 10. Band, den Buchstaben „L", erreichte. Neben zahlreichen hebräisch verfassten philosophischen Schriften erschienen auf deutsch Aufsätze und kürzere Bücher zu jüdischen Zeitfragen. Als Cohen starb, war es Klatzkin, der für Martin Bubers Zeitschrift „Der Jude" den Nachruf verfasste.[17] Der Nachruf wurde abgedruckt als der erste Abschnitt eines Gedenkbuches, das Klatzkin ein Jahr nach Cohens Tod, also 1919, veröffentlichte – noch 1923 in einer hebräischen Fassung. Dieser Nachruf zeugt zugleich von der Trauer *und* von einer Ambivalenz, die der Schüler Klatzkin dem Lehrer Cohen gegenüber empfindet, dessen Weltanschauung er doch schließlich als veraltet und überholt erledigt.

Der Nachruf beginnt mit den Worten:

Er war sechsundsiebzig Jahre alt – vergebens versuche ich mich damit zu trösten. Es fällt mir schwer, mich von dem quälenden Gefühl zu befreien, dass Hermann Cohen uns wie

---

[17] KLATZKIN, Jude, 32–41.

plötzlich und vorzeitig entrissen worden ist [...] In der Mitte seines Lebens gleichsam kam sein Ende, in der Mitte seiner Arbeit entwich seine junge Seele.[18]

Und weiter: „Cohen aber fand bis zu seinem siebzigsten Jahr keine Muße zum Artikelschreiben [...]", „Er beschäftigte die Welt mit Riesenbüchern".[19]

Das zwiespältige Verhältnis zu seinem Lehrer ist jedoch auch sofort spürbar. Sogleich meldet Klatzkin den Vorbehalt. Cohen sei zwar „der größte Sohn der jüdischen Aufklärungsepoche im Westen gewesen" und als solcher habe er den Gedanken der Assimilation „zu einem System erhoben, das in seiner Klarheit und Zielsicherheit Staunen erregt. Seine vom nationalen Stolz durchdrungene Lehre über die jüdische Ethik ist eine Rechtfertigung jener halben Assimilation."

Anderswo kommentiert Klatzkin den Gedanken der Assimilation so: Es sei weder Opportunismus oder „Nachachmungssucht", noch sei es eine Form der „Knechtschaft in Freiheit"[20] – beides Anspielungen auf damals bekannte Aufsätze von Ahad Ha-am (*nom de plume* von Asher Ginsberg) חיקוי והתבוללות („Nachahmung und Assimilation") und עבדות בתוך חירות („Knechtschaft in Freiheit"), von dessen Kritik am assimilatorischen west-europäischen Judentum Klatzkin sich somit distanziert.

Nach Klatzkin habe die Aufklärung das Judentum auf einen geistigen Gehalt oder „eine Ideologie" beschränkt. Das sei ein Grundfehler gewesen. Er hat aber auch den Ernst der Cohen'schen Position verstanden, die Bestimmung der jüdischen Nation darin zu sehen, den ethischen Monotheismus unter der Menschheit zu verbreiten. Und dies, obwohl Klatzkin anderswo Cohens Auffassung des jüdischen Kosmopolitismus so formuliert: „Es ist ein der Idee des Judentums innewohnendes Gebot, die nationalen Formen unserer Eigenart abzustreifen."[21]

Es zeigt sich hier ein sympathischeres Verständnis der Cohen'schen Position. Klatzkin macht sie sich zwar nicht zu eigen, sondern weigert sich im Gegensatz zu anderen im zionistischen Lager, die assimilatorische Tendenz des liberalen Judentums als bloßen Opportunismus zu verwerfen. Er verstand, dass Cohens Auffassung der welthistorischen Bedeutung des Judentums in dem philosophischen Ernst seines Systems wurzelte. Sein Begriff der welthistorischen Bedeutung des Judentums führt notwendigerweise zur Ablehnung des politischen Zionismus. Klatzkin repräsentiert jedoch eine neue Generation, die von dem Aufbruch des *nationalen* Gedankens, also des Zionismus geradezu mitgerissen wurde. Eine Spannung herrscht zwischen seinem hohen Respekt vor Cohens philosophischer Tiefe und seiner ebenfalls tiefen Enttäuschung, dass Cohen noch seinem eigenen Zeitalter behaftet blieb. Man vergegenwärtige sich den Hintergrund des geistigen Aufbruchs, an dem Klatzkin seinerseits regen Anteil

---

[18] KLATZKIN, Cohen, 7.
[19] Ebd.
[20] KLATZKIN, Krisis, 12.
[21] Ebd., 10.

hatte: die zionistische Bewegung. Der erste Zionistische Weltkongress fand in Basel 1897 in seiner Jugend statt, der erste von einer Reihe solcher Kongresse. Philosophisch jedoch wird Klatzkin offensichtlich nach dessen Weggang von Marburg ganz von der Nietzsche-Welle mitgerissen, wie auch andere junge jüdische Intellektuelle wie Berditschevsky oder der Dichter Saul Tchernikowsky. Assimilation oder Zionismus – von der Warte des Zionismus aus schien diese binare Wahl unvermeidlich. Klatzkin äußert seine Bedenken:

Wenn der Idee dieser Assimilation ein großer Denker wie Hermann Cohen erstehen konnte, der sich für sie mit gewaltigem Eifer, mit der Kraft einer unerschütterlichen Sicherheit, mit der Hartnäckigkeit eines unverrückbaren Glaubens eingesetzt, der für sie bis zu seinem letzten Atemzug gekämpft hat, wie dürfen wir Nationalisten ihr jede Existenzberechtigung absprechen und sie gering schätzen? Ja, zuweilen sinkt dem nationalen Juden der Mut angesichts dieser sonderbaren Erscheinung [...][22]

Klatzkin fährt fort: „[...] sollte es möglich sein, dass er die Gebresten des Assimilationsgedankens nicht merkte, dieses krüppelhaften Erzeugnisses der Halbheit und Zweiheit, das sich in allen Konvulsionen einer schadhaften, gebrochenen, sündenbefleckten Seele krümmt?"[23]

Für Klatzkin war also Cohen der letzte Repräsentant der westeuropäischen Aufklärung. Laut Klatzkin liegt an Cohens Verkennung des Zionismus „das Tragische dieses großen Denkers".[24] Klatzkin will die Niederlagen, die der große Denker im Streit um den Zionismus mit seiner eigenen Generation damit entschuldigen, dass nicht Cohen selbst Objekt dieser Ablehnung ist, sondern seine Generation: „An der Bahre Hermann Cohens stehend, stehen wir an der Bahre eines ganzen Zeitalters."[25]

Klatzkins Büchlein ist merkwürdig ob seiner Inkonsequenz. Bei näherem Hinsehen stellt sich jedoch heraus, dass es sich gar nicht um ein zusammenhängendes Buch, sondern um eine Aufsatzsammlung handelt: mit alleiniger Ausnahme des Nachrufes waren die einzelnen Teile schon früher veröffentlicht worden. Daraus erklärt sich das Nebeneinander einerseits einer philosophischen Verteidigung von Cohens unterschätzter Leistung – nämlich des zweiten Abschnitts des Buches, erschienen schon 1914 in der *Monatsschrift für die Geschichte und Wissenschaft des Judentums* – und andererseits des letzten Abschnitts des Buches, eine schroffe Kritik von Cohens 1915 erschienenem Aufsatz „Deutschtum und Judentum". Unter dem Titel „Deutschtum und Judentum. Eine Besprechung" brachte Klatzkin seine Kritik zuerst in Martin Bubers Zeitschrift „Der Jude" und darauf unverändert in dem Büchlein von 1919 heraus.

---

[22] KLATZKIN, Cohen, 9.
[23] Ebd.
[24] Ebd., 10.
[25] Ebd., 11.

In diesem Buch setzt sich also ein überzeugter Zionist auseinander mit dem Denken eines Lehrers, von dessen philosophischer Leistung er schlichtweg benommen ist. Seine Darstellung setzt sich aus drei Kapiteln zusammen unter den Überschriften „Persönlichkeit und Methode", „Philosophie des Judentums", und „Deutschtum und Judentum". In den ersten zwei Kapiteln gibt Klatzkin in bündigem Format eine sympathische Interpretation der Cohen'schen Ethik und Religionsphilosophie. Er betont die Bedeutung des prophetischen Gedankens von Gott als Antizipation der Gottesidee der Ethik, als Vorbild der Sittlichkeit. Dieser jüdische Zusammenhang seiner Ethik sei auch Grund für die Geringschätzung der Cohen'schen Philosophie unter den nicht-jüdischen Kollegen vom Fach. Klatzkin erinnert: „Wie ein ungewolltes Geständnis klingt es aus den Worten Kuno Fischers, der die Lehre Cohens mit der Phrase erledigt, ‚Mehr Rasse als Philosophie.'"[26] Klatzkin gibt hier eine differenzierte Darstellung von Cohen: Die Aufgabe des Judentums sei die praktische Verwirklichung dieser Gottesidee – die Verwirklichung der Idee des einzigen Gottes in die Verwirklichung der einen Menschheit. Die Rechtfertigung und die Notwendigkeit des Fortbestandes des Judentums sei eben diese Mission. Für die Buchfassung seiner Darstellung nach Cohens Tod hat Klatzkin den Aufsatz um einen Absatz erweitert, um das vielleicht naheliegende Missverständnis abzuwenden, Cohens Treue zum Judentum entspringe nur einer Pietät oder gar Sentimentalität der angestammten Religion gegenüber.

Er zitiert Cohens Mahnungen an die Jugend: „Der Monotheismus des Judentums ist das unerschütterlich Bollwerk für alle Zukunft der sittlichen Kultur."[27] Und eine Warnung vor der Assimilation:

Lasset euch nicht von dem Wahne beirren, als ob ihr einen Partikularismus betriebet, dem keine Aktualität mehr zustände, indem ihr eure jüdische Religion in ihrer Eigenart festhaltet und für diesen Fortbestand eure jüdische Nationalität in unserem deutschen Nationalstaate bewahrt.[28]

Klatzkin kommentiert abschließend: „Aus diesen Worten spricht nicht nur das angestammte Judentum. Die ganze Wucht eines philosophischen Lehrgebäudes wirkt in ihnen."[29]

Vor dem Hintergrund dieser einfühlsamen Darstellung von Cohens Religionsphilosophie tritt das Pathos in Klatzkins Kritik an Cohens 1915 erschienenem Aufsatz „Deutschtum und Judentum" umso klarer hervor. Klatzkin ordnet ihn als „Kriegsliteratur" ein und wirft Cohen vor, eine künstliche Brücke zwischen Judentum und Deutschtum schlagen zu wollen. Cohen stelle den deutschen Staat als ideales liberales Staatswesen auf, das imstande sei, alle

---

[26] Ebd., 12.
[27] Ebd., 55 f.
[28] Ebd.
[29] Ebd.

Nationalitäten zu vereinigen. Cohen unterscheide zwischen Nation und Nationalität dahingehend, dass eine „Nation" eine reale Basis im „Volk" habe. Die Nationalität sei dagegen kein staatspolitischer Begriff, sondern eine moralische Größe – in der Terminologie seiner Ethik eine „Mehrheit" – und im Falle der jüdischen Nationalität eine moralische Verbindung, die einen tieferen Anspruch auf die Treue ihrer Mitglieder hege als die Nation des Staatswesens, in dem sie sich zufällig historisch befänden. Klatzkin führt eine Stelle aus Cohens Ethik an, in der Cohen den Konflikt erörtert, „der zwischen der Pflicht des Individuums gegen sein ursprüngliches Volkstum und seiner Pflicht gegen das Adoptivvaterland besteht."[30] Wenn auch Cohens Betrachtung im Allgemeinen abstrakt gehalten wird, so ist sie doch nur auf die jüdische Situation gemünzt. Dem Nationalstaat schuldet man Gehorsam, dem ursprünglichen Vaterland dagegen Treue aus Liebe.[31] An dieser Stelle muss Klatzkin natürlich anmerken, dass Cohens Auffassung der Nationalität und die damit verbundene Pflicht der Treue ihn „zur Anerkennung des Zionismus" hätte führen müssen.[32] Diese Kritik fiel aber Klatzkin keineswegs leicht:

Ich kann nicht meine Besprechung schließen, ohne noch ein persönliches Wort zu sagen. Denn diese Schrift war für mich als einen Schüler Hermann Cohens ein persönlicher Schmerz. [...] Und ich möchte mit Staudinger sagen: Wenn es dem Meister ebenso leid tun sollte, die Kritik seines Schülers anzuhören, wie es diesem leid tut, sie nicht verschweigen zu können, so möge er verzeihen.[33]

So meint Klatzkin einen inneren Widerspruch in der Cohen'schen Position zutage gefördert zu haben, der, konsequent weitergeführt, Cohen dem Zionismus nähergebracht hätte. Verhindert habe ihn nur der Kriegsenthusiasmus, dem er durch diesen Beitrag zur „Kriegsliteratur" Luft machen wollte. Im Gegensatz zu Rosenzweig aber belässt es Klatzkin bei der Feststellung dieses inneren Widerspruchs, der ihn, den Schüler, auch von seinem Lehrer trennt.

---

[30] Ebd., 90f.
[31] Ebd., 91. Das einschlägige Werk zum ganzen Fragenkomplex ist: WIEDEBACH, Nationalität.
[32] KLATZKIN, Cohen, 91.
[33] Ebd., 94.

Literaturverzeichnis

ALTMANN, ALEXANDER, Hermann Cohens Begriff der *Korrelation*, in: DERS., Von der mittelalterlichen zur modernen Aufklärung. Studien zur jüdischen Geistesgeschichte, Tübingen 1987, 300–317.

BEISER, FREDERICK C., Hermann Cohen. An Intellectual *Biography*, Oxford 2018.

CASSIRER, ERNST, Hermann Cohen und die *Erneuerung* der kantischen Philosophie; in: Kant-Studien 17 (1912), 252–273.

DERS., Hermann Cohen. *Worte* gesprochen an seinem Grabe am 7. April 1918, in: Neue Jüdische Monatshefte II 15/16 (1918), 347–352.

DERS., Hermann *Cohen* 1842–1918; in: Social Research 10/2 (1943), 219–232.

GAWRONSKY, DIMITRY, Ernst Cassirer. His *Life* and Work, in: The Philosophy of Ernst Cassirer, hg. v. PAUL A. SCHILPP, Evanston 1949 (Library of Living Philosophers 6), 1–37.

GORDON, PETER E., Continental *Divide*. Heidegger Cassirer Davos, Cambridge (Mass.)/London 2010.

KLATZKIN, JAKOB, Hermann Cohen; in: Der *Jude* 3/1 (1918/1919), 32–41.

DERS., Hermann *Cohen*, Berlin 1919.

DERS., *Krisis* und Entscheidung im Judentum, Berlin 1921.

LATTKI, TORSTEN, Die *Gedächtnisrede* von Benzion Kellermann auf Hermann Cohen: Eine unbekannte Grabrede, gehalten am 7. April 1918 auf dem jüdischen Friedhof Berlin-Weißensee; in: Zeitschrift für Religions- und Geistesgeschichte 65/1 (2013), 47–67.

DERS., Benzion *Kellermann*. Prophetisches Judentum und Vernunftreligion, Göttingen 2016.

LIEBESCHÜTZ, HANS, Hermann *Cohen und Spinoza*, Bulletin für die Mitglieder des Leo Baeck Instituts 12 (1960), 225–238.

PASTERNAK, BORIS, *Safe Conduct*. An Early Autobiography and Other Works, London 1959.

ROSENZWEIG, FRANZ, *Einleitung*, JS 1, XIII–LXIV.

SCHINE, ROBERT S., Jewish Thought *Adrift*. Max Wiener 1882–1950, Atlanta 1992 [Providence RI ²2020].

SCHWARZSCHILD, STEVEN S., Franz Rosenzweig's *Anecdotes* about Hermann Cohen, in: HERBERT A. STRAUSS/KURT R. GROSSMANN (Hg.), Gegenwart im Rückblick. Festgabe für die jüdische Gemeinde zu Berlin 25 Jahre nach dem Neubeginn, Heidelberg 1970, 209–218.

DERS., The *Tragedy* of Optimism. Writings on Hermann Cohen, hg. v. GEORGE Y. KOHLER, Albany 2018.

SIEG, ULRICH, *Aufstieg* und Niedergang des Marburger Neukantianismus. Die Geschichte einer philosophischen Schulgemeinschaft, Würzburg 1994.

WIEDEBACH, HARTWIG, Die Bedeutung der *Nationalität* für Hermann Cohen, Hildesheim 1977.

Robert Fritzsche und Hermann Cohen

Bernd G. Ulbrich

Freundschaft war Hermann Cohen sehr wichtig. In der *Ethik des reinen Willens* wird die Freundschaft erörtert im Kapitel über die Treue. Sie ist dort verknüpft mit der „Kontinuität der persönlichen Entwickelung", mit dem „Verlangen nach Mitteilung", mit dem „unverwüstlichen Trieb" des Menschen, „die Einsamkeit des Gemütes zu überwinden", mit dem sittlichen, dem geistigen und dem ästhetischen „Grundtriebe". Ihr Charakteristikum sei, im Unterschied zur flüchtigen Neigung, die Beständigkeit.[1]

In seinen Gedenkworten an Cohens Grab, Jüdischer Friedhof Berlin-Weißensee am 7. April 1918, sagte Ernst Cassirer (1874–1945) dankbar, dass Cohen zu ihm, dem wesentlich Jüngeren, ein Freundschaftsband geknüpft habe – und dass sich ihm erst dadurch Cohens Wesen habe erschließen können:

Der Strom der Herzlichkeit, der von ihm ausging, durchbrach alle Dämme der Konvention, er beseitigte alle äußerlichen Schranken, er ging über allen Abstand und alle Gegensätze hinweg, die zwischen dem Jüngling und dem gereiften Mann, zwischen dem Meister und dem Schüler bestanden – bis schließlich das Verhältnis vom Lehrer zum Schüler sich rein und völlig auflöste in das tiefste und innigste Freundschaftsverhältnis [...] Und in dieser Freundschaft erst hat sich mir das Wesen Hermann Cohens wahrhaft erschlossen: denn das Geheimnis dieses Wesens lag in der unvergleichlichen Einheit seines Willens und seines Intellekts, seines menschlichen und seines geistigen Seins [...] Wer nicht erfahren hat, wie dieser stets aufs Allgemeine und Allgemeinste gerichtete Geist sich doch zugleich mit unendlicher Wärme und Herzlichkeit ins Persönlichste und Einzelne versenkte – wer nicht wußte, wie dieser strenge und unbeugsame Denker, wenn es sich um die Teilnahme an menschlichen Dingen handelte, ganz Milde, ganz Nachsicht und ganz Zartheit wurde, der hat ihn nicht gekannt.[2]

Ein Freund Cohens und dadurch, folgt man Cassirer, ein Kenner seines Wesens war auch Robert Fritzsche. Vor allem sein Text *Hermann Cohen aus persönlicher Erinnerung*, erschienen 1922 im Verlag Bruno Cassirer Berlin, genießt in der Cohen-Forschung seit fast einhundert Jahren hohe Anerkennung – als

---

[1] ErW (B), 572–576.
[2] CASSIRER, Cohen, 348–351.

Quelle für das Verständnis von Cohens Biografie, seiner Persönlichkeit, seines Weltbilds, seines Denkens. Wer aber war Robert Fritzsche?

1. Robert Fritzsche – biographische Skizze

Robert Arnold Fritzsche[3] wurde am 16. April 1868 in Gotha, einer der Residenzstädte des Doppelherzogtums Sachsen-Coburg und Gotha, geboren. Gotha hatte damals etwa 20.000 Einwohner. Fritzsches Vater war Bankrevisor und Gothaer Stadtverordneter. Der Sohn besuchte das humanistische Gymnasium und studierte in Jena und Berlin klassische Philologie. Unter seinen Universitätslehrern waren in Jena Rudolf Hirzel (1846–1917), bekannt hauptsächlich durch Schriften über Cicero und Plutarch, in Berlin Hermann Diels (1848–1922), Herausgeber der *Fragmente der Vorsokratiker* (erstmals 1903) und Redakteur der von der Preußischen Akademie der Wissenschaften besorgten textkritischen Ausgabe der antiken Kommentare zu Aristoteles (*Commentaria in Aristotelem Graeca*, 26 Bände, 1882–1909). In Jena wurde Fritzsche 1892 mit einer Arbeit über den römischen Dichter Lukan (Marcus Annaeus Lucanus, 39–65 n. Chr.) promoviert. Die Universitätsjahre legten den Grundstein zu einer beeindruckenden klassisch philologischen Bildung. Fritzsche las und sprach altgriechisch, Latein, hebräisch, arabisch, französisch, englisch und ließ in all diesen Sprachen nur den Originaltext des jeweiligen Autors gelten.

1894 fand der 26-Jährige eine Anstellung an der Bibliothek der bis ins Jahr 1607 zurückreichenden Ludwigs-Universität (heute: Justus-von-Liebig-Universität) in Gießen. Die hessische Provinzialhauptstadt Gießen war in etwa so groß wie Gotha. Bis zur Pensionierung im Jahre 1933, fast vier Jahrzehnte lang, war Fritzsche hier Universitätsbibliothekar. Hinzu kamen ein Lehrauftrag, ab 1915 eine außerordentliche Professur im Fachbereich klassische Philologie.

Wissenschaftlicher Bibliothekar und zudem Lehrer für klassische Philologie an einer nicht zu großen Universität – diese Konstellation „passte genau". Fritzsche hat nicht versucht, sie zu verändern. In einer Rede zum Abschied aus seinem Berufsleben, Ende März 1933, blickte er dankbar auf diesen Berufsweg zurück:

Als Quartaner habe ich meine zwanzig Bücher im Gefach eines Kleiderschranks systematisch aufgestellt; schon als Tertianer fing ich an, mein Taschengeld zum Antiquar zu tragen. Der bibliothekarische Beruf war vorgezeichnet. Am philologischen Studium nährte sich die Ehrfurcht vor dem Klassischen Text, Philosophie ordnete den encyklopädischen Drang und wies ihn zur Tiefe. Ich brauchte Universitätsluft, und ich bedurfte des übersehbaren Kreises. Das ist mir in Giessen reichlich und glückhaft zuteil geworden. Die Wissenschaft und die Wissenschaften sprachen mir zu in den Büchersälen, in der

---

[3] Zur Biographie Fritzsches vgl. RASP, Robert Fritzsche; FRITZSCHE, Erinnerung.

flüchtig-prägnanten Berührung und auch im nahen stetigen Verkehr mit erfüllten Personen.[4]

An den Beruf des wissenschaftlichen Bibliothekars stellte Fritzsche hohe Ansprüche. In einem Vortrag *Über das litterarisch Wertvolle vom Standpunkte des Bibliothekars*, gehalten vor der Philologen-Versammlung in Straßburg 1901, führte er aus, dass der Bibliothekar seinen Beruf niemals als bloßes Handwerk, als bloße Technik auffassen dürfe. Eine „universale Bildung" und eine tiefe „Liebe zum Gebildeten" seien das geistige Fundament des Bibliothekars. Dieser müsse das literarisch Wertvolle vom weniger Wertvollen sicher unterscheiden können. Literarisch wertvoll aber seien „die Bücher, die ihre Zeit repräsentieren". Der Bibliothekar müsse die Literatur vom Wesen der jeweiligen Epoche her begreifen und einordnen können. Die Bestände einer wissenschaftlichen Bibliothek sollten den „Kosmos geistiger Kultur", mit der klassisch abendländischen Geistestradition als Zentrum, widerspiegeln.[5]

Seine tiefgründige philologische und auch geistes- und kulturgeschichtliche Bildung hat Fritzsche nur gelegentlich, recht fragmentarisch in Publikationen dargeboten: Rezensionen zur von der Königlich Preußischen Akademie der Wissenschaften besorgten Ausgabe der *Gesammelten Schriften* Wilhelm von Humboldts (1905, 1908, 1910), zu Karl Aners Buch *Der Aufklärer Friedrich Nicolai* (1912), zu Rudolf Hirzels Buch *Plutarch* (1912), Begleittexte zu einer Friedrich Schiller-Ausstellung (1905) und einer Ex libris-Ausstellung (1911) der Gießener Universitätsbibliothek, einige historische Miniaturen zur Gießener Universitätsgeschichte (1907, anlässlich des 400-jährigen Bestehens der Universität) und andere kurze Texte.

Am kulturellen Leben der Stadt Gießen nahm Fritzsche lebhaften Anteil. Er war ein geselliger, mitteilsamer Mensch, schätzte das kulturvolle Gespräch, Musik, Theater, bürgerliches Vereinsleben. Besonders stark engagierte er sich im Gießener Lesehalle-Verein, Träger einer 1898 eingerichteten öffentlichen Bücher- und Lesehalle. Durch Spenden, Beiträge der Vereinsmitglieder und Zuschüsse seitens der Stadt konnte nach und nach ein stattlicher Bestand an populärwissenschaftlichen und belletristischen Werken und an Zeitungen und Zeitschriften erworben werden. 1903 umfasste die Bibliothek der Bücher- und Lesehalle etwa 4.000 Bände, 1928 etwa 7.500 Bände bei 15.000 Ausleihen im Jahr.[6] Fritzsche achtete sehr auf die Qualität der Neuerwerbungen. Das Angebot der Lesehalle sollte über das Niveau von Tageslektüre hinausreichen und einen „Austausch wohlerwogener Meinungen" zwischen den Bürgern befördern. „Volkstümliche Anstalten" wie eine Bücher- und Lesehalle, so Fritzsche 1911 in

---
[4] FRITZSCHE, Worte des Gedenkens, gesprochen am 29. März 1933, Universitätsbibliothek Gießen, 4° B 57/420.
[5] FRITZSCHE, litterarisch Wertvolle, 569–576.
[6] FRITZSCHE, Dreißig Jahre.

einer Mitgliederversammlung des Vereins, „sollen vornehm sein, denn es gibt gar nichts vornehmeres als die Idee eines gebildeten Volkes."[7] Eine Bücher- und Lesehalle müsse zu einer alle sozialen Schichten verbindenden, wahren Volksbildung beitragen.[8] Für den geschichtlich Gebildeten sah Fritzsche hierbei eine besondere Verpflichtung: Er müsse „menschheitliche Besinnung darstellen und sie denen mitteilen, die sonst ‚von Tag zu Tag' leben würden."[9] Gern zitierte er Johann Gottlieb Fichtes Satz (aus *Einige Vorlesungen über die Bestimmung des Gelehrten*, 1794), dass der Gelehrte „ganz vorzüglich für die Gesellschaft bestimmt", dass er „seiner Bestimmung nach der Lehrer des Menschengeschlechts" sei. Bezeichnend für diese Überzeugung ist auch das folgende Bekenntnis:

Ich habe es nie begriffen, wie ein Gelehrter persönlichem Hochmut oder gar dem Standesdünkel verfallen mag. *Die Wissenschaft ist doch immer nur Sehnsucht und niemals Besitz.* Der Abstand zwischen der vorstellbaren vollkommenen Erkenntnis und der mir und meinem Zeitalter erreichbaren Einsicht ist so groß, daß dagegen alle Gradunterschiede verschwinden zwischen mir und dem Geringsten meiner Zeitgenossen [...] Niemand sollte bescheidener sein als der Gelehrte, und gerade dieses geschärfte Bewußtsein von dem Abstand zwischen unseren Erkenntnissen und unseren Zielen klärt auch den Blick für das Menschenwesen überhaupt und für die selbständige Würde, die jedem Einzelnen zukommt kraft seines Anteils an der Unendlichkeit des Strebens, das die Menschheit als Ganzes durchwaltet.[10]

Und schließlich, aus einem Universitätsvortrag im Jahr 1930:

Alles aber, was die Gesamtheit mittels der Selbstsucht Einzelner erreicht, muss sie später mit Zins und Zinseszins wieder herauszahlen. – Gebildet darf ein Mensch nur heissen in dem Masse, wie er sich in Andere hineinzudenken, hineinzufühlen vermag. Die Not anderer, die um das nackte Dasein bangen, denen der kleinste Raum für ihr Alleinsein versagt ist, sie lässt keinen der davon Ausgenommenen unberührt, auch die nicht, die sie als Anklage spüren und diese Stimme durch trügerischen Genuss übertäuben. Aber die leibliche Sicherung und die staatsbürgerlichen Rechte gehören zusammen.[11]

Diese Überzeugungen von der Notwendigkeit einer umfassenden Volksbildung, von der „volkstümlichen" Bestimmung des Gelehrten, von der Würde jedes Einzelnen und dem verbindenden Menschheitsgedanken entsprangen einem von der griechisch-römischen Antike, der deutschen Klassik, aber auch der damals populären Volkskunde (Wilhelm Heinrich Riehl, Justus Möser) inspi-

---

[7] Fritzsche, Ansprache, gehalten in der Mitglieder-Versammlung des Gießener Lesehalle-Vereins am 5. April 1911, Universitätsbibliothek Gießen, 4° B 57/420.
[8] Fritzsche, Bürgertum und Volksbildung. Ansprache, gehalten im Gießener Bürgerverein am 18. März 1912, Universitätsbibliothek Gießen, 4° B 57/420.
[9] Fritzsche, Zeichen.
[10] Fritzsche, Gesellschaft, 16 f.
[11] Fritzsche, Der Einzelne und sein Volk im neuen Staat. Zwei Vorträge, innerhalb des dritten Giessener Ferienkurses gehalten am 28. und 29. Juli 1930, Universitätsbibliothek Gießen, 4° B 57/420.

rierten Menschenbild und Humanitätsideal. Manchem seiner Kollegen schien das wohl nicht mehr zeitgemäß zu sein. Mit „einer stillen Bewunderung und Resignation", so Hans Rasp (1895–1966), ein jüngerer Mitarbeiter der Universitätsbibliothek, später verdienstvoller Leiter der Hessischen Landesbibliothek, hätten viele Fritzsche als den „letzten Humanisten" bezeichnet.[12] Fritzsche hielt unbeirrt an diesen Überzeugungen fest. Der schreckliche Weltkrieg, so schreibt er etwa im Januar 1915 angesichts einer von verletztem Nationalstolz und dem Willen zur „Vaterlandsverteidigung" beherrschten Öffentlichkeit, dürfe nicht das Ende des Menschheitsideals und nicht das Ende der „europäischen Gemeinschaft" bedeuten. Natürlich sei der Kampf der Deutschen um ihre Selbsterhaltung legitim und notwendig. Aber es sei erfreulich, dass das „nationale Pathos", das seit Kriegsausbruch herrsche, allmählich eine „Läuterung" erfahre.[13]

In der Nachkriegszeit wurde Fritzsche in noch stärkerem Maße eine Persönlichkeit des öffentlichen, auch des politischen Lebens. Er bekannte sich früh zur Weimarer Republik; unter den Professoren der Gießener Universität war er damit einer von sehr wenigen.[14] Er stand der Deutschen Demokratischen Partei (DDP) nahe, die im parteipolitischen Spektrum den linksliberalen, republikanischen Flügel des Bürgertums repräsentierte, in den Anfangsjahren von Weimar durchaus mit größerem Erfolg. Die neue staatspolitische und rechtliche Ordnung sei ein Fortschritt, so Fritzsche Anfang 1919 in einer DDP-Versammlung; der Mensch als Bürger sei jetzt „zur vollen Mündigkeit berufen", gefragt sei „republikanische Bürgertugend".[15] In Reden, Zeitungsartikeln und Zeitschriftenaufsätzen mahnte er seine Zeitgenossen, über der notwendigen Heilung der Kriegswunden der Deutschen die Menschheitsidee nicht aus dem Blick zu verlieren. Die Pflege von Volkstum sei immer „ein Auftrag im Dienste der Menschheit". Man müsse in „den politischen Sitten" die Menschlichkeit wiederherstellen, das Schicksal der „abendländischen Menschheit" stehe auf dem Spiel.[16] Dass unter der jüngeren Generation polarisierende Ideologien, Feindbilder, Gewaltbereitschaft deutlich zunahmen, erfüllte ihn mit besonderer Sorge. Umso wichtiger sei es, dass die Älteren, die im Humanismus Gefestigten, „sicher stehen ohne Wanken und ohne Starrheit."[17]

Fritzsche war seit 1897 mit Jenny, geborene von der Osten verheiratet, die einem alten pommerschen Adelsgeschlecht entstammte. Jenny Fritzsche war Verfasserin einer Biographie über Luise Dorothea von Sachsen-Gotha-Alten-

---

[12] RASP, Robert Fritzsche, 350f.
[13] FRITZSCHE, Brief an Albert Klein, 5. Januar 1915, Universitätsbibliothek Gießen, Handschriftenabteilung, NF 42–1e.
[14] Vgl. MORAW, Geschichte, 207f.; CHROUST, Gießener Universität, 168–178.
[15] FRITZSCHE, Ansprache, gehalten in der von der deutschen Demokratischen Partei am 10. Januar 1919 im Fürstenhof zu Gießen veranstalteten Versammlung, Universitätsbibliothek Gießen, 4° B 57/420.
[16] FRITZSCHE, Erfüllung.
[17] FRITZSCHE, Gesellschaft, 9f.

burg (1710–1767), eine bedeutende Frauengestalt jenes Herrscherhauses (*Luise Dorothee, Herzogin von Sachsen-Gotha*, Leipzig 1893). Die Ehe blieb kinderlos. Literatur, historische Bildung, bürgerliches kulturelles Leben nahmen in ihr breiten Raum ein. Ende März 1933, mit Erreichen der Altersgrenze, schied Robert Fritzsche aus dem Berufsleben aus. Das Ehepaar zog von Gießen nach Bad Nauheim. Geschrieben und publiziert hat Fritzsche in seinen letzten Lebensjahren nur noch sehr wenig. Er starb am 6. Oktober 1939 im Alter von 71 Jahren, ein halbes Jahr später folgte ihm seine Frau nach. Die Grabstätte der Eheleute ist erhalten und wird heute als Ehrengrab der Stadt Bad Nauheim gepflegt.

2. Fritzsche und Cohen

Am 8. Juli 1921 suchte der deutsch-jüdische Gelehrte Franz Rosenzweig (1886–1929) das Ehepaar Fritzsche in dessen Wohnung in der Gießener Ludwigstraße auf. Von diesem Besuch sichtlich beeindruckt schreibt Rosenzweig am gleichen Tag an seine verehrte Freundin Margrit Rosenstock:

Heut war ich also mittags 2 Stunden bei Fritzsche. Das war wohl, was ich erhofft hatte. Ein, scheinbar kinderloses, Ehepaar in den 50er und 60er Jahren. Sie die Aristokratin immer noch, aber von einer lieblichen Gescheitheit, er ganz der gelehrte Literat, eine Wohnung voller Geister.[18]

Während des Besuches kam die Rede auch darauf, wie Fritzsche und Hermann Cohen sich vor langer Zeit kennengelernt hatten. Wiederum Rosenzweig:

Fritzsche war 4 Jahre verheiratet, da bekam er mal einen Katzenjammer und sagte zu seiner Frau […] dass er in Giessen so niemanden hätte, da sagte sie – ohne irgendwas zu wissen, ganz instinktiv: fahr doch mal nach Marburg zu Cohen. Er wusste auch noch nichts von ihm, tats.[19]

Fritzsche selbst ergänzt in seinen Cohen-Erinnerungen von 1922:

Ich habe Cohen von Gießen aus in Marburg besucht, seit dem 5. November 1899 je einmal im Semester an einem Sonntag; er kam nach Gießen herüber zu Konzerten, da haben wir uns nur auf halbe Stunden gesprochen; solch flüchtige Berührung sättigte ihn nicht. ‚Das freundschaftliche Zusammensein verlangt nach epischer Breite.' So wurde der Abschied jedesmal zur Einladung. Er brauchte Raum, Bequemlichkeit, um sich zu geben. Er nannte das ‚expektorativ'; es war wirklich ‚Herzensergießung'.[20]

Von 1899 an, längstens bis 1912, dem Jahr von Cohens Weggang aus Marburg, haben sich Fritzsche und Cohen also regelmäßig getroffen. Ausführliche Ge-

---

[18] ROSENZWEIG, „Gritli"-Briefe, 749.
[19] Ebd.
[20] FRITZSCHE, Erinnerung, 3f.

spräche in Marburg. Kürzere Begegnungen anlässlich von Konzertbesuchen in Gießen.

Für Cohens Musikpassion war Gießen keine unwichtige Adresse. In Marburg gehörte er dem 1871 entstandenen Akademischen Musikverein an, mit dessen Leiter, dem Brahms-Schüler Gustav Jenner (1865–1920), zugleich Universitätsmusikdirektor, er befreundet war. Jenner und Cohen fanden sich „in gemeinsamer Verehrung der großen Beethoven-Interpreten, Joachim und Hans von Bülow."[21] Der Marburger Musikverein veranstaltete selbst ein anspruchsvolles Konzertprogramm, von der Klassik bis zur damaligen Moderne: Beethoven, Liszt, Brahms, Debussy, Wagner, Reger ... Doch Cohen fuhr außerdem noch zu Konzerten nach Gießen. In einem Brief an Mathilde Burg, 12. Dezember 1898, bekennt er, dass eine Aufführung von Mendelssohn Bartholdys Oratorium „Elias" am Tage zuvor in Gießen ihn „aufs tiefste gerührt" habe. Dass ihn die Eigenart Mendelssohns in der Interpretation des Elias „gepackt" habe und er in Mendelssohns Methodik aufgrund seiner eigenen „Vertrautheit mit der jüdischen Gemüths-Richtung [...] einen jüdischen tiefwurzelnden Atavismus aufs deutlichste erkenne".[22] In Cohens *Ästhetik des reinen Gefühls* wird Felix Mendelssohn Bartholdy – und ebenso Johannes Brahms – für die Entwicklung des Oratoriums dann ein „Eigenton", ein eigener Beitrag zuerkannt, wenngleich weniger bedeutsam als der Beitrag Beethovens.[23]

Über den damaligen Konzert- und Theatersaal in Gießen, den „Leibschen Saal" in der Walltorstraße, heißt es, er sei sehr klein gewesen, mit winziger Bühne, mit schlechter Belüftung, stickig und eng.[24] Zwar gab es um die Jahrhundertwende eine Renovierung und teilweise Erweiterung des Saales, sogar den Einbau einiger Logen; aber immer noch ging es beengt zu. Erst die Einweihung eines neuen, imposanten Gießener Theatergebäudes im Jahre 1907 hat dieses Raumproblem behoben.

Es sind keine Berichte über Inhalt, Stimmung und Umstände der Marburger Gespräche zwischen Fritzsche und Cohen bekannt. Aus einer einzigen Stelle in Cohens Schriften geht hervor, dass er den jüngeren Freund als Philologen offenbar sehr schätzte: In seinem Text *Über die Bedeutung einer philosophischen Jugendschrift Ludwig Philippsons* (1911) stützt sich Cohen auf Fritzsche als einen ihm „befreundeten philologischen Gewährsmann". Durch Demokritstudien sei Fritzsche „mit der hier vorliegenden Materie" – Philippson, Cohens Landsmann aus Anhalt, hatte die Auffassungen von Platon und Aristoteles über die Anatomie des menschlichen Körpers verglichen – „besonders vertraut". Er habe, so Cohen, bei Fritzsche Erkundigungen darüber eingezogen, wie „bei dem heutigen Stande der Forschung diese alte Arbeit" Philippsons aus wissenschaftlicher

---

[21] KINKEL, Cohen, 87.
[22] BRIEFE, 69.
[23] ÄrG II, 166.
[24] Vgl. BERDING, Bürgerschaft.

Sicht zu bewerten sei.[25] Und er zitiert ein positives Gutachten Fritzsches über Philippsons Kenntnis des Griechischen und seine allgemeine Befähigung zu wissenschaftlicher Arbeit.

Fritzsche seinerseits hat sich über einen längeren Zeitraum hinweg in Cohens System vertieft. Erstmals öffentlich wurde das in einer Rezension von Cohens *Logik der reinen Erkenntnis*, die 1903 in Maximilian Hardens Zeitschrift *Die Zukunft* erschien. Es folgten Besprechungen von Paul Natorps Buch *Platos Ideenlehre. Eine Einführung in die Philosophie* („Wir hoffen, dieses reiche und reife Buch wird die Platonischen Studien neu beleben."[26]) und des ersten Bandes von Ernst Cassirers Werk *Das Erkenntnisproblem in der Philosophie und Wissenschaft der neueren Zeit* („Er weiß zu lesen, er behandelt die Texte so zart als sicher."[27]). Zur Festschrift *Philosophische Abhandlungen Hermann Cohen zum 70. Geburtstag dargebracht*, Berlin 1912, trug Fritzsche einen Aufsatz „Zu Herders Reisejournal" bei. Eine Rezension von Cohens *Ästhetik des reinen Gefühls*, veröffentlicht 1913 wiederum in Hardens *Die Zukunft*, macht deutlich, wie weit Fritzsche bereits in Cohens Gedankenwelt, die Logik seines philosophischen Systems und die Eigenart seiner Persönlichkeit eingedrungen war:

> Es war ein Wagniß, die Theorie auf Gefühl zu gründen. Gerade auf ihr Gefühl als ein ursprüngliches berufen sich ja Kunstfreunde, um alle Theorie abzuweisen, die über Regeln der Technik und Daten der Kunstgeschichte hinausstrebt. Ist es möglich, das Prinzip der Aesthetik gegenüber den Gebilden der Kunst zart, weit und biegsam zu erhalten und es doch so zu befestigen, daß es in der philosophischen Systematik fruchtbar und in seinem eigenen Gebiete anwendbar wird? Die Reinheit soll das Gefühl dazu befähigen. Rein aber wird das Gefühl durch den systematischen Zusammenhang mit der Logik und der Ethik und Kraft seiner eigenen Methodik, also durch seine Bethätigung als eine gesetzliche. Den Nachweis dieser Gesetzlichkeit führt Hermann Cohen in einer vorwärts dringenden Darstellung [...] Hier, in der Aesthetik des reinen Gefühls, reift sichtbar die Ernte der Logik der reinen Erkenntniß; jenes tiefste Durchpflügen des Bodens trägt sich aus [...] Cohen bekennt sich in der Vorrede zu einem ‚methodischen Rationalismus'. In seiner Aesthetik vernehmen wir den Ton der ‚unbestochnen, von Vorurtheilen freien' Menschenliebe. Wie aber in der ‚Menschennatur' der Mensch nach den selbstlosen Anstrengungen der reinen Erkenntniß und des reinen Willens wieder leibt und lebt, so verleugnet des Autors ‚reines Gefühl' nicht die Verwandtschaft mit dem Urgefühl. Sie enthüllt sich in der Triebkraft seines Pathos, in den zartesten und stärksten Schwingungen seiner Perioden da, wo er in funkelnder Prägnanz oder in ausgiebiger herzlicher Aussprache die ‚unbegreiflich hohen Werke' schildert [...] Ist das Subjektivität, so verdient sie Lob [...] Dieses Ich ist das edelste Wir, die Aesthetik die Probe auf die Verbindung der Philosophie mit dem persönlichen Dasein.[28]

---

[25] COHEN, Bedeutung, 469f.
[26] FRITZSCHE, Natorp, 526.
[27] FRITZSCHE, Cassirer, 302.
[28] FRITZSCHE, Aesthetik, 123–129.

Nach Cohens Tod 1918 nimmt die Bezugnahme auf ihn in Fritzsches Texten noch zu. Unbedingt wollte Fritzsche einen Beitrag dazu leisten, das Lebenswerk des verstorbenen Freundes in weiteren Kreisen bekannt zu machen. Aber auch die Sorge um das Verblassen des Humanitäts- und Menschheitsgedankens sowie der nach dem Weltkrieg stark auflebende Antisemitismus motivierten ihn, auf Cohen und seine Bedeutung hinzuweisen. Im Zentrum dieses Unterfangens stehen drei miteinander verbundene Texte: *Hermann Cohen aus persönlicher Erinnerung* (1922), ein Aufsatz „Hermann Cohen" in Martin Bubers Monatsschrift *Der Jude* (1923) und eine Besprechung der von Bruno Strauß herausgegebenen *Hermann Cohens Jüdische Schriften* (3 Bände, 1924), mit der für Aufsehen sorgenden Einleitung von Franz Rosenzweig. In diesen Texten versuchte Fritzsche einerseits, den historischen Wert, ja die Aktualität jenes deutschen Judentums zu umreißen, in dessen Tradition Cohen stand. Er stellt Cohen als einen aus der jüdischen Minderheit hervorgegangenen Intellektuellen dar, der sich, darin Moses Mendelssohn vergleichbar, eine große geistige Welt jenseits des eingeengten jüdischen Raumes zu eigen machte und darin Großes leistete – gerade auch wegen seiner jüdischen Herkunft und Bildung:

Dann findet er Kant, und dann atmet er tief ein die deutsche aus griechischem Geiste freie Humanität, und an seiner Universität begegnet ihm protestantische Theologie historisch-kritisch ermutigt in Julius Wellhausen, systematisch gestillt in Wilhelm Herrmann. Er nimmt das auf ohne Vorbehalt noch Vorurteil als deutscher Philosoph, aber die Treue zur eigenen Jugend erhält sich in der neuen Freiheit und sie behütet ihn vor Irrtümern seines Zeitalters.[29]

Das Fortleben des „altjüdischen Unterrichts" in Cohen, so Fritzsche im Aufsatz für Bubers Zeitschrift, habe Cohen befähigt, mehr zu sehen als nur „das Gestern und das Heute". Es habe ihn in die Lage versetzt, über „die nächsten zeitlichen Zusammenhänge" hinweg auch „die Richtung der entscheidenden Zusammenhänge" zu suchen: Humanität, Menschheit, das Individuum als Träger des Menschheitsgedankens.[30]

Zum anderen wollte Fritzsche in jenen Jahren ein Bild des Menschen Cohen zeichnen, wie er ihn in langer Freundschaft erlebt und erfahren hatte – des Menschen Cohen in spannungsvoller Einheit mit seiner Herkunft, seinen Idealen, seiner Philosophie. Sein Buch *Hermann Cohen aus persönlicher Erinnerung*, die reife Frucht dieses Strebens, ist angefüllt mit vom Alltäglichen in die Tiefe weisenden Einsichten:

Je strenger er in seinen Büchern bei den höchsten Gegenständen beharrt, um so lieber verweilte er in der Unterredung bei den kleinen Angelegenheiten des Alltags; an ihnen erholte er sich, an ihnen übte, erprobte er friedlich oder streitbar die Idee des Guten [...] Der Verkehr mit ihm erheischte Anstrengung [...] „Diskretion" war sein Lieblingswort

---
[29] FRITZSCHE, Jüdische Schriften.
[30] FRITZSCHE, Cohen, 431.

und die Tugend seiner Seele [...] Er setzte bei den Freunden denselben Überblick, über alles Vorwerk der Worte hinweg, dasselbe blitzartige Einverständnis ohne weiteres voraus. Es bedurfte einiger Gewöhnung, um den Reiz dieser Vertraulichkeit zu empfinden – auf ihr beruht auch das Eigentümliche seines Stils [...] Er konnte spotten, aber es tat ihm selber weh; und wo ihn das Verhalten eines Menschen außer sich brachte, da litt seine Menschheit. Er konnte sich im Urteil übereilen, dann lag das Unrecht an einem Zuviel des Zutrauens, an einer Enttäuschung aus Ungeduld, an einer zu hastigen Verallgemeinerung [...] Im Sinne des Castiglione oder des Gracian ist er kein Menschenkenner gewesen; er folgerte aus einem hohen Begriff der menschlichen Würde, so mußte er manchmal irren [...] Es drückte ihn, wenn man seine Bücher ‚schwer verständlich' fand. Es gehörte zu Cohens Naivität, daß er ein schnelles Verständnis selbst bei philosophisch Unerfahrenen für möglich hielt. Die Naivität entsprang einem geistigen Gemeinsinn und im letzten einer richtigen Empfindung [...] Hermann Cohen konnte nicht mit Kälte schreiben und seine Rede war öfter lebhaft als gelassen, doch über dem Grund dieser Seele lag Stille gebreitet. Er hat es nicht leicht gehabt, nicht mit sich selber und nicht mit der Welt. Seine Gaben sind seine Lasten geworden. Mathematische Naturwissenschaft und die Idee des Guten; der Gott der Propheten und die Sehnsucht des deutschen Gedankens; historische Andacht und Freisinn ohne Vorurteile; sie waren vor ihm vereinbart im Entwurf unserer Bildung, aber sie traten im Geschehen der Gegenwart immer weiter auseinander, sie verstanden einander nicht mehr. Cohens Ringen um die Einheit des Urteils hat ihn emporgetragen und uns gefördert; es wird seine Wirkung tun über die Zerklüftung schlimmer Jahre hinaus.[31]

Franz Rosenzweig, selbst in einer Phase intensiven Nachdenkens über Cohen, hat das Werden dieses Buches aus der Nähe miterlebt. Schon bei seinem ersten Besuch in Gießen am 8. Juli 1921 hatte Fritzsche sein Vorhaben, Erinnerungen an Cohen aufzuschreiben, ihm gegenüber erwähnt. Über einen zweiten Besuch, am 20. September 1921, berichtet Rosenzweig wiederum an Margrit Rosenstock:

[E]s war wieder wunderschön in Gießen. Er [Fritzsche] ist ein ganz besonderer Mensch [...] Einer von den Menschen, die noch tagelang in einem nachklingen. Ich war von 3–9 mit ihm, ein paar Stunden spazieren durch die Stadt kreuz und quer, er hat mir alles gezeigt [...] das Cohenbüchlein (ca. 2–3 Bogen) ist fertig; ich werde korrekturlesen dürfen. Er hat die tiefsten Einsichten in ihn gehabt, auch (wo er glaubte sie nicht haben zu können:) in sein Jüdisches [...] Dass es so etwas in Deutschland doch noch giebt, ist herrlich. Auch politisch sieht er – alles in seiner klassischen Weise – das Letzte. Sein – dieses Erz-Akademikers – letztes Wort gestern Abend war: wir müssen doch noch alle auf die Volkshochschule.[32]

In einem Brief an Martin Buber, 16. September 1923, schwärmt Rosenzweig von „Fritzsches unerreichbarem Buch", zugleich über seine eigenen „ungeheure(n) innere(n) Schwierigkeiten mit der Cohenarbeit" – die erwähnte Einleitung zu Cohens *Jüdischen Schriften* – berichtend.[33]

---

[31] FRITZSCHE, Erinnerung, 4–6.25.38.
[32] ROSENZWEIG, „Gritli"-Briefe, 771.
[33] ROSENZWEIG, Briefe 2, 923.

Der Kontakt Fritzsches zu Rosenzweig riss im Übrigen nicht ab. Von seinem Frankfurter Krankenlager berichtete Rosenzweig in Briefen nach Gießen über die gemeinsam mit Buber begonnene Neuübersetzung der hebräischen Bibel. Am 22. Dezember 1926 machte Fritzsche einen Besuch an diesem Krankenlager, wo er auch Martin Buber kennenlernte.[34] Fritzsches Empathie und Wertschätzung Rosenzweigs wird in einem Brief vom 24. Dezember 1927 besonders deutlich:

Fast um zwei Jahrzehnte meßbaren Lebens bin ich Ihnen voraus, doch ich empfinde das nicht. Sie ziehen die Lebensalter in *einen* Zustand der Betrachtung zusammen, sind immer zugleich jünger und älter als die Freunde. Darum bedeutet auch mir Ihr Sein und Dasein unendlich viel.[35]

Auch mit Buber entwickelte sich ein über Jahre währender Gedankenaustausch, hauptsächlich über beide interessierende philologische Fragen.[36]

Literaturverzeichnis

BERDING, HELMUT, *Bürgerschaft* und Theaterbau in Gießen, in: DIETER HEIN (Hg.), Historie und Leben. Der Historiker als Wissenschaftler und Zeitgenosse. FS Lothar Gall, München 2006, 699–708.

CASSIRER, ERNST, Hermann *Cohen*. Worte gesprochen an seinem Grabe am 7. April 1918, in: Neue Jüdische Monatshefte 2, 16/17 (1917/18), 347–352.

CHROUST, PETER, *Gießener Universität* und Faschismus. Studenten und Hochschullehrer 1918–1945, Münster/New York 1994.

COHEN, HERMANN, Über die *Bedeutung* einer philosophischen Jugendschrift Ludwig Philippsons; in: Gesammelte Abhandlungen von Ludwig Philippson 2, Leipzig 1911, 461–486 [auch in: Werke 15, 565–604].

FRITSCHE, ROBERT A., Über das literarisch Wertvolle vom Standpunkte des Bibliothekars, in: Centralblatt für Bibliothekswesen 18 (1901), 569–576.

DERS., Paul *Natorp*. Platos Ideenlehre, in: Neue Jahrbücher für das klassische Altertum, Geschichte und deutsche Literatur 6 (1903), 525–527.

DERS., Ernst *Cassirer*: Das Erkenntnisproblem in der Philosophie und Wissenschaft der neueren Zeit 1, in: Neue Jahrbücher für das klassische Altertum, Geschichte und deutsche Literatur 10,19/4 (1907), 299–302.

DERS., Cohens *Aesthetik*, in: Die Zukunft, 21,30 (1913), 123–129.

DERS., Die *Zeichen* der Zeit, in: Die Christliche Welt. Wochenschrift für Gegenwartschristentum 35, 35 (1921), 1.

DERS., Hermann *Cohen*, in: Der Jude. Eine Monatsschrift 7,7/8 (1923), 429–439.

---

[34] Ebd., 1121f.
[35] Ebd., 1182f.
[36] Vgl. Jewish National Library, Jerusalem. Martin Buber Archiv, Arc.Ms.Var. 350 008 (series 8: correspondence, No. 570: Robert Fritzsche). – Ich danke Hartwig Wiedebach für diesen Hinweis.

DERS., Volk und *Gesellschaft* im republikanischen Deutschland, in: Der Wegweiser. Zeitschrift des Republikanischen Lehrerbundes 1,1/2 (1924), 5–20.

DERS., Die *Erfüllung* der Verfassung, in: Frankfurter Zeitung, 21. August 1924.

DERS., Hermann Cohens *Jüdische Schriften*, in: Die Christliche Welt. Wochenschrift für Gegenwartschristentum 38, 14/15 (1925).

DERS., *Dreißig Jahre* Bücher- und Lesehalle in Gießen, in: Gießener Anzeiger, 13. November 1928.

DERS., Hermann Cohen aus persönlicher *Erinnerung* [1922], hg. v. BERND G. ULBRICH, Schriftenreihe der Moses Mendelssohn Gesellschaft Dessau e. V. 37, Dessau-Roßlau 2015.

KINKEL, WALTER, Hermann *Cohen*. Eine Einführung in sein Werk, Stuttgart 1924.

MORAW, PETER, Kleine *Geschichte* der Universität Gießen 1607–1982, Gießen 1990.

RASP, HANS, *Robert Fritzsche* zum Gedächtnis, in: Centralblatt für Bibliothekswesen 59 (1942), 349–364.

ROSENZWEIG, FRANZ, *Briefe* und Tagebücher 2, hg. v. RACHEL ROSENZWEIG/EDITH ROSENZWEIG-SCHEINMANN, Haag 1979.

DERS., Die „*Gritli*"-*Briefe*. Briefe an Margrit Rosenstock-Huessy, hg. v. INKEN RÜHLE/ REINHOLD MAYER, Tübingen 2002.

Archivverweise

FRITZSCHE, ROBERT ARNOLD, Ansprache, gehalten in der Mitglieder-Versammlung des Gießener Lesehalle-Vereins am 5. April 1911, Universitätsbibliothek Gießen, 4° B 57/420.

FRITZSCHE, ROBERT ARNOLD, Ansprache, gehalten in der von der deutschen Demokratischen Partei am 10. Januar 1919 im Fürstenhof zu Gießen veranstalteten Versammlung, Universitätsbibliothek Gießen, 4° B 57/420.

FRITZSCHE, ROBERT ARNOLD, Brief an Albert Klein, 5. Januar 1915, Universitätsbibliothek Gießen, Handschriftenabteilung, NF 42–1e.

FRITZSCHE, ROBERT ARNOLD, Bürgertum und Volksbildung. Ansprache, gehalten im Gießener Bürgerverein am 18. März 1912, Universitätsbibliothek Gießen, 4° B 57/420.

FRITZSCHE, ROBERT ARNOLD, Der Einzelne und sein Volk im neuen Staat. Zwei Vorträge, innerhalb des dritten Giessener Ferienkurses gehalten am 28. und 29. Juli 1930, Universitätsbibliothek Gießen, 4° B 57/420.

FRITZSCHE, ROBERT ARNOLD, Worte des Gedenkens, gesprochen am 29. März 1933, Universitätsbibliothek Gießen, 4° B 57/420.

Jewish National Library, Jerusalem. Martin Buber Archiv, Arc.Ms.Var. 350 008 (series 8: correspondence, No. 570: Robert Fritzsche).

Cohen's Theory of Sensation

Frederick Beiser

1. Historical Context

Readers of Cohen's 1902 *Logik der reinen Erkenntniss* have always been struck by its apparently extravagent metaphysics. Cohen seems to attribute magical powers to pure thought, which somehow, mysteriously, generates its own object. All of a sudden the reader feels transported back to the fairyland of Hegelian metaphysics, where the concept actualizes itself and produces all the particulars that fall under it. This strange feeling seems all but confirmed when Cohen explicitly abjures the Kantian dualism between understanding and sensibility,[1] a dualism which he firmly upheld as late as 1885 in the second edition of *Kants Theorie der Erfahrung*.[2] How do we explain this metaphysical turn in Cohen's thinking? The difficulty of doing so is increased by the fact that Cohen offers very little himself by way of explanation. We are presented with the new creative powers of pure thinking as if they were a *fait accompli*. Not surprisingly, some of Cohen's colleagues and contemporaries were flummoxed by his metaphysical turn. We are still, more than a century later, very much in their predicament.

To explain Cohen's metaphysical turn, it is necessary, of course, to go back in history, back to the point where his thinking seemed to push him against the Kantian dualism between understanding and sensibility. This means going back to the 1880s and focussing on two works in particular, *Das Princip der Infinitesimal-Methode und seine Geschichte*, which appeared in 1883,[3] and the second edition of *Kants Theorie der Erfahrung*, which was published in 1885. In neither work does Cohen deny the Kantian dualism between understanding and sensibility; indeed, he continues to expressly uphold it. Nevertheless, there is a process of thought underway in them, which will eventually lead to the denial of that dualism and to a radical extension of the powers of pure thought beyond its Kantian limits.

---

[1] LrE (A), 11.
[2] KThE (B), 11.13.40.43–45.47.
[3] PIM.

This process of thought probably started in the late 1870s. It was then that Cohen began to feel especially challenged by the advent of positivism in Germany. Two young and up-and-coming positivist thinkers proved especially provocative for him: Eugen Dühring (1833–1921) and Richard Avenarius (1843–1896). Dühring and Avenarius shared some basic positivist dogmas: first, that science has to be founded on the facts of experience, which are simply given, and which we know through sensation; and, second, that science informs us of the existence of a material world, which exists independent of our awareness of it; and, third, the laws of natural science govern everything that exists, so that there is nothing in principle which science cannot explain. All these dogmas are diametrically opposed to basic neo-Kantian doctrines. To make their opposition to neo-Kantianism explicit, both Dühring and Avenarius wrote polemics against Kant. Kant, they believed, had not been thorough or radical enough in his criticism, leaving traces of metaphysics and religion in his philosophy. As early as 1865 Dühring published his *Natürliche Dialektik*,[4] whose aim was to replace the Kantian critique with a more radical one that would rid philosophy once and for all of the idea of the infinite or unconditioned. In 1875 Dühring came out with his main systematic work, *Cursus der Philosophie*,[5] which expounded a radical rationalist and materialist worldview. Only a year later, in 1876, Avenarius published a manifesto for his own positivism, *Philosophie als Denken der Welt*[6], which expounded the programme for what he called "a critique of pure experience". His critique would begin where Kant had left off: it would rid experience of all metaphysical and mythical preconceptions. Among these preconceptions were the concepts of substance and causality, which were vital to Kant, of course, but which Avenarius regarded as legacies of the metaphysical stage of human thinking. Of these works, we know that Cohen was aware of Dühring's *Cursus der Philosophie* and Avenarius' *Philosophie als Denken der Welt* since he explicitly refers to them in his correspondence with Stadler.[7]

Avenarius' and Dühring's worldview was ultimately based on their empiricism, according to which the senses inform us of the existence of the natural world. Central to their empiricism was the concept of sensation (*Empfindung*), according to which we acquire knowledge of the world just as it is given to us. All scientific theories have to be founded on experience, and experience alone, apart from any a priori presuppositions; this experience consists in nothing more than the basic data given to us by sensation. It was to ensure that science be based upon data alone that Avenarius developed his "philosophy of pure experience",

---

[4] DÜHRING, Dialektik.
[5] DÜHRING, Cursus.
[6] AVENARIUS, Philosophie.
[7] Cohen refers to Dühring's work in his December 1, 1876, letter to Stadler, and to Avenarius' work, which was sent to him by the author, in his letter to Stadler from April 17, 1877. Cf. COHEN, Briefe an August Stadler, 102.108.

whose aim was to get to the pure content of sensation, and to purify experience of metaphysical concepts like substance and causality. Anything more than this pure content – what is strictly given in sensation – was contraband and had to be banished from the realm of science.

It was the positivist faith in sensation that would soon become the target of Cohen's criticism. Neither in *Das Princip der Infinitesimal-Methode* nor in the second edition of *Kants Theorie der Erfahrung* does Cohen ever mention the positivists or their theory of sensation.

Yet the theory he criticizes shows all the hallmarks of positivist doctrine. The theory of sensation Cohen develops in these works is indeed the perfect antithesis of positivist doctrine, and it makes most philosophical sense when it is read as critique of positivism. The ultimate upshot of Cohen's critique of positivism, we will eventually see, was an abandonment of the Kantian understanding/sensibility dualism and an elevation of the powers of pure thought.

Cohen's chief contention against Avenarius and Dühring is that the real – the object of sensation – is not something given and irreducible, but that it is something posited and reducible, and as such it should be conceived as the product of infinitesimal units. There is an insuperable problem, Cohen argues, with the positivist assumption that the content of sensation consists in primitive and unanalyzable data: namely, this content is subjective, particular and contingent; it is incommunicable and therefore cannot be the object of scientific discourse[8]. To be the object of science, something must be measurable, calculable and communicable; and the way it becomes so is through infinitesimal analysis. Hence the positivists have things the wrong way around; they have reversed the proper order of priority. We do not base the laws of science upon the content of sensation; rather, we base the content of sensation upon the laws of science. This, very crudely, is the heart of Cohen's case against the positivists, which he reiterates often in *Das Princip der Infinitesimal-Methode*.

2. The Analysis of Sensation

Granted that reality is analyzable, at least in principle, how does one proceed to do this? How would one analyze it? Cohen's answer to this problem falls back on a venerable strategy, one already used by Galileo, Newton and Leibniz in the natural sciences: namely, the infinitesimal calculus, the analysis of the apparently incalculable (viz., the curve of a circle, the instant of acceleration) into calculable infinitesimal units. If we assume that the content of sensation is so analyzable, Cohen argues, then it will be subject to scientific treatment like any other phenomenon in nature.

---

[8] Cf. PIM, 28.108–109.

Cohen lays out the assumptions behind his infinitesimal analysis most clearly in chapter 12 of the second edition of *Kants Theorie der Erfahrung*. Here he applies this analysis to one concept in particular: that of reality. This is the place for his analysis to begin because reality is the most basic datum of sensation; what the senses reveal to us first and foremost is the reality of things, their sheer existence in space and time. Although everything that is real or exists is in space and time, it is also distinct from space and time, Cohen reminds us. This is because all the relations of space and time presuppose something that stands in these relations. And what stands in these relations is the real. All the relations of space and time form the dimension of *extension*; but reality forms a distinct dimension all its own, namely, that of *intension*. While extension concerns the magnitude of space and time, intension concerns the degree of reality of a thing in space and time.

It seems absurd to talk about the degree of reality of a thing. After all, things either exist completely or they do not exist completely. They do not exist more or less. But Cohen thinks that this is too simplistic. He reminds us that the thing standing in spatial relations must have its own coming into existence[9]. It does not come into existence all at once, instantaneously. This process of coming into being arises gradually through degrees, through degrees which we can measure and then divide into infinity. The process of coming into being of the real then consists in infinitesimal degrees, each of which is a progressive negation of nothing, making nothing constantly less and less. The real therefore comes into being through a continuum.

It is a necessary fact about this continuum, Cohen maintains, that it has no stopping points. The analysis can always be carried another step. Of every possible unit within it, we can say two things: first, it is not nothing; and, second, it is smaller than any given number. Those two things together constitute Cohen's definition of the infinitesimal, i. e., what is smaller than any given number but is more than 0. The infinitesimal is the quantity we get not by continually adding units but by continually dividing them. From each unit we get a multiplicity or plurality, indeed an infinity, by constant division.

It was Leibniz's great mistake, Cohen contends, to have assumed that the continuum must come to an end, that it must stop in ultimate points or monads[10]. The very idea of a continuum means that it cannot end, that of every point along it we can say that it is not 0 but smaller than any given number. Cohen praises Kant for seeing this point and denying the existence of the simple or unanalyzable in the continuum.

Cohen writes that it is only in virtue of infinitesimal analysis that we make the content of sensation "objective". By this he means two things: first, that

---

[9] Cf. KThE, 425–426.
[10] Cf. ibid., 427.429.

the content ceases to be merely subjective, i.e., private and arbitrary, because it acquires universality and necessity; and, second, that it literally becomes an object of consciousness, something of which we can become aware and investigate[11]. It is not that the content of the sensation is given and then we analyze it by applying concepts to it; rather, the analysis consists in the discovery of the conditions that make it appear to consciousness in the first place. Hence Cohen writes that the sensation is *"generated"* or *"produced"* by the infinitesimal[12]. It is in this talk about production and generation that we get the first glimpse of the later discourse of the *Logik der reinen Erkenntnis* where Cohen talks about pure thinking generating its object.

3. Kantian Origins

It is often said that the starting point for Cohen's theory of the infinitesimal was Kant's chapter on the 'Anticipations of Perception' in the first *Kritik*. There Kant famously wrote in the second edition: "In appearances, the real, which is an object of sensation, has intensive magnitude, i.e., a degree"[13], Kant went on to explain that between reality and its negation there was a continuum, the difference between whose degrees is "always smaller than that between any given one and zero or complete negation"[14]. These lines were indeed very suggestive for Cohen, and he did acknowledge them as the starting point for his reflections. However, it is necessary to stress: they were no more than the starting point. For Cohen went on to correct Kant's formulations, in both the first and second editions of the 'Anticipations'. The corrections are so significant that Cohen virtually charges Kant with lapsing into the same errors as the positivists.

Cohen especially objects to Kant's statement in the first edition of *Kritik der reinen Vernunft*: "In all appearances sensation, and the real which corresponds to it in the object, has an intensive magnitude, i.e., a degree"[15]. This makes it seem as if the proper subject of analysis were sensation, as if it were primarily sensation that had intensive magnitude. Such was the source of the common misconception that intensive quantity were nothing more than the degree of intensity of sensation. But Cohen objects: first, the subject of analysis is reality, which is the object of sensation and not sensation itself; and, second, he warns that we should not confuse intensive quantity with the intensity of the sensation; intension is instead the degree of reality, which is not the same as the degree of intensity, every degree of which would have the same degree of reality. The basic

---

[11] Cf. ibid., 434.
[12] Cf. KThE, 425.
[13] KANT, Critique of Pure Reason, B 207.
[14] Ibid., B 210.
[15] Ibid., A 165.

problem with the Kantian formulation, as it appears in the first edition, is that it makes it seem as if sensation were somehow primitive whereas it is in fact only derivative. We must not base the concept of reality on sensation, Cohen contends, but we must do the exact opposite: we must base sensation on the concept of reality. It is the concept of sensation that needs to be objectified, i. e., made into a possible object of experience and science. We objectify sensation when we explain it in terms of the infinitesimal analysis of the concept of reality. As Cohen put the point: "We should ground reality *for* sensation and not *in* sensation."[16]. By making it seem as if sensation were the starting point of his analysis, Kant seemed to ground reality in sensation, and so he seemed to condone the very same error as the positivists.

Kant improved his formulation in the second edition, Cohen concedes, because here he put the concept of reality front and center. Kant wrote in the second edition: "In all appearances the real [...] has intensive magnitude"[17]. But even here, Cohen claimed, Kant had still not disentangled the real from sensation because he also wrote "the real, which is the object of sensation"[18], which made it seem as if the real has intensive magnitude only insofar as it is an object of sensation. Kant strengthened this impression when he further wrote in the proof that the real has an intensive quantity corresponding to all objects of perception "so far as they contain sensation"; he then went on to define intensive magnitude in terms of "a degree of influence on sense".[19] Nevertheless, despite all these confusions in formulation, Cohen recognizes and stresses the central insight of the 'Anticipations': that the real has intensive quantity, which is analyzable into infinite degrees.

In criticizing Kant's theory of intensive magnitude, Cohen was very much stimulated by his younger colleague August Stadler,[20] who had been thinking about these issues since the mid 1870s. In his *Die Grundsätze der reinen Erkenntnistheorie*,[21] which appeared in 1876, Stadler developed an analysis of sensation that in many respects anticipates Cohen's. He stressed the importance of the concept of reality for the analysis of experience, insisting that space and time as extensive magnitudes presuppose some reality that stands in relations; and he insisted that this reality, which we are aware of through sensation, is analyzable into a continuum of infinitesimal units. In this work Stadler was already critical of Kant, though he was careful to stress Kantian precedents for his own analysis.[22] However, in a later article, 'Das Gesetz der Stetigkeit bei

---

[16] PIM,106.109.
[17] Ibid., 109.
[18] Ibid.
[19] Cf. KANT, Critique of Pure Reason, B 208.
[20] Cf. Cohen to Stadler, February 25, 1881, in: COHEN, Briefe an August Stadler, 128–129; PIM, 105.
[21] STADLER, Grundsätze.
[22] Cf. ibid., 144–145 (Fn. 76).

Kant',[23] Stadler was more critical of Kant. He found inconsistencies in Kant's proofs of continuity, claiming that the source of the problem lay in "the confusion of intensive quantity with the continuity of becoming conscious of it".[24] As Stadler explained this point in *Die Grundsätze*: "The continuous composition of perceptions is not by any means the representation of its temporal unity; it is merely a conditio sine qua non [...] The succession of my becoming conscious is still not the becoming conscious of a succession ..."[25]. This point later became fundamental for Cohen, who made it the basis of his distinction between sensation and the analysis of the concept of reality into a continuum.

4. Implications

The implications of Cohen's analysis of sensation in his two works of the early 1880s – *Das Princip der Infinitesimal-Methode* and the second edition of *Kants Theorie der Erfahrung* – were important and far-reaching for his philosophy in general. Although Cohen still clung to the Kantian dualism between understanding and sensibility, he had also undermined it, and in ways that point forward to the *Logik der reinen Erkenntnis*.

Due to the analysis of sensation into infinitesimals, Cohen could no longer regard sensibility as an equal and independent source of knowledge, as Kant once regarded them. Sensation, which was once assigned to the faculty of sensibility, is now a product of intensive magnitude, which is a creation of the understanding. This is an important extension of the powers of the understanding beyond its limits in Kant's philosophy, since the province of understanding is no longer limited to simply the form of experience but also extends to its matter. Reality, the object of sensation, is now, as Cohen puts it, "a special performance of thought"[26].

Cohen limited the role of sensibility in another important, if less visible, respect. According to Kant, sensibility has its own *sui generis* forms in space and time, which are its "forms of intuition". These forms of intuition differ in kind from the concepts of the understanding, because space and time are synthetic wholes where the whole precedes the parts; they are therefore unlike the analytic wholes of the understanding, which assume that the parts precede the wholes. But Cohen questions this cardinal tenet of the Transcendental Aesthetic with his theory of the differential. In the second edition of *Kants Theorie der Erfahrung* he suggests that even extensive magnitude can be the product of intensive magnitude, that the space and time can be generated through the differential or in-

---

[23] STADLER, Gesetz, 577–596.
[24] Ibid., 583.
[25] STADLER, Grundsätze, 81.
[26] PIM, 27.

finitesimal.[27] Both time and space, he proposes, can be seen as arising from the construction of a continuum from points. Thus the figures of geometry arise from lines, which arise from combinations of infinitesimal points; and time is the result of a movement of a point across space. On this account, even the forms of sensibility, and not simply the matter of sensation, are the result of the activity of the understanding, which constructs all magnitudes from infinitesimal points.

Armed with his theory of the differential, Cohen also believed that he could also remove some of the classical difficulties that stood in the way of his critical idealism. The first of these difficulties is what he called "the cursed question of the thing-in-itself"[28]. The thing-in-itself was a perennial embarrassment to the critical philosophy because it was supposed to be in principle unknowable yet it still was meant to serve as the cause of sensation. Cohen now conceives the thing that is the cause of sensation not as an unknowable thing but as the product of the continuum, which is perfectly analyzable into intelligible units, the differential. He refers to this thing as "an integer", a product of the integration of units of the continuum.

The other difficulty was the origin of the empirical manifold, i. e., the multiplicity of sense qualities. The manifold always posed a problem for idealism because these sense qualities seemed to be just given and to appear to the senses independent of the activity of the intellect. This problem would have been familiar to Cohen from Herbart's famous question "Whence the determinate qualities of determinate things?"[29] which he raised in *Kants Theorie der Erfahrung*. There and then Cohen did not have an answer to this question; but he believes that he has one, though it is somewhat speculative.[30] Cohen suggests that there are higher orders of differentials, which are in effect differentials of differentials. We can construct the different qualities of things from the different orderings of these differentials, from how differentials are added to one another. The higher orders of differentials, the infinite possibilities of relations between them, will then contain the possibility of an unlimited variety of qualities.

Cohen's theory of the differential ends with a remarkable paradox. We cannot conceive his differential as if it were an existing entity, as if it were a monad or atom. Cohen conceives it as an idea, as an ideal we can approach, but never attain, through infinite analysis. But if the differential is only an idea, which does not exist, how does it explain the reality of sensation, which does exist? It seems absurd, to say the least, to explain the reality of things through something that has not reality itself.

The absurdity begins to disappear if we remember two points. First, that Cohen states that the differential expresses "a law" (*ein Gesetz*); and like all laws,

---

[27] Cf. KThE, 428–429.
[28] PIM, 145.
[29] Herbart, Psychologie, 226.
[30] Cf. PIM, 146–147.

it does not exist by itself because it is only an idealization; nevertheless, again like all laws, it has power and control over things because they must conform to it. Second, though the ideas do not exist by themselves, they have a kind of being all their own because they possess a universal and necessary validity (*Geltungswerth*).[31] Still, it must be admitted that these points do not completely dispel the paradox. We are still left with the problem of how laws or ideas, which do not exist, still rule over things. Arguably, though, this is the general problem of all idealism, which we cannot expect any thinker to resolve.

Bibliography

AVENARIUS, RICHARD, *Philosophie* als Denken der Welt gemäss dem Princip des kleinsten Kraftmasses, Leipzig 1876.

COHEN, HERMANN, *Briefe an August Stadler*, ed. by. HARTWIG WIEDEBACH, Basel 2015.

DÜHRING, EUGEN K., Natürliche *Dialektik*, Berlin 1865.

ID., *Cursus* der Philosophie als streng wissenschaftlicher Weltanschauung und Lebensgestaltung, Leipzig 1875.

HERBART, JOHANN F., *Psychologie* als Wissenschaft, Sämtliche Werke VI, Langensalza 1892.

KANT, IMMANUEL, *Critique of Pure Reason*, ed. by. PAUL GUYER/ALLEN W. WOOD, Cambridge 1998.

STADLER, AUGUST, Die *Grundsätze* der reinen Erkenntnisstheorie in der kantischen Philosophie, Leipzig 1876.

ID., Das *Gesetz* der Stetigkeit bei Kant, in: Philosophische Monatshefte 16 (1880), 577–96.

---

[31] Cf. PIM, 55.

Cohen und die Fries'sche Schule

Kurt Walter Zeidler

Das Thema ‚Cohen und die Fries'sche Schule' scheint von geringem systematischem Interesse zu sein, hat Hermann Cohen doch für sich das Verdienst in Anspruch genommen, die kritische Philosophie von dem anthropologischen und psychologischen Beiwerk befreit zu haben, das bei Kant und in der Kantnachfolge insbesondere bei Fries und seiner Schule das Apriori umrankt und verdunkelt. Fries und seine Schule scheinen allenfalls dank der „Beziehung der Philosophie auf mathematische Naturwissenschaft", die „unter den Kantianern vorzugsweise Jacob Friedrich Fries [...] vorgeschwebt" hat,[1] als randständige Vorläufer und Anreger für Cohens Wissenschaftslogik in Betracht zu kommen.[2] Der Schein trügt jedoch: Fries und seine Schüler Jürgen Bona Meyer und Ernst Friedrich Apelt haben auf entscheidende Weise Cohens Systemkonzeption bestimmt. Sie haben mit ihrer Interpretation von Kants ‚metaphysischer Deduktion' und ihrem methodologischen Logikverständnis Cohen auf den Weg einer wissenschaftslogischen Rekonstruktion des Apriori gedrängt, auf dem die in Kants Vernunftkritik vorgezeichnete, durch eine reich strukturierte Prinzipienarchitektonik aber auch kunstvoll in Zaum gehaltene Verschränkung von philosophischer und wissenschaftstheoretischer Argumentation zur bedingungslosen Einheit von reiner Erkenntnis und mathematisch-naturwissenschaftlichem Denken verschmilzt.[3]

Logik und Methodologie verschmelzen ihm zu unauflöslicher Einheit, weil Cohen den fundamentallogischen Anspruch, den Kant mit seiner ‚metaphysi-

---

[1] KThE (B), 579f.

[2] VÖLMICKE, Gewißheit, 46f.

[3] Der spätere Streit mit der Neufriesischen Schule betrifft nur noch die Frage, wie diese Einheit zu interpretieren ist (vgl. PECKHAUS, Mathematik) und wird darum hier bewusst ausgeklammert. Die Kontroverse zwischen Hermann Cohen und Leonard Nelson ist für die mathematische Logik und die Analytische Philosophie von historischem und für Cohens Deutung des Infinitesimalprinzips zweifellos auch von systematischem Interesse, jedoch für die hier erörterten transzendentallogischen Probleme irrelevant, da die folgenden Überlegungen der Vermengung von Logik und Methodologie entschieden widersprechen und aufzeigen, dass die im Anschluss an Kants ‚metaphysische Deduktion' zu suchende Fundamentallogik (dazu ZEIDLER, Vernunft) keiner ‚mathematischen' Anleihen oder sonstiger ‚methodologischer' Hilfestellungen bedarf.

schen Deduktion' der Kategorien im Leitfadenkapitel erhebt, nicht zur Kenntnis genommen hat.[4] In seinem ersten Anlauf zu einer Neubegründung der Kantischen Aprioritätslehre, in der ersten Auflage von ‚Kants Theorie der Erfahrung' (Berlin 1871), übt Cohen zwar eine ausführliche Kritik an den empiristischen und anthropologischen Kantinterpretationen von A. Schopenhauer, J. F. Fries und J. Meyer, die „den Sinn des Transscendentalen zum Psychologischen verflüchtigen",[5] schließt sich aber in dem entscheidenden Punkt der durch Jakob Friedrich Fries inspirierten psychologischen Kantauffassung Jürgen Bona Meyers an. Cohen pflichtet der psychologischen Aprioritätsbegründung Meyers bei, der in seiner Arbeit über ‚Kant's Psychologie' (1870) feststellte,[6] dass Kant „den Thatbestand des a priori nicht wiederum a priori dartun, sondern denselben [...] auf dem Wege der reflectirenden Selbstbesinnung finden" will.[7] Meyer wendet sich mit dieser Feststellung gegen Kuno Fischer, der in seinem hegelianisierenden ‚System der Logik und Metaphysik' (Stuttgart 1852, Heidelberg ²1865) erklärt hatte, dass die Kategorien nicht die „Objecte einer psychologischen Einsicht" sein könnten, weil sie dann ihrerseits nur als „Erfahrungsobjecte" gelten dürften.[8] Da Cohen in Fischers Forderung nach einer apriorischen Begründung des Apriori eine Abkehr von Kants Ausgangsthese erblickt, wonach „alle unsere Erkenntniss mit der Erfahrung anfange", schließt er sich in der zentralen Frage der Aprioritätsbegründung der anthropologischen Kantinterpretation von Fries und Meyer an, indem er behauptet, dass Kant die „apriorischen Bedingungen der Erfahrung [...] nur in der psychologischen Reflexion gefunden haben kann und darf"[9]. Das hat zur Folge, dass Cohen der *metaphysischen Deduktion* keine logische, sondern nur eine psychologische Bedeutung zuschreiben kann. Zwar soll sie die grundlegende systematische Aufgabe erfüllen, „aus den Formen des Urtheils die Einheit in den verschiedenen Functionen des Denkens [...] als das Ursprüngliche im Denken zu deduziren"[10], doch soll es sich dabei um eine „psychologische Analyse aus den Formen des Urteils"[11] handeln, so dass – wie Cohen selbst feststellt – die „metaphysische Deduktion, genau betrachtet, nur den Begriff der empirischen [...] erweitert"[12].

Somit interpretiert Cohen Kants ‚metaphysische Deduktion' nicht als prinzipientheoretische bzw. transzendentallogische Argumentation, sondern als

---

[4] Vgl. zum Folgenden ZEIDLER, Deduktion.
[5] KThE (A), 125. Vgl. KThE (B), 257ff.581.
[6] Vgl. Cohens Rezension, in der er seine Dankbarkeit dafür bezeugt, dass J. B. Meyer „in Kant das psychologische Interesse als das treibende Motiv" nachweist (COHEN, Rezension, 329).
[7] MEYER, Psychologie, 107. Vgl. ebd., 134.166.
[8] FISCHER, System, 112.
[9] KThE (A), 108. Vgl. auch ebd., 105.
[10] Vgl. ebd., 172.
[11] Ebd., 118.
[12] Ebd., 122.

psychologische und letztlich bloß empirische Analyse. Das hat weit über das Jahr 1871 hinausreichende Konsequenzen für Cohens eigene Systematik. Für die Apprioritätslehre von 1871 bedeutet es zunächst, dass Cohen die psychologische bzw. ‚metaphysische' Bedeutung und die transzendentale Bedeutung des Apriori kaum auseinander halten kann. Und er kann psychologische und logische Argumente umso weniger auseinander halten, als er im Unterschied zu Kant und der vermögenspsychologischen Tradition nicht mehr von einer Korrespondenz zwischen psychologischen und logischen Funktionen ausgeht, sondern im Anschluss an die Psychologie Herbarts und Steinthals[13] von dem ‚methodischen Gedanken' geleitet wird: „das Bewusstsein sei als Mechanismus aufzufassen, um erklärt werden zu können."[14] Daher will Cohen „in der Kantischen Bestimmung des Ich die entschiedensten Berührungspunkte mit *Herbart* erkennen, sofern die Psychologie desselben sich […] an den Gedanken der psychischen Prozesse und deren mechanischer Verbindung hält."[15] Dementsprechend deutet er die *transzendentale Deduktion* im Ausgang von der subjektiven Deduktion aus der ersten Auflage der Vernunftkritik[16], indem er Kants Lehre von den „subjektive[n] Erkenntnisquellen, welche selbst den Verstand und, durch diesen, alle Erfahrung […] möglich machen"[17], im Lichte der Herbartschen Psychologie als eine Analyse *psychologischer Prozesse* interpretiert. Da nämlich die Aufgabe von Kants transzendentaler Deduktion in dem Nachweis der „Uebereinstimmung der Erkenntnisquellen" bzw. der „einzelnen apriorischen Elemente der Erfahrungen zu einem Ganzen der Erfahrung" bestehe, könne man diese Untersuchung „in einem bestimmten Sinne füglich eine psychologische nennen, denn psychische Processe sind es, deren Erklärung die Lösung jener Frage mitbewirkt."[18]

Die gewundene Formulierung lässt allerdings bereits erkennen, daß Cohen die transzendentale Deduktion nicht nur als psychologische Untersuchung verstanden wissen will, denn insofern die (objektive) transzendentale Deduktion dem Nachweis dient, „dass der *Process des Erkennens*, zurückgeführt auf die *Einheit des Bewusstseins*, die Reihe der *Erscheinungen* aufrollt als ein Ganzes der *Erfahrung*", dient sie dem „Nachweise der nothwendigen [!] Beziehung, welche zwischen den psychischen Prozessen des Denkens und der Einheit der Erfahrung besteht", und insofern „unterscheidet sich die transscendentale Deduction von der empirischen"[19].

Cohen will an dieser Stelle offenbar die *Einheit des Bewusstseins*[20] als Bedingung der Möglichkeit der Einheit der Erfahrung verstehen. Er will die „syn-

---

[13] Siehe: DE SCHMIDT, Psychologie, 19 ff.
[14] KThE (A), 164.
[15] Ebd., 161. Vgl. auch ebd., 164.
[16] Vgl. KrV (A), XVIf. 95 ff.
[17] Ebd., 97 f.
[18] KThE (A), 122 f.
[19] Ebd., 128. Vgl. dazu EDEL, Vernunftkritik, 70 ff.
[20] Zu diesem Problemzusammenhang: ADELMANN, Einheit.

thetische Einheit der Apperzeption" in Übereinstimmung mit Kant, als „das Apriorische an den Kategorieen" verstehen, „sofern unter demselben das *Ursprüngliche* verstanden wird"[21]. Nachdem er der metaphysischen Deduktion die Aufgabe zugewiesen hat, „die Einheit in den verschiedenen Functionen des Denkens [...] als das Ursprüngliche im Denken zu deduzieren"[22], diese metaphysische Deduction aber als *psychologische* und daher ‚genau betrachtet', nur als *empirische Analyse* versteht[23], ist allerdings nicht mehr begreiflich zu machen, wie die solcherart bloß empirisch begründete Einheit des Bewusstseins als transzendentale Bedingung für die Einheit der Erfahrung soll einstehen können. Ebenso bleibt unbegreiflich, wie der im Lichte der Herbartschen Psychologie als Bewusstseinsmechanismus verstandene Prozess des Erkennens auf die Einheit des Bewusstseins zurückgeführt werden kann.

Cohen muss daher nach einer alternativen Begründung des Apriori suchen, wenn er verhindern will, dass sich auch bei ihm ‚der Sinn des Transzendentalen zum Psychologischen verflüchtigt' (siehe oben, Anm. 5). Im weiteren Verlauf seiner Untersuchung, in dem Cohen „die Möglichkeit der Erfahrung als Springpunkt der transscendentalen Untersuchung" und das ‚transzendentale Apriori' ausdrücklich als formale Bedingung der Erfahrung bestimmt, wird denn auch ersichtlich, dass er das Apriori in letzter Instanz nicht an der *Einheit des Bewusstseins*, sondern an der in den *synthetischen Grundsätzen a priori* begründeten *Einheit der Erfahrung* festmacht: „Die transscendentale Apriorität der Formen des Denkens, als der formalen Bedingungen unserer Erfahrung, beruht auf der Apriorität der synthetischen Grundsätze, sofern dieselben die Grundformen der synthetischen Urtheile a priori sind."[24] Mit dieser Bestimmung stellt Cohen bereits in seinem ersten Versuch einer Neubegründung der Kantischen Aprioritätslehre die Weichen für die *wissenschaftslogische* Fundierung des Apriori, die er in der zweiten Auflage von ‚Kants Theorie der Erfahrung' (1885) unmissverständlich in Ansatz bringt, indem er die *Einheit des Bewusstseins* mit der *Einheit der Grundsätze* identifiziert: „Die wissenschaftlich fixirte, unzweideutige Geltung der Objectivität verlangt die Einheit des Bewusstseins allein in der Bedeutung als Einheit der Grundsätze. Denn unter diesem Ausdruck kann sich nichts Persönliches, also auch nichts Psychologisches mehr verbergen." Werde hingegen die Einheit des Bewusstseins „persönlich gedacht", dann bleibe es bei dem ‚psychologischen Idealismus', den Hegel zu Recht an Kant und Fichte kritisiert habe.[25]

Wenn die Einheit des Bewusstseins als die Einheit der Grundsätze zu denken ist, verlagert sich das fundamentallogische Problem auf die Frage, wie die Einheit

---

[21] KThE (A), 143.
[22] Ebd., 172.
[23] Vgl. ebd., 118.122.
[24] Ebd., 208. Vgl. auch ebd., 104.
[25] Vgl. KThE (B), 590.

der Grundsätze zu denken ist. Befragt man die ‚Logik der reinen Erkenntnis' danach, wie die Einheit der Grundsätze zu denken ist, erhält man allerdings keine bzw. nur ausweichende Antworten, es sei denn, man gibt sich mit der Antwort zufrieden, dass die Einheit des Bewusstseins als die Einheit des wissenschaftlichen Bewusstseins zu verstehen ist, da „die echten schöpferischen Elemente des wissenschaftlichen Denkens in der Geschichte des wissenschaftlichen Denkens sich offenbaren"[26]. Nachdem Cohen der Auffassung ist, dass die „Ansicht von einem *a priori*, welches [...] ein absolutes Prius bildet", von der Logik der reinen Erkenntnis zu überwinden sei,[27] kann er das Bewusstsein denn auch logisch nur als offenen Horizont für die Entfaltung aller Probleme bestimmen: das *Bewusstsein* findet darum als Kategorie der *Möglichkeit* seinen Ort in der Logik.[28] Das Bewusstsein wird dadurch freilich gerade nicht in einer Weise bestimmt, die es erlauben würde, von der *Einheit des Bewusstseins* zu sprechen, zumal Cohen die Frage, wie das Bewusstsein und „auch alle anderen Kategorien [...] möglich seien", sogleich mit der „*unerlaubten* Frage" gleichsetzt, „wie Bewußtheit zustande komme"[29].

Angesichts der Vielfalt der Inhalte, die das Bewusstsein erzeugt[30], stellt sich allerdings die Frage nach der Einheit des Bewusstseins erneut und in einem neuen Sinne. Sie wird zur Frage nach der *Vereinigung* der „Grundrichtungen des reinen Bewußtseins". Mit dieser Frage ist die neue und eigentümliche Aufgabe umrissen, die Cohen der Psychologie im Rahmen seines Systems zuweist. Aber nicht nur in der unausgeführten Lehre von der *Einheit des Kulturbewusstseins*, die laut Cohen nicht das psychologische „Fundament, sondern den Abschluß" und „Gipfel des Systems" bilden sollte,[31] taucht das ungelöste Fundierungsproblem am Horizont des Systems als Abschlussproblem auf. Auch in Cohens Logik verwandelt sich das Fundierungs- in ein Abschlussproblem. Die fundamentallogische Begründungsreflexion wird hier in eine methodologische Abschlussreflexion umgebogen. Die fundamentallogische Begründungsreflexion hat Cohen zweimal in Angriff genommen: in *Kants Begründung der Ethik* (1877) mit der Lehre von der *Vernunft,* der „die Bedeckung des Abgrundes, den die intelligible Zufälligkeit aufdeckt" als „*unvermeidliche Aufgabe*" aufgetragen ist,[32] sowie in den Ausführungen zur begründungstheoretischen Funktion des kategorischen Schlusses, mit denen er im Syllogistik-Kapitel[33] seiner *Logik der reinen Erkenntniss* (1902) die früheren Überlegungen zur ‚unvermeidlichen Aufgabe' der Vernunft erneut aufgreift und modifiziert. Beide Male handelt es sich

---

[26] LrE (A), 46. Vgl. auch ebd., 15.60f.
[27] Vgl. ebd., 342.
[28] Vgl. ebd., 363.
[29] Ebd., 364f.
[30] Vgl. ebd., 366.
[31] ÄrG 2, 425f.
[32] Vgl. KBE (A), 34.
[33] Vgl. LrE (A), 472ff.

um eine schlusslogische Begründungsreflexion, beide Male schließt sich Cohens „Auffassung der Syllogistik dankbar den lichtvollen Ausführungen an, welche *Fries* und *Apelt* den Kantischen Grundgedanken gegeben haben"[34], und beide Male weiß sich Cohen durch Fries und Apelt darin bestätigt, die schlusslogische Begründungsreflexion im Anschluss an Kants Lehre von der regulativen Funktion der Ideen der reinen Vernunft in eine methodologische Abschlussreflexion umzubiegen.[35]

Die für Cohens Denkweg richtungweisende Monographie ‚Kants Begründung der Ethik' (1877) hat in ihrem ersten Teil ‚Die Ergebnisse der Erfahrungslehre in ihrem Verhältniss zur Möglichkeit einer Ethik' die prinzipienlogische Bewältigung des Kontingenzproblems zum Thema. Im Ausgang von der Kantischen Erfahrungslehre und mit Blick auf die Möglichkeit einer Ethik versteht Cohen das Kontingenzproblem als das Problem der Begrenztheit und unabweislichen Zufälligkeit der Erfahrung. Die „intelligible Zufälligkeit" nicht nur der jeweiligen empirischen, sondern auch der apriorisch konstituierten Erfahrung, ist der Angelpunkt für Cohens Überlegungen zum Grenzbegriff des *Ding an sich*, zu den die Grenzen der Erfahrung übersteigenden *Ideen*, zu deren *regulativem Gebrauch* und zur *Schlusslehre*. Die durchgängige Zufälligkeit der Erfahrung ist der tiefere Grund für das „*Bedürfniss des Realismus* [...], das sich in der Forderung eines Ding an sich ausspricht", haben doch die apriorischen Gesetze der Erscheinungen nur „eine bedingte Geltung: sie stehen in Verhältniss zu dem Begriff der Erfahrung, den sie constituiren." Die apriori konstituierte „Erfahrung selbst aber ist ‚*etwas ganz Zufälliges*'! Wenn von dem Causalregress der Erscheinungen abgesehen, über denselben hinaus geblickt wird, so eröffnet sich das unabsehliche Gebiet der *intelligibeln Zufälligkeit*"[36], die auf den *Grenzbegriff* eines *Ding an sich* führt[37], das als „*Grenzding* [...] die ewig ungelöste und dennoch unabstellbare Aufgabe" ist, die der Vernunft als „unvermeidliche *Aufgabe*" aufgetragen ist: „die Bedeckung des Abgrundes, den die intelligible Zufälligkeit aufdeckt"[38].

Der Schluss aber ist das Organon zur Bedeckung dieses Abgrundes, denn „das Princip des Schlusses ist die *Idee des Unbedingten*", die, wenn sie

als ein *Gegenstand* vorgestellt wird, als *Aufgabe* zu denken [ist]. Die Idee des Unbedingten ist die vollendete Reihe, ist die Idee der *Totalität* der Bedingungen für das Bedingte. Es ist die *Idee des Ding an sich* für die *Begriffe* der Erscheinungen. Wie die Auslegungen des Ding an sich keinen anderen Behuf haben, so beugt somit auch der Syllogismus dem ‚Abgrund der intelligibeln Zufälligkeit' vor. [...] Die Ideen verdecken also nicht blos jenen Abgrund der intelligibeln Zufälligkeit: sie enthüllen auch das Grundmotiv der Höhen-

---

[34] KBE (A), 70. Vgl. auch: LrE (A), 483.491.
[35] Vgl. zum Folgenden Zeidler, Problem, 186ff.
[36] KBE (A), 30.
[37] Vgl. ebd., 30f.
[38] Ebd., 34.

punkte logischer Cultur, die fruchtbarsten, die unentbehrlichen Mittel derselben, wie alles Naturerkennens und alles Begreifens geschichtlicher Zusammenhänge: das Princip des Syllogismus und der Induction.[39]

Diese Ausführungen sind gleichermaßen erhellend wie zweideutig. Sie erhellen, dass Cohen den Schluss als die logische Form des *Unbedingten* versteht, die den ‚Abgrund der intelligiblen Zufälligkeit' bedeckt. Sie sind zweideutig, weil er das *Unbedingte* als „das Princip des Syllogismus und der Induction" tituliert. Die Rede vom ‚Princip des Syllogismus *und* der Induction' und zumal die Rede vom „unentbehrlichen Mittel" enthüllt, dass er „das Grundmotiv der Höhenpunkte logischer Cultur" von Anbeginn nicht als rein *logisches*, sondern ebenso sehr als *methodologisches Prinzip* versteht. Da seine „Auffassung der Syllogistik dankbar den lichtvollen Ausführungen" folgt, die „Fries und Apelt den Kantischen Grundgedanken gegeben haben"[40], hat Cohen dem ‚empirischen Idealismus' Kantes, den er in der Anschauungslehre so unnachsichtig bekämpft, verhängnisvoller Weise in der Prinzipientheorie nachgegeben; er hat die logische Form des Unbedingten nicht zur ‚Reinheit' herausgearbeitet, da er sie nicht von den methodologischen Formen unterscheidet. Das folgende längere Zitat demonstriert mit aller nur wünschenswerten Deutlichkeit, wie Cohen den logischen Konflikt zwischen dem antiken Idealismus und dem vom neuzeitlichen Nominalismus angekränkelten neueren Idealismus, d. i. den Konflikt zwischen der begriffs- und schlusslogischen Logikkonzeption des Platon und Aristoteles einerseits und der urteilslogischen Konzeption Kants andererseits,[41] nicht herausarbeitet, sondern ihn überspielt, indem er die Entdeckung der Begriffe und den regulativ-methodologischen Gebrauch der Ideen miteinander verschränkt:

Die Ideen sind von regulativem Gebrauche, sie constituiren nicht die Erfahrung; die Möglichkeit derselben ist von ihnen nicht abhängig. Und so könnte es scheinen, als ob sie *nur* von regulativem Gebrauche wären. Aber was die Erfahrung bedingt, reicht doch nicht aus, dieselbe zu begrenzen. Wir haben gesehen, von wie vielen Seiten jene Beziehungen, welche die Ideen bezeichnen, in das scheinbare Erfahrungsganze einfallen, um in den offenbaren Lücken der Erfahrungsbedingungen den Abgrund der intelligiblen Zufälligkeit aufzudecken. [...]

Es liegt mithin nicht allein der in dem Syllogismus latente Gedanke des Unbedingten in den Ideen; sondern gleichsam die *erste Möglichkeit* zum Bedingten ist in den Ideen gegeben: das Vereinigen des Verwandten, das Trennen des Ungleichartigen. Wenn der Begriff der Substanz eine Bedingung der Erfahrung ist, so setzt derselbe voraus, dass eben Begriffe, dass gedankliche Vereinigungen und Trennungen des Aussereinander in den Dingen, wie des in Dinge Zusammengefassten gegeben sind. In diesem elementaren Sinne sind also die Ideen von vornherein regulativ: die Begriffe, als solche, constituiren noch nicht die Erfahrung – das leisten nur die transcendental begründeten Begriffe –

---

[39] Ebd., 67f.
[40] Ebd., 70. Vgl. auch LrE (A), 483.491; APELT, Induction, 4.170f.
[41] Dazu ZEIDLER, Vernunft.

aber sie bilden die erste Möglichkeit, sie sind die allgemeinste Richtschnur zum Bilden einer Erfahrung, zum Gestalten einer Natur.⁴²

Cohen vermengt hier jeweils zwei verschiedene Bedeutungen des ‚Begriffs', der ‚Erfahrung' und der ‚Regulativität': Zum einen spricht er im Sinne Kants von der *methodologischen Regulativität* der *Vernunftbegriffe*, die im Unterschied zum konstitutiven Apriori nicht die Möglichkeit *der Erfahrung* bedingt, zum anderen spricht er im Sinne Platons von einer *ursprünglichen Regulativität* der *Ideen und Begriffe*, welche ‚die erste Möglichkeit zum Bilden *einer Erfahrung*' ist. Einerseits sind die Ideen, im Kantischen Verständnis, „von regulativem Gebrauche, sie constituiren nicht die Erfahrung; die Möglichkeit derselben ist von ihnen nicht abhängig", andererseits sind die Ideen, nunmehr dem Platonischen Verständnis zufolge, „von vornherein regulativ: die Begriffe, als solche, constituiren noch nicht die Erfahrung – das leisten nur die transscendental begründeten Begriffe – aber sie bilden die erste Möglichkeit, sie sind die allgemeinste Richtschnur zum Bilden einer Erfahrung, zum Gestalten einer Natur." Statt die Ideen Platons und die Vernunftbegriffe Kants sowie die beiden Arten der Regulativität (*ursprüngliche* und *methodologische Regulativität*) und der Erfahrung (*lebensweltliche* und *szientifische Erfahrung*) auseinanderzuhalten und sich Klarheit über die Differenz der dahinter stehenden Logikkonzeptionen zu verschaffen, überspielt Cohen die Unterschiede mit historischen Reminiszenzen: da „Kant selbst [...] auf seinen Zusammenhang mit *Platon* hingewiesen" und „*Plato* selbst [die] Bedeutung der Ideen für die angewandte Logik hervorgehoben und durch Beispiele erläutert"⁴³ hat, scheint ihm die Verschränkung von *ursprünglicher* und *methodologischer Regulativität* hinreichend legitimiert. Die Differenz von fundamentallogischem Begründungstheorem und methodologischem Abschlusstheorem erscheint aufgehoben.

Die solcherart nur scheinbar aufgehobene Differenz bestimmt Cohens ursprungslogische Transformation des Kantianismus: seine Ursprungslogik verdankt sich zwei alternativen Logikkonzepten, da sie sowohl dem Begriffsrealismus des antiken wie auch dem Nominalismus des neueren Idealismus verpflichtet ist. Cohen ist der begriffs- und schlusslogischen Logikkonzeption des Platon und Aristoteles ebenso verpflichtet, wie der urteilslogischen Konzeption Kants; er versäumt aber, sich Klarheit über den Grund ihrer Differenz zu verschaffen und ihren Konflikt zu logischem Ausgleich zu bringen. Ihr Konflikt, hinter dem nichts Geringeres als der *Universalienstreit* steht, wird vorläufig überspielt, indem Cohen die ‚Idee' als ‚Hypothesis', d. i. als jederzeit revidierbare ‚Grundlegung' des Denkens durch das Denken deutet,⁴⁴ – und den logischen Ausgleich

---

⁴² KBE (A), 77f.
⁴³ Ebd., 78.
⁴⁴ Vgl. dazu die grundlegenden Arbeiten EDEL, Vernunftkritik; DERS., Kantianismus; DERS., Entkräftung.

auf die lange Bank des methodologischen Fortschritts schiebt. Die Deutung der
‚Idee' als ‚Hypothesis' erlaubt, den objektiven Idealismus Platons und den kritischen Idealismus Kants in einseitiger Akzentuierung ihrer forschungslogischen
Aspekte zusammenzuspannen und eine ‚ursprungslogisch' genannte Vorwärtsstrategie in Gang zu setzen, die Begründungsprobleme von vornherein in Methodenprobleme verwandelt. Die Umwandlung der Begründungsprobleme in
Methodenprobleme und die damit einhergehende Transformation der Begründungstheorie in eine reine Bestimmungstheorie belastet die Ursprungslogik jedoch mit einer Hypothek, die am Ende abgetragen werden muss: die Differenz
von fundamentallogischem Begründungstheorem und methodologischem Abschlusstheorem ist aufgehoben um den Preis der szientistischen Engführung jeglicher Erfahrung mit der kategorial konstituierten Erfahrung und sie ist daher
auch nur aufgehoben, solange Cohen seiner ursprungslogischen Vorwärtsstrategie folgt und darauf vertraut, dass der „nothwendige Gedanke vom *Fortschritt
der Wissenschaft*"[45] jede weitere Begründung und Rechtfertigung erübrigt.

Cohens Versuch, dieses Vertrauen im Syllogistik-Kapitel[46] seiner ‚Logik der
reinen Erkenntnis' abschließend zu legitimieren[47] – und er muss diesen Versuch
unternehmen, wenn die Erkenntnislogik mehr sein soll als eine positivistische
Wissenschaftslogik und unvollständige Bestimmungstheorie[48] –, offenbart denn
auch erneut die durchgängige Zwiespältigkeit seines Ansatzes: Cohens Versuch,
die Differenz von Begründungstheorem und Abschlusstheorem zu überwinden,
indem er das schlusslogische Begründungstheorem im Anschluss an Aristoteles
exponiert[49], es aber sodann im Anschluss an Fries und Apelt sogleich in ein
methodologisches Abschlusstheorem umbiegt[50], verfehlt sein Ziel. Das Lehrstück von der *Vollendung* der „*Logik des Urtheils in dem Urtheil des Schlusses*"[51]
macht – wie die bisherige Cohen-Rezeption dokumentiert – die schlusslogische
Grundlegung der Ursprungslogik unkenntlich und bestätigt mithin, dass die
Ursprungslogik zwei Logikkonzeptionen verpflichtet ist, deren Konflikt sie nur
indirekt zur Sprache und darum leider nicht zum Ausgleich bringt.

---

[45] LrE (A), 342.
[46] Vgl. ebd., 472 ff.
[47] ZEIDLER, Problem, 189 ff.
[48] FLACH, Logikkonzept, 106 ff.
[49] Vgl. LrE (A), 475 f.
[50] Vgl. ebd., 483 f.
[51] Ebd., 507.

Literaturverzeichnis

ADELMANN, DIETER, *Einheit* des Bewußtseins als Grundproblem der Philosophie Hermann Cohens, Heidelberg 1968.

APELT, ERNST FRIEDRICH, Die Theorie der *Induction*, Leipzig 1854.

MEYER, JÜRGEN B., Kant's *Psychologie*, Berlin 1870.

COHEN, HERMANN, *Rezension* von Jürgen Bona Meyer, Kant's Psychologie, in: Zeitschrift für Völkerpsychologie und Sprachwissenschaft 7 (1871), 320–330.

EDEL, GEERT, Von der *Vernunftkritik* zur Erkenntnislogik. Die Entwicklung der theoretischen Philosophie Hermann Cohens, Freiburg/München 1988.

DERS., *Kantianismus* oder Platonismus? Hypothesis als Grundbegriff der Philosophie Cohens, in: Il cannocchiale. Rivista di studi filosofici 1/2 (1991), 59–87.

DERS., Die *Entkräftung* des Absoluten. Ursprung und Hypothesis in der Philosophie Hermann Cohens, in: ERNST WOLFGANG ORTH/HELMUTH HOLZHEY (Hg.), Neukantianismus. Perspektiven und Probleme, Würzburg 1994, 329–342.

FISCHER, KUNO, *System* der Logik und Metaphysik, Heidelberg 21865.

FLACH, WERNER, Hermann Cohens prinzipientheoretisches *Logikkonzept*, in: WOLFGANG MARX/ERNST W. ORTH (Hg.), Hermann Cohen und die Erkenntnistheorie, Würzburg 2001, 99–109.

PECKHAUS, VOLKER, Das Erkenntnisproblem und die *Mathematik*. Zum Streit zwischen dem Marburger Neukantianismus und dem Neofriesianismus, in: CHRISTIAN KRIJNEN/KURT W. ZEIDLER (Hg.), Wissenschaftsphilosophie im Neukantianismus. Ansätze – Kontroversen – Wirkungen, Würzburg 2014, 233–257.

SCHMIDT, WINRICH DE, *Psychologie* und Transzendentalphilosophie. Zur Psychologie-Rezeption bei Hermann Cohen und Paul Natorp, Bonn 1976.

VÖLMICKE, ELKE, *Gewißheit* und Geltung. Zur Auflösung des Geltungsproblems bei Fries, in: WOLFGANG MARX/ERNST W. ORTH (Hg.), Hermann Cohen und die Erkenntnistheorie, Würzburg 2001, 31–48.

ZEIDLER, KURT W., Das Problem der metaphysischen *Deduktion* im ausgehenden Neukantianismus, in: „prima philosophia" 13/3 (2000), 279–294.

DERS., Das Problem der *Psychologie* im System Cohens (mit Blick auf P. Natorp); in: WOLFGANG MARX/ERNST W. ORTH (Hg.), Hermann Cohen und die Erkenntnistheorie, Würzburg 2001, 135–146.

DERS., Das *Problem* des Einzelnen. Heinrich Rickert und Hermann Cohen zum ‚härtesten Problem der Logik', in: CHRISTIAN KRIJNEN/ANDRZEJ J. NORAS (Hg.), Marburg versus Südwestdeutschland, Würzburg 2012, 175–204.

DERS., *Vernunft* und Letztbegründung, in: DERS. (Hg.), Grundlegungen. Zur Theorie der Vernunft und Letztbegründung, Wien 2016, 11–60.

Cohens Theorie der Sprachhandlung im Kontext

Pierfrancesco Fiorato

Ob von einer ausführlichen Theorie der Sprachhandlung bei Cohen die Rede sein kann, mag zunächst fraglich sein. Der Ausdruck taucht nämlich nur an zwei Stellen seines Opus auf: ein erstes Mal in der *Ethik des reinen Willens*, gegen Ende des Kapitels „Der reine Wille in der Handlung"[1], und dann in *Religion der Vernunft aus den Quellen des Judentums* am Schluss des Kapitels über das Gebet[2]. In der Rezeptionsgeschichte wurde vor allem der letztgenannten Stelle Aufmerksamkeit geschenkt. Mit Bezug auf sie konnte Richard Schaeffler in seinem 1981 erschienenen Aufsatz *Die Vernunft und das Wort* schreiben, das „religiöse Wort" sei „kein Theoriewort, nicht Mitteilung eines Sachverhalts", sondern eben „Sprach*handlung* des Sündenbekenntnisses und der Sündenvergebung". In einer solchen Auffassung des religiösen Wortes, d. h. in einer „Sprachhandlung, in welcher die Korrelation zwischen Mensch und Gott sich vollzieht", soll für Schaeffler sogar „der Kern allen Religionsverständnisses bei Hermann Cohen" liegen[3].

Das so in Auseinandersetzung mit Cohen gewonnene Thema erweist sich kurz danach auch für Schaefflers eigene religionsphilosophische Gebetslehre als zentral, wie u. a. sein Beitrag im von ihm mitherausgegebenen Sammelband *Theorie der Sprachhandlungen und heutige Ekklesiologie* zeigt.[4] Seine Behauptung, in Cohens „Philosophie der Umkehr" werde derjenige „Gedanke der ‚Sprachhandlung' vorgedacht, der Jahrzehnte später bei Austin und Searle zentrales Thema der Sprachanalyse werd[en sollte]"[5], mag einerseits in Bezug auf die performativen Züge der Gebetssprache zutreffen, enthält aber andererseits auch einen wichtigen Hinweis auf den Kontext, in dem diese Auslegung entstanden ist. Die Häufigkeit, mit der der Ausdruck „Sprachhandlung" in der wissenschaftlichen Literatur vorkommt, nimmt nämlich in den siebziger Jahren des 20. Jahrhunderts exponentiell zu. Ein solcher Zuwachs, der hauptsächlich

---

[1] ErW (B), 194.196.
[2] RV, 463.
[3] SCHAEFFLER, Vernunft, 78.
[4] Vgl. SCHAEFFLER, Zuspruch. Über die Bedeutung von Cohens Religionsphilosophie für Schaefflers Gebetslehre vgl. WALSER, Beten, 86–129.
[5] SCHAEFFLER, Vernunft, 87.

im Bereich der linguistischen Pragmatik stattfindet, lässt sich auf die deutsche Übersetzung der Werke von Mead, Peirce, Austin und Searle zurückführen, die Ende der sechziger Jahre in Gang gekommen war. Hat der Ausdruck „Sprachhandlung" erst in der deutschen Rezeptionsgeschichte der speech act theory neben „Sprechhandlung" und „Sprechakt" eine beachtliche Verbreitung genossen, so lässt Schaefflers Würdigung des entsprechenden Begriffs die Frage offen, woher Cohen den Ausdruck entnommen haben mag.

Dass man mit Bezug auf Cohen von so etwas wie einer performativen Valenz der Gebetssprache reden kann, geht aus verschiedenen Stellen seines Werks hervor[6]. Allgemeine Voraussetzung davon ist die von ihm im Aufsatz *Über den ästhetischen Wert unserer religiösen Bildung* (1914) geäußerte Überzeugung, dass man „bei der Beurteilung von Gebeten [...] die psychologischen Prozesse in Betracht zu ziehen [habe], denen das Bewusstsein dabei unterliegt und auch absichtlich unterzogen werden muss"[7]. Das Beten kann seine eigene Erfüllung bereits in sich tragen: Das wird von Cohen schon ziemlich früh am Beispiel derjenigen Gebete dargestellt, in denen der für ihn besonders wichtige talmudische Begriff des „grundlosen Hasses" vorkommt. Im Aufsatz *Liebe und Gerechtigkeit in den Begriffen Gott und Mensch* (1900) schreibt er ausdrücklich: „Belehrend ist es in unseren Gebeten, dass der Hass, um dessen Abwendung gebetet wird, als der ‚grundlose Hass' bezeichnet wird. In dieser Erkenntnis schon findet das Gebet seine Erfüllung."[8]

Von einer „Erlösung, die Gott im Gebete verwirklicht"[9], spricht aber dann Cohen ausführlicher vor allem im Kapitel von *Religion der Vernunft*, das im Mittelpunkt von Schaefflers Aufmerksamkeit steht. Zentral ist hier für Cohen der Begriff der Andacht[10]. Cohen hatte diesen Ausdruck schon vorher zur Erläuterung der These eingeführt: „Für meinen persönlichen Gottesdienst darf das Gottesreich nicht nur Zukunft, sondern muß beständige Gegenwart sein"[11]. „Der hebräische Ausdruck für Andacht (kawwana)" – hatte er in diesem Zusammenhang geschrieben – bedeute „der Wurzel nach: Begründung, also Befestigung, Rüstung". In diesem Sinn müsse „in alten Gebeten [...] der Ausdruck ‚Ich rüste mich [...], auf mich zu nehmen das Joch des Gottesreiches'"[12] verstanden werden. Cohens Kommentar lautet: „Ich warte also nicht, daß das Gottesreich komme, und bete nicht allein auf sein Erscheinen, sondern durch meine

---

[6] Für eine Würdigung von Cohens Gebetslehre in der christlichen Perspektive einer praktischen Theologie vgl. DOBER, Vernunft; zum Thema Gebet vgl. auch DERS., Funktion.
[7] JS 1, 227; COHEN, Bildung, 223.
[8] JS 3, 74.
[9] RV, 436.
[10] Das Kapitel schließt mit der peremptorischen Behauptung: „Die Andacht des Gebetes ist der Wille der Religion." Ebd., 463. Über Cohens Auffassung der Andacht und ihre Hintergründe vgl. ADELMANN, Steinthal, 29–33; DERS., Kawwana.
[11] RV, 361.
[12] Ebd.

eigene Rüstung, meinen eigenen Willen führe ich es herbei."¹³ Im Kapitel über das Gebet wird nun der Begriff der Andacht wieder aufgenommen und ausführlicher behandelt. Die Andacht wird hier zunächst mit der Sehnsucht der Liebe in Verbindung gesetzt: „Was die Sehnsucht für die Liebe ist, das ist die Andacht für das Gebet"¹⁴; und dies führt zu einer erneuten Erwägung der Themen, die mit der Zeitantizipation zusammenhängen:

> Jeder neue Moment des Gebetes ist ein neuer Anhub, ein neuer Aufschwung der Andacht. Auch die Sehnsucht muß immer in selbstschöpferischer Regsamkeit lebendig bleiben, sonst erschlafft sie zu einer Schwermut, welche ihr alle Rüstigkeit und Aktivität nimmt, so daß das Bewußtsein in eine dumpfe Gegenwart versinkt und der Fähigkeit beraubt wird, die Zukunft vorwegzunehmen und wirksam zu machen. Diese Kraft der Antizipation der Zukunft ist überhaupt die Kraft des Zeitbewußtseins.¹⁵

Die Bedeutung der Sehnsucht im Gebet erschöpft sich aber nicht in ihrer Analogie mit derjenigen der Liebe. Als „Sehnsucht nach Gott" ist sie nämlich „Sehnsucht nach Erlösung":

> Die Sehnsucht entspringt hier der Angst, in der der Mensch in Gefahr kommt, vor sich selbst zu fliehen, sich selbst zu verlieren. Die Sehnsucht nach Gott entspricht daher dem Naturtriebe des Menschen, nicht an sich selbst zu verzweifeln, den Ankergrund seines Selbstbewußtseins zu umklammern, um nicht in Verzweiflung und Selbstaufgabe zugrunde zu gehen.¹⁶

In diesem Zusammenhang kann Cohen von einer Erlösung sprechen, „die Gott im Gebete verwirklicht"¹⁷. Der Andacht wird von ihm sogar eine „Zaubermacht" zugeschrieben¹⁸. Ist nämlich „das sittliche Ich [...] von Zerstreuungen, Konflikten und Widersprüchen durchbrochen, die es fortwährend mit Spaltung und Zersplitterung bedrohen", und ist „die Sünde [...] nur der religiöse Ausdruck dieser Zerklüftung des Herzens, und die Versöhnung daher der religiöse Ausdruck für die Einigung, welche das Herz wiederum in sich selbst erlangt",

so wird der Gott der Erlösung auch im psychologischen Sinne der Erlöser des Individuums, der Retter seines Selbstbewußtseins. Und das Gebet, welches die Versöhnungsarbeit durchzieht und abschließt als ihrem Triumphgesang, es wird das sprachliche Mittel, diese Einigung des Bewußtseins, diese Einigung des Herzens, die immerfort bedroht ist, immerfort auf dem Spiele steht, immerfort neu zu sichern und neu zu begründen.¹⁹

Um besser verstehen zu können, wie das Gebet für Cohen als das „sprachliche Mittel" zur Geltung kommen kann, das die „Einigung des Herzens" bzw. des

---

¹³ Ebd.
¹⁴ Ebd., 435.
¹⁵ Ebd.
¹⁶ Ebd., 436.
¹⁷ Ebd.
¹⁸ Ebd., 440.
¹⁹ Ebd.

Bewusstseins gleichsam performativ vollführt, muss noch auf die besondere Bedeutung hingewiesen werden, die er in dieser Hinsicht dem Gebete Sch'ma Israel und insbesondere dem dritten Teilsatz desselben (adonai echad) zuschreibt. Schon im Kapitel über die Einzigkeit Gottes hatte er von diesem echad behauptet, so Dieter Adelmann, „es bedeute, sprachlich betrachtet, das Faktitivum für die Idee des Einigen: dasjenige also, was macht, dass Einigung zustande kommt"[20]. In Cohens Kapitel über das Gebet heißt es nun weiter:

> Zu denken gibt die Bestimmung des Talmud, daß beim Aussprechen des Einzig (Echad) der Betende seine Seele und sein Leben in diesem Gedankengefühl Gott widmen soll. Diese Bestimmung ist nur aus der inneren Sprachform des Wortes zu verstehen. Denn im Verbum hat die Wurzel die Bedeutung der Widmung angenommen. Wenn daher die Einzigkeit Gottes mit dem rechten Gefühl gedacht wird, so muß der Mensch sich einig machen für den Einzigen.[21]

Aufgrund dieser Voraussetzungen kann Cohen am Ende des Kapitels das Gebet als „die eigentliche Sprache der Religion" bezeichnen. Der Begriff der Sprachhandlung, der in diesem Zusammenhang eingeführt wird, weist aber zugleich auf einen weiteren Problemhorizont hin. Genauer spricht nämlich Cohen hier von einer Sprachhandlung, „in welcher der Wille lebendig wird an allen Mitteln des Denkens"[22]. Das hier anklingende Thema enthält einen offenkundigen Hinweis auf die *Ethik des reinen Willens*, wo unser Ausdruck eine Schlüsselrolle spielt. Auf dieses Werk ist man deshalb unumgänglich verwiesen, wenn man seine Bedeutung angemessen verstehen will.

Die geringe Beachtung, die dieser Aspekt von Cohens Ethik in der Rezeptionsgeschichte gefunden hat, ist verwunderlich. Auch das Kapitel eines möglichen Vergleichs zwischen Cohen und Hannah Arendt, zu dem Dieter Adelmann 1998 einen ersten Beitrag geleistet hat[23], könnte dadurch um ein Motiv bereichert werden. Die von Arendt in *Vita activa* mit Nachdruck vertretene Überzeugung, dass Handeln und Sprechen „aufs engste zusammengehören"[24], ist nämlich auch von Cohen in den Seiten der *Ethik des reinen Willens*, mit denen wir uns nun beschäftigen werden, entschieden geäußert worden.

---

[20] ADELMANN, Kawwana, 92. Vgl. RV, 48; hierzu auch ADELMANN, Steinthal, 28.
[21] RV, 457. Nicht unterschätzt werden darf die Rolle, die Cohen hier dem „Gedankengefühl" beim Aussprechen des Gebets zuschreibt. Im selben Zusammenhang meint er nämlich, die Gebetssprache als „unmittelbare Gefühlssprache" bezeichnen zu dürfen (Ebd., 454), und behauptet dann, die Stammgebete seien aus der „Lebendigkeit der biblischen Sprache und des biblischen Sprachgefühls" geschaffen worden (Ebd., 456). Auf das Thema „Sprachgefühl" und seine Bedeutung für Cohens Theorie der Sprachhandlung werden wir noch zurückkommen müssen.
[22] Ebd., 463.
[23] ADELMANN, Arendt.
[24] ARENDT, Vita activa, 35.

1. Wille, Handlung und Sprache

Im letzten Teil des Kapitels der *Ethik*, wo Cohen die unersetzliche Rolle der Handlung (Übersetzung des griechischen „prâxis"[25]) für eine angemessene Definition des Willens hervorhebt, führt er das Thema der Sprache ein, um schließlich zu behaupten, dass, „wenn der Wille in der Handlung sich vollendet, [...] diese Vollendung in der Sprachhandlung sich vollführt"[26]. Der Horizont, in dem sich die ganze Argumentation des Kapitels bewegt, ist derjenige einer „Konstituierung des reinen Willens"[27]. War vorher schon beschrieben worden, wie die „Reinigung der Begehrung zum Willen" durch den Affekt (griechisch „thymós"[28]) angebahnt wird[29], so muss nun erklärt werden, wie ein solcher Prozess zu Ende geführt werden kann. Die bevorstehende Aufgabe wird in der Frage zusammengefasst, „wodurch [...] der Inhalt des Affekts zum Gegenstande des reinen Willens [werden kann]"[30]. Gerade die Lösung einer solchen Aufgabe soll durch die Einführung des Handlungsbegriffs ermöglicht werden. Sie wird als die „Ermittelung eines Begriffs" beschrieben, „welchem die Vermittelung zwischen dem Denken und der Begehrung anvertraut werden kann"[31]: „Die Handlung verbindet und vereinigt den Affekt mit dem Denken."[32]

Der Handlungsbegriff kann dies leisten, weil er einen „doppelten Ursprung" hat[33]. Bezeichnenderweise behauptet hier nämlich Cohen nachträglich, er habe „in der Logik der reinen Erkenntnis die Charakteristik des Urteils an dem Leitfaden des Begriffs der Handlung versucht"[34] und dem Denken so eine „Art von praktischer, von Willens-Aufgabe [...] gestellt"[35]. Der Handlungsbegriff entspricht aber den gesuchten Eigenschaften, weil er andererseits „nicht lediglich ein Begriff der reinen Erkenntnis" bleibt, sondern zugleich zu einem Begriff aus-

---

[25] ErW (B), 168.
[26] Ebd., 194.
[27] Ebd., 164.
[28] Ebd., 116.123.
[29] Ebd. 142.
[30] Ebd., 165. Vgl. auch die andere Formulierung ebd. 167: „Wodurch wird der Inhalt der Begehrung zum Gegenstande des Willens?"
[31] Ebd., 167.
[32] Ebd., 178.
[33] Ebd., 168.
[34] Ebd., 170. Cohen darf sich dabei auf die Charakteristik des Denkens berufen, die er in der Einleitung zur Logik entfaltet hatte: „Es gilt beim Denken nicht sowohl den Gedanken zu schaffen, sofern derselbe als ein fertiges, aus dem Denken herausgesetztes Ding betrachtet wird; sondern das Denken selbst ist das Ziel und der Gegenstand seiner Tätigkeit." (LrE [B], 29) Der Handlungsbegriff wird dann ausdrücklich einige Seiten später unter dem Titel „Das Urteil Grundform des Denkens" erwähnt: „Der Aberglaube des Angeborenen konnte nicht wirksamer bekämpft und widerlegt werden als durch die Charakteristik der Grundbegriffe [...] als Betätigungsweisen des Urteils. Der Grundbegriff besteht also nicht in einem Resultat, sondern in einer Handlung." (Ebd., 47).
[35] ErW (B), 143.

wächst, „welchen die Ethik gebrauchen kann, welchen das Recht gebraucht"[36]. Als solcher hat er sich in der *Ethik* von Anfang an als von zentraler Bedeutung erwiesen. Schon in der Einleitung war die Rechtswissenschaft als Bezugsfaktum für die transzendentale Untersuchung im ethischen Bereich deshalb gewählt worden, weil sie als einzige „sich vornehmlich mit der Handlung und nicht mit deren psychologischen Motiven [beschäftigt]"[37]. Im ersten, grundlegenden Kapitel hatte Cohen dann nochmals betont, dass „der Unterschied in der Erörterung des Willens, wie die Ethik sie einzustellen hat, gegenüber der Psychologie, [...] in der Berücksichtigung des Begriffs der *Handlung* [liegt]": „Für die Ethik darf es kein Wollen geben, das nicht in Handlung sich vollzieht."[38] Diese wurde später von der bloßen Tat unterschieden – „von der Tat hat die Ethik zur Handlung den Weg zu bahnen" – indem sie als „das eigentliche Material des Rechts" und also als „das eigentliche Problem der Ethik" erkannt wurde.[39]

Aufgrund dieser Voraussetzungen wird nun im Kapitel „Der reine Wille in der Handlung" dem Handlungsbegriff der Auftrag einer Vermittlung zwischen „Trieb und Gedanke" erteilt[40]. Indem in der Handlung, wie Cohen betont, „Vorsatz und Entschluss zusammenfallen", kann sich der Wille durch sie, obwohl er „auf dem Moment der Bewegung beruht", des Ursprungs der eigenen Bewegung bemächtigen[41]. Denn „Handlung ist einerseits Bewegung, andererseits Ruhe. Bewegung gibt der Affekt; Ruhe allein der Begriff."[42] Nur so vermag der reine Wille in seinem Unterschied von der „unaufhaltsamen, ziellosen Begehrung" zur Geltung kommen[43]: indem die Handlung selbst als Inhalt und Ziel, ja als der „eigentliche Gegenstand" des Willens erkannt wird[44]. „Deshalb vollzieht das Wollen – so lautet Cohens Schluss – gerade indem es in die Handlung ausläuft, und in der Handlung kulminiert, den höchsten Grad reflexiver Immanenz."[45]

Um das Verhältnis zwischen Willen und Handlung näher zu bestimmen, bezieht sich hier Cohen zunächst wieder auf den Beitrag der Rechtswissenschaft[46]. Eine entscheidende Rolle spielt in diesem Zusammenhang der Begriff der „Bedingung"[47]: Auf ihn ist der Begriff der Handlung, als „Grundbegriff des gesam-

---

[36] Ebd., 168.
[37] SCHMID, Ethik, 55. Vgl. auch: ErW (B), 64 f. Hier bezieht sich Cohen auf den juristischen Begriff der Handlung als „actio".
[38] ErW (B), 103.
[39] Ebd., 130.
[40] Ebd., 166.
[41] Ebd., 172.
[42] Ebd., 173.
[43] Ebd.
[44] Ebd., 174 f.
[45] Ebd., 175.
[46] Ebd., 178–189.
[47] Die Kategorie der Bedingung war von Cohen bereits im Kapitel der *Logik* über „Das Urteil des Gesetzes" eingeführt worden. Im neuen Zusammenhang der *Ethik* nimmt er nun auch die Analogie zwischen sittlicher Handlung und Funktion wieder auf, die er dort im Ab-

ten Rechts", aufgebaut[48]. Bedingung ist nämlich „die Seele, ist das logische Band des Vertrages": Auf ihr beruht deshalb „die Handlung, und somit der Wille im rechtlichen Sinne"[49]. Jeder Rechtswille setzt in diesem Sinn eine Pluralität von Rechtssubjekten voraus, und „es gibt keinen andern Willen als den bedingten"[50].

Cohen kommt es hier „vor allem darauf an, das Vorurteil zu beseitigen, als ob der absolute Wille der reine wäre, und der bedingte, der relative ein unreiner Wille sein müsste": „Das Umgekehrte ist – wie er betont – der Fall."[51] An der Bedingung lässt sich nämlich auch „der Unterschied des reinen Willens von der Begehrung [...] genauer feststellen". Während letztere auf den Gegenstand „fixiert" ist, „auf den sie unmittelbar losstürmt", gibt es für den Willen keinen Gegenstand, „der als solcher absolut wäre": „Jeder Gegenstand des reinen Willens muss aufgelöst werden; muss in Handlung aufgelöst werden."[52]

Nach Klarstellung dieser Prämissen und der Betonung, dass das „einzelne Individuum [...] nicht zu wollen, noch zu handeln [vermag]", sondern „nur begehren und tun" kann[53], führt Cohen das Thema der Sprache ein. Wurzelt die Letztere einerseits im Laut, als dem „eminenten Ausdruck" des „Bewegungstriebs", so ist die „Lautbewegung" zwar „die Voraussetzung, aber noch nicht der unmittelbare Anfang der Sprache". In dieser wird nämlich „der Laut zum Worte", und der „Unterschied zwischen Laut und Wort besteht kurz darin, dass der Laut ein isoliertes Zeichen ist, das Wort dagegen niemals als ein einzelnes gedacht werden darf. Es ist, wenn es allein steht, doch immer nur die Abbreviatur eines Satzes."[54] Erst unter Berücksichtigung dieser komplexen Fragestellung kann die Bedeutung der „notwendigen Verbindung" verstanden werden, die für Cohen zwischen Wollen und Sprache bestehen soll. „Das präziseste Mittel, durch welches der Wille in der Handlung sich betätigt und sich bezeugt, das ist der sprachliche Ausdruck"[55]: Cohen ist sich durchaus bewusst, dass eine solche Behauptung „Bedenken erregen" könnte. Der Einwand, „der evidenteste Ausdruck des Willens" sei vielmehr in derjenigen „Richtung der Handlung" zu suchen, „welche, als Tat, eine Veränderung in der Aussenwelt herbeiführt", beruht aber seines Erachtens „auf einer Verwechselung der Handlung mit der Tat"[56]. Die Tatsache, „dass genauer als durch irgend eine tatsächliche Veränderung in der Aussenwelt der Wille in der Sprache sich bezeugt"[57], ergibt sich nämlich für

---

schnitt „Das Gesetz in der Ethik" bereits vorweggenommen hatte. Vgl. LrE (B), 299f.; ErW (B), 179.
[48] Ebd., 180.
[49] Ebd., 181.
[50] Ebd., 181f.
[51] Ebd., 185.
[52] Ebd.
[53] Ebd., 189.
[54] Ebd., 190f.
[55] Ebd., 192.
[56] Ebd.
[57] Ebd.

ihn aus dem Begriff der Handlung selbst. Und bezeichnenderweise wird wieder durch das Recht dieser „Zusammenhang von Willen und Sprache" zu „lehrreicher Deutlichkeit" gebracht[58]. Wenn nämlich das Rechtsgeschäft als Ergebnis der Rechtshandlung zu betrachten ist, und die Willenserklärung einen notwendigen Bestandteil des Rechtsgeschäfts darstellt, dann gilt das Prinzip: „Wenn du willst, musst du deinen Willen aussprechen."[59]

Findet nun zwar die erste ausdrückliche Erwähnung einer ‚Sprachhandlung' im Kontext dieser Ausführungen über die für das Rechtsgeschäft verlangte „Aussprache im genau vorgeschriebenen Worte" statt[60], so ist aber für ein angemessenes Verständnis dessen, was Cohen hier unternimmt, die Tatsache von erheblicher Bedeutung, dass der Ausdruck ‚Sprachhandlung' nicht dem juristischen Vokabular angehört. Ein weiterer Horizont wird schon durch Cohens Bemerkung erschlossen, die Sprache sei als eine Handlung ‚in doppelter Richtung' zu verstehen: zunächst als „eine Handlung vermittelst des Denkens an und für sich", d. h. als „eine Erzeugung und Ausgestaltung des Begriffs", und dann aber auch als „eine Vollziehung und Ausgestaltung des Affekts vermittels des Begriffs zum Willen"[61]. War der Handlungsbegriff als Vermittlungsglied eingeführt worden, um den Inhalt des Affekts in den Gegenstand des reinen Willens zu verwandeln, so zeigen nun die letztzitierten Worte, dass die ihm zuerteilte Aufgabe in der Tat erst durch eine *Sprach*handlung vollführt werden kann. „So lange der Affekt wortlos bleibt, verbleibt er im Chaos und Ungestüm des Triebes und der Begierde"[62], schreibt Cohen im darauffolgenden Satz. Der Anspielung auf die bekannte Fauststelle („Entschlafen sind nun wilde Triebe mit jedem ungestümen Tun") folgt bald danach der ausdrückliche Verweis auf das Motto der Marienbader Elegie: „Der Dichter preist es als einen Vorzug, dass Gott es ihm gegeben habe, zu sagen, was er leide". Cohens Schluss lautet:

> Der Wille erhebt sich durch den sprachlichen Ausdruck vorzugsweise über den Trieb und die Begierde. Es ist kein Wille, der sich nicht in der Handlung der Sprache zur Klarheit gebracht hätte. Es ist nur ein Schein, dass man auch ohne das Wort wollen könnte; dass es ein Wollen gäbe, welches nicht in der Sprache des Satzes und des Urteils sich entfaltet hätte.[63]

Offensichtlich befinden wir uns hier im Kern von Cohens Sprachmeditationen und seiner Sprachhandlungstheorie. Will man nun aber eine Antwort auf die Frage versuchen, welchem Bereich, wenn nicht dem juristischen, Cohen den Ausdruck entnommen haben mag, so lässt sich ein wichtiger Hinweis in einer Zwischenbemerkung aufspüren, die er inmitten seiner Ausführungen über das

---

[58] Ebd., 193.
[59] Ebd., 194.
[60] Ebd.
[61] Ebd., 192.
[62] Ebd.
[63] Ebd., 193.

Verhältnis des Willens zur Sprache fallen lässt. In dieser beiläufigen Bemerkung, die hier eine Art Brücke zwischen den Anspielungen auf Goethe und den Ausführungen zum Rechtsgeschäft schlägt, bezieht sich Cohen bezeichnenderweise auf die Sprachpathologie und schreibt, dass „neuere Forschungen [...] an Erscheinungsweisen der *Aphasie* klargestellt [haben], wie vielseitig die Mittel sind, deren sich die Sprache bedienen kann, um in Handlung überzugehen"[64].

Gerade im Bereich der Sprachpsychologie und -pathologie wurde in der Tat der sonst kaum verwendete Ausdruck ‚Sprachhandlung' in der wissenschaftlichen Literatur um die Jahrhundertwende von verschiedenen Autoren gebraucht. „Man kann die Sprachhandlungen teilen in zweckmäßige und weniger zweckmäßige oder unzweckmäßige. Daneben in lobenswerte und tadelswerte. Mit allen diesen beschäftigt sich die Sprachpsychologie", verkündigt mit feierlichem Akzent Walther Reichel in seinen 1897 erschienenen *Sprachpsychologischen Studien*[65]. Im Bereich der Psychologie der Wahrnehmung behauptet andererseits z. B. Johann Ignaz Hoppe 1886 von den „Gehörshallucinationen durch innere Erregungen der Corticalis oder des Sprach- und Lautapparates", sie seien „entweder nur klingende Gedanken, oder [...] motorische Erscheinungen, Sprachhandlungen infolge des Articulirens des Gedachten, mit oder ohne Selbsttäuschung"[66].

2. Pathologische Störungen des Handelns und der Sprache

Cohens starkes Interesse für Themen der Sprachpsychologie und insbesondere für dasjenige der Aphasie wird bereits durch einen Blick auf die von Hartwig Wiedebach aufgestellte Liste der Schriften der Hermann-Cohen-Bibliothek und durch die Berücksichtigung der dort angezeigten Anstreichungen und Eintragungen bestätigt. So ist z. B., was die letzteren betrifft, bemerkenswert, dass Cohens Anstreichungen in Friedrich Jodls *Lehrbuch der Psychologie* (dessen zweite Auflage 1903, also kurz vor der Veröffentlichung der *Ethik des reinen Willens* erschienen war) sich ausschließlich im umfangreichen zehnten Kapitel über *Sprechen und Denken* finden[67]. Ein Kapitel für sich bilden die zahlreichen Artikel in der *Zeitschrift für Psychologie und Physiologie der Sinnesorgane*, die Cohens Interesse erweckt haben. Neben dem langen Aufsatz des Lipps-Schülers Alexander Pfänder *Das Bewußtsein des Wollens* – wo der Verfasser das „Willensgefühl" (auch für Cohen, wie wir noch sehen werden, ein Begriff von

---

[64] Ebd.
[65] REICHEL, Studien, 278.
[66] HOPPE, Bemerkungen, 219.
[67] JODL, Lehrbuch, Bd. 2, 224–305. Vgl. WIEDEBACH, Bibliothek, 119. Von Jodl vgl. die Besprechungen von der *Logik der reinen Erkenntnis* (Grundlegung) und von der *Ethik des reinen Willens* (Cohens Ethik).

zentraler Relevanz) als ein „eigenartiges Element des Bewußtseins des Wollens" kennzeichnet, das „sich in keiner Weise auf Vorstellungen oder Empfindungen zurückführen läßt"[68] – sind hier in Hinsicht auf unsere Fragestellung vor allem die Beiträge Theodor Hellers zum Thema der Aphasie und der Sprachheilkunde zu verzeichnen[69].

Ein Zeugnis dafür, dass in den Jahren, als Cohen die *Ethik* verfasste, der Ausdruck ‚Sprachhandlung' auch in der wissenschaftlichen Diskussion über Aphasie verwendet wurde, findet sich in dem ebenfalls in der Cohen-Bibliothek vorhandenen, obwohl übrigens erst 1907 erschienenen Lehrbuch Max Lewandowskys *Die Funktionen des zentralen Nervensystems*. Cohens Anstreichungen finden sich hier nochmals bezeichnenderweise nur im Kapitel „Die Sprache und die Aphasie"[70].

Der Verfasser – der laut einer in eine andere Schrift eingetragenen Widmung („In alter Liebe u. Verehrung, Max") mit Cohen offensichtlich in freundlicher Beziehung stand – verwendet den Ausdruck in einem Zusammenhang, wo er die Sprachfunktion der „Zusammenfügung von komplizierten Bewegungskombinationen, von Handlungen"[71], gleichstellt. Thema sind hier die von der linken Hirnhemisphäre übernommenen Leistungen, und eine zentrale Rolle spielt dabei insbesondere der Begriff der ‚Apraxie'. Lewandowsky bezieht sich auf die bahnbrechenden Forschungen Hugo Liepmanns, der heute noch meistens als Begründer der Apraxie-Lehre gilt und der übrigens, wie das Widmungsexemplar eines Aufsatzes belegt[72], Cohen ebenfalls kannte.

Liepmann konnte feststellen, dass „jemand, dessen linke Hemisphäre zerstört ist, nicht nur auf der rechten [Extremität] gelähmt ist, sondern auch trotz bestehender Bewegungsfähigkeit des linken Arms unfähig, mit diesem eine Reihe zusammengesetzter Handlungen auszuführen"[73]. Daraus ergab sich, dass ein enges Verhältnis zwischen diesen letzteren und der Sprachfunktion oder, wie Lewandowsky hier eben schreibt, den ‚Sprachhandlungen' bestehen sollte. Um die ‚zusammengesetzten Handlungen', von denen hier die Rede ist, ihrer Art nach näher zu bestimmen, spricht Lewandowsky von gewissen ‚Ausdrucksbewegungen' („zu winken, zu drohen, eine lange Nase zu machen, den militärischen Gruß zu leisten u. a.") deren Ausführung bei apraktischen Störungen nach Liepmann unterbleiben würde[74].

---

[68] PFÄNDER, Bewusstsein, 367. Vgl. WIEDEBACH, Bibliothek, 216. Pfänder promovierte 1897 bei Theodor Lipps mit der Dissertation *Wille und Willensgefühl*. Über das „Willensgefühl" vgl. ErW (B), 196–199.
[69] Vgl. vor allem: HELLER, Aphasie; DERS., Literaturbericht. Vgl. WIEDEBACH, Bibliothek, 216.
[70] LEWANDOWSKY, Funktionen, 320–358. Vgl. WIEDEBACH, Bibliothek, 139.
[71] LEWANDOWSKY, Funktionen, 219.
[72] LIEPMANN, Ideenflucht. Vgl. WIEDEBACH, Bibliothek, 141.
[73] LEWANDOWSKY, Funktionen, 219f.
[74] Ebd., 376.

Eine „deutliche Analogie zu gewissen Störungen der Sprache" meint insbesondere Lewandowsky in derjenigen Form der „motorischen Apraxie" feststellen zu dürfen, „bei welcher zwar noch einzelne kurze Handlungen bewältigt werden können, der Kranke aber bei zusammengesetzten Aufgaben versagt": „Man kann sie" – so lautet sein Kommentar – „mit den Störungen des Satzes, der Grammatik, auf dem Gebiete der Sprache vergleichen."[75] Dass die Sprache ursprünglich ein Satz und das einzelne Wort ‚immer nur die Abbreviatur eines Satzes' sei, stellt, wie wir schon gesehen haben, eine zentrale These von Cohens Sprachtheorie dar. Wir werden darauf noch zurückkommen. Hier sei nur darauf aufmerksam gemacht, dass ihre Darlegung nicht nur in den von uns berücksichtigten Seiten der *Ethik* stattfindet, sondern auch, einige Jahre später, in der *Ästhetik des reinen Gefühls*, und dass in diesem Zusammenhang Cohen damit bezeichnenderweise den Begriff der ‚Ausdrucksbewegung' verbindet. Für die Sprache, die nun als ‚Ausdrucksbewegung des Denkens' bezeichnet wird, soll für Cohen die „Verlautbarung des Gedankens [...] nicht unbedingte Forderung" sein: Es gibt nämlich auch ‚ein stilles Sprechen' und vor allem gibt es, so betont er hier bezeichnenderweise, ‚eine Sprachgebärde'. Und gerade indem die Sprache „zuerst als Gebärdensprache, dann aber auch als Lautsprache" Bewegung ist, wird durch sie das Denken, als ‚Denken des Satzes', mit einer Bewegung verknüpft.[76]

Schon in seiner 1900 in der „Monatsschrift für Psychiatrie und Neurologie" erschienenen, bahnbrechenden Studie „Das Krankheitsbild der Apraxie"[77] betonte Liepmann, wie das aus seinen Untersuchungen resultierende Bild „in offenbarer Analogie zu gewissen Erscheinungen bei Aphasischen" stand[78]. Im abschließenden Teil des Aufsatzes versuchte er dann, das so gewonnene Bild der Apraxie in Auseinandersetzung mit der „populären Psychologie" zu würdigen. Diese würde, so Liepmann, den Tatbestand so darlegen, dass der ‚Wille', bei erhaltenem Bewegungsapparat, die Herrschaft über die Glieder verloren hat. Sind aber dabei „die Begriffe der populären Psychologie [...] den Einheiten abgezogen, die sich im normalen Bewusstsein auf Grund des ungeheuer complicierten Zusammenwirkens vieler Einzelprocesse vorfinden", so ermöglicht gerade die „pathologische Dissociation" dieser Prozesse einen Blick in „die thatsächlichen Bedingungen der Willkürbewegung"[79].

Einige Jahre später musste Cassirer ebenfalls feststellen, „daß der eigentliche innere Konnex zwischen der Sprachwelt einerseits, der Wahrnehmungs- und Anschauungswelt andererseits, sich erst dann in voller Deutlichkeit erfassen

---
[75] Ebd., 378.
[76] Vgl. ÄrG I, 359 ff. Auch im Kapitel über das Gebet der *Religion der Vernunft* betont Cohen übrigens, dass „erst im Satze [...] das Wort sein Innenleben [erlangt]" RV, 452.
[77] LIEPMANN, Krankheitsbild.
[78] Ebd., 119. Über die „Apraxie der Sprachmuskeln" vgl. ebd., 129–132.
[79] Ebd., 191 f.

läßt, wenn das Band, das beide miteinander verknüpft, sich auf Grund besonderer Bedingungen zu lockern beginnt"[80]. Diese Feststellung führte ihn zur Überzeugung, es ergebe sich „auch für die allgemeine Sprachphilosophie die Notwendigkeit, an den Beobachtungen, die die Sprachpathologie ihr liefert, und an den Fragen, die sich an diesen Beobachtungen knüpfen, nicht länger vorüberzugehen"[81]. Cohens knapper Hinweis auf die Ergebnisse der Aphasieforschung darf in diesem Sinn als Wegbereiter der breit angelegten philosophischen Würdigung der Störungen des Symbolbewusstseins betrachtet werden, die Cassirer im dritten Band seiner *Philosophie der symbolischen Formen* unternimmt. Hier beschäftigt sich Cassirer nicht nur mit Aphasie, sondern auch mit den „pathologischen Störungen des Handelns", und zwar aufgrund der Überzeugung, dass es sich in beiden Fällen um „eine gemeinsame Grundstörung"[82] handelt. Seine Darlegung der Apraxie geht von der Feststellung aus, dass „bei dem aphasischen Kranken die Krankheit nicht nur die Form seines Denkens und seines Wahrnehmens, sondern auch die seines Wollens und seines willkürlichen Handelns beeinträchtigt oder umgestaltet"[83]. Cassirer bezieht sich dabei hauptsächlich auf diejenige Störung, die Liepmann ,ideatorische Apraxie' genannt hatte und die sich erst bei einem ,komplizierten Handlungsgefüge' einstellt.[84]

Ausgangspunkt von Cassirers Darstellung der Pathologie des Symbolbewusstseins war bezeichnenderweise seine Behauptung gewesen, der fruchtbarste Zugang zu diesen Phänomenen sei nicht in der ,empirischen Psychologie', sondern in der ,kritischen Sprachphilosophie' Wilhelm von Humboldts und in Steinthals Versuch zu sehen, „in ein und demselben Werk die Einleitung in die Psychologie und die Einleitung in die allgemeine Sprachwissenschaft zu geben"[85]. Die unbewusste Wiederaufnahme der in dieser Tradition entwickelten sprachphilosophischen Grundeinsicht vom „Primat des Satzes vor dem Wort", die Cassirer bei späteren Vertretern der Aphasielehre finden zu können meint, bestätigt seine Ansicht[86].

---

[80] Cassirer, Phänomenologie, 242f.

[81] Ebd. Als musterhaftes Beispiel einer fruchtbaren Verwendung der verschiedenen Paradigmen der Aphasielehre im Bereich der Theologie sei hier verwiesen auf Bader, Emergenz, 153–232.

[82] Cassirer, Phänomenologie, 249. Hier bezieht sich Cassirer vornehmlich auf Head, Aphasia.

[83] Cassirer, Phänomenologie, 306.

[84] Ebd. 307. – Die Unterscheidung zwischen ideatorischer und motorischer Apraxie (wo die erste den Entwurf, die zweite die Ausführung der Handlung betrifft) wurde von Liepmann erst 1905 eingeführt. Vgl. Liepmann, Störungen, 63f.

[85] Vgl. Cassirer, Phänomenologie, 240f. Ein Widmungsexemplar von Steinthals Einleitung ist in der Hermann-Cohen-Bibliothek erhalten, vgl. Wiedebach, Bibliothek, 192.

[86] Vgl. Cassirer, Phänomenologie, 244f.246f. Hier bezieht sich Cassirer hauptsächlich auf John Hughlings Jackson.

Über die Bedeutung Chajim Steinthals für Cohens Philosophie und Sprachtheorie brauche ich hier nicht im Einzelnen einzugehen[87]. Ich möchte aber auf einen jüngst erschienenen Aufsatz hinweisen, in dem der niederländische Neuropsychologe und Aphasieforscher Paul Eling Steinthals psycholinguistischen Ansatz für das Studium der Aphasie würdigt und in ihm sogar einen Vorläufer der heutigen Forschungstendenzen erkennt[88]. Gegen die primitive Auffassung der Sprache als ‚input and output of words' betont er dabei die Wichtigkeit von Steinthals Unterscheidung zwischen Störungen auf dem Wort- und auf dem Satz-Niveau. Gerade den letzteren, d. h. der ‚Unfähigkeit zur Satzbildung', hat Steinthal, wie Eling betont, besondere Aufmerksamkeit geschenkt, und zwar soweit, dass er für ihre Bezeichnung sogar die Einführung des neuen Terminus ‚Akataphasie' vorschlägt[89].

Ein besonderes Gewicht gewinnt in diesem Zusammenhang die Tatsache, dass es gerade Steinthal war, der als erster den Ausdruck ‚Apraxie' in dem später von Liepmann durchgesetzten Sinne verwendet hat. Er beschreibt sie nämlich als einen Zustand, in dem „nicht die Bewegung der Glieder an sich [...] gehemmt, sondern die Beziehung der Bewegungen auf den zu behandelnden Gegenstand, die Beziehung des Mechanismus auf den Zweck [...] gestört [ist]", und behauptet dabei, „diese Apraxie [sei] eine offenbare Steigerung der Aphasie"[90]. Liepmann wird ihm erst 1920 die Ehre zuerkennen, den Begriff vor ihm konzipiert zu haben[91].

3. Willensgefühl und Sprachgefühl

Kehren wir nun zum Schluss wieder zum Text der *Ethik des reinen Willens* zurück, so erweist sich die Fruchtbarkeit des so hergestellten Zusammenhangs zwischen Willen und Sprache vor allem in der näheren Bestimmung des erst in den letzten Seiten des Kapitels eingeführten Begriffs des ‚Willensgefühls'. Hier soll die Vermittlungsrolle zwischen Affekt und Denken, die der Handlung und dann genauer der *Sprach*handlung zugeschrieben wurde, zu voller Geltung kommen.

---

[87] Hierzu vgl. die Aufsätze ADELMANN, Steinthal; DERS., Lewandowski; DERS., Wissenschaft; sowie: WIEDEBACH, Ursprung.
[88] ELING, Psycholinguistic Approach. Im Bereich der Aphasieforschung ist Eling u. a. als Herausgeber vom Reader in the History of Aphasia bekannt.
[89] STEINTHAL, Einleitung, 478f. Vgl. ELING, Psycholinguistic Approach, 1079f.
[90] STEINTHAL, Einleitung, 458.
[91] Vgl. GOLDENBERG, Apraxia, 25. Im Literaturbericht, mit dem Liepmann 1900 seinen Artikel abgeschlossen hatte, meinte er, nur Theodor Meynerts ‚motorische Asymbolie' würde mit dem engeren Begriff der Apraxie zusammenfallen, wie er ihn in jener Arbeit verwendet hatte. Der Ausdruck ‚Apraxie' war nämlich schon von Adolf Kussmaul verwendet worden, der aber darunter nur die ‚sensorische Asymbolie' (d. h. eine Folge des Verkennens der Objekte) verstanden hatte. Vgl. LIEPMANN, Krankheitsbild, 187f.

Cohen teilt offensichtlich die Ansicht Alexander Pfänders, das Willensgefühl sei ein „eigenartiges Element des Bewusstseins", das „sich in keiner Weise auf Vorstellungen oder Empfindungen zurückführen lässt"[92]. Soll der Wille „eine besondere und prägnante Art des inhaltlichen Bewusstseins" bilden, schreibt er, „so werden auch Willensgefühle anzuerkennen und zu fordern sein", ja diese werden „selbständig für sich bestehen" müssen[93].

Die Frage nach der „eigene[n] Art der Gefühlsstufe, welche für den Willen zu fordern ist"[94], wird von ihm durch eine allgemeine Würdigung der Wichtigkeit der Gefühle für die Gestaltung des Bewusstseins überhaupt eingeleitet. Alle ‚Arten und Stufen des inhaltigen Bewusstseins' werden durch entsprechende Gefühlsstufen begleitet, die dabei nicht nur als ihr ‚Anhang' (‚Annex') zutage treten, sondern zugleich auch als ‚Untergrund' (in Cohens Terminologie: ‚Suffix') neuer Inhalte, d. h. als ‚Ausgang' und ‚Quell' derselben, sich zu betätigen haben[95]. Gerade auf der so zustande kommenden „komplizierten Mitwirkung der verschiedenartigen Gefühlssuffixe"[96] soll für Cohen die gesuchte Eigenart des Willensgefühls beruhen, denn „das Willensgefühl ist vorzugsweise Gefühlssuffix", und nur als solches „wirkt es in der schöpferischen Energie der Willenshandlung"[97].

Erscheinen „die Einflüsse, die Ausbrüche, die aus dieser Mischung der Gefühle herrühren", „unbestimmbar vielseitig und schier unbezwinglich"[98], so müssen gerade „in diesem Konflux und Konvolut" die Grundzüge des Affekts erkannt werden[99]. Den Affekt bezieht Cohen nämlich „auf alle Arten der Vorstellungs- und Denkgefühle, wie auf alle Arten der Bewegungs- und der Begehrungsgefühle"[100]. Gerade mit diesem „Gewirr des Affekts" hat sich nun „die andere Seite des Willens [...] auseinanderzusetzen; mit dieser machtvollen Masse hat der Gedanke zu ringen und zu kämpfen, wenn der Wille entstehen soll"[101]. Müssen aber nun „beide Quellen des Willens [...] ihren ganzen Strom ergiessen, wenn der reine Wille zu seiner vollen Kraft gedeihen soll", so wird auch die ‚Eigenart des Willensgefühls' für Cohen nur auf der ‚vollen Energie' des Affektes einerseits und des Denkens andererseits beruhen können[102].

Hier erweist sich die Sprache, die sich uns als „Vollziehung und Ausgestaltung des Affekts vermittels des Begriffs zum Willen" ergeben hatte, als unersetzlicher

---

[92] PFÄNDER, Bewusstsein, 367.
[93] ErW (B), 195.
[94] Ebd.
[95] Ebd., 195 f.
[96] Ebd., 196.
[97] Ebd., 197. Erst einige Seiten später erklärt Cohen, dass eine solche Wirkung ausschließlich als die eines „Motors" verstanden werden soll, vgl. ebd., 199.
[98] Ebd., 196.
[99] Ebd., 197.
[100] Ebd.
[101] Ebd.
[102] Ebd.

Faktor. Cohen betont zunächst noch einmal, dass ohne die von der Sprache geleistete Aufstellung der Gedanken in den Begriffen und daher in den Worten des Satzes „der Wille im Halbschlummer des Triebes [bleiben würde]"[103]. Darin erschöpft sich aber der Zusammenhang zwischen Willen und Sprache nicht: Er soll vielmehr auch für denjenigen „Untergrund des Affektes" „wichtig und wirksam" werden, „der nicht versiegen darf", und den Cohen hier eben mit dem Gefühl identifiziert[104].

Soll nämlich, wie wir schon gesehen haben, das Willensgefühl vorzugsweise als ‚Gefühlssuffix' verstanden werden, so ist das, was sich hier „in dieser Bedeutung des Suffixes im Willensgefühle betätigt" für Cohen „wiederum vorzugsweise die Sprache und das *Sprachgefühl*"[105]. Der sich daraus ergebende Sachverhalt wird am Ende von ihm so zusammengefasst:

Zunächst bringt die Sprache freilich Mässigung und Ruhe in das Gewirr der Gefühle; das vulkanische Ungestüm wird gebändigt und beherrscht. Zugleich aber auch wirkt das Sprachgefühl, welches der Willenshandlung zu Grunde liegt, lösend und erlösend, indem es dem Abflusse des Affekts ein Bett bereitet und es eindämmt. *In diesem Sprachgefühl prägt sich vorzugsweise das Willensgefühl aus.* Indem der Wille, um Wille zu werden, in Worte nicht sowohl sich kleidet, als vielmehr in dieselben hineinwächst, so erwächst er aus den Wortgefühlen, mit denen die Begriffsworte der Sprache verwachsen bleiben.[106]

Literaturverzeichnis

ADELMANN, DIETER, H. *Steinthal* und Hermann Cohen, in: STÉPHANE MOSES/HARTWIG WIEDEBACH (Hg.), Hermann Cohen's Philosophy of Religion. International Conference in Jerusalem 1996, Hildesheim/Zürich/New York 1997, 1–33.

DERS., H. Steinthal und der Begriff der „*Wissenschaft* des Judentums", in: HARTWIG WIEDEBACH/ANNETTE WINKELMANN (Hg.), Chajim H. Steinthal, Sprachwissenschaftler und Philosoph im 19. Jahrhundert, Leiden/Boston/Köln 2002, 113–133.

DERS., H. Steinthal, Louis *Lewandowski* und Hermann Cohen, in: DERS., „Reinige dein Denken". Über den jüdischen Hintergrund der Philosophie von Hermann Cohen, hg. v. GÖRGE HASSELHOFF, Würzburg 2010, 73–84.

DERS., *Kawwana* (Andacht) und der kantorale Hintergrund in Hermann Cohens Begriff der Philosophie, in: DERS., „Reinige dein Denken", Über den jüdischen Hintergrund der Philosophie von Hermann Cohen, hg. v. GÖRGE HASSELHOFF., Würzburg 2010, 85–93.

DERS., Hannah *Arendt* und Hermann Cohen, in: DERS., „Reinige dein Denken", Über den jüdischen Hintergrund der Philosophie von Hermann Cohen, hg. v. GÖRGE HASSELHOFF, Würzburg 2010, 212–228.

---

[103] Ebd., 194.
[104] Ebd., 194f.
[105] Ebd., 197.
[106] Ebd., 198. – Das hier zum ersten Mal auftauchende Thema der „Wortgefühle" wird dann eine erhebliche Rolle in Cohens Theorie der Poesie spielen. Vgl. ÄrG I, 363–377.

ARENDT, HANNAH, *Vita activa* oder vom tätigen Leben, München/Zürich 2013.
BADER, GÜNTER, Die *Emergenz* des Namens. Amnesie, Aphasie, Theologie, Hermeneutische Untersuchungen zur Theologie 51, Tübingen 2006.
CASSIRER, ERNST, *Phänomenologie* der Erkenntnis [1929], Darmstadt ²1954.
COHEN, HERMANN, Über den ästhetischen Wert unserer religiösen *Bildung* (vermutlich 1914), in: DERS., Kleinere Schriften V. 1913–15, Werke 16, hg. v. HELMUT HOLZHEY/ JULIUS H. SCHOEPS/CHRISTOPH SCHULTE, Hildesheim/Zürich/New York 1997, 199–235.
DOBER, HANS M., Die *Vernunft* im Gebet. Erwägungen zu einem Phänomen gelebter Religion in praktisch-theologischer Perspektive, in: DERS./MATTHIAS MORGENSTERN (Hg.), Religion aus den Quellen der Vernunft. Hermann Cohen und das evangelische Christentum, Religion in Philosophy and Theology 65, Tübingen 2012, 207–222.
DERS., Die kathartische *Funktion* des Gebets, in: PIERFRANCESCO FIORATO/PETER A. SCHMID (Hg.), „Ich bestreite den Hass im Menschenherzen". Überlegungen zu Hermann Cohens Begriff des grundlosen Hasses, reflexe 40, Basel 2015, 129–143.
ELING, PAUL (Hg.), *Reader in the History of Aphasia*, Amsterdam/Philadelphia 1994.
DERS., The *Psycholinguistic Approach* to Aphasia of Chajim Steinthal, in: Aphasiology 20 (2006), 1072–1084.
GOLDENBERG, GEORG, *Apraxia*. The Cognitive Side of Motor Control, Oxford 2013.
HEAD, HENRY, *Aphasia* and Kindred Disorders of Speech, Cambridge 1926.
HELLER, THEODOR, Über *Aphasie* bei Idioten und Imbecillen, in: Zeitschrift für Psychologie und Physiologie der Sinnesorgane 13 (1897), 175–186.
DERS., *Literaturbericht*: Rafael Coën. Beobachtungen und Erfahrungen auf dem Gebiete der Sprachheilkunde, in: Zeitschrift für Psychologie und Physiologie der Sinnesorgane 17 (1898), 159–160.
HOPPE, JOHANN IGNAZ, *Bemerkungen* zu Herrn Prof. Arndt's Lehre von den Hallucinationen und Illusionen, in: Jahrbücher für Psychiatrie und Neurologie 6 (1886), 205–220.
JODL, FRIEDRICH, Eine neue *Grundlegung* des Idealismus, in: Neue Freie Presse, 19. Oktober 1902.
DERS., *Lehrbuch* der Psychologie, Stuttgart/Berlin ²1903.
DERS., *Cohens Ethik* des reinen Willens, in: Neue Freie Presse, 10. September 1905.
LEWANDOWSKY, MAX, Die *Funktionen* des zentralen Nervensystems, Jena 1907.
LIEPMANN, HUGO, Das *Krankheitsbild* der Apraxie („motorische Asymbolie") auf Grund eines Falles von einseitiger Apraxie, in: Monatsschrift für Psychiatrie und Neurologie 8 (1900), 15–44, 102–132, 182–197.
DERS., Über *Ideenflucht*. Begriffsbestimmung und psychologische Analyse, Halle 1904.
DERS., Über *Störungen* des Handelns bei Gehirnkranken, Berlin 1905.
PFÄNDER, ALEXANDER, Das *Bewusstsein* des Wollens; in: Zeitschrift für Psychologie und Physiologie der Sinnesorgane 17 (1898), 321–367.
REICHEL, WALTHER, Sprachpsychologische *Studien*, Halle 1897.
SCHAEFFLER, RICHARD, Die *Vernunft* und das Wort. Zum Religionsverständnis bei Hermann Cohen und Franz Rosenzweig, in: Zeitschrift für Theologie und Kirche 78 (1981), 57–89.
DERS., Der *Zuspruch* des Vergebungswortes und die Dialektik des praktischen Vernunftgebrauchs. Überlegungen zur Ethik und Religionsphilosophie im Anschluß an Im-

manuel Kant und Hermann Cohen, in: PETER HÜNERMANN/DERS. (Hg.), Theorie der Sprachhandlungen und heutige Ekklesiologie. Ein philosophisch-theologisches Gespräch, Freiburg/Basel/Wien 1987, 104–129.

SCHMID, PETER A., *Ethik* als Hermeneutik. Systematische Untersuchungen zu Hermann Cohens Rechts- und Tugendlehre, Studien und Materialien zum Neukantianismus 5, Würzburg 1995.

STEINTHAL, H., *Einleitung* in die Psychologie und Sprachwissenschaft, Abriss der Sprachwissenschaft 1, Berlin 1871.

WALSER, STEFAN, *Beten* denken. Studien zur religionsphilosophischen Gebetslehre Richard Schaefflers, Freiburg/München 2015.

WIEDEBACH, HARTWIG, Die Hermann-Cohen-*Bibliothek*, Hermann Cohen Werke Supplementa 2, Hildesheim/Zürich/New York 2000.

DERS., Zu Steinthals Theorie vom *Ursprung* der Sprache und des jüdischen Monotheismus, in: DERS./ANNETTE WINKELMANN (Hg.), Chajim H. Steinthal. Sprachwissenschaftler und Philosoph im 19. Jahrhundert, Leiden/Boston 2002, 89–109.

Hermann Cohen
and the Aesthetic Debate of his Time

Ezio Gamba

In order to examine Cohen's stance in the aesthetic debate of his time, it is first necessary to observe that, even if the interest in aesthetics was central in Cohen's first writings and significant in Cohen's late production (since 1912, the year of the publication of *Ästhetik des reinen Gefühls*), it was not continuous in Cohen's work throughout his life. On the contrary, we can identify three short periods in which Cohen cultivated a real interest in aesthetics; these three periods are separated by two long intervals of silence about aesthetics.

The three periods have different features that concern Cohen's stance in the aesthetic debate of his time as well as his philosophical stance more broadly construed, so we have to consider each of them separately.

1. First Period: 1865–1869

The first of these periods is also Cohen's first philosophically productive period, in which Cohen works within Moritz Lazarus (1824–1903) and H. Steinthal's (1823–1899) *Völkerpsychologie*. This period could appear as the one in which Cohen's stance in contemporary aesthetic debates is the most obvious and summarizable: Cohen is a member of a precise school, collaborates with the two main scholars of this school, publishes his writings mainly in the revue of the school (*Zeitschrift für Völkerpsychologie und Sprachwissenschaft*), and refers to Lazarus' and Steinthal's works for the exposition of the general background of his reflections.

His longest and most ambitious writing of this period, *Die dichterische Phantasie und der Mechanismus des Bewußtseins* (1868–1869), which was also the last writing of the period, is indeed fully consistent with this school. Cohen cultivates research that can be defined as psychology of art (more correctly than as philosophical aesthetics). Its topic is the origin of several representations (*Vorstellungen*) that are typical of poetry, and this origin is psycho-physiologically explained through a mechanistic (deriving from Herbart) theory of consciousness.

However, it is necessary to observe that in the first writings of the same period, and above all in *Die platonische Ideenlehre, psychologisch entwickelt* (1866), this psycho-physiological and mechanistic perspective coexists with an extraneous element that is expressed above all in Cohen's view of artistic creation. Cohen states here that Socrates' and Plato's thought is the beginning of true philosophy, that is, of philosophy that follows a psychological method[1]; at the same time, he interprets Plato's doctrine of ideas as a doctrine of intellectual intuition. It is evident that the psychological method advocated by *Völkerpsychologie*, being founded on a mechanistic theory of consciousness, has nothing in common with a doctrine of intellectual intuition. So, what is the origin of Cohen's appreciation for the concept of intellectual intuition? Probably it comes from aesthetics: Cohen conceives intellectual intuition as analogous to the intuition of the artist, who sees his work of art before creating it. In the intuition that enabled Phidias to create his Zeus, states Cohen, the artist catches a synthesis of eternal and passing, of necessary and contingent[2]. So we have to ask: what is the source of this view of artistic intuition and creation? Certainly Cohen could draw this view from the general Idealistic-Romantic atmosphere, so he didn't mention, and he didn't need to mention, any specific author as the source of it. However, there are strong clues[3] that its direct source is Friedrich Theodor Vischer (1807–87), whose Hegelian *Aesthetik, oder Wissenschaft der Schönen* was published in many volumes between 1846 and 1858, not many years before Cohen's first writings.

This could be seen as a surprising feature of Cohen's first writings, but it didn't last; in his essay *Heinrich Heine und das Judentum* (1867), and more clearly in the subsequent writings, Cohen radically distanced himself from Romanticism and from any Romantic view of artistic creation. This doesn't mean that Cohen's reference to Vischer disappears in those writings. On the contrary, in *Die dichterische Phantasie und der Mechanismus des Bewußtseins* this reference to Vischer becomes explicit, but it changes its meaning. Vischer now becomes a fundamental polemic target, perhaps the most important. In *Die dichterische Phantasie und der Mechanismus des Bewußtseins* Cohen expresses a complete rejection of Romantic theories of artistic creation, and considers those theories as characterized by a common feature: they regard art as founded in an alleged faculty called "fancy (Phantasie)" that has no laws. To this view of art, that can explain nothing and seems to be just the admission that we are not able to give any reason for artistic creation, Cohen opposes the necessity to explain precisely, through the laws of consciousness as a mechanism, the origin of poetic representations.

---

[1] COHEN, Ideenlehre, 115.

[2] Ibid., 139.

[3] I can't discuss these clues here and must refer the reader to my book GAMBA, legalità, 24–30.

Cohen mentions several authors as representatives of this aesthetics of fancy: Friedrich Schiller, Wilhelm von Humboldt, Friedrich Schelling, Jacob Grimm, Moritz Wilhelm Drobisch, Friedrich Theodor Vischer and marginally the psychiatrist Wilhelm Griesinger. Clearly, many of them were already classics at Cohen's time; just three of them were still active when Cohen wrote this essay: Drobisch, Griesinger (who died at the end of 1868) and Vischer.

Drobisch (1802–1896) is not an object of particular attention by Cohen; his *Empirische Psychologie* (1842) is mentioned just to show that even Herbartian psychologists are not exempt from falling into the aesthetics of fancy.[4]

Even less attention is devoted by Cohen to Griesinger (1817–1868), who was in contact with Moritz Lazarus and cofounded with him the *Berliner Medizinisch-psychologische Gesellschaft* in 1867. However, there is an interesting aspect of Cohen's discussion of Griesinger's reflections: Griesinger thinks that between hallucination and poetic fancy there is just a difference of degree, not of kind. Cohen criticizes the thesis of a similarity between hallucination and poetic creation, observing that hallucinations appear real to the person who suffers from them, whereas both poets and their readers are normally conscious that they are not writing or reading true stories[5]. We can moreover notice that, if we judge according to the point of view expressed by Cohen in *Die dichterische Phantasie und der Mechanismus des Bewußtseins*, the statement of the similarity between hallucination and poetic fancy is merely a scientifically more presentable (as based on clinical observations) version of the aesthetics of fancy. The affinity between genius and madness is indeed a typical romantic topos (whose main representative was perhaps Schopenhauer, who is never mentioned by Cohen in his writings of this period).

Vischer, on the contrary, is the object of close attention: he plays the role of the paradigmatic exponent of the aesthetics of fancy, and he is the object of the caustic judgment by Cohen according to which Vischer's stance about fancy consists in "fancifully explaining fancy (Phantasie mit Phantasie erklären)"[6], a judgment that certainly concerns the aesthetics of fancy in general, not just Vischer's.

The outstanding role of Vischer in *Die dichterische Phantasie und der Mechanismus des Bewußtseins* is also based on a less evident element: his *Aesthetik* is the source of Cohen's knowledge of several authors and subjects in aesthetics, and perhaps also of the general Romantic perspective of art that is criticized by Cohen. The quotations from Schelling and from Humboldt in *Die dichterische Phantasie und der Mechanismus des Bewußtseins* are second-hand quotations and are actually drawn from Vischer's *Aesthetik*, whereas Cohen seems to show direct knowledge of at least some works by Schiller and by Herder.[7]

---

[4] COHEN, Phantasie, 362–363.
[5] Ibid., 391–392.
[6] Ibid., 360.
[7] For example, the only quotation from Schelling in this essay by Cohen (COHEN, Phanta-

From these observations we can draw a first conclusion: Cohen studied Vischer's *Aesthetik* when it was a recent book, and learned so much from this work that it remained for him a fundamental source of knowledge about aesthetics[8], even if he soon embraced a completely opposite view of artistic creation.

Romantic idealism was still alive in aesthetics at the time of Cohen's first writings, and Vischer's *Aesthetik* is a proof of that, but positivist research about aesthetics was widely cultivated, and Lazarus and Steinthal's *Völkerpsychologie* belonged to this background. Certainly the aesthetics of fancy also had its representatives among authors who were far from idealism or from Romanticism, like Drobisch or Griesinger, but among positivist-leaning researchers Cohen could also find aesthetic theories that were radical alternatives to the aesthetics of fancy. In *Die dichterische Phantasie und der Mechanismus des Bewußtseins*, indeed, we find a substantial discussion of Henry Thomas Buckle's (1821–62) theses about the origin of poetry[9]. Buckle, a positivist-leaning historian, claims that the origin of poetry has to be explained through the laws of society, and that poetry is born to meet the need of a people to tell its own history. Certainly this stance is nearer to Cohen's than the aesthetics of fancy, but Cohen finds two faults in Buckle's stance. The first is that the question of the origin of poetry, according to Cohen, concerns the origin of a class of representations and of their connections; so it is a psychological question, not a sociological one. We can observe that a few years earlier Steinthal had already reproached Buckle for attempting to use social statistics to explain human behaviour. In contrast, Steinthal had maintained the need to overcome social statistics by providing psychological explanations of the formation both of representations in the consciousness and of the relationships between these representations[10]. The second fault noticed by Cohen is that telling true stories is not the task of poetry; generally (as it has already been noted with reference to Griesinger's theory about the similarity of hallucination and poetic fancy) both the poet and the reader know that the story they are writing or reading is not true, perhaps even not possible. Certainly poetry can also tell true stories, but this is just an unnecessary and ancillary task for it, not its nature; on the contrary, within a mature culture the attribution of this task to poetry is something outdated and left behind.

---

sie, 384) is not identical to the sentence we can read in Schelling's *System des transzendentalen Idealismus* (SCHELLING, System, 629), but it is a shortened version of Schelling's sentence. We can read this shortened version in: VISCHER, Aesthetik I, 175–176. Clearly Cohen quotes from Vischer's *Aesthetik*, without checking Schelling's original text. For other examples and a wider consideration of them, I have to refer the reader to GAMBA, legalità, 27–29.

[8] An examination of *Kants Begründung der Ästhetik* can show that in his maturity Cohen continues to take advantage of Vischer's *Aesthetik* as a fundamental source of knowledge about aesthetic questions and debates; cf. GAMBA, legalità, 30.

[9] COHEN, Phantasie, 365–378.

[10] STEINTHAL, Philologie, 54–60.

At the end of this first part, a clarification is appropriate: as has already been mentioned, in 1867 Cohen published an essay about Heinrich Heine (1797–1856). However, this essay does not deal with Heine's poetry, or with Heine's views about art, or with aesthetic topics; its theme is the relationship between Judaism and pantheism. Heine's views about art or poetry are not discussed by Cohen in this essay or in other writings of the same period. So, examining Heine's role in these first writings by Cohen would not be appropriate in an essay about Cohen and the aesthetic debate of his time.

2. Second Period: 1888–1889

When Cohen leaves behind *Völkerpsychologie* and turns his work to the interpretation of Kant's thought, he also leaves behind his philosophical interest in art and poetry. For around twenty years he doesn't write any aesthetic reflections in his works, or at most some minimal allusions. At the end of this period of silence, however, we find his third book of interpretation of Kant, *Kants Begründung der Ästhetik* (1889), preceded by an essay entitled *Jubiläumsbetrachtungen* (1888).

Jubiläumsbetrachtungen is a long review of a volume of essays in honour of Eduard Zeller published in 1887, but it examines just two of the essays of the volume. The first is an essay by Helmholtz, and doesn't concern aesthetics, but the second is an essay entitled *Das Symbol* by Friedrich Theodor Visher, who died the same year (1887). Therefore, the second part of *Jubiläumsbetrachtungen* has many functions: obviously it is first of all a discussion of Vischer's essay; moreover it is a commemoration of Vischer and of his role as a thinker, and also as a poet; finally, *Jubiläumsbetrachtungen* expresses in advance some elements of *Kants Begründung der Ästhetik*, concerning above all the role of aesthetic consciousness in the whole of the directions of consciousness and the historical importance of German thought for the birth of true philosophic aesthetics, in comparison with the psychological researches about art as they were cultivated in France and in England.

Here Cohen recognizes that indeed Vischer has been a true exponent of German aesthetics in this sense: he cultivated deep psychological research about art, but he did so just in order to go beyond it and to find a foundation of art in the whole of consciousness as a systematic unity of different directions. Vischer was always concerned for the relationship between the Beautiful, the True and the Good and so for the systematic unity of consciousness and for the systematic unity of philosophy.

This recognition of the philosophical stature of Vischer, however, coexists with Cohen's criticism of the pantheistic outcome of Vischer's thought. Just reflecting on the symbol, Vischer considers the question of the symbol as the question of the relationship between image and sense: there are many ways this relationship is established, but the mere possibility to establish this relationship seems to show an originary unity between image and sense, between finite and infinite. Art and the contemplation of nature bring us to experience this originary unity, the unity of human subject and infinite world. Using the typical term from the works of his son Robert Vischer (1847–1933), Friedrich Theodor Vischer calls this experience "empathy (Einfühlung)"[11]. Vischer does not confine his reflections to the mere description of a psychological state; on the contrary, he expresses the hypothesis that, reflecting about this experience, aesthetics could show us that pantheism is "more than a postulate"[12]. Cohen criticizes this pantheistic outcome stating that it is founded on a confusion between the different directions of consciousness; as a consequence of this confusion, art and aesthetics are given the task to provide us with metaphysical knowledge and to explain the origin of religious beliefs.

As we can clearly see, this criticism by Cohen is based on a theory of the role of aesthetic consciousness in the systematic unity of consciousness. This theory, cursorily expressed in *Jubiläumsbetrachtungen*, is explained by Cohen a year later in *Kants Begründung der Ästhetik* and is the basis for Cohen's discussion of aesthetic theories by other authors in this book. In this book Cohen's references to contemporary aesthetic theories and research are extremely rare; this doesn't mean that Cohen is not up-to-date concerning the topics he deals with: in the footnotes of *Kants Begründung der Ästhetik* we find many references to very recent books, but they are books about the history of art, the history of Christianity, also the history of philosophy and of aesthetics; they are not expression of new aesthetic theories. On the contrary, Cohen discusses the aesthetic theories of many authors, but they are authors who could already be considered as aesthetic classics. We find this examination of aesthetic theories in two parts of the work: the first is the long *Historische Einleitung*[13], where Cohen examines the history of the philosophical reflections about beauty and art from Plato to the German Enlightenment, that is the history that precedes the birth of authentic philosophical aesthetics. According to Cohen, indeed, philosophical aesthetics begins with Kant's thought. This *Historische Einleitung* is the part of the book where we can observe how Cohen uses recent books (about the history of art, the history of Christianity, the history of philosophy and of aesthetics ...) for the historical reconstruction of the origins of aesthetics, but obviously we don't find in this part any discussion of contemporary aesthetic theories.

The other part of the book where Cohen examines aesthetic theories by other authors is the last chapter, entitled *Die kritische Aesthetik, ihre Freunde und*

---

[11] COHEN, Jubiläumsbetrachtungen, 423.
[12] Ibid., 430.
[13] KBÄ, 6–91.

ihre Gegner[14]; here Cohen examines the developments of aesthetics after Kant, above all among authors who were younger contemporaries of Kant, like Goethe and Schiller, or belong to the following generation, like Schelling and Hegel. As the title of the chapter itself says, these authors are divided into two ranks, the friends of the critical aesthetics and its enemies; this ranking is based on criteria that, according to Cohen, are the typical features of critical aesthetics. Predictably, the main friends of critical aesthetics are Goethe, Schiller and Wilhelm von Humboldt, its main enemies are Schelling, Hegel and Schopenhauer. Both ranks persist, according to Cohen, but no author still active in 1889 is mentioned by him. The youngest among the friends of critical aesthetics is the architect Gottfried Semper (1803–1879), whose lessons on architecture in Zürich were attended by August Stadler. Cohen praises Semper with reference to his book *Der Stil* and states that he is "one of the newest representatives of classical aesthetics"[15], but he doesn't write more than half a page about him, concerning his reflections about colour. Among the enemies, on the contrary, the youngest is Vischer, who died two years before the publication of *Kants Begründung der Ästhetik*[16]. In this book, Cohen more than once mentions Vischer together with Christian Hermann Weisse (1801–1866), who was not many years older than Vischer, but died many years before him, and like Vischer was author of a massive, systematic book of aesthetics based on Hegel's dialectics, but – differently from Vischer's – having a theological orientation. Cohen criticizes Vischer and Weisse's Hegelian perspective because they, like their master Hegel, were not able to distinguish the directions of consciousness: for them, consciousness has a sole direction, a sole peak, and art is a stage in the way towards this peak (Hegel writes about a triad of art, religion and philosophy; Vischer corrects it as religion, art and philosophy; Weisse as art, philosophy and theology). As a consequence of that, art is given a task that is not its own, the task to provide us with metaphysical knowledge, and the Kantian distinction of the directions of consciousness, stating that the task of art is different from providing us with that metaphysical knowledge, is accused of giving us a merely subjectivistic concept of art. Cohen's criticism of Vischer, we can see, is the same of *Jubiläumsbetrachtungen*, even if here it is more clearly developed. Moreover we can observe that

---

[14] Ibid., 335–433.

[15] Ibid., 390.

[16] It is also possible to maintain that, on the contrary, the youngest among the enemies of critical aesthetics mentioned by Cohen in *Kants Begründung der Ästhetik* is Hermann Lotze (1817–1881). Indeed, Cohen mentions more than once Lotze's *Geschichte der Aesthetik in Deutschland* (1868), but he uses Lotze's book merely as a source of historical knowledge about aesthetics, and doesn't discuss Lotze's aesthetic stances. However, an exception is noteworthy: in his examination of Schelling's aesthetics, Cohen reports a favourable judgment by Lotze on Schelling's aesthetics and on Schelling's role in the history of German aesthetics; Cohen obviously disagrees with Lotze's judgment (KBÄ, 368). This appreciation of Schelling is clearly sufficient to rank Lotze among the enemies of critical aesthetics; however, he is not one of the authors whose aesthetic theories are actually discussed or criticized by Cohen.

in *Kants Begründung der Ästhetik*, where there is no commemorative aim, there is also no recognition of Vischer as a true representative of German aesthetics, but he is simply counted among the enemies of critical aesthetics.

As we can see, Cohen doesn't examine recent aesthetic theories in this work; even the youngest authors whose theories he examines, Weisse and Vischer, appear as epigones of older theories, whereas Semper is the object of scant attention. Moreover, Cohen pays no attention in this work to psychologistic and positivistic research about art, and this is obviously surprising, if we consider that for a short period of his life Cohen cultivated this kind of research. So it could seem that Cohen didn't want to take a position in the aesthetic debates of his time, or perhaps that he wanted to take a position simply by focusing on and explaining his own theories. However, this would be a superficial judgment: to take a position about the classic authors is a way of taking a position in the contemporary debates that use those classics.

Perhaps this observation is salient above all to Cohen's analysis of the aesthetic theses expressed in *Oper und Drama* (1851) by Richard Wagner (1813–83)[17]; Cohen discusses a book that was published almost forty years before, but that was still fundamentally important for discussions of music and drama. Cohen doesn't discuss those theses in the chapter about the friends and enemies of critical aesthetics, but in the penultimate chapter, which concerns Kant's attempt of a classification of the arts. Here, after mentioning Kant's statements about the possibility of joining music and poetry in songs and operas, Cohen inserts a long digression about Wagner, according to whom music and poetry, if they aren't joined together, are lacking and insufficient, and true art can be born only from their union. Cohen's discussion, however, goes beyond this specific topic and embraces Wagner's view of the relationships between art and science and between art and morality. Cohen's criticism of Wagner is in complete agreement with his criticism of the other enemies of critical aesthetics. Wagner's stance, according to Cohen, is contrary to systematic aesthetics in two senses. It denies the systematic unity of the arts, because this unity expresses itself as the possibility for each art to find its own perfection, which is contradicted by Wagner's stance that music and poetry are lacking and insufficient if they are not joined together. Above all, however, Wagner's stance is opposite to systematic aesthetics because it denies the autonomy of the directions of consciousness: according to Wagner, art understands nature better than science does, and gives back human beings to themselves, setting them free from the tyranny of laws and the state. Thus art is not the product of an autonomous direction of consciousness, but the summit of the whole of consciousness, so that in art, science and morality are overcome and eliminated or made unnecessary. Cohen's criticism of Wagner is therefore in accordance with his criticism of Hegel, Weisse and Vischer, and this is the way

---

[17] KBÄ, 320–328.

Cohen, discussing a book that had been published nearly forty years before, can express a judgment about tendencies that were still alive in the philosophy of art of his time.

3. Third period: since 1912

After *Kants Begründung der Ästhetik* there is a new period of silence regarding aesthetics from Cohen. Substantially, we can say that it lasts until 1912, when Cohen published *Ästhetik des reinen Gefühls*. However, this time the period of silence is not completely uninterrupted: in these 23 years Cohen publishes an essay specifically devoted to aesthetic questions, *Mozarts Operntexte* (1905–1906), but this is not particularly important for understanding Cohen's stance within the aesthetic debate of his time. Moreover, we find some pages about Kant's aesthetics in a speech for the centennial of Kant's death (*Rede bei der Gedenkfeier der Universität Marburg zur hundertsten Wiederkehr des Todestages von Immanuel Kant*, 1904); finally, we find many references to art in *Ethik des reinen Willens* (1904; 2nd ed. 1907).

On the contrary, after coming back to aesthetics in 1912, Cohen doesn't abandon this field anymore until his death in 1918; in this period he writes an important chapter about aesthetics and religion in *Der Begriff der Religion im System der Philosophie* (1915), a revised and extended version of the essay about Mozart (*Die dramatische Idee in Mozarts Operntexten*, 1916) and many important discussions of aesthetics and of the relationship between religion and art in *Religion der Vernunft* and in several essays. However, regarding Cohen's stance in the aesthetic debate of his time, only *Ästhetik des reinen Gefühls* is an important source, perhaps integrated with what we can find in *Der Begriff der Religion im System der Philosophie*.

Ästhetik des reinen Gefühls is extremely rich with references that testify to the breadth of Cohen's engagement with many authors in its composition. However, we can observe that the breadth of references to works of art history and of art criticism is far greater than that of references in the specific field of philosophical aesthetics. Above all in the second part of *Ästhetik des reinen Gefühls*, where each chapter is devoted to a single art, we find that these chapters are rich with references to the writings of historians and critics of art (not necessarily of contemporaries of Cohen) or even to theorists of the single arts. For example, the chapter about music explicitly mentions statements made by an historian of music, Hans Georg Nägeli (1773–1836)[18], and by two music theorists, Adolf Bernhard Marx (1795–1866)[19] and Hugo Riemann (1849–1919)[20]; moreover we

---

[18] ÄrG II, 154–155.
[19] Ibid., 150.
[20] Ibid., 147–148.151.

find a brief reference to the theory of fusion (*Verschmelzung*) by Carl Stumpf (1848–1936)[21], even if Stumpf's name is not mentioned. In addition, we mustn't think that Cohen takes into consideration only the authors he mentions; it indeed belongs to Cohen's style to give cryptic allusions to books or authors at whom he wants to hint. For example, in the chapter about music, we find the sentence "Arbeit und Rhythmus sind Wechselbegriffe geworden"[22]; this sentence is written with increased letter-spacing, and this probably expresses a reference to the book *Arbeit und Rhythmus* (1896) by Karl Bücher (1847–1930).

These facts, however, are just examples that testify that Cohen, in his reflections about the arts, really makes use of specialized literature that establishes his disciplinary competence. Music is probably the art regarding which Cohen is most well-informed; however, an examination of the other chapters of the second part of *Ästhetik des reinen Gefühls* would not give us very different results. But it is obvious that we can't examine each individual chapter here, because our topic is not Cohen's knowledge about the individual arts, their history and their theory, but his stance regarding contemporary discussions in the field of philosophical aesthetics.

With respect to these discussions, we can observe that in *Ästhetik des reinen Gefühls*, as in *Kants Begründung der Ästhetik*, the most discussed theories are those by classic authors of aesthetics, mainly the same in both of the books. Additionally, Cohen's arguments about them are substantially the same. If we examine Cohen's reflections about those theories, we can find only marginal dissimilarities, apart from the fact that in *Kants Begründung der Ästhetik* Cohen devotes a chapter to them, whereas in *Ästhetik des reinen Gefühls* these reflections are scattered throughout the book. We can observe three dissimilarities: the first is that Cohen's attention to authors that we can consider less important than Hegel or Schelling, like Vischer or Weisse, is strongly reduced. The second is that Wagner is never mentioned in this book. Even if in Cohen's reflections about opera there are clear allusions to Wagner's theory of *Worttondrama*[23], Cohen never discusses Wagner's general aesthetic view as he does in *Kants Begründung der Ästhetik*. The third difference is that among the authors criticized by Cohen as Romantics a new and younger author, Benedetto Croce (1866–1952), is mentioned; however Cohen devotes to him just a few lines, defining him as a modern Romantic.[24]

Despite these dissimilarities, Cohen's discussions of the classics of aesthetics in *Ästhetik des reinen Gefühls* are clearly not substantially different from *Kants Begründung der Ästhetik*. The true difference between the two works, concerning Cohen's stance in the aesthetic debate of his time, lies in the fact that in

---

[21] Ibid., 152–153.
[22] Ibid., 144.
[23] Ibid., 167–169.
[24] ÄrG I, 30–31.

the work of 1912 Cohen takes into consideration some contemporary aesthetic stances that are significantly distinct from the Romantic positions. Two passages of the book must be taken into consideration.

The first and more important one is at the end of the first chapter. Here, Cohen reviews several authors whose common feature is a reference to *Kunstwissenschaft* (science of art)[25]. His review is aimed at discussing the claim, which was widespread in German reflections about art in the last quarter of the 19th century, to overcome idealistic aesthetics by replacing it with a science of art. Not just philosophers and art critics supported this claim, but also many artists. Here Cohen discusses the stances of Konrad Fiedler (1841–1895), Adolf von Hildebrand (1847–1921), August Schmarsow (1853–1936), Heinrich von Wölfflin (1864–1945) and the already mentioned Gottfried Semper, who is also the oldest of the group; however, he doesn't mention Max Dessoir (1867–1947), who was probably the main author of this tendency. Cohen recognizes in those authors great merit as art critics, as theorists of art, and also, in the cases of Hildebrand and Semper, as artists, but he rejects the claim that their *Kunstwissenschaft* can replace idealistic or philosophical aesthetics. Even if the attempt to create a true empirical science of art could succeed, according to Cohen this science couldn't answer the transcendental question about the foundation of the validity of art. This science could draw on different sources, such as psychology, the theories of the individual arts and the history of art. However, first, the psychology of art can explain how a work of art is actually created or enjoyed, but it can't answer the transcendental question about the foundation of the cultural validity of art; as in every field of philosophy, the psychological approach can't answer the transcendental question. Second, the consideration of the theories of the individual arts can't bring us to understand the unity of art; every art has indeed its own theory and technique. As a confirmation, Cohen observes that these authors devote their study to a single art, or to some arts, but their *Kunstwissenschaft* can't answer the question of the unity of art; this is a question that can be answered only by idealistic transcendental aesthetics. Third, the history of art and art criticism are also always the history or criticism of a single art, or of a family of arts; moreover, they necessarily draw from philosophical aesthetics for the conceptual determination of their objects (that is, works of art) and also the criterion to evaluate these objects, that is the idea of the beautiful. So the possibility of using the history of art in order to elaborate a true science of art can't allow us to replace philosophical aesthetics with this science, but on the contrary it presupposes philosophical aesthetics itself.

Moreover, a further reproach directed by Cohen to those authors is that they, with their zeal for the theoretical elements of the individual arts, have completely neglected the essential role of morality in art. This role, on the contrary, is an

---

[25] Ibid., 61–67.

aspect of art that idealistic aesthetics, as a member of the system of philosophy, can't neglect. So philosophical aesthetics helps us avoid this mistake.

The second passage we have to take into consideration is a short examination of the possibility of using the concept of empathy as the fundamental concept of aesthetics. Substantially Cohen doesn't mention the main authors of the aesthetics of empathy in *Ästhetik des reinen Gefühls*: Robert Vischer and Wilhelm Worringer (1881–1965) are never mentioned, and Theodor Lipps (1851–1914) is mentioned just in the second volume, with reference to some remarks by him about movement in figurative arts[26]. However, in the fourth chapter of the first volume, examining the artistic enjoyment of a work of art as re-creation, Cohen criticizes the aesthetics of empathy precisely on the basis of this view of enjoyment[27]. The theory according to which aesthetic enjoyment consists in the perception, by the spectator or by the listener, of his own emotional activity in a sensible object presupposes that both subject and object are considered as already given. On the contrary, both subject and object have to be produced in the enjoyment itself, so Cohen writes that the aesthetic problem is not the problem of *Einfühlung* (empathy), but the problem of *Erfühlung* (which we can perhaps translate as "the productive actualizing of feeling"). According to Cohen, indeed, the German prefix "Er-" expresses a production.[28]

To conclude this overview of the authors mentioned and discussed by Cohen in *Ästhetik des reinen Gefühls*, we can probably draw from these brief observations about *Kunstwissenschaft* and the aesthetics of empathy a possible explanation of the fact that, even if Cohen takes into consideration these more recent aesthetic theories, the authors and the theories mainly discussed by Cohen are the same as in *Kants Begründung der Ästhetik*. Cohen's transcendental philosophy distinguishes itself from the contemporary theories mentioned above, because Cohen's problem is the quaestio juris to give reason for the cultural validity of art. On the contrary, *Kunstwissenschaft* and the aesthetics of empathy deal with the quaestio facti of explaining how artistic creation and enjoyment actually happen. For this reason, Cohen's critical confrontation with these theories is less direct and important than the one with thinkers who Cohen considers to be the followers of Kant or Romantic idealists[29].

---

[26] ÄrG II, 205.
[27] ÄrG I, 185–186; cf. Also ibid., 144.
[28] EmkN, 18.
[29] We can add that in the same year of the publication of Cohen's *Ästhetik des reinen Gefühls*, a member of the school of Marburg, Walter Kinkel, published an essay entitled *Beiträge zur Aesthetik des reinen Gefühls*, that appeared in a celebratory volume of essays of several authors for the 70th birthday of Cohen. This essay had been written before the publication of *Ästhetik des reinen Gefühls*, but the author was certainly well-informed about the content of Cohen's book. Kinkel's essay can be considered as an integration of Cohen's few explicit statements about contemporary aesthetic tendencies and about the place of *Ästhetik des reinen Gefühls* in the aesthetic debate of the time. Kinkel's claim, which is also Cohen's, is that only transcendental aesthetics, contrary to the main aesthetic tendencies of the time, can give reason

As an addendum, we can still take into consideration Cohen's reflections about the relationship between religion and aesthetics in *Der Begriff der Religion im System der Philosophie* (1915). In this book Cohen explains the relationships between religion and the four parts of the system of philosophy. However, we can notice that Cohen's exposition of the relationships between religion and aesthetics is different from the expositions concerning the relationships between religion and logic or religion and ethics. Whereas the aim of the exposition of the relationships of art with the first two parts of the system is to explain those fruitful relationships, Cohen's exposition of the relationship between religion and aesthetics is above all aimed at getting rid of the possible confusion between those two fields, a confusion generated by theories according to which both are founded on feeling. Cohen states, on the contrary, that pure feeling, which is the foundation of art, has to be carefully distinguished from religious love. As we can see, here Cohen's aim is above all polemical; we can therefore ask, what are the targets of this polemic? Actually, those targets are not reflections concerning primarily aesthetics, but rather concerning the philosophy of religion or theology, so their criticism by Cohen can't be strictly considered as an element of Cohen's stance in contemporary aesthetic debates. However, they have to be remembered here because Cohen mentions, besides Schleiermacher (who is obviously the classic author for this view of religion as founded on feeling) and Troeltsch, his friend Paul Natorp as a representative of this view of religion[30]. Natorp indeed, according to Cohen, deepens and worsens the confusion between pure feeling and religious love, because he highlights the importance that fancy has for both art and religion. So Cohen, quoting the motto "magis amica veritas," reaffirms against his friend the necessity of recognizing both the autonomy of pure feeling and the peculiarity of religion, in comparison to the scientific knowledge of nature, to morality and also to art.

Finally, we can draw the following conclusion: setting aside the first period of Cohen's career, the period of *Völkerpsychologie*, and focussing our attention on the aesthetic works of Cohen's maturity, we clearly see that, when Cohen expresses his stance in the contemporary aesthetic debates, he usually doesn't compare the contents of his aesthetics or his view of a specific aesthetic topic with

---

for the cultural validity of art and play with full legitimacy its role of a member of the system of philosophy. Kinkel recognizes as the main aesthetic tendency of his time psychologistic aesthetics, represented in the recent past by Gustav Fechner (1801–1887) and at the time by Theodor Lipps, Stephan Witasek (1870–1915) and Johannes Volkelt (1848–1930), and also mentions an eclectic tendency, represented by Max Dessoir. Moreover he devotes some reflections to the *Allgemeine Ästhetik* (1901) by Jonas Cohn (1869–1947); Kinkel recognizes in Cohn a deep awareness of the limitations of psychological analysis, but reproaches him for the fact that his reflections (contrary to Cohen's) are focused on immediate aesthetic experience, rather than on art as a fact of culture. As a consequence of this, Cohn's *Allgemeine Ästhetik*, despite the intentions of its author, isn't anything but a psychological inquiry.

[30] BR, 121–122.

some different theory about the same topic. Rather, Cohen's aim in his (often polemical) dialogues with the aesthetic theories and stances of both classic and contemporary authors, is to defend the autonomy of the aesthetic consciousness, or the autonomy of art as a direction of culture. This autonomy of art has to be understood both in the sense that art has its own cultural validity and in the sense that this validity has to be distinguished from the one of scientific knowledge and from the one of morality. This defence of the autonomy of art is at the same time the defence of philosophical aesthetics as a discipline belonging to the system of philosophy, so it is a defence of the system itself. In these dialogues with other aesthetic theories, therefore, Cohen doesn't defend its own specific aesthetic theory, but the systematicity of philosophy itself.

Bibliography

BÜCHER, KARL, *Arbeit und Rhythmus*, Leipzig 1896.
COHEN, HERMANN, Die platonische *Ideenlehre*, psychologisch entwickelt, in: ID., Kleinere Schriften I. 1865–1869, Werke 12, ed. by HELMUT HOLZHEY/HARTWIG WIEDEBACH, Hildesheim/Zürich/New York 2012, 101–191.
ID., Heinrich Heine und das Judentum; in: ID., Kleinere Schriften I. 1865–1869, Werke 12, ed. by HELMUT HOLZHEY/HARTWIG WIEDEBACH, Hildesheim/Zürich/New York 2012, 193–258.
ID., Die dichterische *Phantasie* und der Mechanismus des Bewußtseins, in: ID., Kleinere Schriften I. 1865–1869, Werke 12, ed. by HELMUT HOLZHEY/HARTWIG WIEDEBACH, Hildesheim/Zürich/New York 2012, 343–463.
ID., Die dramatische Idee in Mozarts Operntexten, in: Id., Kleinere Schriften VI. 1916–1918, Werke 17, ed. by HELMUT HOLZHEY/JULIUS H. SCHOEPS/CHRISTOPH SCHULTE, Hildesheim/Zürich/New York 2002, 1–108.
ID., *Jubiläumsbetrachtungen*, in: ID., Schriften zur Philosophie und Zeitgeschichte, Bd. 1, ed. by ALBERT GÖRLAND/ERNST CASSIRER, Berlin 1928, 397–431.
ID., Mozarts Operntexte, in: ID., Schriften zur Philosophie und Zeitgeschichte, Bd. 1, ed. by ALBERT GÖRLAND/ERNST CASSIRER, Berlin 1928, 490–519.
ID., Rede bei der Gedenkfeier der Universität Marburg zur hundertsten Wiederkehr des Todestages von Immanuel Kant, in: ID., Schriften zur Philosophie und Zeitgeschichte, Bd. 1, ed. by ALBERT GÖRLAND/ERNST CASSIRER, Berlin 1928, 469–489.
COHN, JONAS, *Allgemeine Ästhetik*, Leipzig 1901.
DROBISCH, MORITZ W., *Empirische Psychologie nach naturwissenschaftlicher Methode*, Leipzig 1842.
GAMBA, EZIO, La *legalità* del sentimento puro. L'estetica di Hermann Cohen come modello di una filosofia della cultura, Milano-Udine 2008.
KINKEL, WALTER, *Beiträge zur Ästhetik des reinen Gefühls*, in: Philosophische Abhandlungen. Hermann Cohen zum 70sten Geburtstag (4. Juli 1912) dargebracht, Berlin 1912, 299–314.
LOTZE, HERMANN, *Geschichte der Aesthetik in Deutschland*, München 1868.

SCHELLING, FRIEDRICH W.J. von, *System* des transzendentalen Idealismus, Sämtliche Werke I,3, Stuttgart 1856 ff.

SEMPER, GOTTFRIED, *Der Stil* in den technischen und tektonischen Künsten, 2 vols., Frankfurt/M. 1860–1863.

STEINTHAL, H., *Philologie*. Geschichte und Psychologie in ihren gegenseitigen Beziehungen, Berlin 1864.

VISCHER, FRIEDRICH T., *Aesthetik* oder Wissenschaft der Schönen, 10 vols., Reutlingen/ Leipzig/Stuttgart 1846–58.

ID., *Das Symbol*, in: Philosophische Aufsätze. Eduard Zeller zu seinem fünfzigjährigen Doctor-Jübiläum, Leipzig 1887, 151–193.

WAGNER, RICHARD, *Oper und Drama*, 2 vols., Leipzig 1851.

WEISSE, CHRISTIAN HERMANN, System der Aesthetik als Wissenschaft von der Idee der Schönheit, 2 vols., Leipzig 1830.

Cohens Cusanus-Forschung –
der ‚eigentliche Entdecker des Cusanus'

Kirstin Zeyer

Wenn die 2014 in Bernkastel-Kues gegründete Cusanus-Hochschule u. a. durch Postkarten mit der Aufschrift ‚Denken hilft!' auf sich aufmerksam macht, dann lässt sich das hiermit ausgestellte Rezept nicht zuletzt auf das bewegliche Denken ihres Namensgebers zurückführen. Nikolaus von Kues (1401–1464) bzw. latinisiert Nicolaus Cusanus gehört zu den bedeutendsten Persönlichkeiten der Renaissance. Er wirkte u. a. in der Praxis als Kirchenmann, Kurienkardinal, Politiker, Reformator und Organisator im Dienst der römischen Kirche und trat auf theoretischem Gebiet als Jurist, Theologe, Philosoph, Humanist, Naturwissenschaftler, Mathematiker und Geograph hervor. Hermann Cohen hat in der Auseinandersetzung um die kantische Dualität von Anschauung und Denken seinerseits für das (‚erzeugende') *Denken* Partei ergriffen, so dass es wenig überrascht, dass ihm im Hinblick auf die Philosophiegeschichte die Besonderheit cusanischen Denkens nicht entgangen ist. Dass er sich aber über einen Publikationszeitraum von 35 Jahren hinweg mit Cusanus befasst hat, wobei sein Interesse sich nicht lediglich auf die „Gewissheit der Mathematik" und den „Begriff des Unendlichen" als „Angelpunkt wissenschaftlicher Erkenntnis" beschränkt, wie es mit stereotyper Regelmäßigkeit heißt und in einer jüngst erschienenen wirkungsgeschichtlichen Studie für das neukantianische Interesse an Cusanus erneut behauptet wird,[1] sondern dass sich Cohens produktive Auseinandersetzung bis in die Religionsphilosophie hinein fortsetzt, ja dass er sogar eine Werkausgabe des Cusanus plante, diese umfassende Initiative wurde in der heute international breit aufgestellten Cusanusforschung bisher nur selten beachtet.

Im Folgenden möchte ich daher zunächst eine detailliertere Übersicht über Publikationen und Vorhaben Cohens zu Cusanus geben (1.), bevor in einem zweiten Schritt die Sprache auf Quellen gebracht wird, die für eine sekundäre Vermittlung des Cusanus Relevanz besitzen (2). Abschließend sollen exemplarische Schlaglichter auf Cohens systematische Auseinandersetzung mit Cusanus geworfen werden, zu deren weitergehender Diskussion dieser Beitrag ermuntern möchte (3).

---
[1] Vgl. SENGER, Wirkungsgeschichte, 272.

1. Publikationen und Vorhaben Cohens zu Cusanus

1.1. Publikationen.

Cohens früheste und wohl bekannteste Erwähnung des Cusanus findet sich 1883 in seiner Schrift *Das Prinzip der Infinitesimal-Methode und seine Geschichte*. Mit folgenden Worten gibt der inzwischen seit sieben Jahren als Professor in Marburg Wirkende einen entscheidenden Anstoß zur Beschäftigung mit Cusanus:

> Es wäre der Vorwurf einer wichtigen und anziehenden Untersuchung, nachzuweisen, wie das theologische Interesse am Unendlichen mit diesem Grundbegriff [des Unendlichkleinen] der wissenschaftlichen Renaissance sich verbündet, um wie bei *Nicolaus von Cues* und *Giordano Bruno* die Discussion des Infinitesimalen zu fördern.[2]

Nach der Jahrhundertwende nehmen die Erwähnungen und Auseinandersetzungen zu. 1902 findet Cusanus gleich in zwei Publikationen Eingang, zum einen in die Schrift *Logik der reinen Erkenntnis* und zum anderen in die zweite Auflage der *Einleitung mit kritischem Nachtrag zu F. A. Langes Geschichte des Materialismus* (1902, [1]1896). Von vornherein oder als Nachtrag – in beiden Fällen verbürgt Cusanus philosophiehistorisch das von Cohen gezeichnete Verhältnis zwischen Philosophie und Wissenschaft, insbesondere der Mathematik.

Die verstärkte Cusanus-Aktivität schlägt sich jetzt auch in der privaten Korrespondenz nieder, so etwa in einem Brief vom 31. Mai 1903 an Ernst Cassirer, mit Einzelheiten zu einem geplanten Besuch der Bibliothek in Kues sowie zu einer geplanten Cusanus-Edition.[3] Dass das Interesse an Cusanus breiter gestreut und insbesondere ethisch-religiös motiviert ist, zeigt sich auch an seiner Thematisierung in der 1904 publizierten Schrift *Ethik des reinen Willens* sowie in weiteren kleineren Schriften aus demselben Jahr.[4] Außerdem finden sich 1904 weitere Briefe an Cassirer, die u. a. von einer geplanten Pfingstreise nach Brüssel berichten, um nach einem „Codex Cusa's" zu sehen.[5]

Bis zu seinem Tod im Jahr 1918 vergeht nun fast kein Jahr mehr ohne eine schriftliche Form der Auseinandersetzung mit Cusanus,[6] der jetzt immer häufiger im Hinblick auf die Frage nach der Einheit der Zusammenhänge der Kultur, nach dem Zusammenhang von Wissenschaft, Philosophie und Religion sowie dem Stellenwert von Geschichte, Tradition und Nation in Erscheinung tritt – wie etwa in zahlreichen kleineren Schriften mit so bezeichnenden Titeln wie *Über das Eigentümliche des deutschen Geistes* (1914), *Deutschtum und Judentum*

---

[2] PIM, 30.
[3] Siehe für die hier und nachfolgend aufgeführten Briefe Cohens an Cassirer: CASSIRER, Vorträge.
[4] COHEN, Ethik und Religionsphilosophie; DERS., Rede.
[5] Briefe vom 30. April und 18. Mai 1904 (Zitat: S. 201), vgl. Anm. 3.
[6] Eine Zeittafel mit weiteren Einträgen findet sich in ZEYER, Cusanus, 130–132.

(1915), *Der Jude in der christlichen Kultur* (1917), *Was einigt die Konfessionen?* (1917). Freilich stammen diese Titel aus der Zeit nach Cohens Emeritierung und Übersiedlung nach Berlin (1912), wo er seit 1913 an der *Lehranstalt für die Wissenschaft des Judentums* doziert. Doch nicht erst 1915 unter dem Titel *Der Begriff der Religion im System der Philosophie* geht Cusanus in eine weitere Monographie Cohens ein, sondern bereits 1910 in die zweite, verbesserte Auflage von *Kants Begründung der Ethik*, die 1877 zuerst erschienen war und ferner 1912 in die Schrift *Ästhetik des reinen Gefühls*. Schließlich gehört es zu den wenigen Modifikationen, die Cohen vornimmt, als er nur wenige Monate vor seinem Tod in der Vorrede zur dritten Auflage seiner Schrift *Kants Theorie der Erfahrung* (1871, 1885, 1918) Cusanus ausdrücklich in die Reihe derjenigen Denker einfügt, die von Platon über Galilei, Descartes, Newton und Leibniz bis zu Kant den Geist der wissenschaftlichen Philosophie repräsentieren.

Für das Auftreten des Cusanus in Cohens Publikationen lässt sich resümieren, dass er nachträglich in die grundlegenden Kant-Schriften (*Kants Theorie der Erfahrung*, *Kants Begründung der Ethik*) eingeht, während er von vornherein in den drei Teilen von Cohens „System der Philosophie" präsent ist (*Logik der reinen Erkenntnis*, *Ethik des reinen Willens* und *Ästhetik des reinen Gefühls*). Die Erwähnung des Cusanus in den Kleineren Schriften konzentriert sich überwiegend auf das Gebiet der Religion. Cohen hat dem deutschen Kardinal von der Mosel keine separate Publikation gewidmet, so dass es dem Fleiß des Lesers überlassen bleibt, sich über die einzelnen Diskussionen ein Bild von Cohens Cusanus zusammenzusetzen. Oft bieten hierfür nur Schlagworte oder Kernsätze den Anhaltspunkt. Doch wenn man einmal die Priorität einer solchen Formel erfasst hat, wie etwa die von Cohen geschätzte cusanische Toleranzformel: „una religio est in rituum varietate" (eine Religion in der Verschiedenheit der Riten), dann erkennt man sogar systematisch die cusanische Handschrift in Werken wieder, in denen Cusanus gar keine namentliche Erwähnung findet, wie in dem Aufsatz *Der polnische Jude* (1916), in dem das Ritual dem religiösen Leben untergeordnet wird und damit dem Erweis des „echten Kulturmenschen" „durch die Offenbarung der Wissenschaft an und aus unserer Religion" der Vorzug gegeben wird.[7]

1.2. Editionsvorhaben

Wenn wir heute über eine digitalisierte und im Cusanus-Portal zusätzlich in verschiedenen Übersetzungen abrufbare[8], historisch-kritische Ausgabe der Werke des Cusanus verfügen, dann gebührt nicht zuletzt Hermann Cohen ein besonderer Platz in der Entstehungsgeschichte dieser *Opera Omnia*, die an der Heidelberger Akademie der Wissenschaften im Verlag Felix Meiner herausgege-

---

[7] COHEN, Jude, 195. Vgl. dazu ZEYER, ‚Ostjudentum'.
[8] Siehe den Reiter ‚Opera' unter: www.cusanus-portal.de.

ben werden.⁹ Im Editionsprospekt ist festgehalten, im Dezember 1927 sei nach einer Anregung von Ernst Cassirer und auf Betreiben von Raymond Klibansky sowie nach vorbereitenden Gesprächen Felix Meiners mit Ernst Hoffmann und Heinrich Rickert Einigkeit über die Herausgabe einer kritischen Edition erzielt worden; mitentscheidend gewesen für ihr Zustandekommen sei der mit der Übernahme der *Philosophischen Bibliothek* (1911) von Felix Meiner weitergeführte Plan deutscher Übersetzungen von Schriften des Nikolaus von Kues.¹⁰ Während sich die Frühphase der Cusanus-Forschung in der Mitte des 19. Jhs. darauf konzentrierte, Cusanus als Vorläufer (etwa von Schelling oder Leibniz) einen festen Platz in der Philosophiegeschichte zu geben, ermöglichte erst die Verfügbarkeit eines vollständigen und kritischen Textes eine systematische und historisch-kritische Erschließung des cusanischen Werkes. Zwar bedienen sich auch die Neukantianer im Hinblick auf die Geschichte des Idealismus der Kategorie der Vorläuferschaft, aber sie erkennen zugleich das Erfordernis einer zuverlässigen Textausgabe. Als Beispiel aus dem Umfeld des Marburger Neukantianismus sei nur Heinz Heimsoeth genannt, der 1915 den Plan zu einer eigenen Cusanus-Ausgabe verfolgte und sich bemühte, Nicolai Hartmann für die Mitarbeit zu gewinnen. Durch die Unterrichtung Paul Natorps – Cohen verfolge seinerseits Herausgabepläne – wurde der Plan schließlich fallengelassen, fürchtete Heimsoeth doch offenbar nichts mehr, als wenn Cohen ihm eine Einleitung schriebe, „welche feststellt, daß NIC. CUS. ein, nur gelegentlich durch die Träume der Mystik sich ausruhender, Urrationalist u. Denk-Mathematiker gewesen ist."¹¹ Die Anekdote bezeugt nicht nur die Aktualität des Cohenschen Editionsvorhabens zu diesem Zeitpunkt, sondern belegt auch den hohen Bekanntheitsgrad des Cusanus innerhalb des Neukantianismus. Es ist daher kaum übertrieben, wenn Ernst Hoffmann, Leiter der 1927 ins Leben gerufenen Cusanus-Kommission, der zunächst Cassirer als Herausgeber der Edition vorschlug, dies nicht allein mit dessen Verdiensten für die Cusanus-Forschung begründete, sondern vor allem forderte, dass die Marburger Tradition vertreten sein müsse, da doch „Cohen der eigentliche Entdecker des Cusanus"¹² sei. Dieses Lob darf über seine frühe Animierung zum Cusanus-Studium hinaus auch für Cohens Plan zu einer Cusanus-Edition gelten, sowohl hinsichtlich des frühen Zeitpunkts seiner Entstehung, als auch alle Anstrengungen und die Ausdauer betreffend, diesen Plan zu realisieren.

---

⁹ Cohens Anteil am Zustandekommen der Edition ist nicht unbemerkt geblieben, vgl. SENGER, Geschichte; auch MEYER, Cassirer, 35. Meyer hat auch an anderer Stelle treffend auf die vielfältigen Bezüge innerhalb des Dreigestirns Cusanus – Cohen – Cassirer aufmerksam gemacht, vgl. MEYER, Kulturphilosophie.

¹⁰ Vgl. den Editionsprospekt: Nicolai de Cusa opera omnia iussu et auctoritate academiae litterarum Heidelbergensis ad codicum fidem edita. Hamburgi in aedibus Felicis Meiner. MMI, o. S.

¹¹ HARTMANN/HEIMSOETH, Briefwechsel, 209.

¹² CASSIRER, Briefwechsel, 101.

Welche Cusanus-Ausgabe lag Cohens eigenen Studien zugrunde? In dieser Frage erweist sich ein Blick auf die Aufstellung seiner Bibliothek als nützlich. Wie Cassirer benützte er vor allem die Pariser Ausgabe (1514) der Werke des Cusanus, besaß daneben aber auch eine deutsche Auswahlübersetzung von Franz Anton Scharpff (1862), sowie eine beachtliche Zahl von Sekundärwerken[13] mit einigen für sein Verständnis der Cusanus-Rezeption aufschlussreichen eigenhändigen Unterstreichungen. Keine der drei ausschließlich bis in die ersten drei Jahrzehnte des 20. Jhs. verfügbaren Cusanus-Editionen[14] war jedoch frei von beträchtlichen Mängeln oder Lücken, so dass der Wunsch nach einer kritischen Edition mit der Zunahme der Cusanusforschung dringender wurde.

Aus unveröffentlichten Aufzeichnungen des Verlegers Felix Meiner (1949/1964) geht hervor, dass er bei der Übernahme der *Philosophischen Bibliothek* von der Dürr'schen Buchhandlung im Jahr 1911 auf den letzten Dürr'schen Verlagsprospekt mit der Voranzeige von Hermann Cohens Herausgabe der Schriften des Nicolaus Cusanus in zwei Bänden gestoßen war. Die Ausgabe der Schriften dieses „ersten deutschen und ersten modernen Philosophen" wurde als demnächst bevorstehend angezeigt. Das Editionsvorhaben musste folglich 1911 weit gediehen sein. Das ruft jedoch noch einmal den erwähnten Brief Cohens vom 31. Mai 1903 an Cassirer in Erinnerung,[15] der bestätigt, dass bereits zu Pfingsten 1903 Einzelheiten zur geplanten Ausgabe verhandelt worden waren. Dürr hatte demnach Cohen offeriert, dem Übersetzer 700 Mark anzubieten, wobei er auf 40 Bogen, einschließlich 3–4 Bogen von Cohens Einleitung rechnete. Legt man Cassirers, bei Dürr verlegte Leibniz-Ausgabe (Leipzig 1904–1906) zugrunde, die Cohen nach eigenem Bekunden vor Augen stand, dann sollte auch die Cusanus-Edition im Oktavformat erscheinen, so dass für das Buch ein Umfang von 640 Seiten (inklusive 48 bis 64 Seiten für die Einleitung) geplant war. Aufgrund der brieflichen Angaben eruieren und verifizieren ließ sich inzwischen auch der erwähnte Plan zu einem Besuch der Bibliothek in Kues, wo Cohen nach eigenen Angaben vor Ort die Manuskripte durchstöbern wollte. Ein Besucherbuch aus dem Archiv der Bibliothek verzeichnet zweifelsfrei unter dem Datum des 5. Juni 1903 den Besuch von Martha und Hermann Cohen. Wenngleich manche Details der Aufklärung harren, wie die Frage, wer für die textliche Arbeit an der Cusanus-Ausgabe vorgesehen war – etwa der Heidelberger Kurt Wildhagen, den Cohen u. a. 1904 in Heidelberg und 1907 in Rom traf, und der sich mit Cusanus beschäftigen zu wollen schien?[16] –, so ist jedenfalls

---

[13] Vgl. hierzu auch ZEYER, Cusanus-Rezeption, 373.
[14] Der Straßburger Inkunabeldruck von 1488, die dreibändige Pariser Ausgabe des Faber Stapulensis von 1514 und die Basler Ausgabe von 1565.
[15] CASSIRER, Vorträge, 191 f.
[16] Vgl. die Briefe vom 30. April 1904 und 21. Mai 1907; zu Wildhagen und Cohen vgl. auch KRISCHKE, Wildhagen, bes. 24 f. Krischke vermutet aufgrund eines Briefes Cohens an Natorp vom 9. September 1905, der ebenfalls auf eine Beschäftigung Wildhagens mit Cusanus hin-

die Tatsache bedeutsam, dass der Verleger Felix Meiner an den Anfang seiner Notizen zur kritischen Heidelberger Cusanus-Ausgabe ausdrücklich die Initiative Hermann Cohens stellt, die man nach jetzigem Kenntnisstand von 1911 auf 1903 vorverlegen darf. Damit gebührt Cohen ein fester früher Platz in der Entstehungsgeschichte der *Opera Omnia* des Cusanus.

2. Anhaltspunkte sekundärer Vermittlung

Die Wirkungsgeschichte des Cusanus vom 15. bis zum 18. Jahrhundert ist gut erforscht. Es konnte vor allem die verbreitete Ansicht widerlegt werden, Cusanus sei über lange Zeit in Vergessenheit geraten.[17] Im Hinblick auf die moderne Cusanus-Forschung, deren Frühphase in der Mitte des 19. Jhs. liegt, ist jedoch wiederholt die Frage erörtert worden, wer für die Rolle eines (Neu-)Entdeckers des Cusanus in Frage kommt. Von prominenter Seite hat Kurt Flasch darauf hingewiesen, dass Ernst Cassirer schon im Jahr 1906 Cusanus als den Begründer der neuzeitlichen Theorie der Erkenntnis identifiziert habe: „er war Hinweisen von Rudolf Eucken und Richard Falckenberg gefolgt"[18]. Flasch hält mit Recht daran fest, dass nicht allein Cohen, Natorp und Cassirer ein Cusanus-Interesse hegten.[19] Besonders die Aktivitäten der katholischen Tübinger Schule seit den 1830er Jahren dürfen nicht unerwähnt bleiben, die das Bestreben eint zu zeigen, dass es von Gott eine philosophische Erkenntnis gebe. Aber trifft es in der Sache zu, Cassirer und mit ihm vielleicht auch Cohen seien im Schlepptau von Eucken und Falckenberg den Spuren des Cusanus gefolgt? Die weltanschaulich-hegelianisch inspirierte Cusanus-Rezeption Euckens konnte den beiden Marburgern über bestimmte vereinzelte Denkanstöße hinaus keine systematischen Anknüpfungspunkte bieten. Eucken bleibt bei aller Begeisterung für den „Bahnbrecher neuer Ideen" öfter auch ratlos, gerade im Hinblick auf die Mathematik oder den häufigen Gebrauch von Bildern. Gleiches gilt für die strenger durchkomponierten Analysen seines Schülers Falckenberg, die sich u. a. auf den Vergleich mit Fichtes Idealismus zuspitzen und damit leider verkennen, dass sich die ausdrücklich als erkenntnisoptimistisch ausgewiesene Bedeutung der cusanischen Konjekturenlehre auch auf das Wirkliche bzw. die Dimension des Endlichen ausdehnen lässt. Um zu erweisen, dass sich mit der von Cusanus behaupteten Einheit von Gott und Welt kein Pantheismus, sondern das Paradigma der wissenschaftlichen Erforschung der Welt einerseits (so vor allem Cohen) und die Aufwertung von Subjektivität andererseits (so insbesondere Cassirer) verbindet,

---

weist, dass Wildhagen damit für eine von Cohen und Natorp geplante Reihe von Marburger Arbeiten vorgesehen war, die von Natorp herausgegeben werden sollte.

[17] Vgl. MEIER-OESER, Präsenz.
[18] Vgl. FLASCH, Cusanus, 149.
[19] Ebd., 169.

war es im Zuge fortschreitender Untersuchungen nötig, über die Hinweise von Eucken und Falckenberg hinauszugehen.

Im Falle Cohens ist es auffallend, dass er sich tatsächlich von den frühen Studien der katholischen Tübinger Schule anregen ließ und so beispielsweise eine Schrift über die dogmatischen Gegensätze der Katholiken und Protestanten (1834) von Johann Adam Möhler durcharbeitete, in der Predigten des Cusanus und ferner seine Schrift über den *Frieden im Glauben (De pace fidei)* Erwähnung finden. *De pace fidei*, verfasst im September 1453 nach dem Fall von Konstantinopel, gehört zu den von Cohen besonders geschätzten cusanischen Schriften. Aufgrund von Cohens Exzerpten aus seinem Exemplar von Christian Hermann Weißes *Heilslehre des Christenthums* (1862)[20] lässt sich darüber hinaus, dass ihm hier u. a. Stellen aus cusanischen Predigten vermittelt wurden, feststellen, dass ihn etwa die Verbindung von „fides" mit „intellectualis" bei „Cusa" – und d. h. den Glauben als etwas gut begründetes und nicht irrationales – genug faszinierte, um sie handschriftlich festzuhalten.[21] Außerdem beginnt die fragliche Predigt mit einem Zitat des von Cusanus und von Cohen gleichermaßen verehrten Maimonides, der eine weitere Komponente seiner Cusanus-Rezeption bildet.

Eine weitere Quelle, zudem die einzige sekundäre, auf die Cohen selbst explizit hinweist, stellt Ernst Friedrich Apelt dar. Cohen würdigt ihn in seinem Vortrag *Über das Eigentümliche des deutschen Geistes* (1914) als den „größten Schüler von *Jacob Friedrich Fries*", „der Vieles zur Wiederentdeckung von Cusas Weltbild geleistet hat".[22] Mit Apelt betreten wir das Gebiet der Kosmologie. In einem ersten Teil zu „Nicolaus von Cusa bis auf Keppler" geht auch Apelts Studie *Reformation der Sternkunde* (1852) auf die Geschichte zurück. Apelt gelingt es u. a. den Umstand zu klären, von wem eigentlich die Rede ist, wenn in einer älteren Cusanus-Studie berichtet wird, ein gewisser Paulus, später Physikus in Florenz, habe Cusanus in Padua in die mathematischen Wissenschaften eingeweiht.[23] Apelt erkennt, dass es sich bei diesem *Paulus Physicus* um niemand Geringeren als Toscanelli handelt. Allerdings unterliegt Apelt im Weiteren dem Irrtum, Cusanus lasse es an mathematischer Klarheit vermissen, er verwechsle insbesondere durchgehend das mathematisch Unendliche mit dem Absoluten, weshalb er in seiner Philosophie „die trügerische Hoffnung" hege, „dass die Betrachtung des mathematisch Unendlichen Aufschlüsse gewähren könne über die Geheimnisse der christlichen Glaubenslehre."[24] Bei Apelt konnte Cohen folglich den nötigen Anstoß zur Formulierung der Aufgabe finden, einmal *genauer* zu zeigen, wie sich bei Cusanus das theologische Interesse am Unendlichen mit dem mathematisch Unendlichen verbinde.

---

[20] Weisse, Heilslehre.
[21] Vgl. Zeyer, Cusanus, 211.
[22] Cohen, das Eigentümliche, 247.
[23] Vgl. Apelt, Sternkunde, 9.
[24] Ebd., 15 f.

Mit Fries und Apelt lässt sich schließlich noch ein kurzer Blick auf die Übereinstimmungen Cohens und Cassirers hinsichtlich ihrer systematisch-philosophiegeschichtlichen Rezeptionen werfen. Zunächst könnte es scheinen, Cassirer habe Distanz zu seinem Marburger Lehrer gewonnen, wenn er erstmals 1927 in seiner Studie *Individuum und Kosmos in der Renaissance* die Sprache auf Cusanus und Toscanelli bringt und dort unter dem Vorbehalt auf die ältere Darstellung Apelts verweist, dass für den „systematischen Zusammenhang, der zwischen der Metaphysik des Cusanus und seiner Kosmologie" bestehe, „jetzt" auf die bald erscheinende Dissertation von Hans Joachim Ritter (1927) – einem Doktoranden Cassirers – verwiesen werden könne.[25] Letztlich erweist Cassirer seinem längst verstorbenen Lehrer jedoch lediglich die Ehre, wenn er von Apelts Studie abrückt und die Thematik stattdessen für ein noch zu behebendes Desiderat hält. Hatte Cohen doch selbst neben Apelts Cusanus-Studie auch einen Band der *Geschichte der Philosophie* (1840) von Fries durchgearbeitet, in dem Cusanus Erwähnung findet. Bereits hier konnte er eigentlich die Fries-Apel'sche Wendung nicht übersehen, mit der die cusanische Mathematik und Astronomie zur Naturphilosophie gerechnet wurde, während die cusanischen metaphysischen Spekulationen über die Welt dem Reich der Fantasie und dem Pantheismus zu entspringen schienen.[26] Das Transzendentale in den Bereich der Metaphysik zu verschieben, diesen Vorwurf hat Cohen dann ausdrücklich in der dritten Auflage von *Kants Theorie der Erfahrung* gegen Apelts Kant-Interpretation gerichtet. Hier macht er auch seiner Enttäuschung über die Entwicklung einer gegen ihn gerichteten Fries-Schule Luft, wenn er es für ein Beispiel echter Zusammengehörigkeit mit dem namentlichen Hinweis auf Cassirer bewenden lässt. Die sich in den philosophiegeschichtlichen Belangen systematisch äußernde Kontinuität zwischen Cohen und Cassirer lässt sich kaum übersehen.

3. Systematische Auseinandersetzung und Themenfelder

Wenn wir nun in einem letzten Schritt zur systematischen Auseinandersetzung mit Cusanus übergehen, so darf nicht unerwähnt bleiben, dass auch der spätere Cassirer anlässlich einer Darstellung von Cohens Religionsphilosophie in Oxford sich offenbar kaum besser zu helfen weiß, als mittels des cusanischen Konzepts der ‚coincidentia oppositorum', d. h. des Ineinsfalles der Gegensätze im Unendlichen, zu veranschaulichen, wie Cohen die Idee der Einheit Gottes zum ethischen Ideal der universalen Idee der Menschheit wende. Die Idee Gottes ‚koinzidiere' mit der Idee der Menschheit, insofern beide den gleichen Anspruch einer Ausrichtung auf einen universellen Zweck ausdrücken.[27] Dass sich

---
[25] CASSIRER, Individuum, 205.
[26] Vgl. FRIES, Geschichte, 252.
[27] Vgl. CASSIRER, Cohen's Philosophy, 101.

für Cassirer bis zuletzt das Gebiet des Religiösen mit seiner philosophischen Durchdringung durch Cusanus und Cohen fest verbindet, darauf verweist die cusanische und bei Cohen zum Schlagwort gewordene Einsicht „una est religio in rituum varietate" noch in Cassirers *Essay on Man* (1944), dessen deutsche Rückübersetzung leider jeden namentlichen Hinweis auf den Urheber dieser Formel oder ihrer Bedeutung für Cohen vermissen lässt.[28]

In seinem ersten philosophischen Hauptwerk *De docta ignorantia* (1440) vergleicht Cusanus, den das mathematische Problem der Quadratur des Kreises nicht zum letzten Male umtreiben wird, „das menschliche Erkennen in seinem Verhältnis zur Wahrheit mit dem Versuch, ein Vieleck in einen Kreis einzuschreiben".[29] Kurt Flasch hat dies als einen wichtigen ideengeschichtlichen Einschnitt bezeichnet, weil damit „das Projekt der menschlichen Erkenntnis als einer unendlichen Annäherung in die Welt gekommen" sei.[30] Die Dynamisierung der Erkenntnis macht bei Cusanus auch nicht vor Gegensätzen und Widersprüchen halt. Vielmehr erprobt er anhand des Koinzidenzgedankens die Übergänge heterogener mathematischer Figuren und entdeckt u. a., dass entgegengesetzte Bestimmungen, wie spitzer und stumpfer Winkel, „in ihrem Grund, der einfachen Linie", ineinsfallen.[31] Es ist die Entdeckung eines Dritten, eines Prinzips oder einer Voraussetzung, durch die sich die vom Verstand (ratio) für unvereinbar gehaltenen Gegensätze mit dem Auge der Vernunft (intellectus) betrachten und erzeugen lassen. Cohen selbst spricht in seiner *Logik der reinen Erkenntnis* von einer „Voraussetzung" oder von der „Idee, als Hypothese", die das erzeugende Denken kennzeichne und kommt in diesem Zusammenhang auch auf Cusanus zu sprechen, der den Faden wissenschaftlichen Philosophierens in der Renaissance wieder aufnehme und einen „Platonischen Weg zur Mathematik" gehe:

Er [Cusanus] spricht es aus: ‚Wir haben nichts Gewisses als unsere Mathematik' (*nihil certi habemus in nostra scientia nisi nostram mathematicam*). Er sucht Gewißheit der Erkenntnis, und er findet das Prinzip der Gewißheit in der Mathematik, deren Erneuerung er herbeiführte. Der mathematische Begriff des *Unendlichen* wird ihm der Angelpunkt wissenschaftlicher Erkenntnis. [...] Das Endliche wird am Unendlichen gemessen. ‚Die Unendlichkeit selbst nenne ich das Maß von allem.' Cusa spricht in Kernsätzen. Das Maß bedeutet ihm nicht nur, daß das Endliche durch das Unendliche gemessen wird; sondern er erkennt es als das Mittel und das Instrument seiner Entdeckung.[32]

Das mathematisch Unendliche als Maß und Instrument zur Entdeckung des Endlichen bleibt für Cohens Cusanus-Rezeption somit auch nach seiner ersten Erwähnung in der Schrift *Das Prinzip der Infinitesimal-Methode und seine Geschichte* (1883) weiter bedeutsam. Tatsächlich ist für Cusanus die *praecisio*,

---

[28] Vgl. CASSIRER, Versuch, 118.
[29] FLASCH, Cusanus, 85.
[30] Ebd.
[31] Ebd., 98.
[32] LrE (B), 32.

mit der Einzelnes zur Bestimmung gebracht wird, etwa im Sinne der Exaktheit oder Genauigkeit von Messungen, nur für Produkte unseres eigenen Verstandes möglich, während eine genaue Wahrheit im Falle der wirklichen Dinge versagt bleibt: „Die göttlichen Werke [...], die aus der göttlichen Vernunft hervorgehen, bleiben uns, so wie sie sind, in genauer Weise unbekannt."[33] Hier bleiben wir auf das mutmaßende, konjekturale Erkennen verwiesen, das Cusanus in seinem zweiten philosophischen Hauptwerk *De coniecturis* (1442–43) zum Thema macht. Dass es der Geist ist, der das Unendliche als Maß gebraucht, um das Endliche zu bewältigen, weshalb Cusanus mit der Etymologie von ‚mensurare' (Messen) und ‚mens' (Geist) gespielt habe, diese Einsicht in cusanisches Denken geht ebenfalls in die Schrift *Logik der reinen Erkenntnis* ein.[34]

Cohen verbindet den Satz von der Gewissheit der Mathematik ferner mit der cusanischen Voraussetzung, dass es Wissenschaft gibt („scientiam esse"), wie es seit der zweiten Auflage in seiner Schrift *Einleitung mit kritischem Nachtrag* (1902) heißt.[35] Das cusanische ‚Faktum der Wissenschaft' muss Schülern Cohens geläufig gewesen sein, findet sich doch Cusanus' „scientiam esse" auch in der von Otto Buek 1904 in Marburg eingereichten Dissertation über die Atomistik wieder.[36]

Wie ein Bindeglied zwischen den Formeln über die Gewissheit der Mathematik und über die Einheit der Religion in der Vielfalt der Riten nimmt sich die ausführliche Erörterung cusanischer Themen in Cohens kleinerer Schrift *Über das Eigentümliche des deutschen Geistes* (1914) aus, in der vor allem das universalistische Philosophieverständnis des Cusanus hervorgehoben wird. „Cusanus' Enthusiasmus der Einheit wird Universalität"[37], heißt es dort, und das meint nicht, dass die verschiedenen Religionsgemeinschaften, die in Cusanus' Schrift *De pace fidei* an einen Tisch gebracht werden, ihre jeweilige Religion zugunsten einer Einheitsreligion aufgeben sollen. Mit dem ‚Universalismus' verbindet Cohen vielmehr eine innere, gesetzliche Einheit, die vor die Aufgabe stelle, nach den Zusammenhängen der Kultur zu forschen, wie es Cusanus selbst zunächst im Ausgang von der Mathematik unternehme.[38] In der dritten Auflage von *Kants Theorie der Erfahrung* (1918) wird Cusanus schließlich in die Reihe jener Vorgänger eingefügt, die wie Cohen vom Faktum der Wissenschaft in der Philosophie als einer methodischen Voraussetzung ausgehen und damit von der Überzeugung, dass „alles Denken als Erzeugung von Ideen, in Hypothesen sich entfaltet und sich aufbaut".[39] Indem Cusanus von der Hypothesis und von der Grundwissenschaft der Mathematik ausgeht, avanciert er zum Begründer der

---

[33] CUSANUS, Trialogus de possest, h XI/2 N. 43.
[34] LrE (B), 448f.
[35] EmkN, 20.
[36] BUEK, Atomistik, 66.
[37] COHEN, das Eigentümliche, 245.
[38] Vgl. ebd., 245f.
[39] KThE (C), 41.

Philosophie des „wissenschaftlichen Idealismus". Der wissenschaftliche Charakter und Anspruch in Cusanus' Werk ist damit erstmals klar ausgesprochen, während sich Cusanus bei Eucken schließlich in dunklen Bildern, oder bei Falckenberg in begrifflichen Unentschlossenheiten verliert.

In anderer und doch mit dem wissenschaftlichen Idealismus verbundener Hinsicht steht Cusanus vor allem im Fokus von Cohens Gedanken an eine Religion der Vernunft. Historisch verkörpert wird sie insbesondere vom Rationalismus des Moses Maimonides, der Cohen als Vorbild religiöser Aufklärung und der Vereinbarkeit von Glaube und Vernunft gilt. Wie Cohen u. a. in seiner Schrift *Der Begriff der Religion im System der Philosophie* (1915) darlegt, führe die Frage nach dem Sein Gottes zur Frage nach seinem Dasein und damit zum Problem seiner Wahrnehmung. Als Lösung komme nur in Frage, dass das „Verhältnis des Geistes zu Gott inkommensurabel sei", und zwar „*ebenso im Denken*, wie in der Empfindung": Dies sei der eigentliche Sinn der sogenannten „negativen Attribute" und der „docta ignorantia", wie Cusanus das Problem bezeichnet habe.[40] Cohen ist nicht entgangen, dass Cusanus sich vor allem in seiner Schrift *De docta ignorantia* nachdrücklich auf Maimonides bezogen und seinen Grundgedanken von der Unbegreiflichkeit Gottes zugestimmt hat. „Gott ist nicht das Dasein", womit nach Maimonides aus Cohens Sicht gesagt sei, „Gott ist der *Ursprung des Daseins*".[41] Die Tatsache, dass Cusanus' Religionsphilosophie sich freilich nicht im Rahmen einer negativen Theologie erschöpft, sondern Wege sucht, um negative und affirmative Theologie aufeinander zu beziehen, ist Cohen vor dem Hintergrund von Themen wie der Mystik und der Trinität dabei nicht entgangen. Schwerer gewichtet wird jedoch stets der Umstand der ‚Universalität' des Cusanus, der sich in seiner Religionsphilosophie von einem mittelalterlichen jüdischen Denker in dem grundlegenden Versuch, Religion und Philosophie zu vereinbaren, inspirieren lasse.

Die Anerkennung des Cusanus als religiösen Universalisten steht schließlich auch im Zentrum von Cohens Rezeption der von ihm als „Grundschrift der Aufklärung und Toleranz" gewürdigten Schrift *De pace fidei*, etwa in seinem Vortrag *Über das Eigentümliche des deutschen Geistes* (1914) oder ausführlich in seinem Beitrag *Was einigt die Konfessionen?* (1917). Mit bewundernswerter Entschiedenheit hat Cohen die eigentliche Frage nicht darin gesehen, ob Cusanus überhaupt einen Beitrag zum Toleranzgedanken leiste oder nicht, sondern in welchem Maße Toleranz den Gedanken der Aufklärung überwiege. Die aufklärende Kraft bleibe in der Formel von der *einen* Religion (‚una religio') erhalten, deren Einheit sich in der sittlichen Betätigung zu bewähren habe, jedoch entspringe dieser Gedanke der Toleranz, die auch „den fremden Glauben zu würdigen und zu ehren vermag".[42] Cohen erblickt in Cusanus den Vertreter

---

[40] BR, 46.
[41] Ebd., 47.
[42] COHEN, Konfessionen, 471.

eines Toleranzbegriffs, der auch die Anerkennung und Achtung des anderen in seiner Andersheit einschließt. Die Vielseitigkeit, die sich zugleich standpunktbezogen weiß, ist im Begriff der Universalität mitgedacht. Auf diese Weise lässt sich Cusanus' Konzept in einem nicht relativistischen Sinne verstehen und zugleich in sittlicher Hinsicht als brüderlich auffassen, so dass es jedenfalls aus Cohens Sicht die Bedingungen für einen interreligiösen Dialog erfüllt und hierfür als ein mustergültiges historisches Vorbild gelten darf.

Literaturverzeichnis

APELT, ERNST FRIEDRICH, Die Reformation der *Sternkunde*. Ein Beitrag zur deutschen Culturgeschichte. Mit fünf Figurentafeln, Jena 1852.

BUEK, OTTO, Die *Atomistik* und Farradays Begriff der Materie. Eine logische Untersuchung; in: Archiv für Geschichte der Philosophie 18/1 (1905), 65–110.

CASSIRER, ERNST, *Cohen's Philosophy* of Religion (1935), in: Internationale Zeitschrift für Philosophie 1 (1996), 89–104.

DERS., *Individuum* und Kosmos in der Philosophie der Renaissance (1927), Ernst Cassirer. Gesammelte Werke 14, Hamburg 2002.

DERS., *Versuch* über den Menschen. Einführung in eine Philosophie der Kultur, Hamburg ^{2}2007.

DERS., Ausgewählter wissenschaftlicher *Briefwechsel*, in: Ernst Cassirer. Nachgelassene Manuskripte und Texte 18, hg. v. KLAUS C. KÖHNKE/JOHN M. KROIS/OSWALD SCHWEMMER, Hamburg 2009.

DERS., Davoser *Vorträge*. Vorträge über Hermann Cohen. Mit einem Anhang: Briefe Hermann und Martha Cohens an Ernst und Toni Cassirer (1901–1929), Ernst Cassirer. Nachgelassene Manuskripte und Texte 17, Hamburg 2014.

COHEN, HERMANN, *Ethik und Religionsphilosophie* in ihrem Zusammenhange, Schriften der Gesellschaft zur Förderung des Judentums, Berlin 1904.

DERS., *Rede* bei der Gedenkfeier der Universität Marburg zur hundertsten Wiederkehr des Todestages von Immanuel Kant, gehalten am 14. Februar 1904, Marburger akademische Reden 10, Marburg 1904.

DERS., Über *das Eigentümliche* des deutschen Geistes, in: DERS., Kleinere Schriften V. 1913–1915, Werke 16, hg. v. HARTWIG WIEDEBACH, Hildesheim/Zürich/New York 1997, 237–297.

DERS., Der polnische *Jude*, in: DERS., Kleinere Schriften VI. 1916–1918, Werke 17, hg. v. HARTWIG WIEDEBACH, Hildesheim/Zürich/New York, 2002, 187–202.

DERS., Was einigt die *Konfessionen?*. Vortrag, gehalten in der Freien Wissenschaftlichen Vereinigung zu Berlin am 9. Juli 1917, in: DERS., Kleinere Schriften VI. 1916–1918, Werke 17, hg. v. HARTWIG WIEDEBACH, Hildesheim/Zürich/New York 2002, 453–486.

CUSANUS, NICOLAUS, Trialogus de possest (h XI/2), 1973.

FLASCH, KURT, Nicolaus *Cusanus*, München ^{2}2005.

FRIES, JAKOB F., Die *Geschichte* der Philosophie dargestellt nach den Fortschritten ihrer wissenschaftlichen Entwicklung, Bd. 2, Halle 1840.

HARTMANN, FRIDA/HEIMSOETH, RENATE (Hg.), Nicolai Hartmann und Heinz Heimsoeth im *Briefwechsel*, Bonn 1978.

KRISCHKE, ROLAND, Kurt *Wildhagen*. Ein Lebensbild, in: DERS. (Hg.), Kurt Wildhagen 1871–1949. Der Weise von Heidelberg, Heidelberg 1997, 18–48.

MEIER-OESER, STEPHAN, Die *Präsenz* des Vergessenen. Zur Rezeption der Philosophie des Nicolaus Cusanus vom 15. bis zum 18. Jahrhundert, Münster 1989.

MEYER, THOMAS, Ernst *Cassirer*, Hamburg 2007.

DERS., *Kulturphilosophie* in gefährlicher Zeit. Zum Werk Ernst Cassirers, Hamburg 2007.

SENGER, HANS G., Zur *Geschichte* der Edition der Opera omnia des Nicolaus Cusanus, in: DERS./WERNER BEIERWALTES (Hg.), Nicolai De Cusa Opera Omnia. Symposium zum Abschluß der Heidelberger Akademie-Ausgabe, Heidelberg, 11. und 12. Februar 2005, Heidelberg 2006, 39–77.

DERS., Nikolaus von Kues. Leben – Lehre – *Wirkungsgeschichte*, Heidelberg 2017.

WEISSE, CHRISTIAN H., Die Heilslehre des Christentums, Philosophische Dogmatik oder Philosophie des Christenthums, Bd. 3, Leipzig 1862.

ZEYER, KIRSTIN, „Nihil certi habemus in nostra scientia nisi nostram mathematicam". Zur *Cusanus-Rezeption* Hermann Cohens, in: TOM MÜLLER/MATTHIAS VOLLET (Hg.), Die Modernitäten des Nikolaus von Kues. Debatten und Rezeptionen, Bielefeld 2013, 369–386.

DIES., Cusanische Religionsphilosophie im Werk Hermann Cohens am Beispiel von Cohens Engagement für das ‚Ostjudentum', in: Coincidentia 4/1 (2013), 43–60.

DIES., *Cusanus* in Marburg. Hermann Cohens und Ernst Cassirers produktive Form der Philosophiegeschichtsaneignung, Münster 2015.

Internetquellen

www.cusanus-portal.de (zuletzt verwendet: 27.02.2020).

‚Creatio ex nihilo' bei Cohen

Günter Bader

1. Cohens Werk aus Scholems Sicht

1.1. Die Nachricht von Cohens Tod

Mit einer Akribie, die an die Mnemotechnik von Dtn 6 erinnern mag, notiert Scholem: Es war der 5. April 1918, es war die Abendausgabe des Berliner Tageblatts vom Vortage, es war die Lesehalle des Abbeschen Volkshauses in Jena, und es war „[s]oeben" und „plötzlich", als die Nachricht eintraf: *„Hermann Cohen tot!"* – im Tagebuch unterstrichen.[1] Durch den Tod kommt Cohen, sonst bestenfalls in Annäherung befindlich,[2] Scholem erst nahe, gar näher als nahe.[3] Seither gilt: Bereits Cohens „Dasein" ist Thora.[4] Noch am selben Tag verfasst Scholem einen *Dem Andenken Hermann Cohens* gewidmeten, mit rituellen Elementen versetzten Text, der dem Verstorbenen „Ehrfurcht" entbietet.[5] Die Ehrfurcht ist nach Scholem angesiedelt zwischen Mathematik und Mystik.[6] In den Briefen der Folgetage klingt die Erschütterung nach.[7]

1.2. Die Lektüre von Cohens Werk

Scholems Auseinandersetzung mit Cohen reicht bis 1914 zurück. Ihr Tenor ist zupackend, zurückhaltend nie. Was Cohens Monographien betrifft: *Das Princip der Infinitesimal-Methode und seine Geschichte*, „ein bedeutendes Buch, ist im wesentlichen doch Unsinn", so wenige Tage vor Cohens Tod.[8] Freges Kritik mag nachklingen.[9] Und kurz nach Cohens Tod führt die *Logik der reinen Erkennt-*

---

[1] SCHOLEM, Tagebücher 2, 166.
[2] Ebd., 167: Cohen ist „mir immer näher gekommen."
[3] Ebd., 166: „Ich kann nicht sagen, wie mir dies in die Glieder gefahren ist."
[4] Ebd., 175.189.210.303: „Hermann Cohens Dasein ist Thora."
[5] Ebd., 189.
[6] SCHOLEM, Tagebücher 1, 223.372.467; DERS., Tagebücher 2, 99f.290f.
[7] Gershom Scholem an Werner Kraft, 8. April 1918, in: SCHOLEM, Briefe an Werner Kraft, 80; Gershom Scholem an Erich Brauer, 9. Juli 1918, in: SCHOLEM, Briefe 1, 152.153f.
[8] SCHOLEM, Tagebücher 2, 163; weitere explizite oder implizite Äußerungen zu PIM in: DERS., Tagebücher 1, 261; vgl. auch ebd., 264f; DERS., Tagebücher 2, 169f.
[9] FREGE, Kleine Schriften, 99f.

nis, erst seit kurzem auch in zweiter Auflage sein persönliches Eigentum,[10] zu dem Resultat: „*So geht es doch wohl nicht*".[11] Nicht anders bei anderen Werken.[12]

1.3. Der Weg, der zu Cohen führt

Es bliebe bei der Diastase zwischen Befremdung und Betroffenheit, wenn sich nicht, beginnend mit der Tagebuchnotiz vom 22. Februar 1918, eine dritte Spur aufnehmen ließe. Wie häufig in der Verfahrensweise von Scholems Tagebüchern kehrt sie in immer neuen Reformulierungen und Rememorierungen wieder, bis sie im Sommer 1918 in der 76. der *95 Thesen über Judentum und Zionismus* die Memorialform erreicht, in der sie dann in Scholems späterem Werk unvergessen bleiben wird.[13]

Gehen wir dieser Spur nach. Sie besteht aus einer Folge von fünf Einträgen kurz vor Cohens Tod und nicht lange danach.[14] In der erwähnten ersten Notiz vom 22. Februar 1918 findet sich, m. W. erstmals bei Scholem, das Thema „Die Schöpfung aus dem *Nichts*". Sie lautet:

Unterschied zwischen Nicht und Nichts (אפס [*efes*] und אין [*ajin*]) [ist] von größter Tragweite in der Philosophie. Die Kabbala und diese Grundidee (die bei Cohen wiederkehrt) [:] Gott als Nichts. Hierüber ließe sich mit Leichtigkeit eine ganze Abhandlung schreiben, ist vielleicht auch wohl geschrieben. Die Schöpfung aus dem *Nichts* ist ein philosophischer Gedanke. Rabinkoff [hat] einmal diesen Gedanken näher ausgeführt, in ganz treffender Weise. Die Kabbala aber hat diesen Weg verlassen. Die Götzen werden אפס [*efes, Nicht*] genannt, Gott אין [*ajin, Nichts*] (ganz unchristlich!).[15]

In dieser „Grundidee" kommen fortan Nähe und Ferne in Scholems Verhältnis zu Cohen zum Austrag. Ich trete dieser Notiz näher und hebe vier Aspekte hervor.

a. Anziehung und Abstoßung

Die Berührung von Scholem und Cohen findet im Zeichen der Differenz von „Philosophie" und „Kabbala" statt. Scholem behauptet: Wer jüdische Mystik treibt, widmet sich einer „Grundidee (die bei Cohen wiederkehrt)."[16] Der Kab-

---

[10] Gershom Scholem an Aharon Heller, 28. November 1917, in: SCHOLEM, Briefe 1, 124 Anm. 4.

[11] SCHOLEM, Tagebücher 2, 178; weitere explizite oder implizite Äußerungen zu LrE (A) in: SCHOLEM, Tagebücher 1, 276.288; Äußerungen zu LrE (B) in: SCHOLEM, Tagebücher 2, 169f.177–180.221.265f.272.

[12] Ebd., 272. Die Lektüre von KThE (C) endet in „transzendentale[r] Konfusion"; weitere Äußerungen in: SCHOLEM, Tagebücher 2, 226.238.240.257f.260.274–276. Explizite und implizite Äußerungen zu BR in: SCHOLEM, Tagebücher 2, 137.235f.240.250f.272.339.

[13] Ebd., 305.

[14] Ebd., 137f. (22. Februar 1918); die Spur führt über ebd., 139 (24. Februar 1918); 177f. (14. April 1918); 209f. (1917/18) zur abschließenden 76. These, vgl. ebd., 305 (15. Juli 1918).

[15] Ebd., 137f.

[16] Ebd., 137.

balist bleibt somit nicht für sich und allein, sondern reibt sich die Augen: „auch […] Cohen"[17] ist zur Stelle! Kabbala „ist der echte Weg der jüdischen Mystik, der zu Hermann Cohen führt."[18] – Und umgekehrt: Selbst wenn Cohen dezidiert keine Kabbala treibt und zu „Mystik" ausschließlich Kritisches zu sagen hat, ist er, wie unwillentlich auch immer, genötigt, zumindest verbal dieselben Themen zu verhandeln, und nicht nur nebenbei. Schöpfung aus dem Nichts ist das Thema, bei dem – um es so personalisiert zu formulieren – nicht nur Scholem am scholemsten, sondern auch Cohen am cohensten ist.[19] So kommt es, dass Scholem im späteren Werk dieses Thema nur anschlagen muss, und schon steht Cohen vor der Tür.[20] – Aber zugleich ist deutlich: Der Punkt größter thematischer Nähe dürfte wohl auch der der größten Ferne sein; wie Cohen ein Stachel bleibt im Werk Scholems, so umgekehrt: Scholem ist der Stachel in Cohens Werk.

b. Bürgerlich-philosophische und mystisch-kabbalistische Sprachauffassung

Dass die Differenz zwischen Philosophie und Kabbala tief ist: darin stimmt Gershom Scholem mit Walter Benjamin überein. Das ist das Momentum, das ihr συμφιλοσοφεῖν in Schwung bringt. Wie mit dem frühen Benjamin zu unterscheiden ist zwischen „bürgerlicher" und „mystischer" Auffassung der Sprache,[21] so mit Scholems Variante zwischen philosophischer und kabbalistischer; zwischen beiden Auffassungen liegt, was beide den „Sündenfall der Sprache" nennen. „Alle wahrhaft letzten Philosophen" stehen, so Scholem, der unbürgerlichen, kabbalistisch-mystischen Sprachauffassung auf Dauer fern.[22] Das klingt wie eine Generalisierung der Gestalt Cohens.

So kommt es: Man muss einen auf beiden Ebenen gebräuchlichen Terminus – hier: die Schöpfung aus dem Nichts – nur nennen, und schon verkehrt sich alles. Die Kabbala vertreibt jedes Wort aus seinem „gewöhnlichen", „wörtlichen" Verstand; „Ambivalenz" bricht aus.[23] „Umdeutung" wäre zu wenig; „Umstülpung" tritt ein,[24] Umschlag „ins Gegenteil".[25] In dieser Situation tut der Kabbalist das einzig Richtige: er reißt aus. Er wandert aus. Scholem deutet auf sich selbst, wenn er sagt: „Die Kabbala […] hat diesen [sc. den bürgerlichen] Weg verlassen".[26]

---

[17] Ebd., 209.
[18] Ebd., 305.
[19] Thematisierungen der Schöpfung aus Nichts im Werk Scholems, ohne Anspruch auf Vollständigkeit, ebd., 137f.; SCHOLEM, Buch Bahir, 13; Gershom Scholem an Hans-Joachim Schoeps 1932, in: SCHOLEM, Briefe 1, 467; DERS., Geheimnisse der Schöpfung, 38; DERS., David ben Abraham, 505; DERS., Sätze, 268; DERS., Schöpfung aus Nichts, 53–89; DERS., Jüdische Mystik, 237; DERS., Kabbala, 136–139; DERS., Ursprung, 55.65.373–378.399.
[20] SCHOLEM, Schöpfung aus Nichts, 54, vgl. ebd., 67.77.
[21] BENJAMIN, Sprache, 140–157,144,7.150,21; ebenso: SCHOLEM, Tagebücher 1, 466.472.
[22] Ebd., 466.472.
[23] SCHOLEM, Ursprung, 374.376.383.
[24] SCHOLEM, Schöpfung aus Nichts, 63.66.
[25] SCHOLEM, Kabbala, 137.
[26] SCHOLEM, Tagebücher 2, 138.

Cohen bleibt zurück; er hat „sich falsch interpretiert[.],"[27] hat „sich sehr mißverstanden".[28]

c. Zweierlei Unendlichkeit, extensive und intensive

Zwar ist es stets die Schöpfung aus dem *Nichts*, die im Schnitt von bürgerlicher Philosophie und unbürgerlicher Mystik steht, und auf das Nichts komme ich sogleich. Aber sowohl aus Benjamins Spracharbeit wie aus Scholems Parallelaktion, der Klageliedarbeit, deren Abschluss erst ein Vierteljahr zurückliegt, drängt sich der Gesichtspunkt der Unendlichkeit neben das Nichts.[29] Es ist das אין סוף [*en sof*] vom Anfang des *Sohar*, das Scholem damit aufnehmen will.[30] Seine erste Notiz erläutert Scholem: „Die Kabbala nennt Gott, das Unendliche, auch Nichts."[31] In dieser Reihenfolge! Ebenso die 76. der *95 Thesen*: „Die Kabbala nennt Gott, das Unendliche, auch Nichts. Dies ist der echte Weg der jüdischen Mystik, der zu Hermann Cohen führt."[32]

Unendlichkeit ist für Benjamin und Scholem in erster Linie ein Kennzeichen der Sprache. „Alle Sprache ist unendlich", beginnt die Klageliedarbeit. Jedoch: „Es gibt aber eine [*lies: eine*] Sprache, deren Unendlichkeit tiefer und anders ist als die aller andern",[33] für Scholem die Klage, die Sprache der Grenze in der menschlichen Sprache.[34] Also sind in der Sprache zwei Unendlichkeiten ineinander verschränkt, zugleich aber unendlich verschieden, die eine die gewöhnliche, grenzenlose, die andere die außergewöhnliche, „Sprache an der Grenze, Sprache der Grenze selbst."[35] Signale Benjamins und Scholems aufnehmend und Cohens Terminologie nicht fern, können wir die erste Unendlichkeit der Sprache extensiv-unendlich, die zweite intensiv-unendlich nennen.[36]

---

[27] Ebd., 167.
[28] Ebd., 189.
[29] Ebd., 177f. (14. April 1918): „Was ich am Gedanken des Ursprungs verstehe, ist tief und wahr, das Unendliche zum Gestaltmittelpunkt der Philosophie zu machen ist ein bedeutsamer Gedanke."
[30] SCHOLEM, Tagebücher 1, 372.
[31] SCHOLEM, Tagebücher 2, 209 (1917/18).
[32] Ebd., 305 (15. Juli 1918).
[33] SCHOLEM, Klage, 128,1 f.
[34] In voller Anerkenntnis der unendlichen Differenz zwischen der menschlichen Sprache auf der einen und der „Sprache Gottes" auf der anderen Seite setzt Scholem die Klage präzis auf die Grenze zwischen beiden. Im Hintergrund steht BENJAMIN, Sprache, 149,21–24, vgl. ebd., 143,2.7.156,9: „Die Unendlichkeit aller menschlichen Sprache bleibt immer eingeschränkten und analytischen Wesens im Vergleich mit der absoluten uneingeschränkten und schaffenden Unendlichkeit des Gotteswortes."
[35] SCHOLEM, Tagebücher 2, 128,23 f. Auf diese Formel hat sich das mystisch-Unendliche inzwischen präzisiert, nachdem es in früher noch als „jenseits jeder Grenze" beschrieben wurde. Vgl. SCHOLEM, Tagebücher 1, 372.
[36] BENJAMIN, Sprache, 145,14 f.; SCHOLEM, Tagebücher 2, 551. Vgl. PIM, 45 f.49 f; LrE (A), 255 f.

d. Nicht und Nichts, אפס *und* אין

Damit gelangen wir zu der Differenz, die in der zitierten Notiz vom 22. Februar 1918 besonders hervorsticht. Von Differenzen war bisher schon in allen drei Aspekten die Rede: erstens die Differenz von Cohen und Scholem, zweitens die von philosophischer und kabbalistischer Sprachauffassung, drittens die von extensiver und intensiver Unendlichkeit der Sprache. Jetzt kommt viertens hinzu: „Unterschied zwischen Nicht und Nichts (אפס [*efes*] und אין [*ajin*])". Auch hier der Rückverweis auf die Klageliedarbeit und was sie als Unerledigtes anstieß. „Schweigen ist der Ursprung der Sprache", heißt es zwei Tage später, „und verhält sich zum Nicht-Reden wie das Nichts zum Nicht."[37] Darauf liegt keine geringe Emphase. Wie schon der Unterschied von Nicht und Nichts „von größter Tragweite" war, so ist jetzt zwischen Nicht-Reden und Nichts-Reden zu unterscheiden, und zwar mit einer „Scheidungsfähigkeit von gewaltigster Weite."[38]

Während wir bei Scholem so lesen, ist der an sich schon nahe Cohen vollends zum Greifen nah. Die *Logik der reinen Erkenntnis* verlangt nicht nur, „das *Nichts nicht mit Nicht zu verwechseln*",[39] sondern spricht – nun verbrennt man sich beinahe – dem „Unterschied von Nicht und Nichts" schlechthin orientierende Kraft zu.[40] Somit erscheint Scholems Notiz in ihrem Kern als direkte Cohen-Reminiszenz.

Und *plötzlich* ist alles verkehrt, umgeschlagen ins Gegenteil. Erkennbar verläuft Scholems Duktus vom Nicht der Philosophen zum Nichts der Mystiker. Cohen dagegen will durchaus nicht „zum Nichts, vielmehr zum Nicht" gelangen.[41] Während bei Scholem sich gegenüberstehen relatives Nicht und absolutes Nichts, verhält es sich bei Cohen umgekehrt: Es gibt „kein absolutes Nichts; sondern nur ein relatives".[42] Und was für die Unterscheidung von Nicht und Nichts gilt, wiederholt sich bei der von אפס und אין. Zwar sind die hebräischen Ausdrücke von zu anderer Art, um sich in das Prokrustesbett der deutschen Unterscheidung spannen zu lassen,[43] doch so viel ist klar: Auch hier kehrt sich die Differenz in Cohens und Scholems Gebrauch um.

---

[37] Scholem, Tagebücher 2, 139 (24. Februar 1918).
[38] Ebd.
[39] LrE (A), 87 (s. Anm. 44).
[40] Ebd. 88.
[41] Ebd., 89.
[42] Ebd., 87.
[43] Hamp, Art. אפס, 390: „Die Grundbedeutung des Substantivs ‚Grenze, Ende'" entwickelt sich „sekundär" zum „völligen Nichtssein". Schwertner, Art. אין, 128.130: „Die Grundbedeutung [...] ‚Nichtsein/Nichtvorhandensein'" entschärft sich in der Septuaginta oft zu „Zusammensetzungen mit α privativum."

1.4. Das Vorhaben hier

Eine Scholem-Abhandlung ist nicht intendiert. Gleichwohl soll Cohen in Scholems Rezeption loziert werden. Dabei dominiert die Figur des Gegensatzes im Selben. Sie wird sich, wenn wir der Schöpfung aus dem Nichts bei Cohen folgen, sogar noch verkomplizieren. Bei Cohen sind zwei weit auseinander liegende Phasen seines Werks einschlägig: auf der einen Seite die früheste, dokumentiert im Aufsatz *Die dichterische Phantasie und der Mechanismus des Bewußtseins* 1869, noch aus der vorkantischen Zeit; auf der anderen Seite das späteste der religionsphilosophischen Werke, *Der Begriff der Religion im System der Philosophie* 1915, samt einem der letzten Aufsätze *Einheit oder Einzigkeit Gottes* 1917; schließlich die *Religion der Vernunft aus den Quellen des Judentums* ²1929.[44] Beides sind Berliner Randphasen; sie rahmen die Marburger Hauptzeit. Zwischen beiden liegt nicht weniger als Cohens philosophisches Werk als ganzes, die Kantschriften genauso wie das *System*, und die *Infinitesimalmethode* als das Scharnier dazwischen. In keiner der philosophischen Schriften wird Schöpfung aus dem Nichts *telle quelle* thematisiert. Sie bleibt den Rändern des Werks überlassen. Während die früheste Phase unter der leitenden Frage steht, ob es so etwas wie *Poetologie* gibt, was Cohen zum Bedauern von Chajim Steinthal strikt verneint, ist die späte Phase der Frage nach der Durchsetzung der *Logik* auch im Bereich der Religion gewidmet, was Cohen, unnötig zu sagen, entschieden bejaht. Also geraten wir auf der Suche nach der *creatio ex nihilo* bei Cohen (selbstverständlich findet sich bei ihm die Theologen geläufige mittellateinische Fassung nicht) in zwei weit auseinanderliegende, sich aber schon im Wort überschneidende Gebiete, Poetologie dort, Logik hier.

Fragen des Zusammenhangs werden dringlich. Hierbei gibt eine Beobachtung Paul Natorps zu denken, der nach der Lektüre der *Logik der reinen Erkenntnis* schreibt: Cohen „ist u. bleibt Poet in der Art seines Philosophierens".[45] Wink für einen möglichen Zusammenhang zwischen der (anti)*poetologischen* und der *logischen* Phase?

---

[44] Thematisierungen der Schöpfung aus dem Nichts im Werk Cohens, ohne Anspruch auf Vollständigkeit: Cohen, Phantasie, 421: „Schöpfer aus dem Nichts"; LrE (A), 70: das „Widerspiel" zu *ex nihilo nihil fit*; LrE (A), 88: „Hervorgang [...] aus dem Nichtigen"; ebd., 89: „jenes Nichts, das der Quell des Etwas ist"; BR, 48: „Schöpfung *aus dem Nichts*"; Cohen, Einheit oder Einzigkeit, 87f.: „Schöpfung aus dem Nichts"; RV, 43: „Schöpfung aus dem Nichts" als *façon de parler*; RV, 72: Aristoteles vs. „Schöpfung aus dem Nichts"; ebd., 76.80: „Erneuerung aus dem [...] Nichts".

[45] Paul Natorp an Albert Görland, 21. November 1902, in: Holzhey, Cohen und Natorp 2, 302.

2. Cohens Abweisung der Poetologie

2.1. Der Ausschluss der Schöpfung

Nicht nur die Schöpfung aus dem Nichts, sondern bereits Schöpfung schlechthin ist für den frühen Cohen keine Kategorie seines Vertrauens. Anders als sein Mentor Steinthal, der zwar meist unter der Flagge des ‚Ursprungs' unterwegs ist, aber niemals die ‚Schöpfung' ausschließt, zeigt sich der Cohen von *Die dichterische Phantasie und der Mechanismus des Bewußtseins* entschieden, dem Ursprung zur Eindeutigkeit zu verhelfen, indem die Schöpfung ausgeschlossen wird.

Nicht zufällig ist Dichtung, gerade sie, der paradigmatische und zugleich singuläre Ort dieser Forschungsaufgabe. Seit mythischer Zeit haftet ihr das Gerücht an, als Tochter der Mnemosyne sei sie Musenkunst, mithin Gabe der Götter, und eine bestimmte Richtung antiker Dichter macht sich dies zu eigen, indem sie die Figur des *Poeta creator* zum Vorbild, wenn nicht für sich in Anspruch nimmt.[46] Und mit der Renaissance, der Cohen sogar „evangelistischen Charakter" zuzusprechen nicht zögert,[47] wird der *Poeta creator* zwar nicht in der aristotelischen, doch in der platonisch inspirierten Dichtungstheorie, die etwas von göttlicher Mania und Enthusiasmos weiß, mit einer Formel spätantik-hermetischen Einschlags vom Dichter als *alter* oder *secundus deus* wiederbelebt.[48] Der Konflikt mit dem ersten Glaubensartikel – Symbolum Constantinopolitanum 381: Πιστεύομεν εἰς […] ποιητὴν οὐρανοῦ καὶ γῆς/*Credo in* […] *factorem caeli et terrae*;[49] Symbolum Apostolicum 8. Jahrhundert: *Credo in* […] *creatorem caeli et terrae*[50] – liegt auf der Hand. Von daher haftet dem Schöpferischen in der Sprache der Gebildeten, die sich durch Glaubenssätze nicht gebunden fühlen, besondere Exzellenz an, auf die selbst Cohen, wie kritisch er auch immer gegen den terminologischen Gebrauch agiert, nie verzichten mag; er fährt daneben fort, Schöpfung und das Schöpferische vorreflektiert zu preisen.[51]

Hier jedoch – damit kehre ich zum Aufsatz über *Die dichterische Phantasie* zurück – geht es darum, die Schöpfung, deren Inkurse und Insinuationen ge-

---

[46] So in Aufnahme des Gedichts von Werner Bergengruen: Ein Thema, das Lieberg in zahlreichen Einzelstudien weiterverfolgt hat, vgl. LIEBERG, Poeta Creator.

[47] LrE (A), 28.

[48] SCALIGER, Poetices lb. VII, lb. I cap. 1, p. 3ª: poeta […] demum sese […] Deum alterum efficit. Vgl. dazu HARST, Alter deus.

[49] DH 150.

[50] DH 30.

[51] So COHEN, Phantasie, 423 f.: was „den Künstler zur Schöpfung antreibt"; PIM, 30: „der *Grenze* mangelte alle *schöpferische Positivität*"; ebd., 32: „Princip *schöpferischer Continuität*"; Ebd., 34.37.47.57.60 f.97; LrE (A), 20: Platon „Schöpfer der Logik", „*Schöpferkraft des Denkens*"; ebd., 25 f.: „das Erzeugen bringt die schöpferische Souveränität des Denkens zum bildlichen Ausdruck." ÄrG I, 384: „poetische[.] Schöpferkraft". Auf der Schwelle zum terminologischen Gebrauch: RV, 84: „*Die Offenbarung ist die Schöpfung der Vernunft*."

rade die Dichtung als Einfallstor missbrauchen, möglichst zuverlässig aus dem wissenschaftlichen Diskurs auszuschließen. Es gilt, die Einsicht zu befestigen, „daß in *keinem Denkprocesse*, welches Ansehen er immer habe oder wie dunkel auch sein Ursprung sei, eine *Schöpfung* gegeben sein könne."[52] Schöpfung ist nichts als ein „Ausdruck *wissenschaftlicher Rathlosigkeit*".[53] Allenfalls als in Anführungszeichen versetzte und somit entweste – etwa als „,Schöpfung' des Dichters"[54] – darf sie fortleben.

2.2. Die Frage nach dem Ursprung

Hingegen die Frage nach dem Ursprung – aber damit ist Cohens quicklebendige Sehkraft noch nicht befriedigt, also drastischer: nach dem *„Springpunkt* der Dichtung"[55] – ordnet die Dichtung ein unter die allgemeinere Frage nach dem Ursprung der menschlichen Kultur, den „Culturgütern" und „Culturgattungen", von denen Poesie gewiss eine der höchsten ist.[56] Solche Güter gehören in die *„Entwickelungsgeschichte"* des menschlichen Geistes, in der sie entstehen und überliefert werden. Die Basis hierfür bildet der *„Proceß im Bewußtsein"*, der in der Psychologie der Herbartschule durch Mechanismen der Anziehung und Abstoßung, Assoziation und Reflexion erklärt wird. Sprünge gibt es hier niemals, Ursprung dagegen wohl, und man ahnt mit dieser bereits hörbaren Refraktion, weshalb die Frage nach dem Ursprung der Poesie „wie jede Frage nach dem *Ursprung,* zu den schwierigsten" zählt.[57]

Auch noch in der zweiten Hälfte des 19. Jahrhunderts gehört die Ursprungsfrage motivgeschichtlich in die Nachwirkung der klassischen Themastellung des Ursprungs der Sprache, die von der Berliner Akademie im 18. Jahrhundert zweimal ausgeschrieben und Mitte des 19. Jahrhunderts auf Schellings Betreiben noch einmal in Anregung gebracht wurde. Jacob Grimm antwortet darauf,[58] Chajim Steinthal ebenso im Jahr 1851,[59] aber in Humboldtschem Geist.[60] Viel-

---

[52] COHEN, Phantasie, 351.
[53] Ebd., 355; so das ernüchternde Resultat dessen, was im Motto aus Platon, Alcib. II 147b noch offen geblieben war: Ἔστι γὰρ φύσει ποιητικὴ ἡ ξύμπασα αἰνιγματώδης.
[54] Ebd.
[55] COHEN, Phantasie, 378.
[56] Ebd., 349f.378.
[57] Ebd., 351.
[58] GRIMM, Ursprung, 255–298; DERS., Reden, 64–100. Vgl. dazu GESSINGER, Sprachursprung.
[59] STEINTHAL, Ursprung der Sprache; vgl. DERS., Steinthals Theorie; ADELMANN, Sprachwissenschaft.
[60] Wilhelm von Humboldt kommt der klassischen Fragestellung nach dem Ursprung der Sprache wohl am nächsten in seinem ersten Akademievortrag ‚Ueber das vergleichende Sprachstudium in Beziehung auf die verschiedenen Epochen der Sprachentwicklung' 1820: HUMBOLDT, Schriften 4, 1–34. Vgl. dazu TRABANT, Humboldt; DERS., Jenseits. Im letzteren Aufsatz findet sich (Anm. 19) die – für Humboldt-Leser einigermaßen verstörende – Nachricht, der im Druck (ebd., 4, 14) mitgeteilte Satz „Die Sprache muss […], meiner vollsten

leicht darf die Frage nach dem Ursprung der Sprache die Mutter aller Fragen nach dem Ursprung menschlicher Kulturgüter genannt werden, so insbesondere auch Mutter der Frage nach dem Ursprung der Poesie, wie es seit Herders Ursprungsschrift am Tag liegt.

So singulär die Frage nach dem Ursprung der Poesie ist: sie ist andererseits paradigmatisch. Cohen erweitert sie zu der nach dem „*Ursprung* der Kunst",[61] wobei zur Dichtkunst nach dem klassischen Paragone der Künste hinzutritt die Plastik,[62] bezogen auf Götterstatuen, die Bildkunst,[63] bezogen auf Götterbilder; ebenso die Musik,[64] bezogen auf Götterlieder, wobei Cohen sich durch die Gefahr, die von deren theonymer Benennung ausgeht, nicht beirren lässt. Die hochelaborierte Antwort, die er auf die Frage nach dem Ursprung gibt, bedürfte detaillierter Analyse. Ich belasse es dabei: Dichtung ist Fortleben von Mythos unter nachmythischen Bedingungen; sie ist Vergleich oder Vergleichung anstelle der vom Mythos für sich in Anspruch genommenen Gleichung.[65] Also liegt der Ursprung der Poesie in einer Art Wiederverwertung von in erster Lesung dysfunktional gewordenem mythischem Material.

2.3. Die Antinomie: Dichtung ist/ist nicht Schöpfung

In dem Maß, in dem sie keinen eigenen Stand hat, ist Dichtung auch keine Schöpfung. Oder umgekehrt und mit Cohens ständig plastischen, sprachbildnerischen Worten: Es ist ein bloßes „Vorurtheil[.], daß die Dichtung eine Schöpfung sei, die ihren Grund in eigenen *poeto-logischen* Gesetzen habe."[66] In diesem sprachschöpferischen Moment – immerhin bildet Cohen den Neologismus ‚poeto-logisch'[67] nur, um eben den Akt, aus dem er entsteht, kategorisch zu denunzieren – wird es dem Cohen-Leser Steinthal denn doch zu bunt. Er ergreift

---

Ueberzeugung nach, als unmittelbar in den Menschen gelegt angesehen werden" laute in der Handschrift: „als *von Gott* unmittelbar in den Menschen gelegt angesehen werden". Steinthal, den diese handschriftliche Variante in Anbetracht seiner These über Humboldts Antwort auf den Ursprung der Sprache (s. Anm. 59) „aus Gott", nicht hätte unaffiziert lassen können, erwähnt davon nichts. HUMBOLDT, Die sprachphilosophischen Werke, 51.

[61] COHEN, Phantasie, 423.
[62] Ebd., 420f.423.
[63] Ebd., 421.423.
[64] Ebd., 435f.
[65] Ebd., 405f.
[66] Ebd., 356.
[67] Robert verzichtet völlig auf eigene Erhebungen zum Gebrauch von ‚Poetologie', behauptet indes: Poetologie, gebräuchlich seit den 70ern, partikularisiert einerseits – soweit „geradezu ein Gegenbegriff zu *Poetik*" – auf „die individuelle Eigenart bestimmter Autorenpoetiken", während sie sich andererseits ausweitet zu einem „Begriffsgebrauch, (...) der alle sozialen und epistemologischen Ordnungen einschließt." ROBERT, Poetologie, 305. Und damit ist das Wort erklärt? Anders führt Wehrli ‚Poetologie' auf den Untertitel der FS Hugo Kuhn zurück; während ‚Poetik' sich auf „Poesie in engern Sinn" bezieht, umfasst ‚Poetologie' „eher die Gesamtheit der Literatur", wenn nicht gar das „schöpferische [...] Element in jeder sprachlichen Leistung". WEHRLI, Literatur, 20.

das Paradox „unseres jungen Freundes"[68] und zeiht diesen der „offenbare[n] Ungunst gegen die Poesie"[69] und des Selbstwiderspruchs.[70] Er konfrontiert ihn mit der Antithese „Dichtung ist absolut Schöpfung aus sich selbst",[71] und überhaupt: Poesie ist nur „Poesie als sie selbst".[72] In der Tat hat das „poetische Schaffen" – so nimmt Steinthal Cohens Neologismus auf – eigene „‚poetologische' Gesetze".[73] Hier spricht noch einmal der Humboldtianer, dessen Ursprungsschrift in erster Auflage von 1851 eine „theologische Abhandlung" zu nennen Dieter Adelmann sich nicht hat nehmen lassen.[74] Ich zögere nicht, Steinthals Satz „Dichtung [...] ist [...] Schöpfung"[75] gegen Cohens Satz, Dichtung sei „keine Schöpfung"[76] als Antinomie zu bezeichnen. Gegen Cohens These: Es gibt keine Poetologie, setzt Steinthal als Antithese: Ja, es gibt Poetologie. Dabei handelt es sich um einen gleichstarken Gegensatz, eine ἰσοσθενὴς διαφωνία, um diesen Terminus der Skepsis aufzunehmen. Auf diesem schwankenden Grunde müssen wir weitergehen, können es aber auch.

2.4. Die Schöpfung aus dem Nichts, nein: der Schöpfer aus dem Nichts

Dass selbst die höchste Preisung dichterischen Schaffens durch Steinthal – „Die Dichtung ist absolut Schöpfung aus sich selbst" – noch einer Grenze unterliegen sollte, erschließt sich aus dem Wortlaut der These nicht. Aber ‚absolut' ist hier gebunden an eine Region, die Steinthal als „etwas absolut Humanes" präzisiert.[77] Daraus darf selbst die noch so schöpferische Dichtung mit „Schöpfung aus Nichts" nicht verwechselt werden, zumal „derartiges im menschlichen Geiste nicht vorkommt".[78] Dichtung bedarf des vorgegebenen „Materials der Erfahrung"[79].

Während also Steinthal der Dichtung ‚Schöpfung' vehement zu-, ‚Schöpfung aus Nichts' vehement abspricht, gerät er nicht nur am ersten Punkt in Differenz zu Cohen, sondern wider Erwarten auch im zweiten. Nicht hat Cohen die Schöpfung aus dem Nichts, sondern den „Schöpfer aus dem Nichts" im Auge, dem der Dichter von vornherein nicht gleichkommt. Dieser Ausdruck begegnet als Hapaxlegomenon in einer Passage, die in die dahinfließende Ar-

---

[68] STEINTHAL, Poesie, 301–314; Zitat ebd., 301.
[69] Ebd., 307; vgl. ebd., 308.
[70] Ebd., 309: „Der Vfr. hat sich selbst widerlegt."
[71] Ebd., 303.
[72] Ebd., 312.
[73] Ebd., 302. Die Nostrifizierung durch Steinthal geschieht, indem der verräterische Bindestrich weglassen wird, gleichwohl die Anführungszeichen noch die Distanz signalisieren.
[74] ADELMANN, Sprachwissenschaft, 271.
[75] STEINTHAL, Poesie, 309.
[76] COHEN, Phantasie, 407.
[77] STEINTHAL, Poesie, 308.
[78] Ebd., 301.
[79] Ebd., 302.

gumentation zugunsten der Möglichkeit von Poesie und Kunst einfällt wie ein erratischer Block.[80] Sie spricht eher für deren Unmöglichkeit. Plötzlich bricht in die schillernde Welt dichterischer und künstlerischer Phantasie der Monotheismus ein. Es möchte angehen, der Kunst die Götter zu überlassen. Und selbst an die „*polytheistische* Vorstellung ‚Gott'" mag Kunst, insbesondere die Plastik, kühnlich herantreten. Jedoch: „die *monotheistische* [...] *ist plastisch nicht darstellbar*."[81] Dasselbe gilt vom Bild,[82] dasselbe auch – wie zwingend zu ergänzen ist – vom dichterischen Wort und Gesang. Es ist ein gänzlicher Unterschied, ob „Gott", die polytheistische Vorstellung, oder Gott selbst einfällt, der Gott des strengen Monotheismus, der „Schöpfer aus dem Nichts, von anfangsloser Einzigkeit und [*un*]körperlicher Unveränderlichkeit, von unfassbarer Größe und Milde, heiliger Gerechtigkeit und Liebe:"[83] – für einen Augenblick klingt es, als ob Cohen mitten in seinem Fließtext in eine Kantillation der synagogalen *Shelosh-'esreh middot* aus Ex 34,6–7 ausgebrochen wäre.[84] Der prophetische Spott aus Ps 115,4–8/135,15–18 kann nicht ausbleiben.[85] Und Cohens Mahnung wird überdeutlich: „Das sollten endlich alle diejenigen einsehen, welche noch immer gegen die künstlerische Unfruchtbarkeit des *Semitismus* eifern."[86] Fruchtbar in Kunst und Poesie erweist sich der reine Monotheismus darin, dass er das „*Ideal* des Schönen"[87] der hyperbolischen Ausdehnung aussetzt, sobald mit „Einem plötzlichen Blick" der „Eindruck des *Erhabenen* empfangen" wird.[88] Das ist der Blick auf den Schöpfer aus dem Nichts, den בורא עולם, der das Gerücht vom Poeten als einem Schöpfer, sei es aus dem Mythos der Antike, sei es aus der Frohbotschaft der Renaissance, in Nichts ausgehen lässt, nicht erst wie bei Steinthal an der obersten Grenze, sondern bereits an der untersten Wurzel.

Was Cohen der Schöpfung versagt, überstellt er dem Ursprung. Oder anders: Was er der Poetologie abspricht, spricht er der Logik zu.

---

[80] COHEN, Phantasie, 420–424.
[81] Ebd., 420.
[82] Ebd., 423.
[83] Ebd., 421. Vgl. JS 3, 246: „barmherzig und gnädig, und groß an Liebe und Treue (2. M. 34, 6.7)"; RV, 109: „Die [...] dreizehn Eigenschaften sind eigentlich aber nur zwei: Liebe und Gerechtigkeit."
[84] HEIDENHEIM, Siddur, 324.332; DERS., Machsor 4 Rosh hashana א, 70; 5 Rosh hashana ב, 81; 6 Kol nidre, 46; 7 Jom kippur, 105.108.217.237.251.
[85] COHEN, Phantasie, 423.
[86] Ebd., 420.
[87] Ebd.
[88] Ebd., 421.

3. Cohens Erwählung der Logik

3.1. Logik versus Poetologie

Daran, dass selbst noch der Eingang der *Logik der reinen Erkenntnis* in eben das Format hinein komponiert ist, das mehr als drei Jahrzehnte zuvor mit dem Eingang der *Dichterischen Phantasie* gesetzt war, wird niemand füglich zweifeln. Aber eine Überraschung ist es doch. Hier begegnen Ursprung und Schöpfung in derselben Taxonomie wie damals. Das „Interesse des Ursprungs" – heißt es jetzt – sei weder durch die Annahme von Schöpfung noch durch die von Chaos zu „befriedigen".[89] Inzwischen mag die Lektüre von Hermann Gunkels *Schöpfung und Chaos* nachschwingen,[90] wobei Schöpfung für die mosaische Genesis der Hebräer steht, Chaos für den kosmogonischen Mythos der Griechen. Sie sind bloße Äußerungen des Affekts, die an Wissenschaft nicht heranreichen.

Jedoch der Begriff des Ursprungs hat sich weit über jenen frühen Aufsatz hinaus fortentwickelt. Nicht mehr geht es bloß um den Ursprung der Dichtung im Rahmen der allgemeinen Frage nach dem Ursprung menschlicher Kultur, sondern um den Ursprung der Denkgesetze. Also steht die Frage nicht mehr im Bann des Ursprungs der Sprache wie im Kontext Steinthals; nun geht es um den Ursprung der ersten Elemente des Denkens selbst, noch vor allem Denken von bestimmten Inhalten. Doch auch die Logik, so sehr sie sich aus jenem Kontext löst, wird die Irritation, dass Logos Sprechen und Denken zugleich ist, nicht los. „Logos bedeutet Sprache und Vernunft": das bleibt virulent, selbst wenn Cohen einseitig fortfährt: „das will sagen: der Gehalt der Sprache ist der Inhalt der Vernunft."[91] Genau diese Spielart des Idealismus war es, die Benjamin und Scholem in ihren frühesten Texten als bürgerliche Philosophie denunzierten und durch teils romantische, teils kabbalistische Mystik auszuhebeln suchten.[92] Und selbst Cohen, obgleich er den Doppelsinn von Logos auf der Ebene des Gesagten zugunsten des Denkens entschieden hat, agiert auf der Ebene des unmittelbaren Sagens mit dem sprechenden Logos. Er formuliert mit ständiger Aufmerksamkeit auf das, was aus dem soeben Gesagten hervor „lugt".[93] So kann sehr wohl

---

[89] LrE (A), 65.
[90] GUNKEL, Schöpfung und Chaos.
[91] LrE (A), 13. Vom Kontext gelöst könnte der Satz auch mit Umkehrung der Stoßrichtung gelesen werden. Vgl. ebd., 5 f.42.
[92] Vgl. Anm. 21. BENJAMIN, Sprache, 144,7–11: „[D]ie bürgerliche Auffassung der Sprache [...] besagt: Das Mittel der Mitteilung ist das Wort, ihr Gegenstand die Sache, ihr Adressat ein Mensch. Dagegen kennt die andere kein Mittel, keinen Gegenstand und keinen Adressaten der Mitteilung. Sie besagt: *im Namen teilt das geistige Wesen des Menschen sich Gott mit.*" SCHOLEM, Tagebücher 1, 466: „Die falsche bürgerliche Auffassung von Sprache [...] gipfelt positiv darin, daß sie meint, Sprache sei da, damit die Menschen sich verstünden [...], negativ, indem sie verneint, daß Sprache schlechthin ein Inhalt sei." Jene Auffassung teilt ‚etwas' mit, diese ‚nichts' als sich selbst.
[93] LrE (A), 65.

der Fall der „Collision zwischen der Sprache und der Logik" eintreten,[94] der nach allen abgegebenen Erklärungen auszuschließen gewesen wäre. Durch die *Logik* als ersten Teil des Systems hindurch geht bereits der Blick zum dritten. Dass die *Logik* dem „Denken der Wissenschaft",[95] die *Ästhetik* paradigmatisch dem „Denken der Poesie"[96] gewidmet ist, fällt nicht weiter auf. Jedoch dass das Denken der Poesie vor unseren Augen und noch in der *Logik* zum „Denken in Versen", „in Tönen" mutiert, bewirkt, dass der objektive Genitiv in den subjektiven umschlägt, womit sich das Bedingte als immer schon Bedingendes in Erinnerung bringt. Der Doppelsinn von Logos, an sich schon für bewältigt erklärt, lässt grüßen. Mit den Worten der *Ästhetik*: „Es bildet sich daher *eine Art von neuer Logik* für dieses Denken der Poesie."[97] Das ist eine Zumutung, sodass man nach einem Namen für sie ringt. Es gibt nur einen: Poetologie. Nachdem die *Logik* sie ausgetrieben hatte, kehrt sie in der *Ästhetik* ungenannt als neue Logik wieder.[98] Der Sache nach war sie bereits in der *Logik* am Werke.

Auf die Frage: *Wie die Logik der reinen Erkenntnis lesen?* – an sich schon die mildere Form der Frage: Ist die *Logik der reinen Erkenntnis* überhaupt lesbar? – wird hier de facto so geantwortet, dass ihren Wendungen im Detail nachgegangen wird, sofern diese einen mehr oder weniger großen bildlichen Anteil nicht verbergen können. Wenn Schöpfung ihrem ursprünglichen Anspruch nach nicht nur Schöpfung *durch* das Wort, sondern auch und vielmehr Schöpfung *im* Wort ist, müsste sich dann nicht, gerade bei Ausschluss der Schöpfung aus dem Ursprung, in der Logik des Ursprungs das Ausgeschlossene als das Poetologische der Logik wiederum melden?

3.2. Die Privationspartikel μή und das α privativum

„Die Sprache der Griechen" ist es,[99] die in der *Logik* als Quasisubjekt auftaucht und plötzlich anhebt zu sprechen. Ihr „intellektuelle[r] Leichtsinn", der darin besteht, dass „Logos zugleich die Vernunft" bedeutet, will auch noch für „tiefsinnig[.]" gehalten werden. Da ist die einzigartige Partikel μή,[100] da ist das einzigartige α privativum,[101] das die unsichere lateinische „Vorsilbe In" und die unsichere deutsche „Vorsilbe Un" im privativen Sinn fixiert. Ohne dass aus einer Ritze des Griechischen, wie minimal auch immer, diese „precaere Partikel" her-

---

[94] Ebd., 87.
[95] Ebd., 16–19.
[96] ÄrG I, 358.367.
[97] Ebd., 367.
[98] Die schon vom frühen Cohen abgewiesene Poetologie hat Wiedebach für den späten Cohen erneut und als unabweisbar ins Spiel gebracht. Vgl. WIEDEBACH, Stufen, 303.
[99] LrE (A), 70. Siehe auch: RV, 71.
[100] Ebd., 70.
[101] Ebd., 72.

vorlugt, drohte die Kenntnis der Privation in der Welt der formalen Logik des Aristoteles, die durch den Satz vom Widerspruch und „die stricte Negationspartikel οὐ"[102] regiert wird, verloren zu gehen. Ist etwa „die" Sprache nicht nur „Tyrann"? Übt sie „legitime[.]" Herrschaft?[103]

3.3. Das unendliche Urteil als das Urteil des Ursprungs

„[S]o entstand das *unendliche Urtheil*."[104] Wie? Befinden wir uns mit dem unendlichen Urteil nicht unter den Denkgesetzen erster Klasse, und zwar ‚erster' nicht im seriellen, sondern prinzipiellen Sinn? Das Schwergewicht der Sachordnung wird verspottet durch das Leichtgewicht der Herkunft. Es war die *minima pars orationis*, die Partikel, es war eine Ritze in der Sprache, aus der aufscheint, was sie als ganze in neues Licht zu rücken vermag. Im Übrigen gilt von der Vokabel ‚unendlich', dass sie bereits „ist", was sie „bezeichnet".[105] Der privative Sinn ihrer Vorsilbe hebt sie sowohl über das bestimmt Endliche wie das bestimmt Unendliche hinweg und macht sie zu etwas Unbestimmtem, wiewohl Bestimmbarem. Die drei Merkmale des unendlichen Urteils, die Kant nennt, treffen zu.[106] Erstens: Im unendlichen Urteil affiziert die Negation nicht die Kopula, sondern das Prädikat. Deshalb wird es von den Logikern des 19. Jahrhunderts meist aus der Logik ausgeschlossen.[107] Zweitens: Seiner konstitutiven Inhaltsbezogenheit wegen übersteigt das unendliche Urteil die Grenzen der formalen und öffnet das Tor zur transzendentalen Logik; nur „in einer transzendentalen Logik [müssen] *unendliche Urteile* von *bejahenden* noch unterschieden werden".[108] Und drittens begnügt sich das unendliche Urteil nicht damit, das Subjekt außerhalb der Sphäre des Prädikats zu lozieren, sondern loziert es in eigentlich gar keiner Sphäre. Es vollzieht somit nur die Angrenzung einer Bestimmungssphäre an das Unendliche oder die Begrenzung selbst, weshalb es auch limitierendes Urteil heißt.

Hört man sich die gängigen Beispiele an: Maimons „die Tugend ist nicht viereckig",[109] Hegels „die Rose ist kein Elephant",[110] Trendelenburgs „das Quecksilber ist ein Nicht-Rothes"[111] usw., so wirken sie wie Satzfetzen, die jeglichen Zusammenhang zerdehnen, wie – wenn ich mir die empathische Bemerkung erlauben darf – aus der Erfahrungsweise des Migränikers, dem sich die Ordnun-

---

[102] Ebd., 71.
[103] Ebd., 13.
[104] LrE (A), 72; RV, 72.
[105] LrE (A), 72.
[106] KANT, Logik, 534f. (Anm. 1–3 in umgekehrter Reihenfolge).
[107] TRENDELENBURG, Logische Untersuchungen 2, 183–186; SIGWART, Logik 1, 121f.137–141; LOTZE, Logik § 40, 61.
[108] KANT, Kritik, 112.
[109] Zitiert bei GORDIN, Untersuchungen, 17.
[110] HEGEL, Logik, 324; DERS., Enzyklopädie, 324f.
[111] TRENDELENBURG, Logische Untersuchungen 2, 184.

gen unter der migränischen Attacke solange verschieben, bis endlich im euphorischen „Wunder des Anfangs"[112] erste Umrisse von Zusammenhang und Zusammenhalt der Welt wiederkehren. Cohen kann vom unendlichen Urteil nie reden, ohne dem Spott der Gegner, bei solchen Sätzen handle es sich um etwas Abenteuerliches, einen „schlechten Witz", „Aberwitz", „Spaß" oder „Scherz",[113] der dem „Ernste" der Wissenschaft vorangeht, gleichwohl seinen indignierten Respekt zu bezeugen. Hierher gehört auch, dass selbst Hartwig Wiedebach, der sich dem Charakter des unendlichen Urteils als Denkgesetz unbedingt verpflichtet weiß, nicht umhin kann, an den Urteilen der ersten Klasse ein auffallend gestisches Element wahrzunehmen,[114] wenn nicht ein pathisches,[115] worauf zurückzukommen sein wird.

Die Frage stellt sich: Geht dies darauf zurück, dass seit Zulassung des unendlichen Urteils der finite Satz sich der Unwucht des Infiniten ausgesetzt sieht? Dass, um einen Ausdruck Jakob Gordins aufzugreifen, „Verunendlichung", „Infinitation" eingetreten ist?[116]

3.4. Die sog. negativen Attribute und das Urteil des Widerspruchs

Von negativen Attributen kann erst innerhalb einer Gotteslehre die Rede sein, zu der bisher keinerlei Anlass war.[117] Bei Cohen taucht das Thema erstmals auf in der zweiten Redaktionsschicht der *Charakteristik der Ethik Maimunis* 1908, seither aber regelmäßig in religionsphilosophischen Texten.[118] Es handelt sich um eine verführerische Kurzformel, die auf der einen Seite die implizite Theologie der Urteile der Denkgesetze expliziert, auf der anderen überlieferte theologische Attribute, das heißt: Eigenschaften Gottes, als Elemente von Urteilen der Denkgesetze durchsichtig macht. Keine Eigenschaften Gottes, ohne ursprünglichen Sitz in unendlichen Urteilen! Wenn ich hier – gegen Cohen – nicht pejorativ von Theologie rede, dann nur, um an der biblischen Religion – mit Cohen – den „Anteil der Vernunft"[119] freizulegen. Dies geschieht durch Abweisung positiver Attribute, deren zudringliche Vielheit die Einheit und Einzigkeit Gottes bedroht. Hier hat Maimonides seine unvergleichliche Stellung.

---

[112] RV, 79: „Wunder des Anfangs"; Vgl. ebd., 81; LrE (A), 69: Frage als „Anfang der Erkenntnis. Der ihrer Thätigkeit entsprechende Affect ist das Wunder." COHEN, Einheit oder Einzigkeit, 93: „Wunder der Erneuerung".
[113] LrE (A), 74f.98. Vgl. PIM, 35: „Scherze"; RV, 71: „Spiel des Witzes".
[114] WIEDEBACH, Wissenschaftslogik, 53: „denkerische Geste", „denkerische Gebärde".
[115] Ebd., 50.53.60: „Pathos".
[116] GORDIN, Untersuchungen, 3.
[117] Im Hintergrund steht KAUFMANN, Attributenlehre.
[118] WIEDEBACH, Stufen, 305. Anm. 73. Daher: JS 3, 248–259; BR, 46ff.; RV, 71ff.
[119] Vgl. Anm. 127.

a. Negation der Position

So hat Thomas von Aquin den *Rabbi Moyses* verstanden. Er gilt als der, der die negativen Attribute den positiven vorzieht.[120] Nur halb richtig, wendet Cohen seit 1906 ein. „Nicht positive Bestimmungen sollen durch die negativen Attribute verneint werden", *nicht Negation der Position*, und dies schon deshalb nicht, weil auf der Ebene der Denkgesetze, der Urteile *vor* dem Urteil, noch gar keine positiven Attribute vorliegen.[121] Also ist die Ebene, auf der wir uns befinden, keinesfalls die der Antithese von Bejahung und Verneinung im Sinn der formalen Logik.

b. Negation der Negation

Die philosophische Spekulation kann sich aber auch nicht damit begnügen, dass negative Attribute negiert werden. Cohen hat diesen Aspekt der Unmöglichkeit nicht mit derselben maimonideischen Klarheit ans Licht gehoben. Sie versteckt sich aber in seiner Kritik Hegels. Hegel fasste die Negation der Negation einerseits als das Positive des unendlichen Urteils, als Identität, andererseits als das Negative des unendlichen Urteils, nämlich als Differenz von Grund auf.[122] Hingegen ist Cohen bestrebt, dem Hegelschen Umschlag ins Gegenteil zu entkommen, indem er dessen Preisung des Widerspruchs als „Wurzel aller Bewegung und Lebendigkeit" lieber die „Identität als die Lust des Lebendigen" entgegenstellt.[123]

c. Negation der Privation

Sie ist ein „Zwischen"[124]. Auf der einen Seite durchaus verschieden von der Negation, ragt die Privation auf der anderen Seite auch über die Position hinaus. Sie macht aus endlich-bejahenden oder endlich-verneinenden Urteilen auf dem Wege der Infination unendliche Urteile. Die sog. negativen Attribute sind in Wahrheit Elemente unendlicher Urteile. Sie sind Prädikate, im Fall der Bezogenheit auf Gott hymnische Prädikationen. Man versteht derlei Attribute erst, wenn man sie als *nomina actionis*, das heißt als Attributionen versteht. So kommt eben das gestische Mehr zum Zuge, von dem bereits die Rede war.[125] Es

---

[120] S.Th. I, q. 13, a. 2 resp.: „Quidam enim dixerunt quod haec omnia nomina licet affirmative de Deo dicantur, tamen magis inventa sunt ad aliquid removendum a Deo, quam ad aliquid ponendum in ipso. Unde dicunt quod, cum dicimus Deum esse *viventem*, significamus quod Deus non hoc modo est, sicut res inanimatae: et similiter accipiendum est in aliis. Et hoc posuit Rabbi Moyses."

[121] RV, 71.

[122] HEGEL, Logik, 325.

[123] LrE (A), 94f.

[124] RV, 71.75.

[125] Vgl. Anm. 114.

ist dasjenige, was aus bloßen Urteilen im zusprechenden Fall „Verleihungen" (*dedicationes, vota*), im absprechenden Fall „Abdankungen" (*abdicationes, annihilationes*) macht,[126] – um an dieser Stelle die beiden Rubriken archaischen, auch israelitischen Opferns nicht zu verschweigen: Speise- und Vernichtungsopfer.

3.5. Die Schöpfung, der Schöpfer

Das Verständnis von Schöpfung unter Rettung des „Anteils der Vernunft"[127] entscheidet sich an der Aussage der Religion „Gott ist der Schöpfer".[128] Gerettet wird die Schöpfung durch Zuspitzung zum Schöpfer. Dagegen ist der Rückfall in so etwas wie „Schöpfungs-Theologie" zu vermeiden.[129] Es gilt, dogmatisch gesprochen, den Locus *De creatione* nicht nur zu versetzen in den Locus *De deo* und dort in die Lehre von den Attributen Gottes, sondern ihn auch von der Lehre von de*n* Namen sogleich zu katapultieren in die Lehre von de*m* Namen Gottes. Dann wird Schöpfung nicht nur zum Urattribut, sondern fällt mit der Einzigkeit Gottes zusammen.[130] In Aufnahme des eben dargelegten Dreitakts der Negationen[131] erklärt Cohen die Attribution „Gott ist der Schöpfer" als Ausdruck „neuer Positivität",[132] die aus der Negation der Privation folgt. Unter Einschaltung einer Passage aus der *Logik der reinen Erkenntnis* hält die *Religion der Vernunft* fest: Der Ursprung *ist* die neue Positivität.[133] Ursprung ist, der Feierlichkeit des Wortklangs zum Trotz, keine Potenzierung von Sprung. Vielmehr ist Ursprung die sicherste Weise, den Sprung flach und schwach[134] zu halten. In der Tat: Seit dem *Princip der Infinitesimal-Methode* ist es Cohens Ziel, möglichst den Sprung überhaupt zu vermeiden.[135] Das unendliche Urteil hat die Aufgabe, nicht etwa den Sprung, sondern die Kontinuität zu fördern, und so entsteht „schöpferische Positivität".[136] Der Ursprung transformiert die Schöpfung aus dem Nichts in Erhaltung, Zusammenhang und Zusammenhaltung. Das Wunder des Neuen ist die Kontinuität. So wird die Schöpfung „ge-

---

[126] LrE (A), 84.87.
[127] RV, 69–73, pass. 81.83.
[128] RV, 73.
[129] LrE (A), 28; vgl. ebd., 207.
[130] RV, 77: „Die Schöpfung ist das Urattribut Gottes; sie ist nicht nur die Konsequenz von der Einzigkeit des göttlichen Seins, sie ist schlechthin mit ihr identisch."
[131] Ebd., 71: „Nicht positive Bestimmungen sollen durch die negativen Attribute verneint werden". Ebd., 73: „Nicht die positiven Attribute werden negiert, sondern die privativen." Ebd., 76: „nicht die Negation, sondern die Privation ausschließen."
[132] RV, 73 u. ö.
[133] Ebd.; Auszug aus LrE (A) 70–72.74; in: RV, 71–72.
[134] Ebd., 78: „mildernd"; ebd., 79: „Abschwächung".
[135] PIM, 36f.69.
[136] Ebd., 30; damit rücken auch die oben (Anm. 51) nachgewiesenen Stellen aus PIM in ein gültiges Licht.

steigert" zur Erhaltung,[137] wofür häufig Talmud[138] und die Benediktion *Jozer* aus dem Siddur[139] herangezogen werden. „Die [...] Erneuerung tritt an die Stelle der Schöpfung."[140]

3.6. Cohen und Scholem: Nicht und Nichts, אפס und אין

Cohens Kritik an der Schöpfung aus dem Nichts heißt nicht, dass das Nichts keine Rolle spielt. Nicht der Ausfall des Nichts, sondern dessen Umbesetzung findet statt; „an die Stelle"[141] von *creatio ex nihilo* tritt eine solche *ab nihilo*.[142] Wenn es sich daher so verhält, dass das Nichts des Ursprungs nur noch „abgeschwächt und erschüttert" zum Zuge kommt,[143] dass der vermeintlich „wahre[.]" Abgrund für das Denken" sich soweit schließt, dass „[n]irgends [...] ein Abgrund gähnen" darf,[144] dass – um die Reihe paradoxer Fügungen in Cohens Text fortzusetzen – selbst der „abenteuerliche[.]" Umweg" über das Nichts am Ende als „gerade[r] Weg" erscheinen muss[145] und was als „Missgeburt des Denkens" erschien, in Wahrheit zu einer bloßen „Ausgeburt tiefster logischer Verlegenheit"[146] schrumpft, dann wird deutlich, dass das Nichts des Ursprungs, weit entfernt davon, sein „Schreckbild"[147] zu zeigen, kein absolutes, sondern von vornherein nur ein „relatives" Nichts ist,[148] ein „sogenannte[s]"[149], „scheinbare[s]"[150] Nichts, bloßer „Mittelbegriff",[151] bloßes „Operationsmittel"[152] ohne eigenen Stand und Wesen. Es dient dazu, die Denkgesetze des Ursprungs auf der einen Seite von der Hegelschen Drohung des Umschlags ins Gegenteil

---

[137] BR 48: Der Zweck „*steigert die Schöpfung zur Erhaltung*. Die Erhaltung ist eine neue Schöpfung. Und die Schöpfung bedeutet vielleicht im Grunde nichts anderes als die *Erneuerung der Erhaltung*. Sie bildet das eigentliche Problem; nicht, wie man oft meint, vornehmlich oder gar ausschließlich die Schöpfung *aus dem Nichts*."
[138] RV, 73.
[139] HEIDENHEIM, Siddur, 33.
[140] RV, 79. „An die Stelle", nicht so sehr „*neben*", wie Wiedebach will (WIEDEBACH, Wissenschaftslogik, 67). Wo liegt das Problem? Es dürfte darin liegen, das Wiedebach das Urteil des Widerspruchs, das allein auf die Ebene der Ursprungslogik gehört, so anwendet, dass es die „Differenz" von Ursprungs- und Schöpfungslogik „stiften" soll (ebd., 47), und dementsprechend auch sein Resultat, das „neben". Das ist aber eine Anwendung, die ganz überflüssig wird, wenn die Ursprungslogik, wie bei Cohen mehr als einmal bekundet, die Schöpfungslogik *ist*.
[141] RV, 79.
[142] LrE (A), 70.
[143] Ebd., 88.
[144] Ebd., 69.76.
[145] Ebd.
[146] Ebd., 70.
[147] Ebd., 76; COHEN, Einheit oder Einzigkeit, 93: „Schreckgespenst".
[148] LrE (A), 77.87.
[149] Ebd., 74.
[150] Ebd., 88.
[151] Ebd., 87.99.
[152] Ebd., 74.77.88.

‚Creatio ex nihilo' bei Cohen 311

scharf zu sondern,[153] auf der anderen Seite den Hegelschen Sprung[154] zu entkräften. Leibniz, nicht Hegel, auch nicht Cusanus, steht im Hintergrund, wenn Cohen, um die Rolle des Nichts im „Urtheil des Nichts"[155] zu charakterisieren, zu der m. E. stupendesten Wendung greift. Er beschreibt es als „Sprung durch die Continuität."[156]

Ganz anders das Nicht. Während das Nichts des ersten Urteils nur auftritt um abzutreten, kleiner und schwächer zu werden, darf und muss das Nicht des dritten Urteils – des „Urtheils des Nicht"[157] – immer größer und kräftiger werden. Dies ist die Stelle, an der Cohen und Scholem bis in den Wortlaut hinein dasselbe sagen. Cohen: Der „Unterschied von Nicht und Nichts ist wichtig und orientirend".[158] Scholem: „[Der] Unterschied zwischen Nicht und Nichts (אפס und אין) [ist] von größter Tragweite in der Philosophie."[159] Um mit Cohen fortzufahren: Erstens, „das *Nichts* [ist] *nicht mit Nicht zu verwechseln.*"[160] Zweitens: Das Nicht wiederholt nicht das Nichts, im Gegenteil: „*Dem scheinbaren Nichts muss das echte Nicht entgegentreten.*"[161] Das echte Nicht ist nicht weiter „mit einem Substantiv verbunden",[162] sondern „ficht die Tätigkeit des Urtheils selbst an"[163]. Eine sprachliche Unebenheit stellt sich ein. Durch die Rigidität, mit der das Urteil des Widerspruchs das falsche Urteil annulliert und annihiliert, entsteht erst „das echte wahre Nichts [!]". Kaum entfahren, wird es auch schon korrigiert: Es wird „zum Nichts, vielmehr zum Nicht vernichtet."[164]

In der *Religion der Vernunft* nimmt Cohen das in der *Logik* Erarbeitete unter der Abbreviatur Negation der Privation auf. Sie bildet „den logischen Anstoß [...] im Gedanken der Schöpfung". Das Nichts (אין) „bedeutet keineswegs das Nichts schlechthin, sondern vielmehr das relativ Unendliche der Privation".[165] Hier kehrt dasselbe „vielmehr" wieder, mit dem das Nicht (אפס)[166] vom Nichts (אין) abstiht. Nur ihm eignet die uneingeschränkte Strenge der Negation. Die Negation der Privation erlaubt eine Formel, die jedoch bei Cohen nirgends explizit in Erscheinung tritt: Nicht Nichts. Das Nicht Nichts verleiht jedem Endlichen den „neuen Gedankenwert des *Ursprungs*":[167] neue Positivität.

---

[153] Ebd., 93.
[154] HEGEL, Phänomenologie, 18; DERS., Logik, 438–442.
[155] LrE (A), 98.
[156] Ebd., 77.
[157] Ebd., 98.
[158] Ebd., 88.
[159] SCHOLEM, Tagebücher 2, 137.
[160] LrE (A), 87.
[161] Ebd., 88.
[162] Ebd.
[163] Ebd.
[164] Ebd., 89.
[165] RV, 76.
[166] Ebd., 51.178.
[167] Ebd.

Zum Schluss ein vergleichender Blick auf Scholem. Hier kehrt die Emphase Cohens „Nichts, vielmehr [...] Nicht" in gerader Umkehrung wieder: Nicht Nicht, vielmehr Nichts.[168] Daraus folgt aber keineswegs die Restitution der Schöpfung aus dem Nichts im präzisen Verstand monotheistischer Religionen. Nicht nur bei Cohen, auch bei Scholem unterliegt sie der energischen Umdeutung, jedoch einer von Grund auf verschiedenen. Die Umdeutung hat Scholem zufolge „zwei Möglichkeiten".[169] *Eine* ist es, die *creatio ex nihilo* philosophisch zu deduzieren, das heißt, den Anteil zu behaupten, den die Philosophie anerkennen kann. Das führt dazu, das Nichts soweit zu relativieren, dass es zu einem Element durchgehender Kontinuität wird, und Scholem hätte seiner Liste von Vertretern dieser Richtung ruhig Maimonides und Cohen hinzufügen können, die im Hintergrund seiner Arbeit präsent sind von vornherein. Hier führt die Umdeutung in der Konsequenz des Rationalismus zur „Überwindung des buchstäblichen Sinnes der Schöpfung".[170] Die *andere* Möglichkeit besteht darin, die Schöpfung aus Nichts zwar dem Wortlaut nach zu bewahren, das heißt: das Nichts zu stärken, es aber einer Umdeutung zu unterwerfen, die zum Gegenteil des ursprünglichen Sinnes führt. So in der Kabbala, die das Nichts mit Gott identifiziert.[171]

Aber mit dieser einfachen Rekonstruktion des harten Kerns der Differenz zwischen Cohen und Scholem als Differenz im Selben drängen sich weitere Fragen auf. Erstens: Wie kommt es, dass trotz der Differenz zwischen Philosophie und Mystik Scholems Entfaltung dessen, was Schöpfung dann ist, zu denselben Formeln gelangt, die Cohen gebrauchte? Er stellt fest: Schöpfung aus Nichts im Sinne der Kabbala geschehe so, dass „nirgends ein Sprung" sichtbar wird, „sondern alles geht kontinuierlich"; „[n]irgends tritt da ein echtes Nichts, die Kontinuität [...] unterbrechend, auf."[172] Wie kommt es, dass diametral verschiedene Ansätze, Philosophie und Mystik, zu Beschreibungen von Schöpfung führen, die sich aufs Haar gleichen? Zweitens: Die kabbalistische Schöpfungslehre hat, folgt man Scholem, noch einmal „zwei Möglichkeiten in der Auffassung dieses Nichts".[173] Entweder so, dass eine „Scheidung zwischen dem Unendlichen [אין סוף, *en sof*] und dem Nichts [אַיִן, *ajin*]", wie im Haupttext des Sohar, oder so, dass das Unendliche und das Nichts als identisch aufgefasst werden, wie in der spanischen Kabbala zwischen 1200 und 1500.[174] Hier kehrt die Differenz zwischen Cohen und Scholem noch einmal innerhalb der Kabbala wieder, und zwar so, dass Cohen dem spanischen, Scholem dem Typ des Sohars gleicht.

---

[168] SCHOLEM, Tagebücher 2, 139: Schweigen (Nichts-Reden, um das es geht) „verhält sich zum Nicht-Reden wie das Nichts zum Nicht."
[169] SCHOLEM, Schöpfung aus Nichts (s. Anm. 19), 67.
[170] RV, 72.
[171] SCHOLEM, Tagebücher 2, 209.305; SCHOLEM, Schöpfung aus Nichts, pass.
[172] Ebd., 80.
[173] Ebd., 76.
[174] Ebd., 77.

Literaturverzeichnis

ADELMANN, DIETER, *Sprachwissenschaft* und Religionsphilosophie bei H. Steinthal, in: DERS., ‚Reinige dein Denken'. Über den jüdischen Hintergrund der Philosophie von Hermann Cohen, hg. v. GÖRGE K. HASSELHOFF, Würzburg 2010, 269–276.

BENJAMIN, WALTER, Über *Sprache* überhaupt, in: DERS., Gesammelte Schriften, Bd. 2/1, hg. v. ROLF TIEDEMANN/HERMANN SCHWEPPENHÄUSER, Frankfurt/M. 1980.

COHEN, HERMANN, *Einheit oder Einzigkeit Gottes*, in: JS 1, 87–99.

DERS., Die dichterische *Phantasie* und der Mechanismus des Bewußtseins, in: DERS., Kleinere Schriften I. 1865–1869, Werke 12, hg. v. HELMUT HOLZHEY/HARTWIG WIEDEBACH, Hildesheim/Zürich/New York 2012, 345–463.

FREGE, GOTTLOB, [Besprechung], in: Zeitschrift für Philosophie und philosophische Kritik 87 (1885), 325.

DERS., *Kleine Schriften*, hg. v. IGNACIO ANGELELLI, Darmstadt 1967.

GESSINGER, JOACHIM, *Sprachursprung* und Sprachverfall bei Jacob Grimm, in: Zeitschrift für Phonetik, Sprachwissenschaft und Kommunikationsforschung 38 (1985), 654–667.

GORDIN, JAKOB, *Untersuchungen* zur Theorie des unendlichen Urteils, Berlin 1929.

GRIMM, JACOB, Kleinere *Schriften*, Bd. 1, Berlin 1864.

DERS., *Reden* in der Akademie, hg. v. WERNER NEUMANN/HARTMUT SCHMIDT, Berlin 1984.

GUNKEL, HERMANN, *Schöpfung und Chaos* in Urzeit und Endzeit. Eine religionsgeschichtliche Untersuchung über Gen 1 und Ap Joh 12, Göttingen 1895.

HAMP, VINZENZ, Art. אסם, in: Theologisches Wörterbuch zum Alten Testament, Bd. 1 (1973), 389–391.

HARST, JOACHIM, *Alter deus*. Zur Figur des Göttlichen in Scaligers ‚Poetices libri', in: Neulateinisches Jahrbuch 14 (2012), 147–165.

HEGEL, GEORG W. F., Wissenschaft der *Logik* I. Erster Teil, Werke in zwanzig Bänden 5, hg. v. EVA MOLDENHAUER/KARL M. MICHEL, Frankfurt/M. 1969.

DERS., Wissenschaft der *Logik* II. Zweiter Teil, Werke in zwanzig Bänden 6, hg. v. EVA MOLDENHAUER/KARL M. MICHEL, Frankfurt/M. 1969.

DERS., *Phänomenologie* des Geistes, Werke in zwanzig Bänden 3, hg. v. EVA MOLDENHAUER, Frankfurt/M. 1979.

DERS., Enzyklopädie der philosophischen Wissenschaften im Grundrisse 1830. – Teil 1. Die Wissenschaft der Logik: mit den mündlichen Zusätzen, Werke in zwanzig Bänden 8, hg. v. EVA MOLDENHAUER, Frankfurt/M. 1981.

HEIDENHEIM, WOLF (Hg.), *Machsor*, 9 Bde., Basel 1995.

DERS. (Hg.), *Siddur* sefat emet, Basel 1995.

HOLZHEY, HELMUT, Ursprung und Einheit. Die Geschichte der ‚Marburger Schule' als Auseinandersetzung um die Logik des Denkens, *Cohen und Natorp 1*, Basel/Stuttgart 1986.

DERS., Der Marburger Neukantianismus in Quellen. Zeugnisse kritischer Lektüre. Briefe der Marburger. Dokumente zur Philosophiepolitik der Schule, *Cohen und Natorp 2*, Basel/Stuttgart 1986.

HUMBOLDT, WILHELM VON, Gesammelte *Schriften* (Akademie-Ausgabe), Bd. 4, hg. v. ALBERT LEITZMANN, Berlin 1905.

DERS., *Die sprachphilosophischen Werke* Wilhelm's von Humboldt, hg. v. H. STEINTHAL, Berlin 1884.

KANT, IMMANUEL, *Logik*. Ein Handbuch zu Vorlesungen, Werke in sechs Bänden 3, hg. v. WILHELM WEISCHEDEL, Frankfurt/M./Darmstadt 1959, 419–567.

DERS., *Kritik* der reinen Vernunft, Werke in sechs Bänden 2, hg. v. WILHELM WEISCHEDEL, Frankfurt/M./Darmstadt 1956.

KAUFMANN, DAVID, Geschichte der *Attributenlehre* in der jüdischen Religionsphilosophie des Mittelalters von Saadja bis Maimûni, Hildesheim/New York 1982.

KUHN, HUGO, Werk – Typ – Situation. Studien zu poetologischen Bedingungen in der älteren deutschen Literatur, FS Hugo Kuhn, hg. v. INGEBORG GLIER/GERHARD HAHN/WALTER HAUG, Stuttgart 1969.

LIEBERG, GODO, *Poeta Creator*. Studien zu einer Figur der antiken Dichtung, Amsterdam 1982.

LOTZE, HERMANN, *Logik*. Drei Bücher vom Denken vom Untersuchen und vom Erkennen, hg. v. GEORG MISCH, Leipzig 1912.

ROBERT, JÖRG, *Poetologie*, in: Handbuch Literarische Rhetorik, hg. v. RÜDIGER ZYMNER, Handbücher Rhetorik 5, Berlin/Boston 2015, 303–332.

SCALIGER, JULIUS CAESAR, *Poetices lb. VII*, Stuttgart-Bad Cannstatt 1987.

SCHOLEM, GERSHOM, *David ben Abraham* ha-labhan – ein unbekannter jüdischer Mystiker; in: Occident and Orient, Gaster Anniversary Volume, hg. v. BRUNO SCHINDLER, London 1936, 503–508.

DERS., *Ursprung* und Anfänge der Kabbala, Studia Judaica 3, Berlin 1962.

DERS., Die *jüdische Mystik* in ihren Hauptströmungen, Frankfurt/M. 1967.

DERS., *Judaica*, Bd. 3, Frankfurt/M. 1970.

DERS., Über einige *Grundbegriffe* des Judentums, Frankfurt/M. 1970.

DERS., Das *Buch Bahir*. Ein Schriftdenkmal aus der Frühzeit der Kabbala, Darmstadt ³1970.

DERS., *Schöpfung aus Nichts* und Selbstverschränkung Gottes (1956), in: DERS., Über einige Grundbegriffe des Judentums, Frankfurt/M. 1970, 53–89.

DERS., Zur *Kabbala* und ihrer Symbolik, Frankfurt/M. 1973.

DERS., *Briefe an Werner Kraft*, hg. v. WERNER KRAFT, Frankfurt/M. 1986.

DERS., Zehn unhistorische *Sätze* über Kabbala; in: DERS., Judaica 3, Frankfurt/M. 1987, 264–271.

DERS., Die *Geheimnisse der Schöpfung*. Ein Kapitel aus dem kabbalistischen Buche Sohar, (Berlin 1935), Frankfurt/M. 1992.

DERS., *Briefe*, Bd. 1, hg. v. Itta Schedlitzky, München 1994.

DERS., *Tagebücher* nebst Aufsätzen und Entwürfen bis 1923, Bd. *1*, Frankfurt/M. 1995.

DERS., *Tagebücher* nebst Aufsätzen und Entwürfen bis 1923; Bd. *2*, hg. v. KARLFRIED GRÜNDER/HERBERT KOPP-OBERSTEBRINK/FRIEDRICH NIEWÖHNER, Frankfurt/M. 2000.

DERS., „Über Klage und Klagelied", in: DERS., Tagebücher nebst Aufsätzen und Entwürfen bis 1923, Bd. 2, hg. v. KARLFRIED GRÜNDER/HERBERT KOPP-OBERSTEBRINK/FRIEDRICH NIEWÖHNER, Frankfurt/M. 2000, 128–133.

SCHWERTNER, SIEGFRIED, Art. אין; in: Theologisches Handwörterbuch zum Alten Testament, Bd. 1 (1978), 127–130.
SIGWART, CHRISTOPH, Logik, Bd. *1*, Tübingen 1873.
DERS., Logik, Bd. 2, Tübingen 1878.
STEINTHAL, H. [Chajim] Der *Ursprung* der Sprache, im Zusammenhange mit den letzten Fragen alles Wissens. Eine Darstellung der Ansicht Wilhelm v. Humboldts, verglichen mit denen Herders und Hamanns, Berlin 1851.
DERS., *Poesie* und Prosa, in: Zeitschrift für Völkerpsychologie und Sprachwissenschaft 6 (1869), 285–352.
DERS., (Hg.), *Die sprachphilosophischen Werke* Wilhelm's von Humboldt, Berlin 1884.
TRABANT, JÜRGEN, *Humboldt* zum Ursprung der Sprache. Ein Nachtrag zum Problem des Sprachursprungs in der Geschichte der Akademie, in: Zeitschrift für Phonetik, Sprachwissenschaft und Kommunikationsforschung 38 (1985), 576–589.
DERS., Wilhelm von Humboldt: *Jenseits* der Gränzlinie; in: Theorien vom Ursprung der Sprache, Bd. 1, hg. v. JOACHIM GESSINGER/WOLFERT VON RAHDEN, Berlin/New York 1989, 498–522.
TRENDELENBURG, ADOLF, *Logische Untersuchungen*, 2 Bde., Berlin 1840.
WEHRLI, MAX, *Literatur* im deutschen Mittelalter. Eine poetologische Einführung, Stuttgart 1984.
WIEDEBACH, HARTWIG, Zu *Steinthals Theorie* vom Ursprung der Sprache und des jüdischen Monotheismus; in: DERS./ANNETTE WINKELMANN (Hg.), Chajim H. Steinthal. Sprachwissenschaftler und Philosoph im 19. Jahrhundert, Studies in European Judaism 4, Leiden 2002, 89–109.
DERS., *Wissenschaftslogik* versus Schöpfungstheorie. Die Rolle der Vernichtung in Cohens Ursprungslogik, in: PIERFRANCESCO FIORATO (Hg.), Verneinung, Andersheit und Unendlichkeit im Neukantianismus, Würzburg 2009, 47–67.
DERS., *Stufen* zu einer religiösen Metaphorik. Der ‚andere' Cohen in Skizzen eines Editors, in: Deutsche Zeitschrift für Philosophie 59 (2011), 295–309.

Cohen und Wellhausen*

Rudolf Smend

Das Schlussjahr des Ersten Weltkriegs, oft Schicksalsjahr genannt, verzeichnet gegen Anfang zwei Todesfälle, die weder mit dem Krieg noch miteinander etwas zu tun haben und doch für einen kleinen Kreis Kundiger in einem denkwürdigen Zusammenhang stehen. Am 7. Januar 1918 starb in Göttingen 73-jährig der Bibelwissenschaftler und Orientalist Julius Wellhausen, am 4. April in Berlin 75-jährig der Philosoph Hermann Cohen. Der erste Tod war lange erwartet gewesen, der zweite kam schneller. Der Zusammenhang manifestiert sich in einem tief bewegten und tief bewegenden „Abschiedsgruß", den der Überlebende dem Vorausgegangenen noch in dessen Todesmonat nachsandte. Ohne diese wenigen Seiten aus den „Neuen Jüdischen Monatsheften" vom Januar 1918[1] könnten wir über die Beziehung der beiden Männer nicht viel sagen; aber auch wo wir sie besitzen, ist es dürftig genug – ich brauche nur darauf hinzuweisen, dass der Briefwechsel, den sie zweifellos miteinander geführt haben, vollständig verloren ist.

Ich beginne mit den voneinander unabhängigen Aussagen zweier berufener Zeugen über ein Paar von Eigenschaften, das beiden Gelehrten – natürlich in verschiedener Ausprägung – gemeinsam war. Franz Rosenzweig schließt sein „Gedenkblatt" über Cohen aus dem Frühjahr 1918,[2] nachdem er von dem „zutiefst Kindliche[n] dieser großen Seele" gesprochen hat, mit der doppelten Feststellung: „Er war [...] im Grunde ganz einfach. Er war ein frommer Mensch."[3] In genauer Entsprechung erinnert sich Eduard Schwartz am Ende seiner Gedenkrede auf Wellhausen im Mai 1918:[4]

„Der Grundzug seines Wesens war Einfachheit. [...] Wer seinem Wesen nahe genug kam, fühlte, ohne daß ein Wort es ihm sagte, daß er das Charisma hatte, das von allen das seltenste ist, das Charisma der Frömmigkeit; die wissenschaftliche Erkenntnis religiöser Offenbarung war eingekehrt in einem einfachen Kinde Gottes."[5]

---

* Der Vortragsstil ist beibehalten.
[1] COHEN, Abschiedsgruß. Ich zitierte nach dem Abdruck in JS 2, 463–468.
[2] ROSENZWEIG, Zweistromland, 239f.
[3] Ebd., 240.
[4] SCHWARTZ, Vergangene Gegenwärtigkeiten, 326–361.
[5] Ebd., 359.361.

Dem schloss sich Cohen schon im voraus an, indem er an Wellhausen die „Stärke, Treue und Sicherheit seines naiven Kinderglaubens" rühmte und zur Erläuterung hinzufügte: „Diesen Mann mit seinen klaren, durchdringenden Augen, der vielleicht niemals von einem Menschen getäuscht worden ist, hat sicherlich niemals der Zweifel an Gott ernstlich beschlichen. Diesem tiefsten Grundstein der Religion gegenüber war dieser große Philologe lebenslang der schlichte Pfarrerssohn von Hameln geblieben."[6] Dieses Doppelte – Einfachheit und Frömmigkeit – ist, so scheint mir, die elementare Voraussetzung, die man machen muss, wenn man sich mit Cohen oder Wellhausen oder beiden beschäftigt. Ich füge Cohens Feststellung hinzu, dass dem Freund „Menschenhaß auch in der historisch-nationalen Form des Judenhasses innerlich zuwider war"[7].

Man könnte versucht sein, hier, angeregt auch durch die Nähe der beiderseitigen Lebensdaten, als Mini-Plutarch zwei *vitae parallelae* anzuschließen, die im Hamelner Pfarrhaus und dem Kantorenhaus von Coswig ihren Anfang nähmen. Aber das käme leicht auf eine Spielerei hinaus, und über Cohens Vita brauche ich niemanden zu belehren. So beschränke ich mich, was ihn betrifft, zunächst auf eine zweifellos geläufige Anekdote, die in Rosenzweigs Einleitung zu den „Jüdischen Schriften" steht: der Berliner Sprachgelehrte und Philosoph H. Steinthal stellt den jungen Cohen dem großen Leopold Zunz als „Dr. Cohen, ehemals Theologe, jetziger Philosoph" vor, worauf Zunz erklärt: „Ein ehemaliger Theologe ist immer ein Philosoph."[8] Ich komme nachher auf diesen Satz zurück und schwenke zunächst zu Wellhausen hinüber.[9]

Der Sohn eines orthodox-lutherischen, an Kirchenordnung, Liturgie und Kirchenmusik interessierten Pfarrers begann sein Studium auf den Spuren des Vaters, ließ aber schon im ersten Semester die Orthodoxie fahren und konnte bei der Theologie nur bleiben, indem er dem Zug der Zeit folgend das Gewicht nicht mehr auf die traditionell-dogmatische, sondern auf die historisch-kritische Seite der Sache legte. Zu seinem verehrten Lehrer wurde der gesamtbiblisch denkende und arbeitende Göttinger Heinrich Ewald, Verfasser einer dreibändigen Prophetenerklärung und einer achtbändigen Geschichte des Volkes Israel, der ihn indessen verstieß, als er es 1866 mit Bismarck statt mit den Welfen hielt und sich um die gleiche Zeit daran machte, die größte Revolution in der Geschichte der alttestamentlichen Wissenschaft zum Siege zu führen, nämlich die auf einer umfassenden Literarkritik fußende Einsicht, dass die Hauptmasse der Gesetzgebung im Pentateuch, den „fünf Büchern Mose", mitsamt der dazugehörigen Erzählung nicht auf den historischen Mose zurückgeht, sondern Jahrhunderte nach ihm, um die Zeit des babylonischen Exils, niedergeschrieben wurde – „das Gesetz ist jünger als die Propheten", lautete eine gern gebrauchte Formel.

---

[6] COHEN, Abschiedsgruß, 464.
[7] Ebd., 466.
[8] ROSENZWEIG, Zweistromland, 185.
[9] Zu Wellhausen vgl. KRATZ, Wellhausen; SMEND, Bahnbrecher.

Der junge Wellhausen empfand es als eine Befreiung, dass zwar nicht das Alte Testament, aber doch „das hebräische Altertum ohne das Buch der Thora verstanden werden könne"[10]. Er entwarf eine Geschichte Israels in zwei Bänden, deren erster, 1878 erschienen und später in „Prolegomena zur Geschichte Israels" umbenannt, die historische Kritik enthielt, während der zweite, erst 1894 als „Israelitische *und jüdische* Geschichte" gefolgt, die letzte der klassischen deutschsprachigen Nationalgeschichten des 19. Jahrhunderts wurde – der zeitliche Abstand und der doppelte Wechsel des Titels zeigen, dass der Autor sich die Sache nicht leicht machte. Die Fachgenossen der nächsten beiden Generationen sahen sich, wie Martin Buber es 1932 im Vorwort seines „Königtum Gottes" ausdrückte,[11] vor der Aufgabe, „für eine seit Wellhausen recht leer gewordene Epoche israelitischen Daseins ein wissenschaftlich zu rechtfertigendes Geschichtsbild" zu gewinnen. Heute wissen wir, dass sie sich damit einer Sisyphusarbeit unterzogen.

Wellhausens Marburger Zeit fällt zwischen die beiden Bände der Geschichte Israels. Er kam 1885, 12 Jahre nach Cohen, und ging 1892, 21 Jahre vor ihm. Er wirkte in Marburg nicht als der Theologieprofessor, der er von 1872 bis 1882 in Greifswald gewesen war – einen Steinwurf vom Greifswalder Wissenschaftskolleg entfernt schrieb er den ersten Band der Geschichte Israels –, sondern als Semitist in der philosophischen Fakultät: er hatte sich auf die Dauer außerstande gesehen, Diener einer evangelischen Kirche auszubilden, der er, ein religiöser Individualist reinsten Wassers, im Herzen nicht mehr angehörte. So wechselte er zunächst auf eine niedriger dotierte semitistische Position in Halle und von dort nach Marburg, wo er auf dem Gebiet des vor- und frühislamischen Arabien Studien betrieb, die kaum weniger bahnbrechend waren als die vorangegangenen auf dem Gebiet des Alten Testament. Der Fachwechsel hatte für ihn auch ein sachliches Motiv:

„Den Uebergang vom Alten Testament zu den Arabern habe ich gemacht in der Absicht, den Wildling kennen zu lernen, auf den von Priestern und Propheten das Reis der Thora Jahve's gepfropft ist. Denn ich zweifle nicht daran, dass von der ursprünglichen Ausstattung, mit der die Hebräer in die Geschichte getreten sind, sich durch die Vergleichung des arabischen Altertums am ehesten eine Vorstellung gewinnen lässt."[12]

So erschienen 1882 „Muhammed in Medina", 1884 „Lieder der Hudhailiten", 1887 „Reste arabischen Heidentumes", 1889 „Medina vor dem Islam" sowie „Muhammads Gemeindeordnung von Medina", und nach der Marburger Zeit 1900 „Ein Gemeinwesen ohne Obrigkeit", 1901 „Die religiös-politischen Oppositionsparteien im alten Islam", 1902 „Das arabische Reich und sein Sturz" – um nur das Wichtigste zu nennen.

---

[10] WELLHAUSEN, Geschichte Israels, 4.
[11] BUBER, Königtum Gottes, 96.
[12] WELLHAUSEN, Muhammed in Medina, 5.

In der munteren Atmosphäre der hessischen Kleinstadt fühlte Wellhausen sich wohler als später in dem förmlicheren, steiferen Göttingen; den Unterschied definierte er so: „In Marburg kann jeder zu seinem Kollegen sagen: ‚Sie sind ein Schafskopf', in Göttingen trägt jeder ein großes Geheimnis mit sich umher." Die Marburger Professoren begegneten sich oft und zwanglos, in den Häusern der Ehepaare, bei Musik, auf Wanderungen in der Umgebung und natürlich vor allem vor und nach den Lehrveranstaltungen und Sitzungen in der damals noch sehr überschaubaren Universität. Nach Cohens Bericht lasen er und Wellhausen „meistens zu derselben Nachmittagsstunde, und gingen alsdann gemeinsam nach Hause, oftmals musikalische Reminiszenzen [sich] vorsingend"[13]. Es muss für die Marburger ein eigenes Erlebnis gewesen sein, die beiden großen Gelehrten – Schwartz spricht bei Wellhausen von einem „mächtigen Haupt"[14], Rosenzweig bei Cohen von einem „ungeheuren Kopf, den die zartesten Locken umgaben"[15] – selbander über ihre holprigen Straßen ziehen zu sehen; übrigens war Cohen sehr kurzsichtig und Wellhausen schwerhörig auf dem Weg zur Taubheit. Was gäbe man darum, Zeuge ihrer Unterhaltungen gewesen zu sein oder auch nur deren Themen zu wissen!

Wie es dabei zwischen den beiden zuging, mag sich in einigen Sätzen andeuten, die Wellhausen 1907 aus Göttingen an Adolf Harnack nach Berlin schrieb, der in Marburg einige Jahre ihrer beider Kollege in der theologischen Nachbarfakultät gewesen war:

„Wir waren die Pfingstwoche über in Marburg. Ich habe viel philosophiren müssen, da ich Cohen in die Hände fiel. Ich brach zwar durch die Lappen, schied aber in guter Freundschaft. Er ist ein zwar fanatischer Märtyrer, aber doch nobel und nicht so bissig wie Natorp. [...] Mit Jülicher [dem Neutestamentler und Kirchenhistoriker] habe ich eifrig discutirt, nicht über Philosophie und Dogmatiken, sondern über Themata, die mir näher liegen."[16]

Über denselben Besuch schrieb er an seine Schwiegereltern in Greifswald: „Ich habe mit Cohen und [Wilhelm] Herrmann philosophiren müssen, es kam mir so hart an wie dem Bock das Lammen, ich sprang immer wieder durch die Lappen."[17] Über die vorherrschende Gemütsverfassung der Freunde gibt ein Satz Auskunft, den Wellhausen einige Jahre später im Anschluss an eine heitere Lästerei über Harnack an Jülicher schrieb: „Meine humoristische Auffassung mag ein Naturfehler sein – ich bin nun einmal kein Smend und Cohen, sondern amüsiere mich eher als daß ich mich ärgere."[18]

---

[13] COHEN, Abschiedsgruß, 467.
[14] SCHWARTZ, Vergangene Gegenwärtigkeiten, 326.
[15] ROSENZWEIG, Zweistromland, 216.
[16] WELLHAUSEN, Briefe, 517.
[17] Ebd., 518.
[18] Ebd., 575.

„[...] habe [...] philosophiren müssen", „habe viel philosophiren müssen": damit ist nicht nur das Generalthema dieser Diskussion angegeben, sondern auch eine gewisse Unlust des Schreibenden, sich darauf einzulassen, mitsamt Cohens energischem Aufruf, bei der Stange zu bleiben – in dieser Richtung würde ich auch das harte Wort vom „fanatischen Märtyrer" verstehen. Die Stellung, die Wellhausen hier zur Philosophie einnimmt, ist für ihn immer charakteristisch gewesen. Ein früher Lebenslauf berichtet aus seinen Studium: „Philosophiae tractandae tum imprimis dedi operam, verum sine ordine et consilio, multa tangens, pauca tenens."[19] Dazu eine spätere briefliche Reminiszenz: „Wer würde auf die philosophischen Probleme von selber kommen? Mir wenigstens kamen sie, als ich Student war, zunächst ungeheuer überflüssig vor, namentlich als ich beim alten Ritter Geschichte der Philosophie zu hören versuchte."[20] Immerhin beachte man das Wort „zunächst"! Es erläutert sich durch den Satz im lateinischen Lebenslauf: „Ad veterum Graecorum potissimum me convertebam doctrinam, allectus magis forma et lingua, quam argumentis." Also dann doch die griechischen Philosophen, aber mehr aus philologischem als philosophischem Interesse – in diesem Sinn figurieren Platon, Aristoteles und Epiktet bei Wellhausen durchaus. Eine andere Reihe bildet er, wo er von der Moral sagt, sie sei bei den Griechen „vor der Polis da gewesen (und nur nachträglich darauf basirt)", „die Philosophen etc haben sie nur kritisirt und anderes substruirt, aber nicht erfunden", und dazu merkt er an: „Die Philosophen wären überhaupt ohne die Tradition von Religion, Sitte, Recht, Sprache völlig verratzt – abgesehen von Demokrit, Cartesius, Leibniz, Kant und Elias Müller."[21] In einen solchen Zusammenhang stellt er ausdrücklich und in entschiedener Abgrenzung auch Cohen: „Mein Naturell ist anders als Cohens, und ich pfeife auf die humanistische Philosophie, die gewöhnlich doch nur nachdenkt, was von Anderen intuitiv vorgedacht oder von ganzen Völkern und Gemeinschaften erlebt ist."[22] Für sich selber zieht er das Fazit: „Die wahre Philosophie ist, nicht zu philosophiren. Es gilt sehr allgemein: si tacuisses, philosophus mansisses."[23]

Für den Historiker Wellhausen bedeutete das keineswegs den Verzicht auf die geistige Durchdringung seiner Gegenstände, so wenig wie für den Historiker Jacob Burckhardt, dessen „Weltgeschichtliche Betrachtungen" gleich zu Anfang statuieren: „Geschichte, d. h. das Koordinieren ist Nichtphilosophie und Philosophie, d. h. das Subordinieren ist Nichtgeschichte"[24], um sich eine Seite weiter gegen das „kecke Antizipieren eines Weltplanes" zu wenden: „Wir sind [...] nicht eingeweiht in die Zwecke der ewigen Weisheit und kennen sie

---

[19] Ebd., 788.
[20] Ebd., 572 (an Eduard Schwartz).
[21] Ebd., 499–501 (1907 an Eduard Schwartz).
[22] Ebd., 487 (1906 an Ferdinand Justi in Marburg).
[23] Ebd., 464 (1905 an Theodor Nöldeke).
[24] BURCKHARDT, Weltgeschichtliche Betrachtungen, 354.

nicht."²⁵ Wellhausen stand zur Zeit seiner zuletzt zitierten Äußerungen schon unter dem Eindruck der „Weltgeschichtlichen Betrachtungen", die er bereits vor ihrem Erscheinen (1905) in J. Oeris Manuskript kennengelernt hatte und danach nicht weniger als fünfmal las,²⁶ leider zu spät, um sie noch seinen Geschichtswerken zugute kommen zu lassen. Das Gesamturteil war gewiss das gleiche wie einige Jahre vorher das über die „Griechische Kulturgeschichte": „Widerspruch regt sich überall, und doch redet hier einer κατ' ἐξουσίαν καὶ οὐχ ὡς οἱ γραμματεῖς."²⁷ Wie gern wird er Burckhardts Satz gelesen haben, den Gerhard v. Rad so liebte: „Der Geist war schon früh komplett!"²⁸

In Wellhausen wie in Burckhardt hätte Steinthal dem großen Zunz also einen „ehemaligen Theologen, jetzigen *Historiker*" vorstellen können. Er hätte damit allerdings im Fall Wellhausens den Widerspruch Hermann Cohens herausgefordert. Dieser setzt schon am Anfang seines „Abschiedsgrußes" der Feststellung, dass Wellhausen „nicht Philosoph und daher gar kein Dogmatiker war", die Behauptung voran, er sei „im strengen Sinne nicht sowohl Historiker als *Philologe*" gewesen,²⁹ was er dann nach der positiven Seite hin präzisiert: „mit dem ganzen Schwergewicht wissenschaftlicher Schöpferkraft ein Detailmaler der Philologie und Altertumswissenschaft" und darüber hinaus „für die Frage der Weltanschauung schlechthin ein religiöser Moralist"³⁰. Der Haupt- und im Grunde einzige Beleg für das Defizit Wellhausens als Historiker besteht für Cohen in dessen Verzicht darauf, „auch nur als Philologe zur Sprache der Mischna fortzuschreiten, geschweige die religiöse Fortentwicklung des Judentums als Historiker zu verfolgen" und „die weltgeschichtliche Frage des Judentums sich zum Problem zu machen"³¹. Gegen diesen Vorwurf ist Wellhausen längst bevor Cohen ihn erhob, von Leo Baeck mit dem doch wohl triftigen Argument verteidigt worden: „einer kann nicht alles."³² Schon die Werke zum Judentum der biblischen Zeit (einschließlich des alten Israel) und zum Arabien der vor- und frühislamischen Zeit gehen weit über die Möglichkeiten eines normalen Forscherlebens hinaus, und ihnen sollten sich in der Göttinger Zeit noch auf gleichem Niveau die Arbeiten zum Neuen Testament, womöglich mit dem Endpunkt eines Buches über den Apostel Paulus, anschließen. Dazu kommt, wichtiger, dass, wie Friedemann Boschwitz 1938 in seiner Marburger und Lothar Perlitt 1965 in seiner Berliner Dissertation ausgiebig vorgeführt haben,³³ Wellhausens Interesse auf den Spuren Herders und anderer den Zeiten galt, wo Burckhardts „Potenzen" Staat,

---
[25] Ebd., 355.
[26] Vgl. NEUMANN, Jacob Burckhardt, 231.
[27] WELLHAUSEN, Briefe, 364 (1899 an Theodor Nöldeke).
[28] BURCKHARDT, Weltgeschichtliche Betrachtungen, 530; RAD, Genesis, V.
[29] JS 2, 463.
[30] Ebd., 465.
[31] Ebd., 466.
[32] BAECK, Vorlesungen, 107 Anm. 1.
[33] BOSCHWITZ, Motive; PERLITT, Vatke und Wellhausen.

Religion, Kultur noch nah am Ursprung in wechselnden Spannungen sich ausbilden; die abgeleiteten, verfestigten Verhältnisse, Bildungen und Institutionen interessierten ihn kaum, mochten sie jüdisches, christliches oder arabisches Gepräge tragen.

Cohen hat, vornehm wie er war, nicht darüber hinweggeredet, dass zwischen ihm und Wellhausen keine „tiefere wissenschaftliche Gemeinschaft" bestand. „Denn meine jüdisch-wissenschaftliche Bildung hat Wellhausen zwar gar nicht missachtet, noch gering geschätzt, aber mit Recht doch nicht eigentlich für hinlänglich ausgerüstete wissenschaftliche Kompetenz gehalten."[34] Ich entsinne mich aus Wellhausens Schriften keiner unzweifelhaften Bezugnahme auf Cohen, während sich bei Cohen auch vor dem „Abschiedsgruß" gar manches aus oder zu Wellhausen findet. Erstaunlich ist mir, wie wenig bei ihm der Schrecken oder Zorn über die Konsequenzen von Wellhausen Pentateuchkritik für unser Bild von der Geschichte des alten Israel sichtbar wird, der damals und gelegentlich auch noch später so viele gute Christen und Juden gegen Wellhausen eingenommen hat. War der Philosoph und ehemalige Theologe auf dieser Ebene nicht zu erschüttern? Am meisten dürften ihn die Prophetenkapitel in der Israelitischen und jüdischen Geschichte angesprochen haben, von denen mein Basler Lehrer Walter Baumgartner zu sagen pflegte, sie gehörten in eine Chrestomathie der Weltgeschichte. „[...] die bête noire unserer Orthodoxie, Wellhausen samt seinen Vorgängern und Schülern", erklärt Franz Rosenzweig, und für die Vorgänger nenne ich Ewald, für die Schüler Duhm –, „hat er nicht auch uns, mögen wir in noch so vielem von ihm abweichen, auf den Weg zu einem wirklichen Verständnis der Propheten hingenötigt, die vorher wirre Spruchhaufen schienen?"[35] Cohen konnte, was die biblische Herkunft einiger der Grundbegriffe seiner Philosophie betrifft, bei Wellhausen reiche Anregung finden, aber zumindest stillschweigend war oft auch eine Warnung vor einer schnellen Überführung in Theologie oder Philosophie dabei. So heißt es in Wellhausens erster Skizze einer „Geschichte Israels" 1880, fünf Jahre vor der Bekanntschaft mit Cohen:

„Obwohl die Propheten durchaus keinen neuen Gottesbegriff aufstellten, so waren sie doch die Begründer des ‚ethischen Monotheismus'. Dieser ethische Monotheismus ging aber bei ihnen nicht aus der ‚Selbstbewegung des Dogmas' hervor, sondern es war ein Fortschritt, der lediglich durch die Geschichte angeregt wurde. Die göttliche Providenz bewirkte, dass dieser geschichtliche Anstoss zu rechter Zeit und nicht auf einmal eintrat."[36]

Wellhausen interessiert „die Geschichte", wobei er die göttliche Providenz nicht leugnet. Zum philosophisch-theologischen Begriff äußert er sich im gleichen Jahr 1880 einem guten Freund gegenüber brieflich, und also nicht auf die Gold-

---

[34] JS 2, 467.
[35] ROSENZWEIG, Zweistromland, 732 f.; vgl. auch JS 2, 116 mit der Anm. auf S. 473.
[36] WELLHAUSEN, Geschichte, 54.

waage zu legen, so: „Monotheismus und dergleichen ist mir ganz wurscht; für dergleichen fehlt mir das Verständnis; vom Philosophen habe ich [wir wissen es schon] keine Ader."[37] Das Ganze, das Cohen und Wellhausen vor Augen hatten, und das beiden in eine große Synthese zu fassen vergönnt war, war für den einen, grob gesprochen, ein Lehrsystem, für den anderen ein Geschichtsverlauf. Mit Hans Liebeschütz über Cohen gesagt: „Was bei Wellhausen eine große Periode der biblischen Geschichte gewesen war, wurde für ihn das klassische Bild des Judentums in allen Zeiten." Und: „Das Judentum als Ganzes sah er als ein statisches Gebilde, und das Pathos in seiner Verkündigung galt dem Kern, der durch viele Jahrhunderte derselbe geblieben ist, seit das Zeitalter der Prophetie ihn geschaffen hat."[38]

Ich halte durchaus für möglich, dass Wellhausen für dieses Pathos empfänglich gewesen wäre, glaube aber nicht, dass er Cohens postumes *Opus magnum*, die „Religion der Vernunft aus den Quellen des Judentums", von Anfang bis Ende gelesen haben würde, hätte er sein Erscheinen erlebt. Cohen hätte es wohl auch nicht erwartet. Ein „unglücklich Liebender", wie ihn Gershom Scholem in seinem Verhältnis zu Deutschland genannt hat,[39] ist er im Verhältnis zu Wellhausen nicht gewesen und wäre es auch nicht geworden. Ich schließe mit einer letzten Begebenheit, die Franz Rosenzweig überliefert hat: sieben Wochen vor Cohens Tod wandte sich Wellhausens Witwe an ihn, „ob er an ein Wiedersehen glaube, der Verstorbene habe daran geglaubt"[40].

Literaturverzeichnis

BAECK, LEO, Harnack's *Vorlesungen* über das Wesen des Christenthums, in: Monatsschrift für Geschichte und Wissenschaft des Judentums 45 (1901), 97–120.
BOSCHWITZ, FRIEDEMANN, Julius Wellhausen. *Motive* und Maßstäbe seiner Geschichtsschreibung, Marburg 1938; ND Darmstadt 1968.
BUBER, MARTIN, *Königtum Gottes*, in: Ders., Schriften zum Messianismus, Martin Buber Werkausgabe 15, Gütersloh 2014, 93–276.
BURCKHARDT, JACOB, Weltgeschichtliche Betrachtungen, in: Jacob Burckhardt Werke 10, hg. v. PETER GANZ, München/Basel 2000, 349–558.
KRATZ, REINHARD GREGOR, Art. *Wellhausen*, Julius, in: TRE 35 (2003), 527–536.
LIEBESCHÜTZ, HANS, Von *Georg Simmel* zu Franz Rosenzweig. Studien zum jüdischen Denken im deutschen Kulturbereich, Tübingen 1970.
NEUMANN, CARL, *Jacob Burckhardt*, München 1927.
PERLITT, LOTHAR, *Vatke und Wellhausen*. Geschichtsphilosophische Voraussetzungen und historiographische Motive für die Darstellung der Religion und Geschichte Is-

---

[37] WELLHAUSEN, Briefe, 76 (an William Robertson Smith, 18. August 1880).
[38] LIEBESCHÜTZ, Georg Simmel, 40.
[39] SCHOLEM, Briefe II, 89 (an Manfred Schloesser, 18. Dezember 1962).
[40] ROSENZWEIG, Zweistromland, 217.

raels durch Wilhelm Vatke und Julius Wellhausen, Beihefte zur Zeitschrift für die alttestamentliche Wissenschaft 94, Berlin 1965.

RAD, GERHARD VON, Das erste Buch Mose, *Genesis*, ATD 2/4, Göttingen ^{9}1972.

ROSENZWEIG, FRANZ, *Zweistromland*. Kleinere Schriften zu Glauben und Denken, hg. v. REINHOLD u. ANNEMARIE MAYER, Haag 1984.

SCHWARTZ, EDUARD, *Vergangene Gegenwärtigkeiten*, Gesammelte Schriften 1, Berlin/New York ^{2}1963.

SCHOLEM, GERSHOM, *Briefe II*. 1948–1970, hg. v. THOMAS SPARR, München 1995.

SMEND, RUDOLF, Julius Wellhausen. Ein *Bahnbrecher* in drei Disziplinen, Carl Friedrich von Siemens Stiftung Themen 84, München 2006.

WELLHAUSEN, JULIUS, *Geschichte Israels* I, Berlin 1878.

DERS., *Muhammad in Medina*, Berlin 1882.

DERS., *Geschichte* Israels [1880], in: DERS., Grundrisse zum Alten Testament, hg. v. RUDOLF SMEND, Theologische Bücherei 27, München 1965, 13–64.

DERS., *Briefe*, hg. v. RUDOLF SMEND, Tübingen 2013.

Anhang

Hermann Cohen und seine religiöse Lehre

[Einleitung zur hebräischen Übersetzung von Cohens
Religion der Vernunft aus den Quellen des Judentums, 1971*]

Siegfried Sinaï Ucko

Ein Buch kehrt heim. Aus ihm, so hat Franz Rosenzweig gesagt, werde man noch lernen, wenn die Sprache, in der es geschrieben wurde, nur noch von Gelehrten verstanden wird.[1] Die jüdischen Philosophen des Mittelalters haben im Bewusstsein unseres Volkes erst Wurzeln geschlagen, als sie vom Arabischen ins Hebräische übertragen wurden. Vielleicht ist das auch der Weg dieses Buches, wenn es jetzt in hebräischer Sprache erscheint, von der Hermann Cohen sagte, ihre religiösen Grundbegriffe seien nicht leicht zu übersetzen. Freilich gibt es viele Hindernisse auf dem Weg dieses Buches in die hebräische Heimat, zeitliche und räumliche.

Mehr als fünfzig Jahre sind seit dem Tod des Verfassers 1918 vergangen, und etwa hundert Jahre, seitdem er begonnen hat, sein Gedankengebäude zu errichten, das später als Marburger Schule des Neukantianismus bekannt geworden ist. Nicht wenig von dieser Denkweise ist uns heute fremd, und wenn jede philosophische Denkweise den Geist ihrer Zeit ausdrückt, so ist klar, dass der heutige Leser nicht den Eindruck bekommt, dieses Buch sei für ihn aktuell. Es muss jedoch gleich gesagt werden, dass Cohen den damaligen Zeitgeist nicht ausgedrückt hat; dieser etablierte Professor stand allein. In der Philosophie wollte er die Richterin über seine Zeit sehen, nicht deren Ausdruck. Allein war er auch, weil er immer als Jude dachte, und weil er wusste, dass seine Gedanken der christlichen Universität, die er liebte, fernstanden.

Noch schwieriger als der Eintritt dieses Buches in unsere Zeit ist sein Eintritt in den Raum der hebräischen Sprache, der sich weitgehend mit dem des Staates Israel deckt. Cohens Denken ist sowohl historisch als auch geographisch weit von uns entfernt. Wir haben uns sehr der Tradition der angelsächsischen Philosophie angenähert oder uns vom mitteleuropäischen Existentialismus fangen

---

* In: COHEN, Dat haTewuna, 7–31. Übersetzung ins Deutsche durch Simon Lauer (Zürich), Quellenhinweise von Hartwig Wiedebach. Zur Person Uckos vgl. o. Einleitung, 12 f.
[1] ROSENZWEIG, Einleitung, LXIII.

lassen. Cohens Denken muss man außerdem im Rahmen des damals sehr einflussreichen religiösen Liberalismus verstehen. Die Hauptströmung des Liberalismus wollte zwar die Kontinuität der jüdischen Tradition bewahren, war aber insofern revolutionär, als – im Verständnis seiner führenden Denker – die Einzelheiten der Halacha erstmals den Kategorien eines nicht-halachischen Denkens unterworfen wurden. Dieser Liberalismus ist dem hebräischen Leser fremd, der ihn, seiner religiösen oder säkularen Bildung entsprechend, als ein Produkt der Emanzipationszeit und somit als Ausdruck von Selbstaufgabe ansieht, eine „Sklaverei in Freiheit". Begegnet er Cohen, so lernt er vielleicht zum ersten Mal einen liberalen Juden kennen, der, weit entfernt von jeder Anbiederung an das Fremde, stolz sein Judentum als Kennzeichen seines ganzen Lebensstils zeigt. Der hebräische Leser lernt in Cohen einen jüdischen Denker kennen, der mit ganzer Kraft das philosophische Werk des *Rambam* [Maimonides] hat fortsetzen wollen.

1. Wissenschaftliche Ethik

Hermann Jecheskel Cohen unterscheidet sich von den meisten Denkern unserer Zeit durch sein Vertrauen darauf, dass der Mensch fähig sei, zwischen Gut und Böse zu unterscheiden. Er setzt die Autonomie des menschlichen Willens voraus. Wie jeder vernünftige Mensch weiß er wohl, in welchem Maße wir von unserem Organismus und dem Einfluss unserer Umgebung abhängen. Seine These aber ist, dass der Begriff des Menschen mit dem der Freiheit identisch ist. Zwar ist uns heute der Begriff der Freiheit nicht mehr ganz so entfremdet, seitdem Positivismus und Naturalismus die Philosophie nicht mehr allein beherrschen. Aber in der Generation von Sartre sprechen wir das Wort „Freiheit" mit einer fast müden Handbewegung aus: Der Mensch ist in die Welt geworfen und zur Freiheit „verurteilt". Dem gegenüber trägt Cohen das Bewusstsein der Freiheit wie eine Krone auf dem Haupt und als Zepter in seiner Hand.

Er ist ein Enkel der Aufklärung, deren Gedanken mitunter Aufmerksamkeit bei Denkern finden, die die Jugend leiten (Ernst Bloch u. a.). Der Mensch gehört zur Welt der „Zwecke", nicht der Ursachen. Man wird in Cohens Schriften keine wirkliche Diskussion der Willensfreiheit finden: Ohne die Hypothese der Willensfreiheit, ohne Idee der Freiheit kann man den Begriff des Menschen gar nicht definieren. Dieser Begriff verlangt eigene Kategorien, und dies sind nicht die Kategorien anderer Objekte. Nicht einmal die sinnliche Erscheinung des Menschen kommt ohne die Annahme der Willensfreiheit, die Grundlage des Lebens, aus. Der Mensch gelangt zum Bewusstsein seiner Freiheit durch die tägliche Erfahrung: seine innere Erkenntnis, dass er Gesetze aufstellen und danach leben kann. Darin liegen die Größe des Menschen und seine Ehre. Im Bereich der Theorie besteht die Vernunft darin, dass er über die Voraussetzungen, auf denen seine Erkenntnis beruht, Rechenschaft ablegen kann; im Bereich der Praxis ist Vernunft die Fähigkeit, gemäß dem Gesetz zu leben, das wir uns selbst gegeben haben.

Hermann Cohens Ethik – er nennt sie auch „Lehre vom Menschen"[2] – ist eine Vernunftethik, mit starkem Gewicht auf Kants kategorischem Imperativ und vor allem auf einer einzelnen von dessen vielen Formulierungen. Cohens Wahl ist für seine Ethik charakteristisch, obwohl er es nicht ausdrücklich sagt: „Handle so, daß du die Menschheit sowohl in deiner Person, als in der Person eines jeden andern jederzeit zugleich als Zweck, niemals bloß als Mittel brauchst".[3]

Cohen kommt oft auf diesen Satz zurück, bisweilen in einer Kurzfassung, wie: „Man darf in einem Menschen nur soweit ein Mittel sehen, wie er als Zweck betrachtet wird." Darin sieht er das ethische „Programm" der Neuzeit.[4] Gewiss hat er sich nicht der Illusion hingegeben, die Neuzeit werde diesen Satz inhaltlich voll und ganz umsetzen; er wollte jedoch sagen, dass sie darin eine neue Sicht auf den Menschen jenseits von Stand, Nation und „Kirche" habe. An einer Stelle betont Cohen, dieses Programm zeige die Bedeutung des Sozialismus. Er hat sich immer als aktiven Sozialisten und Demokraten verstanden. Einem seiner guten Freunde sagte er, Kant habe keine durchgreifende Kenntnis des Kapitalismus gehabt; hätte er ihn gekannt, hätte er eine Totalrevision der Welt gefordert.

Hier müssen wir innehalten und ansatzweise den Inhalt dieser Ethik betrachten, die keineswegs nur formal, sondern von sehr konkretem Gehalt ist. Der Mensch darf ein Mittel sein, solange er Zweck an sich bleibt. Diesem Satz zufolge ist es in der realen Welt, wo Arbeitsteilung herrscht, das Los des Menschen, dass der eine zum Mittel des anderen wird. Gerade deshalb wird in diesem Leben von uns verlangt, dass wir in jedem Menschen einen Zweck sehen, auch wenn er gegen seinen oder unseren Willen als Mittel dient.

Enthält diese Forderung nicht schon die meisten Implikationen des Verhältnisses von Ich und Du? Wenn der Andere wirklich Zweck ist, das heißt, wenn der Weg meines Blicks in ihm endet: Hängt es dann nicht lediglich von der Stärke der Liebe und des Temperaments ab, ob ich ihn als Du sehe oder bloß als Fremden? Deshalb dürfen wir sagen, dass nicht wenig von der sogenannten dialogischen Philosophie als Kern in diesem Satz liegt. Zumindest kann man argumentieren, dass die dialogische Philosophie ohne diesen Kantischen Satz nicht möglich wäre.

Beachten wir: Die ethische Forderung Kants und Cohens ist nicht religiös begründet. Für den religiösen Menschen ist es sonnenklar, dass Menschen Zwecke an sich selbst darstellen, weil sie in Gottes Ebenbild erschaffen sind, der

---
[2] ErW (B), 1.
[3] KANT, Metaphysik, 429.
[4] Vgl. ErW (B), 320.

Mensch als Bild des Heiligen, gelobt sei Er. Nach Cohen-Kant gründen Würde und Majestät des Menschen in der Kraft der Vernunft. Der Mensch vermag gesellschaftlich-ethische Gesetze zu schaffen, und dieser seiner Fähigkeit wegen gibt es nichts Ehrwürdigeres auf Erden als ihn.

Cohen erstrebt eine Ethik auf wissenschaftlicher Grundlage. Im ersten Band seines Systems hatte er eine wissenschaftlich orientierte Logik in engem Bezug auf die exakten Naturwissenschaften entwickelt. Cohen kann sich Philosophie ohne Wechselbeziehung zur Wissenschaft nicht vorstellen. Es gibt keine Philosophie ohne wissenschaftliche Grundlage und keine wahre Wissenschaft ohne philosophische Reflexion. Darum verbindet Cohen auch die Ethik mit Wissenschaft, in diesem Fall mit der Jurisprudenz.

Das Verhältnis der Ethik zur Jurisprudenz einerseits und zur Gesetzeslehre anderseits ist bis heute nicht ganz geklärt. In Fachkreisen wird dieses Verhältnis bewusst oder unbewusst überwiegend in Analogie zu Kants Sichtweise bestimmt. „Ethisch" nennt man die Gebote, die der Mensch als innere Lehre versteht; „juristisch" sind die von äußeren Institutionen festgesetzten und mittels Sanktionen durchgesetzten Gesetze. Aber trotz dieser weitgehend akzeptierten Unterscheidung bleibt das Problem nach wie vor offen und kann nicht verbal übertüncht werden.

Obwohl Cohen die kantische Unterscheidung selbstverständlich kannte, folgte er ihr nicht. Er brachte die Ethik in enge Beziehung zur Rechtsprechung und war stolz auf diesen juristischen Einschlag: Es handelt sich um eine Gesetzesethik. Damit entsteht eine inhaltliche Nähe zwischen Ethik und Recht, die bisweilen bis zur Identität von ethischer und rechtlicher Forderung reicht; denn „Staat und Recht sind Erzeugnisse des Geistes der Ethik". Die ethischen Werte bleiben nicht in der Seele. Der Übergang von der innerseelischen zur praktisch-öffentlichen Welt des Rechts ist direkt und naturgemäß. So wird der Stil der Ethik bei Cohen männlich und ohne jede Weichheit.

In diesem Zusammenhang scheint uns eine Tatsache wichtig, die zu wenig berücksichtigt worden ist: Die Brücke, die der Philosoph über den Abgrund zwischen Gesetz und Recht einerseits und Gebot und Ethik anderseits errichtet hat. Ihre Leistung liegt hauptsächlich darin, dass er seine Philosophie zu einer Philosophie der jüdischen Religion gemacht hat. Ungeachtet der besonderen Auffassungen der Halacha [des jüdischen Gesetzes] ist klar, dass keiner ihrer Begründer gemeint hat, es gebe eine Kluft zwischen Ethik und Gesetz. Im Laufe unserer Untersuchungen werden wir sehen, wie der „Gott Israels" einen natürlichen Platz in Cohens Denken bekommt. Auch seine Ethik ist von Anfang an mit der Halacha unserer Weisen verbunden. Seine Nähe zum Judentum und dessen Gesetz rührt nicht, wie nicht selten behauptet, von der allgemeinen Nähe des Kantianismus zum Judentum her, sondern von dieser grundlegenden Ansicht über Gesetz und Recht, Ethik und Halacha.

2. Idealismus in Ethik und Erkenntnis

Das bisher Ausgeführte sowie das meiste, was noch folgt, liegt in Cohens Denken historisch und inhaltlich früher als das vorliegende Buch *[Religion der Vernunft aus den Quellen des Judentums]*. Wir wollen dem Leser erleichtern, es zu lesen, besser gesagt: zu lernen, denn dieses Buch will gelernt werden. Vielleicht kann der Lernende nach der Lektüre dieses Vorworts gleich zu einem Kapitel gehen, dessen Thema ihn interessiert. Aber auch, wenn wir es ihm erleichtern, ist seine Arbeit nicht leicht; der Lohn entspricht der Mühe.

Hermann Cohen ist als „radikaler Idealist" bekannt. Wir wollen versuchen, die Bedeutung des Wortes „Idealist" im Rahmen seiner Philosophie zu ermitteln. Auf dem Gebiet der Ethik ist die Sache klar: Es obliegt dem Menschen, die Ziele anzustreben, die von seinem Gesichtskreis und seinen Strebungen am weitesten entfernt sind. Das Ideal ist, dass der Staat zuletzt eine Theokratie werde. In Cohens Augen ist Theokratie nichts anderes als die Herrschaft der Gerechtigkeit im Staate. Die Staaten, in denen Gesetz, Recht und Gerechtigkeit herrschen, werden sich zu einem Staatenbund vereinen um des ewigen messianischen Friedens willen.

In einem seiner frühen Briefe (1871) schrieb Cohen:

Ich lerne immer mehr die tiefe Weisheit des talmudischen Satzes verstehen: ‚Auf Dir liegt die Arbeit nicht, daß Du sie vollendest; aber Du bist nicht frei, Dich ihrer zu entledigen.' Die idealistische Weltansicht besteht nicht darin, daß man glaubt, es *werde* so werden wie es recht ist, sondern darin daß man glaubt, es *müsse* so werden wie es recht ist.[5]

Man beachte, dass im Geiste des jungen Philosophen, noch weit entfernt, ein Buch über das Judentum zu schreiben, die idealistische Ansicht unvermittelt zu diesem talmudischen Spruch gelangt.

Komplizierter, aber auch wichtiger ist es, den Begriff „Idealismus" oder „radikaler Idealismus" auf dem Gebiet der Theorie, d. h. der Erkenntnislehre, zu verstehen. Wenn wir an Idealismus denken, denken wir an den Gegensatz zu Materialismus. Bei Cohen aber ist Materie kein Gegenbegriff zu Idealismus; der Materialismus ist gefährlich, wenn er als Grundsatz aller Erklärungen für die Wirklichkeit dienen soll. Cohens Idealismus ist eine Methode, welche die Gedanken und Ideen aufdeckt, auf denen die Forschung beruht. Cohen zitiert seinen alten Freund Friedrich Albert Lange, der meinte, die Weltanschauung des Materialismus sei Kants System inhärent, ohne dass sie dieses System verändere. In seinem Idealismus erwäge Kant nicht, ob Newtons Gedanken idealistisch oder materialistisch seien; seine Frage sei, mit welchen Voraussetzungen man die Natur und die Welt erkenne. Nur ein Denken, das seine Voraussetzungen nicht erörtert, ist nicht idealistisch. Idealismus ist die Würde des Menschen, der über

---

[5] An Louis und Helene Lewandowsky, 19. August 1871; in: Briefe, 32 f.; er zitiert den Mischna-Traktat *Avot* II 16.

die geistigen Mittel, mit deren Hilfe er seine Welt erkennt, Rechenschaft ablegen *(lógon didónai)* kann. Es hat keine primäre Bedeutung für die Wissenschaften, ob ihr Gegenstand materiell oder geistig ist. Cohen widersetzt sich dem Materialismus, sofern dieser zur einzigen Methode oder zur Metaphysik wird, wie er sich ebenso gegen einen Idealismus als Überbleibsel des Spiritualismus wendet, so, als ob er der Grund der Seele oder der Lebenshauch der Wirklichkeit wäre. Cohens Idealismus ist ein Idealismus der Wissenschaft; er anerkennt als Wirklichkeit nur, was die Wissenschaft als Wirklichkeit festlegt. Die Wissenschaft untersucht und prüft sich selbst und ihre Wege. Diese Untersuchung, das Ablegen von Rechenschaft über sich selbst, ist Philosophie. Die Wissenschaft geht der Philosophie voraus, und die Philosophie entwickelt sich in engem Kontakt mit den Wissenschaften. In diesem Sinn meint Cohen, von den Wissenschaften, denen es gelinge, die Erscheinungen der Natur nach Maßgabe der Kontinuität zu erklären, sei zu lernen, was Denken und Gedanken seien. Es ist klar, dass Cohen sich gegen jede Philosophie, die nur auf „Erlebnis" beruht, und gegen die Bestrebungen einer Mystik wendet, die vom Menschen „mehr verlangt, als sein Organismus geben kann". Der Philosophie obliegt es, auf dem fruchtbaren Feld der wissenschaftlichen Erfahrung zu bleiben. Wie wir oben gesehen haben, muss auch die Ethik wissenschaftlich sein. Sie ist es, wenn sie ihr Forschungsgebiet in den Gesetzen und Rechtssätzen hat, die das Leben des Menschen und seiner Gesellschaft regelt.

Man hat auf die Nähe von Cohens Lehre zu Hegels Philosophie hingewiesen. Die Tatsache, dass Cohen den Begriff des Staates so hoch schätzt, scheint diese Nähe zu bestätigen. Hier sind jedoch gedankliche Vorsicht und feine Unterscheidung gefragt. Bei Hegel werden nicht nur die Gegensätze zwischen Idee und Wirklichkeit sowie Form und Inhalt, sondern auch zwischen dem Wirklichen und dem Wünschenswerten, der konkreten Wirklichkeit und dem Ideal aufgehoben. Man hat mit Recht darauf hingewiesen, dass in einer solchen idealistischen Methode die Spannung zwischen Gott und Welt nicht mehr bestehe, und dass das System sich zuletzt als Pantheismus erweise: Die Welt ist voller Gott, die Welt ist in Gott, und Gott ist Geist. Cohen kann einem derartigen Idealismus nicht zustimmen. Sein Gott ist kein pantheistischer Gott, sondern Einer und Einziger, von der Welt verschieden. Diesem Idealismus ist Cohen bis ans Ende seiner Tage treu geblieben.

3. Die Gottesidee in Cohens Gedankengebäude

Die meisten Artikel und Bücher über Hermann Cohen befassen sich mit der Frage, ob der Philosoph sein System verlassen oder es gesprengt habe, als er sein großes Buch über die Religion schrieb. Die Autoren folgen Rosenzweig und bejahen die Frage. Wenn man ihnen folgt, gewinnt man mitunter den Eindruck, ihrer Meinung nach seien Cohens Ansichten über Religion und Judentum nur soweit gut und wichtig, als er inkonsequent gewesen sei und seine „Marburger Philosophie" widerrufen habe. Demnach lag seine ganze religiöse Bedeutung in einer Inkonsequenz und entstand erst, nachdem er sein System hinter sich gelassen habe. Das religiöse Gefühl sei durchgebrochen, und was sei die ganze abstrakte Philosophie gegenüber dieser starken Religiosität?

Wir erkennen hingegen diese Philosophie nicht als ‚zerbrochene Gefäße‘, als ob jenes wichtige Werk auch ohne sie entstanden wäre. Freilich ist Cohen einen langen Weg gegangen und hat da und dort neue Landschaften gesehen und neue Tore entdeckt, die er zu Beginn nicht gesehen hatte. Er vertieft seinen Blick; aber der Weg ist folgerichtig. Er versteht, dass er mehr auf den Einzelnen und sein Leben eingehen muss; aber all dies führt nicht zu einer Änderung des Systems oder dem Einsturz von dessen Säulen.

Wir müssen betonen, dass Cohens Denken zu „Theologie" tendierte. Schon bevor er sein eigenes System errichtete, war ihm klar, dass er in seinem Philosophieren Gott anerkenne. Bereits 1877 schreibt er seinem guten Freund Lewandowsky:

Merkwürdig wird es Dir sein, daß ich den Kantischen Gott mitnehme, ja noch mehr, daß ich zu der Überzeugung gekommen bin, jeder Versuch in der Ethik sei gedankenlos, principlos, der ohne einen solchen Gott gemacht wird. Du siehst, er hat mich schon fanatisirt, wie es einem Gott geziemt. Aber Du sollst sehen, daß Du an diesen Gott auch glauben wirst.[6]

Cohens System steht nicht und ist vielleicht auch nicht verständlich ohne diesen Gott, dessen Sinn und Bedeutung im Laufe vieler Jahre deutlich werden. Was heißt systematisches Denken in der Philosophie? Es ist der Versuch, die Welt als Ganzes zu sehen, und der Versuch, Prinzipien zu bestimmen, die es ermöglichen, diese Ganzheit zu erforschen. In diesem Unterfangen, die Welt im Netz eines Systems einzufangen, zeigt sich eine ontologische Anschauung: Das Sein ist logisch geordnet! Darin ähneln alle Systeme (auch die materialistischen) einander. Cohens System beruht auf der grundlegenden Auffassung, dass er ohne Gott nicht in der Lage sei, die Welt zu denken und zu verstehen.

Nur kurze Zeit in seiner Jugend war Cohen Pantheist. Mit fünfundzwanzig Jahren schrieb er einen Artikel „Heinrich Heine und das Judentum". Damals war er noch nicht vom Kantischen Gott begeistert und schrieb über die Nähe zwischen dem Propheten des Pantheismus und dem Propheten des biblischen Monotheismus, zwischen Spinoza und unserem Meister Mose. Nach seiner damaligen Auffassung gibt es eine Brücke vom ursprünglichen biblischen Glauben an Gott zu der höheren Entwicklung desselben, die der Pantheismus ausdrückt. Die Vorstellung von Gott als Träger des Gedankens der Einheit spricht den jungen Philosophen an. Der klassische Monotheismus und der Spinozismus

---

[6] An Hermann Lewandowsky, gemäß BRUNO STRAUSS 1872; in: Briefe, 42.

gleichen einander in ihrem Bestreben, die ganze Wirklichkeit mit allen ihren Erscheinungen als Einheit und mit einheitlichem Blick zu erfassen.

Dieser Essay zeigt jedenfalls eine Beziehung des jungen Philosophen zum Gottesgedanken. Mit der Zeit wurde er zu einem scharfen Gegner des Pantheismus; bisweilen hat ihn dessen bloße Erwähnung in Rage gebracht. Dafür gibt es viele Gründe; nur sehr wenige können wir hier anführen. Im Laufe seiner Forschungen gelangt Cohen zu einem Gottesbegriff, der keine Gestalt, Beschreibung oder Bild erlaubt. Der Pantheismus hingegen sieht in der Natur, der Welt, das lebendige Kleid Gottes. Mit solchen Vergleichen hat der Pantheismus seit je Geist und Gefühl der Menschen bezaubert. Für Cohen hat Gott kein Kleid.

Im letzten Grund hat sich Cohen vom Pantheismus jedoch wegen dessen Ansichten über das Wesen des Menschen losgesagt. Die Wirklichkeit ist zwar logisch; aber sie ist nicht einheitlich und kann nicht als Einheit im Sinn des Pantheismus betrachtet werden. Es gibt zwei Arten von Wirklichkeit: die Welt des Vorhandenen, die die Menschen in ihrer Neugier schon immer erkennen und die die Naturwissenschaften seit ihrer Begründung durch die Griechen erforschen wollten. Und es gibt die andere Wirklichkeit: die Welt des Wünschenswerten, die nur im Vorgriff auf die Zukunft verwirklicht wird. Dies ist die Welt des strebenden, wollenden, zweckorientierten Menschen. Es ist die Welt der Absicht, der Planung und des Willens; sie übersteigt prinzipiell das Bestehende. Der Mensch lebt in dieser doppelten Welt. Er lebt in der Welt des Willens und des Gewollten, blickt aber auf die Welt des Bestehenden und Vorhandenen. Für Cohens Denken ist charakteristisch, dass beide Sichtweisen von zwei historischen Strömungen vertreten werden. Die Wissenschaft des Bestehenden, das Bestreben, das Wesen der Wirklichkeit zu erkennen, rührt vom griechischen Geist her; das Streben nach dem wahren Ziel der menschlichen Gesellschaft stammt von den Propheten Israels. „Wie ich mit Inbrunst fühle: ‚von Zion geht die Thora aus', so fühle ich mit dem gleichen Ernst der Pietät: von Hellas geht die Wissenschaft aus."[7] Aber eben weil es diese zwei Welten gibt und der Mensch zwischen ihnen steht, stellt sich die Frage: Wo ist die Wahrheit?

4. Der Begriff der Wahrheit

Der Begriff der Wahrheit in Cohens Auffassung muss uns intensiv beschäftigen, wenn wir ihn und seine Grundansichten verstehen wollen.

Viele umfangreiche Auslegungen hat man dem Begriff der Wahrheit gewidmet. Am Anfang stand die Aussage: Wahrheit ist die Übereinstimmung des Denkens mit dem Objekt. Am anderen Ende der Reihe steht der Begriff der Wahrheit,

---

[7] Antwort auf das offene Schreiben des Herrn Dr. Martin Buber an Hermann Cohen (1916); in: COHEN, Antwort, 259; das Zitat Jes 2,3; Mi 4,2.

wie er der hebräischen Sprache eigentümlich ist. Das griechische Wort für Wahrheit, das den Begriff für die europäischen Sprachen festgelegt hat, bedeutet etymologisch „das Aufheben des Schleiers". Dagegen enthält das hebräische Wort von Anfang an weder die Bedeutung „Übereinstimmung" noch „Aufheben des Schleiers". Vielmehr ist seine Nähe zur Wurzel 'mn charakteristisch, von der auch die Worte für Vertrauen und Treue abgeleitet sind. Wahrheit ist nicht Übereinstimmung von Wissen und Gewusstem, sie ist nicht nur Erkenntnishandlung, sondern sie wird durch den Menschen hervorgebracht. An den Stellen der Bibel, wo von „Wahrheit wirken" die Rede ist, geht es darum, Erwartungen und Bitten zu erfüllen. Wenn unsere Tora den „Gott der Wahrheit" nennt, meint sie nicht die Tatsache, dass es Gott gibt, sondern dass er hält, was er verspricht. Wahrheit heißt *hejot batuach* – firmitas, *hejot 'eitan* – stabilitas, *hejot ken* – integritas, sinceritas (diese Übersetzungen hebräischer Äquivalente findet man z. B. in der Konkordanz von Mandelkern[8]). Man kann sagen, dass im hebräischen Wort für Wahrheit ein Moment von Pragmatismus steckt: Wahrheit muss man schaffen.

Nicht zufällig beharren wir auf dieser Semantik. Es ist keine bloße Vermutung, dass es der Geist der hebräischen Sprache und des hebräischen Wortes 'emeth war, der Hermann Cohen veranlasst hat, diesen Begriff auf so ungewöhnliche Art zu bestimmen. Die Naturwissenschaften und die mit ihnen verbundene Logik vermögen den Begriff der Wahrheit nicht zu definieren; ihre Arbeit und ihre Resultate sind „richtig" oder „unrichtig". Ihre Kriterien sind allgemein. Der Wert der Naturwissenschaften liegt darin, dass sie den Grund für die Erkenntnis der Gesetzmäßigkeit legen. Die Idee – oder, wie Cohen sie nennt – die Hypothesis dieser Wissenschaften ist mit ihrem Erfolg in der kohärenten Erklärung der Erscheinungen verknüpft. Aber „Wahrheit" ist etwas anderes als „Richtigkeit". Sie bedeutet auch nicht die Übereinstimmung mit einem Zweck; auch auf dem bloßen Gebiet der Ethik gibt es keine Wahrheit. Nach Hermann Cohen bezeichnet der Begriff der Wahrheit die Möglichkeit und Gewissheit einer Verwirklichung der Ethik. Wahrheit ist der „Einklang" der Welt des Gewollten und der Welt des Wirklichen, Einklang des Bestehenden und der Inhalte des Menschengeistes.

An diesem Punkt wird „das Grundgesetz der Wahrheit" zum Begriff Gottes. 1904, lange bevor Cohen sein Buch über die jüdische Religion schrieb, erschien der Begriff der Wahrheit prominent in der *Ethik des reinen Willens*. Cohen selbst und sehr rasch auch seine Leser – unter ihnen Christen, die sich zögerlich oder distanziert äußerten – waren sich bewusst, dass hier eine jüdische Gottesidee vorlag. Der Gott Israels hatte seinen Platz in einem modernen philosophischen Zusammenhang bekommen. Die Frankfurter *Bnei Brit*-Loge hat ihm dazu gratuliert, und Cohen hat in einem Brief vom 11.12.1904 dafür gedankt. Darin schreibt er:

---

[8] MANDELKERN, Hechal haKodesch.

Sie weisen mit Recht darauf hin, daß es die Pflicht der Wahrhaftigkeit war, welche die Würdigung des Judentums in meiner systematischen Ethik forderte. Meine Begeisterung für das Judentum wurzelt in der Überzeugung von dem ethischen Werte unserer Gottesidee; im Zusammenhange meiner wissenschaftlichen Einsichten steht mein Judentum. Daher schätze ich mich besonders glücklich darüber, daß es mir vergönnt gewesen ist, bevor ich mit größeren Arbeiten über die Idee des Judentums hervortrete, die Bedeutung derselben innerhalb eines philosophischen Systems aufzuzeigen. Es ist nicht der Instinkt der Anhänglichkeit an Konfession und Stamm, dem ich die Leitung in meinem jüdischen Bewußtsein anvertraut hätte, sondern philosophische Methodik, soweit sie mir gegeben ist, und geschichtliche Kontrolle haben mir den Weg gewiesen und licht erhalten.[9]

Vielleicht ist dies das erste Mal, dass eine philosophische Methode die aktuelle Bedeutung des Judentums verkündet, ohne sich eine jüdische Krone aufzusetzen, möglicherweise ein Wendepunkt in der jüdischen Geistesgeschichte seit der Emanzipation.

5. Zwei Arten von Wirklichkeit: Das Vorhandene und das Erstrebte

Wir müssen auf Cohens Deutung des Gottesbegriffs zurückkommen. So gibt es zwei grundlegende Erscheinungsweisen der Wirklichkeit: ein Dasein, dessen Wesen von der Wissenschaft erkannt wird, und ein Dasein des Erstrebten, das vom vernunftgeleiteten Ethischen erzeugt wird. Die praktische Vernunft setzt dem Menschen Ziele in Form von Gesetzen und Rechtsnormen für Gesellschaften und Staaten oder als Ideale für eine fernere Zukunft. Damit diese Ziele nicht Träume und Illusionen bleiben, müssen wir notwendigerweise fragen: Gibt es für die Programme, Gedanken und Ideen dieser menschlichen Vernunft eine allgemeine materielle Grundlage? Gibt es immer eine Natur, in der wirklich wird, was der menschliche Geist plant? Verwirklicht sich der Mensch in voller Tatsächlichkeit? In Cohens Worten: Steht der Erde eine Entropie bevor? (Heute würden wir vielleicht fragen, ob der Mensch nicht selber die Erde und die Grundlage der Menschheit zerstört.)

Diesen abgründigen Fragen steht als Antwort der Gottesbegriff in Cohens Lehre gegenüber. Gott ist die Idee einer Verwirklichung des menschlichen Projekts.

Philosophen und Wissenschaftler, jeder denkende Mensch, arbeiten mit Begriffen; deshalb spricht Cohen vom Begriff oder der Idee Gottes. Wäre es anders möglich? Etwas Höheres als den Begriff erfassen wir mit unserer Erkenntnis nicht. Aber jedes Herz fühlt, dass dieser Begriff eine besondere positive Bedeutung für das innerste Denken des Menschen hat. Dem religiösen Menschen sagt diese Idee: Wenn ein Mensch dessen gewiss ist, dass sein Streben nach dem

---

[9] Briefe, 71 f.

Guten einen Wert hat, und wenn er weiß, dass das Gute verwirklicht wird, dann lebt er vor Gott und mit Gott.

Gemäß Hermann Cohen ist es eine der großen Entdeckungen in der Geschichte der Philosophie, dass man den Menschen mit anderen Kategorien messen und verstehen muss als den Gegenstand der vorhandenen Natur. Mit seinem Akzent auf dieser Erkenntnis setzt er das Denken des 18. Jahrhunderts fort und ebnet gleichzeitig den Weg zur philosophischen Anthropologie unserer Zeit, die sich freilich nicht immer in der von ihm gewünschten Richtung entwickelt hat. Jedenfalls nennt er selbst seine Ethik eine „Lehre vom Menschen"[10] und drückt seine Grundanschauung so aus: „Dass zwei Arten des Interesses unterschieden werden müssen, das steht ausser Frage; der Unterschied von Sein und Sollen bedeutet dies, [...] das theoretische Interesse an dem Sein der Natur [und ...] das Interesse an der Handlung und an dem Willen."[11]

Wir dürfen das nicht so verstehen, als sei der Wille etwas besonders Metaphysisches. Die Betonung liegt vielmehr darauf, dass Phänomene wie die eines „ich will", eines „ich mache", eines „ich beabsichtige", oder eines „ich fühle mich frei", d. h. alle existentiellen Erscheinungen des Seinsollenden, mit anderen Kategorien untersucht werden müssen als mit denen, die für die Erforschung des Bestehenden gelten.

Die Feststellung dieser Tatsache stellt den Philosophen, der ein System errichtet, vor ein besonderes Problem. Wir sagten oben, die Aufgabe der systematischen Philosophie sei es, die ganze Welt nach ihren Prinzipien zu verstehen, und gerade im Versuch, ein System zu entwerfen, stecke etwas von der ontologischen Annahme, die Welt sei erkennbar. Eine Philosophie, die keine Systematik anstrebt, kann die Möglichkeit einräumen, dass das Dasein absurd ist. Es ist klar, dass eine solche Möglichkeit für Hermann Cohen undenkbar ist, gerade weil er von den Naturwissenschaften ausgeht, die bezeugen, dass die Wirklichkeit von Logik beherrscht wird. Daraus folgt, dass auch die anthropologisch-ethische Erkenntnis möglich ist; man muss aber den passenden Begriffsapparat finden, d. h. die richtigen „Hypothesen" oder „Ideen". Welches spezielle Problem hat der Philosoph, der es ablehnt, die Welt als Chaos zu betrachten? Er muss ständig fragen, ob eine Natur oder eine Wirklichkeit bestehen kann, in der es etwas Spezifisches wie „Gewolltes", „Wille" gibt. Der Philosoph darf dieser Frage nicht ausweichen, und Cohen stellt sich ihr bisweilen mit noch größerem Ernst als mit dem, womit er andere Probleme betrachtet. Die Frage „Sein oder Nichtsein" hängt in seinen Worten von der Antwort ab: Hat die Welt des ethisch Wünschenswerten einen konkreten Boden? In seinem Buch über die Ethik steht im Zusammenhang mit dem Gottesgedanken ein Fragesatz gegen die Möglichkeit der Absurdität:

---

[10] ErW (B), 1 u. ö.
[11] ErW (A), 45; ErW (B), 47.

Wie wäre es, wenn der Mensch auf der Stufe des anthropoiden Affen stehen geblieben wäre? Ist es etwa ein Zufall, oder entspricht es lediglich dem überschüssigen Bildungsmaterial der Gehirnmasse, dass der Mensch entstanden ist, der den Gedanken der Wahrheit denkt?[12]

Auf diese und ähnliche Fragen gibt es nur eine Antwort. Es ist notwendig, den Gottesbegriff in das System einzugliedern. Er ist der „Bürge",[13] verantwortlich dafür, dass es eine Natur gibt, mit Menschen, die den ethischen Fortschritt verwirklichen.

Nicht umsonst haben wir am Anfang unseres Essays hervorgehoben, dass Cohen die Autonomie des Menschen anerkennt und weiß, was „gut" ist. Man muss daran erinnern, dass bei Cohen der Begriff Hypothesis eine Fiktion oder Arbeitsannahme bedeutet. Hypothesis ist das notwendige Denkinstrument. Ohne dieses Instrument wird nichts Gegenstand wissenschaftlicher Erkenntnis. Der Begriff Hypothesis wird hier identisch mit dem Begriff der Idee, den die Vernunft fordert. Die Idee der Autonomie ist ein Erfordernis der Vernunft, und ein Erfordernis der Vernunft ist auch die Idee Gottes.

Dieser Anspruch entspricht nicht dem „Postulat" bei Kant, wonach der Gottesbegriff erforderlich ist, damit der Mensch als Belohnung für seine Moralität ein angenehmes und glückliches Leben erlangt. In *Kants Begründung der Ethik* (1877) – einem der Bücher, womit er den Marburger Neukantianismus begründete – distanziert sich Cohen entschieden von Kants Verständnis. Er interessiert sich nicht für das Glück des Menschen als Lohn für seine guten Eigenschaften. Vielmehr ist der Gottesgedanke in seinem System unverzichtbar als Übereinstimmung des Zwecks der Natur und des Zwecks der Ethik. Später, in der *Ethik des reinen Willens* (1904), drückt er es so aus: „Nicht der Mensch also fordert für seine subjektive Stützung Gott; sondern zur objektiven Begründung der Sittlichkeit wird Gott gefordert."[14]

Obwohl Cohen am Anfang seiner Arbeit vor allem in seiner Ethik über Gott schreibt, merken wir, dass der Begriff zwischen der Ethik und der Logik steht. So sagt Cohen ausdrücklich: Der Gottesbegriff ist „prälogisch und präethisch oder postlogisch oder postethisch"[15].

6. Der Gott der Philosophen und der Gott Abrahams

Man kann besorgt fragen: So wäre Gott *nur* eine Idee? Das ist, wie Pascal sagt, nur der typische Gott der Philosophen, nicht der Gott Abrahams, Isaaks und Jakobs. Das ist nicht der Gott, vor dem der Mensch im *Gebet* steht. Wir kennen

---

[12] ErW (A), 425; ErW (B), 449.
[13] ErW (A), 84; ErW (B), 88.
[14] ErW (A), 52; ErW (B), 55.
[15] Nicht ermittelt.

die Antwort, die Cohen wiederholt in seinen Schriften gibt: Wenn ich den Menschen liebe, liebe ich seine Idee,[16] die in ihm verborgenen Möglichkeiten. Der Philosoph kennt aber auch die Kälte im Herzen dessen, der den Ausdruck ‚Idee Gottes' hört. Darum erstaunt es uns nicht, wenn wir in der *Ethik* einen Satz finden, der gleichsam aus dieser Tiefe des Herzens hervorbricht:

Es sagen es alle Menschen unter dem himmlischen Tage, eine Jedes in seiner Sprache. (Was haben wir gesündigt?) Sollte man an unserer Sprache etwas vermissen, wenn wir Gott eine ‚Idee' nennen, und zwar das Zentrum aller Ideen, die Idee der Wahrheit?!"[17]

Franz Rosenzweig hat in diesem Punkt recht, wenn er über Cohens Gottesidee sagt: Man kann Gott nicht beschreiben, man kann ihn nicht denken und erfassen; aber man kann sagen, was das ist, dessen Grund von Gott gelegt wird (zur Erinnerung: das Wort Hypothesis wird mit „Grundlegung" übersetzt).[18] Wir möchten besonders hervorheben, dass in der Bezeichnung „Idee" für Gott auch Bescheidenheit liegt gegenüber dem, wozu die Erkenntnis keinen Zugang hat. Diese Bezeichnung drückt die Einzigartigkeit Gottes aus; darin liegt Bescheidenheit, oder – wie Cohen über den Gott Israels auch sagt – „Gott ist keusch".

Rosenzweig erzählt die Anekdote, Cohen habe einmal einem einfachen Juden den Gottesbegriff erklärt. Der Mann hörte gut zu und sagte schließlich: „Herr Professor, und wo ist der Schöpfer der Welt?"[19] Daraufhin habe Cohen geweint. Das wurde eine Wanderanekdote und dahin gedeutet, dass Cohen zwischen seinem Glauben und der Philosophie innerlich gespalten gewesen sei. Vielleicht ist jedoch eine andere Interpretation gefragt. Vielleicht waren es Tränen der Sehnsucht, weil man zwar über Gott als Idee etwas sagen kann, aber das Wesen Gottes und das Geheimnis der Schöpfung nicht zu erfassen sind. In einem Brief von 1907 schreibt er: „Mein Geschick ist von ganz eigener Art. Wenn es Menschen gibt, die das sacrificio dell'intelletto bringen, so bringe ich das del sentimento. [...] Abstraction ist auch hier mein Schicksal."[20] Freilich, der Rationalismus ist das Los des Menschen, und in diesem Rahmen muss er bleiben; er kann sich nicht überheben und mehr verlangen. An einer Stelle der *Ethik*, wo vom Weiterleben der Seele die Rede ist, heißt es: „Ich kann es nicht wissen, darum will ich es nicht wissen müssen";[21] man wird mich nicht dazu zwingen können, eine solche Kenntnis zu erstreben.

In Cohens Alterswerk findet der Leser eine ausführliche Exposition des Gottesgedankens. Es handelt sich vor allem um Modifikationen in der Deutung des Wortes 'echad. Im Zuge seiner Exegese verbindet er die Begriffe „Einheit" und „Einzigkeit" mit Auffassungen der antiken Philosophen, z. B. Xenophanes

---

[16] Vgl. RV, 185.
[17] ErW (A), 428; ErW (B), 452; Anspielung auf: GOETHE, Faust I, V. 3463 f.
[18] Vgl. ROSENZWEIG, Einleitung, XXXIII.
[19] Vgl. ROSENZWEIG, Jehuda Halevi, 73 (Kommentar zu „Der Name").
[20] An Leo Munk am 27. März 1907; in: Briefe, 77.
[21] ErW (A), 393, ErW (B), 415.

und Parmenides. Wichtiger aber ist der religiöse Sinn, den diese Begriffe jetzt bekommen. In seiner Jugend (im Aufsatz über Heinrich Heine) sang er ein (zugegebenermaßen schönes) Loblied auf den Pantheismus und bekannte sich zu Alexander von Humboldts Aussage:

> Es ist ein charakteristisches Kennzeichen der Naturpoesie der Hebräer, daß, als Reflex des Monotheismus, sie stets das *Ganze* des Weltalls in seiner *Einheit* umfaßt. [...] Die Natur ist ihm ein *Geschaffenes*, *Angeordnetes*, der lebendige Ausdruck der *Allgegenwart* Gottes in den Werken der Sinnenwelt.[22]

Wie bekannt, hat Cohen den Pantheismus sehr rasch verlassen. In Ausdrücken wie „Er hüllt sich in Licht, wie in ein Gewand, spannt den Himmel aus, wie einen Teppich"[23] sieht er auch jetzt noch das Streben zur Einheit; aber noch wichtiger als der Gedanke der Einheit wird ihm jetzt der Gedanke der *Einzigkeit*. Gott ist einer – dieser Grundsatz des Monotheismus bedeutet im Kern nicht lediglich, dass es nur einen Gott gibt, sondern dass nichts ihm gleicht. Das Erleben, dass nichts Gott ähnlich und dass er unvergleichlich ist, ist die unbestrittene Grundlage der religiösen Erfahrung.

Der Gedanke der Einzigkeit, zusätzlich oder im Gegensatz zur Einheit, hat den Weg zum echten religiösen Erleben gezeigt. Das Gefühl des „ganz Anderen" hat bei Rudolf Otto seinen psychologischen und bei ausgesprochenen Rationalisten seinen philosophischen Ausdruck gefunden. In unserem Werk findet sich eine Zusammenfassung dieser gedanklichen Entwicklung: „Es ist die Probe des wahren Gottes, daß es kein Bild von ihm geben kann. Er kann nie durch ein Abbild zur Erkenntnis kommen, sondern einzig und allein nur als Urbild, als Urgedanke, als Ursein."[24]

Der Gedanke der Einzigkeit hat Cohen auch zu einer immer deutlicheren Ablehnung des Christentums geführt, dem er die Materialisierung und Verinnerlichung Gottes nicht verzeiht. Es lässt auch zu wenig Raum für die eigene Arbeit des Menschen an seiner Reinigung. Pantheismus und Christentum machen dem Menschen seinen Weg zu Gott zu leicht: Der Pantheismus denkt die Welt in Gott und Gott in der Welt, während Cohen einen Gott will, der „Urgedanke" ist. Gott steht über allem, und nur in der Redeweise unterscheidet sich der religiöse Mensch vom Philosophen: „Der Philosoph sagt, Gott ist Substanz. Die monotheistische Religion sagt: Gott ist Schechina, absolutes Ruhen. Die Ruhe aber ist der ewige Urgrund der Bewegung."[25]

Begegnet hier nicht der kantianische Philosoph des zwanzigsten Jahrhunderts dem aristotelischen Philosophen des zwölften? Maimonides beginnt sein *Buch der Erkenntnis* folgendermaßen:

---

[22] COHEN, Heinrich Heine, 201.
[23] Ps 104,2, Übers. Cohen, ebd., 203.
[24] RV, 66.
[25] RV, 53.

Der Grund aller Grundsätze und die Stütze alles Wissens besteht in der Überzeugung, daß es ein Erstes Vorhandenes gibt, das alles Vorhandene zum Vorhandensein bringt. Alles Vorhandene am Himmel, auf der Erde und dazwischen ist nur vorhanden kraft der Wahrheit dessen, der es hervorbringt. Sollte man meinen, dieses existiere nicht, so könnte es auch nichts anderes geben. Und sollte man meinen, es existiere außer ihm nichts, so bliebe doch sein Vorhandensein und würde durch deren Vernichtung nicht aufhören, denn alle Vorhandenen bedürfen seiner, aber Er, Gelobt-sei-Er, bedarf weder ihrer noch eines einzigen von ihnen; deshalb ist seine Wahrheit nicht wie die Wahrheit eines einzigen von ihnen. So sagt der Prophet: ‚Der Ewige ist ein Gott der Wahrheit', und er allein ist wahr.[26]

Zu diesem Gott betete Cohen wie Maimonides zum „Begriff" seines Gottes.

Der Schriftsteller M[ordechai] Ben-Ami schildert in seinem Buch *Menschen unserer Zeit* (Tel Aviv 5673 [1912/13]) eine Begegnung mit Hermann Cohen in der Synagoge in Genf (wie es scheint, kurz vor dem Ersten Weltkrieg). Darin heißt es:

Er hüllte sich sogleich in seinen Gebetsmantel und begann mit gewaltiger Intensität zu beten. Ich hatte schon zuvor von Cohens großer Anhänglichkeit an die jüdische Religion gehört; ich wußte auch, daß seine Philosophie auf den großen Grundsätzen des Judentums beruht. Trotzdem konnte ich meinen Augen nicht trauen und vermochte nicht, mir Hermann Cohen in so jüdischer Gestalt vorzustellen. Ich bin es gewohnt, den aufgeklärten russischen Juden mit öder Seele und leerem Herzen zu sehen, einen Juden, ‚in dessen Herzen die *Mesusa* untauglich geworden ist', wie es der Dichter Bialik genial formuliert hat. Deshalb konnte ich mir Cohens Andacht nicht vorstellen. Ich stand in seiner Nähe und konnte die ganze Zeit mein Auge nicht von dieser wunderbaren Erscheinung abwenden; denn ich sah hier nicht einen Mann, sondern eine ganze, erhabene, unwirkliche Erscheinung namens Hermann Cohen. Während der ganzen Zeit des Gebets drückten seine Augen die erhabenste Ehrfurcht aus, erhabene und erhebende Liebe und die Andacht einer hohen jüdischen Seele. Als man zum abschließenden Gebet *'alenu* gelangte, verneigte er sich mit liebender Gottesfurcht, und seine Ehrfurcht erreichte den Hochpunkt an Begeisterung. Zu solcher Reinheit des Gebets gelangen nur große Bewährte [Gerechte] und erhabene Gottesfürchtige. Diese einzigartige Erscheinung hat mich in großes Staunen versetzt und zugleich in meiner Meinung bestärkt, daß nur völlig integre Menschen reinen Herzens oder erhabene und geläuterte Seelen zu religiösem Glauben zu gelangen vermögen.[27]

Es erstaunt uns nicht, dass Cohen zu seinem Gott betete, der der wahre Gott war; aber wir müssen uns das Wesen dieses Gebets klar machen. Wir haben gesehen, dass die Idee etwas anderes bedeutet als „nur eine Idee". Im Zusammenhang mit Gott zielt der Begriff der Idee auf Bescheidenheit und Keuschheit: Ich, Fleisch und Blut, darf Gott mit keinem anderen Namen nennen als mit der Bezeichnung „Idee". Ich darf ihn in keiner Weise konkretisieren, und

---

[26] MAIMONIDES, Sefer HaMad'a I, Hilchot Jesode haTora, 1–4. Das prophetische Zit.: Jer 10,10, hier nach: RV, 478.
[27] RABINOWICZ, 'Ische dorenu.

wenn ich ihn transzendent nenne, dann nur in dem Sinn, dass er unmessbar und unvergleichlich ist. Hebräische, im Judentum verwurzelte Autoren wie Jakob Klatzkin in seinem Buch über Cohen (hebr. 1923) haben die Übereinstimmung von dessen Philosophie mit den Grundsätzen des Judentums erkannt. Aber es war nicht von Anfang an zu erwarten, dass seine Lehre – auch wenn sie die Ethik der Propheten hervorhebt – die Lehre der jüdischen Religion begründet, die so viele verschiedene Formen der Verbindung zwischen dem Menschen und seinem Schöpfer kennt.

Cohens Gottesbegriff war in seinem Denken fest verankert, als er 1912 Marburg verließ, um in Berlin an der Lehranstalt für die Wissenschaft des Judentums zu lehren.

7. Kontinuität oder Krise?

Cohen hat die *Religion der Vernunft* im hohen Alter geschrieben. Sie erschien erst [1919] nach seinem Tod, 1929 in zweiter, von Bruno Strauss redigierter Auflage. In der folgenden Generation gab es eine sehr interessante Diskussion. Unter denen, die ihn verehrten und sich von ihm geistig nährten, neigten manche zur oben erwähnten Meinung, Cohen habe dieses Buch schreiben können, weil er inkonsequent war und mit seinem System gebrochen habe; seine jüdische Erfahrung und die religiöse Erregung hätten das systematische Denken gebrochen, und deshalb sei sein Gott konkreter geworden. Nach dieser Meinung scheint es, als sei das ganze Gebäude, das Cohen bis ins Alter errichtet hatte, vergebens gewesen, und seine religiöse Seele wäre zu den gleichen Folgerungen ohne jenes eindrückliche, das religiöse Bewusstsein des Philosophen nur störende Konstrukt gelangt. In diesem Mangel an Konsequenz habe Hermann Cohens Größe als Lehrer von Religion und Judentum gelegen. Wir haben bereits ausgeführt, eine richtige Einschätzung beweise, dass die Folgerungen des alten Cohen notwendig und unlöslich mit den Annahmen seines Systems zusammenhängen, und dass dieses intakt bleibt, auch nachdem er die Eigenart des religiösen Bewusstseins entdeckt hatte. Im Gegenteil: Nur die Verbindungen mit dem zugrunde liegenden Rationalismus machen seine einzigartige Einsicht in das religiöse Erlebnis deutlich. Für den alten Cohen ist das religiöse Erlebnis eine Sonderform des philosophischen. Davon soll der Schlusssatz jenes Werkes zeugen, das eine Einführung zu unserem Buch ist. Die Abhandlung *Der Begriff der Religion im System der Philosophie* [1915], womit sich Cohen bei seinem Umzug nach Berlin von seinen Marburger Schülern verabschiedet hat, schließt mit folgendem Satz: „Ohne diese Klarstellung des *Religionsunterrichts* wird es keine sittliche Weltkultur geben, – solange als die Religion nicht für *alle Menschen aller Völker* in der systematischen Philosophie begründet sein wird."[28]

---
[28] BR, 140.

Immer deutlicher treten zwei wesentliche Linien hervor: Der Gottesbegriff verknüpft sich eng mit metaphysischem Denken, und sein philosophisches Denken verwandelt sich in Gebet. Einer seiner Freunde, Robert Fritzsche, der uns so schöne Erinnerungen an Cohen hinterließ, hat gesagt: „Das Denken wird Andacht".[29]

Die Verknüpfung von Religion und Metaphysik kommt schön zum Ausdruck in dem Aufsatz „Einheit oder Einzigkeit Gottes" ([Teil I] 1917). Es geht um die Offenbarung Gottes am Dornbusch:

Wahrlich, es gibt vielleicht kein größeres Wunder in der ganzen Geschichte des Geistes, als welches in diesem Satze sich enthüllt. Eine Ursprache, die ohne jede Philosophie hervortritt, stammelt hier das tiefste Wort aller Philosophie. Der Name Gottes sei: Ich bin, der ich bin. Gott ist der Seiende. Gott ist das Ich, welches den Seienden bedeutet. So ist es denn schon charakteristisch, daß dieses Sein nicht im Neutrum bezeichnet wird, sondern als Ich.[30]

Freilich gibt es in Cohens Ansichten Entwicklung und Erweiterung, Probleme, die er in seiner Jugend nicht gesehen hat. Aber schon damals lautete seine Frage: Kann man die Welt denken, ohne Gott zu denken? Diese Frage hat er in seinem Buch über die Ethik klar beantwortet. Die zweite Frage lautete: Kann ein Mensch, der die Philosophie ehrt und nicht die Romantik eines nebulösen Erlebnisses wünscht, Gott dienen? Und wie soll man ihm dienen? Hierauf antwortet das vorliegende Werk.

Beachten wir die Titelformulierung, besonders den krönenden Begriff der Vernunft. In der ersten Auflage hieß das Buch *Die Religion der Vernunft aus den Quellen des Judentums*. Als Bruno Strauss die zweite Auflage vorbereitete, entdeckte er, dass Cohen den bestimmten Artikel weggelassen hatte (*Religion* statt *Die Religion*). Wir wissen bestimmt, dass Cohen kein Apologet war, der das Judentum bloß verteidigen wollte. Er glaubt an das Judentum als aktuelle Kraft in der Welt des Geistes und der sozialen Frage. Aber die Bescheidenheit der philosophischen Methode und das Erbe der Aufklärung zwingen ihn zur Zurückhaltung. Ist es nicht ein neuer Dogmatismus, wenn er eine Religion als *die* Religion verkündet? Zwar gibt es nur eine Religion, nämlich die Religion der Vernunft, die noch nicht realisiert ist – die Quellen des Judentums dienen ausschließlich ihrer Verwirklichung –, aber vielleicht gibt es noch andere? Aber unter den historischen Quellen sind die des Judentums die wirkmächtigsten, wenn es um die Überwindung der größten Feinde geht: Mythos und Magie. Cohen lässt sich auf den Kampf gegen diese Feinde reiner Religiosität ein; den Sieg über sie aber findet er vor allem in der Lehre der Propheten Israels.

Am liebsten ist ihm der Prophet Ezechiel, weil dieser den Mythos zurückweist, wonach die Sünde des Vaters auf den Sohn übergeht. Ezechiel hat den

---

[29] Fritzsche, Erinnerung, 13.
[30] Cohen, Einheit, 528, bzgl. Ex 3,13 f.

Gedanken entdeckt: „die Seele, welche sündigt, sie soll sterben".[31] Die Befreiung des Einzelnen vom magischen Joch der Kollektivstrafe ist dem Philosophen teuer, wie der Satz des Propheten Jeremia: „Ich werde schließen mit dem Hause Israels und dem Hause Judas einen neuen Bund. […] Ich werde meine Lehre geben in ihr Inneres, und auf ihr Herz werde ich sie schreiben, und so werde ich ihnen werden zum Gotte, und sie werden mir zum Volk."[32] Beide Propheten weisen auf die Autonomie der Persönlichkeit und deren direkte Verbindung zu Gott hin. Nicht nur im Versuch, Schuld auf das Kollektiv zu legen, sieht Cohen die große Gefahr im primitiven mythischen Denken, sondern vor allem darin, dass alle Gedanken an die Vergangenheit gebunden bleiben. Der griechische Mythos träumt vom vergangenen goldenen Zeitalter, aber die Vision der Propheten Israels ist auf die Zukunft gerichtet.

8. Vernunft und Offenbarung

Cohens großes Buch ist gewissermaßen ein philosophischer Midrasch. Er wollte darin entdecken und zum Leuchten bringen, was in den Quellen verborgen ist. Die Philosophie ist dabei ein wichtiges Werkzeug. Er glaubte an die tiefe Identität des wahren Kerns der Religion und des Wesens des philosophischen Denkens. Die derart aufgeklärte Religion bringt, wenngleich nur in „stammelnder Ursprache"[33] und im Lied, oft zum Ausdruck, was in der Tiefe der Philosophie liegt. Allerdings dürfen wir die Erklärungen dieses Buches nicht als allegorisch ansehen. Dieser Philosoph ist ein Glaubender: er glaubt an die philosophisch-religiöse Identität.

Für das Verständnis des alten wie des jungen Cohen scheint uns folgender Satz grundlegend zu sein: „Die Offenbarung ist die Schöpfung der Vernunft."[34] Es ist die Identität von reiner Vernunft und Gabe der Tora. Ohne Zweifel nähert sich hier der Begriff der Vernunft selbst dem Gottesbegriff, sofern wir Vernunft nicht als die des einzelnen Menschen verstehen, sondern als Grundsatz, der die Welt und ihre Wege beherrscht. Vielleicht denken wir dabei an Hegels Satz, wonach der Geist eine eigenständige Substanz ist, die sich im Bewusstsein darstellt.

Wir wissen von Cohens Schülern, dass er Sätze der Tora wie „liebe deinen Nächsten; er ist wie du" als „Urteile a priori" bezeichnet hat.[35] Wenn er einen

---
[31] Ez 18,4; RV, 223.
[32] Jer 31,31.33; RV, 95.
[33] Vgl. COHEN, Einheit, 528.
[34] RV, 84.
[35] Lev 19,18; hier übersetzt in Analogie zu Lev 19,34 in: RV, 147: „du sollst ihn [sc. den Fremdling] lieben, er ist wie du". In COHEN, Der Nächste, 57, Anm. b (1914, Fassungen B ff.) übersetzt Cohen stattdessen: „liebe deinen Nächsten wie Dich selbst".

Satz wie den oben genannten über die Offenbarung sagte, fühlte er sich mit Sicherheit unserem täglichen Gebet, „Du begnadest den Menschen mit Erkenntnis",[36] nahe. Die Vernunft ist zwar ein Grundsatz der Welt, aber auch ein von Gott gegebenes Werkzeug in der Hand des Menschen. Mit diesem Werkzeug in der Hand spürt er gleichzeitig das Faszinosum, die Erhabenheit in „Du ließest ihn nur wenig zurückstehen hinter Gott" und die Bescheidenheit in „mit Ehre und Glanz krönst Du ihn" [Ps 8,6].

Das Verhältnis zwischen Vernunft und Offenbarung hat auch Cohens Vorgänger beschäftigt, besonders die Philosophen des Mittelalters. Wenn Cohen die Begriffe Vernunft und Offenbarung einander annähert, ja sogar mit einander identifiziert, setzt er die Tradition fort, die ihren Höhepunkt im Zeitalter der Aufklärung erreicht. Lessing sagt in der *Erziehung des Menschengeschlechts* (§ 4): „Die Offenbarung [gibt] dem Menschengeschlechte nichts, worauf die menschliche Vernunft, sich selbst überlassen, nicht auch kommen würde: sondern sie [...] gibt ihm die wichtigsten dieser Dinge nur früher." Es ist sehr zweifelhaft, ob Cohen der Formulierung zugestimmt hätte, wonach die Gabe der Tora den Erziehungsprozeß *beschleunigt* habe. Er hätte aber eingeräumt, dass die Wissenschaften und der Geist der israelitischen Prophetie aus ein und derselben Quelle der Vernunft stammen –

daß nicht einmal ein Mose, so wenig wie ein Solon oder Lykurg, das Gesetz aus seinem Geiste gegeben habe, auch daß es nicht etwa nur von den Erzvätern abstamme, sondern daß allen geschichtlichen Potenzen entgegengestellt werde die unmittelbare Abfolge von Gott, als dem einzigen Sein.[37]

Der Glaube an die Offenbarung als Apriori der Vernunft stand fest und konnte auch durch die Bibelkritik nicht verwischt werden. „Dieses *Ewige, als die Grundlage der Vernunft* für allen Inhalt der Vernunft, nennt der Jude *Offenbarung*."[38]

Aber Gott ist einer und einzig; es gibt nichts als seine Einzigkeit, womit könnten wir ihn vergleichen? In dieser Hinsicht ist der Gottesgedanke „transzendent", weil er in systematischer Hinsicht über allem steht. Auf dem Weg der Mystik erfassen wir seine Einzigkeit nicht; auch die neuplatonische Emanation ist nicht nach Cohens Geschmack. Das alles verletzt die Einzigkeit Gottes. Zwar gibt es Geist im Menschen. „Gottes erste Gnade ist die Gnade der Erkenntnis. Es gibt keine Gnade Gottes, die nicht mit Erkenntnis verbunden wäre." Hier kommt Cohen Maimonides so nahe, als ob er ihm über die Jahrhunderte hinweg die Hand reichte. Über Gott selbst können wir nichts wissen, nur über seine Eigenschaften, in deren Spuren auch wir zu wandeln vermögen. Dieser Wochenabschnitt, der Maimonides so wichtig war, war auch für Cohen zen-

---

[36] Im sog. Achtzehngebet, Übers. in: RV, 105.
[37] Ebd., 98.
[38] Ebd., 97.

tral. Nach Ex 33,23 zeigt Gott Mose nur seine Rückseite, d. h. nur den Teil, den der Mensch begreifen kann. Wir können nur Ziele und Zwecke erkennen, dazu ist der Mensch in der Lage. Im Bereich des Handelns, in der Offenbarung der Dreizehn Eigenschaften [Ex 34,6f.] zeigt Gott, was der Mensch tun soll. Auf Gottes Spuren wandeln, sich an seine Eigenschaften halten – das ist unser ganzes Wissen von Gott.

Es war nicht nur – wie viele glauben – der Optimismus eines bürgerlichen Professors, der Cohen den Glauben, die Utopie und die Hoffnung auf Verwirklichung des Guten eingegeben hat. Er nährte sich von tieferen Wurzeln als denen des 18. und 19. Jahrhunderts. Seine Interpretation von Psalm 51 im fünften Teil unseres Buches ist einer der schönsten Abschnitte seines ganzen Werkes. Im Kampf gegen den Gedanken der Erbsünde und in seinen Gedanken zum Geist der Heiligkeit drückt er einen festen Glauben an den Menschen aus, dessen Herz sich immer erneuern kann. Wir möchten dem Leser fast raten, seine Lektüre mit dem Kapitel über den „Heiligen Geist" zu beginnen.

Cohens Theologie stand schon fest, bevor er eine Glaubenslehre zu schreiben unternahm. Eigentlich wollte er keine Religionsphilosophie verfassen, sondern sein philosophisches Werk – *Logik*, *Ethik* und *Ästhetik* – mit einem vierten Teil über die Einheit des Kulturbewusstseins abschließen. Diesen Teil, so sagte mir mein Lehrer Julius Guttmann, wollte Cohen, worauf es am Ende aller drei großen Bücher Hinweise gibt, *Psychologie* nennen. Mit Guttmann hatte sich Cohen über das Thema seines letzten Werkes beraten; jener empfahl ihm *Die Einheit des Bewußtseins*, aber Cohen entschloss sich dann doch, das Buch über Religion zu schreiben. Hat ihn sein starker jüdischer Impuls dazu getrieben? Oder können wir gar sagen, dass die Einheit des Bewusstseins im religiösen Bewusstsein liegt? Warum hat Cohen so lange gezögert? Er glaubte an Gott, scheute sich aber vor der Religion. In jeder Religion stecken ein Rückzug auf den Mythos, manchmal auch Aberglaube, und ein Mangel an Vernunft. Man soll Gott einzig durch sittliches Verhalten dienen, und über diesen Dienst urteilt die Ethik. Gemeindegottesdienst und andere liturgische Formen sind vielleicht notwendig, aber nicht eigentlich wünschenswert. Damals betrachtete Cohen das religiöse Erleben nicht als eigenes Thema der Psychologie. Solche Erlebnisse ordnete er dem Gebiet der Ästhetik zu; er hätte, das Dichterwort abwandelnd, sagen können: Wer Ethik und Ästhetik besitzt, hat auch Religion; wer jene beiden nicht besitzt, der habe Religion.[39]

Bevor Cohen der Religion ihr Gebiet zuwies, galt seine Ethik der Allheit der Menschen. Die Bedeutung des Wortes „Allheit", das so oft in seinen Büchern vorkommt, ist interessant. Cohen unterscheidet zwei Arten von Tugenden. Es gibt Tugenden, bei denen das Gefühl stärker ist als das Denken, und solche,

---

[39] Frei nach: Goethe, Zahme Xenien: „Wer Wissenschaft und Kunst besitzt/Hat auch Religion;/Wer jene beyden nicht besitzt/Der habe Religion", in: GOETHE, Sämtliche Werke II, 404.

bei denen das Denken stärker ist als das Gefühl. (Beide Arten setzen sowohl Gefühl als auch Denken voraus.) Cohen nennt Tugenden, bei denen das Gefühl überwiegt, Tugenden zweiten Grades; solche, bei denen das Denken stärker ist, Tugenden ersten Grades. Das Streben nach der Allheit der Menschen ist das Streben nach Vereinigung der Menschen mittels der Eigenschaften, in denen das sorgfältige Denken stärker ist als das Gefühl. In Cohens Ethik ist die Ehre des Menschen die Hauptkategorie, aber sein Blick ist nicht auf den Einzelnen, das Individuum gerichtet. Er sieht die Zukunft von Eintracht und Frieden durchgehend in der Allheit der Menschen.

In späterer Zeit wendet er sich immer mehr von den Propheten zu den Psalmen. Die Ethik der Propheten ist hauptsächlich an der gerechten Gesellschaft interessiert, die Psalmen am leidenden, sündigen und einsamen Einzelnen. Nun beschäftigt Cohen zunehmend das Problem des einsamen, leidenden und sündigen Menschen. Er entdeckt sozusagen das zufällige, vorübergehende, fühlende Individuum, das bisher nur in der Lyrik vorkam. Der eine Mensch, der vor seinem einen Gott steht, und das Verhältnis des einzelnen Menschen zu seinem Nächsten, dem Menschen in seiner Einzigkeit – das ist das Gebiet der Religion.

9. Das Attribut des Erbarmens

Welche besondere Kraft des Bewusstseins ermöglicht es, den anderen Menschen als Individuum zu erkennen? Wie können wir den Anderen in seiner Einzigartigkeit sehen? Nach Cohens Meinung ist die Macht des *Mitleids* die wichtigste unter den Kräften des Bewusstseins.

Wie schwer ist es Cohen gefallen, diesem seelischen Vermögen, das geradezu eine Schlüsselstellung in seiner Philosophie einnimmt, einen so zentralen Ort zuzuweisen! In seinen ersten Büchern wollte er dem Mitleid überhaupt keine nennenswerte Rolle für den Weg von Mensch zu Mensch einräumen. Manchmal schien es, als neige er zu der verbreiteten Ansicht, Erbarmen und Mitleid seien für das Christentum typische, dem Geist des Judentums aber entgegengesetzte Eigenschaften. Er widersetzte sich der Bedeutung des Mitleids auch deshalb, weil es einen wichtigen Platz im Denken Schopenhauers einnimmt, den er stets als Gegner ansah. Und jetzt, trotz dieser Nähe zu Schopenhauer, kommt Cohen schließlich zur Erkenntnis, dass das Mitleid die wahre Grundlage jeder Menschenliebe sei. Er scheut sich nicht, dem Erbarmen eine zentrale Stellung einzuräumen. Das Mitleid erstrahlt im Lichte der Menschenliebe.

„Das Leiden bleibt nicht ein theoretischer Versuch; es wird zum Affekt. So entsteht das Mitleid als einer der natürlichsten Affekte des Seelenlebens."[40] Zwar wird das Mitleid im Alterswerk nur ein Mal (wenn wir nicht irren) als Affekt

---
[40] Vgl. RV, 21.160.

bezeichnet,[41] aber es wird als Motiv des Willens und Grundlage der Liebe betrachtet. Nach Cohen ist das Mitleid keine passive oder reflexive (egozentrische) Eigenschaft, keine subjektive Kraft, sondern „Entdeckungsbegriff des Menschen",[42] es erkennt den Menschen in seinem Leiden. Schon längst hatte Cohen den Einen Gott gefunden, verstanden als den Einzigen und Unvergleichlichen. Jetzt sieht er den Menschen nicht nur in den Eigenschaften, die ihn zur Allheit der idealen Gesellschaft führen, sondern er sieht den elenden, armen, gedemütigten Menschen. Im einzelnen Menschen liegt die Kraft, sein Herz ausschließlich dem einzigen Anderen und dem einzigen Gott zuzuwenden. Das ist die neue Korrelation, die der Philosoph nun als Vorbedingung für den Anschluss an Gott festlegt. In der Fähigkeit des Menschen, den Nächsten zu lieben, liegt auch seine Fähigkeit, Gott zu lieben. Diese doppelte Liebe ist das Gebiet der Religion.

So wie er durch den Gedanken der Einzigartigkeit zu seiner Theologie und zu Gott in seiner Einzigkeit gelangt ist, so ist er zur Vollendung seiner Anthropologie mit Hilfe des Begriffs des Mitleids als Charakteristikum des Menschen gekommen. Das Erbarmen sprengt nicht den Rahmen der Gesetze der Ethik; aber es verankert sie in einer neuen Auffassung der menschlichen Beziehung. Allerdings hat Cohen immer die Bedeutung des Einzelnen als Zweck an sich anerkannt; er hat ja in der Formulierung des kategorischen Imperativs, welche die Bedeutung des Individuums betont, den Grundstein für jeden wahren Sozialismus gesehen. Aber der Ton lag auf dem Handeln des Individuums zur Verwirklichung der gerechten Gesellschaft in der Nation und der ganzen Welt. Jetzt sieht er den Glanz über dem Haupt des unbekannten, gefallenen, strauchelnden Menschen im Wechselbad der Gefühle, der sich nur im Gebet ausdrücken kann.

Aufgrund dieser Sicht ist Cohen bereit, der menschlich-gesellschaftlichen Erscheinung, die man Religion nennt, einen *eigenen Ort* einzuräumen. Er sagt „eigener Ort" [„Eigenart"], nicht „Selbständigkeit"; die Religion entgeht nie der Kritik der aufgeklärten Philosophie, und es muss verhindert werden, dass sie in die Falle der Mythologie tappt und sich im magischen Dickicht vergangener Zeiten und heiliger Stätten verfängt.

10. Der Begriff der Korrelation und das Gebet

Nicht nur ein Mal nennt Cohen den Monotheismus ein „Mysterium in der Geistesgeschichte".[43] An mystische Kommunikation glaubte er dagegen nicht. Der Mystiker stellt übermäßige Anforderungen an den menschlichen Organis-

---

[41] Ebd., 164 („Affekt des Mitleids").
[42] Ebd., 165.
[43] Vgl. Ebd., 434: „Wunder in der Geschichte der Seele"; ähnlich: COHEN, Die Lyrik der Psalmen, 167: „psychologisches Mysterium".

mus. Dem stellt Cohen seinen Grundbegriff für das Verhältnis des Menschen zu Gott gegenüber, den Begriff der Korrelation.

Betrachten wir den Begriff der Korrelation im religiösen Denken. 1928 schrieb Martin Buber in der *Jüdischen Rundschau* einen Artikel über Philon und Cohen.[44] Nicht ein Vergleich der beiden Philosophen war das Thema dieses Aufsatzes, obwohl das im Hinblick sowohl auf die grundsätzliche Einstellung als auch auf ihre Interpretation der Tora interessant wäre. (In beiderlei Hinsicht stellte sich Cohen entschieden gegen Philon.) Buber bringt beide Denker zusammen, weil Gott bei beiden eine Idee ist. Nach Buber wäre es ein Missverständnis zu sagen, bei beiden sei Gott „nur Geist"; er kennt genau die Bedeutung von „Idee", dass Gott ein von jedem anderen Sein verschiedenes Sein hat. Das Problem ist: Zu diesem Sein ist kein reales Verhältnis möglich, allenfalls ein gedankliches. In dieser Hinsicht stehen nach Buber beide Philosophen in krassem Gegensatz zum religiösen Denken der Schrift. Die Philosophen denken über Gott nach; aber in der Schrift führen die Menschen ihr Leben und sterben ihren Tod vor Gott. In der Welt der Bibel ist die Begegnung wirklich dialogisch. Nicht so im System von Kant-Cohen und im System von Platon-Philon. Die Philosophen können die Möglichkeit eines realen Verhältnisses zwischen Gott und Mensch nur erkennen, wenn sie die Mauern ihres Systems verlassen oder niederreißen.

Es stimmt: Cohen anerkennt keine konkrete Begegnung zwischen Gott und Mensch. Deshalb bedient er sich des Ausdrucks Korrelation. Das ist ein wohlformulierter, nicht nur scholastischer Begriff. Ein Verhältnis zwischen Welt und Gott besteht nur auf zwei Weisen – am besten auf beiden zugleich: zu wissen, dass es ein unvergleichliches Sein gibt, und gleichzeitig in Sehnsucht und seelischer Erhebung nach ihm zu verlangen. Vermutlich hat Cohen nie vergessen, dass wir den Versöhnungstag – dem er ein so ergreifendes Kapitel gewidmet hat – mit dem Ruf „der Ewige, Er ist Gott" beschließen, nicht mit: Du bist unser Gott! Das Gebet „Du bist unser Herr, Du bist unser Gott" hat sein Verdienst; wenn man will, kann man es als Begegnung oder als Korrelation auffassen. In ihm erkennt der Mensch in einem Moment, dass Gott „Du" ist – „Er", Gott.

Da drängt sich die Frage auf: Was ist das Gebet? Ist das Gebet als Ausdruck der Korrelation möglich? Cohen hat das Gebet bejaht, und er hat selber gebetet. Das ist einer der Gründe, weshalb man von Krise und Bruch in seiner Philosophie gesprochen hat. Der Mensch kann Gott nur als Person beschreiben. Der Anthropomorphismus ist unser Schicksal. Aber man muss ihn ständig prüfen und kritisieren. Es gibt auch keine *unio mystica* zwischen dem Menschen und seinem Gott; Gottes Einwohnung *[Schechina]* steigt nicht in die Seele des Menschen hinab. Auf was richtet sich also das Gebet?

---

[44] BUBER, Philon, 55f.

Manchmal spricht Cohen über den „*Monolog der Seele im Zwiegespräch mit Gott*".[45] Man muss dieses Wortpaar genau anschauen. Die Rede ist von einem Monolog im Dialog. Der Beter steht nicht in einem so intimen Verhältnis zu dem großen Du, wie es der moderne Mensch, dessen Glaube nicht stark ist, wünschen mag. Im Gebet spürt der Mensch den enormen Abstand zwischen sich und Gott, und es ist des Menschen „Gut", wenn er sich ihm nur ein wenig zu *nähern* vermag. Cohen war der Vers besonders lieb: „Ich aber – die Nähe Gottes ist mein Gut".[46] Anderseits sehnt sich die Seele über sich hinaus nach dem Sein über allem Sein. Diese Sehnsucht ist das Hauptmotiv des Gebets: Sehnsucht und das Gefühl der Liebe sind eins. Es scheint, Cohen habe das im Gebet Versteckte verborgen belassen und gar nicht wissen wollen, ob Gott das Gebet erhört. Das Gewicht liegt auf dem Beter. In der Sehnsucht des Gebets will sich die Seele erheben, sich von den Fesseln der sinnlichen Welt befreien. Cohen liebte ebenso Vers 25 desselben Psalms: „Wer ist mir im Himmel? Und im Bunde mit dir habe ich kein Verlangen auf Erden." Im Gebet liegt ein Streben über alles Messbare, Erfassbare und Bewertbare hinaus. In der Seele gibt es nur Sehnsucht: „Im Bunde mit dir habe ich kein Verlangen auf Erden."

Das Gebet ist Einigung des Herzens auf Gott hin – „einige mein Herz, zu lieben und zu ehrfürchtigen deinen Namen".[47] Die Einigung des Herzens ist der Gottesdienst. Dieser Gottesdienst hat mit der Magie des Opferkults nichts zu tun. Die vorzügliche Absicht des Gottesdienstes ist es, dem Menschen zu dienen, und ein Dienst am Menschen kann nur bei ihm und seinem Gebet beginnen. Er stellt sich vor den Höchsten, misst sich selbst mit dem höchsten Maßstab und bittet: „Erschaffe mir, Gott, ein reines Herz und erneuere in mir einen gegründeten Geist [...] und nimm deinen heiligen Geist nicht von mir".[48] In diesem Kapitel gründet der Monolog auf der Gewissheit, dass heiliger Geist im Menschen sei. Es ist Ausdruck der Sehnsucht des Betenden, von diesem Glauben nicht getrennt zu werden. Bei dieser Erhebung bleibt nur die Gottesliebe in der Seele, und Gottesliebe ist ohne Menschenliebe nicht möglich. So schließt sich die Kette: Das Gebet ist Liebe, und Liebe ist Gebet. So steht es ausdrücklich in unserem Buch.[49]

---

[45] Vgl. RV, 433: Das „Zwiegespräch [des Ich mit Gott] bildet der Monolog des Gebetes".
[46] Ps 73,28; zit. nach ebd., 189, dort auch die folgenden Verse.
[47] Ps 86,11. Vgl. ebd., 440. Cohen selbst zit. nach dem Gebetbuch „unsere Herzen" statt nach der Bibel „mein Herz".
[48] Ps 51,12.13; COHEN, Der heilige Geist, 455; RV, 119.443.
[49] Vgl. Ebd., 434. Hier: „die Liebe der Psalmen ist die Liebe des Gebetes. Das Gebet ist Liebe."

11. Das Verhältnis zum Religionsgesetz *[Halacha]*

Im Gebet steht der Einzelne vor dem einen Gott. Der Einzelne kann in Gesellschaft beten, er kann ihr angehören, aber bleibt ein Einzelner. Darum ist kein Bruch zwischen dem Kapitel über das Gebet und dem über die Halacha, und die Reihenfolge der Kapitel ist für Cohen ganz natürlich.

Sicher sagt man mit Recht, dass es keine Strömung gibt, die die Halacha völlig abgelehnt habe und trotzdem jüdisch geblieben sei. Der jüdische Liberalismus, für den Cohen steht, bejaht die Halacha im wesentlichen, interpretiert sie aber ganz in der Absicht, ihren eigentlichen Wert aufzudecken. Dieser Liberalismus – wie der von Leo Baeck und anderen Ende des 19./Anfang des 20. Jahrhunderts – ist nicht mit der Sicht derer zu vergleichen, die am Beginn des Zeitalters der Emanzipation von Reform sprachen. Diese waren manchmal bereit, auf die Tradition zu verzichten, in der Hoffnung, der Verzicht gebe ihnen das Entre Billet zur aufgeklärten Welt. Wie weit unser Philosoph davon entfernt ist, zeigt sich unter anderem an dem manchmal aggressiven Ton, in dem er über das Christentum spricht. Im Kampf um die bürgerliche Gleichberechtigung wurde die Halacha nicht nur anhand von Kategorien beurteilt, die ihr fremd sind, sondern auch solchen, die gar nicht auf das Gebiet der Religion gehören. Nicht so bei Cohen. Der Liberalismus Cohens und seiner Nachfolger traf auf eine Lage, die in der jüdischen Geschichte nicht ihresgleichen hatte. Der *Choschen haMischpat* und zum großen Teil der *Even ha'Eser* wurden [der Sache nach] durch die Gesetzgebung des nichtjüdischen Staates ersetzt; *Orach Chajim* und *Jore De'a* blieben in der Zuständigkeit der jüdischen Gemeinde.[50] Der [talmudische] Grundsatz „das Gesetz des Staates ist Gesetz", dessen sich die ersten Ideologen der Reform bedienten, war ohnehin in Kraft; soweit wir sehen, hat sich Cohen seiner nie bedient. Seine grundsätzliche Einstellung war, dass Gesetz und Recht des jüdischen Volkes Ausdruck des ethischen Geistes sind. „Es muß also dabei verbleiben, daß der letzte Grund des Gesetzes einzig und allein in der göttlichen Sittlichkeit liegen darf. Damit ist die Folgerung gegeben, daß alle Gebote daraufhin erwogen werden müssen, ob sie diesem einzigen Zwecke als geeignete Mittel dienen können."[51]

Der Maßstab und seine Anwendung sind klar. Der Mensch hat im großen Reich der Gebote ein Recht zur Auswahl und Auslese. Aber Cohens Verhältnis zu dieser Welt ist positiv. Davon zeugt dieses Buch in all seinen Kapiteln. Er charakterisiert dieses Verhältnis durch einen besonderen Ausdruck. Man findet in seiner Darstellung nicht oft das Wort „erleben", und auch dann nicht immer

---

[50] *Choschen haMischpat* ist der zivilrechtliche Teil des *Schulchan Aruch*, des Kompendiums der *Halacha* aus dem 15. Jahrhundert. *Even ha'Eser* betrifft das Eherecht. – *Orach Chajim* und *Jore De'a* sind Teile des halachischen Kompendiums *Arba'a Turim* des Jacob ben Ascher (14. Jh.), v. a. zu zeitgebundenen Verrichtungen, sowie zu Speisen und Reinigungen.
[51] RV, 412.

in positivem Sinn. Im Zusammenhang mit der Halacha betont er es und nur, wo er dieses Problem behandelt, spricht er davon, dass Religion ein persönliches Erleben sei. Er erhebt sich zu einem persönlichen Bekenntnis: „Freilich wird dadurch dem Privatleben Erschwerung, eine Last auferlegt. [...] Hier gilt das Wort vom Erleben für die Religion. Wer das Leben unter diesem Joch der Gesetze nicht selbst erlebt hat, der kann es nimmermehr begreifen, daß dieses Joch als eine Himmelsleiter getragen wird".[52] Er zitiert auch einen schönen Spruch von Heine (einem Dichter, den er nicht sonderlich mochte), dass unser Meister „Moses Menschenpyramiden gemeißelt habe",[53] nicht Gebäude aus Stein und Ziegel.

Die Welt der Halacha ist nicht nur Recht und Gesetz; sie ist auch ein großes liebenswertes Schatzhaus geheiligter Bräuche und Traditionen. Aus dieser Tradition gilt es Taten auszuwählen, die sich als Symbole eignen. Folgender Satz zeigt die freie, aber positive Einstellung des Liberalismus zur Halacha: Das Gesetz hat „keinen Eigenwert" außer als Symbol, „aber das ist ja der Wert des Symbols, daß es *den echten Wert zu erwecken vermögend* sei."[54]

Wir haben eingangs betont, dass Cohen keine Kluft zwischen Ethik und Recht anerkennen will. An diesem Grundsatz haben wir auch seine Nähe zur Halacha gesehen. Diese Identität gehört wesentlich zur Tradition des jüdischen Volkes. Sollten Ethik und Halacha – was Gott behüte! – einander widersprechen, müsste man zugunsten der Ethik entscheiden. Andererseits scheut sich Cohen nicht, die Bedeutung der Halacha, nicht nur als „Zaun um die Lehre", sondern auch als Mauer um das jüdische Volk zum Schutz seines Bestandes deutlich hervorzuheben. Freilich haben der Liberalismus der Emanzipationszeit und frühere Philosophen gewusst, dass nicht wenige Vorschriften dazu dienen, zwischen Israel und den Völkern zu unterscheiden. Aber Cohen meint eine Schutzmauer *heute*, weil er sich sicher ist, dass die Existenz des jüdischen Volkes für die moderne Welt aktuell notwendig ist.

Er ist der Auffassung, dem jüdischen Volk komme die Bezeichnung „Nationalität" zu, will aber damit nicht sagen, das jüdische Volk sei eine „Nation". Der feine Unterschied liege darin, dass Nationalitäten ohne Staat bestehen könnten, während der Begriff der Nation dem des Staates korreliere. Das heißt, ein Staat wird von einer Nation errichtet, und eine Nation ist fähig, einen Staat zu errichten. Jedenfalls sind die Juden für den alten Cohen nicht nur „Angehörige der mosaischen Religion", sondern eine Nationalität. Zu dieser Auffassung gelangt der Philosoph durch zwei Ereignisse in seinem Leben: seine Reise nach Russland und seine scharfe Polemik gegen den Zionismus.

---

[52] Ebd., 427.
[53] Ebd.
[54] Ebd., 430.

12. Im Gefühl des Kommenden

In den letzten Monaten vor dem Ersten Weltkrieg 1914 ging Cohen auf eine Vortragsreise nach Osteuropa und wurde dort von Christen und Juden mit königlichen Ehren empfangen. Als die Reise bei Kriegsausbruch endete, meinte er, er könne sich „keinen höheren Abschluß meines Lebens" denken als nochmalige Rückkehr und Tätigkeit inmitten seiner jüdischen Brüder und Freunde, deren „Schwungkraft des Geistes und des Gemütes, deren Gleichmut der Dulderkraft, deren Ursprünglichkeit und Urwüchsigkeit ein jeder ehren und lieben muß, dem der Sinn für edle Natürlichkeit nicht abgestumpft ist".[55] Er ist tief beeindruckt von den Einrichtungen des sozialen Lebens und des Tora-Studiums der Ostjuden (dabei drückt er seinen Respekt vor dem pädagogischen Werk von Korczak in Warschau aus[56]). Seine Eindrücke sind in den Artikel „Der polnische Jude" in der Zeitschrift *Der Jude* eingeflossen. Dieser Text ist nicht nur ein Protest gegen die Maßnahmen der deutschen Regierung zur Schließung der Grenze vor den Juden, besonders Studenten, aus Polen. Er enthält auch Kindheitserinnerungen: In seinem Elternhaus war fast jeden Schabbat ein polnischer Jude zu Gast, und Cohen erinnert sehr liebevoll an seinen Eindruck, wie dieser Gast sozusagen „die Krone der Tora auf dem Haupt" trage.[57] Eine kritische Note gilt vor allem der Liturgie der polnischen Juden, die zu viel „Gestikulation des Klageliedes und des unmittelbaren Jammers" enthalte;[58] Cohen wünschte sich einen objektiveren Gottesdienst.

Das zweite Ereignis, das wir erwähnen wollen, ist sein Angriff auf den Zionismus. Zur Zeit des Ersten Weltkriegs schrieb Cohen seine bekannten Artikel „Deutschtum und Judentum".[59] Wir Heutigen können diese Texte nur mit bitterster Ironie lesen, und es ist kaum ein halber Trost, dass andere wichtige Leute jener Zeit noch schlechtere geschrieben haben. Cohen meint mit Deutschtum die kritische Philosophie in ihrer Geschichte bis auf Kant, mit Judentum natürlich seine eigene Philosophie, und er projiziert seine Anschauungen auf die ganze Geschichte. In politischen Dingen hat Cohen oft geirrt, und Fritzsche hat über Cohens politische Urteile gesagt: „Die Weisheit ist nicht immer klug."[60] In ungefähr dieselbe Zeit fiel seine scharfe Polemik gegen den Zionismus, in die Martin Buber eingriff. Wir fügen hinzu: Auch wenn wir Cohens Ablehnung des Zionismus als Ziel der jüdischen Geschichte zu einem gewissen Grad ver-

---
[55] COHEN, Der polnische Jude, 197. Die Reise dauerte „vier Wochen des Mai 1914", ebd. 196.
[56] Janusz Korczak, von Cohen unter seinem ursprünglichen Namen Henryk Goldszmit erwähnt. Ebd., 198.
[57] Ebd., 190.
[58] Ebd., 201.
[59] Erster Text 1915/16, zweiter Text 1916 (COHEN, Deutschtum, 465–560; DERS., Judentum, 109–132).
[60] FRITZSCHE, Cohen, 27.

stehen können, bleibt uns seine Gegnerschaft zu einem jüdischen Staat völlig fremd. Hatte er nicht im Staatsgedanken die Möglichkeit gesehen, die Ethik zu verwirklichen? Warum wollte er dem jüdischen Volk den Versuch und die Probe auf die Selbstverwirklichung der Ethik verweigern? Finden wir auch darauf eine Antwort in seinem großen Buch, das dem Leser jetzt vorliegt?

Vor kurzem habe ich einiges aus Cohens letzten Tagen erfahren. Von Bruno Strauss, der mir kurz vor seinem Tod 1969 schrieb, und aus den Erinnerungen von Frau Toni Cassirer habe ich erfahren, dass Cohen in seinen letzten Jahren die bevorstehende Schoah erahnt hat. Zu Pessach lag er endgültig darnieder. Man brachte ihm zu trinken und ein Stück Matza. Er schaute auf die Matza und dachte sofort an Blutbeschuldigung. Mit lauter Stimme sagte er: „Sie wollen uns vernichten, uns vernichten! Es wird ihnen nie gelingen! Bleiben Sie unserem Glauben treu."

Das war im Frühjahr 1918. Toni Cassirer fügt an: Fünfzehn Jahre später haben wir ganz verstanden, woher Cohens Gedanken kamen und was sie andeuteten.[61]

Literaturverzeichnis

BUBER, MARTIN, *Philon* und Cohen (Ein Fragment); in: Die jüdische Idee und ihre Träger. Beiträge zur Frage des jüdischen Liberalismus und Nationalismus (Schriftenreihe der Jüdischen Rundschau 1), Berlin 1928, 55–56.

CASSIRER, TONI, Mein *Leben* mit Ernst Cassirer, Hamburg 2003.

COHEN, HERMANN, *Dat haTewuna* miMekorot haJahadut, hg. v. SCHMUEL HUGO BERGMAN/NATHAN ROTENSTREICH, Jerusalem 1971.

DERS., *Der Nächste*. Bibelexegese und Literaturgeschichte (1914); in: DERS., Kleinere Schriften V. 1913–1915, Werke 16, hg. v. HARTWIG WIEDEBACH, Hildesheim/Zürich/New York 1997, 51–75.

DERS., Die *Lyrik der Psalmen*, in: DERS., Kleinere Schriften V. 1913–1915, Werke 16, hg. v. HARTWIG WIEDEBACH, Hildesheim/Zürich/New York 1997, 163–198.

DERS., *Der heilige Geist* (1915), in: DERS., Kleinere Schriften V. 1913–1915, Werke 16, hg. v. HARTWIG WIEDEBACH, Hildesheim/Zürich/New York 1997, 437–464.

DERS., *Deutschtum* und Judentum. Mit grundlegenden Betrachtungen über Staat und Internationalismus (1915); in: DERS., Kleinere Schriften V. 1913–1915, Werke 16, hg. v. HARTWIG WIEDEBACH, Hildesheim/Zürich/New York 1997, 465–560.

DERS., Deutschtum und *Judentum* (1916); in: Ders., Kleinere Schriften VI. 1916–1918, Werke 17, hg. v. HARTWIG WIEDEBACH, Hildesheim/Zürich/New York 2002, 109–132.

DERS., *Der polnische Jude* (1916); in: DERS., Kleinere Schriften VI. 1916–1918, Werke 17, hg. v. HARTWIG WIEDEBACH, Hildesheim/Zürich/New York 2002, 187–202.

---

[61] Frei nach: CASSIRER, Leben; 1981 publiziert, z. Z. des vorliegenden Textes nur „als Typoskript unter Familienmitgliedern und Freunden" bekannt; vgl. zum Obigen, ebd. 95 f.

DERS., *Antwort* auf das offene Schreiben des Herrn Dr. Martin Buber an Hermann Cohen (1916), in: DERS., Kleinere Schriften VI. 1916–1918, Werke 17, hg. v. HARTWIG WIEDEBACH, Hildesheim/Zürich/New York 2002, 241–260.

DERS., *Einheit* oder Einzigkeit Gottes ([Teil I] 1917); in: DERS., Kleinere Schriften VI. 1916–1918, Werke 17, hg. v. HARTWIG WIEDEBACH, Hildesheim/Zürich/New York 2002, 521–530.

DERS., *Heinrich Heine* und das Judentum (1867), in: DERS., Kleinere Schriften I. 1865–1869, Werke 12, hg. v. HELMUT HOLZHEY/HARTWIG WIEDEBACH, Hildesheim/Zürich/New York 2012, 193–258.

FRITZSCHE, ROBERT ARNOLD, Hermann Cohen aus persönlicher *Erinnerung* (1922), hg. v. BERND ULBRICH, Dessau 2015.

GOETHE, JOHANN WOLFGANG, *Sämtliche Werke*, Artemis-Gedenkausgabe, Zürich ²1961 ff.

KANT, IMMANUEL, Grundlegung zur *Metaphysik* der Sitten (1785), Akademie-Ausgabe 4, Berlin 1911.

MANDELKERN, SALOMON, Sefer *Hechal haKodesch* […]. Veteris testamenti concordantiae hebraicae atque chaldaicae […], Leipzig 1896; ²1926; Berlin 1937; u. ö.

RABINOWICZ, MORDECHAI, *'Ische dorenu*. Divre Sichronot weHa'aracha, Tel Aviv 1912/13.

ROSENZWEIG, FRANZ, Hymnen und Gedichte des *Jehuda Halevi*, Gesammelte Schriften IV,1, hg. v. RAPHAEL ROSENZWEIG, Haag 1983.

Verzeichnis der Autorinnen und Autoren

Prof. Dr. Heinrich Assel, Universität Greifswald, assel@uni-greifswald.de

Prof. em. Dr. Günter Bader, Universität Bonn, gbader@uni-bonn.de

Prof. Dr. Frederick Beiser, Syracuse University, beiser@syr.edu

Dr. Cedric Cohen Skalli, University of Haifa, ccohensk@univ.haifa.ac.il

PD Dr. Christian Damböck, Universität Wien, christian.damboeck@univie.ac.at

Prof. Dr. Pierfrancesco Fiorato, Università di Sassari, fiorato@uniss.it

Dr. Ezio Gamba, Universitá degli Studi di Torino, ezio.gamba@unito.it

Dr. Hauke Heidenreich, Martin-Luther-Universität Halle-Wittenberg, hauke.heidenreich@theologie.uni-halle.de

Dr. Torsten Lattki, Jüdisches Kulturmuseum Augsburg, torstenlattki@gmx.de

Prof. Dr. Simon Lauer, Zürich, profsimonlauer@gmail.com

Lois Rendl, Mag. phil., Universität Wien, lois.rendl@univie.ac.at

Prof. Dr. Robert S. Schine, Middlebury College, schine@middlebury.edu

Prof. Dr. Christoph Schulte, Universität Potsdam, schulte@uni-potsdam.de

Prof. em. Dr. Rudolf Smend, Universität Göttingen

Prof. Dr. Ulrich Sieg, Universität Marburg, ulrich.sieg@t-online.de

Prof. Dr. Siegfried Sinaï Ucko (†)

Dr. Bernd G. Ulbrich, Dessau-Roßlau, bernd@ulbrich.online

PD Dr. Hartwig Wiedebach, Göppingen, wiedebach@posteo.de

Prof. Dr. Kurt Walter Zeidler, Universität Wien, kurt.walter.zeidler@univie.ac.at

PD Dr. Kirstin Zeyer, Universität Oldenburg, info@kirstin-zeyer.de

Namenregister

Adelmann, Dieter 46, 77, 109, 237, 246, 248, 257, 300, 302
Adickes, Erich 7, 162, 170 f.
Adler, Cyrus 39
Adorno, Theodor W. 4, 15, 18, 27 f.
Agamben, Giorgio 29
Albertini, Francesca Y. 103
Althaus, Paul 72 f.
Altmann, Alexander 200
Aner, Karl 215
Apelt, Ernst Friedrich 9 f., 235, 240 f., 243, 285 f.
Arendt, Hannah 248
Aristoteles 10, 54, 103, 141 f., 214, 219, 241–243, 298, 306, 321
Aschheim, Steven 63
Assel, Heinrich 5, 72, 74, 76 f., 84, 90, 95, 123
Austin, John Langshaw 245 f.
Avenarius, Richard 9, 226 f.

Bach, Thomas 170
Bachja Ibn Pakuda 2, 104
Bader, Günter 11, 77, 256
Baeck, Leo 17, 20, 25, 38 f., 41, 322, 353
Bamberger, Seligmann Bär 35
Baron, Hans 196
Barth, Karl 72
Barth, Theodor 163
Batka, Lubomir 81
Baudissin, Wolf Wilhelm Graf von 37
Bebel, August 60
Beethoven, Ludwig van 219
Beilis, Menachem Mendel 183
Beiser, Frederick 9, 177, 200
Ben-Ami, Mordechai 343
Bendavid, Lazarus 16

Ben Esra, Abraham 106
Benjamin, Walter 4, 18, 25–27, 295 f., 304
Ben-Schlomo, Josef 12
Berding, Helmut 219
Bergengruen, Werner 299
Berger, Erich von 7, 146
Bergmann, Hugo 3
Bernays, Isaak 108
Bernays, Jacob 6, 104 f., 108, 118
Bernstein, Eduard 2, 60
Bernstorff, Johann Heinrich von 192
Berditschevsky, Micha Josef Bin Gorion 208
Beyer, Hermann Wolfgang 77
Bialik, Chaim Nachman 343
Biemann, Asher D. 177
Bismarck, Otto von 53, 56, 318
Bloch, Ernst 4, 15, 18, 26, 330
Bloch, Philipp 110
Bodenheimer, Max 188–190
Böckel, Otto 57
Boehlich, Walter 74
Börne, Ludwig 106
Börner, Wilhelm 164
Bonhoeffer, Dietrich 73, 77
Bormann, Walter 165, 172
Bornkamm, Heinrich 77
Boschwitz, Friedemann 322
Bracher, Karl Dietrich 64
Brämer, Andreas 102–105, 107, 111–113, 115 f., 118
Brahms, Johannes 219
Brandt, Reinhard 157, 167, 172
Brann, Marcus 104 f., 109–112, 118
Bratslav, Nachman von 16
Bratuscheck, Ernst 142, 146
Brieger, Theodor 71

Brose, Thomas 27
Bruch, Rüdiger vom 60
Bruni, Leonardo 195f.
Brush, Jack E. 78, 80, 82f.
Buber, Martin 2, 20, 23, 63, 177, 206, 208, 221–223, 319, 336, 351, 355
Buckle, Henry Thomas 266
Bücher, Karl 272
Büchner, Ludwig 156
Buek, Otto 288
Bülow, Hans von 3, 219
Bülow, Joachim von 219
Burckhardt, Jacob 167, 321f.
Burg, Mathilde 219

Calvin, Johannes 76
Carnap, Rudolf 133
Cassirer, Ernst 2, 4, 9–11, 34, 40, 72f., 84, 124, 201–203, 213, 220, 255f., 280, 282–284, 286f., 356
Cassirer, Toni 356
Castiglione, Baldassare 222
Chroust, Peter 217
Clark, Christopher 61
Cohen, Arthur A. 178, 181–183
Cohen, Gerson 54, 101, 112
Cohen, Martha 1, 4, 33f., 45, 200, 283
Cohen Skalli, Cedric 8
Cohn, Emil 3
Cohn, Ernst J. 107
Cohn, Jonas 275
Cornill, Carl Heinrich 37
Croce, Benedetto 272
Cusanus, Nicolaus 11, 279–290

Damböck, Christian 6, 125, 137f., 141
Danckelman, Eberhard von 162
Darwin, Charles 36
Debussy, Claude 219
Demokrit 219, 321
Derrida, Jacques 4, 15, 25, 27f., 137f.
Descartes, René 281
Dessoir, Max 273, 275
Deuser, Hermann 41
Diels, Hermann 214
Dienemann, Max 42

Diltheys, Wilhelm 7
Dmitrieva, Nina 123
Dober, Hans M. 72, 246
Dörflinger, Bernd 161
Drews, Arthur 169
Dreyfus, Alfred 58f.
Drobisch, Moritz W. 265f.
Dubbels, Elke 29
Dubnow, Simon 186
Duclert, Vincent 59
Dühring, Eugen K. 9, 151, 226f.
Du Bois-Reymond, Emil 2

Ebbinghaus, Hermann 2
Ebbinghaus, Julius 51f., 55
Ebeling, Gerhard 81, 90
Eckert, Georg 61, 66
Edel, Geert 55, 148, 152, 237, 242
Einhorn, David 16, 19, 25
Eisner, Kurt 2
Elbogen, Ismar 38, 114
Elert, Werner 72
Eliav, Mordechai 36
Eling, Paul 257
Elsner, Norbert 172
Epiktet 321
Epikur 141
Erdmann, Benno 7
Eucken, Rudolf 284f., 289

Falckenberg, Richard 284f.
Fechner, Gustav Theodor 123, 275
Fichte, Johann Gottlieb 7, 73, 142, 144, 146, 150, 216, 238, 284
Fiedler, Konrad 273
Fiorato, Pierfrancesco 10, 80, 95, 123
Fischer, Kuno 2, 7, 143f., 146, 149, 151, 162, 209, 236
Fischer-Appelt, Peter 72
Flach, Werner 243
Flasch, Kurt 284, 287
Formstecher, Salomon 16
Fraenckel, Jonas 104, 110, 112
Frankel, Zacharias 2, 6, 102–105, 107f., 111–118
Frege, Gottlob 293

Freudenthal, Jacob 102
Friedländer, Hugo 168
Friedländer, Saul 73
Fries, Jacob Friedrich 9f., 235–241, 243, 285f.
Fritzsche, Jenny 217
Fritzsche, Robert A. 9, 213–223, 345, 355

Galilei, Galileo 227
Galliner, Julius 39, 41
Gamba, Ezio 10, 264, 266
Gaon, Saadja 193
Gawronsky, Dimitry 3, 199, 201f.
Gardner, Sebastian 165, 173
Gasset, Ortega y 199
Gay, Peter 60
Geiger, Abraham 2, 41f., 109, 112–115, 117
Geiger, Ludwig 112–115
Geiss, Peter 61
Gerhardt, Paul 90
Gessinger, Joachim 300
Gideon, Abraham 199
Glicenstein, Henryk 3
Görland, Albert 34, 298
Goethe, Johann Wolfgang von 56, 106, 169–171, 253, 269, 341, 348
Gogarten, Friedrich 90
Goldenberg, Georg 257
Goldmann, Nahum 206
Goldszmit, Henryk 355
Gordin, Jakob 11, 87, 306f.
Gordon, Peter E. 203
Gracian, Baltasar 222
Graetz, Heinrich 2, 6, 104–108, 111, 118
Green, Arthur 16
Griesinger, Wilhelm 265f.
Grimm, Jacob 265, 300
Groh, Dieter 60
Grothe, Ewald 51
Günzburg, Alexander von 185
Gunkel, Hermann 304
Guttmann, Julius 3, 20, 348

Habermas, Jürgen 52, 137f.
Haeckel, Ernst 7f., 169–173

Hake, Ann-Kathrin 156
Halevi, Jehuda 103
Hamp, Vinzenz 297
Harden, Maximilian 220
Harnack, Adolf von 2, 38, 320
Harst, Joachim 299
Hartmann, Eduard von 171
Hartmann, Frida 282
Hartmann, Nicolai 2, 282
Hartung, Gerald 72
Hasselhoff, Görge 109
Head, Henry 256
Hegel, Georg Wilhelm Friedrich 16, 40, 127f., 134, 155, 238, 269f., 272, 306, 308, 311, 334, 346
Heidenheim, Wolf 303, 3010
Heidenreich, Hauke 7
Heimsoeth, Heinz 2, 12, 282
Heimsoeth, Renate 282
Heine, Christian Johann Heinrich 18, 106, 264, 267, 276, 335, 342, 354
Heinemann, Dietmar H. 162
Heinemann, Isaak 102f.
Heinze, Max 162, 165
Heller, Aharon 294
Heller, Theodor 254
Helmholtz, Hermann von 2, 150, 267
Herbart, Johann Friedrich 142, 146f., 150, 152, 232, 237f., 263, 300
Hermann, Rudolf 5, 72–74, 78, 80, 83f.
Herrmann, Wilhelm 2, 72, 320
Hertz, Heinrich 2
Herzl, Theodor 2, 18
Hess, Moses 16–18, 25
Heyse, Paul 3, 167
Hildebrand, Adolf von 273
Hildesheimer, Esriel 36
Hirsch, Emmanuel 72f., 77
Hirsch, Samson Raphael 2, 16, 18, 112, 115–117
Hirzel, Rudolf 214f.
Höffe, Otfried 157, 167
Hölscher, Lucian 60
Höniger, Johann 38
Hönigswald, Richard 73, 171
Hoffmann, Ernst 282

Holdheim, Samuel 16f., 113
Holl, Karl 5, 72f., 76f., 90
Holländer, Ludwig 186–188
Holzhey, Helmut 34, 52f., 55f., 123, 169–171, 188, 298
Holzhey, Jürgen 134
Hoppe, Johann Ignaz 253
Horowitz, Jacob 110
Horwitz, Rivka 115
Humboldt, Alexander von 342
Humboldt, Wilhelm von 125, 215, 256, 265, 269, 300f.

Iwand, Hans Joachim 73

Jackson, John Hughlings 256
Jacob, Benno 36–38, 103
Jenner, Gustav 219
Jensen, Uffa 56
Jizchaki, Salomo 106
Joachim, Joseph 3
Jodl, Friedrich 253
Johnson, Gregory R. 161
Joël, Manuel 2, 6, 104f., 108f., 118
Justi, Ferdinand 321

Kadnykov, Yuriy 1
Kagan, Matvei 3
Kaiser, Tomas H. 162
Kalthoff, Albert 38
Kant, Immanuel 1f., 7–11, 16, 24f., 34f., 37, 40f., 44f., 51f., 54, 56, 64, 79, 106f., 109, 118, 124, 141–173, 181, 201–203, 221, 225–232, 235–243, 266–272, 274, 281, 286, 306, 321, 331–333, 340, 351, 355
Karsten, Arne 61
Kaufmann, David 3, 307
Kaufmann, Irene 38
Keller, Gottfried 3,
Kellermann, Benzion 4, 33–46, 63, 201, 204
Kellermann, Joseph Löb 35
Kellermann, Thekla 33, 38
Kelsen, Hans 134, 138
Kepler, Johannes 170

Kilcher, Andreas 33
Kimchi, David 105
Kinkel, Walter 141, 143, 145, 219, 274f.
Kirchhoff, Adolf 151
Kisch, Guido 109
Kissler, Alexander 59
Kittel, Helmuth 77
Klatzkin, Elijahu 206
Klatzkin, Jakob 9, 206–210
Klibansky, Raymond 282
Klohr, Olof 170
Knauer, Gustav 167f.
Köhnke, Klaus Christian 54, 135, 137, 143f., 146, 151
Kohler, George Y. 16, 24, 45, 114
Kohler, Kaufmann 3
Korczak, Janusz 355
Krah, Markus 33
Kraft, Werner 293
Kratz, Reinhard Gregor 318
Krischke, Roland 283
Krone, Kerstin von der 33
Kronenberg, Moritz 166
Kühnemann, Eugen 59
Kuenen, Abraham 37, 113
Kuhn, Hugo 301
Kussmaul, Adolf 257

Lagarde, Paul de 57
Lange, Friedrich Albert 2, 4, 43, 52–56, 60, 90, 127, 130, 151, 156, 168, 280, 333
Lattki, Torsten 4, 33, 35, 38–40, 43, 46, 63, 201
Lauer, Simon 12, 101, 329
Lazarus, Moritz 2, 7, 142, 263, 265f.
Lehmann, Joseph 39
Leibniz, Gottfried Wilhelm 149, 227f., 281–283, 311, 321
Lembeck, Karl-Heinz 142
Leonhard, Jörn 61
Lessing, Gotthold Ephraim 62, 106, 193, 347
Lévinas, Emmanuel 4, 15, 20, 25, 27, 31, 80, 81, 87, 89, 94, 95, 97,
Lewandowski, Helene 333
Lewandowski, Louis 1, 3, 257, 333

Namenregister

Lewandowsky, Hermann 108, 142, 335
Lewandowsky, Max 254 f.
Lieberg, Godo 299
Liebermann, Max 3
Liebeschütz, Hans 9, 51, 203 f., 324
Liebert, Arthur 64
Liepmann, Hugo 254–257
Lind, Paul von 162
Linde, Gesche 84
Lipps, Theodor 254, 274 f.
Liska, Vivian 29
Liszt, Franz 219
Loeb, Moritz 39
Lohmann, Friedrich J. 72
Lotze, Hermann 269, 306
Löwith, Karl 17
Lübbe, Hermann 135, 137
Lukan 214
Luther, Martin 5 f., 71–85, 89, 193
Luzzatto, Samuel David 102

Mack, Rüdiger 57
Maier, Hans 64
Maimonides, Moses 2, 95, 101, 103 f., 109, 114, 285, 289, 307, 312, 330, 342 f., 347
Mandelkern, Salomon 337
Marx, Adolf Bernhard 271
Marx, Karl 26, 29, 60
Mead, George Herbert 246
Medicus, Fritz 165
Mehring, Reinhard 64
Meier-Oeser, Stephan 284
Meiner, Felix 281–284
Melanchthon, Philipp 76
Mendelssohn, Moses 20 f., 106, 193, 221
Mendelssohn Bartholdy, Jakob Ludwig Felix 219
Meyer, Jürgen Bona 9 f., 142, 144, 153, 235 f.
Meyer, Thomas Ernst 33, 49, 60, 166, 282
Meyerson, Émile 2
Meynert, Theodor 257
Modeß, Jochen A. 1
Möhler, Johann Adam 285
Moenickes, Ansgar 22

Möser, Justus 216
Moleschott, Jakob 156
Moraw, Peter 217
Morgenstern, Matthias 49, 72, 78
Moses, Adolf 118
Motzkin, Leo 182
Mouffe, Chantal 138
Moynahan, Gregory B. 124
Mozart, Johann Georg Leopold 1, 128, 271
Müller, Elias 321
Munk, Leo 341

Nagel, Anne C. 51, 60
Nägeli, Hans Georg 271
Natorp, Paul 2, 5, 34, 40, 52, 59 f., 72 f., 84, 155–157, 164, 168 f., 172, 187 f., 192, 220, 275, 282– 284, 298, 320
Naragon, Steve 161
Naumann, Friedrich 60
Negelein, Maximilian von 60
Nelson, Leonard 235
Neumann, Carl 322
Neumark, David 34
Newton, Isaac 150, 227, 281, 333
Nietzsche, Friedrich 40, 165, 208
Nirenberg, David 59
Nobel, Nehemia Anton 34
Nöldeke, Theodor 321 f.
Nonn, Christoph 39
Nygren, Anders 5, 73 f.

Oelke, Harry 72
Oeri, Johann Jakob 322
Ollig, Hans-Ludwig 156
Oppenheimer, Franz 192
Orlik, Franz 54 f.
Orth, Ernst W. 152, 156
Otto, Eckart 63
Otto, Rudolf 342

Palmer, Gesine 27, 57
Parmenides 342
Pascal, Blaise 340
Pasch, Moritz 2
Pascher, Manfred 168

Pasternak, Boris 3, 203
Paulsen, Friedrich 7, 159f., 162–168, 170–173
Peal, David 57f.
Peckhaus, Volker 235
Peirce, Charles Sanders 246
Perlitt, Lothar 322
Perlmann, Moshe 39
Pfänder, Alexander 253f., 258
Pflanze, Otto 56
Phidias 264
Philippson, Ludwig 219f.
Philon von Alexandria 20, 351
Pick, Bianca 33
Pinker, Steven 64
Platon 2, 7, 56, 133, 138, 142, 150, 152, 169, 219, 241–243, 281, 299f., 321, 351
Plehve, Vyacheslav von 182
Pölitz, Karl Heinrich Ludwig 159, 161
Poma, Andrea 142
Porges, Nathan 34
Prel, Carl du 7, 161–166, 172f.
Pulte, Helmut 152
Pulzer, Peter G.J. 56

Rabin, Israel 107
Rabinkoff, Salman Baruch 294
Rabinowicz, Mordechai 343
Rad, Gerhard von 322
Rade, Martin 5, 59f.
Rahmer, Moritz 110
Rasp, Hans 214, 217
Ravitzky, Avieser 18
Reger, Max 219
Reichel, Walther 253
Rendl, Lois M. 7, 123, 152
Renz, Ursula 156f., 168, 172
Reuter, Ernst 2
Rickert, Heinrich 138, 282
Riehl, Wilhelm Heinrich 216
Riemann, Georg Friedrich Bernhard 150
Riemann, Hugo 271
Ringer, Fritz K. 136
Ritschl, Albrecht 84

Ritter, Hans Joachim 286
Robert, Jörg 301
Rosenzweig, Franz 3, 8, 20, 25, 34, 62, 71, 74, 106, 199–201, 210, 218, 221–223, 317f., 320, 323f., 329, 334, 341
Rückert, Hanns 77

Saarinen, Risto 73
Sachs, Hans 36, 39
Sachs, Michael 110
Sachsen-Gotha-Altenburg, Luise Dorothea von 217f.
Sala, Giovanni B. 164
Sandkaulen, Birgit 156f.
Scaliger, Julius Caesar 299
Schaarschmidt, Carl 167
Schaeffler, Richard 245f.
Scharpff, Franz Anton 283
Scheidemann, Philipp 2
Scheliha, Arnulf von 72
Schelling, Friedrich W.J. Schiller, Friedrich 53, 215, 265, 269
Schine, Robert S. 8, 177, 193–195, 205
Schmarsow, August 273
Schmid, Hermann 165
Schmid, Peter A. 250
Schmidt, Leopold 2
Schmidt, Winrich de 237
Schmitt, Carl 138
Schnädelbach, Herbert 54
Scholem, Gershom 3, 11f., 16, 20, 293–298, 304, 310–312, 324
Scholz, Gunter 162
Schopenhauer, Arthur 7, 144, 146, 236, 265, 269, 349
Schreiner, Martin 39
Schücking, Walther 5, 59f.
Schulte, Christoph 3, 20–22, 25, 114, 123
Schwartz, Eduard 317, 320f.
Schwarzschild, Steven S. 200
Schweigmann-Greve, Kay 17
Schwertner, Siegfried 297
Searle, John 245f.
Semper, Gottfried 269f., 273
Senger, Hans G. 279, 282

Sheffer, Isaac 1
Sieg, Ulrich 4, 52, 54f., 57, 59f., 62f., 65, 123, 134, 142, 151, 156, 177, 199
Sigwart, Christoph 165, 306
Silber, Marcos 188
Sliosberg, Genrich 186
Slonimsky, Henry 3, 199
Smend, Rudolf 12, 37, 72, 167, 318, 320
Smith, Helmut W. 39
Smith, William Robertson 324
Sontag, Susan 91
Spinoza, Baruch 12, 40, 107, 109, 141f., 169–171, 203f., 206, 335
Stadler, August 2, 108, 124, 148, 226, 230f., 269
Stegmann, Andreas 72
Stein, Ludwig 34
Steinheim, Salomon Ludwig 16, 18
Steinthal, Eduard 117
Steinthal, Hajim 2, 7, 10, 85, 124f., 129, 131, 141–143, 150, 237, 256f., 263, 266, 298–304, 318, 322
Stengel, Friedemann 161
Stern, Sigismund 25
Straus, Isaac 190–192
Strauss, Bruno 34, 116, 141, 221, 180, 335, 344f., 356
Strauß, David Friedrich 53
Strauss, Herbert A. 205
Stumpf, Carl 272
Swedenborg, Emanuel 161–163, 166
Szold, Henrietta 39

Tatarkiewicz, Wladimir 3, 199
Taubes, Jacob 17
Taylor, Charles 52
Tchernikowsky, Saul 208
Thales 141
Thomas von Aquin 308
Thulin, Mirjam 33
Tönnies, Ferdinand 2
Toscanelli, Paolo dal Pozzo 285f.
Trabant, Jürgen 300
Treitschke, Heinrich von 2, 5, 56, 72, 74, 76, 106

Trendelenburg, Friedrich Adolf 2, 7, 54, 141–152, 306
Troeltsch, Ernst 38, 72, 168, 275

Ucko, Siegfried Sinaï 12, 329
Ulbrich, Bernd G. 9

Vaihinger, Hans 7, 162, 165f., 168, 172f.
Vattimo, Gianni 28
Vischer, Friedrich Theodor 11, 264–270, 272
Vischer, Robert 268, 274
Völmicke, Elke 235
Vogt, Carl 13, 156
Volkelt, Johannes 275

Wagner, Richard 219, 270, 272
Wallmann, Johannes 72
Walser, Stefan 245
Warschauer, Malwin 39
Weber, Max 136
Wehrli, Max 301
Weichlein, Siegfried 56
Weidner, Daniel 38
Weisse, Christian Hermann 269f., 272, 285
Wellhausen, Julius 12, 22, 36–38, 72, 221, 317–324
Wendebourg, Dorothea 71f.
Wiebel, Arnold 72f.
Wiedebach, Hartwig 6, 11, 51, 54, 62f., 71f., 75, 77f., 85f., 88, 111, 115, 123, 125, 133, 135f., 141f., 167, 177f., 181, 186, 210, 223, 253f., 256f., 305, 307, 310, 329
Wiener, Max 9, 204f.
Wiese, Christian 71
Wildhagen, Kurt 283f.
Winter, Eggert 134
Witasek, Stephan 275
Wölfflin, Heinrich von 273
Worringer, Wilhelm 274

Yantian, Regina 1

Zechlin, Egmont 188
Zeller, Eduard 2, 34, 267
Zeidler, Kurt Walter 9, 123, 148, 151f., 235f., 240f., 243
Zeyer, Kirstin 11, 280f., 283, 285
Zhitlowsky, Chaim 17f.
Ziche, Paul 170
Zimmermann, Arthur 190
Zuckermann, Benedikt 104f., 109, 118
Zunz, Leopold 110, 318, 322